Scholz, Richard

Unbekannte kirchenpolitische Streitschriften aus der Zeit Ludwigs des Bayern

2. Teil, Texte

Scholz, Richard

Unbekannte kirchenpolitische Streitschriften aus der Zeit Ludwigs des Bayern

2. Teil, Texte

Inktank publishing, 2018

www.inktank-publishing.com

ISBN/EAN: 9783747765043

UNBEKANNTE
KIRCHENPOLITISCHE STREITSCHRIFTEN

AUS DER ZEIT
LUDWIGS DES BAYERN (1327—1354).

ANALYSEN UND TEXTE

BEARBEITET VON

RICHARD SCHOLZ.

ZWEITER TEIL: TEXTE.

ROM

VERLAG VON LOESCHER & C°

(W. REGENBERG)

1914

VORWORT.

Das Erscheinen des vorliegenden Textbandes, das ich mit gutem Grunde glaubte für den Anfang des vorigen Jahres in Aussicht stellen zu können, hat sich über alle Erwartungen verzögert. — Die Texte beruhen zum großen Teil auf Abschriften aus dem Winter 1908/9. Das Ms. wurde bereits im April 1909 abgeliefert. Nur die Pariser Hs. Megenbergs und die Hss. deutscher und österreichischer Provenienz konnten später noch in Leipzig benutzt werden. Die Kürzungen, die aus innern und äußeren Gründen notwendig waren, betreffen vor allem die Zitate, die nur scholastisch-dialektisches Interesse bietenden Partien und die rein theologischen Ausführungen. Alles irgendwie juristisch, rechtshistorisch und historisch Beachtenswerte ist aufgenommen und versucht worden, überall den Gedankenzusammenhang zu erhalten. Vollständig abgedruckt sind die Traktate Peters von Kaiserslautern, das Compendium maius, die Schriften Konrads von Megenberg und die Stücke Occams nr. XII a und f.

Leipzig, September 1913.

Der Herausgeber.

5

INHALTSVERZEICHNIS.

7

X

Texte

I.

Sybert von Beek, Reprobatio sex errorum.

Aus: Vat. lat. 5709, fol. 109ᵥ-118.

(*fol. 109ᵛ*). Errores quos asserunt quidam magistri sunt isti:

Primo dicunt, quod omnia temporalia ecclesie subsunt imperatori et potest ea accipere ut sua, quod est falsum et hereticum dicere. Et hec probant per blasphemiam in Christum dicentes, quod in evangelio Matthei[1]) continetur, quod Christus solvit tributum cesari, quam Petrus in ore piscis accepit staterem, et dedit illis, qui petebant didragma. Et asseritur, quod hoc fecit necessitate coactus, non condescensive et liberalitate sue pietatis.

Secundo dicunt, quod ad imperatorem spectat corrigere papam, punire, instituere et destituere. Quod probant per blasphemiam in Christum dicentes, quod Pylatus de divina vera auctoritate Christum tractaverit tanquam suum et ordinarie sibi subiectum, nec papa est magis liber, quam Christus fuerit, nec attendunt, quod oblatus est, quia voluit, non quia Pylatus prevaluit.

Tertio dicunt, quod beatus Petrus apostolus non fuerit plus capud ecclesie, quam aliquis aliorum apostolorum, nec habuit plus auctoritatis, quam habuerunt alii; et quod Christus nullum capud dimisit ecclesie nec aliquem fecit vicarium.

Quarto dicunt, quod omnes sacerdotes sive sit papa sive archiepiscopus sive sacerdos simplex, quicumque sunt equalis auctoritatis et iurisdictionis ex institutione Christi; sed quod unus plus habeat alio, hoc est secundum quod imperator concessit plus vel minus, et sicut concessit, revocare potest. Ex quo sequitur secundum blasphemiam istorum stultorum hereticorum, quod in trecentis annis, quibus ydolatre prefuerunt mundo, de illis sanctis papis, quos colit ecclesia sicut sanctos, nullus fuerit papa

1) Mt. 17, 27.

11

vel pontifex, et quod ecclesia turpiter erraverit semper in suis officiis vocando Petrum principem apostolorum et dicendo eum esse legittimum vicarium Christi Jesu vel Romanam ecclesiam esse aliarum matrem; et tot absurda sequuntur, quod numerari non possunt in hoc scripto.

Quinto dicunt, quod papa et Romana ecclesia simul sumpta nullum hominem. quantumcumque sceleratum, potest punire punitione coactiva. nec imperator dare eis auctoritatem.

Sexto dicunt et sequitur ex premissis suis erroribus, quod quilibet presbiter ita plene potest absolvere ab omni crimine, ab omni iniuria, a quocumque pericoloso statu quem homo incurrat modo quocumque, sicut papa.

Responsio fratris Siberti, magistri de Carmelo.

Pater sanctissime, ad VI articulos mihi fratri Syberto, priori provinciali fratrum de Carmelo per provinciam Alemannie inferioris, ex parte vestre sanctitatis mihi ᵃ) destinatos, cum omni reverentia et absque assercione temeraria respondeo per ordinem, subiciens responsionem ipsam, siquid in ea minus verum dicitur, sedis ᵇ) apostolice correctioni prompta et humili voluntate.

Ad primum ergo articulum, dum a quibusdam dicitur, quod omnia temporalia ecclesie subsunt imperatori et potest ea accipere ut sua, premitto duo. Quorum primum est, quod hunc articulum intelligo de temporalibus ecclesie, postquam in ipsam ecclesiam legitime sunt translata: sic enim sunt et dicuntur esse bona ecclesie. Non autem dico de temporalibus, antequam ad ecclesiam pervenissent, vel de eorum collatione, quia sic suberant in preterito imperatori vel alteri, qui ea tanquam sua ecclesie contulit et donavit. Aliud premitto, quod, si articulus poneret dicta temporalia ecclesie subesse imperatori secundum quid, puta quoad tuicionem et defensionem, planum esset quod sic. Nam imperator et principes (*fol. 110*) tenentur ecclesiam et eius iura ac bona tueri et defendere. Unde Ysidorus et ponitur XXIII. q. V. *principes* ¹) etc. . . . .

Sed articulus ponit plus, scilicet quod temporalia ecclesie subsunt imperatori iure dominii et vendicacionis, ex hoc quod additur: *et potest ea accipere ut sua*. Et sic iuxta duo premissa respondendo et accidendo articulum, respondeo et dico, quod temporalia ecclesie non sunt omnia eiusdem rationis nec per consequens eandem habitudinem habent ad imperatorem. Unde possunt poni in eis quatuor gradus: primo quidem ecclesie ipse sive basilice cum earum fundo et cymiteriis; que temporalia quidem sunt, licet quadam consecratione sunt divina, cultui deputata. 2° gradu possunt accipi decime, primicie et oblationes, in quibus videtur

---

a) *so ms.*
b) *im ms. undeutlich.*
1) c. 20 C. 23. q. 5.

consistere portio levitica; et licet ista quasi spirituali iure debeantur ecclesie, res tamen percepta temporale est. 3' gradu possunt accipi bona temporalia legittime ᵃ) non libere, sed cum onere aut condicione ad ecclesiam devoluta. § De temporalibus quantum ad primum gradum, scilicet de ipsis basilicis, earum fundo, cymeteriis et huiusmodi, dico, quod non subsunt dominio seu vendicationi imperatorum, quamvis hec ab imperatore venerint et ea tueri ac defendere teneatur, unde imperator nullum tale ius, dominii scilicet et vendicationis, in istis habet. Cuius precipua ratio videtur, quia per consecrationem et spiritualem deputationem quodammodo divina sunt effecta. In divinis autem imperator ius non habet. Unde Ambrosius loquens de basilicis et huiusmodi Deo consecratis, premissa allegatione, quod imperatori liceant omnia et ipsius sint universa, respondet: *Noli gravare etc. bis non sacrorum.* Et sequitur: *Non . . . .* nach XXIII di. q. VIII c. *convenior* ¹) et extra. *de reg. iuris* li. VI: *semel Deo dicatum est, non est ad usus humanos transferendum*²); nec oportet hic plus miscere plures probationes adducendo, quia hoc membrum planum reputo. Imperator ergo presumens sibi predicta vendicare tanquam sua, plane sacrilegus esset. § De temporalibus ecclesie quantum ad 2ᵐ gradum, scilicet de decimis, primiciis et oblationibus, que spectant ad portionem leviticam, dico quod non subsunt imperatori nec potest ea ut sua accipere, quia sunt pleno iure ministrorum ecclesie, quibus debentur ex hoc, quod divino cultui sunt specialiter ex suo statu deputati et ex hoc quod salutem totius populi habent procurare. Hec ergo temporalia non recipiuntur quasi ex gratia et iure imperiali, sed iure magis spirituali et divino, sicut patet expresse per auctoritates sanctorum Jeronimi et Augustini et plurium Romanorum pontificum, tam in decretis, quam in decretalibus, quas hic gratia brevitatis omitto. Imperator ergo sibi hec bona vendicans tanquam sua plane sacrilegus esset, pro quanto iure divino et sacro ministris sacris ecclesie et pro sacro cultu exstant deputata. Radicem igitur qualiter decime et huiusmodi iure divino ecclesie ministris debeantur, difficile est videre; licet hoc canones ex dictis sanctorum et ex veteri testamento videantur accipere. Sed quia non credo supradictum primum articulum qui de temporalibus ecclesie loquitur, multum inniti decretis et huiusmodi, quia hoc esset ministros ecclesie facere mori fame (*fol. 110ᵛ*) et talium dominium, quantum ad clerum, totaliter auferre, ideo contra predictam radicem magis discutiendum non insisto, reputans sanctorum auctoritates et sacros canones sufficere pro testimonio, quod decime iure divino debeantur. Decime etiam, quamvis quo ad rem

a) *Im Folgenden etwa zu ergänzen:* et simpliciter sine onere ac condicione in ecclesiam translata, 4° gradu possunt accipi bona temporalia.

1) c. 21 C. 23 q. 8.

2) c. 51 de reg. iuris in VI to (V, 12).

perceptam possint inter temporalia deputari, ut supra tangebam, tamen
in iure inter temporalia bona computari non videntur; unde XXIII q. VIII.
Si in morte . . . § *Sed notandum* ¹) dicitur: *quosdam episcopos levitica
portione esse contentos,* dum de decimis et primiciis vivunt, *hiis autem
nil commune* ᵃ) *est cum principibus seculi, quia temporalia penitus abiciunt, ne eorum occasione legibus imperatorum obnoxii teneantur.* § De
temporalibus ecclesie quantum ad tertium gradum, que scilicet legittime ᵇ)
et specialiter, absque quovis onere in ecclesiam sunt translata, sicut est
patrimonium sancti Petri quoad ecclesiam Romanam et dotes diversarum
ecclesiarum per mundum et alia imperiali beneficio aut aliunde pro animarum remedio ecclesiis libere donata vel relicta, dico, quod cum ista
specialiter et pleno iure sint donata et deputata ecclesie, imperator in eis
ius dominii et vendicationis non habet, licet ab eo provenerint et sibi
subsint quoad tuicionem, ᶜ) ut supra tangebatur. Et istud precipue patet
de temporalibus pro dote ecclesie deputatis, trina enim ita in trinitate
incorporantur ecclesie ex sua fundatione, quod ad ius seculare transire
non possunt. Sunt enim dos ecclesie et patrimonium crucifixi, que si
quis aufert sacrilegus et spoliator crucifixi censetur: X. q. I. *c. noverint,* ex
concilio Toletano, dicitur,ᵈ) quod conditores basilicarum, sicut non habent
potestatem ullam in ecclesiis ipsis, quas fundant, ita nec in rebus sive
dote ecclesiarum, quas eisdem ecclesiis conferunt, ius aut potestatem
habent, licet ante interdum fundatores huiusmodi ius patronatus habeant
in talibus ecclesiis per eos fundatis et dotatis, hoc procul dubio magis
est ex gratia ecclesie, ut alii ex hoc ad similia provocentur, quam ex debito. Juris allegaciones ad hoc omitto, quia mihi planum videtur et omnino consonum racioni. Racio vero predictorum est, quia sicut episcopus
non potest ponere primum lapidem vel consecrare ecclesiam, nisi dote
primum dotata et assignata, ita nec dotem debet recipere, nisi libera sit,
ut iura canunt; inconsequens enim est illa que Deo, superiori domino,
sunt specialiter deputata, inferiorum servitute pregravari. Propter magnitudinem vero eius qui preest ecclesie, non video, quod donatio huiusmodi
dotis etiam a persona donatoris possit aliquo modo revocari propter
hoc, quod ecclesia fundata est et consecrata pretextu talis dotis, ex quo
sequitur secundum racionabilem racionem, quod dos debet inseparabiliter
ecclesie adherere, alias ecclesia frustratoria et inutilis redderetur et per
consequens ruine et profanis usibus relinqui videretur. De aliis vero beneficio imperatoris aut remedio animarum donatis vel relictis ecclesie,
licet racionem dotis non habeant, quia tamen ad cultum divinum legit-

a) *verwischt im ms.*
b) *folgt ein unleserliches, wohl ausgestrichenes Wort.*
c) *ms.* traditionem.
1 · c. 20 C. 23 q. 8. Gratian.
2) c. 6 C. 10 q. 1.

time deputantur et hoc libere et sine onere homagii aut census, videtur mihi, quod imperator in eis ius alicuius dominii non habet, quia illa quasi in aliam naturam transierunt, propterea iura sacrilegium reputant, si circa huiusmodi aliquid attemptetur. Unde XII. q. II c. *predia*[1]), dicitur: *predia divinis usibus tradita quidam humanis applicant usibus et Deo nostro, cui tradita sunt, ea subtrahunt, ut sibi inserviant,* et infra: *qui hoc presumpserit, ut sacrilegus iudicetur.* Et XVI. q. 1. c. *In canonibus* dicitur[2]): *valde iniquum et ingens sacrilegium est, quodcumque vel pro remedio peccatorum vel pro salute (fol. 111) aut requie animarum suarum unusquisque venerabili ecclesie contulit aut certe reliquit, ab hiis a quibus maxime servari convenit, id est christianis et Deum timentibus hominibus, et super omnia a principibus et primis regionum, in aliud transferri vel converti.* Ad hoc etiam sunt plura alia decreta que gratia brevitatis omitto.

Sed numquam donatio huiusmodi bonorum a principe facta ecclesie propter ingratitudinem eius, qui preest ecclesie, potest revocari, dicitur iuxta decretalem extra *de donat.c. ult.*[3]), quod per heredem donatoris propter ingratitudinem donatio revocari non potest. De donatore vero modernis temporibus non multum oportet loqui, quia principes magis conantur ecclesias spoliare, quam ipsis huiusmodi bona donare, que postmodum ex ingratitudine possint ad se revocare. Si autem principi donatori in parte sua a prelato alicuius ecclesie, cui talia bona contulisset, ingratitudo monstraretur, mihi videtur, quod talis donatio absolute revocari non deberet, et hoc favore ecclesie, si solus prelatus tali principi ingratus foret. Sed forsan racionabiliter revocari posset pro tempore talis prelati. Si autem talis ingratitudo a prelato et capitulo processisset, non video, quin donatio huiusmodi per personam donatoris simpliciter revocari posset; consulerem tamen tali principi, quod alteri ecclesie huiusmodi bona donaret, licet ad hoc, quantum estimo, de rigore iuris non esset obligatus. Sed hec materia ad iuristas magis spectat. § De temporalibus ecclesie quantum ad quartum gradum, que non libere et simpliciter, sed cum onere et condicione ad ecclesiam sunt devoluta, dico, quod ista subit ecclesia cum suo onere vel condicione, ne alieno iuri per ecclesiam preiudicium fiat. Non enim decet ecclesiam locupletari cum alterius iactura vel iniuria, extra. Li. VI. *de regul. iur. c. locupletari*[4]) et X. q. II. c. *precarie*[5]), ubi dicitur: *ratio et usus optinet neminem cum non vult cogi de proprio facere beneficium.* Si vero ecclesia de huiusmodi bonis, prout decet, solvat tributum, impendat servitium seu condicionem eo

1) c. 5 C. 12 q. 2.
2) c. 57 C. 16 q. 1.
3) c. 10 X. de donationib. (III, 24).
4) c. 48 in VI^{to} de reg. iur. (V, 12).
5) c. 4 C. 10 q. 2.

modo, quo laycus ea occupans teneretur, non video, quod imperator
huiusmodi bona ecclesie posset aufferre, quin quodammodo sacrilegus
deberet reputari, licet non ita proprie, sicut in tribus gradibus temporalium ecclesie supradictis, pro quanto hec bona non sunt adeo in trinitate et plene incorporata ecclesie, sicut illa supradicta. § Utrum autem
illa bona licite possint auferri ecclesie, si ipsa cuius debitum non curet
exsolvere, ad hoc dico: quod licet quedam talium bonorum sint solum
censualia censu simplici et quasi accrescente; quedam vero sint emphi-
teotica, scilicet quasi, puta quo ad censum fundalem; onera quedam vero
sint feudalia vel quasi, prout diffusius hoc ad iuristas spectat pertractare, et etiam varie regionum consuetudines patiuntur; tamen in generali,
quantum ad theologum pertinet, potest dici, quod in omnibus huiusmodi
bonis que ad ecclesiam transeunt cum onere, si certa condicio expressa
fuerat circa huiusmodi bona onerata, puta quod perdantur, nisi condicio
posita in onere observetur, et circa onus cum tali condicione suscepit ipsa
ecclesia, huiusmodi bona perdet, si condicionem servare neglexerit; et
hoc planum reputo. Si vero huiusmodi condicio circa onus expressa non
fuerat, licet bona absolute cum onere consueto ad ecclesiam pervenerint,
ad hoc videtur racionabile et iustum, quod in eo casu, in quo laycus talia
bona de iure vel consuetudine perderet, puta non faciendo debita talis
oneris, et ecclesia ex eadem causa ea perdat. Ex quo enim res talis ad
ecclesiam transit cum onere, etiam (*fol. 111ᵛ*) transibit cum modo oneris, ymo hic modus, scilicet quod in casu iuris talis res deperdatur, videtur esse pars et quasi de substancia oneris totalis, alias preiudicium
fieret illi, qui ius talis oneris in re habuit, nisi forte constaret aperte,
quod ecclesia sibi talem libertatem de iure vel consuetudine vendicaret,
et hoc non obstante ille cui talia bona extant onerata ea in ecclesiam
transferri consensisset,[a]) quia sic videretur facile suo iuri resignasse.

Concludo ergo breviter quantum ad predictos quatuor gradus temporalium ecclesie, quod imperator sibi vendicans et accipiens temporalia
ecclesie quoad primum et secundum gradum supradictum plane sacrilegus esset, similiter et quoad tertium, ubi forsan in bonis ab eo collatis
preter ecclesiarum dotes propter ingratitudinem in eum commissam a
sacrilegio posset excusari; in quarto similiter gradu temporalium ecclesie, si extra casum iuris imperator ea acciperet, ut sacrilegus esset iudicandus. § Similiter et accipiendo pecuniam ecclesie et vendicando sibi
disposicionem b) seu dominacionem rerum ecclesiarum, ut patet XVI. q. ult. c.
si quis, ubi dicitur[1]): *Si quis principum vel aliorum laycorum disposicionem seu dominacionem rerum ecclesiarum sibi vendicaverit, ut sacri-*

a) *ms.* consensissent.
b) *ms.* disponere.
1) c. 25 C. 16 q. 7.

legus iudicetur. De pecuniis vero ecclesie dicitur XII. q. II. c. *Qui Christi*[1]) et c. *Qui abstulerit*[2]). In çasu tamen iuris, si aliqua bona auferret ecclesie iuxta illa que supra tangebantur, videretur forsan a sacrilegio excusari, quia in eo casu iam talia bona proprie non essent ecclesie. Sed numquid tenens et dicens pertinaciter, quod huiusmodi que sunt vera sacrilegia, sint licita imperatori et non peccata, hereticus iudicandus? Dico, quod licet auferens rem ecclesie et dicens[a]) hoc peccatum non esse, homicidii particeps esse iudicetur secundum iura. Nam XII. q. II. c. *Qui abstulerit*[a]) dicitur: *Qui abstulerit patri vel matri aliquid dicitque hoc peccatum non esse, homicidii particeps est.* Pater noster sine dubio Deus est, qui nos creavit, mater vero nostra ecclesia est, que nos in baptismo regeneravit, ergo qui Christi pecunias et ecclesie rapit, aufert et fraudat, homicida est. Tamen mihi videtur, talem ut hereticum esse merito iudicandum, tum quia sacri canones decernunt esse sacrilegium et peccatum et per consequens contrarium pertinaciter dicens et docens velud prevaricator catholice fidei et hereticus est censendus, XXV. q. I. *violatores*[3]), et c. *generali*[4]), XIX. d. c. *nulli*,[5]); tum quia hoc est dogmatizare contra sacram scripturam, cui nostra fides innititur. Sacrilegium enim consistens in acceptione rerum divinarum furtum quoddam est, si fiat in occulto, rapina vero, si fiat in aperto, et ultra furtum et rapinam addit. Certum est autem quod sacra scriptura furtum et rapinam tanquam peccatum et illicitum et contra divinum preceptum in multis locis dampnat. Unde extra *de usuris* c. *ex gravi*, in talem dicitur in fine[6]): *Sane si quis in illum errorem inciderit, ut pertinaciter affirmare presumat, exercere usuras non esse peccatum, decernimus eum velud hereticum puniendum.* Eadem autem racio dicitur esse in proposito casu. Propter quod reputo, quod ecclesia racionabiliter poterit decernere illum ut hereticum iudicandum, qui tale sacrilegium pertinaciter tenuerit aut docuerit imperatori vel alteri fore licitum et non esse peccatum.

Ad probacionem sui erroris, que in primo articulo asseruntur, scilicet quod Christus solvit tributum cesari quod hoc fecit necessitate coactus, dico, quod in hoc blasphemant in Christum sue superiori excellencie derogando. Nam constat (*fol. 112*) ex serie textus Mt. XVII. quod non ex debito, sed ne petentes didragma scandalizarentur, iussit tributum solvi. ... Ubi dicit Origenes[7]): *ostendit se primum non esse obnoxium et tunc*

a) *ms.* d.
1) c. 1 C. 12 q. 2.
2) c. 6 ib.
3) c. 5 C. 25 q. 1.
4) c. 11 ib.
5) c. 5 dist. 19.
6) c. un. in Clement. de usuris (V, 5) § 2.
7) Origenes Comment. in Matth. tom. XIII, Migne, Patrol. Graeca XIII 585.

dat tribulum, ut non scandalizentur exactores. Idem quoque Origenes super epistolam ad Rom. Ii. IX. exponens illud XIII. c.: *omnis anima etc.* dicit[1]): *exactus est tributum etiam dominus noster Jesus Christus in carne positus, quod idcirco se dicit exsolvere, non quod debitor sit, sed ne scandalizet eos. Ipse enim qui nil habebat in se cesaris et in quo princeps huius mundi veniens non invenit quidquid, cum liber esset, solvit tributum, venit enim mortem, ut esset etiam inter mortuos liber.* Hec Origines ex quo accipio, quod Christus ita parum fuit debitor tributi, sicut fuit tributor mortis *etc.* . . . et hanc racionem, scilicet quia Christus sine peccato fuit, assignat Hugo et archidiaconus, quare Christus non tenebatur ad tributum . . . Augustinus etiam ad Pollentium, et est c. *iam proximo* allegatum XXVIII. q. 1, dicit [2]): *multa sunt facienda, non iubente lege, sed libera voluntatis caritate etc.* . . . Et si dicatur, quidquid sit de Christo, saltem Petrus iuxta (col. 2) predicta tanquam debitor tributi, quia peccato obnoxius, tributum solvit, et per consequens eius successores ad similia obligantur, dico, quod Christus non fuit debitor tributi quasi ex triplici causa, scilicet quia Deus non sub regibus, sed super omnes reges existens, cui econtra omnis creatura tributaria est et serva; item quia (non)[a]) obnoxius peccato, ut iam supra tangebatur; iterum quia persona ecclesiastica verus sacerdos novi testamenti. Et ex ista tertia causa beatus Petrus et alie persone ecclesiastice ad huiusmodi tributum non tenentur; preter enim bona temporalia que cum onere tributali interdum ad ecclesias devolvuntur, ecclesia et persone ecclesiastice de se ipsis et de eorum bonis ecclesiasticis ad nova et superinducta tributa non tenentur. *Deshalb befreiten Pharao und Artaxerxes die Leviten von Abgaben.*

Ad 2ᵐ articulum cum dicitur. quod ad imperatorem spectat papam corrigere, punire et instituere et destituere, dico primo, quantum ad correctionem et punicionem, quod imperator auctóritate imperiali non habet corrigere vel punire papam, quod ostendo. Certum est enim, quod imperator infidelium corrigere non habet papam, quia eum pocius ad infidelitatem traheret. Hoc de se patet . . . *(fol. 112ᵛ).* Si vero imperator fidelis est et catholicus, filius est ecclesie et non presul, et quod ad religionem fidei pertinet, discere ei convenit, non docere *(nach XCVI. di. Si imperator).*[3]) *etc.* Imperator laycus et temporalibus deditus, spiritualium et ea que Dei sunt et que pure ecclesiastice debent iudicari, non novit . . . *Beispiele aus dem kanonischen Rechte* (col. 2). . . . Et si forsan dicatur a cecis ducibus cecorum, quod hec sunt testimonia paparum, qui

---

a) *fehlt im ms.*
1) Super Rom. 9, c. 13. Migne, l. c. XIV 657, 16.
2) c. 8 C. 28 q. 1.
3) c. 11 dist. 96.

pro se favorabiliter locuntur, dico quod sunt testimonia talium, quorum
sanctitate notoria tota decoratur [a]) ecclesia, non solum paparum, sed etiam
aliorum sanctorum, puta Pauli, Ambrosii, Gregorii et talium sanctorum
paparum, Et confirmo per dicta per concilium sive synodum et per recognicionem et sententiam philosophorum et maximorum imperatorum, *wie Konstantin, der auf dem Nicaenischen Konzil das Urteil über Bischöfe
ablehnte, Marcianus, Theodosius (fol. 113), Valentinianus, Theoderich* . .

Dico ergo, quod luce clarius constat ex predictis et ex quam pluribus
aliis que possent adduci, quod imperator sua auctoritate regulariter non
habet papam corrigere vel punire. In duplici tamen casu iura innuunt
imperatorem catholicum posse quodammodo de papa iudicare, primo
quidem si papa imperatoris iudicio se submittat,′ II. q. VII. c. *Nos si in-
competenter;*[1]) II. q. V. *Mandastis,*[2]) nam et ipsemet se deponit, d. XXI.
nunc autem[5])′ secundo vero si papa foret hereticus et a fide devius nolens corrigi, XL. di. *si papa*[4]), XCVI. di. *sicut quamvis.*[5]) Et certe primus ⁄
casus totus racionabilis videretur, quando aliter scandalum contra papam
ortum sedari non posset et de bonitate ac fidelitate imperatoris constaret.
In secundo vero casu reputo, quod imperator se intromittere non deberet, nisi ab ecclesia seu a cetu cardinalium esset requisitus: et haberet
forte hoc non solum locum in heresi, sed etiam in omni notorio crimine,
si inde scandalizetur ecclesia et papa incorrigibilis esset, prout notatur
di. XL. *Si papa*[4]), et sic invenitur in cronicis aliquando fuisse factum.

§ De electione vero papae (2. col.) sive institutione dico simpliciter,
quod ad imperatorem non spectat:⁄ *weil es sich da um geistliche Dinge* ⁄
handelt, die dem Kaiser fern liegen; nach c. Adrianus (63. dist.) . . .

(*f. 113ᵛ*). Et si dicatur quod Adrianus papa dedit Karolo imperatori
ius in electione Romani pontificis, et sic Leo papa idem ius dedit Ottoni
primo et suis successoribus, sicut legitur LXIII [a]). dist. c. *Adrianus* II.[6])
et c. *in Synodo,*[7]) respondeo primo, quod huic iuri postmodum imperatores renunciaverunt, sicut patet eadem dist. c. *ego Ludovicus*[8]) et c.
constitutio[9]) et c. *tibi domino*[10]) . . . secundo dico, quod etiam si non
renunciassent, adhuc tale ius eorum successores per abusum notorium

a) *ms.* decreatur.
b) ms. LXVI.
1) c. 41 C. 2 q. 7.
2) c. 10 C. 2 q. 5.
3) c. 6 dist. 21.
4) c. 6 dist. 40.
5) c. 15 dist. 96.
6) c. 22 dist. 63.
7) c. 23 ib.
8) c. 30 ib.
9) c. 32 ib.
10) c. 33 ib.

perdiderunt. ... (*fol. 113ᵛ col 2*). De destitutione vero pape *verweist er auf das schon Gesagte, bekämpft die* probatio *dieses Artikels d. h. die Behauptung :* Pylatus auctoritate ordinaria Christum crucifixit tanquam suum et ordinarie sibi subiectum, nec papa est magis liber quam Christus fuerit... (*fol. 114*) . . . Ad 3ᵐ articulum dum dicitur, quod beatus Petrus non fuerit plus capud ecclesie quam quislibet aliorum apostolorum nec habuit plus auctoritatis quam habuerunt alii, et quod Christus nullum capud dimissit ecclesie nec aliquem fecit vicarium suum, dico, quod hec omnino falsa sunt et fidei subversiva.

Auslegung der Stellen über die Einsetzung Petri zum Vikar Christi: Pasce oves meas; Symon Johanna diligis me (*fol. 115*). *Einsetzung der kirchlichen Hierarchie durch Petrus nach Epist. beati Clementis. (Coll. Ps.-Isid. ed. P. Hinschius p. 31)* Secundo confirmo questionem supradictam ex toto decursu ecclesie a tempore beati Petri usque nunc. Omnes enim Romani principes, successores Petri, se gerebant ut vicarios Christi super Romanam ecclesiam, quorum valde multi enumerati sunt in sanctorum cathalogo; mens ergo sana non capit, quod hii omnes erraverint et totus decursus ecclesie usque nunc a Christo derelictus fuerit. . . .

(*fol. 115ʳ*). Tertio confirmo eandem questionem non scriptura, sed contra stultos fictores huiusmodi articuli per dicta et recognicionem maximorum imperatorum, qui layci existentes, ab antiquo veritatem suprapositam agnoverunt, *wie Konstantin, Karl der Grosse, Ludwig.* . . .

(*fol. 116*). Concludendo ergo finaliter quoad hunc tertium articulum dico, quod negantes Petrum et eius successores esse Christi vicarios et capud ecclesie post Christum et per consequens Romanam ecclesiam esse capud, matrem et magistram omnium Christi ecclesiarum per mundum, scismatici sunt censendi; *citiert Thomas IIII. sentent. di. 24. q. penult.*[1]) *und beweist, dass diese Leugner auch heretici sind.* . . .

Ad 4ᵐ articulum, dum dicunt, quod omnes sacerdotes, sive sit papa sive archiepiscopus sive sacerdos simplex, quicumque sunt equalis auctoritatis et iurisdictionis ex institutione Christi; sed quod unus habeat plus alio, hoc est, secundum quod imperator concessit plus vel minus, et sicut concessit, revocare potest : dico quod totum istud est falsissimum.

Der erste Teil der Behauptung wird widerlegt aus der Beweisführung für den vorhergehenden Artikel . . . *Christus setzte sowohl* (*fol. 116ᵛ*) *die zwölf Apostel, als die 72 discipuli selbst ein* . . .*2) Die* episcopi *sind* ex institutione Christi maioris auctoritatis, quam simplices sacerdotes, quoad iurisdictionem et administrationem. . . . *Quantum vero* ad secundam partem huius quarti articuli, scilicet quod imperator dederit auctoritatem et maiorem potestatem pape, quam episcopis, quod eam a

---

1) Thomas, In Sentent. I. IV. dist. 24 q. III. art. II. quaestiuncula III. solutio III. ed. Parmae, tom. 7 p. 902.

Deo ipse papa non habeat, et quod imperator possit eam revocare: dico
quod hec est mirabilis vesania et res absurdissima, scilicet quod imperator spiritualem potestatem super ecclesiam habeat et papa illa careat
(*fol. 117*). Hoc igitur, tanquam abusum ulterius non prosequor, nisi
quod addo, quod papa immediate a Christo, non ab apostolis suam habet
potestatem (di. XXII.[1]) . . . . Concludo ergo quoad hunc 4ᵐ articulum,
quod ex institutione Christi papa habet maiorem potestatem, quam quicumque alius de ecclesia, et episcopi maiorem auctoritatem, quam curati
sive simplices sacerdotes, et si non quoad potestatem ordinis, quantum
ad corpus Christi verum conficiendi, tamen quoad potestatem iurisdictionis et administrationis, quantum ad corpus Christi misticum, quod
sunt ipsi fideles ecclesie. Nec imperator eis hanc potestatem potest dare
vel auferre. Oppositum vero pertinaciter asserere ad scisma pertinet et
heresim. . . .

(*fol. 117*). Ad quintum articulum dicitur, quod papa vel Romana ecclesia simul sumpta nullum hominem quantumcumque sceleratum potest punire punicione coactiva, nisi imperator daret eis auctoritatem: dico
distinguendo diversos modos punicionum. Est ·enim punicio coactiva
quedam mere spiritualis per censuram ecclesiasticam, qualiter est precipue
excommunicatio, que est mucro spiritualis ecclesie; et ista potest papa
et ecclesia punire sceleratos tam clericos, quam laycos, et imperatorem
et reges, nec ad hoc auctoritas imperialis aliquid facit, cum hec punicio
pertineat immediate ad clavem iurisdictionis ecclesiastice etc.

. . . Iuxta hanc vero punicionem mere spiritualem est alia punicio
seu pena canonica magis tamen corporalis, puta verberatio seu flagel-
latio et incarceratio, et hac punicione punire potest sceleratos clericos
seu personas ecclesiasticas; et hoc verum reputo, etiam circumscripta
omni concessione imperiali. Quia quidquid sit de agris, prediis et nego-
ciacionibus ac huiusmodi exterioribus, persone ecclesiastice ita parum
vel minus pertinent ad iurisdictionem imperialem, sicut vel quantum et
basilice et ecclesie Deo consecrate. . . . .

(*fol. 117ᵛ*). Verum quia ecclesia novi testamenti per se non exercet
iudicium sanguinis, clericos sceleratos et incorrigibiles tradit vel pocius
relinquit curie seculari. Laycos vero etiam absque auctoritate imperiali
ecclesia punire potest et corrigere verberibus et flagellis pro variis delictis, citra tamen mortem et mutilationem, ut premisi XXIII. q. V. *circum-*
celliones[2]), ubi dicitur, quod iudex ecclesiasticus virgis et verberibus
potest punire; qui modus coercicionis etiam a magistris artium liberalium
et ab ipsis parentibus adhibetur, sepe etiam in iudiciis solet ab ipsis
adhiberi laycis, etiam in causa heresis *etc.* . . .

---

1) c. 2 dist. 22.
2) c. 1 C. 23 q. 5.

Alia est punicio iurisdictionis penitus secularis, et istam exercet ecclesia in terris, ubi temporalem iurisdictionem habet, sicut alii principes seculares, non tamen per se, sed per suos balivos seculares, quibus auctoritatem dat actus iustitie et iudicii in secularibus causis exercendi...

Utrum autem ecclesia punire possit et specialiter iurisdictionem alterius dominii exercere in temporalibus subiectis imperatori, regibus et aliis secularibus principibus preter casum, scilicet dum vacat imperium vel dum est patens defectus iusticie, michi videtur cum omni humilitate, quod ecclesia multum consulte hoc sub dissimulacione debet pertransire, sicut hactenus providentissimi apostolici, stantes infra limites iurisdictionis spiritualis et in casu solum, scilicet pro supplemento et obviando peccatis, manum ad temporalem secularium principum iurisdictionem extendentes, sollerter hoc dissimulare curaverunt. Et ad hoc me precipue duo movent: primum est scandalum periculosum principum secularium, qui etiam sine hoc parum gratiosi sunt ecclesie. *Die Art, wie Christus Tribut zahlte*, estimo quod hoc fit ad informationem ecclesie, quod saltem se non ingerat cum scandalo ad sibi vendicandum ius et altum dominium in temporalibus principum secularium, ubi non sic clarum est, sed forsan opinabile de se ecclesiam tale ius habere: et istud scandalum alias pro parte in effectu apparuit.

Secundum quod me movet est, quod ex modo vivendi salvatoris et conversandi, dum in terris fuit, et ex eius doctrina et ex fundatione ecclesie mihi saltem prima facie non apparet, quin ecclesia de patrimonio crucifixi, quod ex largicione principum ac aliorum fidelium processit, cum portione levitica et aliis ad eam plano titulo devolutis, quamdiu hoc pro sustentacione et necessariis stipendiis ministrorum ecclesie sufficiunt, debeat contentari. Multum enim salvator ap-(*fol. 118*)petitum dominii et maioritatis apostolis refrenare curavit, nec se intromittere voluit de divisione hereditatis inter duos fratres, cum de hoc ab eorum altero fuerit requisitus, Luc. XII.[1]) Ponit ergo hunc ultimum modum punicionis in iurisdictione secularium principum, de quo nihil aliud diffinio, quam premisi.

Concludo quantum ad hunc articulum quintum, quod in aliis membris et modis punicionum quoad sceleratos papa et ecclesia non indigent auctoritate seu concessione imperiali, ut eis sint licite. Et huius oppositum pertinaciter dicere, presertim super hoc habita declaratione ecclesie, quia materia angulos habet et aliquali distinctione indiget, ut premisi, reputo falsum et periculosum quantum ad disciplinam et correctionem morum et derogationem potestatis ecclesie, et cum hec talia asserens et defendens iuxta modum determinationis ecclesie, que circa hoc racionabiliter fieri potuit, esset ulterius puniendus.

1) Lc. 12, 13—14.

Ad VI^m et ultimum articulum qui sequitur ex premissis et precipue ex tertio et 4° articulo, dum scilicet dicunt, quicunque presbyter ita plene potest absolvere ab omni crimine, ab omni sententia et a quocunque periculoso statu quem homo incurrat, modo quocumque, sicut papa: dico, quod istud est falsum et erroneum et subvertens ordinem et unitatem ecclesie et sicut ex premissis articulis, scilicet 3° et 4° sequitur, ita per istorum reprobationes suprapositas econtra potest improbari. Et pro conclusione finali huius articuli dico, quod per reductionem quandam ad scisma sapiens heresim pertinere videtur, et pro tali potest merito meo iudicio condempnari, sicut supra de aliis articulis ex quibus sequitur, scilicet 3° et 4° et precipue in fine tertii articuli dicebatur¹).

1) *Darunter der Schreibervers:* Explicit liber, scriptor sit crimine liber. Omnibus est notum, quod multum di-(c. 2)ligo potum.

II.

Guilielmus Amidani de Cremona, Reprobatio errorum.

Aus: Angelica 1028, fol. 1-29ᵛ.

(*fol. 1*). Reprobatio errorum sequentium ex precepto domini pape facta per fratrem Guillielmum de Cremona, sacre pagine professorem, fratrem heremitarum ordinis Sancti Augustini.

Errores quos dicunt et asserunt quidam magistri ex parte sanctissimi patris et domini nostri, domini Johannis XXII. mihi commissi, ut super eis scriberem quod mihi videretur, sunt isti ᵃ) infra scripti per hunc modum.

Primo dicunt, quod omnia temporalia ecclesie subsunt imperatori et quod potest ea accipere, ut sua, quod est falsum et hereticum dicere; et hoc probant per blasphemiam in Christum dicentes, quod in evangelio beati Matthei continetur, quod Christus solvit tributum cesari, quando Christus vel Petrus ad mandatum Christi accepit in ore piscis staterem et dedit illis, qui petebant didragma; et dicunt, quod hoc fecit necessitate coactus, non condescensive ᵇ) et libertate sue pietatis.

Secundo dicunt, quod ad imperatorem spectat papam corrigere et punire et instituere et destituere, quod probant per blasphemiam in Christum dicentes, quod Pilatus ordinaria auctoritate Christum crucifixit tanquam suum et ordinarie sibi subiectum, nec papa est magis liber quam Christus fuerit. Nec attendunt, quod Christus oblatus est, quia voluit, non quia Pilatus prevaluit.

Tercio dicunt, quod beatus Petrus apostolus non fuit plus caput ecclesie, quam quilibet aliorum apostolorum nec habuit plus auctoritatis, quam habuerunt alii apostoli, et quod Christus nullum caput dimisit ecclesie nec aliquem fecit suum vicarium.

Quarto dicunt, quod omnes sacerdotes, sive sit papa sive archiepiscopus sive sacerdos simplex, quicunque sunt equales in auctoritate et iurisdictione ex institutione Christi; sed quod unus habeat plus alio, hoc est, secundum quod imperator plus concessit vel minus, et sicut concessit, revocare potest. Ex hoc sequitur secundum blasphemiam istorum stultorum hereticorum, quod in trecentis annis quibus ydolatre prefuerunt

---

a) *Von anderer Hand nachgetragen.*
b) *ms.* condensive.

mundo, nullus de illis sanctis papis, quos colit ecclesia sicut sanctos, fuerit papa vel pontifex, et quod ecclesia turpiter erravit semper in suis officiis vocando Petrum principem apostolorum et dicendo eum legitimum vicarium Jesu Christi vel Romanam ecclesiam esse aliarum matrem et magistram, et tot absurda sequuntur, quod numerari non possunt in hoc scripto.

Quinto dicunt, quod papa vel ecclesia simul sumpta nullum hominem quantumcunque sceleratum potest punire punicione coactiva, nisi imperator daret eis auctoritatem.

Sexto dicunt et sequitur ex premissis suis erroribus, quod quilibet presbiter ita plene potest absolvere ab omni crimine et omni sententia et a quocumque periculoso statu, modo quocumque, sicut potest papa.

Ut autem predicti errores per modum questionum terminentur, prima questio sit ista.

Utrum omnia temporalia ecclesiastica sint imperatori, et an ea possit accipere ut sua. Et antequam dicam ad istam questionem et sequentes, protestor, quod intendo aliquid dicere quod sit contra fidem nec contra bonos mores necnon contra aliqua determinata ab ecclesia sancta Dei. Si autem contingeret etc. *widerruft er bereits im Voraus.*

(*fol. 1ᵃ*). *Betreffs des I. Artikels:* ista sunt per ordinem declaranda. Primo dandus est intellectus questionis, de qua scilicet ecclesia et de quibus bonis intelligatur seu quomodo ecclesia in proposito accipiatur. Secundo ostendam, quod secundum datum intellectum omnia temporalia subsunt ecclesie. Tertio declarabo, quod alia et alia temporalia aliter et aliter ecclesie sunt subiecta. Quarto ponuntur contra predicta quedam obiectiones, que postmodum in fine solventur cum illo dubio de tributo a Christo dato. Quinto manifestabo, quomodo omnia temporalia imperatori sunt subiecta et quomodo non. Sexto inquiram, quomodo imperator bona temporalia ecclesie potest ut sua accipere et quomodo non. Septimo ostendetur, quomodo dicere imperatorem posse accipere bona temporalia ecclesie ut sua, est falsum et hereticum, et quomodo non. Ultimo solventur obiectiones posite in quarto membro questionis. Quibus omnibus visis et bene declaratis satis habebitur veritas eius, quod intenditur.

Quantum ad primum, ecclesia *nach Hugo von S. Victor (De sacramentis lib. II. P. II., c. 2 u. 3, Migne 176, S. 416 f.) als* communitas omnium fidelium, *als* corpus Christi *mit den zwei Seiten: die linke die Laien, die rechte die Kleriker; doppelte Gewalt, zwei Schwerter (fol. 2).*Alio modo accipitur ecclesia pro potiori parte ecclesie primo modo dicte, scilicet pro clericis seu pro universitate clericorum. — non quin layci non sint ecclesiastici, immo sunt, sed quia non sunt ita nobiles in ecclesia, sicut clerici, nec ita abstracti ad divina.... Et isto modo in articulo proposito accipitur ecclesia.

2

Ad 2) quod omnia temporalia subsunt ecclesie, *mit 9 Argumenten bewiesen:* 1. *Verhältnis zu Gott¹*), propter quod infideles et peccatores, qui se Dei dominio subtrahunt et ipsis temporalibus perverse utuntur, indigne et iniuste temporalia ipsa possident, secundum ius divinum, quicquid sit de iure humano . . . quare nullus iuste et legitime possidet aliquid temporale, nisi in possessione illius spirituali potestati se subdat. — 2. Nullus possidet aliquid temporale cum iusticia, nisi sit regeneratus per ecclesiam, *alles nach Augustins Begriffe der* iusticia *etc.*²) (*fol. 2ᵛ*): Qui enim non vult esse sub Christi dominio, nullius rei cum iustitia potest habere dominium. Nam si miles nollet esse sub rege etc.³) . . . igitur iuste privatur omni dominio suo, ut nullius rei dominus esse possit iuste . . . quia ad iuste et legitime possidendi res temporales plus facit regeneratio per ecclesiam, que est spiritualis, quam generatio paterna, que fuit carnalis. Ex hoc consequens est,⁴) quod rem communem temporalem, quam habes in eo quod iuste possides, magis debes recognoscere ab ecclesia et per ecclesiam, quia es filius ecclesie, quam a patre tuo carnali et per ipsum, quia tu es filius eius.

Consequens etiam ulterius est, quod si pater eo vivente est magis dominus hereditarius, quam tu, ecclesia, que semper vivit, est magis domina rerum tuarum, quam tu. De modo autem istius maioris dominii inferius satis dicetur. (*fol. 3*). . . . 3. Omnis res, que reddit censum alicui, est sub dominio illius, hoc est notum et certum. . . 4. Quicunque est sub potestate minore, est sub maiore, et maxime quando potestas minor habet regulari per maiorem . . . 5. Omnis res illi est subiecta, qui potest auferre eam a possidente et alteri dare et hoc de iure . . . . . 6. Quidquid subest anime, subest ecclesie et potestati ecclesiastice. . . . 7. Quidquid ordinatur ad finem potestatis ecclesie, subest ipsi ecclesie et potestati eius. . . 8. Illius sunt temporalia, qui dat potestatem alteri regendi temporalia . . . 9. Illi, qui habet potestatem regendi temporalia, subsunt ipsa temporalia; sed ecclesia seu princeps ecclesie, ipse summus pontifex, habet potestatem ordinariam ad regendum ipsa temporalia. / . .

Ad 3) *inwiefern einmal die Temporalien der Kirche unterworfen sind, ein anderes mal nicht:* ad cuius declarationem considerandum est, quod aliqua temporalia sunt in manu secularium et in potestate et in cura ipsorum, sicut eorum bona, et tamen cum hoc talia bona subsunt ecclesie.

---

1) *Das Folgende bis* se subdat *aus* Jacob von Viterbo, De regimine christ. II c. 7. *Paris ms. lat. 4229, fol. 90 v.*

2) *cf.* Augustin, De civitate Dei II, c. 22 *und* Aegidius Romanus, De eccl. pot. II, c. 7, *Paris lat. 4229, fol. 20—20 v.*

3) *Aus* Aegidius II, c. 7.: Nullus possit cum iustitia *bis* fuit carnalis *wörtlich entlehnt, Paris 4229, fol. 20.*

4) Consequens ergo est *bis* quam tu *aus* Aegid. ib. II, c. 7. *Paris 4229, fol. 20 v.*

Aliqua vero temporalia veniunt et venerunt ad manus ecclesie et hoc
dupliciter: uno modo ex debito et de iure divino, ut decime et oblationes
cottidiane etc., alio modo libere[a]) vel commutative, sicut illa que emuntur
vel libere donantur, ut domus aliqua vel possessio aliqua, in quibus si
est differentia in modo acquirendi, non est tamen differentia in modo
possidendi, quantum ad presens spectat.

Er zeigt, dass die Temporalien, die in der Hand der Laien sind,
zugleich der Kirche unterworfen sind (fol. 3ᵛ), was minus bene conside-
rantibus, valde mirabile videtur: 1. durch Gott sind die Güter im unver-
äusserlichen Besitz der Kirche; 2. die Kirche besitzt sie als res Christianorum; die vom Glauben Abgefallenen verlieren sogleich ihr Eigen-
tumsrecht; 3. die Güter sind der Kirche unterworfen, quantum ad forum
privatum; der Priester kann in der Beichte einen Teil der Güter ver-
langen, wie Speise, Kleider etc. für die Armen, für die Kirche, für
Kirchenbau, für das Heilige Land etc. (fol. 4). Auch auf die Personen
der Laien erstreckt sich dieses dominium immediatum der Kirche: habet
immediatum dominium in ipsis et super ipsis personis et rebus... 4. die
Kirche hat dieses dominium in foro publico et contentioso: kann Laien
punire, incarcerare, affligere et disciplinare, auch Todesstrafe verhängen
bei Häresie oder Verbrechen contra honestatem morum, ut lesio clerici
etc., kann die Güter der Laien konfiszieren etc... Dicunt doctores[1]) et de-
terminant, quod de omnibus temporalibus, ut sunt spiritualibus aliquo
modo annexa, immediate se intromittere potest..., so bei Zehnten, de dotibus, de hereditatibus, desgleichen in criminibus, que (col. 2) sunt spiritualia mala. Ideo de questionibus temporalium que deferuntur cum de-
nunciatione criminis, so[2]) de temporalibus cum litigium temporalium contrariatur paci, ferner[3]) propter defectum domini temporalis, ut cum vacat
imperium aut propter negligentiam seu malitiam principis, et propter
bonum comune .... desgleichen cum appellatur ad ipsam et precipue de
illis, in quibus consuetudo habet, ut appelletur ad eam, et consuetudo
talis approbatur a principe seculari; ferner[4]): cum aliquid est difficile vel
ambiguum. Et forte multi alii casus sunt... Inter quos credo esse: pro
defensione fidei. Credo enim firmiter, quod bellum posset congregare
contra infideles et fidem impugnantes et contra rebelles ecclesie et contra
infestantes fideles; et quia bellum non potest congregari sine magnis
expensis, de iure posset imponere collectas non solum clericis, sed (fol. 4ᵛ)
etiam laycis et omnes in talibus casibus tenerentur subvenire... Sic igitur

---

a) im ms. ein Loch, das letzte e fehlt.
1) vgl. Aegidius l. c. III. c. 5, Paris 4229, fol. 46 v.
2) ib. III. c. 6.
3) ib. c. 7.
4) ib. c. 8.

apparet quatuor modis, quod bona temporalia quantumcunque sint in manu et dominio secularium, sunt etiam immediate ecclesie Dei et potestati eius spirituali subiecta.

Weiterer Beweis, quod ecclesia non solum habet dominium talium rerum immediatum predictis quatuor modis, sed etiam mediatum. Nam si rex vel imperator habet talium rerum dominium vel etiam particularis possessor, hoc est virtute potestatis ecclesiastice spiritualis.

Ueber die durch Kauf oder Schenkung erworbenen Güter der Kirche[1]: *die Kirche erwirbt nur das* dominium fructiferum, *da sie das* dominium naturale et divinum *schon vorher hat*, non autem potestatem, que pertinet ad potestatem terrenam vel temporalem. So *nach Hugo von S. Victor (De sacram. lib. II. P. II. c. 7, Migne l. c. 420) (fol. 5). Die Fürsten übertragen der Kirche bisweilen nur* utilitatem *bisweilen auch* potestatem iurisdictionis. *Die weltliche Jurisdiktion darf die Kirche auch dann nur durch* layci ministri *ausüben. Was endlich* decime, primicie etc. *betrifft, darüber hat die Kirche* plenum et totale dominium.

Ad 4) *9 Einwürfe gegen die vorhergehende Beweisführung aus dem A. T., N. T., Bernhard von Clairvaux, De consideratione u. a., gegen den kirchlichen Besitz und die weltliche Macht der Kirche. Ihre Widerlegung am Schlusse des Traktats.*

Ad 5) *Verhältnis des Kaisers zu den Temporalien: dreifacher* intellectus *der* subiectio temporalium *unter dem Kaiser*: 1. quoad defensionem et tuitionem contra rapientes vel molestantes, 2. quoad iurisdictionem, quoad rixantes et questionantes, 3. quantum ad possessionem, quoad utilitatem et fructum sumentes...

Auf die erste Weise sind dem Kaiser alle Güter und Personen, Laien und Geistliche, untertan; (fol. 6) in der zweiten Form sind die Temporalien nur der Laien ihm untertan; von den kirchlichen Gütern sind decime, oblationes *etc. ganz ausgenommen, gehören nicht vor das* forum imperatoris directe, indirecte *nur*, si talia bona occuparentur a layco et per sententiam ecclesie non posset ipsa ecclesia obtinere, posset imperator et deberet cogere occupantem ad restituendum... *(fol. 6ᵛ) dagegen ist die* via questionis *ausgeschlossen*. Quid autem dicendum est de bonis acquisitis ipsi ecclesie per emptionem vel donationem, que primo erant laycorum? Certe prima facie videretur, quod si talia bona fuerint empta a persona privata layca, que solum habebat dominium utile et fructiferum, non potestativum et iurisdictionale, de iure stricto adhuc remanent talia bona imperatori subiecta. Hic dico duo, unum certum, aliud probabile, licet dubium. Quod est certum, est istud: quidquid enim sit de iure, tamen videtur esse contra honestatem status, quod persona ecclesiastica trahatur ad forum iustitie et potestatis secularis pro questione

1) *vgl. ib. c. 11.*

cuiuscunque rei temporalis; honestius ergo esset, quod talis questio esse-
coram iudice ecclesiastico... Secundum vero, quod est multum rationabilet
licet aliquibus dubium ac falsum videatur, esset quod talia bona sic ec,
clesie acquisita transeunt in dominium ecclesie non solum utile et fructiferum, sed etiam iurisdictionale et potestativum....
(*fol. 7*) *Beseitigung von Einwürfen* (*fol. 7ᵛ*): Dicamus ergo, quod imperator rei donate vel vendite ecclesie dominium amittit potestativum
absque omni iniuria, sicut etiam dominium hominis mortui amittit absque
omni iniuria. *Denn die* res, *bezw.* persone *gelangen dann* ad altiorem
*statum. Auch wenn die Güter vom Kaiser selbst stammen, macht das
nichts. Aber er darf nicht das* (*fol. 8*) bonum comune imperii destruere —
quia nullum ius habet, ut talem rem ex toto ponat extra dominium imperatoris... *die Beziehungen zum Reiche bleiben bestehen.* Set in tali casu
ecclesia potest recognoscere rem temporalem ab imperio et sibi dare
censum, ut servetur iusticia et concordia ex utraque parte. Sicut enim
laycus tenetur dare ecclesie decimas, oblationes etc. propter dominium primarium ipsarum rerum, quod habet ecclesia in istis, alias esset iniustus:
sic ecclesia in eo casu, in quo possidet rem aliquam, in qua alius habet
dominium, debet aliquid sibi dare, si iustitia et pax servari debet... Et
in hoc est differentia inter res que sunt unius persone et res imperii; quia
res unius persone possunt totaliter transire in dominium ecclesie, non
autem res imperii; et ille possunt mundo et imperio esse mortue, non
autem iste.

3. ... Nunc videndum est, quomodo bona subditorum laycorum sunt
imperatori subiecta et quomodo non. *Sind die Laien servi, so sind ihre
Güter natürlich dem Kaiser unterworfen. Sind sie aber Freie mit* possessiones proprie, *so ist die Sache zweifelhaft*, et de hoc sunt opiniones.
Dicunt enim quidam quod omnia sunt imperatoris, *nach* dist. VIII. c. *quo
iure* .... quod ius humanum residet apud imperatorem. Aliud est opinio
opposita huic, que dicit, quod bona subditorum liberorum sunt imperatoris dominio subiecta solum secundum (*fol. 8ᵛ*) potestatem et iurisdictionem, in quantum potest ius condere et scribere et defendere et
pacem servare communem; et solum talium bonorum habet potestatem,
in quantum ordinatur in bonum commune, non autem quantum ad aliquam proprietatem et propriam utilitatem. Et ista opinio videtur mihi
rationabilior et probo eam, ut ad presens occurrunt, sex rationibus . . . *u. a. aus dem Naturrecht, weil anfangs alles gemeinsam war-
Der Kaiser aber hat alle Gewalt durch die Wahl des Volkes erhalten. Dann ist es indessen unwahrscheinlich, dass das Volk ihm all
sein Privateigentum übergeben wollte* et se suarum secum proprio dominio spoliare et facere se servos. Et quia electio est voluntaria. princeps
non habet ius in rebus subditorum, ex natura dico veri et boni et iusti regi

minis, nisi in quantum accepit ex voluntate populi ipsum eligentis; nec
est verus princeps, nisi de eorum voluntate tacita vel expressa. . . . Si
etiam esset electus a Deo idem sequitur.

*Dasselbe folgt aus der Art der Regierung des Königs: ein Tyrann
hätte sonst das Recht seine Untertanen willkürlich zu berauben; zwischen*
servi *und* liberi *wäre fast kein Unterschied; endlich da die Güter, die
im Naturzustand gemeinsam waren, kraft menschlichen Rechtes geteilt
wurden* et facta sunt propria ipsorum subditorum, quomodo ergo sunt
amplius imperatoris, tanquam bona sua? certe (*fol. 9*) evidenter apparet
quod non. *Der Einwurf, der Kaiser müsse auch das* dominium utile et
fructiferum haben, *weil* nemo militat stipendiis propriis *und er nicht
umsonst regieren kann, ist hinfällig. Denn der Kaiser erhält Entschä-
digungen aus den Strafgeldern der Verbrecher* et sic camere vel fisco
regis aliquid acquiritur. Alio modo per se, *entweder* quia subditi ordinant
aliquos certos redditus, extra tamen suas possessiones et res, vel etiam
de fructibus propriarum possessionum. Sed hic est notabiliter considerandum, quod aliter habet fructum et utilitatem persona privata, que
habet agrum vel vineam, et aliter rex vel imperator. Persona enim privata habet fructum de agro suo, ratione qua est dominus agri; imperator
vero solum, quia custodit agrum. *Wie der Bauer, der den Acker seines
Herrn bebaut,* sic rex non habet dominium agri mei neque fructus, qui
oritur, neque persone mee, qui sum liber, nec ius habet recipiendi aliquid
ex istis, quia sit dominus eorum, sed solum ratione laboris et regiminis;
colit enim quodammodo homines et res ipsorum, in quantum eos regit
et custodit et defendit in personis et in rebus . . .

Ad 6) quomodo imperator aliqua bona ecclesie potest accipere ut sua
et quomodo non. *Er soll und muss die Kirchengüter in seiner Schutz-
herrschaft* (ad custodiam) haben; *nicht aber* ad utilitatem et fructum.
(*fol. 9ᵛ*) quoad dominium iurisdictionale multo minus potest ea accipere
ut sua . . . Si autem bona ecclesie accipiantur non ut bona ecclesie, sed
sub alia ratione, sic potest bona ecclesie accipere ut sua, *d. h. nämlich
die Laiengüter, deren* primarium dominium *die Kirche ja auch hat, sodass
sie auch Kirchengüter genannt werden können. . .*

Ad 7) *Häretisch und falsch ist also der Satz, der Kaiser dürfe die
Kirchengüter als seine eigenen betrachten, nur in dem Sinne* ut bona
ecclesie sunt bona ecclesie, *nicht in den oben angegebenen zwei Bedeu-
tungen* (*fol. 10*). Et in hoc sensu accipiebant, ut probabiliter dicitur, illi
qui dictum articulum composuerunt. (*fol. 10ᵛ*) . . . Nullo igitur modo
dicendum est quod imperator talia bona accipere potest ut sua, nisi forte
in casu ultime necessitatis.

Ad 8) . . (*fol. 11*). *Widerlegung der Einwürfe* ad 4: quod ecclesia
non potest habere dominium rerum temporalium. *Auslassung über das
Armutsgebot und die Tributzahlung Christi.*

(*fol. 12*): Secunda questio est *etc.*

. . . Dictum illud non est dignum audicione, tum quia caret omni ratione, tum quia plenum inportabili errore hereticali. Et ad excludenda ista dicenda et premittenda essent multa de papali et imperiali potestate, et postea adducende essent rationes ostendentes tale dictum stare non posse. Quia tamen in rationibus implicabo de tali duplici potestate quan· tum unaqueque ratio requiret, ideo specialem tractatum de tali potestate pretermitto. Primo igitur adducam rationes ostendentes, quod tale dictum non potest stare, 2° quomodo tale dictum est hereticum et contra quos articulos est. . .

Das Erstere ergibt sich 1) aus der Ueberordnung des Edleren, Wür- digeren, d. i. der geistlichen Gewalt wegen ihres höheren Zweckes (ex parte obiecti et parte finis) . . . (*fol. 13*) *2) Wer nicht zu richten hat über einen andern, hat diesen auch nicht zu strafen . . . 3) Wer nicht zu befehlen hat, hat nicht* corrigere *und* punire. *Kaiser und Papst sind beide* gubernatores; *aber das Ziel des Kaisers ist* sub fine pape.

4) *Der* gubernator, qui respicit finem particularem, non debet punire, nec corrigere nec instituere illum gubernatorem et rectorem, qui respicit finem comunem et eo superiorem . . .

(*fol. 13ᵛ*) 5) Sicut se habet corpus ad animam, ita imperator ad pa- pam . . . 6) rector, qui habet universalem virtutem non debet nec potest puniri ab eo, qui habet particularem . . . 7) Ita debet esse in tota ecclesia, ut est congregatio omnium fidelium, sicut est in universo, ut est congregatio omnium creaturarum . . .

(*fol. 14*) 8) Sicut se habet status ad statum in valore et potentia, sic optimum in uno statu ad optimum in alio statu . . . *danach ist das Ver- hältnis des status der Laien zu dem status der Kleriker zu beurteilen.* 9) *nach 1. Cor. 2:* Spiritualis homo autem iudicat omnia . . . *Zwei Arten von* spiritualitas et perfectio: personalis *und* ex statu . . . etc. 10) ille rector, qui habet alium rectorem instituere et destituere non debet nec potest ab eodem puniri . . . *nach Hugo de sacram. 12, parte 2.*

Hierauf folgen 10 Gegenargumente (*fol. 14ᵛ*) 1) populus enim aliquis eligit et constituit sibi dominum, et tamen puniri potest a domino electo; unde in multis civitatibus eliguntur potestates et postea deponuntur. 2) Item etiam ipse papa eligitur a cetu cardinalium, qui tamen postea pot- est punire cardinales. Sic in proposito esse poterit: esto quod papa pos- set eligere, instituere et destituere imperatorem, adhuc intelligibile est, quod ab eo puniri potest. 3) Contra IIII multa respondentur. Non enim videtur verum, quod possit imperator eligi vel institui a papa; sed ipse et eius potestas est a Deo . . . 4) Item non est potestas, nisi a Deo . . . 5) Item c. LXXXXVI di. *Imperator* [1]), ubi de imperatore loquens dicit sic:

---

1) c. 11 dist. 96.

habet, inquit, *privilegia potestatis sue, que administrandis legibus publicis divinitus est consecutus* ... 6) Et eadem d. c. *duo sunt* ¹) ... 7) Item papa non eligit imperatorem, sed electores Alamanie ... 8) Item LXXXXIII d. c. *legimus in Ysaia* ²) super illo verbo *quomodo, si exercitus imperatorem faciat,* dicit glosator: *Ex sola electione principum dico eum verum imperatorem, antequam a papa confirmetur.* Et multa talia inveniuntur, que sonare videntur, quod papa non habet imperatorem instituere nec destituere ... 9) probatio Ugo. uti in oppositum; quia que sunt priora tempore, sunt posteriora perfectione et dignitate secundum philosophum. 10) Nec sanctificatio videtur arguere superioritatem, nisi in spiritualibus: quod non est ad propositum.

Ad primum dicendum, quod quando aliquis a populo eligitur in dominum et instituitur, non potest punire populum collective, sed aliquem vel aliquos de populo. Non enim est supra comunitatem collective, quod est super bonum (*fol. 15*) comune; sed magis est ordinatus ad bonum comune et comunitatis ... Item etiam quia papa non est ab imperatore nec a tota universitate fidelium, sed a solo Deo, ideo nec ab imperatore nec a tota fidelium multitudine papa puniri potest ...

2) *Die Papstwahl ist nicht mit der Kaiserwahl zu vergleichen. Die Kardinäle haben nicht eigentlich* instituere *und* confirmare, *sondern nur Gottes Willen zu erklären und zu vollziehen* ... 3) *Alle* potestas *als ein* bonum *ist* a Deo effective, *aber nicht die* potestas puniendi, *die z. B. Pilatus über Christus hatte; sie ist nur* permissive a Deo ... 4) *Ebenso das Wort:* omnis potestas est a Deo, *zu verstehen. Aber:* omne, quod est a Deo, etiam esse (*fol. 15ᵛ*) potest a creatura. Esto igitur quod potestas terrena sit a Deo, adhuc cum hoc stat, quod potest esse a papa. 5) *ebenso;* nam que sunt a potestate spirituali et divina, que est in papa, possunt dici divinitus fuisse consecuta. *Gegen die Glosse* dicimus, quod papatus et imperium et illa que necessario consecuntur ad ista, sunt immediate a Deo et non ab aliquo alio. Non enim papa instituit papatum nec imperium, sed Deus. Nam sicut dictamen rationis est a Deo ª), ita et imperium et dominium seculare in hominum multitudine ... Sed licet status imperii sit a Deo, tamen quod iste vel ille sit imperator, potest esse a voluntate humana, habente auctoritatem, sicuti est voluntas supremi pontificis. Ipsa est enim potens eligere et instituere imperatorem, sicut expedire viderit bono communitatis et christianitatis. 6) *Desgleichen.* 7) *Betreffs des Satzes:* electores Alamanie eligunt imperatorem: dicendum quod hoc ipsum habent a papa, et in hoc papa assimilatur Deo, qui cum possit agere omnia per se ipsum, tamen ut communicet bonitatem suam aliis creaturis, communicat potentiam agendi; sic et papa, qui cum possit eli-

---

a) est a Deo *am Rande nachgetragen.*
1) c. 10. dist. 96.
2) c. 24 dist. 93.

gere imperatorem per se ipsum, tamen hoc communicat aliis, ut eligere possint (c. *Venerabilem*). 8) *Gegen die Glosse:* ignorat, quid dicat, quoniam si est verus imperator antequam a papa confirmetur, ad quid igitur indiget confirmatione a papa? Item etiam ipse supponit, sicut supponendum est, quod a papa confirmatur iam electus. Sed constat, quod nullus officialis, antequam confirmetur, est vere talis. Et si exerceat actus tales, hoc erit pocius et magis ex indulgencia et concessione, quam ex debito et iuridictione ... (*fol. 16*) ...

... 12) *Zweischwerterlehre. Das Prinzip der Unterordnung des Kaisers nicht nur im Geistlichen, sondern auch im Weltlichen, ist nötig, weil sonst nicht* gladius sub gladio *wäre* ... 13) Subiectus non potest nec debet punire dominum ... 14) *Ebenso wenig der Sohn den Vater*... 15) Qui habet utrumque gladium, ... non potest puniri ab eo, qui habet tantum unum et infimum ... 16) Aliquis dominus temporalis non potest nec debet punire illum ad quem fit appellatio ... (*fol. 17*) ... 17) Non est magis exceptus imperator a supremo pontifice novi testamenti, quam rex a supremo pontifice veteris testamenti; *dieser war an* consilium et consensum pontificis *gebunden* ... 18) Qui habet potestatem auferendi ab aliquo domino omnem multitudinem sibi subiectam, non econtra, non debet nec potest rationabiliter puniri ab eodem ... 19) non sunt minus liberi clerici novi testamenti quam Levite veteris testamenti... (*fol. 17ᵛ*) ... 20) ... Ex plenitudine perfectionis papalis: *Zweilichtertheorie.* (*fol. 18*)...

21)... A sanctis (dicitur) potestas papalis potestas celestis, potestas vero imperialis dicitur terrena ... 22) ... Sicut celum continet propter sui magnitudinem omnia hec inferiora, sic in potestate papali continetur omnis potestas sacerdotalis et regalis, celestis et terrena, ut possit ipse dicere: Data est mihi omnis potestas etc.... 23)...Papa est universalis Christi vicarius in ecclesia... (*fol. 18ᵛ*) 24) ... Sumitur ex eius confirmatione: *der Papst wird von niemandem confirmiert; wohl aber der Kaiser* ... Sed quid faciendum est, si esset ita malus, quod ipse per suam maliciam ecclesiam inficeret? dicendum, ut comuniter dicitur, quod omnibus viribus ᵃ) esset insistendum, ut ipsum Deus de medio tolleret ... Et item cum debita reverentia et sobrietate a cardinalibus sibi esset resistendum.

Der ketzerische Papst ist eo ipso abgesetzt.

(*fol. 18ᵛ*) ... 25) Ille qui est velut Deus in terra, non debet iudicari nec per omnes puniri ab aliquo iudice terreno vel inperatore ...

(*fol. 19*) ... Tunc ostendendum est, quod tale dictum est hereticum assertive dictum. *Denn es ist* 1ᵒ contra bonos mores, etc... quia aperte contra multos articulos ...

(*fol. 19ᵛ*) ... Tertia questio est, utrum beatus Petrus fuerit plus caput ecclesie, quam quilibet aliorum etc... Ad veritatem habendam quatuor fa-

a) *ms.* rationibus (*am Rande*).

cienda sunt: 1m est, quod ecclesia habere debet unum caput; 2m quod in primitiva ecclesia b. Petrus fuerit tale caput etiam super omnes alios apostolos ... 3° quod Christus fecit et dimisit eum caput et suum vicarium ... 4° quod dicere oppositum predictorum est insane et hereticum...

(*fol. 20*) ... *Zehn Argumente für die Notwendigkeit der Einheit der Kirche.*

(*fol. 21*) ... Secundum quoque *über Petrus nach Joh. 1, 42. Mt. 16, 18*...

(*fol. 21 v*)... *Die Lösegewalt war zwar allen Aposteln gegeben worden, aber* prius singulariter dictum est Petro ... Petro igitur dictum est sine aliis, sed aliis non sine Petro ... *Dazu Mt. 17, 25 ... Petrus zahlte den Tribut für die andern Apostel... Luc. 9, 20... Petrus sprach im Namen der andern Apostel zu Christus ... (fol. 22)... Joh. 13, 6—10: über die Fusswaschung; Luc. 22, 32: Ego pro te rogavi etc... Petrus allein zog das Schwert ... Zitiert Bernhard, De consideratione I. II.*

Ad. 3) (*fol. 22 v*) ... *Joh. 21, 15—17: Pasce agnos meos* ... non autem: Pasce has oves meas aut illas etc... 13 rationes ... (*fol. 23—23 v*)...

(*fol. 23 v*) ad 4) ... Declarandum facile est, *weil alle jene Behauptungen verstossen gegen die Glaubensartikel und gegen die* libertas ecclesie Romane et auctoritas sacre scripture ...

... Quarta questio est etc... Hec questio duo quaerit: 1° an omnes sacerdotes in auctoritate et iuridictione sint equales ex Christi institucione: 2°: si inter eos est inequalitas, an ab imperatore procedat. Hic quatuor breviter facienda sunt... (*fol. 24*). Primum est, quod inter omnes sacerdotes est inequalitas in auctoritate et iurisdictione... 2m, quod talis inequalitas ex Christi institutione processit. 3m, quod non ab imperatore hec procedere potuit... 4m, quod dicere oppositum istorum est hereticum.

1. Sicut communitates se excedunt, sic et potestates dictas communitates regentes se excedunt et excedere debent in auctoritate et iuridictione... 2. Sicut videmus in corpore naturali, ita rationabiliter proporcionaliter esse debet in corpore Christi mistico, quod est ecclesia ... 3. Non minus debet esse ordinatum regnum Christi spirituale, quam temporale, ymo multo magis... 4. Non minus ecclesia Christi debet esse bene ordinata et bene disposita in novo testamento, quam in veteri... 5. Ecclesia Christi dicitur esse pulcra et bene ordinata et in laycis et in clericis; sed ordo secundum Augustinum requirit inequalitatem. . . 6. Illum gradum quem habuit beatus Petrus ad alios apostolos et Christi discipulos et ceteros fideles, postquam audivit a Christo: *pasce oves meas,* Joh. ultimo, habet nunc papa respectu aliorum episcoporum et simplicium sacerdotum... *zitiert Beda zu Luc. 10.* (*fol. 24 v*), di. 21. c. in novo testamento [1]), *das pari consortio bezieht sich nur auf den* ordo und

1, c. 2 dist. 21.

die dignitas consecrationis, *nicht auf die* plenitudo administrationis . . .
7. Ecclesia militans est ad exemplum et instar ecclesie triumphantis *(nach Dionysius De celesti hierarchia).* *Folgt eine längere Erklärung der zuerst aufgestellten 4 Punkte mit Gegenargumenten (fol. 24ᵛ—26ᵛ).* Strittig ist nicht quod talis inequalitas potestatis est a Christo, *sondern* quod potestas et iurisdictio sit in ipsis sacerdotibus immediate a Christo . . . *Das letztere* multis etiam catholicis est dubium . . . *Nach den einen ist die* potestas iurisdictionis immediate a Christo in episcopis et sacerdotibus simplicibus, *nach andern aber ist sie* a papa seu a Christo mediante papa . . . Minus indiget ecclesia sacramentis quam diversitate potestatis et iurisdictionis . . .

(fol. 25) . . . Der Vfr. entscheidet sich für die zweite Ansicht, dass die potestas iurisdictionis a papa *oder* mediante supremo pontifice, *nicht unmittelbar* a Christo *den Bischöfen und Priestern zusteht,* quod tota potestas iurisdictionis que est in ecclesia in papa reservatur . . .

(fol. 25ᵛ) . . . Si ita non esset, tunc papa non posset aliquem episcopum instituere nec destituere nec eum in aliquo artare . . . *Die Stelle Johannes 20, 22. 23 über die Austeilung von Christi Gewalt an alle Apostel, nicht an Petrus allein:* quod verum est, quod omnes apostoli acceperunt talem potestatem imediate a Christo et non a Petro, quia Christus presens, et ideo non oportebat, quod eis daret per vicarium. Modo vero Christus est absens et ideo vult, quod omnes successores apostolorum accipiant a vicario suo. Nec in hoc sunt minoris dignitatis et virtutis *etc. Denn* poßt Christi ascensionem beato Petro fuerunt subiecti apostoli. Erat enim eorum caput et princeps . . . Quicquid sit de hoc, non est curandum in proposito, quia secundum utrumque dictum habetur, quod talis potestas est a Christo, . . . non autem dicunt, quod ab imperatore, et hoc est quod 3° est declarandum . . .

(fol. 26) . . . Philosophische Gründe für das Rangverhältnis der zwei Gewalten, Abhängigkeit des Kaisers vom Papste. Sed dicam tibi, in quo habet auctoritatem [1]; habet et potestatem ponere distinctionem in sacerdotibus; habet autem in illis quorum est dominus, sc. in bonis temporalibus suis propriis vel communibus distribuendis. De talibus enim posset pro libito voluntatis dare isti sacerdoti plus, isti minus. Sed hoc non est dare auctoritatem et potestatem iurisdictionis ecclesiasticam . . . 5. Dominus non habet iuridictionem et dominium a servo; sed papa est dominus simpliciter in terris, . . . imperator vero est eius subditus et servus . . . *Das Gegenteil ist Haeresie.*

(fol. 26ᵛ) Quinta questio est, utrum papa vel ecclesia simul sumpta possit aliquem hominem sceleratum punire punitione coactiva, nisi impe-

1) *Nämlich der Kaiser.*

rator daret eis auctoritatem puniendi. Dicendum ad questionem, quod sic; et quod dicere oppositum est hereticum ... *Weil dem Papste beide Gewalten zukommen* ... *Petrus strafte Ananias und Saphira.* 3. Papa de iure potest punire imperatorem usque ad incarcerationem et sibi omnem penam citra mortem inferre immediate ex propria auctoritate ... 4. Dominus etiam noster ementes et vendentes proiecit de templo ... 5... *Ambrosius super Luc.* 5, 4:*Mitte hamum* [1]) ... 6. Papa habet potestatem et iurisdictionem tantam, quod potest imperatorem instituere et destituere et non econtra ...

(*fol. 27*) ... Sexta questio est *über die Absolutionsgewalt der Priester* ... *Verweist auf die vierte Quaestio* ... *Doch* quia novum dogma est, *will er noch etwas darüber sagen und zeigt, dass jene Behauptung* est contra rectam rationem, contra dicta sanctorum, contra determinationem ecclesie, contra dicta sacre scripture, per consequens sequitur quod sit falsum, supersticiosum et hereticum ... (*fol. 27v*) Ideo alius non habet potestatem eius subditum absolvere, nisi sit superior vel vicem superioris habeat, ut penitentiarii domini pape et penitentiarii episcopi legati et privilegiati, qui faciunt hoc auctoritate superioris ... 2... *Analog in den weltlichen Reichen u. s. f. Erhaltung des Prinzips der hierarchischen Abstufung der Gewalt nötig; fol. 28v neue Gegenargumente und fol. 29 die Antwort darauf.*

(*fol. 29v*) ... *Schluss:* Et hec sufficiant pro impugnacione illorum sex errorum a quibusdam magistris in eorum dampnacionem positorum superius. Explicit . Benedictus Deus . Amen.

---

1) Ambrosii Opera ed. Maur. III 91 (849).

III.

Petrus de Lutra.

a) Traktat gegen Lehren des Marsilius von Padua und der Minoriten (Laqueus Michaelis?) 1328.

aus: Vat. lat. 7316 fol. CXXXI—CXXXV v.

fol. CXXXI (15). Incipit tractatus contra prefatum Michaelem de Cesena et socios eius.

Sapientes consiliarii pharaonis dederunt consilium insipiens, Ysaie
XIX [1]). Nonne decipitur imperialis potestas, ut velut pharao Israelem idest
Dei ecclesiam presumat sibi substituere et servilem ac tributariam subi-
gere? Cui dominus dixit: dimitte in libertate populum meum, ut sacrificet
michi [2]). Cuius cor si induratum fuerit pertinaciter, et in plaga multiplici
a domino ferietur [3]) et ad nichilum deducetur [4]). Non ergo confidat in cur-
ribus et in equis nec in multitudine populorum [5]). Quia infirmius Deo fortius
est hominibus [6]). Non dicat: Filius sapientium ego, filius regum antiquorum [7]). Interroga patres tuos et annunciabunt tibi, maiores tuos et dicent
tibi [8]). Nonne Nabuchodonosor qui statuam auream erexerat, scilicet potestatem temporalem, supra Deum, idest papam, venerandam, filio Dei
viso, quasi filio hominis, abiecta statua solum Deum lege sancxit super
omnia adorandum? In quo tibi clamat, imperator, ut qui filii Dei in assumpta humanitate per fidem informate caritatis, videlicet ecclesie, cesses
erigere statuam temporalis potestatis, sed eam summittas domino Jesu
Christo, sisque filius et subditus ecclesie. Non dominus ipse dixit tibi, quod
superbia eius demota est bestiali feritate? Et postquam aperti sunt oculi
eius vidit [9]). Et tu cum eo vide, quod potestas eius est potestas eterna.
Et omnes habitatores terre apud eum in nichilum reputati sunt. Nec est
qui resistat manui eius et dicat, quare fecisti? Nonne Balthasar abutens
vasis templi annunciat [10]), quod dominus dividit et transfert in alios, scilicet Cyrum et Dareum, regnum et imperium? Et Darius devictus ab Ale-
xandro idem tibi narrat. Alexandri quoque imperium in sui integritate vix
duodecim annorum numero protrahitur. Quid recensere oportet historias,
cum reperias tyrannos, ydolatras, ecclesie persecutores et oppressores
miserabiliter corruisse, semper ecclesia uberius et gloriosius accrescente?
quia et porte inferi, idest tyranni et heretici, contra eam nequeunt prevalere [11]). Igitur stulti facti sunt magistri [12]), qui errare faciunt imperium
in omni opere suo.

Tales apostolus scribit [13]) magistros absque sale sapientie et modera-
mine veritatis et sobrietatis infatuatos, qui a fide oberrantes conversi sunt
in vaniloquium, volentes esse doctores non intelligentes que loquuntur
neque de quibus affirmant. De quibus dicit spiritus, quod in novissimis
temporibus descendent quidem a fide, attendentes spiritibus erroris et
doctrinis demoniorum, in ypocrisi loquentium mendacium, cautherisatam
habentes suam conscientiam [14]).

1) Jes. 19, 11.   2) Exod. 5, 1 etc. vgl. 9, 13.   3) Vgl. Exod. 9, 14.   4) Ps.
58, 9.   5) Vgl. Exod. 14, 17.   6) 1. Cor. 1, 25.   7) Jes. 19, 11.   8) Vgl. Jes. 19,
12; Deut. 32, 7.   9) Vgl. Dan. 4, 22; 9, 18; Luc. 24, 31.   10) Dan. 5, 2. ff.
11) Matth. 16, 18.   12) Jes. 19, 13, 14.   13) 2. Petri 2, 1.   14) 1. Tim. 4, 2.

Et certe his magistris ansam prebet potentum malicia et inordinata et ambiciosa affectio tyrannorum per libidinem dominandi, quos vidit in spiritu apostolus querere magistros, qui eis plus dicant placita, quam vera. Erit, inquit [1], tempus cum sanam doctrinam non accipient, sed ad sua desideria coacervabunt sibi magistros prurientes auribus.

P r i m u s error istorum asserere omnia temporalia ecclesie subesse imperatori. Et iste error clarius eliditur quo ad bona ecclesie respectu domini pape per viam universalis dominii, qui secundum multos dicitur superior imperatore non solum in spiritualibus, sed eciam in temporalibus, ita quod omnia temporalia sibi subsunt secundum multos. Verum quia ista via offendit multum principes temporales, *non ipsos scandalizemus*, sicut salvator idem dicit in solutione tributi [2]. Potest dictus error altius reprobari assumendo aliam viam. Dico quod dicere absque distinctione, quod omnia temporalia ecclesie subsint (*fol.* CXXXᵛ) imperatori et potest ea accipere ut sua, est error perversus. Hoc enim errore damnatus fuit Valentinianus imperator, cui constanter restitit beatus Ambrosius, ut patet in epistolis de hoc per ipsum editis. Allegabatur siquidem pro imperatore, quod in auferendo domum ecclesie utebatur imperator suo iure, quia omnia sua sunt. Respondit Ambrosius [3]: *Ea que divina sunt, imperatori possunt non esse subdita.* Facultates igitur ecclesie, que Deo sunt oblate et eius obsequio, sine quibus non potest divinus cultus esse, inter divina computari debent, quia ad divinum cultum dedicata sunt. Unde in auferendo res et bona ecclesie sacrilegium committitur. Unde Augustinus omelia XLIXᵐ super Iohannem [4]): *Ecce fur est Iudas et ne contempnas fur et sacrilegus, non qualiscumque* ᵃ)*fur, sed fur loculorum, sed divinorum loculorum* ᵇ)*, sed sacrorum. Si crimina discernuntur in foro, qualiscunque furti et peculatus* ᶜ)*; peculatus enim dicitur furtum de republica; et non sic iudicatur furtum rei private, sicut publice. Quanto vehementius iudicandus est sacrilegus qui ausus fuerit aliquid de ecclesia tollere. Qui aliquid de bonis ecclesie tollit, Iude perdito comparatur;* temporalia siquidem ecclesie per Christi loculos intelliguntur. Unde Augustinus ibi dicit⁵): quod Christus loculos habuit, *quia ecclesia erat loculos habitura.* Et ideo bona ecclesie, bona sunt domini et domino consecrata, ut inter divina numerari debeant, et per consequens libera sint ab ipsa imperiali potestate . . ᵈ).

a) *ms.* aliascumque.
b) *ms.* locorum.
c) *ms.* speculatus; et *fehlt.*
d) *Die Punkte im ms.*
1) 2. Tim. 4, 3.
2) Ev. Matth. 17, 26.
3) Ambrosius in c. 22 C. 23 q. 4.
4) *Vielmehr* Augustinus in Joh. Ev. tract. 50, § 10, ed. Maurin. Paris 1837, t. III, 2 S. 2183.
5) ib. § 10. l. c. S. 4184.

Preterea non minus est libera ecclesia in bonis suis a temporali potestate et imperatoris, quam erat synagoga, ymo magis, quia secundum
apostolum synagoga comparatur ancille, ecclesia vero libere, qua libertate Christus nos liberavit. Sed synagoga in bonis, que cedebant ministris et pertinebant ad cultum divinum, sic erat libera, quod quo ad illa
nullo modo suberat regie potestati aut temporali, ymo in his rex subde-
batur synagoge. Primogenitus enim regis sicut aliorum redimebatur, cuius precium cadebat in ius synagoge et Aaron ac filiorum eius. Unde
Exodi XIIII ¹) precepit dominus sanctificari omne primogenitum. Omnia
enim primogenita dixit sua, quia precio redimebantur. In quibus induce-
bantur primogeniti regum, quia sua dixit dominus primogenita Israel, eo
quod percussit ad ipsorum liberationem primogenita Egipti, ut patet Numeri III° ²), in quibus includebatur primogenitus regis Pharaonis, ut patet
Exodi VI °). Ergo cum ex primogenitis Egipti, in quibus erat primogenitus regis, ius subiectionis sibi vendicabat dominus, in synagoga in primogenitis Israel necessario in hac subiectione et redemptione temporali
precio primogenitus regis subiciebatur. Et ita cum dominus Aaron omne
primogenitum, sive ex hominibus sive ex peccoribus, ut essent sui iuris,
ut pro hominis primogenito precium reciperet, ut patet Numeri XVIII° ⁴),
patet, quod rex pro primogenito subiciebatur Aaron et pro precio, quod
cedebat in ius Aaron et filiorum. Decimarum quoque et primiciarum ius
et omne quod ex voto offerebatur a filiis Israel, cedebat in ius; eciam
omnis oblatio, eciam omne quod offerebatur pro peccato, ut ibi dicitur.
Et in hoc principes subiciebantur offerre pro peccato, Levit. IV° ⁵). Nullus
eciam de regia tribu, scilicet Iuda, erat liber, quin subiceretur synagoge
ad solutionem decimarum et primiciarum Aaron et eciam ministris eius
synagoge in signum divini dominii. Quod in ministris ecclesie maxime
relucet. Longe ergo minus ecclesia in bonis consimilibus, que habet
tanquam Deo oblata, subest imperatori!

Ymo est econverso, maxime quia si racione peccati subiciebatur rex
pontifici sinagoge, ut pro peccato manibus se subiceret pontificis et of-
ferret ei tanquam priori, longe plus princeps Christianus pro peccato subicitur pontifici ecclesie, qui per sacramenta ecclesie potest peccatum *(fol.
CXXXII)* dimittere et conscientiam a peccato mundare, quod non poterat
dominus synagoge. Et si Abraham obtulit decimas, tanquam iunior et inferior, Melchisedek sacerdoti summi Dei, tanquam superiori, consequens
est, quod christianus princeps, qui tenetur offerre ecclesie decimas, debet

1) Exodi 13, 12-15.
2) Num. 3, 13.
3) Exodi 4, 23 u. 12, 29.
4) Num. 18, 15.
5) Levit. 4, 3.

recognoscere pontificem ecclesie superiorem. Et saltem in talibus bonis
temporalibus, que pertinent ad divinum cultum et ministrorum ecclesie [a])
eius subsint imperatori, quia ratione signi distributivi nichil excluditur,
prout apostolus dicit ad Hebr. ll[o] [b]) [1]): *Qui omnia sibi subiecit, nihil non
subiectum reliquit.* Et ita dicens omnia temporalia ecclesie subiecta imperatori, nihil non subiectum reliquit. Hoc autem dicere de quibusdam bonis
temporalibus ecclesie patet esse erroneum et falsum, quia quedam sunt
bona ecclesie temporalia sic sibi intrinseca, quod sine eis divinus cultus
esse non potest nec spiritualis status ecclesie; sicut sunt decime, primicie,
oblaciones, libri, calices, ornamenta, domus ecclesie ac domus ministrorum
et alia eis necessaria secundum decentiam status pro se et suis et ad tenendam hospitalitatem, quia oportet eos hospitales esse secundum apostolum, qui eciam vult ecclesiam habere, unde possit ministrare viduis,
orphanis et pauperibus. Ista enim bona temporalia dici possunt ecclesie
intrinseca, quia sine eis bene status ecclesie bene esse non potest. Unde
in veteri testamento sacerdotes et levite, quamvis acceperint certas possessiones ad nutriendum, pecora ac urbes et suburbana earum per cir-
cuitum, ut patet Num. XXXV [2]), tamen dicti sunt non accepisse partem
possessionum, quia ista sic erant eis necessaria pro cultu divino et sua
sustentatione, quod dicta sunt magis bona spiritualia et divina, quam
temporalia. Quia sic sunt spiritualia et divino cultui annexa, quod sine
istis minister ecclesie et divinus cultus esse non potest, et eciam quia
talis temporalitas cadere non potest, nisi in ministros ecclesie, ad quorum
necessariam et decentem administracionem talia sunt divino iure et divina
ordinatione deputata, ut qui altari servit, de altari vivit. Unde ista non cadunt
sub dispositione temporalis potestatis, sed tantum spiritualis et divine, qua
ordinatum est, ut inducit apostolus prima ad Corinth. IX [3]), quod seminantes
spiritualia habeant potestatem et auctoritatem a suis subditis, quibus tenentur evangelizare auctoritate apostolica, suscipiendi temporalia et necessaria
ad divinum cultum, tam a regibus quam ab aliis. In hoc eciam subduntur
omnes fideles prelatis ecclesie, qui in hoc potestatem super eos acceperunt.
Quam potestatem Paulus dixit se habuisse, sicut ceteri apostoli, licet aliquando ea non fuerit usus. Unde sic arguamus: illa non subsunt imperiali
potestati, quibus iure suo pro loco et tempore non potest racionabiliter
uti, cum non possit suo iure [c]) temporalibus sic annexis ecclesie deputata,
quia ius imperiale non potest repugnare iuri et ordinationi divine. Igitur
imperator non potest illis iure suo uti, quia iure divino sunt in potestate
ecclesie translata. Sed talia temporalia, sine quibus status ecclesie quo

a) *Im Folgenden scheint ein Satzteil ausgefallen zu sein.*
b) *ms.* VI[o].
c) *Erg.* uti. *Das Folgende ist verstümmelt.*
1) Hebr. 2, 8.
2) Num. 35, 3.
3) 1. Cor. 9, 11.

ad divinum cultum et decentem sustentationem ministrorum et hospitalitatis et sepulture ᵃ), divino iure translata sunt in potestatem spiritualem et apostolicam, quia, ut dicit apostolus, hoc dominus ordinavit, ut *qui altari servit de altari vivere debet* ¹), ita quod divina ordinatio se extendit, ut sit altaris servicium quo ad divinum cultum, et per consequens ad habendum pertinentia ad cultum, scil. domos, calices, libros, vasa, ornamenta et alia, sine quibus divinus cultus honeste et reverenter esse non potest. Extendit se eciam ad sustentacionem ministrorum, quia in ecclesia necessarii sunt ministri, sine quibus non potest sacrificium dominici corporis confici, et potest tamen absque precioso calice et absque domo et ornamentis, licet non sit honestum, et esset contra (*fol. CXXXIIᵛ*) ordinationem ecclesie. Ergo magis necessarii sunt ad divinum cultum ministri. Unde Dei ordinatione sanctum est, ut ecclesia temporalia habeat, unde ministri sustententur et vivant.

Temporalia ergo talis ecclesie sic intrinsece spiritualibus annexa non subsunt imperatoris ᵇ) potestati, ymo contrarium dicere est contra veritatem scripture, scil. quod ius divinum et divina ordinatio in temporalibus subsit humane ordinationi et temporali iuri, quod est hereticum. Preterea status ille, qui est liber iure divino, est liber necessario quantum ad omnia, sine quibus status ille esse non potest. Et ratio dicti est, quia si status non potest esse sine illis, non poterit esse liber sine illis et nisi libere habeat illa: quia si non haberent ea libere, quo ad illa non esset status liber; et ita non esset status liber quoad illa, que necessario pertinent ad statum illum. Ergo sub libertate status liberi cadunt illa, sine quibus esse non potest. Sed status ecclesiasticus iure divino est liber, nulli temporali potestati subiectus. Unde dominus apostolis dixit Io. XV ²): *Iam non dicam vos servos*. Ecclesia autem, maxime quo ad ministros suos, est sponsa Christi libera; ipse enim fecit nos reges et sacerdotes. Christus eciam ubique apostolos dixit filios liberos a tributo et subiectione imperiali, Math. XVIIᵒ ᶜ) ³). Quod racionabile; nam si assistentes imperatori et suo servicio consequantur immunitatem libertatis, ut nulli subsint, nonne racionabilius est, quod assistentes Christo et eius servicio habeant immunitatem, ut soli Christo et eius vicario subiciantur, et non regi temporali?

Certum est, quod status ecclesiasticus, cum sit spiritualis, ad quem ut ad superiorem ordinatur temporalis, est liber nec subest temporali potestati, quia superius et dignius nullo rationabili iure subicitur inferiori et minus digno, ymo hoc pestilens et contra naturam, ut dicit philoso-

a) *Es fehlt etwa:* bene esse non potest.
b) *ms.* imperatori.
c) *ms.* XIII.
1) 1. Cor. 9, 13.
2) Joh. 15, 14.
3) Matth. 17, 25.

phus 1° Politicorum [1]). Nemo autem fidelis dubitat spiritualia preferri temporalibus, bona quoque anime, circa que est maxime principatus ecclesiasticus, preferuntur [a]) bonis corporis et fortune, circa que est maxime principatus temporalis. Cum ergo status ecclesie non possit esse sine talibus bonis temporalibus sibi necessariis et intrinsecis, non erunt subiecta imperatori, ymo libera, sicut et status. Confirmatur argumento Graciani XXIII q. VIII [2]). Quia non minus apud christianos res sacerdotum sunt libere, quam fuerunt apud pharaonem, cum veri Dei [b]) sint sacerdotes christiani, illi autem symulacrorum et demoniorum. Igitur qui veri Dei ministri sunt, maiori libertate gaudere debent, quam qui demoniorum. Sed tempore pharaonis possessiones sacerdotum libere fuerunt, aliorum possessionibus in servitutem redactis. Ergo longe magis bona ecclesie Christi, sine quibus cultus divinus esse non potest, debent esse libera ab omni subiectione temporalis potestatis! Reputo ergo dictum erroneum, quo ad hoc, quod universaliter dicit omnia temporalia bona ecclesie esse subiecta imperatori. Et quamvis bona temporalia extrinseca, puta ville et ample possessiones, que multis ecclesiis collate sunt, que dicit Augustinus omelia X. super Iohannem[3]), possideri iure imperatoris, transeant in dominium ecclesie cum onere suo, puta si erant tributaria, feudataria ac sub certa subiectione transiverunt in dominium ecclesie, quia per donationem talium non intelligitur spoliari dominus superior. Et de talibus debet ecclesia tributum, ut patet XXIII q. VIII *tributum* [4]). Et de talibus dicit Ambrosius in epistola ad plebem Mediolanensem de basilicis non tradendis [5]): *Si imperator tributum petit, non negamus; agri ecclesie solvunt tributum imperatori* [c]). Tamen propter hoc non debet dici quoad illa temporalia ecclesia subiecta imperatori, nec quod dominus papa subiciatur imperatori in bonis, que Constantinus libere dedit ecclesie Romane; ymo illa (*fol. CXXXIII*) habet libere absque omni subiectione, sicut imperator habebat.

Secundus error istorum est, quia asserunt imperatorem posse omnia bona ecclesie pro libito voluntatis sue accipere, ut sua. Hoc est enim manifeste hereticum, sicut dicens [d]), quod imperator possit facere, sacrilegium committit et Iude perdito comparatur. Servus enim impera-

a) *ms.* prefertur.
b) *Erg.* ministri.
c) *Randnote:* vide plenius per Barto. in extrav. *ad reprimendam* in glo. super verbo *totius orbis*, vgl. c. 8. X (1, 33).
d) *ms.* dicere.
1) Aristoteles, Politica I, c. 2, § 10. ed. Fr. Susemihl p. 18.
2) c. 22 C. 23. q. 8, Gratian.
3) Augustinus in c. 1. dist. 8.
4) c. 22 C. 23. q. 8.
5) Ambrosius, Epist. de basilic. trad. contra Auxentium, § 83, Opera ed. Maurin. Venet. 1781, VI 63 (925).

toris qui thesaurum de camera imperatoris acciperet contra eius voluntatem et ad alios usus converteret, quam ipse ordinasset, tanquam proditor et raptor puniendus esset. Servus autem Dei est imperator, ut cum rege David [1]) dicat: *Servus tuus ego sum et filius ancille tue* i. e. sinagoge, sed nunc potest dicere: *et filius libere tue* i. e. ecclesie. Qui servus, dum ad alios usus bona ecclesie accipit, ut sua, contra Dei voluntatem facit, et ad alios usus deputat, quam dominus ordinavit, qui vult talia ad Dei cultum, eciam ecclesie ornatum ac ministrorum ecclesie pauperumque sustentacionem converti et non ad usum imperialem. Ergo imperator servus sciens voluntatem Christi et non faciens, ymmo faciens contra eam, vapulabitur a) plagis multis. Numquid facultates ecclesie, que sunt vota fidelium, ornatus ecclesiarum, divini cultus observantia, ad humanos usus debent prophanari que fuerunt Deo consecrata? absit. Contra hunc abusum clamat rex David: *Prophanasti in terra sanctuarium eius* [2]). Ille prophanat in terra sanctuarium, qui oblata ecclesie ad humanos usus convertit. Unde hic error damnatur IV. Reg. XII [3]), ubi legitur, quod rex Iohas accepit thesaurum, quem ipse et patres sui sanctificaverant et dederant templo Domini, et universum argentum, quod inveniri potuit in thesauris templi domini inde abstulit, et dedit et misit regi Syrie pugnanti contra se et venienti in Ierusalem ad pugnandum; propter quod scelus b) et sacrilegium manu servorum interfectus est et patrum sepultura privatus. Quo facto evidenter ostenditur, non licere imperatori, eciam pro tempore belli, bona ecclesie occupare. Bene quidem legimus Agimelech sacerdotem sanctificatam domum pro necessitate dedisse David, I. Reg. XXI [4]), et Ionadam summum sacerdotem arma in ornamentum templi dedicata ad defensionem regis et regni necessaria exhibuisse, IIII. Reg. XI [5]). Quia pro fidelium necessitate ecclesie pontifex, si oporteat et sibi bonum visum fuerit, ecclesie bona convertit ad utilitatem et defensionem fidelium: quod nullo modo licet imperatori. . .

Preterea dictum istorum ex alia parte patet erroneum esse. Quia non minus habet ecclesia iuris (in) c) hiis que sibi oblata sunt a fidelibus, eciam si sint bona extrinseca, ut ville et possessiones, quam habeat persona privata in suis bonis. Ecclesia enim capax est temporalitatis, sicut persona quecunque, alias esset error damnatus Iuliani a potestate, et esset damnare totam universalem ecclesiam et beatum Silvestrem. Et ecclesia hoc

a) *ms.* vapulabit.
b) *ms.* zelus.
c) *fehlt ms.*
1) Ps. 115, 16.
2) Ps. 88, 40.
3) 4. Reg. 12, 18.
4) 1. Reg. 21, 6.
5) 4. Reg. 11, 10.

determinat XII q. I ᵃ) c. *videntes* ¹). Sed damnare ecclesiam est hereticum
contra illum articulum: *Sanctam ecclesiam catholicam.* Hereticum ergo
est dicere, quod ecclesia in his que sibi data sunt iusto titulo, vel ab
ea empta, non habeat ius non minus, quam quecunque persona libera in
suis. Sed constat, quod imperator non potest recipere bona persone private libere pro libito voluntatis sicut sua absque peccato rapine. Ymmo
oppositum dicere est contra scripturam sacram. Nam Achar rex volens
habere vineam Nabotis tanquam raptor culpatur. Eciam Nabuchodonosor
asportans vasa et templi thesaurum culpatur. Ergo magis culpandus imperator accipiens bona ecclesie ut sua pro libito voluntatis sue. Unde
Ambrosius de basilicis non tradendis (*fol. CXXXIII ᵛ*) dicit: *Nunc michi fas
est* etc. in c. *convenior,* XXIII q. VIII ²). Ergo erroneum et contra scripturam est dicere, quod imperator possit omnia bona ecclesie accipere.
Preterea si imperator potest pro libito voluntatis omnia temporalia ecclesie accipere ut sua, poterit licite auferre divinum cultum et divinum
officium, ymo totam ecclesiam destruere in tollendo scilicet victum ministris ecclesie, qui iuxta ordinationem domini de altari habent vivere.
Hoc autem dicere est omni blasfemia et heresi plenum, quia hoc est dicere, quod homo possit contra Dei preceptum facere, quod Deus non
colatur, et quod ei debito servicio non serviatur, et quod plus homini
hobediatur quam Deo, qui per prophetum precepit ³): *Iubilate Deo omnis
terra, Servite domino in letitia.* Et Daniel III ⁴) *Benedicite sacerdotes domini
domino laudate* et in sequentibus. Ecclesia eciam est domus Dei, quam
Christus firmavit supra firmam petram, contra quam non possunt porte
inferni prevalere, ubi secundum Ieronimum ⁵) hereticorum doctrine sunt
porte inferi que non prevalent contra ecclesie et fidei firmitatem. Quia,
ut dicit Cyrillus ⁶), secundum Domini promissionem *ecclesia apostolica
Petri ab omni seductione et heretica circumventione immaculata manet
super omnes primates ecclesie et populorum* ᵇ) *in suis pontificibus in
fide plenissima et auctoritate Petri. Et cum alie ecclesie quorundam
errore sint verecundate, stabilita incassabiliter ipsa sola regnat silen-
cium imponens, et omnium obturans ora hereticorum. Contra quam,* ut
dicit Crisostomus ⁷), *descendit pluvia mendacis doctrine, nec eam cor-
rupit, venerunt flumina violentorum et persecutorum impetus, nec mo-*

a) *ms.* II.
b) *ms.* apostolorum.
1) c. 16 C. 12. q. 1.
2) c. 21 C. 23. q. 8.
3) Ps. 99, 1-2.
4) Daniel 3, 84.
5) Hieronymus. Comment. in Matth. l. III. c. 16, Opera ed. Vallarsius VII 124.
6) Ps.-Cyrillus vgl. R e u s c h , Abh. d. Münch. Akad. hist. Kl. XVIII 684.
und Thomas Aquinas. Catena aurea ad Matth. c. 16, Opera ed. Parmae, XI 198.
7) Chrysostomus. ? *nicht zu finden.*

*vetur, perveniunt venti dyabolici flatus, tanquam immundi spiritus pro-
cellarum, et non cecidit, quia fundata est supra petram Christum.* Unde
dicit Augustinus in libro VII⁰ *de trinitate* c. VII¹): *Hoc proprium est
ecclesie, ut tunc vincat cum leditur, ut intelligat cum arguitur, ut obtineat cum deseritur.* Dicere ergo quod imperator possit omnia bona
ecclesie temporalia accipere ut sua, est hereticum. Confirmatur quia
imperator non potest pro libito sue voluntatis accipere bona sicut sua,
nisi illorum, qui serviliter subiciuntur sibi et servilis conditionis sunt.
Ergo si imperator potest accipere omnia temporalia ecclesie ut sua, ecclesia erit serva et serviliter subiecta imperatori, quod est male sentire
de ecclesia et contra determinationem Christi, ut dicitur Math. XVI²) et
contra apostolum ad Galath. II⁰³); ymo hoc est dicere imperatorem non
habere ecclesiam ut superiorem et matrem, nec teneri ipsum ad reverentiam ecclesie nec eam honorare ut matrem, sed eam habere subiectam ut servam; et quod ecclesia est deterioris conditionis in habendo
temporalia, quam quecunque alia persona de mundo libera, et per consequens, quod non erit sacrilegium nec maius furtum auferre de ecclesia
quam de domo servi. Que omnia sunt absurda et heretica. Horum errorem
damnat beatus Ambrosius in epistola ad plebem Mediolanensem contra
Valentinianum imperatorem de basilicis non tradendis dicens⁴): *Cum
proponitur, ut vasa ecclesie iam traderem, responsum reddidi: Si de meis
aliquid posceretur aut fundus aut domus aut aurum aut argentum etc.*
in c. *convenior* XXIII q. VIII usque ad finem. Et in eadem epistola inferius subdit⁵): *Nichil est quod vereamini, fratres dilectissimi: scio quod
quicquid passus fuero pro Christo patiar, et legi quod*ᵃ) *eos non timere
debeam, qui possunt occidere. Et audi Dominum dicentem⁶): Qui perdit
animam suam propter me, in vitam eternam custodit eam.* Ex quibus verbis
ostendo dictum istorum esse hereticum. Suppono hoc verum evidens, scil.
quod si licitum est imperatori accipere bona ecclesie omnia ut sua, quod in
hoc sacerdos vel episcopus resistens agit illicitum, quia quod est licitum,
suum oppositum est illicitum, maxime in actibus humanis ex delibera-
tione (*fol. CXXXIIII*) procedentibus. Unde resistens imperatori in suo iure
peccat, quia resistit potestati et divine ordinationi. Quo supposito alia
sit ᵇ) secundum istos: imperator licite potest omnia temporalia ecclesie

a) *Fehlt im ms.*
b) *So ms. ergänze:* ratio ?
1) *Vielmehr* Hilarius, De trinit. l. VII, § 4, Migne 10, S. 205.
2) Matth. 16, 18.
3) Galat. 2, 16, 17 (?).
4) Ambrosius in c. 21 C. 23. q. 8., epist. de basil. trad. contra Auxentium, § 5 Opera S. Ambrosii ed. Maurin. VI 56 (915).
5) Ambrosius, de basil. trad. l. c. § 8, p. 57 (917).
6) Matth. 10, 39.

accipere. Ex quo sequitur, quod prelatus resistens illicitum agit et peccat.
Ex supposito ita patet. Sed dicere, quod in hoc prelatus resistens peccat
est hereticum. Patet, quia in resistendo secundum Ambrosium dominus
precipit non debere timere eos qui corpus occidunt. In hoc eciam vitam
eternam a) et in hoc efficitur prelatus martir, moriendo propter defensionem ecclesie et iurium, et debet prelatus se offerre hostiam imolan-
dam. Dicere autem, quod Christus precipiat in hoc, quod est illicitum non
timere occidi et quod in illicitis quis patiatur propter Christum et quod
pro illicito actu fiat quis martir et habeat vitam eternam, est hereticum,
quia hoc est dicere Deum iniustum. Igitur etc. Quomodo eciam prelatus
tam sanctus, ut Ambrosius, vellet mori pro resistendo, si illicitum esset
imperatori resistere? Qui Ambrosius dicit [1]: *Si quis nos hic diligit, multo
amplius diligit, si sinat fieri hostiam Christi. Quia dissolvi et esse cum
Christo melius, etsi manere in carne* b) *magis necessarium propter vos.*
Ergo secundum sententiam beati Ambrosii sequitur hereticum esse dicere,
quod imperator possit licite accipere omnia bona ecclesie ut sua. Confirmatur, quia si licitum esset imperatori omnia bona ut sua accipere,
hoc non esset iniuria Christi, sed, ut dicit Ambrosius et est suppositum,
in hoc consultum esset imperatori, ut recederet ab iniuria Christi. Quis
enim dubitat, quod iniuriam faceret imperatori comes, si ea que sunt imperatoris ut sua usurparet? Igitur si temporalis imperator mortalis diri-
piat que sunt celestis et eterni, imperator longe maiorem iniuriam facit
domino Iesu Christo, summo omnium imperatori. Igitur imperator non
potest accipere omnia bona sua scilicet ecclesie, quia sunt bona Christi,
et oppositum dicere contradicit veritati fidei et morum, scilicet dicere
licitum et iustum, quod est illicitum et iniustum. Unde quia in hoc resistere tyrannice potestati et pati pro Christo est sanctum, et beatus Thomas Canthuariensis pro iuribus ecclesie sue se exposuit morti et triumphavit, ideo gloriosus martir est in celo feliciter coronatus . . . c). /

    T e r t i u s error istorum est medium quo isti precedentes errores
probantur, scil. quod Christus solvit tributum cesari, quando Petrus accepit
staterem et dedit illis qui petebant didragma et hoc ex necessitate seu
ut coactus, non condescensive vel d) libertate sue pietatis. Hoc enim est
erroneum et hereticale, negans in Christo fidei fundamentum et honorem
divinitatis et totius spiritualis edificii ac regalis maiestatis sanctitatem et
veritatem. Si enim isti Christum verum regem regum et dominum dominantium recognoscerent, nulli legi, nulli temporali potestati obnoxium
assererent subiciendo imperiali tributo, per quem reges regnant. Unde

a) So *ms.; fehlt vielleicht:* habet.
b) *ms.* earum.
c) *ms. etwa 1 ³/₄ Zeilen leerer Raum.*
d) *ms.* condescensione etiam.
1) Ambrosius l. c. p. 57 (916), u. Phil. 1,23.

isti assertores infideliores sunt et maioris irreverentie sunt ad Christum, quam Herodiani, tributum exigentes. Petunt enim isti impudentes a Christo tanquam subiectioni obnoxio tributum, quod Herodiani pro reverentia Christi, quem purum hominem, non Deum, non pontificem extimarunt ᵃ) non fecerunt. Unde isti dicunt Christum necessario debere solvere tributum eciam coacte, sed Herodiani curialius et plus Christo deferentes non Christum requirunt, sed Petrum, nec dicunt eum debitorem, sed mitius aiunt: *Magister vester non solvit tributum?* Quod Crisostomus omelia LVII super Math. notat, dicens ¹): *Et Christum non ausi adire, Petrum adeunt et neque hunc cum multa vehementia, sed mansuetius. Neque eum incusantes, sed interrogantes dixerunt: Magister vester non solvit didragma* (*Jol. CXXXIIII ᵛ*). Decentem quippe opinionem non de ipso habebant, sed sicut de homine disponebantur, verum quendam et honorem exhibebant propter preassumpta signa. Non igitur videntur isti Christum sic dignum honore ᵇ), sicut Herodiani, propter quod suspecti haberi possunt, quia non credunt Christum verum dominum et principem totius mundi, quod plane est hereticum ... Preterea cum dicunt, quod Christus hoc fecit necessario, scil. quod ad solvendum tributum necessario tenebatur, manifestam heresim dicunt. Primo quia dicunt expresse contra evangelium et Christi determinationem, Math. XVII ²) ubi, cum Herodiani dicerent primo: *Magister vester non solvit*, quia non tenebatur. Quod Christus determinat dicens: *Quid tibi videtur Symon? Reges terre a quibus recipiunt tributum vel censum, a filiis vel ab alienis? Et ille dixit: Ab alienis. Dixit illi Christus: Ergo filii sunt liberi*, ut sic determinatio Christi deducatur: tributum solvi debet ab alienis, non autem a regni filiis, qui ab hac servitute et subiectione sunt liberi. Sed Christus est filius regis David secundum carnem, est etiam filius summi regis Dei patris. Ergo Christus non tenebatur ad solutionem tributi. Unde hanc determinationem sequens Crisostomus omelia LVIII super Mt.³): *talis est liber iure ut idem censum* ᶜ). *Si enim reges terre a filiis suis non accipiunt, sed ab hiis, qui reguntur, multo magis oportet immunem esse ab hac solutione non terrestris regis, sed eius qui est celorum existentem filium et regem.* Et Ieronimus hanc Christi determinationem sequitur dicens ⁴): *Dominus noster et secundum carnem et secundum spiritum erat regis filius vel ex David stirpe generatus vel omnipotentis patris verbum. Ergo tributum quasi regum filius non debebat.* Augustinus non solum ad Christum, sed ad apostolos et viros ecclesiasticos extendit determinationem Christi, in libro de questio-

a) *ms.* extimantes.
b) *Ergänze:* habere ?
c) *so ms.*
1) Chrysostomus, Homelia 58 (al. 59) in Matth. ed. Montfaucon VII 659.
2) Matth. 17, 24—27.
3) Chrysostomus, Homelia 58 (al. 59), l. c. 659.
4) Hieronymus, Comm. in Matth. l. III c. 17, 25, ed. Vallarsius VII 135 f.

nibus evangelii super Mt. XXIIII dicens[1]): *Quod ergo dicit liberi sunt filii, in omni regno intelligendum est filios id est non vectigales. Multo magis ergo liberi debent esse in quolibet regno terreno filii regis illius sub quo sunt terrena regna.* Et idem libro de questionibus novi et vet. te. q. 79 dicit de didragma[a]): *Capitum [exactio]* [a]) *intelligitur non prediorum. Nec enim salvator aliquid possidebat in mundo, cum esset dominus mundi.* Et infra: *Didragma ergo ab his exigenda erat qui aliquid negocii gerebant aut artibus operam dabant. Salvator autem qui nichil horum curabat, neque discipuli eius ad solvendum utique cogendus non erat.* Iterum Christi determinatio, scil. quod non tenebatur ad tributum, patet ex motivo, propter quod solvit, scil. ne scandalizaret, ait enim: *ut autem non scandalizemus eos vade,* etcet., ac si plane diceret: quamvis liberi sumus a solutione tributi, ad vitandum tamen scandalum et turbationem, que dyabolus procurabat, vade ad mare etc. Super que dicit Crisostomus omelia LVIII. super Math.[3]): *Et neque Iesus staterem solvit in allegando libertatem suam pro defensione. Etenim cum hoc dixisset, ait, ut non scandalizemus eos vade etcetera. Vides qualiter non rennuit tributum, neque iubet simpliciter dare, sed prius se non existentem obnoxium ostendens ait, hoc autem, ut non illi scandalizentur.* Et Augustinus libro de questionibus novi et vet. testa. q. 79.[4]): *Inimicus dyabolus semper in insidiis erat occasionem habens, si posset inclinare Christum, exactorum didragme animos occupavit, ut eius facerent voluntatem, ut accedentes ad Petrum, qui primus* [b]) *inter apostolos erat, solvi debere ab eorum magistro didragma dicerent, qui ab his oneribus liberi erant, nichil enim agebant in mundo quod esset mundi, ut quia non erat unde solveret, aut his scandalo esset, aut certe humilitate suffragium quereret, a quo solveretur. Tunc dominus (fol. CXXXV) ut* [c]) *improvidum diabolum, et* [d]) *adversus ipsum machinari* [e]) *semper ostenderet* [f]), *ad mare Petrum apostolum mittit et capti piscis iubet os aperire et illic invenire modum exactionum debitum; quo soluto non solum scandalum non esset ipsis exactoribus neque inclinaretur, requisito auxilio ad solvendum, verum etiam signum virtutis maxime demonstraret, per quod captos a dyabolo ad se traheret, ut argumento et astucia [sua dyabo-*

a) *Fehlt ms.*
b) *ms.* primos.
c) *Fehlt ms.*
d) *ms.* ut.
e) *ms.* machinas.
f) *ms.* tenderet.

1) Augustin, Question. evangelior. lib. 1 c. 23, ed. Maurin. 1837, t. III, 2, p. 1608.
2) Ps. Augustin, Quest. veteris et novi testamenti, qu. 79, Corp. SS. eccl. 50, S. 133 f.
3) Chrysostomus, Homelia 38 (al. 59), l. c. p. 660.
4) Ps. Augustin, Quest. vet. et novi test. qu. 79, Corp. SS. eccl. 50, S. 134.

lus]ᵃ) *torqueretur.* Et idem ad Polencium dicit¹): *Multa autem sunt facienda non iubente lege, sed libera caritate. Et ea sunt in nostris officiis cariora que cum liceret non impendere, tamen causa dilectionis impendimus; unde ipse dominus cum se prius tributum non debere solvere monstrasset, solvit tamen, ne scandalizaret eos, quibus ad eternam salutem gerens hominem* ᵇ) *consulebat.*

Ergo dicendo quod dominus tenebatur solvere didragma necessario, dicunt heresim contra evangelium Christique determinationem, quam tot prelati sancti sequuntur, ymo tota ecclesia catholica, extra quam non est salus ... Secundo quia illi tenentur necessario ad tributum, quorum persone iure ordinario vel in suis bonis subiecte sunt imperatori vel temporali potestati est hereticum et blasfemum ... 3° quia dicere quod Christus coactus solvit didragma, est hereticum, sicut dicere quod Christus in omni opere suo non fuerit virtuosus et iustus, de quọ Ps.ᵃ): *Iustus dominus et iusticias dilexit.* Unde sic arguo: Christus solvendo tributum aut hoc fecit debito iusticie, quia secundum istos ad hoc tenebatur, aut hoc fecit, ne scandalizaret, ut evangelica veritas dicit. Si Christus non fecit gaudenter, sed tristabiliter et per consequens non virtuose, quia ut dicit philosophus 2° Ethic.³): *Qui agit iusta et non gaudet, non est iustus nec virtuosus,* et VI. li. Moralium ⁴) dicit philosophus, *quod voluntarium est principalissimum secundum virtutem; voluntarium autem simpliciter,* ita dicit, *est quod operamur non coacti.* Et idem dicit: *si quis tristatur operari bona, coactus operatur et studiosus, non est virtuosus.* Ergo secundum istos Christus solvens tributum coactus, non fecit gaudenter et per consequens non fuit virtuosus, quod est hereticum. Quarto quia dicere quod Christus non egit proprie, que egit condescensione sue misericordie et liberalitate sue pietatis, est hereticum, quia contra illud Ps.⁵): *Quia quod non rapui, tunc exsolvebam.* Unde quia misericordia domini plena est terra, quia universe vie domini misericordia et veritas, ipse etiam est ille Samaritanus, qui misericordiam fecit sauciato generi humano. Ipse enim per viscera misericordie sue visitavit nos oriens ex alto. Preterea nulla est consequentia, quod si Christus vult, quod ecclesia solvat tributum, quod propterea imperator possit omnia bona ecclesie ut sua accipere, quia contentus esse debet suis stipendiis et iuribus. Unde privata persona libera sic habet bona sua, quod tributo soluto non potest imperator acci-

a) *Fehlt ms.*
b) *ms.* morem.
1) Augustin, Ad Polentium de coniugiis adulterinis lib. I c. XIV (15), Opera ed. Maurin. VI 669 (Corp. SS. eccl. 41, S. 362).
2) Ps. 10,8.
3) Aristoteles, Ethica II. c. 3 (2), ed. Firmin-Didot II 16.
4) Aristoteles, vgl. Moral. Eudem. II, c. 7, l. c. II 199.
5) Ps. 68,5.

pere ut sua pro libito voluntatis. Igitur longe minus bona ecclesie poterit accipere imperator, esto quod ecclesia tributum sibi det. Unde dominus non iubet dare totum piscem nec aliquid piscis, sed solum staterem, qui est extra substanciam piscis, *quia nec ecclesia dari imperatori nec pontificalis apex qui in ore capitis ecclesie preeminet subici regibus potest,* ut dicit Vrbanus [1]ª).

Quartus error istorum est dicere, quod ad imperatorem spectat corrigere papam, punire instituere et destituere. Hoc enim dictum est hereticum et blasfemum, quia ad illum spectat corrigere potestatem, instituere et destituere dominum papam, qui eo superior est quoad principatum spiritualem et ecclesie. Et hoc probatur eo, quod correctio (*fol. CXXXVᵛ*), punitio, institucio et destitucio a statu papali pertinet ad superiorem iudicem, qui presit domino pape respectu status papalis et per consequens status ecclesie, ad quem possit institui et destitui. Quia actus corrigendi, puniendi et instituendi respicit iudicem superiorem et potestatem. Alias posset eis dici, quod Egiptius dixit Moysi: *Quis te constituit iudicem super nos* [2])? II. Reg. c. XIII[3]): *Quis es tu qui alienum servum iudicas?* et I. Timoth. IV [4]): *Qui iudicat me, dominus est.* Sed dicere imperatorem aut temporalem potestatem esse superiorem respectu principatus ecclesiastici et spiritualis, est hereticum, quod probatur multipliciter. Primo quia quod potest inferior potestas, potest superior et amplius, maxime respectu dignissimorum et supremorum actuum, illo b) principatu regali actus supremi dignissimi non negantur superiori potestati, ymo magis sibi conveniunt. Quia superiori potestati convenit dignius operari dignissimos actus illius principatus, quam cuicumque inferiori, maxime si principatus ecclesiasticus. Quia irrationabile est, quod inferior potestas possit in actus superiores, digniores et excellentiores quam superior. Si ergo imperator respectu principatus ecclesiastici . . .

b) Liga fratrum

aus Cod. Trev. 689, fol. 49—61.

Sanctissimo in Christo patri ac domino. Incipit libellus qui dicitur liga fratrum. Domino Clementi divina disposicione sacrosancte Romane ac universalis ecclesie summo pontifici frater Petrus de Lutra, Praemonstratensis ordinis, vices gerens in cura plebis Lutrensis religiosi viri do-

---

a) *ms. leerer Raum für ca. 1 ³/₄ Zeile.*
b) *lies :* in illo.
1) c. 22. C. 23. q. 8.
2) Exod. 2,14.
3) *Vielmehr* Rom. 14,4.
4) *Vielmehr* Cor. 4,4.

mini Hugonis . . . a) prepositi Lutrensis in curia Romana pro nunc constituti, cum omnium subiectione et obediencia devota pedum oscula beatorum. Superni altitudo consilii ad hoc vos in apice pastoralis officii super caulas ovium suarum constituit, ut cuncta a regula rectitudinis obliquata, postquam examini apostolice presidencie insinuata fuerint, cooperante pastorum principe ad statum salutarem salubriter reducantur. Cum igitur nonnulli religiosi et mulieres quedam adherentes eisdem, cupientes sancti non esse, sed videri et propter studiorum similitudinem speciem amicicie pretendentes, multos fideles, in simplicitate cordis Deum querentes, lenta voce tenuique sermone ad contemptum doctrine et precepti rectorum suorum, ymmo sancte ecclesie inducunt, iuxta illud Iuvenalis in satira VI [1]): Vox blanda et nequam digitos habet etc.; item quod scissa unitate ovilis dominici ruptoque ecclesiastico ordine divinitus instituto quidam humiliter rectoribus obediunt, quidam vero ipsis vilipensis per omnia in vita et in morte oculos habent ad religiosos predictos, alios per simulatam religionis speciem ad faciendum similia provocantes ac eo modo quo secundum philosophum II° Ethicorum [2]) ex frequenti cytharizare fit cytharista, et universaliter ex actibus generantur habitus, pestem et corruptelam scismatis et heresum perniciter propagantes celsitudini paternitatis vestre aliqua dicta et facta lige dictarum personarum, seminarium b) utique iniquitati ministrancia, decrevi rudi stilo describere et ad tribunal apostolice celsitudinis presentare, ut sic de vultu eiusdem iudicium prodeat, et iusticia inter menbra ecclesie subsequatur. Verum quia post opusculum quod intitulatur Laqueus Michaelis, inter alia recolende memorie domino Iohanni pape XXII° oblatum, quievi a scribendo, et secundum illud Ovidii libro V. Tristium [3]): Adde quod ingenium longa rubigine lesum Torpet et est multo quam fuit ante minus Fertilis, assiduo si non renovetur aratro, Nil nisi cum spinis germen habebit ager (fol. 49v), ex quiete huiusmodi magis ineptus sum effectus c), et de ymo ad summum via naturalis per medium est conscensus, sequens opusculum licet minus dignum per manus reverendi patris domini Iohannis de Columpna, sancti Angeli dyaconi cardinalis, fastigio dignitatis apostolice humiliter offero et presento, ut sic oblati displicentia per meritum immediati oblatoris realiter suppleatur, supplicans nichilominus devotissima precum instancia voluntatem bonam gratiose acceptari ac defectum in subscriptis de plenitudine potestatis apostolice corrigendis equanimiter sustineri.

a) Zwei Punkte in der Hss.
b) ms. seninarium.
c) Korr. a. infectus.
1) Iuvenal, Sat. VI. 197.
2) Cfr. Aristoteles, Ethic. Nikom. II, 1, cap. 1. Opera ed. Firmin-Didot, II 15.
3) Ovid, Trist. lib. V 12, 21-24.

I. c. de connexione pestifera quorundam religiosorum
et quarundam mulierum.

Licet sedes apostolica pro messe multa operarios multiplicare satagens religiosos ordinis fratrum minorum ut cooperatores et submonitores
ad dirigendos pedes fidelium in viam pacis rectoribus ecclesiarum adiun-
gere et subordinare decreverit, tamen secundum illud Ovidii libro II Tristium [1]): *Nil prodest quod non ledere possit idem*, dum predicti rectoribus se equare vel preferre cupiunt et ad id se non posse pertingere
absque auxilio subdite plebis conspiciunt [a]), mulierculas quasdam de
professione tercie regule a beato Francisco institute deceptas et sibi con-
formes effectas attrahunt, ut deinde per ipsas viri seductibiles seducti,
contempto rectorum suorum regimine, per rebellionis deum predictorum
fratrum vestigia passibus miseris comitentur. Et ista expresse per spiritum prophetie previdit apostolus II. ad Thy. III. dicens [2]): *In novissimis
diebus instabunt tempora periculosa et erunt homines se ipsos amantes,
habentes [3]) speciem pietatis, virtutem autem eius abnegantes, et hos de-
vita. Ex hiis enim sunt qui penetrant domos et captivas ducunt mulierculas oneratas peccatis que ducuntur variis desideriis, semper discentes
et numquam ad scientiam veritatis pervenientes.* Nam ad literam patet,
quod isti religiosi domos penetrant mendicando vel cciam mistice con-
scientiarum secreta in confessione et alias inquirendo, et mulierculas ut
sic seductibiles et dignas seduci ita tradicionibus suis capiunt, quod eis
preter auctoritatem scripture (*fol. 50*) loquentibus credunt, et deinde
secundum glosam per eas viros seducunt, ita quod tam muliercule quam
viri talibus credentes postea non credunt veritati. Unde apostolus ibidem
c. III. dicit [4]): *Erit tempus cum sanam doctrinam non sustinebunt* (glossa:
*quasi onus non ferunt saltem audire), sed ad sua desideria coacerva-
bunt sibi magistros* (glossa: *multos qui ea doceant que volunt*). Ad
hanc eciam intencionem apostolus 1. ad Thy. IIII. dicit [5]): *Spiritus manifeste dicit, quia in novissimis temporibus discedant quidam a fide
attendentes spiritibus erroris et demoniorum in ypocrisi loquencium mendacium* (glossa: *simulata religione, ut magis decipiant), cauterisatam
habencium suam conscienciam* (glossa: *ad istam et signo mendacii aperti
notabilem, ut omnes caveant*), ubi nota quod istud est dictum spiritus
fallere non valentis, de quo dicitur Io. XV° [6]): *Cum venerit spiritus veritatis, docebit vos omnem veritatem* Et quia nunc sumus in novissimis

a) o durch Loch im Papier verschwunden.
1) Ovid, Trist. lib. II, v. 266.
2) 2. Tim. 3, 1. 2.
3) Ib. v. 5-7.
4) 2. Tim. 4, 3.
5) 1. Tim. 4, 1. 2.
6) Ioh. 15, 13.

temporibus in quibus antichristi multi sunt, caveamus ab hiis qui a fide incommutabilis auctoritatis discedunt ac, ut sibi profutura acquirant, spiritibus erroris per mendacem doctrinam attendunt, ut accedat de ipsis eciam prophetia beati Petri II. dicentis ¹): *Venient in novissimis diebus illusores iuxta proprias conscientias ambulantes* etc. Que enim potest esse maior illusio et que maior superbiencium elacio, quam quod isti fabricatores mendacii et cultores perversorum dogmatum tradunt se maioris auctoritatis esse, quam sint ecclesiarum rectores, cum pro ipsis nec sit evidens auctoritas scripture divine vel iuris canonici vel eciam dictamen racionis naturalis, sed pocius hec cuncta pro opinione contraria suffragentur, prout pulchre quidam doctor in sermone de sancto Paulo qui incipit: *Insiliet in te spiritus dominus* etc. astruit et deducit. Videtur autem ista religiosorum et mulierum connexio a duobus causari, videlicet consuetudine et studiorum similitudine. Quia enim, ut dicitur Insti. de Iu. na. gen. et ci. ²), *diuturni mores consensu utencium comprobati legem imitantur*, et secundum Tullium in libro de amicicia ³): *Maxima est vis vetustatis et consuetudinis*. Et isti religiosi istarum mulierum sunt ductores sub pretextu dicte tercie regule, vel quoad non regulares propter altioris paupertatis prerogativam quam isti pre aliis religiosis sibi vendicant, et de facto in familiaritate ducatus vel verius seductionis multo tempore steterunt et quasi ius in ipsis mulieribus, licet male fidei possessor non prescribat (*fol. 50ᵛ*), prescripserunt, et quasi consuetudinem vel verius corruptelam induxerunt. Ideoque dicta liga per apostolum multipliciter condempnata diuturna temporis consuetudine roboratur. Preterea quia secundum Tullium libro I de officiis ⁴): *In quibus eadem studia sunt et eedem voluntates, in hiis fit ut eque quisque altero delectetur ac se ipso, efficiturque illud quod Pytagoras vult in amicicia, ut unus fiat ex pluribus*; et secundum Iuvenalem in satira VIᵃ ⁵): *utile porro filiolam turpi vetule producere turpem*. Et in predictis personis ratione ypocrisis sunt eadem studia, quasi apparencie exterioris sanctitatem sophisticam ostentantis, et pro qualitate matris filia nascitur: liga dictarum personarum ex studiorum similitudine et seductoria doctrina quasi matre et a religiosis predictis quasi patribus in dictas mulieres quasi filias transfusa nexu indissolubili copulatur. Et ideo dicte mulieres sive allegetur ewangelium sive sancte matris ecclesie statutum per ecclesiarum rectores auctoritate ordinaria predicantes, nullatenus credunt, nisi dictum per fratres et visitatorem prescripte tercie regule fuerit approbatum.

1) 2. Petr. 3, 3.
2) Inst. I, 2 de iure nat. et gentium et civili, § 9.
3) Cicero, De amicitia c. 19, § 68.
4) Cicero, De officiis I, 17, § 56.
5) Iuvenal, Sat. VI 240 f.

II. c. ostendens, quod ex connexione predicta uterque
status est quasi monstruosus.

Macrobius libro secundo super sompnium Scipionis dicit [1]): *Ex duabus
rebus dulcibus amaritudo non perveniet nec ex duabus amaris dulcedo
nec ex gemino frigore calor aut frigus ex gemino calore nascetur; omnis enim qualitas geminata crescit, numquam ex duplicatis similibus contrarietas emergit.* Ex quibus patet, cum regulariter simile a) additum simili b)
faciat ipsum maius et inter causam et causatum sive in bonis sive in malis
sit quedam naturalis convenientia, dicente Platone Thymei I° [2]): *cause que,
cur unaqueque res sit, ostendunt, earundem rerum consanguinee sunt*; dicente
eciam domino Mt. VII° [3]): *Non potest arbor mala fructus bonos facere.* quod
ex liga supra ostensa mala novissimi temporis, que in primitiva ecclesia predixit apostolus, elapsis iam ab incarnatione domini ex integro M°CCC°XLVI
annis, multiplicantur et augentur, ut accedat de hoc illud, quod apostolus
de adventu antichristi II. ad Thes. II. dicit [4]): *Misterium iam operatur
iniquitatis,* glossa: *Iam in ipsis iniciis accessionis antichristi invenitur
(fol. 51) iniquitas, sed mistica* id est pietatis nomine palliata, ut velint
haberi ministri Christi, cum sit pseudo. Ubi nota, quod specialiter istud
misterium iniquitatis consistit in resistendo veritati. Unde II. ad Thy. III. [5])
post verba supra allegata dicitur: *Quemadmodum Iannes et Iambres c)
restiterunt Moysi, ita hii resistunt veritati.* Causam autem huiusmodi
ibidem apostolus premittit, dicens [6]): *Erunt d) homines se ipsos amantes* etc.
Nam dicte persone, se mutuo comendantes et arguere non argumentis volentes, in tantum se ipsas diligunt, quod iuste reprehense in eos qui se
arguunt, contumelias refundunt. Unde de quolibet talium dicit Gregorius VIII. Mor. [7]): *Redargucione deterior redditur, quia quasi dire per-
cussionis iaculum estimat puritatis. Unde exasperatus protinus in contumelias surgit et que mala exaggeret contra vitam correptoris inquirit.
Demonstrare longe incomparabiliter reum e) reprehensorem suum desiderat, ut innocentem se non suis actibus, sed alienis criminibus ostendat,
ita ut sepe homo redargucionis aliquid se dixisse peniteat, et quasi a*

a) *ms.* simulj.
b) *ms.* sitic.
c) *ms.* Mambres.
d) *ms.* erant.
e) *ms.* rerum.

1) Macrobius, Comm. in somn. Scip. l. II. c. 15, 30 (ed. Fr. Eyssenhardt.
ed alt. p. 642).
2) Plato, Tim. ed. Firmin-Didot II 204 (?)
3) Matth. 7, 18.
4) 2. Thes. 2, 7.
5) 2. Tim. 3, 8.
6) Ib. v. 2.
7) Gregorius, Moral. l. VIII. in c. IX. Job. c. 12, 67, Migne P. L. 75, 842 [274].

carpentis manu sic a corripientis animo quidam, ut ita dixerim, sanguis meroris currat a). Et re vera si diligenter notetur radix perverse unionis et fructus iniuste defensionis contra veritatem vite et doctrine, qua in se carentes ipsam in ceteris inpugnant, et quod in istis aliud est in facto, aliud in verbo, aliud in esse et aliud in apparere, merito status ipsorum hinc et inde dicetur esse monstruosus eo loquendi modo, quo Bern. li. de consid. ad Eugenium dicit [1]): *Monstruosa res est summus gradus et animus infimus usw. bis stabilitus.* Et quia secundum philosophum II. Ethic.: *oportet in obscuris certitudinem* [2]), libet generalitatem predicte monstruositatis venari in aliquibus casibus particularibus, prout id negocii qualitas et presens brevitas poterit sustinere.

Ubi, licet multa ab aliis dicta induci possent, et specialiter posita in quadam compilacione que incipit ab illo verbo Ysaie XXXIII: *Ecce videntes clamabunt foris* etc. et per XIIII rubricas distincta de periculis novissimi temporis loquitur [3]), tamen ne opusculum ex prolixitate fastidium generet, (*fol. 51 v*) libet intentum prosequi per novum modum recitandi, ubi advertendum quo ad b) fratres, quod status eorum ex duobus specialiter videtur monstruosus, videlicet in res habendo et utendo, et deinde in essendo et docendo. Licet enim ipsi fratres ex voto sue professionis teneantur esse expropriati et specialiter ab omni recepcione pecunie per se vel per interpositam personam exclusi, salvis tamen quibusdam condicionibus et modificacionibus pro fratrum serenandis consciencijs per declaraciones diversorum summorum pontificum desuper factis, secundum quas omnis proprietas et dominium fratribus in rebus huius mundi expresse interdicitur et cavetur, ne habeant domos ad locandum, ortos, agros vel vineas ad colendum vel pecunias nomine oblacionum vel alias in ecclesia vel extra recipiant; ipsi tamen, tactu pecunie dumtaxat excepto, pecunias per altaris ministros et servientes suos indistincte recipiunt, redditus perpetuos et alia bona immobilia tenent et emunt et ab aliis pro se emi permittunt, talibusque in expendendo ita laute et libere utuntur, sicut multi religiosi habentes propria in communi, indicta sibi exilitate usus c) non obstante, volentes huiusmodi (?) d), quantum ex facto colligitur, sibi ita bene licere, sicut aliis, salva etiam, ut volunt, intra precepti violacionem de talibus non habendis sui voti puritate. Item licet fratres in essendo, non in quantum dicit actum essendi, sed debitum,

---

a) *ms.* curat.
b) *ms.* q° odt.
c) *Schwarzer Fleck.*
d) *ms.* ljm *oder* hm *mit Strich darüber.*
1) Bernhard, De consid. lib. II. c. 7, Migne l. c. 421 (730).
2) Aristoteles Eth. Nik. II. c. 2, ed. Firmin-Didot II 16 (?)
3) Ies. 33, 7. — Vgl. Guilelmi de S. Amore, Tractatus de periculis novissimorum temporum in Opera (17-72), Constantiae 1632.

teneantur esse mansueti in verbis et factis, dicente beato Francisco in regula c. III '): *Exhortor fratres meos in domino Iesu Christo, ut, quando vadunt per mundum, non litigent neque contendant verbis nec alios iudicent, sed sint mites, pacifici, modesti, mansueti et humiles, honeste loquentes omnibus, sicut decet.* Ipsi tamen in docendo contra preceptum ecclesie, quod habetur sub ti. de pri. et ex. pri. c. *Religiosi* § *Quibus*, in co. cle. ²), ecclesiarum prelatis detrahunt laycosque retrahunt ab ecclesiarum suarum frequencia et accessu, non attendentes illud Ieron. ᵃ) in epistola ad Helyodorum sic dicentis ³): *Absit ut de hiis quidquam sinistrum loquar, qui apostolico gradui succedentes Christi corpus sacro ore conficiunt, per quos eciam nos Christiani sumus, qui claves regni celorum habentes quodammodo ante diem iudicii iudicant, qui sponsum (fol. 52) domini sobria castitate conservant.*

Pensatis igitur hiis que ad sensum videntur, patet quod isti sunt in paupertate copiosi, in abstinentia gulosi, in humilitate elati, in perceptis beneficiis ingrati, que omnia ipsos quasi faciunt monstruosos; et ideo, quia dans occasionem dampni dampnum dedisse videtur, patet, quod illi qui dando pecunias fratribus modis prohibitis ᵇ) ipsos fovent in predictis, magis peccent, quam aliquid mereantur, eo quod donum suum propter defectum modi et contrarietatem termini tendat quodammodo in delictum, dicente Tullio li. II° de officiis ⁴): *benefacta male locata male facta arbitror.* Et istud deduxi lacius in summa que intitulatur Lex rectorum c. IX. in fi. tam in textu quam in glossa. Item quoad mulieres predictas monstruosum statum videmus similiter ex duobus, videlicet ex vocali paupertate et palliata voluptate. Nam plures ex eis tam regulares, quam non regulares, sub habitu begginagii in concilio Viennensi condempnato inter cetera se asserunt voluntarie paupertatis sectatrices, et tamen adulando divitibus et viis aliis quibus possunt res usu consumptibiles et non consumptibiles colligunt indistincte, sicque fit, quod tales nonnumquam diciores fiunt divicias relinquendo, quam fuerunt possidendo. Preterea dictarum personarum habet assertio, quod cum Deus omnem creaturam homini subiecerit et homo devotus bene mereatur uti creatis a Deo et specialiter delicatis quibus fortificetur, ut Deo posset deservire, licitum sit eis, ymo quasi meritorium, uti cibis et potibus delicatis. Et istud est dictamen devotorum moderni temporis multum differens a dictis et factis patrum antiquorum. Unde in historia tripartita

---

ᵃ) *ms.* id.

ᵇ) *ms. folgt* et.

1) Regula bullata, ed. H. Boehmer, Analekten z. Gesch. d. Franciscus v. Assisi. Tüb. Leipz. 1904, S. 31.

2) c. 1. De privilegiis et excessibus privilegiatorum in Clement. (V. 7).

3) Hieronymus Epist. 14, Opera ed. Vallarsius I 34.

4) Cicero, De officiis II. c. 18, 62 (*Vers des Ennius*).

li. VIII. c. 1° ¹) legitur de sancto patre Macario, quod quidam vehementer accensus siti aquam sibi ut biberet postulavit *usw. bis paululum rapiebam.* Et revera, cum secundum Macrobium non longe post verba sua supra allegata ²) (*fol. 52ᵛ*): *usque ad contrarietatem inicia et sequencia dissidere natura non patitur, ut albi inicium nigrum vocetur, et siccum sit humoris exordium, bonum de malo et ex amaro inicio dulce procedat,* et status dictorum fratrum sit fundatus quantum ad inicium in summa paupertate dicente beato Francisco in regula c. VI³): *Hec est celsitudo altissime paupertatis que vos, beatissimos fratres meos, heredes et reges regni celorum instituit* etc., statum perfectum *ᵃ*) non pauperem, sed paupertatem vocando in abstracto, quam quidem *ᵇ*) paupertatem, eciam mulieres alteram partem lige facientes, ut plurimum se sponte assumpsisse testantur, monstruosum est satis, quod post huiusmodi inicium in progressione tam largus modus tenendi et utendi in rebus temporalibus in dictis statibus est subortus, ita tamen, quod contra ea que magistra experiencia edocet, dicte persone sanctitatem in se omnino esse contendunt et se mutuo excusant et tuentur, ut accedat illud Iob XXXIX ⁴): *Protegunt umbre umbram eius,* quod tractans Gregorius XXXIII Mor. ⁵) dicit: *Umbre umbram protegunt, dum nequissimorum ·facta nequiores perversis patrociniis tuentur. Quod ad hoc faciunt, nedum culpa, in qua et ipsi obligati sunt, in aliis corrigitur, ad ipsos quandoque veniatur. Se igitur tegunt dum alios protegunt, quia sua vita ᶜ) prevident impediri, unde alios considerant libera correpcione confundi.*

III. c. ostendens, quod dicti religiosi ad solidandam ligam credentibus sibi mulieribus prescriptis nonnumquam predicant erronea atque falsa.

Quia modus agendi imitatur modum essendi, dicente commentatore in de substancia orbis ⁶), quod operacio arguit formam, experimur cottidie, quod ex liga huiusmodi causatur falsitas predicandi. Nam dicti fratres inter alia statum suum rectoribus preferre cupientes tradunt auctoritatem predicandi et confessiones audiendi sibi competere originaliter ex commissione *ᵈ*) sedis apostolice, rectoribus vero ex commissione epi-

a) ms. 1 p frm *mit Abkürzungsstrich.*
b) ms. quida.
c) Lies: suam vitam.
d) ms. commissionis.
1) Hist. tripart. I. VIII. c. 1, Migne 69, S. 1105 B (332).
2) Macrobius Comm. in Somn. Scip. lib. II. c. 16, 3 (ed. Eyssenhardt p. 643).
3) Regula bullata ed. H. Boehmer l. c. S. 32.
4) Iob 40, 17.
5) Gregorius M. Moral. libr. XXXIII in c. XI B. Iob c. 4, 10 (Migne 76, S. 675 [1080]).
6) Averroes, De substantia orbis. Venetiis 1553.

Scholz, Texte. 4

scoporum, quod tanquam contrarium sacre scripture et canonibus iuris, prout in l° c. summe que dicitur Lex rectorum luculenter deduxi, non caret scrupulo heretice pravitatis. Et istud preter ibi dicta est intencio beati Bern. libro (*fol. 53*) lll. de consid. ad Eugenium inter alia sic dicentis [1]: *Erras si ut summam ita et solam institutam a Deo tuam apostolicam potestatem existimas — bis: nisi a Deo.* Et post pauca: *Denique idem ait bis: sunt et inferiores.* Et quibusdam interpositis subdit [2]: *Viderat hoc qui dicebat bis: de celo duxit originem.* Et sic patet quod rectores habent ordinariam potestatem originatam a Deo, fratres vero non. Et ideo rectores auctoritatem suam, ut doctor eorum, scilicet frater Bonaventura, in breviloquio suo parte VI. c. X. notat [3]), et ea que sunt sue iurisdicionis possunt alteri committere, quod fratribus predictis non competit, tanquam adiunctis et subordinatis de iure privilegiato rectoribus supradictis. Preterea dicti fratres indistincte tradunt, quod subditi rectorum ipsis irrequisitis contra provisionem generalis concilii extra de pe. et re. c. *Omnis* [4]) sibi possint confiteri. Sed quia doctores iuris canonici in glossa constitucionis *Super cathedram* [5]) et alibi et eciam theologi tractantes XXI. di. IIII. sen. [6]) contrarium notant, dicta assertio tot testibus reprobata absque speciali deduccione pro falsa et temeraria est habenda, alias dicti fratres, de gratia rectoribus adiuncti, processu temporis enormiter statum rectorum ledere possent contra intencionem vicarii Christi, volentis utique opus domini sui in rectoribus per statum fratrum iuvare et non infirmare. Dicta eciam fratrum assercio multum derogat obedientie et reverencie subditorum ad suos rectores, et ut sic, tanquam bonis moribus inimica, est a fidelibus repellenda, saltem sub ea generalitate, qua fratres ipsam de facto introducunt, nec obstat, quod Ioh. Andree in glossa dicte constitucionis *Super cathedram* super vocabulo *libere* [7]) videtur opinioni (*fol. 53*ᵛ) fratrum favere, quia quod ibi dicit non probat, aliis contrarium probantibus, unde sibi credi non oportet. Ar. ad hoc IX. *ego solis* [a]) [8]). Item dicti fratres pocius lanam et lucrum in ovibus Christi, quam pastum querentes, nunc publice, nunc occulte tradunt, quod non obstante c. *animarum periculis* sub tit. [b]) de sepul. li.° VIᵐ [9]), sibi et aliis liceat dare consilium super sepulturis apud se eli-

a) *ms.* solum.
b) *ms.* sutide.
1) Bernhard, De consid. l. III, c. 4. nr. 17. Migne 182, S. 768 (433).
2) l. c. nr. 18, S. 768 f.
3) Bonaventura, Op.ed. st. et c. pp. coll. a S. Bonav. (Quaracchi 1891), V 276.
4) c. 12 De poenitent. et remiss. X (V, 38).
5) c. 2 De sepult. in extrav. comm. (III, 6).
6) Petrus Lombardus, Sentent. l. IV, dist. 21, 7, Migne 192, S. 897.
7) Joh. Andreae, Glossa ordinaria zu c. 2 De sepult in Clement. (III, 7).
8) c. 5. dist. 9.
9) c. 1. De sepult. in Vlto (III, 12).

gendis, eo quod verbum *inducant* in dicto capitulo positum, non habeatur *a*) simplici et caritativo consilio, nisi forsan nimis continuaretur, ita quod sepeliendus per ipsum animum suum in partem omnino contrariam *b)* prime sue intencioni inclinaret. Et ad hoc facere videtur natura vocabuli. Nam *inauco* componitur a preposicione *in* et a verbo *duco*, unde, ut dicunt, cum prepositio in composicione compleat et augeat interdum significatum vocabuli cui additur, *induco* tantum sonat quantum *valde duco*, et in iure interdum cohercionem notat, sicut eciam in aliquibus literis apostolicis in quibus dicitur: *moveas et inducas.* Sed quia ista assercio sub specie columbina lupine avaricie famulatur, prout ex eo colligitur, quod pauperibus contemptis et derelictis dictum consilium divitibus ingeritur, congruum videtur dictam excusacionem malicie reprobare, ubi notandum, quod in dicto capitulo *c*) verbum *inducant* ponitur negacione premissa; unde videtur, quod clerici et religiosi non debeant aliquem ad eligendum sepulturam apud se inducere et insuper inducentes de contrario informare, ne permittendo fieri, quod fieri non debet, sint in culpa. Ar. ad hoc habes XXII. q. V. c. *de forma*[1]) in textu et in glossa, que brevitatis causa notare hic obmittam. Ad hanc eciam intencionem facit *d*) illud Mt. VI[2]): *Et ne nos inducas in temptacionem* etc., quod communiter exponitur, *inducas id est induci permittas*, et sic preposicio *in* augmentum notat in ordine ad negacionem precedentem, in signum, quod nichil qualitercumque fieri debeat, quo animus infirmi contra motum sue mentis ad eligendam sepulturam inclinetur. Et certe mirum *e*) est, quod isti tantam vim faciunt de loco sepulture, cum tamen vilis locus non obsit bonis, nec nobilis locus prosit malis, dicente Io. Belet *f*) in summa[3]): *Lucifer a celo fuit prostratus et Adam a paradiso fuit (fol. 54) eiectus: Ioab g) in tabernaculo interfectus fuit et Iob in sterquilinio h) triumphavit.* Unde eciam II. Machabeorum V. dicitur[4]): *Non propter locum gentem, sed propter gentem locum dominus elegit.* Et ideo Gregorius in IIII. dialogi[5]) certis astruit miraculis, quod malis sepultura sacrorum locorum magis obsit, quam prosit. Et Augustinus in

a) ms. habeat.
b) ms. contractam.
c) ms. capello.
d) Korr. fecit.
e) ms. nurti.
f) ms. bolet.
g) ms. Job.
h) ms. schuiliuio.
1) c. 18, C. 22 q. 5.
2) Matth. 6, 13.
3) Joh. Belethus, theol. Paris., Rationale div. offic. c. 159, Migne 202, S.157.
4) 2. Macc. 5, 19.
5) Greg. M. Dialog. 1. IV. cap. 50 ff. Migne 77, 412 ff.

libro de cura pro mortuis agenda ¹) philosophos gentilium narrat sepulture curam contempsisse, illud Lucani in li. VII° quo ad finem ²) in testimonium adducens, ubi dicit: *libera fortune ᵃ) mors est, capit omnia tellus,
que genuit, celo tegitur, qui non habet urnam,* ubi per urnam vasculum,
in quo more veterum cineres crematorum funerum reponebantur, intelligi vult. Quod Lucanus satis ubi supra tangit; Ovidius IIII. Metha(mor-
phoseon) dicens ³): *Quodque rogis ᵇ) superest, una requiescit in urna.*
Et nota, quod extrema dicte lige tam coniunctim quam divisim propter
hoc, ut corpora mortuorum sibi attrahant, spondent interdum infra certum
numerum dierum animas moriencium de penis liberare, adicientes, quod
alius Christi confessor beatus Franciscus pluries purgatorium ingrediatur
et animas sepultorum apud fratres a penis liberet et absolvat. Dicunt
eciam, quod sepulti apud alios multa milia missarum sui ordinis perdant,
tanquam exclusi a suffragio earundem. Sed ista erronea sunt et absurda ᶜ), cum indubium sit multos apud fratres corpore sepultos anima
cum purpurato divite sepeliri in inferno. Et dato, quod omnes essent in
purgatorio, dicti tamen fratres tanquam ignorantes mensuram divine
iusticie et beatus Franciscus a divina iusticia non discordans non possunt certam assignare regulam vel habere potestatem super liberacione
purgandorum. Ultimum eciam dictum et errorem continet et diminutam
arguit caritatem; si enim misse fratrum alibi sepultis non prosunt, ipsi,
per errorem ab usu ecclesie recedendo, pro fidelibus in communi orationes non emittunt, contra quod Augustinus ubi supra dicit ⁴): *Non sunt pre-
termittende supplicaciones pro spiritibus mortuorum, quas faciendas pro
omnibus in christiana societate defunctis etiam tacitis nominibus eorum sub
generali commemoracione suscepit ecclesia, ut quibus ad ista desunt parentes aut filii aut quicumque cognati (fol. 54ᵛ) vel amici, ab una eis ex-
hibentur pia matre communi.* Preterea si fratres sepultos alibi a suis orationibus excludunt per caritatis defectum, modum orandi abiciunt, quo salvator
nos orare volentes precepit dicere: *Pater noster,* Mt. VI° ⁵) et non *pater meus*
etc. Quod ᵈ) tractans Cyprianus in exposicione oracionis pretacte dicit ⁶):
*Deus pacis et concordie magister, qui docuit unitatem sic orare unum
pro omnibus voluit, quomodo in uno omnia ᵉ) ipse portavit.* Et hec inter
multa, que docentur preter racionem et auctoritatem, exempli causa
dixisse sufficiat ad dictam rubricam explanandam.

    a) ms. fortuna,   *b) ms.* regis *korr. in* rogis.   *c) ms.* obsurda.   *d) ms.*
Q'd.   *e) Lies:* omnes.

    1) Augustinus, De cura pro mortuis gerenda 4 (II), Opera ed. Maur.
Paris 1837, VI 869.

    2) Lucan. Pharsal. 1. VII. 818 f.

    3) Ovidius Metamorph. IV 166.

    4) Augustinus l. c. 6 (IV), p. 861.

    5) Matth. 6, 9.

    6) Ciprianus, De oratione dominica c. 8, Migne 4, S. 524.

IIII. c. o s t e n d e n s, q u o d d i c t i f r a t r e s p e r t e r c i a m re-
g u l a m a b e a t o F r a n c i s c o i n s t i t u t a m, i n q u a n t u m *a*) e x
f a c t i s c o l l i g i t u r, v i a m h a b e n t m a t r i e c c l e s i a r u m
i u r a m i n u e n d i.
Licet tercii ordinis a beato Francisco instituti professores sacerdotem
alicuius approbate religionis pro visitatore habere possint, consulitur
tamen in regula sua propter respectum ad instituentem, ut aliquem reli-
giosum de ordine fratrum minorum assumant, quod quidem consilium ex
liga predicta arcius et forcius omnibus preceptis ewangelicis custoditur,
ita quod per consequens ecclesiarum rectores per personas tercii ordinis
contempnuntur et in suis iuribus notabiliter defraudantur. Et quia ut dicitur insti. de gra. cogn. [1]): veritas magis occulata fide quam per aures
animis hominum infigitur, dicente eciam (H)oratio *b*) in poetria veteri [2]):
Segnius irritant animos dimissa per aures, quam que sunt oculis su-
biecta fidelibus etc.: sufficit quo ad premissa ea que cottidie videntur
de plano enarrare; nam ut dicit Tullius 1° Rhetorice [3]): *assumpcio que*
perspicuam omnibus veritatem continet nichil probacionis indiget. Licet
enim rectoribus ex divina missione, de qua dicitur Luc. X [4]): *designavit*
dominus et alios septuaginta duos et misit illos etc. competat predicare
verbum Dei tamquam successoribus LXXII discipulorum, ut probatur XXI.
di. c: *In novo testamento* [5]) et per magistrum IIII sen. di XXIIII [6]), tamen
si contingat fratres et rectores predicando in unam horam concurrere,
supposito eciam, quod rectores peticiores sint fratribus, dicte mulieres
sua affectione private seducte solos fratres audiunt eorumque nutibus
plus quam rectorum preceptis obediunt et intendunt, non advertentes
illud Luc. X° [7]): *Qui vos audit, me (fol. 55) audit,* quod utique de rectoribus dicitur et non de fratribus antedictis. Item cum ex regula sua sin-
gule persone quolibet mense unum denarium usualis monete massario
suo dare teneantur, et insuper singulis annis trium missarum celebra-
cionem pro vivis et mortuis procurare, dicte mulieres per premissa quasi
signa de linquendis suis elemosinis infra terminos et personas sue lige
informata oblaciones solicitas et de prescripta consuetudine matricibus

a) *ms.* qua *mit Abkürzungsstrich.*
b) *ms.* orato *mit Strich über dem letzten* o.
1) Inst. III, 7, 9 (de gradibus cognationis).
2) Horatius, Epist. lib. II, 3, v. 180—181.
3) Cicero, Rhetorica (De inventione) lib. I, c. 36 § 65. (rec. C. F. W.
Müller, I, 1 p. 154).
4) Luc. 10, 1.
5) c. 2(dist. 21.
6) Petrus Lombardus, Sentent. t. IV. dist. 24, 9, Migne 192, S. 904.
7) Luc. 10, 16.
8) Aristoteles, De partibus animalium lib. I c. 1? Firmin-Didot III
219, 59?

ecclesiis debitas subtrahere non verentur. Preterea cum super certis transgressionibus et levibus dicte mulieres per visitatorem suum de ordine minorum assumptum argui et emendari debeant, hocque tamquam exorbitans a communi observancia ecclesie ad consequenciam non sit trahendum, prefate tamen mulieres, forsan ex privata instinccione fratrum, eo modo quo secundum philosophum XI° de animalibus ¹) artificium operantis manifestatur in operato, in confessionibus faciendis nexu indissolubili conglutinate sunt fratribus, quasi a iugo et subieccione rectorum penitus sint exempte. Item dicte mulieres, quasi instar aliorum religiosorum, in eligenda sepultura velle vel nolle non habeant, prout dicitur c. *religiosi* sub ti. de sepul. libro VI° ²) absque aliqua excepcione apud fratres petunt sepeliri, quasi ordinatam et sub precepto sibi indictam ibidem censeantur *ᵃ*) habere sepulturam. Unde ratione dicti tercii ordinis inordinate se habentis in premissis et aliis status rectorum divinitus institutus multiplicem patitur lesionem et multo maiorem pateretur, si fratribus liceret personis *ᵇ*) tercii ordinis porrigere eucharistiam salutarem, timendumque foret, quod unitas divini ovilis ut plurimum scinderetur. Et ista dico secundum cursum Spyrensis et Wormatiensis diocesum, in quibus a tempore co. cle. publicatarum fratres communionem dictis personis nullatenus porrigere presumpserunt. Et quia *ᶜ*), inter popularium opiniones dubitatur, an tercia regula verum ordinem constituat, sciendum, quod in co. cle. sub ti. de sen. ex. c. *Cum ex eo* ²), dicte persone terciam regulam professe dicuntur esse de ordine penitentum vel continentum (*fol 55ᵛ*); sed si consideretur, quod ceteris ordinibus intimum obedienciam, continenciam et abdicacionem *ᵈ*) proprietatis tenere, prout beatus Franciscus in capite regule sue fratribus minoribus tradite tangit, et tercius ordo admittendo coniugatos continenciam excludit et propriis utitur in speciali, reservando sibi modicum de obedientia, ipse non participat cum aliis religionibus omnino univoce, sed forte secundum quandam analogiam, in cuius forte signum persone dicti ordinis ex regula sua transitum liberum habent ad aliam religionem approbatam. Quibus eciam consideratis cum esse ordinis modo tenui in dictis personis subsistat, non videbitur mirabile, quod ipse ad singulares et inordinatos actus in turbacionem *ᵉ*) ecclesiastici ordinis faciliter inclinantur. Et quia, ut dicit Petrus Blesensis in epistola ad Carnotensem clericum ³): *Simplicitas est negligencie filia, contumacie mater, radix*

ᵃ) *ms.* constantur.
ᵇ) *ms.* per soni.
ᶜ) *Folgt getilgt:* non constituatur.
ᵈ) *ms.* abdica, *dann eine Silbe ausradiert,* concm.
ᵉ) *ms.* turbacoe.
1) c. 5. De sepult. in VIᵗᵒ (III, 12).
2) C. 3 De sent. excomm. in Clement. (V. 10).
3) Petrus Blesensis Epistolae? nichts zu finden, vgl. Migne 207, S. 1-560.

peccati, nutrix adulterii, mortis eterne preambula, imperatrix inferni, interest summi pontificis, cui intimum est habere sollicitudinem super ecclesias universas, ut pulchre deducit Bern. li. II° de consid. ad Eugenium [1]), penis et remediis *a*) congruis prescriptis deordinacionibus obviare, quia forsan secundum illud philosophi X. Ethicorum [2]): *Non facile est ex antiquo consuetudinibus comprehensa sermonibus transformare,* contra premissa non sufficiunt verba vel monita, sed pene exemplares intentivum peccandi efficaciter restringentes.

V. c. o s t e n d e n s, q u o d f r a t r u m e x c a u s i s p r e m i s s i s et s i m i l i b u s e x e m p t i o est d a m p n o s a.

Beatus Bernardus antiquos canones sequendo li. III. de consi. ad Eugenium [3]) tangens ordinem *b*) militantis ecclesie exemplatum secundum ordinem ecclesie triumphantis, ponit abbates subesse episcopis, ita quod quodam *c*) ordine mediorum usque ad summum pontificem pervenitur, et iste ordo tollitur per exempciones, quas pulchra deductione ibidem astruit non esse iusticie, sed pocius potestatis, et asserit ecclesiarum corruptelas per exempciones huiusmodi et insuper detrimentum spiritualium suboriri et temporalia detruncari. Et licet ibi dicta ad probacionem presentis intencionis sufficere videantur, sciendum tamen est, quod quidam sollempnes (*fol. 56*) doctores in suo secundo quolibet q. XIX *d*) probant [4]), quod expedit tamquam simpliciter bonum, quod papa sciat secreta omnium religiosorum, ut sic partes multitudinis ecclesiastice absque mutua lesione possint in pace et concordia conservari, et cum talia scire non posset per totum mundum, nisi mediantibus episcopis, qui talia propter exempciones scire non possunt, concludit in fine questionis exempciones simpliciter esse malas. Sed hiis que magnum rigorem continent absque preiudicio summi pontificis prelibatis, ad viam miciorem libet declinare, quia indubium est, quod sedes apostolica pluries paci et quieti famulorum Dei providere volens exempcionis privilegium ipsis tradidit de gracia apostolice potestatis iudicantis forte tales correctores non egentes contra oppressores et offensores solum esse muniendos. Et quia abusus privilegiatorum in propriarum animarum perniciem et aliorum detrimentum suum convertit, privilegium illud merito ipsis esset auferendum, ut pro-

---

a) *Korr. a.* remedijos.
b) *ms.* ordinene.
c) *ms.* quedam.
d) *ms.* q. XX (*radiert*) XIX.
1) Bernard l. c. II. c. 6, Migne l. c. 748 (419).
2) Aristoteles, Ethic. Nic. X. c. 9 (10), ed. Firmin-Didot II 127, § 5.
3) L. c. III, c. 6. Migne l. c. 766—769 (431—433).
4) Unbekannter Autor.

batur extra de priv. c. *ut privilegia* [1]) in textu et in glosa, ubi nota, quod isti exempti pro minimis non exemptos per conservatores suos trahunt ad loca remota, qui ipsos eciam pro maximis obstante exempcione nec per litteras ordinariorum nec per litteras in forma communi a sede apostolica impetratas aliqualiter possunt convenire ita quod ut plurimum gementes cogantur iuri suo cedere et actiones suas relinquere inexpletas. Unde sedes apostolica, postmodum *a*) forsan contra huiusmodi providere volens, certos casus expressit, in quibus exempcione non obstante exempti coram locorum ordinariis possunt convenire, ut patet sub ti. de pri. et ex. pri. c. *volentes* li. VI⁰ [2]), licet adhuc dictorum fratrum curiosa rebellio variis subterfugiis et iniuriis, quibus litigatoris simplicitas deluditur et deicitur, non cesset exempcionis privilegium in grave dispendium sacerdotum secundi ordinis retorquere; et amplius de die in diem retorqueret, si forma nova semper tuenda constitutionum *Super cathedram*, que incipit *Frequentes* [3]), non emanasset a sede supra dicta.

Preterea cum fratres minores alias coram ordinariis super certis excessibus in ius vocati fuissent, simplicem exemptionem domini Bonifacii VIII. pro (*fol. 56*ᵛ) sua defensione protulerunt, sed quia ordinarius ille vice et nomine domini episcopi Wormatiensis per c. *Volentes* sub ti. de pri. et ex. pri. li. VI⁰ [4]) pronunciavit contra exemptionem *b*) et huiusmodi pronunciatio transivit in rem iudicatam, tandem iidem fratres aliam exemptionem domini Benedicti pape exhibuerunt, continentem expresse, quod fratres nec racione delicti nec contractus vel rei de qua agitur possint vel debeant coram locorum ordinariis conveniri. Ubi si queratur, an liceat pape dare tale privilegium, magis volo periciores audire, quam aliquid temere iudicare, nam prima sedes a nullo iudicabitur, ut XXI. di. *nunc autem*, in fine [5]). Sed certus sum per experienciam, quod tale privilegium per abusum eorum, quibus concessum est, ministrat fomentum peccandi et in enormem lesionem tendit iuris alieni; et ut sic omnino expedit pro bono communi, immo ipsis quibus indultum est, quod penitus revocetur.

---

a) *ms.* pt.
b) *Folgt ausgestrichen*: dni. bndci pp.
1) c. 24· X De privil. (V, 23).
2) c. 1 De privil. in VIto (V, 7).
3) c. un. De iudiciis in extrav. comm. (II, 1).
4) c. 1 De privil. in VIto (V, 7).
5) c. 6. dist. 21.

VI. c. ostendens, quod dicte mulieres, sive sint de regula sive non, tenentur preceptis ecclesie obedire et in divinis officiis et verbi Dei propositione habere respectum ad rectores. Beatus Gregorius XXXV. Mor. [1]) de obediencia pulchre loquens dicit: *Sola obedientia virtus est que virtutes ceteras menti inserit insertasque custodit*; et ideo, cum status dictarum mulierum, eciam regularium, innititur obediencie, que non evacuat, sed presupponit obedienciam in preceptis Dei et ecclesie, ut ex serie regularum tam fratrum minorum, quam sororum tertii ordinis, si diligenter notetur, in multis locis patet, sequitur, quod necessarium est dictis mulieribus precepta Dei et ecclesie observare. Unde dicitur Mt. XIX [2]): *Si vis ad vitam ingredi serva mandata.* Et ne credas hoc solum esse referendum ad precepta Dei, audi quod Mt. XXIII [3]) de tenentibus cathedram dicitur: *Omnia quecumque dixerint vobis, servate et facite.* Unde secundum sententiam beati Ieronimi in epistola ad filiam Mauritii imperatoris [4]): *sicut mel nisi favorum cubiculis conservetur, subsistere non poterit, et vinum, nisi boni a) odoris vasculis faveatur, vini svavitatem b) amittit, ita bona que voluntarie assumuntur absque preceptorum Dei observantia. subsistere non possunt ad salutem.* Unde hiis (*fol.* 57) diffusius premissis subdit: *Tunc proderit amplius fecisse ꞁquam iussum est, si quod iussum est, feceris; nam quomodo plus fecisse gloriaris, si minus aliquid facias? cupiens divinum implere consilium, ante omnia serva mandatum.* Et quia plures magis exemplis, quam rationibus ad assenciendum veritati inducuntur, libet dictam intentionem venari per exempla, ubi nota, quod Christus et beata virgo preceptis exempli gratia se subdere voluerunt, ut patet in eius circumcisione, ad templum delacione post impletos purgacionis dies, templi accessu ob reverenciam diei festi, de quibus omnibus habes Luc. II. [5]); quod eciam Christus templum de consuetudine quesierit, probatur Io. II. c. V. VII. et VIII [6]). et alibi in multis locis sancti ewangelii. Actis eciam V. dicitur [7]), quod Petrus et Iohannes ascendebant in templum ad horam orationis nonam et Act. V. [8]). in fine de apostolis dicitur, quod omni die in templo non cessabant docentes et ewangeli-

---

a) ms. bonis.
b) ms. svavitatis.
1) Gregorius M. Moral l. XXXV. in cap. XII. B. Job., c. 14, 28. (Migne 76, S.765 [1155]).
2) Matth. 19, 17.
3) Matth. 23, 3.
4) Weder bei Hieronymus, noch bei Gregor d. Gr.
5) Luc. 2, 21—24.
6) Joh. 2, 13; 5, 1; 7, 10, 14; 8, 2.
7) Act. 3, 1.
8) Act. 5, 42.

zantes Christum Iesum. Item Dan. VI. legitur [1]), quod Daniel contra edictum Darii regis fenestris apertis in cenaculo suo contra Ierusalem tribus temporibus in die flectebat genua sua et adorabat Deum. Item IIII. Reg. V. legitur [2]) de Naaman, quod mundatus in terra Israel a lepra, ipsam terram honoravit ex permissione Helysei partem ipsius ad terram suam deducendo. Ex quibus omnibus colligi potest, quod parrochiani suam matricem ecclesiam, templo Iherosolimitano eciam in maiori gloria succedentem secundum illud Aggei II [3]): *Magna erit gloria domus istius novissime plus quam prime,* ex debito debent frequentare et sua presentia honorare. Si enim Naaman, ut pre — (*fol. 57ᵛ*) — tangitur, terram in qua a lepra carnis mundatus fuit, tantum honoravit, quod partem terre secum detulit, secundum veriorem opinionem, pro eo quod secundum magistrum hystoriarum [4]) ex causa faceret altare domino ad immolandum, multo forcius nos fideles in matricibus ecclesiis verum manna, id est corpus Christi, suscipientes et a lepra spiritus per confessionem emundacionem capientes, tenemur, ne ingrati videamur, ipsas ecclesias frequencius ceteris accedere ipsasque habere in reverencia ampliori. Et quia hec ita se habent, accessit ad predicta preceptum ecclesie de matricibus ecclesiis frequentandis, ut patet extra de p. et a. p. *Ut dominicis* [5]) et de con. di. 1. c. *Si quis* [6]) et c. *Missas* [7]) et c. *Cum ad celebrandas* [8]), ita quod rector potest ad hoc compellere subditos suos per communicacionis sententiam, ut notatur in dicto c. *Missas,* in quo inter alia dicitur, quod si fecerint, ab episcopo, confundantur: ab episcopo, id est sacerdote suo, ar. ad hoc XCV ᵃ). di. c. *Olim* [9]) et XCIII. di. c. *Legimus* [10]); confundantur per excommunicacionem secundum illud II. *b*) ad Thes. III, [11]): *Si quis non obedierit verbo nostro, per epistolam, hunc notate, et ne commisceamini cum illo, ut confundatur.* Preterea VII. q. 1. c. *Precepit* [12]), dicitur: *Monachorum vita — vel pascendi.* Et quia rectores ex officio presidentes tenentur docere et pascere subditos suos tamquam hii, quibus dictum est in LXXII discipulis illud Marc. ult. [13]): *Euntes in*

a) ms. XXV. lies XCV.   b) ms. III.
1) Dan. 6, 11.
2) IV. Reg. 5, 17.
3) Agai 2, 9.
4) Hist. scholastica. Migne 198, S. 1392.
5) c. 2. De parrochiis et alienis paroch. X. (III, 29).
6) c. 35. dist. 1. De consecr.
7) c. 64. ib.
8) c. 65. ib.
9) c. 5. dist. 95 (?).
10) c. 24. dist. 93.
11) 2. Thess. 3, 14.
12) c. 45. C. 7. q. 1.
13) Mc. 16, 15.

mundum universum predicate ewangelium omni creature, et subditi suis rectoribus obligantur pocius in recipiendo pastum sacre doctrine, respectum habebunt ad rectores, quam ad fratres predictos, ut sic salvetur unio de qua VII. q. 1. c. dicit ¹): *Scire debes episcopum in ecclesia esse et ecclesiam in ipso.* Nam hoc potest fieri, quando rector subditorum curam gerit, et ipsi suo rectori humiliter obediunt et intendunt, ut fiat unum ovile et unus pastor. Et licet hec ita se habeant, dicte tamen mulieres spiritum libertatis, ut credunt, sequentes, errorem dudum condempnatum ab ecclesia in sibi similibus, quo asserebant se non obligari ad aliqua precepta ecclesie, ut habetur sub ti. de. here. c. *(fol. 58) Ad nostrum* co. cle. ²), per suam rebellionem denuo videntur innovare, non attendentes, quod Act. XV. legitur ³) de Paulo, quod perambulans Syriam et Ciliciam precepit custodire precepta apostolorum et seniorum, ubi per seniores rectores designantur. Nam presbyter grece, latine senior interpretatur, et presbyteri sacerdotes vocantur, ut dicitur XXI. di. c. *cleros* ⁴). Hec autem que premissa sunt, pro tanto posui, ut ex hiis, cum de similibus idem fit iudicium, dicte mulieres in premissis et sibi similibus sancte ecclesie preceptis incipiant obedire, dicente Ieronymo in epistola ad Demetriadem virginem ⁵): *Inicium obediencie est, quod precipiatur velle cognoscere, et pars obsequii didicisse, quid facias.* Et quia premissa ad populum loquens predico, predictos fratres graviter michi infestos sencio. Unde Gregorius III. Mor ⁶) tractans illud Job. II. ⁷): *nemo loquebatur ei verbum,* dicit: *Tacentes adversarios habemus — ad altum vox recta loquentis trahat.*

VII. c. o s t e n d e n s , q u o d s e d e s a p o s t o l i c a s u p e r d e f e c-
t i b u s e t e x c e s s i b u s p e r s o n a r u m d i c t e l i g e i n c o m m o-
d u m r e c t o r u m t e n e t u r d e c o m p e t e n t i r e m e d i o p r o-
v i d e r e.

Quia secundum philosophum II. Ethic. ⁸) intencio legislatoris est cives facere bonos, et dominus papa in ordine ad finem supernaturalem ᵃ) eterne beatitudinis est universalis legislator tocius ecclesiastice multitudinis, que corpus Christi misticum constituit, ipse tenetur menbra tocius ecclesie in ordine ad finem et eciam inter se in debito ordine et regimine

---

a) *ms.* sup(er)na curalem.
1) c. 8. C. 7. q. 1.
2) c. 3. De hacret. in Clement. (V, 3).
3) Act. 15, 41.
4) c. 1. dist. 21.
5) *Vielmehr* Ep. Pelagii, Augustini Opera ed. Maurin. II 1389, § 9.
6) Gregor M. Moral. l. III. in cap. II. B. Job., c. 26, 52 (Migne 75, S. 625 [94?]).
7) Job 2. 13.
8) Aristoteles, Ethic. Nic. II, 1 c. 1. ed. Firmin-Didot II. 15.

conservare, quod primo persuadetur in hunc modum. Beatus Augustinus XIX. de. civi. de. dicit ¹): *Ordo est parium dispariumque rerum
sua loca cuique tribuens* (*fol. 58ᵛ*) *disposicio.* Et ideo summus pontifex menbra ecclesie bene ordinat, si cuique suum statum conservat.
Unde cum dicti fratres rectoribus subordinentur, prout in summa que
dicitur Lex rectorum deduxi tam in textu quam in glossa, non possunt
ad pacem ordinari, nisi privilegia ᵃ) graciarum, in quibus rectoribus se
preferre vel equare conantur, eis in toto vel in parte subtrahantur.
Equalitas enim potestatis fomentum litis subministrat, secundum illud
Lucani li. Iᵒ ᵃ): *Nulla fides regni sociis omnisque potestas impaciens
consortis erit. Nec gentibus ullis ᵇ) credite nec longe fatorum exempla
petantur fraterno primi maduerunt sanguine muri.* Preterea apostolus
ad Ro. XII. tradit ³) ecclesiam esse unum corpus diversorum menbrorum
et actuum. Unde ad similitudinem corporis naturalis et menbrorum
suorum ecclesia in suis menbris debet regulari. Nunc autem in corpore
naturali ita est ut dicit Tullius libro III. de officiis ⁴) quod *unumquodque
menbrum, si sensum hunc haberet, ut putaret se posse valere, si proximi
menbri valetudinem ad se traduxisset, necesse esset totum corpus de-
bilitari et interire.* Ergo pari modo ad conservacionem corporis Christi
mistici, quod est ecclesia, requiritur, quod unum menbrum non detrahat
alteri nec ad se rapiat commoda aliorum. Hoc enim pacem societatis
humane tollit et nature adversatur, dicente Tullio, ubi supra ⁵): *Detra-
here alteri aliquid et hominem hominis in commodo suum comodum
augere — quam mors.* Et post pauca: *Si sic erimus affecti, ut propter
suum — generis societatem.* Et ideo papa qui datus est a domino tocius
ecclesie speculator per legem ordinacionum suarum, dicente philosopho X.
Ethic. ⁶), quod lex coactivam habet potenciam, tenetur providere, quod
dicti fratres cum suis fautricibus falcem suam non mittant in messem
rectorum, prout faciunt et (*fol. 59*) semper facere consueverunt, alioquin
debita habitudo inter menbra ecclesie tolletur necesseque erit ecclesiam
in esse spiritualis virtutis et gracie minui atque infirmari.

    Et quia, ut dicit Ciprianus in tractatu de lapsis ⁷): *Aperiendum est
vulnus et siccandum ᶜ) et putredinibus amputatis medela forciore cu-*

---

a) ms. pncla *mit Abkürzungsstrich.*
b) ms. illis.
c) Lies: secandam.
1) Augustinus, De civit. Dei XIX. c. 13, Corp. SS. eccl. 40, 2, S. 393.
2) Lucanus, Pharsalia lib. I, 91—95, ed. Hosius, Leipz. 1905, S. 5.
3) Rom. 12, 4. 5
4) Cicero, De officiis I. III. c. 5, 22 (rec. C. F. W. Müller, IV, 3, p. 96).
5) Cicero l. c. c. 3, 21.
6) Aristoteles, Ethic. Nik. X, 2, c. 9, ed. Firmin-Didot II 128.
7) Ciprianus, Liber de lapsis c. 14, Migne 4, S. 477.

randum, vociferetur et clamet licet egrotus, gracias agit postmodum senciens sanitatem, libet puncta aliqua correctione digna quasi epilogando ponere, ut potencie active domini pape quasi certa potencia passiva corrigendorum possit respondere. Ubi sciendum, quod dicti fratres asserunt se saltem post horam diei nonam pocius predicare ad populum, quam rectores, ita quod tunc rectori predicare volenti prius vel postea predicando cedere vel differre contradicunt, ymo quasi ius pinguius habentes in officio predicandi conqueruntur se impediri a rectoribus, si predicando in illa hora concurrant cum eisdem. Item recipiunt confessiones parrochianorum, cum non constet rectoribus de licencia hoc faciendi ab episcopis sibi data vel negata. Item audiunt confessiones in diversis dyocesis, unius tantum episcopi licentia desuper petita et obtenta. Item contra constitucionem *Super cathedram* ad confessionis et predicacionis officia admittunt personas illitteratas et minus ydoneas, rectoribus detrahentes et falsa sepe predicantes, prout supra c. III. in aliquibus punctis est narratum. Item oblaciones in pecunia consistentes in ecclesia publice recipiunt super altare, et insuper domos, ortos, census perpetuos et alia bona immobilia emunt, recipiunt et possident ita libere, sicut persone ordinum non mendicantium et habentium propria in communi, ex quibus rectores in oblacionibus et legatis multipliciter defraudantur. Item in sermonibus parvam vel nullam faciunt conscientiam hominibus super solucione decimarum predalium, ymo interdum predicant, quod solvi non debeant ex communicacionis propter hoc sententiam incurrendo. Item variis allectivis retrahunt homines ab ecclesiarum suarum frequencia et accessu. Item sub pretextu visitacionis sibi in personis tercii ordinis competentis (*fol. 59ᵉ*) easdem personas taliter regulant, quod in nullo credunt se matricibus ecclesiis et earum rectoribus obligari. Item, quod dictis mulieribus falsa in angulis, dum tamen fratribus utilia sint, seminantibus, ipsi fratres per veritatis doctrinam nullatenus se opponunt. Item dicti fratres quartam seu canonicam portionem rectoribus debitam non absque mortali peccato temere detinent et solvere pluries requisiti contradicunt. Item multa dictis fratribus precepta sub verbis preceptoriis vel equipollentibus, quoad pecuniarum recepcionem et alia, regulariter et sub specie liciti et honesti, licet ad peccatum mortale obligent ᵃ), transgredi non verentur. Item quod rectores in premissis et eis similibus propter exemptiones nullam possunt consequi iusticiam a fratribus antedictis. Preterea dicte mulieres quarum alique sunt regulares, alique vero voluntarie pauperes vocantur, inter alia licet divisim ᵇ) errant in subscriptis et suum errorem ᶜ) autumant sanctitatem. Primo asserunt, quod paupertas ipsarum sit ita li-

---

a) Folgt ein wohl aus S verschriebenes Zeichen, dann ausgestrichen.
b) Lies wohl: diversim.
c) ms. folgt aut.

bera, quod preceptis ecclesie vel rectorum ipsius artari non debeat, sed
potius permitti, ut citra preceptum faciat, quod sibi caritas suaserit faciendum. Item, quod exclusis ecclesiarum rectoribus dicunt se velle obedire Deo et aliis non suis prelatis, qui ipsas dirigant per viam viciniorem
veritati et saluti. Item, quod diebus dominicis et festivis pro audiendis
missarum sollempniis ex statuto ecclesie et aliis diebus de congruo non
teneantur matricem ecclesiam frequentare. Item quod rectores ecclesiarum,
quibus iure ordinario competit proponere verbum Dei, non debeant vel
possint post prandium predicare, ita quod pocius illa hora debeant audire
alios, etiam minus peritos quam rectores. Item, quod non teneantur suis
rectoribus post prandium in aliquo obedire. Item, quod fratres et sorores
tercie regule eciam in hiis que regulam non concernunt, magis teneantur
fratribus quam rectori matricis ecclesie vel eius vices gerenti obedire.
Item, quod fratres minores commmuniter in foro (*fol. 60*) penitencie
habeant maiorem auctoritatem, quam plebani, quod eciam dicti fratres
asserere non formidant. Item, quod dicte mulieres sepulturam matricis
ecclesie, in quantum ex factis colligitur, indistincte et regulariter non
sine presumptione vehementi spernentes *a*), secrete tradicionis vel ordi-
nacionis extra matricem ecclesiam eligunt sepulturam. Item, quamvis
fratres minores domus in Lutra a tempore publicatarum constitucionum
Clementinarum non presumpserint eucharistiam ministrare, modo tamen
excommunicati ab homine et a iure et lite pendente super canonica porcione et aliis iuribus parochialibus, idem fratres dictis mulieribus per
ligam predictam vivificum sacramentum ministrare in precipuis festis non
verentur, sicque a frequentia et omni obedientia matricis ecclesie et
rectorum suorum ipsas abstrahunt contra canonicas sanctiones. Item,
quod omnia dicta et facta fratrum erronea laudant in omnibus supra-
positis indistincte. Sane fratres prefati assencientibus sibi dictis mulieribus alia quedam puncta graves in fide et moribus errores continentia
astruunt et defendunt. De quibus quia in tractatu directo reverendo
patri domino P. episcopo Penestrino, et intitulatur Scisma fratrum, pro
viribus disserui, ipsorum in probacionem in premissis duxi committendam.
Et quia, ut dicit Bern. li lill. de consi. ad Engenium [1]): *Impunitas ausum
parit, ausus excessum,* decet te, sanctissimum patrem nostrum dominum
papam Clementem VI^m, licet tibi racione nominis clemencia competat,
Proverb. ult. [2]): *Lex clemencie in lingua eius,* spinas et tribulos dictorum
malorum de orto ecclesie sarculo discipline funditus estirpare, ut perfectio operum, in senario nomen tuum distinguente desingnata, copioso
virtutum fenore in ecclesia denuo tua sollicitudine revirescat. Unde, ut

a) *Nachgetragen unter der Zeile.*
1) Bernhard l. c. IV, c. 9, Migne l. c. 786 (444).
2) Prov. 31, 26.

utar verbis Bern. ubi supra Ii. II⁰ '): *Leva oculos consideracionis tue et vide regiones, si non sint magis sicce ad ignem, quam albe ad messem, glorifica manum et brachium dextrum (fol. 60ᵛ) in faciendo vindictam in nacionibus, increpaciones in populis, in alligando reges eorum in compedibus et nobiles eorum in manicis ferreis;* quatenus tandem pro sollicitudine corrigendi is, qui reddet mercedem laborum sanctorum suorum, te cum multitudine electorum tue cure creditorum terram viventium, quo secundum Ambrosium in libro de bono mortis [2]) *peccata non penetrant et nisi virtutum vivit gloria,* feliciter faciat introire, ipso prestante qui trinus et unus regnat per infinita secula seculorum. Amen [a]).

1) Bernhard l. c. II. c. 6. Migne l. c. 749 (420).
2) Ambrosius l. c. c. 9. Opera ed. Caillau II 79 (Migne 14, S. 580).

IV.

Andreas de Perusio, Contra edictum Bavari.

aus Ottobon. lat. 2795. fol. 134—159 v.

(*fol. 134*). Tractatus fratris Andree de Perusio ordinis fratrum minorum contra edictum Bavari.

Sanctissimo in Christo patri et domino domino Iohanni divina providencia sacrosancte Romane ac universalis ecclesie summo pontifici frater Andreas de Perusio ordinis minorum sincere humilitatis obedienciam ac pedum oscula beatorum. Cum a reverendo patre et domino domino Iohanne sancti Theodori dyacono cardinali et apostolice sedis legato nuper receperim in mandatis, ut edictum heresiarche Bavari, quod incipit: *Gloriosus Deus et sublimis dominancium dominus* contra vestre beatitudinis eminenciam pro ingenii mei viribus impugnarem, nisus sum ideo solo nomine edictum argumentis, racionibus ac sanctorum patrum auctoritatibus [b]) ostendere penitus nullum esse, necnon et contra raciones eius sophisticas, ymo magis hereticas, vestre sanctitatis beatitudinem deffendere vel potius declarare [c]) ipsam Davitice turris clippeis immobiliter extitisse [d]) munitam. Vestre igitur sanctitati hanc paginam predicta breviter continentem ausus sum transmittere, ut a vobis, qui beati Petri sedem et fidem tenetis, recipiatur vel respuatur, prout scrinium vestre prudencie ydoneum iudicabit.

Agrediens igitur quod supra polliceor, omissis brevitatis gracia verborum incompactorum calumpniosis multiplicitatibus que predictus heresiarcha in serie sui edicti vel pronunciacionis eloquitur, eandem erroneam et falsam pronunciacionem ad tria sola puncta curavi reducere. Nam sensum et sentenciam eiusdem adequate et (*fol. 134 v*) sine diminucione continent meo exiguo et parvo iudicio, et propter eadem precise blasfemus predictus periculosam suam tyrannidem et manifestas hereses presumpcione dampnabili nititur palliare.

Sit igitur secundum preposterum ordinem, sed necessario commutatum primus articulus predicte pronunciacionis, scilicet quod flagiciosus prefatus asserit vestram sanctitatem heresim publice predicare perfectionem paupertatis altissime in Christo penitus denegando, ex quo dicit sequi Christum non fuisse perfectissimum viatorum. Hoc autem elicitur ex extravaganti illa, que incipit *Cum inter nonnullos*, a vestra sanctitate

---

a) *Mit blasser Tinte v. Hd. sec. 15 dazugefügt:* Qui scripta sua dextera sit benedicta etc.

b) *ms.* auctoribus.

c) *ms.* declare.

d) *ms.* extisse.

de fratrum nostrorum et multorum in theologia doctorum comuni consilio et assensu cum multa maturitate digesta, ubi dicitur, Christum in speciali aliquid habuisse ac eciam in comuni, sibique ius utendi, vendendi, donandi ex ipsis eciam alia acquirendi compeciisse secundum sanctarum testimonia scripturarum. Contra quod arguit predictus hereticus cum suis complicibus, nec credo ad hoc aliquam racionem haberi possibilem, nisi istam vel elicitam ex eadem, scilicet quod ex hoc sequeretur Christum non fuisse perfectissimum viatorum propter carenciam summe et altissime paupertatis. Ad quam racionem excludendam, in qua vis racionum omnium, ut michi videtur, ad hoc induci possibilium continetur, probandum accipio, quod licet Christus in speciali aliquid habuerit ac eciam in comuni, eciam sibi iura predicta competerint, non tamen hoc perfectioni derogat a) Christi, quin ipse fuerit perfectissimus viatorum. Ad cuius evidenciam duo premitto preambula.

Primum : propter quid secundum sanctorum sentenciam (fol. 135) paupertas, que omnium expropriacionem includit, inter bona spiritualia debeat numerari. Ait enim Origines super illo verbo Matth. 19¹): Si vis perfectus esse b), vade et vende omnia que habes et da pauperibus: Non sic intelligit, ut in ipso tempore, quo tradiderit bona sua pauperibus fiat omnino perfectus, sed ex illa die incipiet speculacio Dei adducere eum ad omnes virtutes. Ex quo videtur velle, quod deposita c) sarcina deliciarum facilius quis ad divinorum contemplacionem et dilectionem assurgit per quam adducetur ad omnes virtutes in quibus summa perfectio continetur.

Cui eciam consonat quod ait ibidem Hylarius ²): Grave, inquit, onus d) innocencia subit incrementis opum occupata. Onus d) intelligo per quod non potest faciliter ad contemplacionem et dileccionem celestium elevari, quod onus d) a se abiciunt perfecti pauperes, dicente Augustino ³) de verbis domini : Amici Christi sunt, qui omnia sua dimiserunt, ut Deo sine seculari compede expediti servirent, et ab honeribus mundi liberatos velut pene natos sursum humeros tollerent. Item ibidem Crisostomus in omelia sic inquit⁴): Adiectio diviciarum maiorem accendit flammam et violencior fit cupido. Ex quo verbo colligitur, quod pro tanto est melius non habere divicias, quia ex se divicie ad terrenorum dilectionem incli-

a) ms. derrogat.
b) ms. folgt et getilgt.
c) ms. depposita, wie stets.
d) ms. bonum.
1) Origenes Comm. in Matth. tom. XV, Migne, Patr. Graeca 13, S. 1303 (676).
2) Hilarius Comm. in Matth. c. 19, Migne 9, S. 1026 (764).
3) Augustin Sermo 61, ed. Maurin. V, 1, 508 ? ?
4) Crisostomus in Matth. Homelia 63 (al. 64) § 2, ed. Montfaucon VII 709.

nant, animum inflamant; ideo recte ibidem ait Rabanus [1]): *Tucius autem est nec habere nec amare divicias.* Item Augustinus [2]) de verbo, divicias inclinare ad superbiam asserit, cum ex eis maxima dicat superbiam generari, sic inquiens: *Nichil est (fol. 135) quod tantum generent divicie quam superbiam.* Ex quibus omnibus patet paupertatem ideo inter bona spiritualia numerari, quia secundum Ylarium, Augustinum et Originem, ut proximo ostensum est, paupertas ad superiora erigit, secundum Crisostomum ex contrario sensu amorem temporalium minuit, secundum Augustinum ex eodem sensu superbiam excludit, quia scilicet habere divicias, quod est paupertati contrarium, inclinat ad opposita omnium predictorum.

Ex quo eciam sequitur manifeste, quod paupertas non est perfectio proprie, que est nostrarum actionum finis, sed ministerium, quo mediante ad perfectionem caritatis, que secundum apostolum finis est precepti, conscendimus, dicente eciam abbate Moyse in collacionibus [3]): *primum ieiunium, vigilie, meditacio scripturarum, nuditas ac privacio omnium facultatum, non perfectio, sed perfectionis ministeria sunt, quia non in ipsis consistit discipline illius finis, sed per illa pervenitur ad finem.* Et superius dixerat, quod *ad perfectionem caritatis istis gradibus conamur ascendere.*

Secundum premitto preambulum, quod secundum Augustinum De bono coniugali [4]) bonum cuiusque virtutis vel accipitur quantum ad actum exterioris operacionis vel quantum ad habitum affectionis, sicut verbi gratia virtus paupertatis quantum ad actum per temporalium actualem abdicacionem datur intelligi, quantum ad habitum secundum preparacionem animi, quo quis secundum divinum beneplacitum predicta bona temporalia relinquere est paratus. Ex hiis autem preambulis infero sic quod in hoc articulo principaliter intendebam, scilicet carentiam actualis *(fol. 136)* paupertatis, non dico habitualis, Christo summam perfectionem non tollere. quia non tollit perfectionem summam, cuius remocio non includit nec inclinat ad imperfeccionem. Quia habens oppositum non tollitur, nisi per oppositum formaliter vel virtualiter; sicut frigus non tollitur, nisi per calorem vel rem aliquam virtutem caloris habentem. Sed habere [a]) actualiter aliquid in speciali vel in comuni, quod est oppositum paupertati, non includit imperfectionem, quia tunc paupertas, quod est eius oppositum, perfectionem includeret contra dicta, cum solum sit via ad perfectionis apicem conscendendi secundum Originem et abbatem Moysen, ut est in proximo allegatum. Nec ad aliquam imperfectionum

a) *ms.* habetur.
1) Rabanus Comm. in Matth. lib. VI. c. 19, Migne 107, S. 1021.
2) Augustin Sermo 61 (de verb. Dom. 5) ed. Maurin. V, 1, 508.
3) Abbas Moses in Joh. Cassiani Collationes I c. 7, Migne 49, S. 490. 489.
4) Vgl. Augustin De bono coniugali 25 (XXI), l. c. VI 562.

predictarum Christus a) inclinat, cum huiusmodi inclinatio ex parte inclinati disposicionem exigat b) ad peccatum, et nisi inclinabile ad imperfectionem nichil inclinet, Christus eciam ad nullum inclinans sit peccatum, cum nullo modo peccare potuerit aliquo genere peccatorum, secundum magistrum sententiarum libro III. di. XII. ¹).

Ergo manifeste sequitur, quod habere aliquid in speciali vel in comuni vel iura predicta que vestra sanctitas Christum habuisse asserit, summam Christi perfectionem non auffert nec arguit ipsum non fuisse perfectissimum viatorum.

Secundo oppositum eius, quod in Christo non necessario ponitur, in eo positum imperfeccionem non arguit. Sed ponere in Christo abdicacionem omnium bonorum, que est paupertas secundum eos altissima, necessarium non existit, quia talis abdicacio ad perfectionem ponitur acquirendam et ad removenda impedimenta, que ab eadem acquirenda vel exercenda retrahere possent secundum sanctorum testimonia *(fol. 136)* predictorum, propter que in Christo non est necessarium actualem ponere paupertatem, cum Christus fuerit in statu perfectionis in perfectione immobiliter confirmatus. Ergo habere aliquid quod opponitur paupertati altissime, potest poni in Christo, imperfectionem non arguens in eodem. Tercio illud, quod vere ponitur in Christo, in eo imperfectionem non arguit, quia impossibile sequi non potest.

Sed in Christo ponitur, quod vere et sine fictione aliquid terrenum habuit, cum infirmorum personam accepit in loculis que habebat, exemplum vivendi seipsum prebens omnium ac eciam infirmorum, secundum summam domini Nicholay extra de verborum significat. c. *Exiit* libro VI.⁰ ²). Quod exemplar non fuisset verum sed fictum et sophisticum, si aliud ostendisset opere, quam habuisset mente; igitur sic habere, in Christo imperfectionem aliquam non concludit.

Quarto fuga amota imperfectione quam includere potest, scilicet homines plus debito timendi et Deum minus debito diligendi, Christo competivisse, ewangelii scriptura testatur. Igitur et habere temporalia predictis modis exclusa imperfectione quam aliquando arguunt in habente sibi posse competere, equali videtur racione probari. Sed imperfectio est inclinacio, quam divicie faciunt in habente, quibus ad dilectionem earum nimiam et dilectionem Dei non perfectam aliquis secundum sanctorum predictorum testimonia inclinatur. Amota igitur imperfectione predicta, que a Christo secundum prefata necessario amovetur, Christus res temporales in se perfectus existens in speciali habere poterat ac eciam in comuni habitu. Beatus Augustinus in libro de bono *(fol. 137)* coniu-

a) *ms.* Christum.
b) *ms.* exhigat.
1) Petrus Lomb. Sent. l. III. dist. 12, Migne 192, S. 780 f. § 3. 4.
2) c. 3 de verb. signif. in VIto (V, 12).

gali sic ait [1]): *Virtutes cum aliquandj opere manifestantur, aliquando habitu latent; quocirca sicut non est impar meritum paciencie in Petro qui passus est, et in Iohanne* [a]) *qui nullas expertus est nupcias, et in Abraham qui filios generavit. Illius enim celibatus et illius connubium pro temporum distribucione Christo militaverunt. Sed continenciam Iohannes in opere, Abraham in solo habitu habebat.* Res ergo ipsas si comparemus, nullo modo dubitandum est meliorem esse castitatem continencie, quam castitatem coniugalem; homines vero cum comparemus, ille est melior qui bonum amplius habet.

Ex hac autem auctoritate sic arguo. Sicut pro diversis temporibus propter Dei preceptum et utilitatem comunem castitas nupcialis Abraham et virginitas Iohannis sunt equalis meriti apud Deum, quia equaliter a Deo precepta et equaliter suis temporibus universo utilia secundum Augustinum in auctoritate predicta dicentem: *illius enim celibatus et illius connubium pro temporum distribucione*, ecce, quod equaliter utiliter utilia, *Christo militaverunt*, ecce, quod equaliter precepta; ita modo simili, paupertas et Christi divicie, equalis possunt esse meriti apud Deum, quando scilicet pro tempore Christus divicias habuit, ex patris precepto secundum formam [b]) constituens infirmorum, et pro tempore nichil habens se ex eodem precepto formam constituens eorum qui maioris perfectionis apicem conantur attingere. Ex hiis autem sequitur evidenter, quod si paupertas extrema in Christo extitit (*fol. 137*), summam ab eo perfectionem non tollens, ita et divicie perfectione eadem ab eo non exclusa, cum esse possint equalis meriti secundum predicta, fuisse potuerunt penitus in eodem.

Sexto ex eadem auctoritate sic arguo. Habitualis paupertas et non actualis cum bono equali secundum quod quis melior alio iudicatur, paupertati actuali secundum predicte auctoritatis exempla non immerito comparatur. Per bonum autem equale intelligo caritatem, secundum quam bonitas in omnibus mensuratur, quia caritas est summum bonum, amplum donum, in quo pendet totus ordo preceptorum, sicut feria secunda maioris ebdomade canit sacrosancta mater ecclesia. Summum autem secundum philosophum nono methaphysice in omnibus est mensura. Per paupertatem habitualem intelligo animi preparacionem ad omnia semper pro divino placito relinquendum, licet actualiter ex divino placito habeantur. Sic Abraham secundum predicta in habitu castitatis habebat secundum animi preparacionem predictam, secundum quam semper paratus erat exire

a) *Fehlt im ms.:* qui passus non est, sic non est impar meritum continentiae in Joanne.

b) *Ergänze:* sc.

1) Augustin, De bono coniugali l. c. 25 (XXI), p. 562 und 564.

2) Ambrosius Expositio Ev. sec. Luc. l. VII § 55, ed. Maurin. IV 944 (158).

in actum, nisi divinum beneplacitum cognovisset. Ex istis igitur sequitur evidenter, quod Christus habitualem paupertatem modo predicto habere potuit, eciam aliquid terrenum possidens, et tamen propter excellenciam caritatis semper existens perfectissimus viatorum, ut sic breviter arguetur: oppositum paupertatis actualis stante paupertate habituali cum caritate suprema in Christo apicem perfectionis non tollit, et per consequens Christus in se perfectus existens habere aliquid potuit in speciali actualiter ac eciam in comuni.

Has autem duas ultimas raciones duplici auctoritate (*fol. 138*) confirmo: prima est beati Ambrosii super Lucam c. 31 tractantis ibidem verbum Actuum tercio: *Argentum et aurum non est michi. Non hoc,* inquit, *gloriatur Petrus quod argentum et aurum non habeat, sed quod servet domini mandatum, qui precepit: nolite aurum possidere,* ubi expresse patet quod meritum non consistit in non habendo, quia in hoc Petrus non gloriatur, sed solum in perficiendo domini voluntatem.

Precisa igitur causa perfectionis est observacio dominice voluntatis, *usf.*

(*fol. 138*). *Auch die Apostel besassen etwas. Die* perfectio *besteht nicht* in actuali expropriatione, sed solum in implecione dominice voluntatis. Ex hiis autem potest evidenter deduci [a]), scilicet edictum heresiarchi predicti contra beatitudinem vestram non invehat, quia dicitis eciam apostolos aliquid actualiter habuisse.

(*fol. 138*ᵉ). *Die Stelle Luc. 22 gilt nicht für alle Zeiten* etc. (*bis fol. 144). Verteidigung sowohl der Dekretale Nicolaus' III., als der Bulle Ad conditorem canonum*; *die* paupertas actualis *ist nicht nötig für den* status perfectorum (*fol. 142*). *Der Vergleich mit der Ehe, bezw. Ehelosigkeit, passt nicht; denn Christus und die Apostel konnten keine Ehe eingehen,* quia matrimonium constat esse perpetuum etc.

(*fol. 144*). Ex predictis igitur meo iudicio liquet aperte articulum heresiarche Bavari quo dicit, ideo Christum fuisse altissimum vel sanctissimum pauperem, quia aliter non fuisset perfectissimus viatorum, si de actuali paupertate intelligitur, falsitatem continet manifestam, si de habituali, contra sanctitatem vestram notam alicuius calumpnie non inducit.

Secundus articulus pronunciacionis predicte hoc continet sententialiter et in brevi, quod heresiarcha predictus eminenciam vestre beatitudinis sicut hereticum arguit pro eo, quod iura imperialia et temporalia sicut iuste sibi debita occupavit, quod eciam contra se ipsum, quem imperatorem asserit, nulli in temporalibus de iure subiectum, ausi estis contra Christi doctrinam et exempla temerarie procedere. Et iniuste multa eciam alia contra eandem blasfemando proloquitur, sed quia illa predictus hereticus non asserit heresim sapere, nec per ipsam sui edicti nullitatem nititur roborare, maxime cum sint facti et veritate tacita manifestam con-

a) *Ergänze:* quod.

tineant falsitatem, censui non necessarium contra illa invehere, predictas presenti pagine non inserendo blasfemias. Ad excludendam igitur hanc temerariam assercionem probandum accipio ad summum pontificem ac eius iurisdiccionem non solum spiritualia, sed eciam temporalia, necnon imperatori quecumque eciam in ecclesia consistent, in aliquibus debeant pertinere (*fol. 144ᵛ*). *Nach Hieronymus in c. 24 dist. 93 soll die* pluralitas ordinum *auf die Einheit zurückgeführt werden; geistliche un l weltliche Gewalt sind nicht unabhängig von einander, koordiniert, sondern die eine der andern untergeordnet, und zwar die weltliche Gewalt der geistlichen in allen Beziehungen, Temporalien und Spiritualien, weil sonst* iudex spiritualium (*fol. 145*) non haberet iudicium liberum, cum se cerneret eidem quem iudicat in temporalibus, se in spiritualibus debere obsequi et subesse, et tunc iniusticiis et iniquitatibus via et materia pararetur... (*fol. 145ᵛ*). Ideo cum papa sit ultimo fini prepositus, sicut tenetur omnes ad finem dirigere iuxta posse, ita etiam a peccato, quod est fini contrarium, abvertere renitentem: ex quo sequitur manifeste, quod si princeps temporalium vel etiam imperator in exercitio temporalium aliquid peccando faciat, propter quod a fine debito abvertatur, ipse etiam in temporalibus ad papam sicut ad summum iudicem pertinebit. Ex quo ulterius sequitur, quod si hereticus vel scismaticus, sicut in proposito de heresiarcha Bavaro noscitur verum esse, fideli preficiatur populo, papa potest eum deponere, temporalibus privare, omnes iuramento sibi fidelitatis abstractos absolvere, ne scilicet talis ex temporalibus occasionem capiat cum sibi subiectis populis a fide et ab obedientia sancte ecclesie necnon a fine ultimo per consequens deviandi. *Beispiele der Exkommunikation und Absetzung von Kaisern und Königen durch die Päpste aus dem kanonischen Rechte (fol. 146). Weitere Argumente für die Ueberordnung der geistlichen Jurisdiktion aus Aristoteles, N. T. und Canones... (fol. 147)...* Supplementum negligentie *durch die geistliche Gewalt... (fol. 148)...*

Sed ut ulterius proprio iugulem gladio supradictum hereticum qui se ipsum ex verbis propriis asserit imperatorem non esse, sed tyrannum et scismaticum ecclesiastice unitatis, sic ex verbis eius infero evidenter, ad papam ᵃ) vel de imperio vel de temporalibus administrare pertinet vel eciam iudicare, igitur predictus scismaticus iura imperii dampnabiliter usurpavit, dicens, quod est suum, (ut) ᵇ) ipse pertinaciter asserit in pronunciacione predicta. Consequenciam probo. Nam sicut ipse ibidem dicit, ius imperii ex sola electione confertur; sed ipse electus non extitit, igitur iura imperialia obtinere non potest. Quod autem electus non extitit quodam coassumpto medio infero ex assercione ᶜ) predicta. Nam ille noscitur non electus, qui eligitur ab hiis, quos est evidens ius eligendi nullatenus obtinere. Sed

a) *ms.* aid ppam.
b) *Fehlt im ms.*
c) *ms.* asseracione.

sui quos asserit electores ius eligendi non habent, cum si quod ius eligendi habeant, obtinent ab apostolica sede, sicut evidenter apparet in cronicis et extra de electione *Venerabilem* ¹); quod ius eis sedes apostolica concedere non potuit, predicto heretico concedente nichil de imperio vel de iuribus imperii pertinere ᵃ). Nec obstat, si dicat ius eligendi suis elec·toribus ex consuetudine antiqua competere, que iure difficiente iuris efficaciam habere dignoscitur; quia si iure electores sui eligendi ius aliis competens usurparunt (*fol. 148ᵛ*), furtum non est dubium commisisse. Sed nulli dubium, quod fur nullo unquam tempore prescribit: et per consequens nec se tueri possunt consuetudine, cum debeat existens rationabilis legitime esse prescripta, extra de consuetudine, c. *fi* ²). Nec eciam in hoc potest populi, qui eligendi ius habet ᵇ), assensus tacitus excusare, cum non sit verisimile populum tali usurpacioni ᶜ) prebuisse assensum, nisi quia propter sedem apostolicam ius electionis in alios transferentem predictos electores crediderit ᵈ) iustum titulum habuisse. Qui quidem titulus cum per dictum Bavarum sit iniustus, quia nichil pertinet ad sedem apostolicam de talibus ordinare, et per consequens cesset causa assensus populi, eciam populi indubitabiliter cessabit assensus, cum cessante causa cesset effectus, extra de peni. et re. *cum infirmitas* ³). Ut autem exclusis tenebris presentis articuli veritas clarius patefiat, adducantur rationes probantes contrarium, que ponuntur in assercione predicta evidenter, ut puto, et faciliter dissolvende.

Folgen 7 auctoritates des kanonischen Rechts von der Ueberordnung der kaiserlichen Gewalt im Weltlichen und der Trennung der beiden Gewalten: 1) 23. q. 4 c. *quesitum* ⁴), ubi dicitur quod potestas secularium iudicum est a Deo; 2) Augustin super Joh. 8. di. *quo iure* ⁵) (*fol. 149*) 3) Cyprian in 10. di. *quoniam idem* ⁶) 5) 96. di. *duo sunt* ⁷) .. 5) eodem di. c. *Si Imperator.* ⁸) 6) Innocentius, extra *de foro compet. licet* et e. *ex tenore* ⁹), *qui fili sint legit. causamque* ¹⁰) 7) Alexander extra *de ap. si*

---

a) *scilicet* ad sedem apostolicam.
b) *ms.* habent.
c) *ms.* talem usurpacionem.
d) *ms.* crediderint.
1) c. 38 X de elect. (I, 6).
2) c. 11 X de consuetud. (I, 4).
3) c. 13 X de poenit. et remiss. (V, 23).
4) c. 45 C. 23 q. 4.
5) c. 1 dist. 8.
6) c. 8 dist. 10.
7) c. 10 dist. 96.
8) c. 11 ib.
9) c. 10 und 11 X de foro comp. (II, 2).
10) c. 7 X qui fili sint legit (IV, 17).

duobus, §. denique [1]) *Von diesen* auctoritates alique asserunt a solo Deo fuisse imperium ordinatum, quod verissimum esse concedo, sed ex hoc non sequitur : ergo summo pontifici non subicitur imperator... (*fol. 149v*). *Die andern Stellen sprechen nur von der* distinctio et impermixtio potestatum. (*fol. 150 ff*). *Weitere Argumente aus der Bibel.*

(*fol. 152v*): Ex predictis igitur patet in secundo articulo assercionis predicte temerarie esse dictum, ad papam nichil de imperio vel de temporalibus pertinere, cum saltem temporalia omnia, ut ordinantur ad finem, principaliter ad summum pontificem, non ad aliquem secularem principem debeant pertinere.

Tertius predicte pronunciacionis articulus breviter continet ᵃ) in summa, quod predictus Bavarus se imperatorem asserens propter duo predicta, que dicit heretica, et propter alia multa innormia, que blasfemando imponit beatitudini vestre, dicit se ius habere eminenciam vestram ab officio pontificatus deponi, et ideo sanctitatem vestram sententiando propter predicta deponit cum consensu, ut asserit, cleri et populi Romani et suorum principum et aliorum prelatorum tam Alamannorum quam Ytalicorum et aliorum fidelium plurimorum. Circa quem articulum quia manifeste procedit ex suppositione falsorum, scilicet quod sanctissimus papa Iohannes in heresim dampnatam inciderit, et quod ipse Bavarus verus imperator existat, que ex predictis constat (*fol. 153*) esse falsissima, ea tamen que falsissima constat esse, vera ex ypothesi supponendo ac si verissima forent, intendo ostendere, quod eciam hiis suppositis sicut veris ipse deponendi summum pontificem ius non habet. *Der Kaiser hat nicht principaliter de causa fidei cognoscere, also auch nicht dabei zu* iudicare, *das ist Sache des* concilium. *Der Kaiser der nur* humanis presidet, *kann nicht* de divinis iudicare (*fol. 153v*). *Auch wenn Iohann notorisch Häretiker wäre,* a concilio erat sententia expectanda... Nec eciam potest ad hoc iudicium petencium clericorum valere consensus, licet infra declarabitur talem non fuerit habitus, cum ipse non auctoritate clericorum sibi commissa, sed presumpcione dampnabili, pretextu imperialis auctoritatis, predictam sententiam duxerit proferendam. Secundo: etsi quis ᵇ) ex personis ecclesiasticis et maxime papa sit hereticus manifestus, tamen antequam appareat eius incorrigibilitas, quia corrigibilis existens a cetu summorum clericorum non deponitur, 21. dist. c. *nunc autem*... 96. dist. c. *si imperator*... *wird er nicht abgeurteilt; dem Kaiser bleibt nur die Ausführung des Urteils des geistlichen Gerichts.*

(*fol. 154*). Tertio principaliter arguo ad propositum principale: imperator papam principaliter creare non potest, ergo nec potest simili modo

---

a) *ms.* continens et.
b) *ms.* et si ex as ex personis.
1) c. 7 X de app. (II, 28) § 1.

deponere, maxime cum spiritualia constituantur facilius, quam destruantur... Quarto: Si imperator principaliter potest papam propter heresim iudicare, ergo et quemlibet alium de heresi congrue iudicabit, quod esse absurdum nullus sane mentis ignorat... Nec obstat, si dicatur, quod papam, nullus cui iudex preponitur ecclesiasticus, imperator rationabiliter iudicat; sed non sic privatum quemlibet, qui multis ecclesiasticis iudicibus est subiectus. Nam sicut privato cuilibet aliquis preponitur ecclesiasticus iudex, ita etiam heretico cuilibet (*fol. 154ᵛ*) preponatur...

(*fol. 154ᵛ*)... Sexto supradicta Marcialis imperatoris declarantur exemplo, qui existens in concilio clericorum nichil de hiis que sunt fidei diffinire voluit, sed solum confirmare voluit, quod concilium diffinisset... *Ebenso derselbe Kaiser auf dem Konzil zu Chalcedon.*

(*fol. 155*). Septimo: *Beispiel des Kaisers Valentinian und der Päpste Sixtus und Marcellin nach 21. dist. 2. nunc au'en* ¹) (*fol. 155*)... Octavo: *Theoderich und Symmachus, nach 17. dist. § Hinc etiam.* ²)...: *Theodosius, 96. di. § satis evidenter* ³)... Hec et hiis similia declarant processum Bavari, eciam hiis que sanctitati vestre imponit mendaciter suppositis tamquam veris, nullum et temerarium extitisse, cum a non iudice lata sententia nullius robur obtineat firmitatis. Sed ut magis eluceat istius articuli veritas que in temerario edicto arguuntur contra predicta, producantur in medium faciliter dissolvenda.

(*fol. 155ᵛ*). *Es folge aus dem Edikt*, quod cum ad imperatorem pertineat defensio fidei et ecclesiastice discipline, ne pax ecclesie vel eiusdem disciplina solvatur, ad eum pertinebit. iudicare de summo pontifice, maxime in defectum prelatorum ecclesie, quos hoc non posse facere asserit propter metum, qui cadere debeat in constantes. *Dafür drei Beweise: 23. q. 5. principes* ⁴); *11. q. 3. imperatores* ⁵); *96. dist. sicut ubi* ⁶); *viertens auch:* quia negocium fidei causa sit commune, videtur ad imperatorem, non solum ad viros ecclesiasticos pertinere, propter quam causam eciam imperatores leguntur sinodalibus interesse conventibus...

(*fol. 156*). *Aber* aliud est defendere ecclesiam, aliud de causa defensionis cognoscere et defensionem indicere. *Erst müssen die geistlichen Gewalten alle Mittel anwenden, ehe die weltliche eingreifen darf. Nur:* quod non valeant sacerdotes efficere per sermonem doctrine, potestates hoc imperent per discipline terrorem. Et hoc est, quod comuniter dicitur,

1) c. 7. dist. 21.
2) c. 6, pars 2 Gratianus dist. 17.
3) c. 7. dist. 96.
4) c. 20. C. 23. q. 5.
5) c. 98. C. 11. q. 3.
6) c. 15. dist. 96.

in defectum clericorum ecclesiasticorum iudicem ᵃ) secularem intra ecclesiam accipere potestatem...
(fol. 156ᵛ). Si seculari statim cognicio deberetur, aperiretur via fraudibus laicorum clericis infestorum, ut viris ecclesiasticis enormia imponerent crimina etc. Ex quibus evidenter colligitur non obstante c. *principes*, processum Bavari contra beatitudinem vestram ab ecclesia et ecclesiasticis iudicibus hiis modis competentibus non precisum, nullum penitus extitisse.

(fol. 157). In causa fidei *darf der Kaiser nicht richten, obwohl sie eine* causa comunis, *sondern* solum — synodalibus conventibus interesse.

Secundo principaliter predictus Bavarus in sui excusacionem erroris Ottonis ᵇ) primi allegat exemplum. Nam Ottonem predictum dicit cum clero et populo Romano Iohannem XII. deposuisse a papatu et cum prefato clero et populo de alio providisse. *Aber er beweist nicht, dass Otto das* bene et iuste fecisse. *Das Ereignis wird im Speculum Historiale c. 218, parte 2ᵃ, anno 26 erzählt. Danach war es nicht der Kaiser, sondern* Ytalicorum concilium clericorum, *das den Papst absetzte* (fol. 157ᵛ)...

Tertio predictus Bavarus suum factum ex eo palliat quia sic pronunciacioni cleri et populi accessit assensus et suorum principum et ecclesie prelatorum, tam Ytalicorum, quam Alamannorum, quia fidelium plurimorum; ex quibus forte credit sic prounnciacioni assensum accessisse concilii.

Aber et si vim talis assensus haberet concilii, tamen ipse Bavarus eciam imperator existens sententiam deposicionis contra papam principaliter ferre non potest... (fol. 158) nec assensus predictorum istam posset confirmare sententiam, — *weil* causa adulacionis, non sanctionis legitime presumitur accessisse. *Auch wenn der* assensus der sententia *voranging, wie der* Bavarus *in dem Edikt behauptet;* ait enim in predicto edicto: *sententia in qua lata de comuni consensu, consilio et requisicione etc* ¹⁾, *so ändert das nichts, der Vorwurf der* adulatio *bleibt.* (fol. 158ᵛ) *auch die* supplicatio populi el cleri Romani *ermächtigt den Kaiser nicht. Anders ist es nur bei* statutis editis in defensionem ecclesie (fol. 159)... 2ᵃ causa tollens tercium Bavari argumentum, quia concesso tamquam pro vero ᶜ), quod imperator de consensu concilii possit deponere sententialiter sicut iudex et princeps summum pontificem, tamen ex processu prediti Bavari patet, Bavarum in sua sententia sacri concilii non habuisse consensu m. Nam synodus que papam potest deponere (fol. 159ᵛ) nulli est dubium, quod esse debeat generalis, cum cause maiores non possint in particularibus

a) *ms.* iudicium *iudicem.*
b) *ms.* Octonis, *so stets.*
c) *Später in die Lücke eingeschoben.*
1) Vgl. Baluze, Vitae paparum II 520.

conciliis diffiniri, 18. di. § 1¹). Causa autem pape de maioribus causis existit, 17. di. § *hinc etiam,* ubi ²). In tanto negocio constat autem clerum et populum Romanum cum aliis prelatis, quos generaliter nominat, vim huiusmodi concilii non habere. Tum quia principalis clerus Romanus idest cardinalium collegium, nam cardinales inter Romanos clericos nume-rantur, 23. di. *In nomine domini* ³), congregacioni Bavari non interfuit nec ad hoc in sepe fato edicto dicitur fuisse vocatum; item eciam de epi-scopis maxime propinquis Ytalie maioris auctoritatis, quos interfuisse et ad congregacionem predictam evocatos fuisse non constat; et ideo, quod omnes tangit, quia ab omnibus approbatum non extitit, constat viribus caruisse iuxta canonicas sancciones. Ex hiis igitur probabiliter patet, quantum ad hunc tercium spectat articulum, pronunciacionem predicti Bavari, eciam falsis suppositis tamquam veris, temerariam, presump-tuosam et invalidam penitus extitisse.

Suscipiat igitur vestre beatitudinis celsitudo, que minori discussa solercia sinceriori affectione ac vestre sanctitatis et sedis apostolice zelo ego minimus vobis transmittere attemptavi. Nam in predictis nichil perti-naciter asserens vestre sublimis beatitudinis, ad quam pertinet que sunt veritatis et fidei stabilire, cupio subire iudicium. Vestram beatitudinem omnipotens per diuturna et feliciter conservet secula ad honorem et gloriam sacrosancte almeque matris ecclesie, Christi sancti glorioso san-guine nitidius expiate. Amen. Expliciat.

1) Gratianus, pars 1, dist. 18.
2) c. 6, dist. 17, 2ª pars Gratianus.
3) c. 1, § 2, dist. 23.

V.
Franciscus Toti, Contra Bavarum.
Aus: Ottobon. 2795 fol. 160—186.

(*fol. 160*). Tractatus Magistri Francisci Toti de Perusio ordinis Minorum contra Bavarum etc.

Quis est iste involvens sententias sermonibus imperitis, Iob. 38[1]). Si sententia debeat esse ydonea, requiritur necessario, ut ex parte persone sentenciantis sit auctoritas, cause stimulantis sit veritas, sentencie obligantis sit equitas; iuxta illud Deuteron. XVII[2]): *Si difficile et ambiguum apud te iudicium esse perspexeris, queres ab eis, qui iudicabunt tibi iudicii veritatem*, ecce veritas cause stimulantis, *et facies quecumque dixerint tibi qui presunt*, ecce auctoritas persone sententiantis, *et sequeris sententiam eorum nec al dextram nec ad sinistram*, ecce equitas sententie obligantis. Hiis enim tribus defficientibus erit sententia nulla, falsa et iniqua. Nulla quidem. quia sententia a non suo iudice lata, qualis est carens auctoritate, non tenet, ut dicitur extra *de iudiciis, at si*[3]), et nil obtinet firmitatis, ut dicitur 2. q. 1. *in primis*[4]). Falsa quidem quia super causa falsa et veritate vacua fundata. Iniqua vero quia condempnativa non peccatoris et delinquentis. Unde Exo. XXIII. dicitur[5]): *Nec in iudicio plurimorum*, scilicet auctoritate carentium, quod ad primum, *acquiesces sentencie*, quo ad tercium, *ut a vero devies*, quo ad 2ᵐ. In verbo autem proposito ad sententiam huius Bavari heretici et scismatici relato tribus predictis opposita describuntur. Describitur enim ex parte persone sententiantis deffectus auctoritatis (*fol. 160ᵉ*) et preeminencie; cause stimulantis deffectus veritatis; sentencie obligantis deffectus equitatis et iusticie. (Defectum)[a]) auctoritatis et preeminentis persone sentenciantis probat actus interrogandi, cum dicitur: *quis est iste;* deffectum veritatis et existencie cause stimulantis probat genus proferendi, cum dicitur: sermonibus imperitis; deffectum equitatis et iusticie sententie obligantis probat modus sentenciandi, cum dicitur: involvens sententias. Dico primo, quod in verbo proposito describitur ex parte persone sententiantis defectus auctoritatis et preeminencie. quod probat actus interrogandi, cum dicitur: *quis est iste.* Interrogamus enim de eo, quod nescimus. Nescire autem dicitur, cuius fit hoc verbum ad Helym arrogantem et reprobatum, ut dicit ibi glossa. Et ideo huic Bavaro tamquam scismatico a Deo reprobato verbum istud congrue adaptatur, cui[b]) sic arroganter presumen-

a) *fehlt im ms.*
b) *ms.* cuic.
1) Iob. 38, 2.
2) Deut. 17, 8 fl.
3) c. 4 X· de iudiciis (II. 1).
4) c. 7 C. 2. q. 1.
5) Exod. 23, 2.

ti ᵃ) iudicare non suum, sed solius Dei servum et velit nolit prelatum suum, merito dicitur ᵇ) illud Rom. 14 ¹): *Tu quis es, qui iudicas alienum servum?* etc. Sed contra hec dicuntur duo. Primum quod papa non est dominus imperatoris, sed sunt duo domini distincti respectu populi christiani, papa (*fol. 161*) quidem in spiritualibus et imperator in temporalibus, secundum quod ubi papa deprehenditur a fide devius, potest ab imperatore iudicari. Quantum ad primum dicit iste Bavarus in ista non dicenda sententia sive fabula sua, quod dicit *papa se esse veritatis evangelice ac Dei ordinationis publicum subversorem evidentissime declaravit u. s. w. bis (fol. 161ᶜ): mittit falcem suam in messem alienam²).* Pro ista questione addo quinque: 1) 96. di ³) *imperator habet privilegium sue protestatis que administrandis publicis legibus divinitus est consecutus, mit der Glosse:... nam imperium a solo Deo est...* 2) di. 63. *Adrianus papa⁴),* cum universa synodo tradidit Karolo imperatori ius et potestatem eligendi summum ᶜ) pontificem et ordinandi apostolicam sedem, et hoc idem cap. sequenti concedit Leo papa Ottoni primo regi theotonicorum et eius successoribus ... *Dann die Glosse: fateamur ergo imperatorem dominum mundi...* 3) di. 10. quoniam ⁵); *Christus trennte die* officia *der beiden Gewalten. Ebenso dist. 96. cum ad verum⁶).* 4).. *extra de appellat. c. si duobus nach Alexander III⁷). Keine universale weltliche Jurisdiktion des Papstes. Ebenso: extra. qui fili sint legit. c. causam⁸).* 5) quia ecclesia tributa solvit imperatori — nach *XI. q. 1. si tributum⁹)* u. c. *magnum . . .* ¹⁰) et extra. 1. di. 2. et c. sequenti ¹¹) premittitur rubrica, quod episcopus de secularibus negotiis cognoscere non debet. Et ex istis forte dicit Bavarus decretistas sue consentire opinioni.

Quia tamen opinionem reputo falsam et rationi ac sacre scripture iurique canonico contrariam, ydeo arguo contra ipsam . . 1) princeps apud quem residet potestas in congregatione, tenet locum capitis in corpore, quia sicut caput corporis naturalis influit (*fol. 162ᵛ*) in membra et preest eis .. *Ein Körper mit zwei Köpfen ist* monstruosum; *das eine Haupt ist*

---

a) presumente korr.
b) *ms.* dici.
c) *ms.* summi.
1) Rom. 14, 4.
2) Baluze, Vitae paparum II 516.
3) c. 11 dist. 96.
4) c. 22 dist. 63.
5) c. 8 dist. 10.
6) c. 6. dist. 96.
7) c. 7. X de appellat. (II,28).
8) c. 7. X qui filii sint legit. (IV,17).
9) c. 27. C. 11. q. 1.
10) c. 28. ib.
11) c. 29. ib. *Das vorausgehende Zitat ist unklar.*

der Papst, nicht der Kaiser, weil der influxus *auf das Ganze nicht von den Temporalien ausgehen darf* . . . 2) Gott ordnet sein Reich *ad* unitatem, non divisionem : *also ein Haupt* . . . *Der Einwand: dieses Haupt sei Christus, Kaiser und Papst seien nur* vicarii partiales Christi, *wie etwa die Vikare eines Bischofs* in foro conscientie *und* in foro contentioso, *ist hinfällig: denn Christus steht nicht mehr in sichtbarem Verkehr mit der* ecclesia militans. *Deshalb setzte er Petrus zu seinem Vikar ein (fol. 163ᶜ) und gab ihm vor allen andern Aposteln die Schlüsselgewalt* . . *(fol. 164)* . . 3) Solus Christi vicarius habet in ecclesia potestatem. *Vor Christus gab es keine wahren Kaiser, nur Gewaltherrschaft* ... *(fol. 164ᵛ)* 4) Omnis potestas a Deo . . . sed que a Deo sunt, ordinata sunt . . . non autem essent ordinate ª), sed potius disparate, si una ᵇ) alteri minime subderetur . . . 5) *Die* potestas temporalis *hängt von der* potestas spiritualis *in ihrem esse ab, wie* ab totali causa, *ist ihr also untertan. (fol. 165)* 6) Sicut videmus in maiori et minori mundo naturali, sicut et in mundo mistico id est in congregacione hominu n et maxime fidelium debemus arguere esse. 7) Philosophus probat quod materia est propter formam, etc. . . *(fol. 165ᵛ)* 8) na:h c. *Per venerabilem* ¹): dispensare in spiritualibus comuniter intelligitur in temporalibus dispensandum. *(fol. 166)* 9) *Christus besass als Mensch alle Gewalt im Himmel und auf Erden.* 10) *Christus ist nach Hebr. 6,20* secundum ordinem Melchisedek factus pontifex in eternum. *Bestätigung Apoc. 19,16,* quod Christus habet in vestimento . . . et in femore suo scriptum rex regum et dominus dominantium. *(fol. 166ᵛ) Deshalb wird Joh. 1,42 Petrus* cephas *genannt* . . . quod in greco sonat caput eo quod in capite sit constitutus apostolorum, ut dicit Papias . . .

12) sic apud illum residet regalis ᶜ) sive imperialis dignitatis plenitudo cui de iure competit transferre imperium, quod est uni aufferre et alteri conferre, ius et potestatem eligendi imperatorem ᵈ) tribuere, electum examinare, inungere, consecrare et coronare et per consequens approbare et reprobare. Sed hec omnia de iure competunt pape, ut dicitur de elect. *venerabilem* ²). 13) Apud illum residet imperialis dignitatis pulchritudo qui de iure potest reges absolvere directe et indirecte. Non enim plus potest imperator apud quem secundum adversarios residet, sed papa de iure hoc potest..., *auch indirekt durch Exkommunikation (fol. 167) und Lossprechung der Untertanen vom Gehorsam,* 15. q. 6. nos ³) . . 14) *Der besitzt die* plenitudo potestatis. ad cuius iudicium refferri debet omnis arduum, dif-

a) *ms.* ordinata.
b) *ms.* uni.
c) *ms.* regualis.
d) *ms.* imparatorem, *so stets.*
1) c. 13. X qui filii sint legit. (IV,17).
2) c. 34. X de elect. (I,6).
3) c. 4. C. 15. q. 6.

ficile vel ambiguum.... 15) ... Ille simpliciter prelatus omnium et monarcha ex ᵃ) cuius iudicio pendent omnes vel qui pro omnibus est redditurus in divino examine racionem.... 16) *Der ist der Grössere, der einen anderen wenigstens in* spiritualibus iudicare potest *und von ihm nicht gerichtet werden kann.* (fol. 167ᵛ) 17) Zweilichtertheorie nach extr. de maio. et obe. solite¹), zitiert Hugo de sacr. li. 2, parte 2. c. 4⁰... dist. 27. omnis ᵃ) (fol. 168), di. 96. duo und si imperator³)..

Dico igitur quod apud papam residet utriusque potestatis et iurisdictionis plenitudo; sed potestatem secularem ᵇ) concedit imperatori, mediante ipso eam exercet, sibi ipsi eam non aufferendo, sed ipsam integre ac eius exequutionem in certis casibus reservando. Quorum primus est quando princeps aliquid ex devocione concedit ecclesie non solum fructum ville, sed iurisdictionem sicut habet ecclesia patrimonio. 2ᵘˢ est, quando occurreret aliquid difficile vel ambiguum: et de istis duobus habetur extr. *qui fi. sunt leg. per venerabilem*⁴). 3ᵘˢ est racione delicti, ut si princeps secularis sit hereticus vel peccator publicus ᶜ) seu de quolibet mortali peccato graviter inculpatus ᵈ), et de hoc habetur extr. *de iud. novit ille*⁵). 4ᵘˢest cum iudex secularis sit negligens vel iniustus et hoc vacante imperio, scilicet ᵉ) in terris imperii, in aliis vero regnis et terris indistincte tali necligencia seu iniusticia regis vel principis evidenti seu notoria existente, ut patet in c. *grandi, de suple. negligent. prelatorum li.* VIᵗᵒ ᵉ), et hoc habetur extr. *de foro comp. licet*⁷). Et ex hoc clare patet sicut a posteriori, quod papa habet iurisdictionem temporalem, quia alius eius exequucionem in predictis casibus non haberet, nisi ei concederet imperator. Hoc eciam patet per illud Luc. ult. *Ecce duo gladii hic* ⁸).

(fol. 168ᶜ). *Es folgt die Erwiderung auf die Argumente des Bayern.* Primo de numismate. *Die bekannte Stelle bedeutet vielmehr, dass alles Gott gehört, auch der Caesar und sein imperium..* que sunt Cesaris sunt eciam Dei ..

(fol. 169). *Der* comes *ist* subditus regi, *aber* subditi comitis aliquid

---

a) *ms.* et.

b) *ms.*: regularitatem.

c) *ms.* pecator, pecatum; peccator publicus *von andrer Hand nachgetragen.*

d) *am Rande:* de *bis* inculpatus.

e) sc. in terris *bis* libro VI. *am Rande.*

1) c. 6. X de maio. et obed. (I,33).

2) c. 7. dist 63 ?

3) c. 10. *und* 11. dist. 96.

4) c. 13. X. qui filii sint legit (IV,17).

5) c. 13. X. de iudic. (II,1).

6) c. 2. de suppl. neglig. prelat. in VIto (I,8).

7) c. 10. X. de foro comp. (II,2).

8) Luc. 22, 38.

(*fol. 169ᵛ*) debent regi et aliquid comiti . . . Ex hoc tamen non potest argui, quod dominium comitis non sit regis. ¹) *In den Worten des Edikts, dass einerseits Christus Herr alles Geistlichen und Weltlichen sei, andererseits die weltliche Herrschaft abgelehnt habe, liegt ein offenbarer Widerspruch* . . ²) *Falsch ist die Behauptung, dass Christus allein bei te Gewalten zukommen, weil er zugleich Gott und Mensch war* . . Dico igitur, quod hec duplex potestas data fuit Christo ut homini, sicut probatum fuit supra.

Ad 3) de decretistis dico, quod falsum est eos esse opinionis sue, ut patet ex dictis . . Preterea falsum est, quod solus imperator recipiat potestatem in temporalibus a Deo et ipsa electione, cum quia papa recipit utramque ut dictum est eo ipso, quod electus est in papam, tum quia ipse non recipit hoc a Deo et ipsa electione, nisi superveniat confirmacio pape. Cum enim electio imperatoris et electus debeant de iure per papam examinari et possint per ipsum approbari et reprobari, ambo simul vel alter ᵃ) et per approbacionem infirmetur, ut hec omnia patent extra de elect. *venerabilem* (*fol. 170*), sequitur electum imperatorem confirmacione fienda per hominem indigere, cuius oppositum ipse dicit. Et ex hoc patet, quod papa intromittendo se de electione huius Bavari et post eius iustam reprobationem et sententias iuste contra eum latas, ut patebit infra, tam excommunicacionis quam aliarum penarum ecclesiasticarum prohibendo, ne fideles christiani sibi obediant, non est mittere falcem in messem alienam, sed in propriam . . . *Einwürfe werden beseitigt. Den früheren Kaisern waren besondere Rechte eingeräumt* propter magnam ecclesie persecutionem. *Das hat jetzt aufgehört, und die Kaiser verloren jene Rechte* per abusum. *Kaiser Ludwig verzichtete auf das Wahlprivileg.* (*fol. 170ᵛ*) di. *I. 63. Quia sancta* und *Ego Ludovicus* ᵃ). (*fol. 171*). *Die Glosse* dicens: *fateamur ergo imperatorem dominum mundi* concedo in gradu suo, ut superius est expressum. Si autem propter iura predicta tunc imperatori concessa intelligat imperatorem esse principalem monarcham, dico quod falsum fatetur, cum non ᵇ) teneant ista iura.

3) *über die* distinctio potestatum. *Die weltliche Gewalt wird auf die geistliche als ihre Ursache zurückgeführt* . . . 4) *Appellation an den Papst ist nur* in certis casibus *erlaubt*, ne (papa) secularibus negociis implicetur . . . 5) ecclesia de propriis, puta de decimis, primiciis et huiusmodi nullum tributum dare debet, quia talia debent esse libera, ut habetur 23. q. 8.

a) *ms. korr. aus* alterum.
b) *ms.* nunc.
1) c. 13. X. iudic. (II,1).
2) c. 2. de suppl. neglig. prelat. in VIto (I,8).
3) c. 28 *und* 30 dist. 63.

tributum ¹). De prediis autem tributariis cum onere suo ad ecclesiam devolutis non debet ecclesia negare tributum excepto loco, ubi ecclesia est fundata, quod autem ecclesia constituit antiquitus de bonis sive *(fol. 171 ᵛ)* exterioribus imperatori esse solvendum, non pro subiectione hoc fecit, sed pro stipendio, quia debebat eam tueri et defendere, ut dicitur 23. q. 8 *tributum*... Ad illud Petri respondit Innocentius III. extra *de maio. et obed. solite* ²), ostendens quod nullo modo Petrus per ista verba voluit sacerdotibus sibi subiectis iugum subiectionis imponere respectu alterius, nisi Dei et sui, alias, cum dicat: *omni humane creature*, sequeretur quod cuicumque homini quantumcumque vili deberent esse subiecti. Ex dictis igitur clare patet, quod papa est simpliciter universalis monarcha totius populi christiani et de iure totius mundi, ita quod velit nolit quicumque imperator pape de iure subicitur ut prelato.

2⁰ dicitur, quomodo imperator deberet papam iudicare, si papa reperiatur a fide devius, quod iste Bavarus non ex alio probat, nisi exemplo Ottonis, primi regis Theotonicorum *etc*... *zitiert dist. 40 si papa* ³)... *(fol. 172)*. Dagegen das Beispiel des Papstes Marcellin in dist. 21. nunc ⁴) etc. *(fol. 172 ᵛ)* Das Beispiel Ottos d. Gr. passt nicht. Si tamen queritur ad quem pertineret iudicare papam, si quod absit deprehenderetur a fide devius ᵃ), dico quod ad sacrum collegium cardinalium cum universali concilio ad hoc vocato per eosdem dominos cardinales pertineret cognoscere, cum eiusdem pape electio pertineat ad eosdem et sint in ecclesia primi post papam eiusque fratres, et cognito quod a fide deviaverit et velit corrigi et ad istam fidei normam reduci, non potest iudicando deponi. Et sic intelligo, quod dicitur 9. q. 3. *Nemo* ⁵), ubi dicitur, quod *primam sedem nemo iudicabit, neque enim ab augusto nec a clero nec a regibus nec a populo iudex iudicabitur*, et 24. q. 3. *Dixit apostolus* ⁶) dicitur, quod per sententiam suam, quamvis falsam ... Si autem nollet corrigi, sed pertinaciter defendere sententiam et erroneam, credo, quod potest ab eis iudicialiter deponi vel directe contra ipsum sentenciam proferendo vel saltem indirecte alium eligendo, cum ipso iure incorrigibilis sit privatus; et sic intelligo illud c. *si papa*. Nullo autem modo pertineret ad imperatorem, quia extra de iudiciis *decernimus* ⁷) et in pluribus aliis capitulis mandat ecclesia, ut laici ecclesiastica tractare negocia non presumant. Hic autem scismaticus et presumptuosus ecclesie mandata contempnens non est

---

a) *ms. nur* ad fide.
1) c. 22. C. 23. q. 8.
2) c. 6. X. de maior. et obed. (I,33).
3) c. 6. dist. 40.
4) c. 7. dist. 21.
5) c. 13. C. 9. q. 3.
6) c. 29. C. 24. q. 3.
7) c. 2. X. de iud. (II,1).

Scholz, Texte. 6

veritus os suum ponere in christum Dei et omni auctoritate privatus
contra eum sententiam plenam mendacii promulgare, et in exequucionem
sue presumpcionis velut (*fol. 173*) ᵃ) cecus et errans, presumpcionem ad-
dens presumpcioni, videntes et sapientes, puta sacrum collegium cardinalium, patriarchas, archiepiscopos, episcopos ac totam clericorum comunitatem, presumit notabili calumpnia et infamia diffamare dicens, quod timore
ducti non fecerunt nec sunt ausi ad ipsius correctionem, quasi apud eum
solum et non apud eos remanserit zelus ᵇ) fidei. Cum nullus timor prelatum
negligentem defendere fidei veritatem, dum impugnatur, valeat excusare;
et quod est gravius, cum decretales eiusdem sanctissimi pape Iohannis
sint de consilio dominorum cardinalium edite ac eciam promulgate, si
heresim continerent, ut asserit iste stultus, iidem domini cardinales non
possent ab heresi excusari, propter quod quasi stupendo dicere possunt
veri fideles de istius presumptione illud Ecclesiastici 37 ¹): O *presumpcio
nequissima, unde creata es?* et responderi potest : quod ab illo qui dixit
in corde suo Ysa. 14 ²): *in celum ascendam, super astra celi exaltabo
solium meum*, cuius iste per imitacionem se filium protestatur, solium
iudicii sui exaltare presumens in summum pontificem velut in celum, omnia
sua iurisdictione continens, et in dominos cardinales velut in astra et
luminaria huius celi. Sed domino concedente implebitur in eo quod sequitur ³): *verum tamen ad infernum detraheris in profundum laci* scilicet
presentis et futuri, nisi a tam horrido finaliter resipiscat.

Arroganter eciam et presumptuose gerit se pro imperatore, cum tamen non
sit iura imperii assequutus. Nam ut patet extra *de electione venerabilem* ⁴)
et est superius allegatum, ad papam pertinebit imperium transferre idest
aufferre et conferre, potestatem eligendi, promovendi imperatorem tribuere,
et electum et electionem examinare (*fol. 173* ᵛ) et per consequens approbare
et reprobare, et approbatum inungere, conservare ᶜ) et corroborare. Et si
electum non solum in discordia, sed eciam in concordia, iudicaverit indignum, potest reprobare et omni iure privare, si quod fuisset sibi per
electionem huiusmodi acquisitum, ut patet ibi de Conrado et duce in
discordia electis et per papam reprobatis. Ut patet ex processibus factis
contra eum, publice promulgatis, sequitur quod nullo modo fuerit iura
imperii assequutus, ymo eis totaliter est privatus. Sed ad hoc ipse respondet dictos processus iniusta occasione fuisse confictos, scilicet quod

a) *im ms. falsch gebunden, fol. 173 steht nach fol. 174.*
b) *ms.* scelus.
c) *so ms. für* consecrare.
1) Eccli. 37, 3.
2) Jesai. 14, 13.
3) Jes. 14, 15.
4) c. 38. X de elect. (I, 6).

sacrum Romanum ᵃ) imperium quo ad temporalium administracionem noluit, sicut nec debuit recognoscere eidem fuisse subiectum. Sed ista responsio confirmat propositum. Nam quero ab eo, quis a Grecis imperium tnanstulit in Germanos, et velit nolit oportet eum concedere, quod papa, ut patet ubi supra. Aut igitur potuit de iure aut non. Si sic, cum transferre non sit aliud, quam aufferre et alteri conferre, sequitur quod iste cui confert recognoscere ipsum ab ipso debet, et maxime si conferens talem recognicionem collacioni annectit, sicut est in proposito, ut patet, ubi supra. Si non : igitur imperium non competit de iure Germanis et per consequens nec ipse, dato quod nichil aliud impediret, esset imperator nec unquam fuit aliquis de Germanis ; quod est falsum. Igitur necesse est dicere, quod Germani nunc ᵇ) habent iura imperii et electionis imperatoris, quia papa· concessit eis, et nisi concessit, non haberent, sicut nec (*fol. 174*) habent Gallici vel Yspani. Et quia papa retinuit sibi electionis examinacionem et persone electe et per consequens approbacionem et reprobacionem quam voluit necessario requiri ad Romanum imperatorem, ut probatur per experienciam ubi supra, ideo sicut non est imperator non electus ab electoribus per ecclesiam ordinatis, ita nec electus nec approbatus. Hoc eciam patet per omnes ᶜ) imperatores canonice presidentes, quia omnes petiverunt a papa humiliter confirmari, a quibus iste quia voluit superbiendo deviare, merito ipsorum consorcio non debuit aggregari. Preterea non minus pertinet ad papam transferre imperium, quam concedere ius eligendi imperatorem. Sed electores imperatoris recognoscunt ius eligendi a papa, ut dicitur ibi ; igitur et a papa debet recognoscere imperium imperator. Preterea probatum est supra multipliciter potestatem temporalium esse subiectam potestati spiritualium cuius oppositum ipse dicit. Ex hoc autem patet falsum esse, quod dicit scilicet dyadema cesareum et sceptrum legitime per Romanum populum cepisse, cum hoc de iure soli pape conveniat, ad quem et electi in imperatorem et electionis examinacio noscitur pertinere. Quod si aliquando factum fuisset sine auctoritate pape, ad quem pertinet, sine qua fieri legitime non potest, non debet trahi ad consequentiam ex propria voluntate. Patet eciam ex hoc, quod processus facti contra eum non ex occasione iniusta, sed ex causa iustissima processerunt, cum propria excecatus ambicione voluit absque voluntate domini pape, ymo contra voluntatem eius, sibi iura imperii obtinere et usurpare. Propter quod vere potest de ipso tamquam de temerario (*fol. 174* ᵛ) et presumptuoso dici illud quod dicitur Treno 3 ¹): *Quis est qui dixit ut fieret*

---

a) *ms. folgt* concilium *ausgestrichen.*
b) *ms.* non.
c) *ms.* omnis.
·1) Thren. 3, 37.

Deo non iubente? hic etiam dicit, ut fiat sibi reverencia vero imperatori debita, dico velit nolit sic, scilicet papa non iubente, ymo iuste contra-dicente, ut patet ex superius declaratis.

3' describitur a) in verbo proposito ex parte cause stimulantis defectus veritatis et existencie, quod probat genus proferendi, quia ser-monibus imperitis. Hic enim Bavarus magna impericia, sed maiori malicia loquitur in ista sua fabula contra sanctissimum papam dominum Iohannem sibi falsissima imponendo, ut appareat calumpnatio potius, quam loquucio. Videtur autem esse iste Chanaan de quo dicitur Osee 12 ¹), quod *in manu eius statera dolosa et calumpniam dilexit.* Chanaan interpretatur zelus b) populi, et iste sub mentito populi zelo quia dicit, quod *zelo iusticie ac rei publice* ³) agit contra dominum papam, non ponderans c) statera iusta se ipsum et dominum papam, sed dolosam faciendo de se servo domi-num et de domino papa servum diligit calumpniam eius sibi falsas calumpnias imponendo. Nam primo imponit sibi, quod mendaciter se asserit esse papam, quod quante sit falsitatis, solo auditu tremunt aures pie, cum ipse fuerit electus canonice et a tota ecclesia, que numquam a tramite apostolice veritatis et tradicionis errasse probatur, 24. q. 1 *a recta* ³), sit tamquam papa verus habitus et honoratus velut catholicus et de-votus. Nam ex plenitudine sue devocionis ad conservandam in cordibus fide lium memoriam passionis Christi et devocionem excitandam et augendam ad sacramentum nostre redemptionis scilicet corporis Christi pro nobis c) ... (*fol.* 175) tenet in terris, adversari conatur adeo, ut in templum Dei id est In sedem Petri ausus fuerit ponere ydolum abhominacionis, scilicet Petrum de Corvaria ⁴), sui ordinis apostaticum et rebellem, dissencionem et scisma ponens, velut non misticus, sed verus Antichristi filius in ecclesia sancta Dei ; consilio utens non fidelium principum, sed quorundam Ytalie tyran-norum, regulatus doctrina non doctorum catholicorum, sed Marsilii de Padua et Iohannis de Ianduno hereticorum et quorundam aliorum a suis sacris religionibus apostaticantium ; faciens sibi currus et equites de sanguine pauperum quos tyranni complices sui expoliare in sui subsi-dium non desistunt ; bonis eciam ecclesiarum in terris rebellium contra ecclesiam abutendo, quod dicitur Iesus interfici et spiritu oris veri sui vicarii domini pape Iohannis cuius verbo parati sunt veri christiani ad eius anichilacionem fideliter laborare. Nec ex hoc debet dici de papa : vir

a) *ms.* describuitur.
b) *ms.* scelus.
c) *ms.* poterans.
d) *im ms. eine Lücke von 2-3 Worten*
1) Osee 12, 7.
2) Baluze, Vitae II 519.
3) c. 9 C. 24 q. 1.
4) c. 9 C. 24 q. 1.

sanguinum, sed potius iste Bavarus, qui cum suis complicibus rebellibus est huius effusionis sanguinis tota causa, ut patet ex dictis. Nec ex hoc debet dici satagere ad sacrum imperium extinguendum, sed pocius defendendum, si pro posse impedit, ne ad manus veniat indignorum, de quorum numero est Bavarus iste, qui antequam sit imperii dignitatem adeptus, conatur abuti ea, opponendo se summo pontifici cui de iure debet esse subiectus, et ecclesiam scindendo ad cuius unitatem conservandam verus imperator est ordinatus, tanquam summi pontificis instrumentum, ut patet ex dictis. Nec ex hoc debet dici extinctionem fidei procurare in multis, (sed) [a] ne extingatur salubriter obviare pro eo, quod omnes, qui dyabolo procurante sub tyrannide sua degunt (*fol. 176ᵛ*), recedere ab obediencia sancte matris ecclesie compelluntur, et si cedes christianorum ex hoc in diversis mundi partibus est sequuta, non negligencie pape, sed istius ac suorum complicium debet ascribi malicie, qui auxilium, quod papa fidelibus in confiniis infidelium degentibus facere potuisset, converti fecerunt in eorum superbiam non minus necessario reprimendam, quam istorum fidelium impotentiam roborandam. Unde proprie Bavarus iste figuratus est per equum ruffum Apoc. 6 [1]), cuius malicie sedenti in eo tanquam in equo eo, quod malicia regitur, sicut equus sessore, datum est, ut sumeret idest aufferret pacem de terra et ut invicem se homines interficiant. *Denn nach der Glosse ist das rote Pferd der* contrarius superiori; *das weisse die Kirche, sein Reiter Papst Johann XXII., der hoffentlich bald völlig über den Kaiser und seine Komplizen siegen wird.* 6° imponit sibi quod sacratissimam gentem Romanam et urbem ... sua personali presencia vicariatus sui duracione privavit ... quamvis pluries per ambassiatores sollempnes a dicto populo invitatus, et quod nequius (*fol. 176*) immolati devotum et breve crucis officium ordinavit et festum Corporis Christi sollempnizare precepit inducens fideles ad primum dicendum et ad secundum devote venerandum munus diligencie apponendo, in cuius dignitatis possessione favente Deo usque hodie perseverat et perseverat usque in finem, latratu canino ipsus et. suorum complicum non obstante [2]); *dass die* transgressiones rebellium imperii perveniunt ex certa nequicia huius violenti usurpatoris . . . . *Toti erwidert, dass diejenigen, die dem Befehl des Papstes gehorchen, nicht rebelles imperii sind,* unde non solum fideles imperii non debent sibi parere, cum numquam fuerat imperator, sed nec fideles ducatus Bavarie, qui prius obedire ei debebant.

---

a) *Fehlt ms.*
1) Cf. Apoc. 6,4. Ludwigs Erlass Baluze. Vitae paparum Aven. II 516.
2) Vgl. Binterim, Die vorzüglichen Denkwürdigkeiten der christlich-kath. Kirche V. 1, 289. Hauck-Herzog Realencykl. 3. A. VI 299. In Ludwigs Erlass steht davon nichts; vgl. auch die verstümmelte Stelle oben fol. 174ᵛ.

6) imponit sibi quod est misticus Antichristus, vir sanguinum etc. —
Que omnia videntur falsa esse de papa et de Bavaro ipso vera.
(*fol. 177*). *Wirft dem Bayern Schmeichelei gegen die Römer vor.*
Non enim cum Romanis id est de Roma oriundis vel Rome habitantibus
dicit Petrus [1]): *vos autem genus* a) *electum* etc., sed secundum glo. omnibus
hiis qui ad fidem ex gentibus undecumque natis et ubicumque habitantibus veraciter sunt conversi. ... Sed qualiter hodie sit gens b) sancta
Romani id est de Roma oriundi et quantum ad principes, quantum ad seculares continuata per longa tempora expoliacio et interfectio peregrinorum et
pauperum in Romano districtu probat intelligentibus evidenter. Quomodo
autem sit populus acquisicionis et non pocius contradictionis et repro-
bationis, clare manifestant collatio veri vicarii Christi facta nuper ab eis
huic Bavaro, contradictori vicarii Christi et pessimo inimico, consilium,
requisicio, supplicatio et consensus in deposicionem a) horrendam ydoli
abhominandi Petri de Corvaria in sede Petri non sine gravi abhomina-
cione verorum fidelium presumentis. Unde licet ignorem, utrum per
summum pontificem sint facti processus contra Romanos an tantum contra
istum scismaticum et eius sequaces, quos bene vidi, si tamen essent facti,
quilibet homo racionabilis iudicet, quanta iniusticia foret ista. (*fol. 177*ᵛ),
cum et si aliquando fuerit populus Dei, nunc autem vere non Dei populus possunt dici, et si aliquando miseriam consequuti, nunc autem ex
tam pravis actibus indigni miseria se fecerunt. Et utinam Deo disponente
urbs illa sanctissima, sanguine martirum respersa et principum ecclesie
ac innumerabilium sanctorum aliorum venerandis reliquiis adornata, cito
purgetur et evacuetur hiis, qui causa tanti extiterunt sceleris, et dignis
civibus repleatur, ut sic apta reddatur et digna summi pontificis habi-
tatione et discursu fidelium ad pedes sue maiestatis veniencium, ydonea
et secura. Quod autem Romam nundum venerit, non est nobis causa
querenda. Sed debemus presumere quod ex causa racionabili istud fecit.
Nec hoc agendo fecit contra Dei prohibicionem, ut iste imponit ex falso,
quia cum sit non solum urbis, sed totius orbis pontifex et monarcha.
ubicumque est, eiusdem auctoritatis existit, nec verbum Christi ad Petrum
refertur ad hunc intellectum, sed ad istum: quia Petrus tamquam verus
pastor credens tunc persequutioni facte cedendum et se adhuc ovium
utilitati servandum, recedebat de Roma, cui Christus apparens innuit,
non esse tunc recedendum, sed potius se martirio exponendum, dicens :
Vado Romam iterum crucifigi, scilicet in te qui nomine meo crucis martirium es passurus.

7) Imponit sibi quod heresim publice predicat perfectionem altissime

---

a) *so ms.*
b) *ms.* genus.
1) 1 Petr. 2, 9.

paupertatis in Christo penitus denegando, ex quo consequeretur Christum non fuisse perfectissimum viatorum . . . *fol. 179—184ᵛ folgt eine lange Auseinandersetzung über die Armut und die Interpretation der Dekretalen: Cum inter nonnullos, Quia quorundam und Ad conditorem, die in Einklang mit der Dekretale Nikolaus' III. Exiit gebracht werden; Unterscheidung zwischen* ius theologice *und* ius iuridice sumptum *(fol. 179ᵛ), Nachweis der Notwendigkeit etwas zu besitzen und den Lebensunterhalt sich zu verschaffen. Johann XXII. verstehe das* ius committendi, donandi *etc.* theologice etc. *Endlich über den Begriff der* perfectissima paupertas.

(fol. 184ᵛ). Abermalige Invektive gegen Ludwig; jedes Recht auf die kaiserliche Jurisdiktion wird ihm bestritten. Vfr. zitiert das Edikt von d. W.: Sic zelo iusticie ac rei publice auctoritate bis zu *(fol. 185)* de iure competere monstravimus in premissis [1]).

In quibus verbis ostenditur sententiarum perfidus nucleator [a]), cum hanc suam non dicendam sententiam, sed fabulam involvat quasi tot falsitatibus quot verbis, falsa non zelus iusticie vel amor reipublice, sed potius fastus horrende superbie ac odium reipublice id est universalis ecclesie presumere iudicare *(fol. 185ᵛ)*, super quo nullam habet auctoritatem, eciam si iuste iura imperii possideret, sicut evidenter superius est ostensum. Secundo, ut patet ex dictis, non dominus papa [b]) Iohannes debet dici contradictor evvangelice veritatis quantum ad Christi paupertatem et quantum ad potestatem utramque, scilicet spiritualem et temporalem in uno et eodem supposito reperiri, *sondern vielmehr Ludwig d. B.* Tertio: *die processus des Papstes nennt Ludwig Majestätsverbrechen, vielmehr macht er sich selbst damit eines Majestätsverbrechens schuldig gegen den Papst. Das Beispiel Ottos des Grossen ist* frivolum et inane...

Schluss (fol. 186): Et utinam meritis sancte matris ecclesie bonum pro malo reddentis, scisura ista in scisuram penitentie convertatur, quod ipse ac sui sequaces plene contricti sicut a vera matre ipsorum ecclesia recesserunt per superbiam, sic ad ipsam per veram humilitatem preceptis eius parendo misericorditer reducantur. Amen

Ego frater Franciscus Toti de Perusio, professione Minorum, de mandato reverendi patris et domini mei domini Iohannis sancti Theodori dyaconi cardinalis et legati sedis apostolici in Tuscia, predicta iuxta ingenui mei tenuitatem, me zelo urgente honoris divini ac sancte Romane ecclesie sueque veri pastoris sanctissimi patris et domini, domini Iohannis pape XXII., dictavi et scripsi, in quibus quod bene dictum est [c]) Deo qui dedit

a) *ms.* muclutor.
b) *ms.* am Rande.
c) *ms. folgt verwischt* in.
1) Vgl. Baluze Vitae II 519—521.

reddatur, aliud autem mee ignorancie imputetur et per sapientiam predicti pastoris et domini corrigatur. Explicit secundus tractatus.
Deo gratias.

Fol. 186ᵛ. (Rot). **Tractatus magistri Francisci Toti de Perusio ordinis fratrum Minorum contra Bavarum** [1]).

Incipit tractatus tercius de cessione personali et sedium fundacione seu mutacione.

Postquam in secundo tractatu dictum est de potestate summi pontificis in speciali, restat in hoc 3° tractatu aliqua breviter tractare et dicere de cessione personali et sedium fundacione seu mutacione.

Primum cap. in quo agitur de caractere et ordine sacerdotali *usw. vgl. Alexander a S. Elpidio, De ecclesiastica potestate lib. III. ed Roccaberti Bibl. Max. Pont. II (1698), S. 30—40. Vgl. oben Teil I. Beilagen S. 232.*

Nur die folgenden Schlussworte fehlen bei Roccaberti. (fol. 203ᵛ).

Hec autem omnia dicta sunt non ut temere asserta, sed sicut reverenter prolata ac sancte vestre paternitatis iudicio et correptioni subposita contra cuius auctoritatem nec Augustinus nec etiam quicumque sancti doctores suam sentenciam defendere audent. Amen.

           Finito libro sit laus et gloria Christo. Amen.

                Amen. Amen.

---

1) Paris lat. 4046 hat diesen Traktat nicht.

VI.

Opicinus de Canistris, De preeminentia spiritualis imperii.

Aus: Vat. lat. 4115, fol. 1—22 (A).
Ottobon. lat. 3064, fol. 1—15 (B).
Paris Nat. Bibl. lat. 4046, fol. 208—218ᵛ (C).

Nobili et magnifico viro domino Iohanni Cabassole ᵃ). iuris civilis professori, magne regie curie magistro rationali, suo domino reverendo, presbyter Opicianus ᵇ) de Canisteriis Papiensis suus intimus et fidelis cum omni recommendatione se ipsum. Magnificencie vestre, prudentissime domine, studiis excellentioribus assuete, quedam infima recreationis et solatii gratia laudabili desiderio postulanti. mea censuit parvitas sicut ingratum ᶜ), ita et incongruum denegare. Hinc est, quod libellum de preeminentia spiritualis imperii, quem domino nostro summo pontifici pro me gratissime presentastis, vestre duxi prudentie rursus animo libenti transscriptum mittere pariter et offerre, grates vobis non modicas de vestra sollicitudine referens, quam pro mea parvitate sumpsistis. meque vestris obsequiis offerens tam personaliter, quam realiter preparatum.

Sanctissimo et clementissimo in Christo patri et domino, domino Iohanni, divina providentia sacrosancte Romane ecclesie ac universalis summo pontifici, Opicius ᵇ) de Canistris Papiensis, humillimus et extremus omnium sacerdotum, se ipsum ad pedum oscula beatorum. Sanctitatis vestre, beatissime pater, cuius in omnem exiens terram fama laudabilis resonat. cuius per omnia universi climata sapientie fulgor irradiat ᵈ), cuius etiam me, tam liberalis clementie largitatem expertum ᵉ), gratia paterna letificat, dum a vobis suscepto benignissime pauperis ingenii mei spirituali munusculo grata corporis et anime beneficia reportamus, cum tremore et reverentia non qua debeo, sed qua possum, libelli presentis opusculum, cuius antea sententias didici meditando, legendo, predicando, cum adversariis disputando, cum paribus conferendo et a doctoribus audiendo, duxi demum examini presentandum, ut si in vestre pietatis oculis iterum invenio gratiam, dignemini hunc sicut et primum solito favore paterno corrigendum et approbandum ᶠ) benigne et dulciter acceptare, quatenus ex apostolice sedis, que disponente domino noscitur omnium magistra fidelium, procedens auctoritate vestra correctio mee ignorantie cecitatem tollat et fontis approbatio fluctuantis statum ecclesie roboret et confirmet. Nec in hoc vestra me sanctitas temerarium reputet, sed devotum ᵍ),

a) *C:* Cabssole.
b) *C:* Opianus. *B:* Optimus.
c) *B:* magnatum.
d) *B:* prediat.
e) *B:* expertivimus.
f) *B:* corrigendo et approbando.
g) *B:* devotio.

dum ad hoc peragendum non appetitus inflantis scientie demonstrande, sed desiderium edificative caritatis proximis exhibende, ymmo periclitantis emulatio fidei meum animum excitavit. Nam zelus domus Dei me comedit a) et opprobria exprobrantium b) vobis, ymmo Deo c) in vobis, super me quodammodo ceciderunt. Idcirco presumptionem meam, sicut spero, vestre sanctitatis in cuius scrinio pectoris tam divina, quam positiva iura recondita indubie censentur, corrigentis et approbantis auctoritas excusabit. Is autem cuius geritis vices in terris felices, hic vobis longitudinem vite et eterne beatitudinis premia tribuat in excelsis d).

Incipit liber de preeminentia spiritualis imperii e).

Cum in antiquis inserta f) codicibus, quamquam literali descriptione g) presentia iam a nostris sensibus multa revolutione temporum elongata, nunc inopinata successione h) mundi discrimina renovantur, mira conditoris nostri dispensatione peragitur, ut et i) modernorum intuitu fides gestis circa adhibeatur k) preterita l) et in rememoratione priscorum, fine considerato, firma spes in instantibus periculis amplectatur m). Siquidem n) ab origine mundi genus humanum, prima prevaricatione dampnatum, in hac lacrimarum et miserie valle culpis exigentibus exulans, sic sub assidue pugne luctamine Deo permittente laborat etc. Den Frieden der Seele und des Leibes hat die Menschheit verloren. Christus erlöste sie: aber der Kampf gegen den Teufel dauert fort bis zum Ende der Welt. Denn bisweilen erhält der Teufel den Sieg um den folgenden Triumph Christi um so grösser zu machen. So jetzt.

Nunc rursus dominum nostrum Iesum Christum etsi non in se, tamen in suo vicario satagit irritare. Nam instigante diabolo qui (fol. 1 v) scelerum artifex est, quas per se non sufficit agere, per instrumenta sua malicias fabricat, caput iniquitatis per propria se membra dilatat, doli magister omnem fallaciam per discipulos suos mandat. Nuper o) insur-

a) C: mee, fehlt in B.
b) fehlt B.
c) B: dico.
d) Diese Widmungen nur in B. C.
e) Ueberschrift in A: Sequitur repeticio sive tractatus Oppici de Canistris. De preheminencia spiritualis imperii.
f) so C; A, B.: libris et.
g) C: descriptio.
h) C; A: suasione.
i) C: ea.
k) C: certa in.
l) B. C: preteritis.
m) Der Anfang: Cum in antiquis bis amplectatur nur in B. C. — B: amplectitur.
n) A: Quia.
o) Nuper bis consortium am Rande in A.

gere vidimus quorundam consortium hominum malignorum iusticiam aborentium, ut illicita a) qui iusticiam detestantur quanto impunitius b), tanto liberius agere valeant, sub c) imperii seu regis nomine defendendo, prout fingunt, conantur sic ordinem ecclesie Christi pervertere, ut falsis argumentis disputare presumant, tantum principatum obtinere imperatorem in ecclesia, quantum papam. Quidam utriusque dividentes imperium per spiritualia et temporalia, demonstrare conantur in suo statu neutrum ipsorum alteri prevalere. Aliqui vero ad tantam d) insaniam pervenerunt e), ut eos docmatizare non pudeat, Romano pontifici principem anteferri: [Contra hoc autem in quadam epistola memini me probationibus disputasse quam plurimis, sed quia scismaticorum consortia fugiens timui ne reperta mecum in sancte matris ecclesie obprobium destructa fuisset vel ablata per eos, nolui ipsam mecum deferre. Si qua autem ex hiis que scripta sunt ibi recolligere potero, additis aliis laborare non desinam memoria instruente valorisque copiosam seriem sub compendio pro posse reprimam brevitatis. Ut igitur succincto sermone procedam primo ponenda sunt ea per que ipsi rebelles ecclesie suum probare conantur intentum et consequenter per argumenta contraria probationes eorum frivole totaliter elidende] f). Obiciunt itaque vel g) subesse Cesari papam vel saltem utrumque simul equaliter principari, eo quod, sicut aiunt, Christus Deus utrumque suum vicarium statuit et papam in spiritualibus, imperatorem in temporalibus, ita dumtaxat, quod ipse Christus temporalem iurisdictionem, quam usurpare noluit h), confirmavit imperatori, et solam, quam retinebat spiritualem, summo pontifici dedit. Et ut ostendant Christum se de temporali non intromisisse dominio, arguunt, quia cum Iudei vellent Christum facere regem, statim aufugit i), nolens rex esse; utque monstraret se solum spiritualiter regem esse, dixit Pilato: *Regnum meum non est de hoc mundo etc.*

Die zweite ratio ist: Reddite Cesari que sunt Cesaris — um zu zeigen rerum omnium temporalium summam Cesari divinitus esse datam. Dritte ratio: Christus selbst zahlte den census *mit Petrus. Vierte ratio: Er wollte nicht Richter sein über Erbschaft. Fünfte ratio: Er untersagte Petrus den Gebrauch des weltlichen Schwerts.* Hinc est quod dicunt, nequaquam ad spirituale officium pertinere quemquam ad bene agendum

---

a) *B:* malignorum qui iustitiam abhorrentes, in illicitaque iusticia.
b) *A:* impuni quod; B: quanto ipsi minus.
c) *B:* super.
d) *B add.* neutris.
e) *B:* devenerunt.
f) Contra *bis* elidende *Zusatz in B. C.*
g) *B:* nobis.
h) *B:* voluit.
i) *A. B:* affugit.

armis aut, quod absurdius est, aliqua censura compellere, cum Deus coacta servicia respuat, cui se debet summus pontifex conformare. *Sechste ratio.* Hinc etiam suam opinionem probare nituntur de preferendo Cesare pape ex hoc, quod imperium precessit papatum in tempore, quod imperium ita fuit etiam in gentilibus regibus aprobatum, ut Christus ᵃ⁾ eiusque discipuli se totaliter, sicut dicunt, voluerint Cesari subdere in dominio temporali . . . *so auch Petrus: Subditi estote . . . Siebente ratio (fol. 2): Paulus nennt den König ministrum Dei, qui non sine causa gladium portat, und: qui potestati resistit, Dei ordinationi resistit . . . Achte ratio: Paulus appellierte an den Kaiser als oberste Gewalt . . . Neunte ratio: Die christlichen Kaiser gaben Gesetze für Bischöfe und den übrigen Klerus . . . Zehnte ratio: Bei der Wahl des Papstes war die Stimme des Kaisers die erste und entscheidende, z. B. bei der Wahl Gregors I. . . .* Elfte ratio: Dicunt eciam ecclesiam nihil obtinere posse de temporalibus, nisi ei per imperium concedatur; quod ita sibi concedit ad tempus, ut non possit illud ecclesia proscribere quantacumque temporis diuturnitate possideat. *Zwölfte ratio:* Quod nec imperator possit alienare perpetuo iurisdictionem imperii nec ecclesia ᵇ⁾ aliquid saltem immobile possidere, exemplo Levitice tribus, quod hereditatem propter alias non accepit . . .

Ad hec divina suffragante clementia, de qua plus quam de nostro sensu confidimus, curabimus respondere, ostensuri primo, qualiter imperium spirituale prevaleat, et in qua ᶜ⁾ eorum argumenta contraria elidenda ᵈ⁾. Primo considerandum est, unde super alios iurisdictio cepit.

Sciendum, quod si primus homo sui conditoris servasset imperium, tanta genus humanum prudentie libertate frueretur, caritatis mutue vinculo colligatum, ut numquam necessarium ei foret cuiuscumque imperio superioris hominis gubernari *etc.*

(fol. 2ᵛ). Schlechte Fürsten sind zugelassen propter bonum iusticie; bonum autem iusticie intelligo non tantum malefactores punire, verum quoque bonos opprimere . . . concedendum respectu boni publice pacis omnis publica potestas iusta est, respectu vero persone suscipientis seu meriti personalis sepe mala est . . .

(fol. 3). Nunc declaremus, unde principaliter iurisdictio cepit et qualem ingressum habuit, quia de isto plus habemus videre et qualiter demum in posteros emanavit . . . *Alle Weltreiche bis auf das römische waren ungerecht dem Ursprung* (violentia) *nach und wegen des Mangels des Glaubens.*

a) *In A am Rande.*
b) *B add.:* debet in terra.
c) A: in qua *am Rande statt ausgestrichen* contra. *B:* consequenter.
d) *B:* contrariis elidemus.

His itaque sic discussis videamus, utrum imperium Christianum sola fidei Christiane professio an ecclesie Romane approbatio verum reddat. *Ersteres unmöglich, weil unter Christen nicht abzusehen, warum einer das* ius imperandi *haben soll, (fol. 3 ᵛ) die Römer aber kein wirkliches Recht auf die Weltherrschaft und ihre Uebertragung hatten: also bleibt nur die* approbatio *der Kirche.* Ad quod probandum necesse est nos ab inicio cernere, quid verum regnum fuerit et qualiter ad nos inde descenderit ᵃ). Cum ergo probatum fuerit Romanos numquam iustum titulum habuisse, ac consequenter Romanos principes ᵇ) numquam veros imperatores fuisse, saltem ratione sui, licet, sicut iam diximus, ratione divine iusticie concedentis et ratione boni publice pacis iustum eorum imperium fuerit; inspiciendum est, unde cepit verum imperium, et qualiter in solos inde perventum est ᶜ) christianos... *Abraam, Melchisedek, Moses, Christus waren Inhaber des* regale sacerdotium *und* sacerdotale regnum . . .

(*fol. 4*). Q u o d   d e   n e c e s s i t a t e   r e l i q u i t   C h r i s t u s   v i - c a r i u m ᵈ): *Petrus und seine Nachfolger.*

(*fol 4ᵛ*). D e   p o t e s t a t e   C h r i s t i   h o m i n i s. — Christus homo *erhielt (fol. 5) die* plenitudo potestatis, *war also als Mensch* rex *spiritualiter et temporaliter.*

Q u a r e   C h r i s t u s   d i s t u l i t   e x e c u t i o n e m   i m p e r i i . . .

(*fol. 6*). C u i   r e l i q u i t   C h r i s t u s   i m p e r i u m   s e c u l a r e . . .

(*fol. 6 ᵛ*) *Ueber die Deutung der Zweischwerterstelle, ob* spiritualiter *oder* literaliter, *O. entscheidet sich für literale Deutung: ein wirkliches, weltliches Schwert besitzt Petrus, bezw. der Papst.*

(*fol. 7ᵛ*). Q u o d   n u l l i   a l i i   q u a m P e t r o   r e l i q u i t C h r i s t u s   i m p e r i u m   t e m p o r a l e. *Ob Christus einem anderen die* temporalis iurisdictio *gegeben habe? Nein. Denn entweder hätte er das ausdrücklich getan durch Uebertragung: davon sagt aber die H. Schr. nichts; oder es geschah durch stillschweigende Anerkennung des heidnischen weltlichen Imperiums, was unmöglich ist.*

(*fol. 8ᵛ*). Q u o d   C h r i s t u s   n o n   d e b u i t   u t r a m q u e   i u r i s - d i c t i o n e m   d u o b u s   d i s t r i b u e r e,   s e d   u n i   s o l i   r e l i n - q u e r e. *Nicht zwei Häupter, ein weltliches und ein geistliches, wegen Gefahr der Entzweiung und des Schismas. Das Prinzip der (fol. 9) Einheit ist notwendig und gegründet in der Natur, im menschlichen Einzel- und im sozialen Leben: überall zugleich Ueber- und Unterordnung der Stufen und Grade der Mächte und Zusammenfassung*

---

a) *B* add.: deinde plenius videre potevimus ea que intendimus pertractare.
b) *A:* pontifices.
c) *B:* pervenerit.
d) *Diese Ueberschriften von anderer Hand in A. bis fol. 7 nachgetragen, dann vom Schreiber selbst; in B. am Rande.*

94   VI. OPICINUS DE CANISTRIS.

in einer höheren, monarchischen Einheit. Ita in hac inferiori ecclesia
quidam gradus superior est, qui est ecclesiasticus a) ordo et sublimitas
spiritualis imperii, cuius dispensator et rector pontifex summus tamquam
subalternatum illi terrenum imperium sic (*fol. 9 v*) temporali regi distribuit, ut spiritualis, quam b) prelatis inferioribus c) concedit in partem, plenitudinem sibi potestatis retineat, et temporalem imperatori terreno relin-
quat, inferioribus regibus et ducibus dispensandam per ipsum imperatorem d),
ita tamen quod is, qui est caput unicum ecclesie, sic semper utriusque
iurisdictionis dominium e) habeat, ut etiam pro regimine seu gubernatione f)
temporali possit ad illum urgente necessitate recurri g), videlicet si ad hoc
quemquam artaret h) negligentia vel malicia aut certe absentia iudicis secularis. De qua iurisdictione temporali nullus inferior clericus se intromittere potest, nisi ei de superioris spiritualis, ymo universalis principis scilicet pape i) licentia concedatur. *Es folgen neue Ausführungen über
die übeln Wirkungen einer Nebenordnung und Gleichheit der geistlichen
und weltlichen Hierarchie: Ordnung und Rechtspflege wäre gehemmt; ein
Fürst könnte den andern absetzen, oder auch der Kaiser könnte über-
haupt nicht abgesetzt werden, weil niemand ihm übergeordnet wäre;
schliesslich würde die weltliche Tyrannei überwiegen.*

(*fol. 10.*) . . . Sed si obicias nobis, heretice, quod eodem modo poterit
imperator papam k) deponere, si eum invenit delinquentem, respondeo,
quod nobis, obsecro, dicas, ubi reperisti hanc imperatori l) potestatem
concessam, ut possit instituere vel destituere papam? k). Non invenies
Christum hoc statuisse, nec tempore generalis persecutionis hoc esse factum, ut fideles gentili principi papam vel eligendum presentaverint vel
tradiderint deponendum. Si autem a christianis imperatoribus hoc aliquando forte peractum est, non potuerunt hanc ex se auctoritatem habuisse de novo, que a predecessoribus suis nulla est sibi successione relicta. Sed habuerunt hanc a Christi fidelibus, ab illo videlicet, qui est
caput ecclesie vel ab hiis, in quibus vaccante sede remanet m) auctoritas
clavium supernarum, qui sunt procul dubio hii, quos papa statuerit post

a) *Lücke in A., am Rande* ecclesiasticus. *B. dafür:* haud dubium.
b) *C:* spiritualibus que.
c) *A fügt ein:* papa.
d) *A:* p. i. i. *übergeschrieben, fehlt B.*
e) *B. add.:* plenum.
f) reg. s. gub. *in A übergeschrieben, fehlt B.*
g) *B.* recursus haberi.
h) *B:* Quedam occurreret.
i) s. pape: *in A übergeschrieben, fehlt B.*
k) *A:* personam, *am Rande korr. in* papam.
l) *B:* imperatoris.
m) *B.* regnaret.

102

suum decessum ipsarum clavium auctoritatem obtinere et per consequens tradere successori ᵃ).

(fol. 10ᵛ). De nobilitate et efficacia spiritualis imperii.

Sicut enim motus violentus, ut apparet ad sensum, fortiter incipit et debiliter terminatur, .. sic imperium seculare, quod per tirannidem violentam incepit, totum fere mundum sibi primo subiecit, tandem ita deficit, ut vix per se possit Ytaliam gubernare. Imperium vero spirituale tamquam verum et naturale, quod a Christo pervenit in nos, primo fuit debilissimum etsi non spirituali virtute, tamen corporea potestate; quod ita predicationibus ᵇ) et miraculis multorumque milium sanguine martirum paulatim augmentatione profecit, ut tandem ab universis terre gentibus veneretur. Dicite, queso, vos heretici, respondete, scismatici, unde maiorem nobilitatem consecuta est Romana libertas: ex gentilium principum pompa, — an ex doctrina sanctorum apostolorum?... *Ecce lingua britannica,* sicut ait beatus Gregorius¹), *que nil aliud venatur, quam barbarorum cedem, iamdudum cepit alleluiam hebreum in divinis laudibus resonare* ... etc.... Nonne igitur gens Anglorum melius et verius spirituali quam seculari subiecta fertur imperio, cuius est verbis et operibus ad ecclesie Romane tracta collegium? Sic est, ut breviter loquar, de universarum gentium populis, quos quondam ad susceptionem christiane fidei traxit non secularium potentia principum, sed humilium predicatio ᶜ) sacerdotum.

(fol. 11). De tribus ᵈ) ecclesie statibus in quibus semper imperium fuit utile.

1) *Das erste Stadium, das heidnische Kaisertum und Martyrium der Kirche, reinigte das Heiligtum der Kirche.*

2) *Das christliche Kaisertum von Konstantin bis zur* translatio imperii: *noch die Zeit der weltlichen Uebermacht, die die Kirche aber duldet, weil sie noch zu schwach ist und die Kaiser braucht als* defensores *gegen die Ketzer etc.*... Hinc est quod electores imperatoris, etsi non explicatam potestatem eligendi obtinebant ᵉ) ab ecclesia, que adhuc infirma erat et impotens, tamen eligendo fidelem habebant implicitam, eligendo vero infidelem minime. *Die Uebertragung von Temporalien (fol. 11ᵛ) durch die Kaiser an die Kirche war eigentlich keine* nova collatio, *sondern* executionis permissio, quam prius non potuerat exercere.

a) *B. add.:* suo.
b) *B:* passionibus.
c) *fehlt B.*
d) *B:* quibus.
e) *in A am Rande.*
1) Gregorius M. Moralium I. XXVII in cap. XXXVI B. Job. § 21, ed. Maur. (1705) I 862.

Die Päpste hatten in der primitiva ecclesia (fol. 12) noch nicht das volle geistliche imperium: die Bischöfe wendeten sich nur selten an sie und feierten meist die concilia ohne den Papst. Wegen der unruhigen Zeiten mussten auch die Kaiser intercedere conciliis *und auch bei der Wahl des Papstes. Die Päpste gingen auch oft weltliche Fürsten um Hilfe an:* quasi minores maioribus.

3) *Der dritte status ecclesie von der* translatio imperii *bis zum* tempus modernum — in quo statu iam consequuta est ecclesia plenissimam libertatem et ipsum imperium hoc recognoscens humiliter in omnibus ecclesie se subiecit. *Die Kirche übertrug deshalb das imperium von den Griechen auf die Germanen* — utpote habens veram et plenam iurisdictionem imperii secularis...

(*fol. 12·*). Si vero dicatur, quod hoc habeat (sc. *der Kaiser das imperium*) ab electoribus laicis, qui ex successione a) senatus populique Romani ius eligendi primitus acceperunt, respondetur, quod iam superius ostensum est, ipsos Romanos aut alios numquam de se iustum habuisse titulum eligendi, nisi quantum in eis hec auctoritas fuerit per Romanam ecclesiam approbata b) ... Ergo sine auctoritate ecclesie nequiverunt ius electionis alteri dare, et dato c) quod de iure potuissent, non est credendum, quod ipsi Romani qui semper honorum arripere culmina quesierunt, ius eligendi imperatorem sic in barbare lingue nationem transtulerunt, ut sibi nil retinuerint d) aut requirendo sui possessionem honoris studuerint revocare... In cuius rei signum et testimonium is quem ipsi electores eligerunt, non imperator, sed simplex rex dicitur, nec aliquid potest ut imperator agere, donec per summum pontificem vel de mandato eius fuerit approbatus, confirmatus, inunctus et imperiali diademate coronatus, prestito prius ipsi Romano pontifici iuramento, quod erit ipsius et Romane ecclesie cum iuribus suis tamquam fidelis filius auctor, conservator pariter et defensor. Hinc est quod ipse summus pontifex, ut tamquam pater omnium fidelium, semper consuevit in literis suis non solum clericos exceptis dumtaxat episcopis, aut laycos *filios*, sed ipsum etiam imperatorem *filium* appellare; episcopos vero nominat *fratres*, eo quod, excepta plenitudine potestatis, sui coepiscopi e) sunt, exemplo domini qui apostolos suos fratres appellabat ac ipsum apostolorum principem Petrum docebat fratres suos coapostolos appellare ... Cardinales quoque in consilio pape vel consistorio f), quamvis pauci sint inter eos episcopi,

a) *A am Rande, C:* concessione.
b) *A:* approbatam.
c) *A:* dico.
d) *A:* retinuerant.
e) *Korrektur in A:* servi x epi.
f) *A am Rande fehlt B.*

papa fratres appellat eo quod in omnibus agendis eorum utitur consilio tamquam fratrum. In literis vero, quas dirigit illis, nullos (*fol. 13*) eorum nisi solos episcopos fratres est solitus nominare ᵃ)....

Qualiter papa utitur imperio seculari.

Licet autem summus pontifex utriusque gladii iurisdictionem habeat ac etiam executionem de potencia absoluta, non debet tamen per se gladium temporalem in vindictam exhimere, sed potius alii tradere, videlicet imperatori seculari in plenitudinem secularis potestatis ᵇ), qui illius ministerium in partem aliis subcommittit ᶜ); et si morte vel deposicione vacaret imperium, aut negligens sive contumax esset superstes imperator, tunc iterum posset Romanus pontifex alicui petenti layco secularis iusticie ministerium delegare. Ipse vero per se ᵈ) non agit, non ut in hoc eius potentia limitetur, sed hoc fit aliis rationibus . //

fol. 13ᵛ). ...Cur ecclesia imperium Romano nomine intituletur. *Weil Petrus und seine Nachfolger ihren Sitz aufschlugen in Rom, dem Mittelpunkt der heidnischen Welt... etc.* Non tamen sequitur ex hoc, quin posset, ut credo, si necessitas urgeret aut utilitas suaderet, ecclesiam vel imperium per translationem sedis aut regni alterius regionis vel urbis titulo nuncupari (*fol. 14*). Unde ne videretur sine loci titulo vel presentia non posse dignitatem apostolicam obtineri, statutum est festum cathedrationis Petri in Antiochena ecclesia quam illius que facta est in Romana sollempnius celebrari; non tamen sequitur ex hoc Antiochenum episcopum papam esse eo, quod beatus Petrus in urbe Romana cursum vite sue consumans suis successoribus illic claves vite reliquit, quas, ut puto, possent alibi, si expediret, relinquere vel transferre.

Hiis itaque sic discussis, ut ᵉ) properemus ad portum, quasi magni equoris transfretato spatio, destruamus illorum, qui contra nos more adversantium flaminum pugnant, argumenta contraria./

1. *Hätte Christus den Kaiser zu seinem Vikar im Weltlichen eingesetzt, so hätte er damit stillschweigend das Heidentum anerkannt. Dagegen spricht u. a. die Notwendigkeit der Approbation und Konfirmation des Kaisers durch den Papst. — (fol. 14) 2. Die Königswürde floh Christus, obwohl er der wahrhafte König der Juden war, weil er nicht im weltlichen Sinne regieren, sich nicht um das Materielle kümmern wollte. — 3. Er war* temporaliter et spiritualiter rex, *übte aber mehr das geistliche Regiment aus, als das weltliche; (fol. 15) „Mein Reich ist nicht von dieser Welt"*

a) *B:* appellare.
b) *B:* secularium potestatum.
c) *B:* subcommittat.
d) *B. add.* hoc.
e) *B. add.* velociter.

Scholz, Texte.   7

*bedeutet nur: er wolle nicht nach der Weise der weltlichen Herrscher regie-
ren, nicht dass er die weltliche Macht nicht hätte. (fol. 15) — 4. Die Anerkennung des Zinsgroschens durch Christus geschah, um den Juden ihre
Pflicht gegen ihren Herrn vorzuhalten, um die Pflicht, die dem Staate die-
nenden zu besolden, einzuschärfen etc.*, nicht um dem Kaiser das weltliche
dominium zuzusprechen. — (fol. 16) 5. Eine Pflicht, Zins zu zahlen hat
Christus für sich oder Petrus und seine Nachfolger nicht ausgesprochen.
— 6. Die Erbteilung lehnte er ab, weil er nicht das Amt des Zivilrichters ausüben wollte bei den Juden, zumal wo Habsucht und Geiz eine Rolle spielten.
(fol. 16) Doch richtete er z. B. über die Ehebrecherin. — 7. Den Gebrauch des weltlichen Schwertes untersagte Christus in der Passion dem
Petrus aus vier besonderen Gründen: 1. weil pro tunc et ex tunc mo-
deramine debito illum (usum gladii) taxavit, 2. quia errorem de Petri
corde removit non credentis dominum aliter quam per materialem gladium posse defendi, 3. quia passionem suam impediri aut differri alicuius
lesione hominis noluit, (fol. 17) 4. ut nobis daret exemplum, quod licet
publicam vel divinam iniuriam debeamus optare puniri, vindictam tamen
propriam velimus quantum possumus prohibere. Den Besitz des weltlichen Schwerts tadelte Christus an Petrus nicht. — 8. Cum autem obicitur,
quod nullum debet ecclesia vel prelatus ad bene agendum aliqua censura compellere, respondemus, quod cum divinam humana iuxta modulum
nostrum debeat imitari (fol. 17 :) iustitia et a) Deus, sicut aiunt, neminem
compellat ad bonum quod potius vult hominem libera voluntate mereri,
videbitur ex hoc omnis humana malefactores puniens iustitia reprobanda,
quod quam sit absonum nemo sane mentis ignorat. Indirekt zwingt Gott
auch zum Guten, durch Bestrafung der Bösen. Der iudex spiritualis ober
kann ebenfalls indirecte compellere: als pastor muss er die oves exor-
bitantes aliquando per devia compulsione aliqua retrahere. Quod hoc
autem non eas ad bonum compellit multas, sed a malo potius abducit
ignaras, exemplo etiam hoc probatur: Vertreibung der Wechsler aus dem
Tempel; Verfluchung des Corinthers durch Paulus etc. Ex quo satis
innuitur, quod ecclesia tam corporaliter, quam spiritualiter punire potest.
Quomodo enim potest ecclesia melius filios suos voluntarios ad bonum
inducere, nisi perversos a malo abducat invitos, ut nec bonorum viam
impediant nec ipsi occasionem prosequendo suas malicias (fol. 18) habeant, ymmo se recognoscentes ex hoc voluntarie benefacere discantur b).
Die Strafen sind zunächst die spiritualen: suspendendo, interdicendo,
excommunicando, anathematizando, stipendiis ecclesiasticis privando, ab
ordinibus, dignitatibus degradando, non solum clericos, sed etiam laicos, ex
sententiis, que possunt in ipsos proferri. Deinde potest contumaces relinquere

a) *fehlt A.*
b) *C:* distinantur.

curie seculari auctoritate temporali ª), quam ᵇ) iudex secularis ab ipsa obti net ecclesia puniendos denique contra turbantes universitatem. — 9. *Frivol ist die Folgerung daraus, dass das* imperium precessit in tempore papatum: *denn das Niedrige, Unvollkommene geht immer dem Vollkommenen voraus.* — 10. *Petrus und Paulus lehrten die freiwillige Anerkennung der weltlichen Obrigkeit, trotz der tatsächlichen Freiheit der Christen,* ne ipsa libertas vestra peccandi audaciam prestet infirmis, ut videlicet sub libertatis ᶜ) velamine malicias foveatis. — (*fol. 18ᵛˑ*) 11. *Deshalb nennt auch Paulus den Kaiser* minister iusticie Dei. — 12. *Deshalb appellierte er an den Kaiser, der damals der anerkannte oberste Richter der Juden war.* — 13. *Die kaiserlichen Gesetze für den Klerus waren stets nur gültig, wenn die römische Kirche sie approbierte.* — 14. Cur vero interessent conciliis ᵈ) imperatores, cur in episcoporum, etiam Romanorum electionibus, quasi primi, cur beatum Gregorium vel ᶜ) alios pontifices comprobaverint ᶠ), iam declaravimus ex premissis, ut videlicet ad evitandum scismata populorum laycalis suppleret potentia, ubi infirmus adhuc status ecclesie non valebat, et imperio seculari, quo nunc ex condecencia ecclesia utitur, tunc ex necessitate cautius uteretur, quemadmodum sepe contingit, quod is in patronum maiorem eligitur, qui minori datus fuerat ᵍ) in tutorem. — 15. *Dass der heilige Gregor nicht die Langobarden bekämpfen wollte, geschah nicht ex* repugnantia divini iuris *(fol. 19ˑ, sondern aus zu grosser Gewissenhaftigkeit und religiösen Skrupeln. Auch waren damals fromme weltliche Fürsten da, die den Kampf auf sich nahmen* quod ita Deo propitio factum est, ut totam Longobardiam et maxime tunc gloriosam, nunc infelicem patriam meam Ticinensem urbem, in qua sedem habebant. innumeris ecclesiis sanctorumque pignoribus decoraverint ʰ). — 16. *Das Kirchengut stammt keineswegs aus kaiserlicher Schenkung allein und die Kirche kann nach Belieben über alle Temporalien verfügen.* Nam sicut a sanctissimo patre domino nostro summo pontifice allegari audivi auribus meis ⁱ) multos ab origine mundi fuisse constat, qui sua sine licentia principis alicuius vel Deo dicabant ᵏ) vel ad invicem condonabant, quas allegationes ob illius reverentiam pretermitto. Si autem sic ˡ) esset, ut

a) *A:* seculari alias temporali.
b) *C:* qua.
c) *A:* libertate.
d) *AB:* consiliis.
e) *A:* velud.
f) *A:* approbaverint.
g) *C:* fuit.
h) *A:* decoraverunt.
i) auribus meis *nur B u. C.*
k) *C:* dicebant.
l) *B:* ita.

dicunt, non video rationem, cur nichil de iurisdictione imperii a) alienare valeat imperator, sicut etiam ipsi asserunt, quia secundum ipsos mere b) dominus est omnium temporalium. Et tunc nescio, cur nequeat c) alienare, saltem
in dedicationem divinam, res temporales quarum dominium possidet, cum
etiam ipse possit concedere, saltem in casu necessitatis, collegiis secularibus licentiam alienandi publica bona. Aut solum habet dominium ad
conservationem eorum sicut in veritate est, et tunc non video contrarium,
cur integra rerum conservatione manente, non possit ecclesie Christi
temporalia iura relinquere perpetuo possidenda etc.... *(fol. 19ᵛ) Der Kaiser
ist nur Verteidiger, tutor, der Güter, der Papst der wahre Herr und Eigen-
tümer. — 17. Ueber das Armutsgebot: das Verbot des Landbesitzes an die
Leviten war durch besondere Umstände veranlasst, (fol. 20, anders in der
christlichen Kirche. In der ecclesia primitiva wurden zwar alle predia
oblata sofort verkauft, aber nur weil die ältesten Christen alles gemeinsam
hatten, weil sie ihre Güter vor den Verfolgern nicht verteidigen konnten,
weil die Apostel, als die Kirche von den Juden zu den Heiden wanderte,
lieber die Güter verkaufen, als den Juden überlassen wollten. Ebenso
verteilten die Päpste der Zeiten der Märtyrer Sixtus, Laurentius etc.
ihren Nachlass an die Armen, damit nicht die Heiden ihn raubten. . . .*
Nunc vero a totali distributione ecclesiam retrahit legantis intentio, quia
immobilia bona ideo tradita sunt ecclesiis, ut distributis solis fructibus
proprietates immobiliter d) perseverent; precavens provissio, ne tam clerici
successores in posterum quam ceteri pauperes valeant sustentatione
carere; necessitatis amotio, eo quod pauperes nunc e) multos alios bene-
factores ,fol. 20ᵛ) invenire f) possunt, quos tunc non poterant. In summa
vero et extrema necessitate pauperum posset tam de mobilibus, etiam
sacris, quam de immobilibus multa dari. In eo autem, quod ecclesia
tota dicitur g) de elemosinis vivere, propter quod obici posset illa temporalia bona non ut sibi de iure debita, sed ut misericorditer dedita
possidere, dupliciter possumus respondere. Quia illa h) bona temporalia
elemosine sunt et ratione legantium, eo quod in eorum arbitrio fuit
possessionem ecclesie dare, cuius i) proprietatem ipsa ecclesia de iure
divino habet et ratione personarum assumptarum, que ad patrimonium
Christi non iure hereditario, sed solo pietatis intuitu assumuntur. Hinc

a) *fehlt* C.
b) A: vere al. mere.
c) A: non liceat, *korr.* a. veniat.
d) B: inviolabiliter.
e) *fehlt* C.
f) *fehlt* C.
g) *fehlt* C.
h) A: ista.
i) A: et eius.

est quod illa ᵃ) bona, licet sint elemosine clericorum ceterorumque pauperum Christi, tamen et eius ecclesie veraciter patrimonium appellantur, eo quod ipsa bona cum gentibus conversis iam in hereditatem Christus accepit, qui ᵇ) si pro necessitate distribuantur pauperibus, non auferuntur tamen ab ipsorum temporalium herede Christo, cuius membra sunt pauperes. Si vero alibi, quam in necessitatibus, ecclesie ᶜ), id est ᵈ) totius universitatis fidelium Christi vel eius pauperum expendantur, tunc dicuntur modo sacrilego dissipari ᵉ). Necessitates vero dico non solum sustentandi ᶠ), sed etiam iura ecclesie vel christianitatis aut ecclesiastice libertatis augendi, defendendi et integre conservandi.

Responsio generalis ad omnia que possent obici.

His omnibus allegatis si que ex libris positivi iuris aut ex sanctorum doctorum scripturis contra nos forte prima superficie videantur, nichil intendimus eis derogare, ymmo quantum fas ᵍ) est, in nostrum pocius favorem adducere. Et quidem leges humane nil contra nos dicere comprobantur, quia si dicant imperatorem absolute dominum esse mundi, aut hoc scripserunt gentiles aut Christiani; *die erstern brauchten nicht zu lügen, weil sie es nicht besser wussten als Heiden ; die andern, weil sie entweder die* approbatio *des* imperium *durch die Kirche voraussetzen oder* ex ignorantia divini iuris *sprechen.*

(fol. 21). Die Worte der sanctissimi doctores *sind bisweilen sehr subtil und bedürfen besonderer Auslegung : manches ist nur auf ihre eigene Zeit zu beziehen, nicht auf spätere Zeiten oder die Gegenwart.* Et forte redarguar ex eo, quod multa ex evangelica ystoria, que ipsi solum spiritualiter exponere visi sunt, ego ad literalem superficiem traho . . . *aber* secundum varietates temporum diverse viciorum cause nascantur et heresium. *Jetzt ist die wörtliche Auslegung nötig . . .* Hinc est, quod multi hereticorum volentes Christi gesta spiritualiter tantum exponere, varias hereses incurrerunt, adeo quod ipsius nativitatem, passionem, mortem et resurrectionem non secundum carnem et litere sonum, sed tantum spiritualiter factas docmatizare presumpserint. Nos autem sic, aliquando sic ad morum informationem spiritualiter exponimus, ut ad nostre fidei robur secundum literam facta minime dubitemus.

Cessent igitur modo argumentationes et disputationes nostre, et post tam arduum montis ascensum et transitum ad vallem conscientie ¹) pro-

---

a) *A :* ista.
b) et eius eccl. *bis* accepit qui *fehlt A.*
c) *fehlt A.*
d) *C :* a.
e) *B.* dispensari.
f) *fehlt A.*
g) *fehlt A.*
1) Vgl. Ioel 3, 14.

peremus, ubi post nostri fatigationem itineris, quid et qualiter transieri-
mus, subtilius contemplemur. Ibi tamen scio, quod quietem nostram ᵃ) im-
pedient emulorum convicia qui laboris nostri fructum destruere ᵇ) labora-
bunt; et quia licet indignus ecclesiastico seu clericali nomine censeor,
qui in favorem ecclesie ista scripsi, pharisaico more michi in persona
ecclesie resistent in faciem cum increpacione ᶜ) dicentes: tu de te ipso
testimonium perhibes ᵈ), cognosce spiritum (*fol. 21* ᵛ) sanctum qui per os
sanctorum locutus est que a seculo sunt prophetarum eius¹),cuius inspirante
gratia (*fog. 21* ᵛ) protuli quidquid de scripturis sacris adduxi et testimonium
habeo conscientie mee, que saltem in hoc soli veritati gaudet inniti, quod
etiam testimonium ipsorum eis conscientia dicit, si depulsis superbie vel
livoris affectibus cum humlitate ᵉ) nostra verba preponderent. Nam ipsorum semper ᶠ) ascendens ᵍ) superbia in tam publicam ʰ) eorum prorumpit ⁱ) invidiam, utdiabolico more divinam volentes ᵏ) quodammodo
similitudinem usurpare, conentur christum domini, vicarium Iesu Christi,
non tam sibi equalem facere, quam penitus irritare, ut merito de illis
cantari valeat psalmus ille Daviticus ²), qui dicit. ob hoc adversus Dominum et Christum eius id est vicarium eius unicum convenisse principes
et tyrampnos, qui a Deo iussi ¹) sunt illius nonᵐ) spernere disciplinam,
ut totaliter a se iugum ipsorum, scil. Christi domini et vicarii eius, abi-
ciant, quorum ⁿ) etiam subditi Iudaica voce contra Christum, se non habere regem, nisi Cesarem, profitentur ³), ut publice Christi divinitus ᵒ)
dicentis vicariis suis: *qui vos spernit, me spernit* ⁴), more sacrilego con-
tempnentes dicant: *nolumus hunc regnare super nos* ⁵), Arrianis consimiles ᵖ) in trinitate perfecta filium equalem patri negantibus Christum,

a) *B:* meam.
b) *A:* destituere.
c) *B:* interpretatione.
d) *In B und C. folgt:* testimonium tuum non est verum, ac verbis meis
testimonium perhibere cognosco.
e) *C:* veritate.
f, *fehlt C.*
g) *B:* ascendente.
h) *A:* publicum.
i) *A:* eorumque; prorumpit *fehlt.*
k) *B:* voluntatem.
l) *A:* visi.
m) *B und A.*
n) *C:* quare.
o) *A:* divinum eloquium.
p) *A:* similes.
1) Act. 3, 21.
2) Ps. 2, 2. 3.
3) Joh. 19, 15.
4) Luc. 10, 16.
5) Luc. 19, 14.

mundi regem, et principem diffitentur, ymo Judeis a) et Sarracenis equales,
Christum, quem illi Deum non credunt, in suo vicario vilipendunt b) nec
attendentes, quod sicut inter XII filios Israel patriarchas sola tribus levitica carnali successione divinis ministeriis preerat, sic inter XII apostolos
a Christo spiritualiter genitos, patres nostros a sola Petri sede necesse est
omnem ecclesiasticum gradum et dignitatem descendere. Et principaliter
approbari conati sunt de alia tribu, non de Petri canonica successione spiritualiter venientem, ymo contra successorem Petri superstitem in summi
pontificatus cathedra alium non apostolicum, sed apostaticum c) collo-
care ; regis d) quondam Ozie percusionis obliti¹), qui, cum non esset sacerdos, usurpare presumens in solo turribulo sacerdotis officium, lepra perpetua divinitus est percussus. In cuius augmento flagitii clericos servan-
tes veri summi pontificis iurisdictionem e), novo quodam ydolatrie genere
ad celebranda publice interdictis et excommunicatis divina minis et
suppliciis compulerunt et ita Christi prophanatis altaribus more sacrilegi Achab¹)²) prophetas et sacerdotes domini aut expoliatos ecclesiis
expulerunt aut spiritualiter occiderunt, cogentes omnes ante Baal
genua flectere et in Baal ydolo prophetisare. Quorum manus Christo
propicio evasi ego non solus, sed forte mei solius animam querent,
qui contra eos cogor divinitus prophetare. Non autem in hoc solus
potero gloriari, eo quod fortasse inter eos relicta sunt plus quam
septem milia virorum, qui non curvaverunt genua sua ante Baal.
Novit enim dominus qui sunt eius, qui, cum non sint (fol. 23) in terram
longinquam aducti, longe tamen sunt a patria sua, servitute non mentis,
sed corporis per morum dissimilitudinem captivati. Nam factis scismaticis
eorum vicinis g), versa est ad alienos eorum hereditas, et domus illorum
ad extraneos. Quamobrem laudis domini h) suspensis in salicibus organis-
que tamen in eorum cordibus cotidie personant³). Cogentibus illos indignis
ad proferenda cantica Syon, respondere libera voce possunt : Quomodo
cantabimus canticum domini in terra aliena⁴)? Nec formident pro libertate ecclesie usque ad sanguinem i) decertare, quia Christus, qui nos

a) et bis Judeis fehlt in A.
b) fehlt A.
c) B. add. est.
d) Lücke in A.
e) B: interdictum.
f) A: Achat B: Achas.
g) A: victimis.
h) A: divine.
i) A: finem.
1) 2. Paral. 26, 16 ff.
2) Vgl. 2 Reg. 16, 30—33.
3) Ps. 136, 2.
4) Ps. 136, 34.

ad pugnandum invitat, certantes coadiuvat, deficientes sublevat et vincentes coronat. Hec scriptura sacra tota proclamat, hoc sanctorum martirum virtutes et signa testantur. Hos ᵃ) igitur ymitari non pigeat, quos admirari vacat et venerari delectat. Beatus enim Thomas Anglorum quondam archiepiscopus, nunc angelorum collega ᵇ), perpetuus, pro sola libertate ecclesie passus, occubuit, cuius eternam gloriam cotidiana miracula monstrant. Huius exemplo ad tam gloriosi pugnam certaminis animemur ᶜ), Christo favente per omnia, cui est honor et gloria in secula seculorum. Amen.

B. und C fügen nach gloria hinzu: Nostre ᵈ) promissionis metas excessimus, dum brevitatem polliciti prolixitatem incurrimus, quare si longa fuit necessaria verborum series, Deo attribuatur, in cuius manibus sumus nos et sermones nostri, si vero superflua mihi penitus imputetur cuius ad hec nec scientia nec ingenium sufficit. Has ergo sententias nostras sacrosancte Romane ac universalis ecclesie correctioni ᵉ), supplectioni, approbationi protectionique suppono, supplicans ei et cunctis eius ᶠ) fidelibus atque singulis, ut ᵍ) de inperfectis vel male ʰ) dictis que ex nunc detestor et reprobo, cum pauper et ⁱ) exul librorum nullam habeam copiam, mihi veniam tribuant. De perfectis vero soli Deo gratias agant, ut aliud ᵏ) debeatur sancto dictatori ˡ) spiritui atque aliud imbecillitatibus ᵐ) instrumenti.

Actum et scriptum Avinione die VIII⁰ Kal. Novembris. Anno domini Millesimo CCCXXVIII⁰ ⁿ) pontificatus autem sanctissimi patris domini domini Iohannis XXII, divina providentia pape anno quarto decimo.

Explicit liber de excellentia spiritualis imperii ⁰).

a) *A:* Vos.
b) so *A. am Rande; im Text:* collata.
c) *B:* animentur.
d) *B:* Vestre. *am Rande in B:* Excusatio actorum et recommendatio operis.
e) *C:* correptioni.
f) *C:* ei.
g) *fehlt B.*
h) *C:* inutile.
i) *fehlt C.*
k) *fehlt C.*
l) *B:* dictaturi.
m) *B:* rubecilitatibus.
n) *B:* Millesimo CCXXIX.
o) *in B.*

VII.

Egidius Spiritalis de Perusio.

Libellus contra infideles et inobedientes et
rebelles sancte Romane ecclesie ac summo pontifici.
Aus: Paris lat. 4229, fol. 114—122.

Error cui non resistitur approbatur, veritas que non defensatur opprimitur, nec caret scrupulo societatis occulte, qui manifesto facinori
desinit obviare, ut in canone LXXXIII. di. *Error cui non resistitur approbatur, veritas que non defensatur opprimitur* etc [1]). Et inter opera
caritatis non minimum est errantem ab erroris sui semita revocare XLV.
di. [a]): *Tria sunt genera elemosinarum,* ibi: *tertia delinquentes corrigere
et errantes in viam reducere veritatis* etc. et extra de spon. *inter opera
caritatis* [3]) XLIII. di. *sit rector* [4]) ibi hinc rursus delinquenti populo dicitur in Ieremia [5]): *Prophete tui viderunt tibi falsa et stulta nec aperuerunt
tibi iniquitatem tuam, ut te ad penitentiam provocarent* [a]), prophete quippe
in sacro eloquio nonnumquam doctores vocantur etc/Idcirco ego Egidius
Spiritalis de Perusio, inter decretorum doctores minimus et indignus,
animadvertens plurimorum errores tam magistrorum et magne auctoritatis
virorum atque doctorum, pertinaciter asserentium Romanum pontificem
solum in spiritualibus et non in temporalibus iurisdictionem habere,
qui per hoc similes illis sunt, qui volebant quantum in eis erat potestatem Christi auferre, dicentes ipsum in Belzebuth eicere demonia, extra
de presumpt [6]). *Nonne bene dicimus nos,* ut veritatem loquar de hiis, que
novi, et ut detegam predictorum errores ad correptionum et limam sanctissimi patris et domini nostri pape Iohannis XXII., lucerne iuris et scientiarum domini, C. de testamentis l. *omnium* [7]). extra de ren. perm. *licet
Romanus pontifex* libro VI. [8], et sancte Romane ecclesie que disponente
domino mater est omnium et magistra, extra. de summa trinitate *damp-
namus* in fine [9]), XXXV. q. IX. *veniam* [10]), XIX. di. *in memoriam* [11]), XXIIII. q.
1. *hec est fides* [12]), duxi presens opusculum componendum cum brevitate
sermonis unica rubrica comprehendens.

a) *ms.* provocaret.
1) c. 2. dist. 83.
2) c. 12. dist. 45.
3) c. 20. X De sponsal. (IV, 1).
4) c. 1. dist. 43.
5) Thren. 2, 14.
6) c. 5. X. de praesumtionibus (II, 23).
7) Cod. VI, 23, l. 19.
8) c. 1. de rerum permut. in VI° (1, 2).
9) c. 2. X de summa trinit. (I, 1).
10) c. 2. C. 35 q. 9.
11) c. 3. dist. 19.
12) c. 14. C. 24 q. 1.

Summus pontifex in toto orbe terrarum non solum in spiritualibus, sed in temporalibus obtinet iurisdictionem plenariam, licet ut ᵃ) suo vicario illam imperatori committat et aliis regibus et principibus, qui ab eo recipiunt immediate gladii potestatem. Quod papa stupor mundi[1]) etiam in temporalibus in universo orbe terrarum plenam iurisdictionem obtineat, quinque modis, viis et rationibus evidenter probatur : iure canonico, iure civili, auctoritatibus novi et veteris testamenti, naturalibus rationibus et privilegio Constantini evidenter probatur. Primo loco subiciam veritatem ; secundo loco predictorum magistrorum et doctorum et sequentium declarabo errores et non modicam falsitatem, salva tantorum virorum reverentia et honore, iure canonico.

In primis certum est, quod summus pontifex Dei locum tenet in terris, extra ut ecclesiastica benef.[2]) : *Ut nostrum prodeat de vultu Dei iudicium* ibi : *Licet Dei locum teneamus in terris etc.* et extra de homicidio[3]) *Pro humani*, libro VI. ibi : *Et ipsius redemtoris locum in terris quamquam indigni tenentes* etc. Sed *domini est terra et plenitudo eius*, ut in psalmo[4]) et extra. de decimis *Tua nobis*[5]) et VIII. di. *Quo iure*[6]), ibi : *Nam iure divino domini est terra et plenitudo eius* etc. Est enim Christi vicarius, extra de translat. c. 1°[7]): *Qui est rex regum et dominus dominantium*[8]), ut in ps. *Deus iudicium tuum regi da*[9]). Et Matheo ultimo. *Data est mihi omnis potestas et in celo et in terra*[10]), et ideo dicitur quod dominus papa habet non solum potestatem, sed et plenitudinem potestatis, extra de usu palii[11]) . . . quam iurisdictionem et plenissimam potestatem beatus Petrus ad posteros suos transmisit . . . unde non solum in spiritualibus, verum etiam in temporalibus plenam iurisdictionem habere dinoscitur ipse Christi vicarius . . . et probatur XV. q. VI. *alius*[12]), ibi : *Regem Francorum (fol. 114 ᵛ) non tam pro suis iniquitatibus quam pro eo quod tante potestati erat inutilis a regno deposuit et Pipinum Caroli imperatoris patrem* ᵇ) *in eius loco substituit, omnes etiam Francigenas a iura-*

---

a) *korrig. in :* sit ?
b) *Fehlt ms.*
1) *Vgl.* Gaufridus Anglicus, Poetria nova ed. P. Leyser, Hist. poetarum medii aevi (1721) S. 862 v. 1.
2) c. un. X ut eccles. beneficia (III, 12).
3) c. 1. de homicidio in VI₍ (V, 4).
4) Ps. 23, 1.
5) c. 26. X de decimis (III, 30).
6) c. 1. dist. 8.
7) c. 4. X de transl. (I, 7).
8) Apoc. 19, 16.
9) Ps. 71, 2.
10) Matth. 28, 18.
11) c. 4. X de auct. et usu pallii (I, 8).
12) c. 3. C. 15 q. 6.

mento fidelitatis absolvit etc. . . . Papa ergo super omnes est . . . Et est ratio quare summus pontifex in toto orbe terrarum etiam in temporalibus plenariam iurisdictionem obtineat, quia Petro et successoribus eius ex generali commissione sibi facta . . . sequitur, quod omnia specialia ᵃ) fuerint sibi commissa, ex quo nichil excepit . . . Non obstat extra de officio leg. *quod translationem* ¹), quia in omnibus et singulis specialibus que occurrunt negotiis, fuit necesse per unum rei publice provideri.

Potest et alia ratio assignari: quia magis digna trahunt ad se minus digna . . . et ipsa spiritualia trahunt ad se corporalia de facti natura ²), unde dominus in evangelio ³): *Primum querite regnum Dei et iustitiam eius et hec omnia adicientur vobis.* glossa ibi: *Hec omnia, scilicet temporalia* . . . ac per hoc commitendo beato Petro et successoribus cius spiritualia magis digna et corporalia seu temporalia commisisse videtur. Probatur I. q. III. *Siquis obiecerit* ⁴) ibi: *Sine quibus scilicet corporalibus seu temporalibus spiritualia diu esse non possunt, sicut nec anima sine corpore* etc. Preter hec ipse Christus est verus imperator noster . . . et ipse iure seu iurisdictione terreni imperii usus est, dum ementes et vendentes eiecit de templo . . . Et quod summus pontifex sive Romana ecclesia habeat utrumque gladium spiritualem et materialem, et, quod plus est, mandat episcopo, quod gladio materiali utatur . . . Ipse namque summus pontifex privat laycos in dignitate et honoribus constitutos omni dignitate et honore . . . nec mirum; sedet in sede illa quam dominus sibi in personam beati Petri specialiter elegit . . . Ideoque summus pontifex appellatur . . . Est summus pontifex caput tocius ecclesie et humani generis a domino constitutum in persona beati Petri . . . Solus summus pontifex habet utrumque gladium in toto orbe terrarum, scilicet spiritualem et temporalem ex commissione Dei, quod non est dare in alio . . . Et dominus cuius ipse vices gerit, et regali et pontificali dignitate usus est . . . *(fol. 115)* Nam et alii quandoque habent exercitium utriusque gladii . . . extr. de sent. excom. in VIᵒ ³). Et merito dominus papa habet utrumque gladium in toto orbe terrarum, qui ipse est successor Petri et vicarius Iesu Christi, vicem non puri hominis, sed veri Dei gerens in terris . . . unde omnia regna disponit et iudicat prout sibi placet . . . Et licet largo modo quilibet episcopus quoad quedam sit vicarius Christi . . ., tamen papa solus est vicarius Iesu Christi propter plenitudinem potestatis, ad quam vocatus est; alii in partem sollicitudinis sunt vocati . . .

ᵃ) *so ms.*
1) c. 4. X de off. legati (I, 30).
2) *Vgl.* Aegidius, De pot. eccl. III. cap. 6.
3) Matth. 6, 33.
4) c. 7. C. I. q. 3.
5) c. 12. de sent. excom. in VIto (V, 11).

et dummodo contra fidem non veniat, potest facere et dicere quicquid
placet. auferendo etiam ius suum. cui vult, quia non est qui ei dicere
possit : Cur ita facis . . . Nam apud eum erit pro ratione voluntas et
quod ei placet legis habet vigorem . . . Item non habet superiorem . . .
sed ipse super omnes est nec potest ab aliquo iudicari ;. . . et habet in
terris plenitudinem potestatis . . . ac etiam habet celeste arbitrium . . .
Et ex hiis patet. quod ecclesia Romana iurisdictionem et potestatem
recepit non solum quoad spiritualia, sed etiam quoad temporalia . . .
et ecclesia Romana dicitur capud nostrum . . . et ubi etiam dominus
tocius ecclesie posuit principatum . . . Est enim senior Roma caput omnium sedium . . . Unde versus : *Servi erant tibi Roma prius domini
dominorum, Servorum servi nunc tibi sunt domini,* ut notatur 1. q. VII.
in glossa : *Argumentum contra* [1]). Non solum enim summus pontifex
super spiritualibus, sed etiam super temporalibus recepit a domino potestatem. Nam sibi soli iura celestis et terreni imperii commissa sunt . . .
Et quanta sit potestas ecclesie etiam in mundanis, evidenter ostenditur et
probatur. Potest enim exponere bona temporalia peccatorum notorie
delinquentium et inobedientium . . . et ipsos peccatores inobedientes
ineligibiles et intestabiles ac ad exercenda quelibet publice officia in-
habiles reddere . . . honore et successione privare . . . incarcerare . . .
verberare citra vindictam sanguinis . . ., carcerare sine periculo corporali . . .
servitutem infligere . . ., mulctare . . ., bona omnia confiscare . . ., exilium
infligere . . ., reges et principes honore et dignitate privare et aliis
dare . . . *(fol. 115* r). Et sic erubescant et confundantur omnes illi qui
dicunt, quod summus pontifex solum super spiritualibus et non in temporalibus recepit a domino potestatem, cum falsum sit et falsum dicant,
ut ex premissis colligitur evidenter . . . Et notandum quod ex gestis
Gregorii pape septimi a) super depositione Henrici regis, filii Henrici imperatoris, confectis, in quibus idem Gregorius ad sanctos
apostolos Petrum et Paulum sermonem suum dirigit sic inter cetera
continetur [2]: *Henricum quem regem dicunt* etc. . . . Propterea ecclesia
cantat : *Cui scilicet beato Petro et successoribus eius Deus tradidit,
omnia regna mundi.* Hiis forte rationibus et aliis b) consideratis felicis
recordationis papa Innocentius III., qui fuit mire prudentie et sapientie et
magnus theologus, pronuntiavit, declaravit et diffinivit, non solum in spiritualibus, sed etiam in temporalibus iurisdictionem plenariam ad ecclesiam
pertinere, ut in cronica vidi et legi. Hoc idem pronuntiavit, declaravit et

a) *ms.* scriptum.
b) *Lücke im ms. von etwa einem Worte, Rasur.*
1) c. 9. C. 1. q. 7. Glossa ord. zu *Et per te* (Decretum ed. Romae 1582,
S. 195).
2) Reg. Greg. VII. lib. VII nr. 14ª, ed. Jaffé II 402.

deffinivit papa Bonifatius VIII. in quadam sua decretali, que incipit *Unam Sanctam Ecclesiam*, quam propria manu dictavit. Supervenit postea dominus Clemens V. et fecit constitutionem que incipit *Meruit* ª¡ [1]) in qua pronuntiavit et diffinivit, quod predicta decretalis *Unam Sanctam Ecclesiam*, non vendicabat sibi locum in rege et in regno Francie; utinam cum bono conscientie sue! Hinc est quod querit dominus Ostiensis in c. *Per venerabilem*, extra. *qui filii sint legitimi*, numquid mortaliter peccent et sint in statu salutis rex Francie, rex Anglie, rex Yspanie, hanc subiectionem ecclesie debitam etiam in temporalibus non recognoscentes, ut debent. Et certum videtur, quod mortaliter peccent et quod non sint in statu salutis, ut ex premissis colligitur et probatur aperte in predicta decretali *Unam Sanctam Ecclesiam* . . . Et ideo in eodem c. *Per venerabilem* [2]) super illo verbo: *et rex Francie in temporalibus superiorem non recognoscat*, dicunt antiqui doctores, et Ostiensis post eos caute loquitur: ibi papa, non dicit *non habet*, sed dicit *non recognoscit*, quasi dicat: *de facto non recognoscit*, contra Deum et iustitiam et forte in anime sue periculum . . . Et hec subiectio a subditis. nisi forte nomine Romane ecclesie, prescribi non potest, prout idem Ostiensis notat . . . De regno etiam Anglie certum est, quod subest pape et sancte Romane ecclesie in spiritualibus et temporalibus pleno iure. et tempore Innocentii III. rex Iohannes accepit in feudum a Romana ecclesia regnum illud et censuale, sicut in archivis eiusdem ecclesie plenius continetur, et dictus dominus Iohannes, rex Anglie, filius regis Henrici, qui eidem successit in regno regi Ricardo, patri suo, tempore Innocentii III. recepit ab ecclesia Romana totum regnum in feudum. Propter quod et ecclesia Romana eidem contra rebelles suos astitit et ad ipsum adiuvandum et manutenendum in regno dominum Gallam Vercellensem tunc cardinalem misit nuntium et legatum,¡ ut habetur in cronicis, et prout idem Ostiensis refert et recitat extra *qui filii sint legitimi* in c. *causamque II°*. [3]) *(fol. 116)*. Quod etiam Lombardia etiam in temporalibus subest pape et sancte Romane ecclesie immediate colligitur et probatur LXIII. di. *Adrianus II°* ibi [4]): *Adrianus papa Romam venire Carolum regem ad defendendum res ecclesie*, id est Lombardiam recuperandam quam occupatam detinebat preter voluntatem ecclesie Desiderius rex, *postulavit. Carolus Romam veniens Papiam obsedit ibique relicto exercitu* etc., et sequitur *post sanctam vero reversus ressurrectionem Papiam cepit Desiderium regem* etc., qui Desiderius rex faciebat se regem Lombardorum.

a) *ms.* Noverint.
1) c. 2. Extrav. comm. De privil. (V, 7).
2) c. 13 X qui fil. sint leg (IV. 17).
3) c. 7. X qui filii sint legit. (IV, 17).
4) c. 22. dist. 63.

cum tamen Lombardiam ab ecclesia non haberet. Quod autem regnum Aragonie pertineat ad ecclesiam, legitur in speculo historiarum, quomodo dominus Petrus, abavus istius regis, donavit ecclesie Romane et in signum tempore Innocentii III. recognovit ab ecclesia et voluit coronari a papa. Et notandum quod summus pontifex non solum super Christianos et fideles, verum etiam super Saracenos et infideles et scismaticos in spiritualibus et temporalibus obtinet iurisdictionem plenariam et plenitudinem potestatis. Nam ipse Deus dicendo: *Pasce oves meas* [1] non distincxit has vel illas, et ipsi infideles et scismatici sunt oves Christi per creationem, licet non sint de ovili. Et in eo quod dixit [2]: *Quodcumque solveris super terram*, bene sequitur, quod papa super omnes infideles et scismaticos habet iurisdictionem et potestatem de iure, licet non de facto . . . Nam in adventu Christi omnis honor et omnis principatus et omne dominium ut iurisdictio de iure ex causa iusta et per illum, qui supremam manum habet nec errare potest, omni infideli subtracta fuerunt et ad fideles translata, quod hec iusta causa fuerit, probatur). . . et hoc in personam filii Dei vivi qui non solum fuit sacerdos, sed rex regum et dominus dominantium . . . Huiusmodi autoritatem et regnum commisit filius Dei vivi Petro et successoribus eius . . . Bene ergo notat Iohannes Andree, quod dominus apostolicus totius mundi est dominus, prout ipse notat extra. de privil. *cum de diversis mundi partibus, libro sexto* [2]).

Igitur cum summus pontifex in hoc mundo teneat locum Dei, cum sit illius vicarius, cui dictum est per prophetam [4]: *Filius meus es tu, ego hodie genui te; postula me et ego dabo tibi gentes, hereditatem tuam et possessionem tuam terminos terre; reges eos in virga ferrea et tanquam vas figuli confringes eos.* Cum in hac vicaria Christus filius Dei vivi nichil excepit, cum a Deo beato Petro et successoribus eius iura celestis et terreni imperii sint commissa, cum a Deo ipse solus papa assumptus sit in plenitudine potestatis: patet conclusio manifesta, quod ipse Romanus pontifex in toto orbe terrarum in spiritualibus et temporalibus habet iurisdictionem et plenitudinem potestatis, ut ex premissis iuribus ostenditur et probatur.

Contra predicta et superius allegata opponitur in contrarium a falsis Christi fidelibus, quod utraque potestas, scilicet apostolica et imperialis instituta sit a Deo et quod neutra pendet ex altera, et quod imperator gladium non habet ab apostolico, nec papa habet se intromittere de temporalibus. sicud nec iudex secularis de spiritualibus se intromittere debet, allegantes pro se XCVI. di [5] *cum ad verum ventum est u. s. f. . . .*

1) Joh. 21, 17.
2) Matth. 16, 19.
3) c. 2 in VIto de privil. (V, 7).
4) Ps. 2, 7-9.
5) c. 6 dist. 96.

In quibus iuribus videtur concludi, quod papa non habet se intromittere de *(fol. 116 ʳ)* temporalibus, sicut nec imperator seu iudex secularis de spiritualibus se intromittere debent. Et in hoc errore Iohannes Theotonicus et Huguccio Pysanus fuerunt expresse, et adhuc multi post eos, de quibus non multum miror, quia amor partis Gebelline sive imperatoris traxit eos ad hec dicenda, et amor tanquam passio ut plurimum pervertit iudicium et alterat intentionem. Nam secundum philosophum diligentes et odientes non pariter iudicamus, et probatur in canone XI. q. III¹) . . . Sed maxime miror de domino Ostiensi. qui nescio quo ductus iudicio rationis dixit : *Dico quod paʃa non habet se interomittere de temporalibus in alterius preiudicium,* extra *qui filii sint legitimi, per venerabilem.* § 10 versu *insuper, nec regulariter nisi in casibus.* extra *qui filii sint legit. per venerabilem* § *raticnibus,* ʃrout idem Ostiensis notat extra *qui filii sint legitimi* in c. *causamque IIⁿ ᵃ).*

Sed salva reverentia tantorum virorum falsum videtur, quod asserunt et affirmant, quia iurisdictio temporalis in toto orbe terrarum principaliter residet in summo pontifice ; secundario, tanquam in suo vicario et ab ipso papa procedens, in imperatore, regibus et principibus residet, ut luce clarius inferius apparebit. Et primo respondendo ad contraria superius allegata et que allegari possunt, dicendum est, quod non negatur, quia imperator iurisdictionem in temporalibus habeat, ut in predictis iuribus in contrarium allegatis. Sed verum est, quod illam iurisdictionem, quam habet, obtinet ab ecclesia. Nam imperator iurisdictionem et potestatem habet a papa . . . Ex hiis omnibus capitulis introductis colligitur et probatur, quod imperator potestatem gladii et imperii habeat ab apostolico, et quod cum faciat imperatorem, propter quod possit eum deponere, si demeruerit, et hinc est, quod ille dicitur verus imperator, quem papa confirmat . . . Propter quod dicebat magister meus bone memorie archidiaconus Bononiensis ³) : *Videns et intelligens Constantinus se gladio non usum fuisse legitime cum illum ab ecclesia non haberet, resignavit et renunciavit eidem et postea illum ab ecclesia et beato Silvestro recepit,* prout idem archidiaconus notat . . . Unde cum gladium, idest iurisdictionem in temporalibus, recipiat ab ecclesia sive papa, sicut luna recipiendo lumen a sole, non propterea a se abdicat claritatem et lumen, immo fortius, clarius et perfectius in se retinet . . . sic papa sive ecclesia sibi retinet gladium temporalem, licet illum ut suo vicario imperatori committat. Et secundum hec quod ergo est, quod dicitur in predictis canonibus . . ., quod potestates et officia distincta sunt et divisa, et quod papa seu ecclesia pro temporalium incursu ad imperatorem recurrere debet,

1) c. 78 C. 11 q. 3.?
2) Henricus Ostiensis, Comment in Decretalium l. IV. cap. 13. (ed Venetiis 1581) fol. 38, u. c. 7, ib. fol. 36. § 2.
3) Guido de Baysio, Glosse zu c. 8 dist. 10.

respondetur, quantum ad actum et exercitium et usum armorum, quia
cum papa sit capud tocius generis humani ... et in corpore licet multa
sint membra, non tamen eundem actum et officium habent ..., non
decet caput per semet ipsum movere arma, sed et ad nutum capitis et
pro utilitate et defensione capitis, id est pape et ecclesie, manus et
brachia ecclesie sive pape, idest principes, reges et imperator debent
movere arma ... Et sicut manus se exponunt omni periculo ad utilitatem et defensionem capitis, sic principes, reges et imperator debent se
exponere omni periculo ad defensionem et utilitatem ecclesie et summi
pontificis ... Et ׀*fol. 117*) hoc est quod vult dicere: *pro incursu temporalium papa seu ecclesia ad imperatorem recurrere debet,* ut in dictis
canonibus: *cum ad verum ventum est*[1]) et *quoniam idem*[2]). Ad decretalem *si duobus* extra de appell[3]). respondetur, quia ex quo ecclesia sive
papa imperatori in temporalibus iurisdictionem concessit sive concedit,
vult illi illibatam servari, quia ecclesiasticus ordo confunditur, si sua
unicuique iurisdictio non servatur ... nec de secularibus negotiis se
intromittere vult interdum ... Et quia iste error toti mundo pestiferus
et nocivus multos seduxit, etiam doctores et magistros et magne auctoritatis viros, et etiam aliqui infideles ecclesie dicunt, quod ad papam
pertinet se intromittere de Mediolano et de electis in Alamannie regem,
respondeant ipsi, quod ad dominum pertinet se intromittere de subditis
suis sive de terra sua? Et quia error communis quorundam infidelium
ecclesie existit asserentium, quod papa in temporalibus iurisdictionem
non habet. intendo hunc errorem apertius et clarius declarare. Et quoniam
de potentia pape agitur in hoc casu, et aliqua opponuntur, per que probare nituntur, quod de temporalibus se intromittere papa non possit, ut
eorum hec dicentium malignitas ostendatur et penitus enervetur, ut ob-
struatur os loquentium iniqua, et quia supradicti canones allegantur per
eos, quod ipsa potestas est divisa in tantum, quod papa non habet se
intromittere de temporalibus ullomodo, idcirco ad eorum pravitatem et
ipsorum animarum pernitiem extirpandam et denudandam scribam, que
infra dicentur.

Quod ipse summus pontifex habet omnem et omnimodam potestatem
in temporalibus sic ostenditur et probatur. Certum est quod militans
ecclesia ordinata est et constituta ad effigiem celestis et triumphantis
ecclesie. Hoc enim sic esse voluit ordinatio divina et huic concordat
ratio recta voluit namque divina ordinatio, quod ecclesia militans re-
presentet ecclesiam triumphantem ... Sed celestis et triumphans ecclesia
vivum habet caput omnium conditorem, Deum omnipotentem, et sic ipsa
militans ecclesia unum debet habere caput, ne in uno corpore sint plura

1) c. 6. dist. 96.
2) c. 8. dist. 10.
3) c. c. 7 X. de appell. (II, 28).

capita quasi monstrum. Unum est corpus, scilicet tocius humani generis congregatio, quod quidem corpus sive universitas unum rectorem habere debet tanquam caput. Sed quod ipse summus pontifex sit caput et rector etiam in universo regimine huius militantis ecclesie, probatur expresse per evangelica dicta. Et primo probabo, quod in Petro, vicario Dei, fuerit et sit et erit omnis potestas. Dicit enim Iesus in evangelio Petro percutienti pontificis servum: *Mitte gladium tuum in locum suum ;* [1]) si *tuum,* non ergo alterius ; et habetur in canone XXIII. q. 1 § 1 [2]) in princ. Et sic cum de gladio constituto et deputato ad effundendum sanguinem loquatur et dicat *tuum,* constat manifeste, quod potestas temporalis que per talem gladium designatur, fuit apud Petrum, vicarium Dei. Item patet evidentissime, quod tempore Iesu Christi, domini nostri, cessavit omne imperium, et in eo fuit omnis potestas iuxta id quod dicitur: *Pasce oves meas,* extra de elect. *Significasti* [3]), et illud *Quodcumque ligaveris* [4]) ... Patet iuxta premissas auctoritates, quod beatus Petrus vicarius fuit constitutus domini nostri Iesu Christi et per consequens successor ipsius principalis. Cogitet igitur quilibet recte intuens, quod apud successorem Petri est omnis potestas spiritualis et temporalis: spiritualis actu et habitu, temporalis habitu, licet non actu, sed ipsam temporalem transfert in laycum, quia prohibetur clericis, quod sanguinem effundant, iuxta verbum David dictum a Deo: *Non hedificabis michi templum etc.* [5]); et in hoc concordat novum testamentum cum veteri... Loquantur igitur iura omnia in contrarium allegata que allegari possunt, quod quantum ad actum non sit in papa potestas in temporalibus, sed quantum ad habitum et potentiam in eo solo est omnis potestas. Comittit igitur ipsi imperatori, ut suo vicario et regi, gladii potestatem, hoc est exercitium temporalis iurisdictionis, iuxta doctrinam beati Petri missam Clementi pape XI. q. 1. *Te quidem* [6]). Semper tamen in eo remanet principalis potestas a Deo sibi data post *(fol. 117c)* adventum domini nostri Iesu Christi, qui constituendo Petrum vicarium in eum utramque potestatem transtulit et commisit, ut in preallegato c. XXII. di. c. 1° [7]).

Alium errorem seminaverunt predicti doctores Hug. et Iohannes et adhuc multi infideles ecclesie post eos tenent indubitanter, quod papa potestatem habet a Deo quo ad spiritualia solus, imperator potestatem habet a Deo quo ad temporalia solus; et sic ponunt duos Dei vicarios,

1) Ev. Joh. 18, 11.
2) C. 23. q. 1. Gratianus §. 1.
3) c. 4. X. de elect. (1, 6).
4) Matth. 16, 19.
5) Paral. 17, 4.
6) c. 29. C. 11. q. 1.
7) c. 2. dist. 22.

Scholz, Texte. 8

unum preesse spiritualibus, scilicet papam, et alium temporalibus, scilicet imperatorem. Et iste error hereticus multos seducit quorum dogma hereticum esse censetur. Certum est quod una tantum sit ecclesia generalis simul collecta, unum baptisma, unus Deus, unus dominus . . . .; non potest habere una sponsa generalis nisi unum sponsum generalem, sibi parem et coequalem . . . .; et una filia nisi unum patrem; et unum corpus nisi unum caput . . . Propter quod dicebat magister Tancredus, doctor egregius, cuius fuit a) finis glose, extra de iudic. *Novit* in glosa, que incipit *Per hoc quod dicitur* etc. [1]): Concedere debemus. quod ecclesia nostra militans non habet duo capita. Hoc enim ipse dominus noster Iesus Christus expressit, cum in evangelio ait [2]): *Adhuc habeo multas alias oves que non sunt de hoc ovili et fiet unum ovile et unum pastor*, non ergo duo pastores. Nam sicut in fide orthodoxa ponere duo principia hereticum est, sic duos vicarios generales et sibi equales in terris hereticum esse videtur . . . Propter quod dicebat magister meus, archidiaconus Bononiensis, et bone memorie frater Matheus de Aquasparta, quod non credebant Gebellinos posse salvari, quod de illis intelligendum videtur, qui non obediunt summo pontifici et ecclesie, sed resistunt, et qui vellent et affectant subversionem seu persecutionem ecclesie, ac qui vellent ecclesiam ab imperio superari, et qui ponunt duos vicarios generales sibi equales in terris, sicut duo principia, ut est dictum. Et notandum contra eos, qui non obediunt sancte Romane ecclesie et mandatis et voluntati summi pontificis, tales et huiusmodi non christiani, sed gentiles et Saraceni esse censentur et crimen paganitatis incurrunt, ut colligitur et probatur per Gregorium contra Theotonicos LXXXI. di. *Si qui. . .* [3]); et cui papa inimicatur pro pravis actibus suis, totus mundus inimicari debet . . . Ne ergo efficiar heresiarcha, hec est fides mea, quod sicut unus est Deus immutabilis . . ., sic et est unus vicarius suus generalis in terris. Et sicut Deo in celis omnes angeli, sic et in terris omnes homines vicario suo debent esse subiecti et in omnibus obedire, cuius navis stabilis est et immutabilis. Nam et si quandoque fluctuat, non mergitur. . ., non turbatur. Sic et superiori convenit inferior ierarchia, quando omnes homines obediunt vicario suo in terris, sicut Deo in celis omnes angeli serviunt, obediunt et intendunt; quando vero homines vicario suo superbiunt et resistunt, turbatur inferior et offenditur superior ierarchia . . . Alium errorem expressit Hug., quod eligit imperatorem exercitus, et b) habet exercitium seu administrationem etiam ante confirmationem, prout

a) *Im ms. folgt eine Rasur v. ca. 5 Buchstaben.*
b) *et bis: ventum est am untern Rande nachgetragen.*
1) Vgl. Glosse zu c. 13 X. de iud. (II, 1).
2) Ioh. 10, 16.
3) c. 15. dist. 81.

ipse notat: XCIII. di. *Legimus* [1]) et XXIII. q. IIII. *Quesitum* [2]), et XCVI. *Cum ad verum ventum est* [3]). Falsum est, quod solus exercitus imperatorem faciat, immo papa sive ecclesia habet ipsius imperatoris electionem approbare vel reprobare, inungere et consecrare, et cum plures sunt electi in discordia, alteri favere potest. Sicut capitulum monachorum eligit sibi abbatem..., tamen non erit abbas, nisi sit eius electio confirmata, nec poterit ante confirmationem administrare ... Nec Saul et David, quorum loco est imperator, ante unctionem et consecrationem administrare nullatenus potuerunt, et sicut superius dictum est, videns et intelligens Constantinus, se non fuisse gladio usum legitime (*fol. 118*), cum illum ab ecclesia non haberet, gladio renuntiavit et resignavit, et postmodum gladium ab ecclesia et beato Silvestro recepit, prout archidiaconus notat X. di. *Quoniam idem* [4]), et quod gladium recipere debeat ab altari ante administrationem ipsius, nec debeat prius administrare, antequam sit examinatus et ab ecclesia approbatus et sua electio et persona fuerit inventa canonica ... Nam executionem gladii et administrationem habet ab ecclesia, nec prius debet administrare, antequam sibi ab ecclesia concedatur et ips'us electio fuerit approbata. *Glosse zu 33. q. 2. Inter hec* [5]) *u. 96. di. Si imp.* [6]) *u. di. 5. In die* [7]), ibi: *Romani vero diverso modo agere ceperunt maxime a tempore quo Theotonicis concessum est regnum ecclesie* etc.

Alium errorem expressit Hug. et Johannes, quod imperator potestatem suam habet a Deo, in authent. De *mandatis princ.* in prima columpna [8]), § *Quia igitur imperium, usw.* ... Hoc est verum, si sane intelligatur. Imperatoris potestas a Deo est, verum est, tamen mediante ecclesia, quia ipse Deus agit per media. Nam secundum beatum Dyonisium lex divinitatis est infima per media in suprema reduci. Et quod huiusmodi error sit et contrarius veritati, colligitur et probatur ex capitulis superius allegatis ..., ex quibus omnibus capitulis colligitur et probatur, quod imperator potestatem gladii et dignitatem imperialem et imperium habet ab apostolico, et quod eum faciat imperatorem. Et ipsum imperium de Grecis transtulit in Germanos, ut extra de elect. *Venerabilem* [9]), ubi de hoc. *). Papa enim quandoque reges et imperatorem deponit.... Quod ergo dicunt, quod imperatoris potestas seu potentia a Deo est, tamen mediante

a) Et ipsum *bis* de hoc *Nachtrag am unterem Rande rechts.*
1) c. 24. dist. 93.
2) c. 45. C. 23. q. 4.
3) c. 6. dist. 96.
4) c. 8. dist. 10.
5) c. 6. C. 33. q. 2.
6) c. 11. dist. 96.
7) c. 15. De conscer. dist. 5.
8) Auth. 17 pr. (ed. Schoell, S. 117).
9) c. 34. X. de elect. (I. 6).

ecclesia, sic et cuiuslibet episcopi potestas a Deo est, tamen mediante ecclesia, et ideo episcopi scribunt et bene: *Dei et apostolice sedis gratia talis episcopus.* Et quomodo a Deo sit omnis potentia seu potestas, probatur XXIII. q. 1. *Quid culpatur in bello...* [1]) et in evangelio [2]): *Non haberes in me potestatem...* Propterea scriptum est: *Unde superbis homo, quod habes quod non accepisti, unde gloriaris, quasi non acceperis,* apostolus ad Corinth. [3])...

Alium expresserunt errorem dicti doctores Hug. et Iohannes et multi infideles ecclesie adhuc dicunt, quod prius fuerit imperium, quam ecclesia. Falsissimum est, quod patet per sacerdotium Melchisedech, qui fuit loco pape et Abraam sibi obtulit panem et vinum ante pedes ipsius, sic· ut hodie pape fit; et ecclesia cepit a tempore Abel iusti et de Christo dicitur in ps. [4]): *Tu es sacerdos in eternum secundum ordinem Melchisedech.* Quod sacerdotium precessit legem scriptam... Preterea sacerdotium a Deo primum institutum est, Exodi XXVIII c. [5]): *Legitimum* [a]) *erit Aaron et semini eius post eum, sed hoc facies, ut mihi in sacer· docio consecretur.* Demum per sacerdocium iubente domino regalis seu imperialis potestas ordinata est, quia, quod olim regalis, hodie imperialis vocatur, ff. de orig. iuris I. II [6]). Unde primo Regum VIII. c. [7]) dixit dominus ad Samuelem: *Audi vocem eorum et constitue super eos regem,* quod et fecit de Saule, cui ait Samuel: *Ecce unxit te dominus super hereditatem in principem* etc., cuius exemplo et David omnes reges ab ecclesia ungi debent... Preterea ecclesia prior est, scilicet potestate sive auctoritate, cum spiritualis auctoritas terrenam potestatem *(fol. 118 ᵛ)* instituere habet, sic et iudicare, si bona non fuerit, 1. Cor. VI. [8]) *Nescitis...*; ipsa enim spiritualis, si deviet, a nemine iudicatur, 1. ad Cor. II. c. [9])... Quod de papa omnino verum est... excepto crimine hereseos... Ad id quod obicitur, quod dominus dixit in evangelio [10]): *Regnum meum non est de hoc mundo,* respondetur: certum est quod omnia regna mundi sunt sua, ut creatoris et domini, unde in evangelio Iohannis [11]): *In mundo eant et mundus per ipsum factus est, et mundus eum non cognovit, in propria*

a) *Am rechten Rande:* sempiternum.
1) c. 4. C. 23. q. 1.
2) Joh. 19, 11.
3) 1. Cor. 4, 7.
4) Ps. 109, 4.
5) Exod. 28, 43; 29, 1.
6) Dig. I, 2, l. 2.
7) 1. Reg. 8, 22.
8) 1. Cor. 6, 2. 3.
9) 1. Cor. 2, 15.
10) Joh. 18, 36.
11) Joh. 1, 10.

venit etc. Sed ideo dixit: *Regnum meum non est de hoc mundo,* quia non venit, ut regnaret, sed ut traheret nos ad regnum celorum, quod regnum celorum docuit solum amandum, solum diligendum et affectandum, cum dicitur in oratione sua: *Adven'at regnum tuum* [1]). Ecce, quod querendum docuit, pro quo totis viribus laborare et desudare debemus, unde non dixit *in* hoc mundo, sed *de* hoc mundo, quia non venit, ut regnaret, sed ut nos ad regna celorum perduceret. Propter quod in dicto evangelio Johannis subsequitur [2]): *Quotquot autem receperunt eum, dedit eis potestatem, filios Dei fieri hiis qui credunt in nomine eius, qui non ex sanguinibus* etc. Et ecclesia cantat [3]): *Ostis Herodes impie, Christum venire quid times, non eripit mortalia, qui regna dat celestia* ...

Ad id quod obicitur, quod Christus dixit in evangelio [3]): *Reddite que sunt Cesaris Cesari, et que sunt Dei Deo,* quasi videretur innuere, quod in temporalibus et terrenis et iurisdictione temporali imperator sit dominus, respondetur: non est ita. Sed hoc ideo dixit, ut ostenderet, quod tributa iure debentur imperatori. Nam et ecclesia solvit tributum, et etiam ipse Christus tributum .... vel secundum alium intellectum ipse Christus solvit tributum propter scandalum vitandum, ne scandalizaret, quos ad salutem animarum et regnum celorum vocabat....

Iure etiam civili probatur, quod summus pontifex in toto orbe terrarum in temporalibus iurisdictionem habet et plenitudinem potestatis.... Certum est, quod papa preest in spiritualibus et dominus est in spiritualibus,... que quidem maiora sunt humanis... Religioni namque cedit imperium, ut ait Valerius Maximus, cum summa sit ratio que pro religione facit., ff. *de relig. sumptu. fu. sunt persone* [4]), et ecclesia sit mater imperii, in auth. *ut determinatus sit numerus cle.* in princi [5]). Preest enim summus pontifex et humanis.... Est enim Christi vicarius... Quanto autem vicarii defunctorum iudicum omnia possunt, que Christi a) iudices possent, probatur..... Absentium vero vicarii non omnia, quia nec ultimum supplicium, nec membrum abscindunt.... Unde papa in quantum Christi mortui vices agens omnia potest circa administrationem, que Christus...; vel si dicatur papa vicarius absentis idest Christi resurgentis a mortuis et sedentis ad dexteram patris, omnia potest preter ultimum supplicium et membri abscisionem. idest preter effusionem sanguinis ... Nam ecclesia non habet penam sanguinis .... Preterea de iure civili hec prenomina: meum, tuum et suum important et

a) So *ms., lies*: ipsi.
1) Matth. 6, 10.
2) Joh. 1, 11.
3) Thes. hymnol. ed H. A. Daniel I 147, vgl. IV 148.
3) Matth. 22, 21.
4) Dig. 11, 7, l. 43.
5) Nov. III. Ut determinatus sit numerus clericorum. praef.

ncludunt dominium.... Unde dicendo dominus in evangelio [1]): *Mitte gladium tuum*, dicendo *tuum*, ergo de iure civili in papa est iurisdictio temporalis in toto orbe terrarum, que per extractum gladium designatur, in eo quod Deus et dominus dixit *tuum*, quem ab ecclesia ut suus vicarius recipit imperator. Patet igitur Romanum pontificem de iure civili in toto orbe terrarum in temporalibus plenam iurisdictionem habere./

Sed dixerunt michi aliqui infideles ecclesie: predicta sunt que pro se Romani pontifices statuerunt, quibus fides (*fol. 119*) adhibendum non est, quia in proprio facto nemo ydoneus testis.... Tales huiusmodi sic dicentes vel sic credentes et sencientes [a]) sunt heretici et excommunicati ipso iure. Nam qui non credunt sanctorum patrum decreta, canones et canonicas sanctiones fuisse constituta seu constitutas et editas per ora sanctorum patrum et summorum pontificum per spiritum sanctum et spiritus sancti spiramine, sunt heretici et excommunicati ipso iure... Talis enim presumptio manifeste est unum genus blasphemantium spiritum sanctum, quoniam, ut iam probatum est, contra eum agit cuius iussu et gratia sancti canones editi sunt, in eadem causa et q. *Generali* [2]) et XIX· di. *Nulli* [3]). Nam si leges per ora principum sunt divinitus promulgate, ...quanto magis canones et canonice sanctiones et sanctorum patrum decreta per ora sanctorum patrum et summorum pontificum sunt divinitus promulgata, quorum corpora fuerunt habitaculum spiritus sancti, dum viverent, et quorum vita fuit in sanctitate et iustitia omnibus diebus vite ipsorum... Quis enim dubitabit esse sanctum, quem apex tante dignitatis attollit?... in quo, si desint bona acquisita per meritum, suffiunt, que et loci predecessores testantur. Aut enim claros ad hec fastigia erigit aut qui eriguntur, illustrat.

Et ad confundendam ipsorum sic dicentium, credentium et sentientium perversorum malitiam et ad denudandam huiusmodi sic asserentium hereticam pravitatem, probabo inferius summum pontificem in temporalibus plenam iurisdictionem habere auctoritatibus novi et veteris testamenti, ita quod, si nolunt fidem credulam adhibere sanctorum patrum decretis, canonibus et canonicis sanctionibus divinitus promulgatis, saltem idem adhibeant auctoritatibus novi et veteris testamenti. Et primo procbabo auctoritatibus veteris testamenti. Scire debent huiusmodi tales excommunicati et heretici supradicti, qucd in principio creavit Deus celum et terram et omnia, que in eis sunt, angelicam et humanam naturam, spiritualia et temporalia ipsaque per se ipsum rexit, sicut factor suam rem gubernat et homini, quem fecit, precepta dedit et transgredienti pe-

---

a) en *liber* scientes *v. anderer gleichzeitiger Hd.*
1) Joh. 18, 11.
2) c. 11. C. 25. q. 1.
3) c. 5. dist. 19.

nam imposuit, ut Genesis II° ') ibi : *Ex omni ligno* etc.; ipsis etiam peccantibus penam imposuit per se ipsum, scilicet Ade et Eve, Gen. III° ²) : mulieri quoque dixit etc., et ibi de viro dixit etc. Qualiter autem per se ipsum Caym punivit, Lamet et Cham et quosdam alios, in eodem libro Gen. IIII. et V. c.³) Et sic recto mundo per ⁿ) ipsum Deum usque ad Noe ex tempore Noe cepit omnes creaturas suas regere per ministros, quorum primus fuit Noe. De quo quod fuerit rector populi, ex eo apparet, quod sibi dominus gubernationem arce per quam ecclesia designatur, commisit, Gen. VI. c. ⁴); item quia Deus Noe rectoriam et legem dedit, Gen. IX. ⁵). De Noe etiam licet non legatur sacerdos fuisse, officium tamen exercuit sacerdotis statim post egressum arce, antequam legem populo daret, Gen. VIII. ⁶) : *Edificavit autem Noe*, quod officium sacerdotis Caym et Abel primo fecerant. In hac autem vicaria successerunt patriarche, iudices, reges, sacerdotes et alii, qui pro tempore fuerunt iu regimine populi Iudeorum; et sic duravit usque ad Christum, qui fuit naturalis dominus et rex noster, de quo dicitur ⁷) : *Deus, iudicium tuum regi da* etc. ; ipse namque est naturalis et verus imperator noster . . . Et ipse Iesus Christus vicarium suum constituit Petrum et successores suos, quando eis dedit claves regni celorum et quando dixit ⁸) : *Pasce oves meas* etc. Patet ergo per premissa, quod etiam in veteri testamento predecessores summi pontificis et qui fuerunt loco ipsius iurisdictionem in temporalibus habuerunt.

Auctoritatibus etiam novi testamenti probatur summum pontificem in toto orbe terrarum in temporalibus plenam iurisdictionem habere. Nam dicentibus apostolis⁹): *Ecce duo gladii sunt hic*, idest in ecclesia, eo quod apostoli representabant ecclesiam, si inter ipsos apostolos erant duo gladii, consequens est, quod in ipsa ecclesia sint duo gladii *(fol. 119ᶜ)*. Dicentibus namque apostolis duos gladios esse in ecclesia, non respondit : *Nimis est*, sed *satis*. Sciendum est quod si essent plures gladii quam duo, non dixisset dominus *satis est*, sed *parum*, et si essent pautiores, non dixisset *satis est*, sed *nimis est*. Ex hiis itaque verbis domini dicentis *satis est* datur intelligi duos esse in ecclesia gladios et non plures neque pautiores, et notandum non solum duos gladios in ecclesia esse, sed in potestate ecclesie. Hoc idem probatur de gladio temporali. Nam qui in potestate Petri temporalem gladium esse negat, male

a) *ms. jolgt* : sc.
1) Gen. 2, 16 ff.
2) Gen. 3, 16. 17.
3) Gen. 4, 11 ff.; c. 5, 29 ; 9, 25.
4) Gen. 6, 14.
5) Gen. 9, 1-7.
6) Gen. 8, 20.
7) Ps. 71, 2.
8) Joh. 21, 17.
9) Luc. 22, 38.

verbum attendit domini proferentis: *Converte gladium tuum in vaginam.*
Et secundum quod dictum est, duo gladii erant inter apostolos. Unus autem
illorum erat iustitie, qui fuit tractus et significat gladium materialem,
qui respicit corpus et facit lesionem visibilem; alius autem erat invi-
sibilis, qui non fuit extractus et significat gladium spiritualem, qui ferit
animas et facit lesionem invisibilem. Ergo, si de gladio extracto et visibili, qui significat gladium materialem, dixit Petro: *Converte gladium
tuum in vaginam,* liquido patet, quod gladius materialis est in potestate
Petri et ecclesie. Et quod gladius materialis sit summi pontificis et in
potestate eiusdem, ostendit beatus Bernardus libro IIII° ad Eugenium
papam ¹) loquens summo pontifici dicens: *Vale, qui materialem gladium
tuum esse negat, non satis videtur attendere verbum domini dicentis:
Converte gladium tuum in vaginam. Uterque ergo est in potestate ecclesie,
spiritualis gladius et materialis, sed materialis gladius per ecclesiam
et ad utilitatem ecclesie, spiritualis vero gladius ab ecclesia exercendus est. Sed spiritualis sacerdotis manu, materialis vero manu militum, regum, principum et imperatoris exercendus est, sed ad nutum et
patientiam sacerdotis.* Est autem nutus per aliqua signa alterius cognoscere voluntatem. Reges ergo, principes et imperator, videntes per
signa expedire ecclesie, debent contra rebelles et inobedientes ecclesie materialem gladium exercere. Materialem itaque gladium exercet ecclesia
non manu propria, sicut Petrus voluit exercere, sed manu militum, regum,
principum et imperatoris. Tamen pro ecclesia et ad utilitatem ecclesie et
ad nutum et patientiam ecclesie exercetur; patientia hoc est dictum, quod
ecclesia debet pati et sustinere, quod reges, principes et imperator arma
moveant pro iustitia et iustitiam de malefactoribus faciant, quicquid
dicat beatus Bernardus, quia reges, principes et imperator raro vel numquam temporibus nostris ad nutum movent arma pro ecclesia et ad utilitatem ecclesie, immo quandoque verificatur in eis illud proverbium Salomonis ²): *Filius stultus tristitia est matris sue,* idest ecclesie. Et ut de
ceteris sileam, memorandum est, quod a tempore Henrici IIIIᵗⁱ imperatoris
qui obsedit papam et cardinales et eos voluit captivare, usque ad ultimum
Henricum, qui fuit temporibus nostris, omnes imperatores quotquot fuerunt, persecuti sunt ecclesiam Dei, ut habetur in cronicis, et Ostiensis
voluit tangere in c. *Venerabilem,* extra de elect. in principio ³). Vere ergo
tales fuerunt tristitia matris sue, idest ecclesie, male tamen attenderunt
preceptum domini dicentis ⁴): *Honora patrem tuum,* idest summum pontificem, *et matrem tuam,* idest ecclesiam, *ut sis longevus super terram.*

1) Bernhard, De consid. 1. IV. c. 3. Migne 182, S. 776 (438).
2) Prov. 10, 1.
3) Hostiensis Comm. in 1. I. decret. tit. 6. c. 34. s. v. Progenitores, ed
Paris, Joh. Petit et Thielemann Kerver, vol. I, fol. 34, 1.
4) Exod. 20, 2.

Et quia inhonorarunt, exterminati sunt et semen ipsorum, et periit memoria eorum cum sonitu. Et ut de ceteris taceam, imperator Federicus, qui septem filios reges habuit, illo tempore quo persecutus est ecclesiam Dei, cui imperatori Gebellini adheserunt in persecutione ecclesie, et Gelfi adheserunt ecclesie in defensione ipsius, ipse imperator tunc temporis scripsit populo Romano receptanti papam et cardinales hos versus[1]):

> Roma diu titubans variis erroribus aucta
> Corruet et mundi desinet esse caput.
> Fata docent, astra monent aviumque volatus,
> Tocius quod [a]) cito malleus orbis ero.

Et sic papa rescripsit:

> Niteris [b]) incassum navim submergere Petri,
> Fluctuat, sed numquam desinit ille radix [c]).
> Nil fata docent, nil astra monent, nil predicat ales.
> Solius est proprium scire futura Dei.

Et quia dictus imperator Federicus patrem suum, idest papam, et matrem suam, idest ecclesiam, inhonoravit, exterminatus est una cum filiis suis, nec de ipsius semine est aliquem reperire. Et ideo quia hodie non sunt filii letificantes patrem, qui ad (fol. 120) nutum pro ecclesia et utilitatem ecclesie moveant arma, supplendum est dicto beati Bernardi, cum dicit ad nutum et patientiam sacerdotis, ac requisitionem et mandatum ecclesie et summi pontificis. Sic enim fecit felicis recordationis Clemens IIII. Nam fecit venire dive memorie regem Carolum, avum regis Roberti, contra Manfredum et Corradinum inobedientes et rebelles ecclesie. Sic enim Adrianus papa exercuit contra Desiderium regem [d]) inobedientem et rebellem ecclesie, probatur LXIII. di. Adrianus II° [2]).

Naturalibus etiam rationibus probari videtur summum pontificem ✓ in toto orbe terrarum temporalem iurisdictionem habere. Probat philosophus XII. metaphysice [3]): unus principatus, unus princeps, una monarchia, unus monarchus. Non ergo est dare duos principes aut duos monarchos, unum in temporalibus et alium in spiritualibus, necesse est ergo dare unum principem et unum monarcham in spiritualibus et temporalibus. Huiusmodi erit summus pontifex, quia imperator spiritualibus preesse non

a) ms. que.
b) Im ms. neben den vorangehenden Versen.
c) ms. illa ratis.
d) Folgt eine Rasur (1—2 Buchst.).

1) Ueber diese seit Mitte des 13. Jahrh. weitverbreiteten Verse und ihre verschiedenen Lesarten vgl. O. Holder-Egger, N. Arch. 30, S. 335-345, bes. 343; H. Grauert, Hist. Jahrb. 19 (1898), S. 255, 281, SB. der Münch. Akad. philos. philol. u. hist. Cl. 1901, S. 163. J. Kampers, Die deutsche Kaiseridee S. 73, 198.

2) c. 22. dist. 63.

3) Aristoteles Metaphys. lib. XII, c. 8 (9)?, ed. Firmin Didot II 623.

posset. Preterea sicut videmus, quod in corpore materiali unicum est caput. in quo positi sunt omnes sensus, sic in corpore mistico, quod est ecclesia, est ponere caput unum habens plenitudinem potestatis; huiusmodi autem erit papa qui solus a Deo assumptus est in plenitudine potestatis. Preterea secundum Porfirium omnis multitudo sive universitas reducitur ad unum, et in exercitu bene ordinato unus dux, et in domo bene ordinata unus pater familias; non ergo universitas humani generis bene et congruenter reduceretur ad unum, si unus preesset temporalibus, alter quoque spiritualibus, et sic duo duces exercitus, duo patres familias: quod esse non debet.] Preterea in apibus unus est rex, grues unam sequuntur ordine litterato, non ergo erunt duo rectores, unus in temporalibus et alter in spiritualibus. Preterea sicut corpus a spiritu et anima movetur et regitur, ita potestas temporalis regi, moveri et gubernari debet a spirituali, non econverso. ᛐ Preterea sicut anima trahit ad se corpus, ita spiritualia trahunt ad se corporalia, quia spiritualia sine temporalibus esse non possunt, sicut nec anima sine corpore. [Preterea quod princeps universalis rerum temporalium principi universali rerum spiri‐ tualium in temporalibus sit subiectus, probatur prima Corinth. II° ²): *Spi‐ ritualis omnia iudicat et ipse a nemine iudicatur*, ergo tam temporalia quam spiritualia eius iudicio sunt subiecta.]Preterea est communis sen‐ tentia peritorum in theologia, quod politia ᵃ) humana ad hoc ut sit optime ordinata, oportet quod reducatur ad aliquem principem unum; et ad istud facit precipue illa famosa deductio supradicta que fit in fine prime philosophie, ubi ostenditur, quod unus est princeps in universo. Pre‐ missa quadruplici veritate prima est, quod in omni multitudine ordi‐ nata est duplex ordo, unus partium exercitus ad invicem et alius tocius exercitus aut multitudinis ad ducem, quorum primus potest dici ordo coordinationis et secundus ordo subordinationis. Secunda veri‐ tas est, quod ordo partium multitudinis ad invicem est propter ordinem tocius multitudinis ad ducem, quia bonum partium ordinatur ad bonum tocius. Tertia veritas est, quod ordo tocius exercitus ad ducem est melior quam ordo partium exercitus ad invicem, quia semper finis melior est hiis que sunt ad finem. Quarta veritas, quod entia nolunt male disponi, quia Deus cum sit optimus artifex, optime disposuit universum. Istis autem premissis IIII veritatibus infertur: unus ergo princeps scilicet est in toto universo. Et ideo cum multitudo hominum in hoc mundo debeat esse ordinata, ibi est duplex ordo, sicut supra fuit distinctum, et melior ordo tocius multitudinis ad ducem et ipse finis alterius, et ibi entia nolunt male disponi; ergo eadem ratione qua concluditur in toto universo unus princeps, infertur eisdem veritatibus in politia humana

a) *ms.* pelicia.
1) 1. Cor. 2, 15.

unicus princeps temporalium./Sed obicitur, quomodo ex illis veritatibus
in prima phylosophia sequitur unus princeps in universo? Dicitur, quod
illa illatio apparet, si formetur talis ratio: universum non debet esse privatum optima sui dispositione, quia entia nolunt male disponi. Sed
optima dispositio consistit in ordine tocius multitudinis ad ducem, cum
iste sit finis aliorum ordinum, ergo tota multitudo universi habet
unum principem ad quem habet optimum ordinem. Secundo obicitur,
quomodo ex eisdem veritatibus infertur in temporalibus unus princeps? Dicitur, quod non infertur de facto, sicut ibi, quia totum universum semper (fol. 120ᶜ) est optime ordinatum Deo agente et non semper
humana politia homine impediente; sed infertur unus princeps, si politia
talis esset optime ordinata per talem rationem: melior est ordo tocius
humane multitudinis ad suum ducem quam partium multitudinis ad invicem; sed talis politia in suo optimo esse non debet privari optimo ordine, ergo oportet, quod tota ista multitudo ad hoc quod sit bene disposita, habeat unum principem. Ista autem ratio confirmatur, quia si sint
principes plures tales non subordinati, illi possunt habere ordinem partium
ad invicem, non tamen possunt habere ordinem tocius ad ducem, et sic
carent optimo ordine, et ita non sunt in optima dispositione. Et iterum
quia melior est multitudo ordinata, quam confusa; si autem multitudo hominum reducitur ad unum primum, tunc est ordinata, si vero non, caret
optimo ordine et sic est confusa. Sed ista sententia confirmatur quadruplici auctoritate sacre scripture, quarum prima est Proverbiorum XXVIII. c.,
ubi dicit sapiens ¹): *Propter peccata terre multi principes eius*, quod non
potest intelligi de subordinatis, quia de illis dicit apostolus ²): *Qui plantat
et qui rigat unum sunt*, ergo de disperatis. Et tunc sic arguitur: illud
quod est introductum propter peccatum, non est bonum, sed multitudo
principum in terra est inducta propter penam peccati, ut dicit sapiens, ergo non est bona. Secunda auctoritas est Ecclesiastes X. c.³), ubi dicit
sapiens: *Beata terra cuius rex nobilis est*. Sed nobilior est rex omnium
terrarum, si est unus, quam si sint plures, cum dicat sapiens Prov. XIIII. c. ⁴):
In multitudine primo dignitas regis, ergo beatior est tota universitas
hominum, si habet unum monarcham. Et confirmatur, quia innatum videtur esse omnibus laudare sui regis potentiam et virtutem, tanquam
illud quod naturaliter diligunt. Tertia auctoritas est, quia Osee primo c. ⁵)
promittitur pro beneficio filiis Israel, ut ponerent sibimet unum caput,
quod non fuisset pro beneficio promissum, nisi unitas principis esset

1) Prov. 28, 2.
2) 1. Cor. 3, 8.
3) Eccle. 10, 17.
4) Prov. 14, 28.
5) Osee 1, 11.

omni multitudini bona et sic multitudini totius universi. Et confirmatur
iterum, quia pro beneficio promittitur fidelibus omnibus unus pastor
Eze. XXXIIII. c. [1]): *Suscitabo super eos pastorem unum;* iterum Eze.
XXXVII. c. [2]) pro beneficio promittitur a domino rex unus omnibus impe-
rans et pastor omnium unus. Quarta auctoritas est in evangelio dicente
domino Luce XI. c. [3]): *Omne regnum in se ipsum divisum desolabitur;* et
eadem ratione totum universum in plura regimina divisum qua et unum
regnum partiale, cum talis sit unitas magni regni sicut parvi, unde
quanto unitas est nobilior, tanto divisio peior. Nobilior autem est unitas
regni monarchici, sicut et ipsum nobilius regnum et ideo, cum eius divisio sit mala, ad optimum statum mundi oportet unum esse monarchum.
Et si dicatur, quod ecclesia multipliciter secundum premissa errat, quia
ad talem principatum sicut ad optimum totaliter non anelat, dicitur quod
aliqua ex natura sua sunt meliora, que ex occasione contingit esse de-
teriora, sicut institutio regni ex electione esset melior quam ex genere
secundum naturam, cum melior semper accipi debeat in principatu, tamen ex occasione turbationis que sequitur ex malitia eligentium, melius
fit, ut procedat ex genere; et ita propter malitias quorundam monarchorum
magis expedit, ut careat mundus tanta potentia que quondam oppressit
ecclesiam sanctam.

Sed premissa veritas quod princeps universalis rerum temporalium
principi universali rerum spiritualium in temporalibus sit subiectus, quam
plurimis aliis rationibus, videlicet quadruplici ratione ut videtur demon-
strativa ostenditur et probatur, secundum quod quatuor sunt genera
causarum famosissimarum, ita quod prima ratio sumitur ex parte cause effi-
cientis, unde motus, comparando portionem superiorem anime ad inferiorem que movetur et regulatur per ipsam. Et accipitur talis regula: quandocumque sunt alique due multitudines ita subordinate, quod una principatur alteri secundum se totam, quicumque principatur in superiori, principatur ei, qui principatur in inferiori. Et ista regula quadruplex declaratur. Primo quia multitudo angelorum principatur multitudini hominum
secundum Gregorium, ideo princeps angelorum principatur principi hominum. Secundo quia multitudo brutorum subest multitudini hominum [a])...,
ideo princeps hominum principatur principi brutorum, siquis est. Tertio
quia tota multitudo membrorum corporis subest viribus anime, ideo
virtus que principatur in anima presidet membro quod obtinet in corpore
principatum. Quarto quia multitudo virium sensitivarum rationaliter subest multitudini virium intellectivarum, ideo appetitus *(fol. 121)* sensitivus,

a) *Folgt Rasur eines oder zweier Worte.*
1) Ezech. 34, 23.
2) Ezech. 37, 22.
3) Luc. 11, 17.

qui principatur in sensibus, subest appetitui intellectivo qui principatur in ratione aut intellectu. Ista autem regula sic declarata accipitur minor: sed ille vires anime que pertinent ad portionem inferiorem subsunt illis que pertinent ad superiorem, cum portio superior dirigat et regulet inferiorem secundum beatum Augustinum XIIII. de trinit. [1]). Ergo cum princeps spiritualium principetur hominibus secundum portionem superiorem, dirigendo ad eterna de quibus est illa portio, et princeps temporalium principetur eis in portione inferiori dirigendo ad temporalia de quibus est portio illa, iste princeps . . . a)/

Secunda ratio sumitur ex parte cause materialis, accipiendo materiam circa quam versatur b) . . . principi illi erit subiectus, quod est optimum legalis iustitie, et accipitur talis regula: quandocumque sunt alique due leges sic subordinate, quod una principatur alteri et ipsam regulat, ille princeps qui principatur per superiorem legem, principatur ei qui principatur secundum inferiorem; et declaratur ista regula dupliciter. Primo quia cum iustitia legalis sit virtus principalis, sicut iustitia una legalis subiacet alteri, ita et princeps principi, sicut autem lex subicitur legi, ita et iustitia unius iustitie legali alterius. Secundo quod lex inferioris principis subiacet legi superioris, quia princeps subiacet principi, ergo ubi princeps non subiaceret principi neque lex legi... c). Ista autem regula sic declarata sumitur minor: sed princeps spiritualium principatur secundum legem divinam, ut habetur in evangelio, cum Christus commisit pastoratum ecclesie Petro, et princeps temporalium secundum legem humanam ex iure civili, ergo lex humana est subiecta legi divine secundum beatum Augustinum, ita princeps temporalium principi spiritualium est subiectus de iure nature.

Tertia ratio sumitur ex parte cause formalis, cum forma principatus sit virtus per quam presidet princeps; et accipitur talis regula: quandocumque sunt alique virtutes sic subordinate, quod iste principantur aliis secundum se, princeps qui principatur secundum superiores debet preesse illi qui principatur secundum inferiores. Et declaratur ista regula primo quidem in artificialibus, quia sicut virtus architectonica que est ars et ideo virtus intellectualis principatur virtuti dolatoris, ita architector principatur dolatori. Secundo in disciplinalibus, quia ideo in medicina physici principantur cyrurgicis, quia physica principatur cyrurgie, et per consequens princeps physicorum esset princeps cyrurgicorum. Tercio in spiritualibus quia

a) *Der Satzschluss fehlt; ergänze etwa:* temporalium subest principi spiritualium.

b) *Auch hier fehlt ein Satzteil.*

c) *Der Schluss des Satzes fehlt.*

1) Vgl. Augustin, De trinit. 14, c. 7 § 10, Migne 42, S. 1044.

enim vita contemplativa principatur active, ideo princeps activorum debet subesse principi contemplativorum. Unde fuit dictum prophete[1]): *Constitui te super gentes et regna*. Quarto in spiritualibus, quia enim virtus seraphica principatur virtuti cherubice, quecumque sit illa, ideo princeps seraphicus principatur principi cherubim, secundum beati Dyonisii documenta[2]). Ista autem sic declarata accipitur minor: sed virtutes theologice secundum se principantur secundum se virtutibus politicis, cum iste sint inutiles ad finem ultimum, nisi ab illis regulentur et imperentur, ut patet cunctis fidelibus. Ergo cum princeps spiritualium principetur secundum directionem virtutum theologicarum, et princeps temporalium secundum directionem virtutum politicarum, iste naturali[a]) ratione subicitur illi.

Quarta ratio sumitur ex parte cause finalis, et accipitur talis regula: quandocumque sunt alique due facultates, quarum una ordinatur ad aliam sicut ad finem, quicumque principatur in eo, quod est ad finem, debet subesse principanti in fine, cum enim ea que sunt ad finem subsint fini et princeps principi. Et declaratur ista regula quadrupliciter. Primo in mechanicis, quia enim frenativa est propter equestrem, ideo princeps frenorum debet subesse principi equorum. Secundo in politicis, quia equestris ordinatur ad militarem, ideo princeps equorum debet subesse principi militum. Tertio in agonistis, quia enim agones propter bellorum exercitia, ideo princeps bellorum debet preesse principi agonistarum. Quarto in ierarchicis, quia dyaconatus est propter sacerdotium, ideo princeps sacerdotum debet preesse archidiacono. Ratio enim est in promptu, quia ea que sunt ad finem diriguntur ex ipso fine. Ista autem regula sic declarata accipitur minor: sed temporalia omnia sunt propter spiritualia, sicut propter finem, ergo princeps temporalium principi spiritualium debet subesse. Minor probatur auctoritate domini salvatoris nostri Mt. VI. c.[3]): *Querite primum regnum Dei et iustitiam eius, et hec omnia adicientur vobis.* Finis autem est primum quod queri debet, ea que sunt ad finem adici. Dicunt tamen (*fol. 121*ᵛ) aliqui, quod iste rationes optime concludunt principem temporalium debere esse subiectum principi spiritualium, et hoc quidem dicunt esse verum in spiritualibus, non in temporalibus. Istum autem dictum declarat propositum, tum quia cum arguitur de fine secundario, subicitur id quod est ad finem secundum quod ordinatur in finem, sed principatus temporalis quo ad temporalia ordinatur ad spiritualia sicut ad finem, ergo quoad temporalia subicitur; tum quia cum arguitur de forma, quia virtutes teologice principantur politicis secundum quod ipse politice rescipiunt temporalia; tum quia cum arguitur de materia, lex humana subicitur divine, secundum quod lex humana

<hr>

a) *Folgt eine Rasur von ca. zwei Buchstaben.*
1) Jerem. 1, 10.
3) De celesti hierarchia c. 9, Migne P. Gr. III 258.
3) Matth. 6, 33.

declarat (?) ᵃ) et respicit temporalia; tum quia cum arguitur de effi-
ciente, portio superior principatur portioni inferiori, in quantum inferior
respicit temporalia, cum ista numquam eterna respiciat secundum beatum
Augustinum; et ideo cum ex subiectione istius portionis ad illam arguatur, sicut ista est in temporalibus, ita concludit tantum in temporalibus. Item omnes rationes facte concludunt, quod princeps temporalium
subprincipatur, constat autem, quod non subprincipatur in spiritualibus
in quibus nullum habet principatum. Item omnes iste rationes concludunt
principatum sub principatu et non solum principem sub principe, licet
autem in principe temporalium sint aliqua spiritualia, cum est fidelis; tamen illa non pertinent ad temporalem principatum qui respicit tantum
temporalia.

Sed contra hanc veritatem instatur quadrupliciter. Primo quia Christus cum esset princeps universalis spiritualium non curavit sibi subesse
principem temporalium nec habere auctoritatem supra seculare iudicium.
Unde querenti ab eo divisionem hereditatis cum fratre dixit ¹): Quis me
constituit super vos iudicem? Secundo quia beatus Petrus relictus princeps in spiritualibus non fuit dominatus imperatoribus, nec tale dominium legitur quesivisse. Tertio quia ius quod ecclesia habet in imperium
dicitur a Constantino fuisse ecclesie datum. Quarto quia imperium fuit
ante apostolatum sive ante summum pontificatum istum, et ideo tunc sibi
non potuit esse subiectum, et per consequens nec modo iure naturali,
cum illud numquam mutetur. Ad primum respondetur, quod nulli fideli
dubium est, quin Christus dominus haberet auctoritatem supra quamcumque potestatem secularem, quia ipse dicit in evangelio ²), quod pater
omne iudicium dedit filio. Tamen auctoritate illa noluit uti, donec veniat
in secundo adventu, quia dicit, quod Deus non misit filium suum, ut
iudicet mundum; et ratio est ad oppositum, quia in quemcumque habet
potestatem dominus, habet et universalis eius vicarius, sicut fuit beatus
Petrus, cui fuit dictum: Quodcumque ligaveris universaliter. Ad secundum respondetur, quod tale quid non habuit de facto, sicut nec Christus,
tamen bene de iure, nec ipsum quesivit, quia principaliter animas intendebat et ministerium quoad spiritualia nondum consummaverat. Ad tertium respondetur, quod proprietas potuit dari a Constantino, sed maius
dominium fuit semper a Deo, licet de facto non semper fuerit reco-
gnitum, quemadmodum quandoque filius ignoravit patrem suum nec recognoscit in patrem, sicut et hodie de facto nec rex Francie recognoscit
et male. Ad quartum respondetur, quod non prius quod spirituale est, sicut
dicit apostolus, sed quod animale est, et tamen animale subicitur spiri-

a) *ms.* deat?
1) Luc. 12, 14.
2) Joh. 5, 22.

tuali de iure naturali. Et cum dicitur, quod ius naturale non variatur, verum est, existente utroque extremo; sicut autem filius absolvitur a principatu paterno mortuo patre, ita imperium incepit esse subiectum orta ecclesia. Sed remanet dubium, quia eisdem rationibus videretur, quod in veteri testamento imperator fuisset principi sacerdotii subiectus. Dicitur, quod non, quia ille non fuit princeps spiritualium universalis sicut summus pontifex noster, sed particularis, et tunc ratio ad oppositum, quia reges illius gentis summis sacerdotibus erant subiecti, ut patet de Samuele.

Quinto et ultimo ex privilegio Constantini probatur summum pontificem in toto imperio occidentali in temporalibus plenam iurisdictionem habere. Ex privilegio dico concesso summo pontifici et sancte Romane ecclesie de voluntate et consensu tocius senatus et populi Romani, ut habetur in canone XCVI. di. *Constantinus* in principio in § *ecclesiis* [1]) ibi: *Et per nostram iussionem sacram tam in orientem quam in occidentem vel etiam septentrionali et meridiana plaga, videlicet in Judea, Grecia, Asia, Tracia, Affrica et Ytalia vel diversis insulis, nostra largitate eis concessimus, ea prorsus ratione, ut per manus beatissimi patris nostri Silvestri summi pontificis successoresque eius omnia disponantur;* et infra et in § *frigium* [a]) *vero,* in versiculo: *unde ut pontificalis apex non vilescat, sed magis quam terreni imperii dignitas gloria et potentia (fol. 122) decoretur, ecce tam palatium nostrum quam Romanam urbem et omnes Italie sive occidentalium regionum provincias, loca, civitates, beatissimo pontifici et universali pape Silvestro concedimus atque relinquimus et ab eo et successoribus eius per pragmaticum constitutum decrevimus disponenda, atque iuri sancte Romane ecclesie concedimus permanenda;* et sequitur: *quoniam ubi principatus sacerdotum et christiane religionis caput ab imperatore celesti constitutum est, iustum non est, ut illuc imperator terrenus habeat potestatem* etc. Quod privilegium continet in summa, quod quicquid iuris habebat imperator in toto occidentali imperio, de voluntate et consensu tocius senatus et populi Romani beato Silvestro et successoribus eius et sancte Romane ecclesie donavit, concessit, tradidit atque dedit. Et si dicatur, quod fuit immensa donatio, respondetur quod falsum est, quia in donatione facta ecclesie immensitas est mensura, in auth. *de non alien. rebus ecclesiast.* in § *Sinimus* [2]) [b]). Per quod privilegium datur intelligi, quod omnes et singuli reges in occidentali imperio constituti, regiones, civitates et loca sicut imperatori in temporalibus, sic subesse debent summo pontifici et sancte Romane ecclesie, et sicut imperatori tenebantur respon-

---

a) *ms.* fascinm.
b) *ms.* habuimus.
1) c. 14 dist. 96.
2) Nov. VII, 2 De non alien. eccl. rel. § 1, 21.

dere de serviciis, censibus et tributis, sic et nunc summo pontifici et
sancte Romane ecclesie debeant respondere de necessitate salutis. Si aliqui dicant, quod in temporalibus et supradictis reges constituti in toto
occidentali imperio imperatori non suberant, falsum est, ut legitur et notatur VII. q. 1. *In apibus*[1]), extra de privilegiis *Super specula*[2]), VIII. di.
Quo iure[3]) et ff. *ad l. rodiam de iactu* in l. *deprecatio*[4]) ibi: *Nonne do-*
minus mundi sum etc. Et in evangelio[5]): *Exiit edictum a Cesare Augusto,*
ut describatur totus orbis etc. . . .

De omnibus et singulis supradictis sencio et teneo quicquid sentit et
tenet sacrosancta Romana ecclesia et sanctissimus pater et dominus
noster papa Iohannes XXII., cui laus, honor et gloria hic in presenti et
imperpetuum et in secula seculorum. Amen.

1) c. 41. C. 7. q. 1.
2) c. 5. X. de privil. (V, 33).
3) c. 1. dist. 8.
4) D. 14, 2 De lege Rhodia de iactu, l. 9.
5) Luc. 2, 1.

VIII.

Hermannus de Schildiz,
Contra hereticos negantes emunitatem et iurisdictionem
sancte ecclesie.

Aus: Paris lat. 4232, fol. 152—175 *r*.

Sanctissimo in Christo patri ac domino, domino Iohanni, divina providentia sancte Romane ac universalis ecclesie summo pontifici, frater Hermannus de Scildiz, in ordine fratrum heremitarum sancti Augustini lector licet inutilis, se cum omni humilitate et timore devotum ad pedum oscula beatorum.

In ditione tua, domine, cuncta sunt posita, et non est qui possit resistere voluntati tue, Hester XIII[1]). Hec verba ad vicarium Iesu Christi congrue diriguntur cuius dicioni illud verbum, quo constructum est celum et terra, terreni simul et celestis imperii iura commisit, ut merito omnes filii hominum, precipue tamen fideles suo pareant beneplacito vice Dei. Quapropter, pater sanctissime, insinuato mihi intentione vestre voluntatis, ut super quibusdam erroribus inferius exprimendis viderem et scriberem, non aliud supererat, quam oculos ad libros ac deinde manus ad calamum ponere, non obstante quod conscius imperitie et insufficientie mee, quasi imperitus matheseos, timerem risui me patere, si post tot reverendorum doctorum sententias in hac materia habitas ad decorem tante similaginis meos superaddere furfures presumpsissem, nisi meam imperitiam excusaret intentio vestre clementissime voluntatis, cui necesse parere habeo cum omni reverentia et tremore. Et quia in ipsis erroribus mihi presentatis principaliter duo viderentur negari, primo sacre Romane et universalis ecclesie emunitas, secundo iurisdictio, ideo hoc opusculum in tres partes distinguens, in prima parte studui perhibere sancte Romane et universalis ecclesie emunitatem et omnium hominum ab ea dependentium, in secunda parte probando unitatem iurisdictionis eius a spirituali potestate et uno capite in omnia membra ipsius ecclesie derivatam, in tertia specialiter inprobans dictos errores, qui videntur tam heretici, quam insani. Et quia meam insufficientiam ad hunc laborem impulit vestre beneplacitum sanctitatis, male et minus bene dicta in hoc opusculo vestre pietatis gratia corrigat et emendet, in cuius divino pectore scientia, auctoritas et potentia super omnes filios ecclesie reconduntur.

Capitula prime partis sunt XX in numero. In primo capitulo ostenditur, quod credere in sanctam ecclesiam est principium et fundamentum omnium articulorum fidei quo ad nos.

In secundo capitulo ostenditur, quod ecclesia est una, et quod hoc in predicto articulo fidei includitur.

1) Esther 13, 9.

In tertio capitulo ostenditur, quod unitas ecclesie includit non solum unitatem fidei, spei et caritatis, sed etiam iurisdictionis.

In quarto ostenditur, quod nullus in mundo de iure potest esse extra unitatem iurisdictionis ecclesie.

In quinto, quod sancta ecclesia numquam erravit nec errare potest.

In sexto ostenditur, quod sancta Romana ecclesia est caput omnium orthodoxorum fidelium et magistra.

In septimo ostenditur, quod ea que prolata sunt in primis quinque capitulis intelliguntur vel de sola Romana ecclesia vel principalissime.

In octavo probatur, quod sancta ecclesia tam in spiritualibus, quam in temporalibus est independens ab omni homine.

In nono capitulo ostenditur, quod liber usus et libera dispositio omnium spiritualium a sola ecclesia habetur.

In decimo, quod nullus habet aliquid de spiritualibus aut spirituali iurisdictione nisi ab unitate ecclesie.

In undecimo ostenditur, quod omnes homines mundi dependent ab ecclesia respectu ultimi finis humane vite.

In duodecimo ostenditur, quod temporalia non sunt appetenda, nisi in quantum amminiculantur ad finem ultimum.

In tertio decimo ostenditur, quod omnium temporalium rectus et iustus usus dependet ab unitate ecclesie.

In quarto decimo ostenditur, quod temporalia omnium principum etiam laycorum de iure dependent ab ecclesia.

In quinto decimo capitulo ostenditur, quod premissis non (*fol. 152 r*) obstat, quod aliqui principes de facto dederunt sancte ecclesie iurisdictionem vel possessionem bonorum temporalium, et quod talis donatio aut debiti exhibitio vel iuris resignatio aut recognitio.

In sexto decimo ostenditur, quod talis iuris recognitio a nullo homine poterit revocari.

In septimo decimo ostenditur, quod omnes homines mundi astringuntur ad obedientiam ecclesie sub necessitate salutis eterne consequende vel amittende.

In octavo decimo ostenditur, quod eos qui receperunt caracterem fidei potest ecclesia cogere per subtractionem eorum que dirigunt in finem ultimum salutis eterne.

In decimo nono ostenditur, quod talem subtractionem non curantes potest ecclesia cogere per interminationem maledictionis eterne tradendo eos potestati Sathane.

In vicesimo ostenditur, quod premissa non curantes potest cogere per invocationem brachii secularis.

I. Cap. in quo probatur, quod credere in sanctam ecclesiam etc.

Audistis, quod antichristus venit, et ecce nunc antichristi facti sunt multi, secunda epistola Iohannis II° cap ¹). Omnis enim qui non credit in Iesum Christum, filium Dei, hic antichristus et seductor est; sed non credens in sanctam ecclesiam, quam videt et in scripturis legit, in Christum, quem non videt, quomodo credet? Argumentum est Augustini in epistola ad Donatum ²) prout infra patebit. Quidam autem heretici nepharii et insani asserentes sanctam ecclesiam sponsam Dei immaculatam subiectam esse debere temporali principi, non videntur credere in sanctam ecclesiam, prout infra probabitur, quapropter omnes tales seductores et antichristi sunt censendi. Contra quos per viam rationis primo, deinde per auctoritates sacre scripture procedendum videtur, ut eis satisfiat, qui se rationi inniti falso credunt, licet in moribus ecclesie ª) auctoritas precedat rationem. Vnde dicit Augustinus in de moribus ecclesie ³) nihil in ecclesia catholica salubrius fieri, quam ut rationem precedat auctoritas. Ut ergo eorum errores luce clarius confutentur, primo probandum est, quod principium omnium articulorum fidei quo ad nos est credere in sanctam ecclesiam. Quod potest probari triplici auctoritate, scilicet Christi, apostoli et Augustini vel sanctorum. *Diese dreifache Beweismethode will Vfr. auch in den folgenden Capiteln durchführen.*

(fol. 153). Cap. II. *Der Glaubensartikel über die* ecclesia sancta *schliesst schon den Glauben an die* ecclesia una *ein. Doch wird das noch bewiesen:* prima (ratio) sumitur ex ordine et est talis. Politia optime ordinata non potest esse instituta contra ordinem universi, sed habere pluralitatem principatuum est contra ordinem universi etc. . . . Secunda ratio sumitur ex vi vocabuli et est talis. Ecclesia dicitur congregatio vel convocatio; sed ista congregatio non potest accipi localiter, cum constet filios ecclesie per mundum esse diffusos; ergo accipitur secundum aliquam unitatem formalem, qua omnes filii ecclesie participant, que non est aliud, quam unitas spiritus in vinculo pacis . . . Tertia ratio est talis. Cuius compaginatio est caritas, de ratione illius est unitas; quod patet, quia amor et caritas est virtus unitiva, ut dicit Dionysius IV° de div. nom. ⁴). Sed compaginatio ecclesie est caritas . . . Ideo in hoc cognoscent homines, quia vere Christi sumus discipuli, si dilectionem habuerimus ad invicem . . .

(fol. 153ᵗ). *Unterscheidet eine dreifache* unitas ecclesie: unitas secundum fidem, unitas ex unitate status *(Laien und Klerus), und* unitas secundum dependentiam ad unum finem *Danach verschieden der Grad der Zugehörigkeit zur Kirche.*

a) *Am Rande.*
1) 1. Joh. 2, 18.
2) Augustinus, Epist. 105, Migne 33, S. 404.
3) Augustinus, De moribus eccl. I c. 3, Migne 32, S. 1311.
4, Dionysius, De div. nomin. c. 4, Migne 122, S. 1136.

Cap. III. Verum quia aliqui videntur negare esse unitatem iurisdictionis etiam in ecclesia secundum unitatem ratione fidei colligatam,
quia forte iurisdictionem temporalem laycorum dicunt a spirituali potestate clericalis professionis et status nullatenus dependere, ideo consequenter potest probari triplici ratione, quod temporalis potestas de iure
dependet a spirituali et ecclesiastica potestate .. 1) quod unitas ecclesie
sumitur ad imitationem divinarum personarum .. 2) .. prout ecclesia
militans instituta est ad instar celestis ierarchie ... (*fol. 154*). 3) ... ex
ordine entium... *Christus gab die* unitas iurisdictionis *mit der Schlüsselgewalt an Petrus und* Luc. 21 ¹) ecclesiam disposuit ad modum policie
monarchice.

Cap. IV. ... *Da kein Mensch unabhängig ist vom letzten Ziel
und Zweck des menschlichen Lebens, so ist auch niemand unabhängig
von der Kirche, die die Menschen zu diesem Ziele zu führen hat. . .
2. Ebenso wenig kann jemand eximiert werden von der* iurisdictio Dei,
*die der Papst vertritt. . . 3. Kein Mensch kann ohne Sünde sein, also
auch nicht frei sein von der* correctio peccati *durch die Kirche. (fol. 154ᵛ).*

Cap. V. ... Consequenter autem ostendendum est, quod sancta
ecclesia numquam erravit nec errare potest ... 1ª ratio ... ex intrinseca ratione fidei, ... intrinseca ratio fidei habet, quod sibi non
potest subesse falsum, quia innititur revelationi prime veritatis que nec
fallere nec falli potest secundum Augustinum ... Ex hoc arguitur sic :
si ecclesia erraret vel errare posset, fidei posset subesse falsum ...
2ª ratio .. ex coniunctione ecclesie ad primam veritatem et ad suam
regulam *d. h. Christus* .. 3ª ratio ... ex propria conditione caritatis :
illud quod numquam potest denudari caritate, hoc non potest errare ; sed
ecclesia numquam potest exui et denudari caritate *etc.* ... (*fol. 155*).

Cap. VI. .. Sed ne dubitetur de qua ecclesia ista sint intelligenda,
consequenter ad hoc descendendum est primo probando, quod sancta
Romana ecclesia est capud omnium ortodoxorum fidelium et magistra ..
1ª ratio est talis : sicut Petrus se habuit ad omnes causas magisterii omnium fidelium, ita cathedra Petri se habet ad omnes causas magisterii
aliarum cathedrarum et ecclesiarum ... Secundo sic : super cuius communionem fundatur tota universalis ecclesia, illa est caput omnium fidelium
et magistra .. ; sed super communionem Romane ecclesie fundatur tota
universalis ecclesia ... 3ª ratio est talis. Nam ecclesia est capud omnium fidelium et magistra, per cuius auctoritatem omnes ecclesie et
omnes fideles regulari habent in credendis et agendis ; sed hec est
Romana ecclesia que habet determinare dubia circa articulos fidei et

1) Luc. 21, 10 ff.

circa omnia credibilia, que instituit ritus sacramentorum et canones condidit et condere habet. . . . Sed utrum Romana ecclesia hoc privilegium
habeat ex institutione Christi vel ex dispositione apostolorum vel ex
constitutione subsequentis ecclesie, de hoc magnum est dubium. Sed
dici potest, quod hoc habet ex institutione Christi, ex dispositione et
executione primitive ecclesie apostolorum et ex approbatione et usu
tocius ecclesie subsequentis. *Wenn auch nicht ausdrücklich im Evangelium gesagt wird, dass Christus die römische Kirche bestimmte, so
hielten an ihr doch die Apostel und alle folgenden fest, sodass man
sagen kann, Christus selbst habe die römische Kirche eingesetzt durch
seine Worte an Petrus di. 22. c. Sacros.* [1]), cum similibus. Sed quare non legatur in evangelio? Forte ideo, quia ita notum erat, ut scribi non oporteret,
sicut multa alia non sunt scripta que dixit et fecit Iesus, que si scribe-
rentur per singula, nec ipsum arbitror mundum capere eos, qui scribendi
sunt, libros . . . (fol. 155 *v*).

Cap. VII. . . . est considerandum, quod nomine Romane et apostolice ecclesie consueverunt sancti patres et doctores uti dupliciter:
uno modo ut distinguitur contra omnem hereticorum vel scismaticorum
congregationem, et sic includit omnes ecclesias et omnes fideles cum
Romana ecclesia unam fidem catholicam participantes . . ., *so Hieronymus ad Euandrum presb.* . . . XXIIII. q. 1. *Pudenda* [2]) . . . Alio modo accipitur Romana et apostolica ecclesia, ut distinguitur contra omnem ecclesiam cui non immediate presidet pontifex Romanus, et sic includit
solum ea que pertinent ad rationem capitis . . . *Die Argumente der
vorangehenden 5 Capitel beziehen sich auf die römische Kirche im ersten
Sinne . . . und zwar* principalissime, *weil sie das Haupt der Kirche ist.*
. . . (fol. 156) . . . Notandum est tamen, quod cum dicitur ecclesiam non
posse errare, hoc semper intelligendum est de errore iuris, quia cum
duplex sit error, sic est duplex etiam ignorantia, scilicet iuris et facti . . .
Sicut ergo in hiis que facti sunt Romanus pontifex et ecclesia possunt
verisimiliter ignorare, ita possunt etiam errare, *weil sie da oft mensch-
licher Information folgen, nicht göttlicher Inspiration* . . . Quantum
autem Deo sit cure de Romana et universali ecclesia, ut a veritate non
decidat et non deficiat fides Petri, patet ex eo, quod si quandoque
contigit papam errare maxime in fide, quod illum statim percussit vel
de medio tulit, ne ecclesiam inficere posset que post Deum maxime ab
eius bona vita dependet . . . *Beispiel: Anastasius II., Leo nach der Vita
S. Hilarii* [3]), S. *Marcellinus.*

Cap. VIII. . . . *Die Unabhängigkeit der Kirche* ab omni homine

1) c. 2. dist. 22.
2) c. 33. C. 24. q. 1.
3) Vita S. Hilarii c. 17, Migne 50, S. 1238.

wird bewiesen : 1) quod dependet ab homine in quantum homo, potest
deficere vel errare, saltem in illo, in quo dependet ab homine . . . *Das
bezieht sich nicht nur auf den Glauben, sondern auch auf die Temporalien.* Denn veritas vite vel subest fidei vel ita ei connectitur, quod
sine ea fides non valet . . . Sed licitus et rectus usus temporalium ad
veritatem vite pertinet, quia non potest haberi sine actu virtutis; ergo si
in usu temporalium ecclesia dependeret ab homine, in eo posset errare,
quod non conceditur. *Die Temporalien gehören der Kirche* iure divino
et ex naturali debito . . . 2) potestas pure divina non dependet ab
homine . . . 3) nullum per se liberum dependet necessario ab aliquo
inferiori se . . .

Cap. IX. . . . 1) Illa potestas sola habet rectum usum et liberam
dispositionem spiritualium, cui soli talia comissa sunt a Deo . . . 2) Illa
potestas *etc.,* a qua sola et per quam talia omnibus hominibus provene-
runt . . . 3) Supposito quod aliqua potestas in terris habeat liberum usum
spiritualium, arguitur sic: nulla potestas temporalis et humana habet
liberum usum *(fol. 157)* spiritualium in terris, ergo habebit sola ecclesiastica que est eterna et divina.

Cap. X. . . . 1) ab illo habetur omnis spiritualis iurisdictio in
terris, qui solum habet in terris liberum usum et dispositionem spiritualium, sed hec est ecclesia . . . 2) ab illo derivatur omnis potestas spiritualis qui ipsam immediate participat a prima causa spiritualium . . .
3) sicut Deus quodam ordine regit naturalia, ita rationabili quodam
ordine dispensat spiritualia etc. . . .

Cap. XI. . . . 1) ab illo dependent omnes homines respectu finis
ultimi, sine cuius directione finem ultimum nullus consequitur . . . 2) Omnes
homines mundi obligantur naturaliter ad colendum unum verum Deum
iusto et vero cultu, *der nur in der Kirche vorhanden ist.* . . . 3) Artes
operative et executive respectu sui ultimi finis in quem ultimate ordinantur, dependent ab architectonica . . . et omnes habitus subordinati,
ut militaris frenefactiva, yconomica et rethorica, respectu sui finis ultimi
dependent a politica . . . Sed ecclesia comparatur ad omnes homines
mundi ut architectonica ad executivas, et ut politica ad habitus subser-
vientes . . . *Auch die zur Verdammnis Praedestinierten machen keine
Ausnahme :* omnes homines eo modo dependent, quo modo Deus vult
(fol. 158) omnes homines salvos fieri.

Cap. XII. . . . Quod autem nulla temporalia sint iuste appetibilia,
nisi in quantum ad finem ultimum amminiculantur, potest exinde probari triplici ratione. 1° sic: nullum bonum est, quod non contineatur
virtualiter et supereminenter in fine ultimo, cum ipse sit beatitudo omnium bonorum aggregatione perfectus status . . . Sed bona fortune sunt
organa quedam et instrumenta ad finem ultimum ordinata . . . Omnia

autem temporalia sunt bona fortune, quia fortuito eveniunt et recedunt. 2° sic: ea que non sunt de per se bonis, solum appetibilia sunt propter per se bona . . . 3° sic: qui finem suum ponit in temporalibus sive sint bona utilia sive delectabilia sive honor temporalis, numquam attinget felicitatem . . .

(*fol. 158 v.*) Cap. XIII . . . 1) ab illo dependet rectus et iustus usus temporalium quod regulare habet per illum finem propter quem solum iuste omnia temporalia appetuntur . . . *d. i. die Kirche.* 2) ab illo dependet rectus et iustus usus temporalium, extra quod non potest haberi rectus usus eorum . . . 3) ab illo habetur rectus usus temporalium, secundum cuius directionem nullum contingit abuti temporalibus . . .

Notandum est tamen, quod usus temporalium dicitur partim censeri rectus et iustus uno modo, quia cadit super debitam materiam cum debitis circumstantiis, et sic intelligitur iustus vel rectus, quia non est illicitus vel viciosus; et isto modo etiam posset esse rectus extra ecclesiam, quia non esset viciosus aut peccatum. Alio modo dicitur rectus non solum ex materia, sed ex fine, scilicet quia fructuose et salubriter dirigit in vitam eternam: et isto modo extra ecclesiam non prodest talis usus ... *etc.*

Cap. XIV.... *Dass die Temporalien der Laien, besonders der Çhristen, von der Kirche abhängen, wird bewiesen.* 1) temporalia laycorum de iure ordinantur ad rectum et bonum usum ipsorum, . . . propter hoc quedam temporalia vocantur bona utilia, quasi ad usum ordinata . . ., sed rectus usus omnium temporalium dependet ab ecclesia . . . 2) a quo quis dependet, ab illo ut sic dependent omnia que ad ipsum ordinantur . . . 3) Omnia temporalia existentium in aliqua communitate dependent a iure publico illius communitatis seu bono rei publice, sed ius publicum consistit in sacris ordinibus, sacerdotibus et magistratibus . . . In contrarium tamen videtur, quia plures principes sint non solum extra communitatem christianorum, sed intra ipsam ecclesiam, qui sua temporalia non recognoscunt ab ecclesia. Dicendum videtur, quod omnia bona temporalia principum et laycorum ab ecclesia dependere principaliter, quantum ad presens spectat, posset intelligi dupliciter. Uno modo, quod a nullo infideli ea recognoscere teneantur . . ., et isto modo videtur dicendum, quod bona ipsorum principaliter dependent ab ecclesia, quia non debent alicui infideli facere homagium quovis modo. Hoc enim prohibuit apostolus dicens II. Cor. VI. [1]): *Nolite iugum ducere cum infidelibus.* Immo nec debent facere homagium excommunicato maiori excommunicatione, cum sibi actus legitimi sint interdicti et facere homagium sit unum genus magne communicationis. Utrum tamen a) dominus feudi excommunicatus teneatur

a) *Randnote:* Nota istas questiones, quia alique videntur indigere declaratione.

1) 2. Cor. 6, 14.

vasallum infeodare sine homagio, cum hoc sit in onus suum, et an talis
infeodatio de iure teneat vel non, et an prelati ecclesiarum infeodare
possint suos vasallos, antequam recipiant feodum a rege vel imperatore,
si eum contingat excommunicari : non est meum precipitanter asserere
pro vel contra. Sed quo ad presens spectat, quod isto modo videntur bona
laycorum'ab ecclesia dependere, quod non debent de iure christiani facere
homagium ei, qui in communione ecclesie non existit, pro nunc dicere
sufficiat. Alio modo bona laycorum dependere ab ecclesia posset intelligi
sic, quod temporalia ipsa et ipsi layci principes in ipsis temporalibus ab
ecclesiastica potestate dependerent et principaliter ea a papa et ecclesiastica potestate recognoscere deberent, sicut bona spiritualia recognoscunt.
Et sic questio est magis dubia; et licet diversi super hoc diversa et contraria dixerint et scripserint, que omnia hic prosequi non oportet, tamen
quo ad presens sufficit, videtur probabiliter posse dici, quod eciam ut
sic bona temporalia ipsorum ab ecclesia dependent et ab ea principaliter.
Ad cuius intellectum est considerandum, quod temporalia bona ab alio
et ab alio dependent, prout ad alium finem ordinantur . . . *Natur und
göttliche Providenz richtet sich zuerst auf die* bona spiritualia ; *die
weltlichen Güter der Laien sind zur* conservatio *der geistlichen
Güter bestimmt* . . . unde ipsi et omnes fideles non solum sua temporalia, sed eciam se ipsos deberent exponere, priusquam paterentur ecclesiam in bonis spiritualibus periculum sustinere. Ex consequenti
(*fol. 159 v*) autem bona temporalia principum et laycorum ordinantur ad
conservationem reipublice temporalis vel boni communis temporalis
tocius policie, sive hoc sit pax temporalis sive vita virtuosa temporaliter
exercita vel quicquid aliud sit, propter quod conservandum tenetur quilibet de policia exponere se et sua. Nec video aliquam aliam iustam
causam, propter quam dici possit, quod omnia bona subditorum sunt
principis et legislatoris temporalis et quod ipse habeat in talibus bonis
plenum dominium, nisi hanc solum, quod ipse est gubernator reipublice
et communis boni temporalis, ad quod omnia temporalia omnium subditorum tali policie ordinantur, et pro cuius conservatione omnes tenentur
exponere se et sua. Ultimo autem ordinantur temporalia ad conservandum privata bona . . . et in hoc ordine non facile dixerim, quod omnia
bona principum et laycorum principaliter dependeant ab ecclesia vel a
republica seu principe temporali. Sed sine temeritate credo, quod sicut
princeps vel gubernator reipublice, esto quod habeat plenum dominium
in rebus subditorum, ut quidam legiste dicunt, non posset accipere bona
subditorum qui non demeruissent, nisi ad necessitatem reipublice, sed
debet esse contentus hiis que sunt ordinata ad usum suum secundum
congruentiam sui status. Ita ecclesia contentatur decimis, primiciis et
oblationibus, iure divino ad sustentationem ministrorum ecclesie depu-

tatis, una cum aliis bonis sibi quasi ex quodam naturali debito et divino iure ad cultum divinum et liberum exercitium sue spiritualis potestatis et iurisdictionis per Constantinum et alios catholicos principes diversis temporibus resignatis. Et licet regulariter potestas ecclesiastica spiritualia et ordinet principaliter et immediate dispenset, temporalia tamen non dispensat immediate, sed mediante temporali potestate, quamvis et illa principaliter habeat ordinare, quod propter hoc maxime fit, ut liberius vacet spiritualibus. Et ista videtur esse sententia beati Bernhardi in libro de consideratione ad Eugenium. Ex omnibus ergo premissis videtur posse dici, quod bona temporalia principum laycorum principaliter dependent ab ecclesia, in quantum ad bona divina et spiritualia conservanda et optinenda principaliter ordinantur. Ex consequenti autem dependent a republica temporali, ultimo autem dependent quelibet bona ab eo, ad cuius sunt deputata sustentationem secundum exigentiam sui status. *Daher ein dreifaches* dominium *zu unterscheiden :* dominium directum et totale ; dominium directum, sed non totale : dominium nec directum nec totale. *Das erste ist* naturale *und Gott allein besitzt es ; das zweite kann* naturale et civile *sein ; ebenso das dritte, z. B.* civiliter loquendo licet vasallus habeat dominium in rebus feodalibus, non tamen habet directum dominium utile . . . Ecclesia autem et imperium in temporalibus rebus subditorum habent quidem directum, sed non totale dominium, aliter tamen et aliter : quia ecclesia habet tale dominium naturaliter, quia temporalia subduntur (*fol. 160*) eternis et ad ipsa naturaliter ordinantur ; habet eciam ecclesia tale dominium directum civiliter, cum ex institutione humana quilibet pro defensione ecclesie teneatur exponere se et sua, quod semper iustum fuit et institutum apud omnes gentes, ut pro legibus et cerimoniis suis exponerent se et sua. Imperium autem videtur habere tale dominium directum, cum bona temporalia privata directe ordinentur ad bonum commune, sed non naturaliter, quia naturaliter loquendo omnia erant communia, sed nihil privatum, ut patet VIII. di. *Quo iure* [1]). Sed ex iure gentium civiliter prodiit aliqua esse propria huius vel illius et ad privatum usum deputata. Et ex natura non processit dominium hominis super hominem, propter potentiam armorum, rebellicam subiugationem, sed ex iure gentium. Processit tamen ex natura dominium divinorum et eternorum super humana et temporalia et spiritus super corpus. Et isto modo comparatur dominium ecclesie ad dominium imperii . . . *Aus dem* dominium directum *folgt* 1) *das* ius utendi pro necessitate communis boni, scilicet quando immineret periculum fidei vel reipublice temporali. 2) *das* ius utendi pro necessitate privata, scilicet quando sibi vel suis necessitas immineret nec aliunde victum posset habere : *diese Rechte haben*

1) c. 1. dist. VIII.

die Kirche, der Kaiser vel quecunque alia persona communis . . . *Die Laien und Geistlichen sollen sich gegenseitig unterstützen, der Klerus die Laien mit seinen* facultates, *die Laien den Klerus mit ihren Gütern und Personen: doch ist ein Unterschied in der Verpflichtung.* Sicut caput non obligatur aliis membris ex necessitate subiectionis, cum sine pluribus membris capud posset subsistere, nec ab eis dirigatur aut in suo esse dependeat, ita obligatur potestas ecclesiastica potestati temporali ex liberalitate compassionis et continuate caritative connexionis, non ex aliqua necessitate dependentie et subiectionis, quia posset subsistere ex divino adiutorio sine potestate temporali, sicut longo tempore subsistit ecclesia sub maxima persecutione et maxime tunc crevit, cum fuit sine omni defensione potestatis temporalis, immo in magna eius persecutione. Utrum tamen ex premissis sequatur, quod imperator et omnes principes seculares de iure sint vasalli ecclesie mediate vel immediate, et quomodo premissis non repugnat, quod aliqui ecclesiarum prelati habent ab imperatore vel regibus temporalia vel temporalem iurisdictionem, longum esset declarare . . . *Zum Zeichen der Abhängigkeit der Laiengüter von der Kirche* iure divino *zahlen die Laien die Zehnten* — licet quidam dubitent, an decime personales solvantur ex mandato divino, cum textus Levitici [1]) solum de decimis predialibus loqui videatur. Potest tamen dici, quod quia prediales sunt principales, ipsis divinitus impositis intelliguntur imposite personales que dari deberent de operis et artificio hominum, licet propter contrariam consuetudinem in paucis terris iam dentur . . .

(*fol. 160ᵛ*) . . . Precipue enim temporalia fidelium ab ecclesia dependent propter hoc, ut necessitati fidelium dispensentur, quia ut Ambrosius [2]) dicit: *Aurum habet ecclesia, non ut congreget, sed ut eroget.*

Cap. XV. . . . *Die Schenkungen Konstantins und anderer Fürsten widersprechen nicht dem vorher Ausgeführten; sie waren* pocius resignatio; *denn* 1) exhibitio debiti non est vera donatio, sed potius iusta ministratio . . . 2) quod talis assignatio ordinatur ad cultum divinum 3) tertia ratio sumitur ex origine dominii omnium rerum . . . (*fol. 161*), *das der weltlichen Fürsten stammt* iure humano vel iure gentium, quod quasi violenter fuit primo introductum contra ius naturale, *mit Nimrod etc.* nach Augustinus[3]) *und dem magister historiarum*[4]) . . . *Das der Kirche stammt von Gott. Freiwillig schenkten die Fürsten den frommen und demütigen Priestern* . . . Credo enim, si vidissent prelatos ecclesie avaros, superbos, iuiuriose dominantes, que sua sunt querentes, que Christi et

1) Levit. 27, 30—32.
2) Ambrosius, De offic. II, c. 28, ed. Maur. IV 449, *auch in* c. 70. C. 12. q. 2.
3) Augustin, De civ. Dei 16, c. 11, Migne 41, S. 491.
4) Hist. schol. lib. Genes. c. 37. Migne 198, S. 1088.

communis boni sunt non curantes, nullatenus hoc fecissent, nisi per violentiam armorum coacti fuissent. . . .; sed quamdiu sancta ecclesia utitur iusto et naturali regimine, tamdiu et tantum proficit, et in hoc solo dilatatum esse credo dominium ecclesie. Et si opposito modo se haberent vel incipere haberent prelati ecclesie, quod Deus avertat, timendum esset, quod ecclesie dominium minueretur . . .

Cap. XVI. . . . *Widerrufen kann die Konstantinische Schenkung nicht werden*: 1) nullus homo de iure habet postestatem disponendi res contra suum ordinem naturalem . . . (*fol. 161* ᵛ) 2) nullus homo potest tollere cultum divinum nec ea que deputata sunt ad necessitatem cultus divini. . . . 3) nullus homo de iure potest ecclesiam et imperium supponere periculo . . .; *namentlich zur Verfolgung der Ketzer und zur Für- sorge für die Armen braucht die Kirche die Temporalien: nicht so sehr für das kontemplative Leben oder den Kultus, den Schmuck der Kir- chen etc. Hier sind die Temporalien bisweilen eher ein Hindernis des wahren Gottesdienstes, wie Bernhardus schon beklagte in Apol. suo* ¹)...

Cap. XVII. . . . *Alle Menschen* sub necessitate salutis *der Kirche unter- worfen* 1) Salus eterna est solum supernaturaliter attingibilis . . . *Die* cognitio Dei *genügt nicht, die* gratia Dei *muss hinzukommen, die nur den der Kirche Gehorsamen zuteil wird.* (*fol. 162*) . . . Finis ultimus salutis eterne consistit in cognitione veritatis . . ., sed cognitio veritatis non habetur, nisi in obedientia ecclesie . . . 3) Nullus attingit salutem eter- nam, nisi per fidem formatam et baptismum . . .

Cap. XVIII. . . . Quas autem penas possit ecclesia imponere sibi non obedientibus, maxime fidelibus, est deinde investigandum. Ubi est primo probandum, quod illis qui receperunt caracterem fidei, ecclesia iuste et rationabiliter subtrahit omnia que dirigunt in finem ultimum, postquam ipsorum inobedientia fuerit comprobata . . . 1) *dazu ist die Schlüssel- gewalt bestimmt* . . . 2) inobedientia est quedam infidelitas ydolatrie . . . 3) male applicaretur alicui infirmo (*fol. 162* ᵛ) medicina que esset sibi causa mortis, sed usus sacramentorum, maxime eucharistie, est causa mortis et novi peccati mortalis inobedientibus ecclesie . . . *Uebrigens vollzieht die Kirche diese Strafen nicht grausam, sondern mild und wie ein Arzt, und nur bei voller Ueberzeugung von der Schuld* . . .

Cap. XIX. . . . *Die Hartnäckigen zwingt die Kirche* per intermina- tionem maledictionis eterne tradendo eos potestati Sathane . . . 1) *Christus befreite die Welt von der Gewalt des Satans; sein Werk gilt aber nicht für die der Kirche Ungehorsamen* . . . 2) Quod ovis non incidat in potestatem leonis vel lupi, est ex eo, quod sequitur vocem pastoris . . . . 3) *Die Kirche kämpft nicht für die Ungehorsamen gegen den Teufel.*

¹) Bernhard, Apologia, Migne 182, S. 895—918, passim.

(*fol. 163*) ... Cap. XX.... Si qui autem post fidem receptam premissa non curarent, sed perdurarent in sua inobedientia, contra tales ecclesia merito invocat brachium seculare ... 1) quia ecclesia ex caractere recepte fidei talibus tamquam filiis obligatur ... 2) quia si tales sue malicie permitterentur, spiritualiter se ipsos necarent. ... 3) quia aliter tales desperati multos bonos ecclesie filios inducerent, ut perirent ... Et licet Augustinus quandoque fuerit in contraria sententia, tamen postea eam mutavit ... in epistola ad Donatistas, in epistola ad Vincentium, in epistola ad Bonifatium, item contra Petilianum, item in epistola ad Faustum, item super Iohannem, item ad Gennadium patricium et erarchium Africe[1]) et in pluribus aliis locis ... Considerandum est autem hic, quod ecclesia omnibus errantibus utitur ad profectum suum et ad eorum si voluerint correctionem; solis vero filiis obedientibus utitur ad eorum salutem ...

(*fol. 163ᵛ*) ... Explicit prima pars tractatus contra hereticos negantes emunitatem et iurisdictionem ecclesie. Incipiunt tituli secunde partis.

Postquam auxiliante Deo ostensum est, quod sancta ecclesia est independens ab omni homine tam in spiritualibus, quam in temporalibus, et quod omnes homines in utrisque ab ea dependent, precipue fideles, in hac secunda parte ostendendum est, quod Romanus pontifex est capud ecclesie et vicarius Christi ex ipsius institutione, et quod ab ipso omnis iurisdictio fidelium in omnia membra ecclesie derivatur, ut excludantur errores hereticorum dicentium, quod Petrus non fuit caput ecclesie ex institutione Christi, et quod Christus nullum dimisit vicarium, et quod omnes sacerdotes sint equales ex institutione Christi, sed quod unus habet plus auctoritatis quam alius, hoc est ex concessione imperatoris. Et ista secunda pars huius tractatus XV habet capitula.

Primum capitulum. In primo capitulo probatur, quod Romanus pontifex est capud ecclesie ex institutione Christi.

In II° capitulo, quod ipse solus est immediatus vicarius Christi.

In III° capitulo, quod alii prelati et episcopi funguntur vice Christi mediante auctoritate Romani pontificis.

In IV° capitulo ostenditur, quod ipse solus a nullo homine iudicatur nec iudicari potest.

In V°, quod ipse solus habet omnes homines iudicare.

In VI°, quod volens esse exemptus ab eius iudicio excluditur ab unitate ecclesie.

In VII°, quod in sua electione Romanus pontifex recipit omnem potestatem quam Christus dedit Petro.

---

1) Augustin, Epist. 105, Migne 33, S. 396 f.; nr. 93, ib. S. 324; nr. 185, ib. 397 f. vgl. Retract. l. II. c. 25, Migne 32, S. 640 f.

In VIII°, quod pie credendum est, quod in sua consecratione accipiat spiritum sanctum ad robur, sicut Petrus in die pentecostes.

In IX°, quod ipse habet declarare dubia circa articulos fidei et sacram scripturam.

In X°, quod ipse pre aliis episcopis habet sue potestati reservare cri·mina graviora.

In XI°, quod ipse solus potest relaxare crimina quoad culpam et quo-ad penam.

In XII°, quod ab eo derivatur omnis iusta iurisdictio etiam super tem-poralia.

In XIII°, quod omnia iuris precepta edita per Romanum pontificem et ecclesiam obligant sub necessitate salutis eterne.

In XIV°, quod nulle leges humane directe talem vim obligationis ha-bent, sed si aliquam habent, hoc est indirecte.

In XV°, quod nulla lex humana habet vim obligandi quempiam, si legi canonice vel preceptis et decretis Romani pontificis contrariatur. Ex quibus multa excludentur de erroribus hereticorum, qui dicunt decreta et decretales non habere vim obligatoriam.

Expliciunt tituli. Incipit secunda pars tractatus contra hereticos negantes emunitatem et iurisdic-tionem ecclesie.

Cap. I. *Erit unus pastor et unum ovile*, Ioh. X [1]). Secundum Augu-stinum in libro de agone christiano [2]) ecclesia catholica impetum Iude-orum, paganorum et hereticorum primis temporibus frangens magis magisque roborata est non resistendo, sed perferendo. Nunc autem insi-diosas eorum questiones fide irridet, diligentia discutit, intelligentia dissolvit, terminatores autem frumenti sui aut errantes corrigit aut ven-dentes inter spinas et zizania computat. Licet ergo instantie et obiecti-ones istorum hereticorum apud ecclesiam sint derisorie, ne tamen igno-retur, quantum [a]) discussum sit a sanctis patribus, quod Romanus pontifex est capud ecclesie et vicarius Christi ex institutione divina, et quanta intelligentia sint dissolute iste instantie ex fundamento sacre scripture et ex thesauro sanctorum patrum, per rationes et auctoritates contra premissos errores aliqua sunt probanda. Et primo, quod Romanus ponti-fex est capud ecclesie ex institutione divina, quod patet triplici ratione. 1) Romanus pontifex succedit in ius Petro a domino collatum . . ., sed Petrus a Christo fuit institutus capud ecclesie . . . 2) Ille est capud ecclesie in cuius persona date sunt claves et universalis potestas ligandi et solvendi . . . *(fol. 164)* . . . Ille est capud alicuius policie ex institu-tione divina per quem et mediante quo Deus illam ordinavit et a quo

a) *ms.* quanta.
1) Joh. 10, 16.
2) Augustinus, De agone christ. cap. 12, Migne 40, S. 298.

illius policie cerimonie, iura et consuetudines divinitus processerunt. *Der Papst allein hat die Macht des* authentizare *und* canonizare. *So wollen Christus, der Apostel, Augustinus,* immo hic est sententia omnium orthodoxorum patrum et tocius ecclesie catholice, que prevalet omni auctoritati cuiuscumque private persone quantumcumque auctentice et sancte, *wie vor allem Augustin* luliano de utilitate credendi contra Manicheum[1]) *sagt . . . Warum Christus Petrus und nicht Jacobus oder seinen Lieblingsjünger Johannes erwählte:* quia maiorem zelum et fervorem ad ecclesiam et ad Christum gessit quam aliquis aliorum . . . Et in hoc etiam dominus dedit prelatis ecclesie regulam et exemplum, ut non illos semper in ecclesia preficiant quos ipsi plus diligunt, sed potius eos quos maiorem zelum ad communem bonum ecclesie gerere sciunt. Quare autem ecclesia Romana consecrata sanguine principum apostolorum, Petri scilicet et Pauli, pocius debuerit esse capud omnium ecclesiarum, quam Ierusalemitana que fuit consecrata sanguine Christi principis omnium? Potest dici, quod quia ecclesia catholica congreganda erat ex gentibus, pocius debebat poni caput ecclesiarum Romana, quia Roma erat caput gentium, quam aliqua alia ecclesia, precipue ut ostenderetur universalitas regiminis ecclesie super omnes gentes, quia Roma super totum mundum habuit principatum monarchicum quem numquam habuit Ierusalem.

Cap. II. . . . *Weitere Argumente* 1) ille est immediatus vicarius Christi qui est in ecclesia supremus et Christo in iurisdictione proximus . . . 2) ille *etc.,* quem omnibus aliis prefecit . . . 3) ille *etc.,* mediante quo omnes alii vice Christi funguntur . . . *Zweifacher Sinn des immediatus vicariatus:* uno modo quod nulla sit mediatio quoad aliquam potentiam superiorem et Christo magis propinquam; alio modo quod nulla sit mediatio quantum ad mediam causam, sicut potest poni exemplum in confirmatione: patriarcha, archiepiscopus, episcopus exemptus habent immediate confirmationem a papa etc. . . . Licet ergo posset dici, quod alii apostoli fuerunt immediati vicarii secundo modo, quia nichil mediabat quoad causam instituentem secundum unam opinionem, tamen non potest dici. quod fuerunt omnino immediati vicarii quantum ad supremam potentiam, quia Petrus habuit plenitudinem potestatis tam super ipsos apostolos quam super alios, quam nullus ipsorum habuit. Papa autem nunc utroque modo est immediatus vicarius Iesu Christi, et alii episcopi et prelati neutro modo sunt immediati vicarii, sed utroque modo mediati sunt . . .

(fol. 165.) . . . Cap. III. *Für das Letztere noch weitere Gründe.* Sicut se habent membra ad caput in corpore naturali, ita se habent omnes fideles ad capud ecclesie, quod est Romanus pontifex, in corpore

---

1) Augustinus, De utilitate credendi cap. 17, Migne 42, S. 91.

mistico ecclesie : *alle Glieder abhängig von der* directio *und dem* influxus capitis ; iurisdictio *und* administratio *der Praelaten abhängig von
der* confirmatio pape.

Cap. IV. . . . (*fol. 165ᵛ*) . . . 1) Nullus iudicari potest, nisi a suo
superiori ; . . . sed solus Romanus pontifex non habet superiorem inter
homines . . . 2) Prima regula et suprema a nullo sui ordinis potest regulari, quia ipsa est regula aliorum . . . 3) Ille qui habet auctoritatem
super omnes leges et omnia iura humana divinitus sibi datam a nullo
homine potest aut debet iudicari . . . Quomodo tamen iudicari possit, si
renunciet aut moriatur, a suo successore, alia ratio est, *doch zweifelhaft.*
Das andere probatur auctoritate concilii generalis, quod est virtute tota
ecclesia, cuius auctoritas omnem aliam antecellit . . . Utrum tamen totum
concilium sit maius papa et an in aliquo casu posset papam iudicare,
ubi sponte renunciare nollet, altior questio est, quam vires et scientia
mea sustineant. Canon tamen dicit, quod aliorum hominum causas Deus
voluit per homines terminari, sedis vero istius presulem sine questione
suo reservavit arbitrio . . . 9. q. III. c. *Aliorum* [1]).

Ex quibus satis videtur, quod concilium papam iudicare non possit,
quamdiu manet papa, quia manens papa semper est maior concilio et
semper est vicarius veri Dei.

Cap. V. . . . *Alle anderen Menschen hat der Papst zu richten.*
. . . 1) Ille solus habet omnes homines iudicare in quo solo plene et
perfecte inveniuntur vices iudicis omnium hominum . . . (*fol. 166*) . 2) Ille
habet omnes homines iudicare a cuius iurisdictione et obedientia nullus
de iure potest esse exemptus . . . 3) Iudicium et directio omnium membrorum fundatur in capite, quia ibi vigent omnes sensus . . .

Cap. VI. . . . 1) Qui vult esse exemptus a iudicio Romani pontificis negat universalem potestatem Romano pontifici per verba Christi
concessam Mt. 16³). . . . 2) In corpore naturali sic videmus, quod illud
membrum quod aliquo modo est in corpore necessario, subditur domi-
nationi et regimini capitis . . . nec aliquo modo potest substrahi vel
eximi a iudicio et directione capitis, nisi totaliter a corpore presci-
datur. . . (*fol. 166*) . . . 3) Qui non potest absolvi a vinculis peccatorum,
quantumcumque sit contritus, ille non videtur esse in unitate ecclesie . . .

Cap. VII. . . . 1) Ab ipsa sui electione Romanus pontifex constituitur
immediatus vicarius Iesu Christi et capud tocius ecclesie . . . 2) Cuius electio
constituit aliquem in esse perfecto, nullam iurisdictionem amplius ex-
spectante, illa dat sibi officii sui plenariam potestatem. *Darin der Unterschied der Wahl des Papstes von andern Wahlen.* . . . 3) Electio Romani
pontificis videtur sibi principalius dare ius ab acceptatione divina, unde

1) c. 14. C. 9. q. 3.
2) Matth. 16, 19.

non viciatur vicio forme vel persone, dummodo habeat certum numerum cardinalium, ut communiter iuriste dicunt . . . Pie enim credi potest, si universalis ecclesia non potest errare et hoc principalius competit Romane ecclesie, . . . quod duplam partem cardinalium que videtur sanior pars ecclesie Romane, maxime in electione capitis totius ecclesie, non contingat determinare, nisi illam personam, cui pro tunc disposuit committere vices suas providentia divina domini nostri Iesu Christi . . . *Anders bei den Wahlen anderer Prälaten.* An tamen nominatio cardinalium seu electio solum sit determinatio persone vel eciam det ius ad rem et divina acceptatio ius in re, vel an electio cardinalium det utrumque, non audeo temerarie affirmare, quia si sint super hoc dicta doctorum, ea non memini me (*fol. 167*) legisse . . . Credo etiam sine temeritate posse sentire, quod collegium cardinalium in electione pape magis sperandum sit dirigi a Deo sine errore, quam quodcumque aliud collegium . . .

Sciendum est autem, quod si quandoque collegium cardinalium erravit errore facti et aliquem inabilem elegit ignoranter, quod Deus hoc permisit ad reddendum ipsos cautiores et ut probaret, quod nec sic ecclesiam quisquam posset confundere . . .

Cap. VIII. *Die Konsekration des Papstes kann,* probabiliter, *ihm nur noch die Gabe des heiligen Geistes verleihen, wie ihn Petrus zu Pfingsten empfing.* 1) Rationabile est regulam primam omnium hominum esse inobliquabilem: *der Papst wird* inobliquabilis *durch den heiligen Geist.* . . . 2) *Bei den andern geistlichen Weihen wird der heilige Geist übertragen.* . . . 3) Quod fides ecclesie proficiat et non deficiat, hoc videtur post Deum ex beata vita capitis tocius ecclesie dependere . . . Utrum tamen ex hoc sequatur, quod illa virtute collata dominus papa non possit peccare, quis auderet faciliter definire, presertim cum Augustinus VI⁰ super Gen. ad litt. c. penultimo [1]) videatur de apostolis dubitare, utrum postea peccaverint . . . (*fol. 167v*) . . . Quicquid tamen sit de apostolis, de aliquibus papis evidenter constat, quod mortaliter peccaverint, sicut de Marchellino patet . . . et de Anastasio II. . . .

Cap. IX. Sic ergo patet de auctoritate et perfectione summi pontificis, in quantum patitur brevitas huius operis. Sed quia clarum non est adhuc, quomodo possit auctoritatem aliorum restringere vel quomodo ab ipso omnis iusta iurisdictio derivatur, ideo consequenter declarandum videtur, quid ad auctoritatem Romani pontificis pre omnibus aliis pontificibus pertineat et quomodo auctoritatem ipsorum excellat et etiam quomodo restringere valeat. Et ad hoc declarandum primo probandum est, quod ad Romanum pontificem pre omnibus aliis pontificibus pertinet determinare dubia circa articulos fidei et circa sacram scripturam; se-

---

1) Augustin, Super Gen. ad litt. lib. VI. c. 28, Migne 34, S. 356.

cundo, quod ad eum pertinet auctoritatem aliorum restringere et limitare
et sue potestati reservare casus arduos et crimina graviora; tercio, quomodo solus potest crimina relaxare non solum quoad culpam, sed etiam
quoad penam. Postea apparebit, quomodo ab eo omnis iusta iurisdictio
derivatur, et quam vim habeant iura canonica et leges ab ipso edite.
Quod autem ad eam pertineat pre omnibus aliis pontificibus determinare
(fol. 168) dubia circa articulos fidei et circa sacram scripturam, probatur
triplici ratione. 1) Ad illum pertinet dubia incidentia circa habitus a
Deo inspiratos determinare pre omnibus aliis qui pre omnibus aliis pontificibus fungitur vice Dei . . . 2) Per virtutem epyeikes fit interpretatio
legis in particulari casu, ut patet V. Ethic.[1]), unde dicitur ab epi quod
est supra et ikos iustum, quasi supra iustitiam legis; sed talis virtus
proprie et principaliter pertinet ad principem . . . 3) Conclusiones elicite
circa articulos fidei et circa sacram scripturam eliciuntur a principiis
continentibus infallibilem veritatem, quia et fides et sacra scriptura suppo-
nuntur continere infallibilem veritatem ; declarare autem aliquid circa talia
non potest aliquis, nisi innitatur omnino infallibili veritati, . . . sed de-
cisio Romani pontificis, qua talia determinat, fundatur in ecclesia catholica que errare non potest vel ab infallibili veritate discedere . . .

Cap. X. . . . Illud quod influentiam alicuius recipit mediante alio,
non potest plus habere, quam illud medians influit, sive quam per illud
medians derivatur . . . 2) A quo principaliter omnis iurisdictio ecclesie
derivatur, ille potest quedam sue potestati reservare, et alia committere,
prout ecclesie et saluti fidelium viderit expedire . . . 3) Ille qui habet
auctoritatem ligandi et solvendi super omnes, potest sue potestati que
iuste decreverit reservare et alios *(fol. 168ᵛ)* supra quos auctoritatem
habet in iurisdictione restringere. . . . Utrum tamen episcopi possint ab
omnibus casibus absolvere et in omnibus dispensare, ubi non sunt expresse prohibiti, vel utrum non plus possint, quam sit eis expresse
vel per aliquam consequentiam concessum, antiqua et magna questio
est . . . *Vfr. schliesst sich der zweiten Meinung an.*

Cap. XI. *Ueber die* absolutio a culpa et a pena *des Papstes.* . . .
De ista materia loquendi motivum habeo ex istis hereticis quorum errores in III ᵃ parte inferius improbantur, qui dicunt papam non plus posse
dimittere de pena vel culpa quam simplicem sacerdotem. Et ideo cum
omni reverentia et tremore in ipsa loquendo, sicut est in aliis tam dictis
quam dicendis, supponendo omnia pie correctioni non solum sanctissimi
patris et domini . . . ᵃ), vicarii Iesu Christi, sed et cuiuslibet alterius
qui meliorem sententiam protulerit ac catholice fidei magis accomodam,
tria videntur in hac materia declaranda : primo, quod Romanus pontifex

---

a) *Die Punkte im ms., zu ergänzen wird sein:* pape Johannis XXII.
1) Aristoteles, Ethica lib. V. c. 10 (14), ed. Firmin Didot II 65.

existentes in hac vita potest absolvere a pena et a culpa; secundo, quod
hoc non decet eum facere regulariter, sed cum multa providentia ex causa
rationabili; tertio, quod sic absoluti nichilominus tenentur ex bona conscientia ad omnem satisfactionem que possibilis est ipsis. Primum patet triplici ratione. Primo sic (*fol. 169*).

Taxatio pene que imponitur absoluto a
culpa sit in ordine ad ecclesiam militantem, prout communiter dicitur,
quia si confessus sufficienter sit contritus, ab omni pena est absolutus coram Deo; si minus contritus se ostendat sacerdoti, ad maiorem
penam obligatur coram Deo, quam sacerdos imponat. Sed omne illud
quod imponitur in ordine ad ecclesiam militantem, potest Romanus pontifex relaxare, qui in ipsa habet plenitudinem potestatis, quia sibi dictum
est [1]: *Quodcumque solveris super terram* etc.; ergo potest absolvere a pena
et a culpa. Secundo sic. Certa taxatio pene pro quolibet peccato non
est divina lege imposita, sed est vel iure canonico introducta vel arbi-
traria, arbitrio boni viri; sed omne iure canonico introductum vel per
idem ius arbitrio hominis commissum Romanus pontifex potest tollere,
quia omnia iura in scrinio sui pectoris auctoritative et potestative censetur habere, ut extra. de constit. *Licet*, li. VI° [1]), ergo etc. Tertio sic
Qui habet illimitatam potentiam super infinitum thesaurum, potest cuilibet
de eo applicare, quod iuste iudicaverit expedire. Sed Romanus pontifex
habet plenam et illimitatam potentiam super thesaurum sanguinis Iesu
Christi, qui est infinitus, et super thesaurum supereffluentis et super-
habundantis meriti sanguinis malorum et bonorum operum omnium fidelium; ergo potest applicare cuilibet quod iudicaverit opportunum. Sanguis,
autem Christi non solum meruit relaxationem culpe, sed etiam aboliti-
onem pene, dummodo homo sibi alias debite applicet, ergo etc. Ex ista
autem tertia ratione correlarie videtur sequi, quod quia nullus alius habet
illimitatam potentiam super infinitum thesaurum sanguinis Christi, nisi
solus Romanus pontifex, quod nullus alius potest absolvere a tota pena
et culpa, nisi ipse solus. Sed utrum possit alii talem absolutionem committere? videretur forte alicui, quod non. Sicut enim operari secundum
potentiam infinitam Deus non potest communicare creature, que necessario habet potentiam finitam, unde communicet sibi; quod Deus non
potest communicare creature potentiam creandi vel etiam actum creandi,
quia requirit potentiam infinitam: ita etiam videretur, quod vicarius Dei,
cui soli competit habere illimitatam potentiam super infinitum thesaurum
sanguinis Iesu Christi, non posset alicui homini communicare actum talis
absolutionis, cum requirat potentiam illimitatam, que omni alii homini
necessario repugnat in ecclesia, cum Christus unitatem ecclesie et ovilis
sui reduxerit ad unum capud et ad unum pastorem, ut supra patuit, et

1) Matth. 16, 19.
2) c. 1. in VIto de constit. (1, 2).

illi soli commiserit plenitudinem potestatis. Quia tamen Romanus pontifex talem potestatem frequenter committit, quis auderet super hoc contrarium sentire, nisi qui temerarie os suum vellet ponere in celo? Unde potest dici, quod hoc potest committere. Nec tamen sequitur, quod ille cui talem absolutionem commisit, operetur secundum potentiam illimitatam, sed operatur secundum potentiam limitatam, quod patet. Postquam enim aliquis confessus est et absolutus, iam non est obligatus ad penam infinitam, sed finitam, tam intensive, quam extensive, cum solis dampnatis debeatur pena infinita, extensive et intensive, incompensabilis. Sed non dampnatis debetur pena finita utroque modo, sive hic in presenti vita sive in purgatorio. Unde relaxando talem penam, que omnimodo finita est nec ex aliqua parte habet distantiam infinitam, sicut habet creatio inter ens et nichil, talis actus est communicabilis habenti potentiam limitatam.

Posset etiam dici, quod sicut communicatur aliis sacerdotibus, quod absolvant a reatu culpe peccati mortalis, nisi cum relaxatur quedam obligatio illimitata, cum pro quolibet peccato mortali debeatur pena eterna, ut communiter dicitur, hoc tamen ita communicatur sacerdoti, quod nullatenus hoc facit in virtute propria, sed solum facit hoc ministerialiter, solus autem Deus culpam dimittit durative a) et principaliter. Ita in b) proposito suo modo potest inferiori communicari, quod dimittat penam ministerialiter, sed durative et principaliter dimittit in virtute sanguinis Iesu Christi, super quo plenam et illimitatam potestatem habet, Romanus pontifex, alii autem, in quantum eis de potestate communicat. Et hoc sufficiat de primo articulo.

Secundum, quod probabitur in hoc capitulo, quod non decet papam hoc facere regulariter. quod absolvat a pena et a culpa. Quod patet triplici ratione. Primo sic. Illud quod posset infirmis esse motivum ad amplius peccandum, hoc non decet facere Romanus pontifex, qui omnia debet peccata corrigere. Sed regulariter absolvere a pena et a culpa est huiusmodi, quod patet, quia illi, qui a peccato solum arcentur et retrahuntur timore pene, nullum iam motivum haberent se a peccato cohibendi. Multos autem tales esse in ecclesia, immo pene innumerabiles, quis dubitat? Ergo totis talibus non decet dari occasionem peccandi. Secundo sic. Sicut videmus, quod non semper Deus operatur secundum potentiam infinitam, sed rare, et tunc pro aliqua evidenti utilitate (fol. 169 v), communis boni vel totius universi vel generis humani vel universalis ecclesie: ita similiter videtur, quod etsi Romanus pontifex habeat potentiam illimitatam, quod tamen non semper vel regulariter decet eum operari secundum eam, sed raro, et tunc pro aliqua evidenti utilitate

a) *ms.* dure.
b, *Loch im Pergament.*

boni communis universalis ecclesie. Tertio sic. Non decet Romanum pontificem facere aliquid, per quod hominibus vilescat pretiosus et infinitus thesaurus sanguinis Iesu Christi. Sed applicando talem thesaurum cottidie vel regulariter secundum omnem suum vigorem iam vilesceret talis thesaurus, sicut assiduitate omnia vilescunt hominibus, prout Augustinus dicit in quodam libro. Ergo etc.

Hanc ergo absolutionem rationabiliter impendere potest Romanus pontifex, si impendat eam pro magna et evidenti utilitate communis boni totius ecclesie tali cui non potest esse occasio ad amplius peccandum, et maxime, quem probabiliter ita contritum estimat, quod in contritione ipsius sperari potest iam penam esse abolitam vel totam vel pro maiori parte.

Tertium, quod hic probabitur, quod taliter absolutus nichilominus obligatur ad omnem satisfactionem, que sibi possibilis est. Quod probatur etiam triplici ratione. Absolutus a pena et a culpa, in quantum talis, est dignus regno celorum; sed nullus est dignus regno celorum, nisi habens veram caritatem, que sola dividit inter filios perditionis et regni secundum Augustinum [1]. Sed talis, cum plus diligat Deum quam se ipsum, numquam quiescere posset, nisi Deo tantum vel amplius complaceret, quantum sibi unquam displicuit. Hoc autem non esset, nisi subire vellet omnem satisfactionem sibi possibilem. Ergo etc. Secundo sic. *Cui multum dimittitur, multum tenetur diligere*, prout dicitur in evangelio Luce [2]. Si ergo multum tenetur diligere, cui multum dimittitur de culpa, amplius tenetur diligere, qui [a]) cum hoc relaxatur a pena; sed non plus diligeret, quam absolutus a sola culpa, nisi plus vellet ad honorem Dei facere. Quia secundum Gregorium [3]) probatio dilectionis est exhibitio operis. Hoc autem non esset, nisi subire vellet pro honore Dei omnem satisfactionem sibi possibilem. Ergo etc. Tertio sic. Qui facit novam culpam, obligatur ad novam penam; sed nisi sic absolutus vellet pro Deo subire quicquid posset, ingratus esset, cum redemptus sit et a pena et a culpa absolutus per virtutem sanguinis Iesu Christi. Sed ingratitudo est maximum vitiorum, desiccans fontem pietatis (*fol. 169 v*), ergo obligat ad magnam penam, nec talis absolutus erit ab omni pena, nisi subire vellet omnem satisfactionem sibi possibilem. Ergo etc. Sic ergo patet, quomodo Romanus pontifex potest absolvere a pena et a culpa, et ad quid obligantur taliter absoluti.

Ad rationes in oppositum adductas, quod Romanus pontifex hoc non posset faciliter, respondetur. Ad primam patet, quod Romanus pontifex propter hoc naturalem obligationem non tollit, sed solum tollit obliga-

a) *ms.* cui.
1) Augustin in Joh. evang. c. 14. tract. 45, ed. Maur. (Antv.1700) III, 2, S. 491.
2) Luc. 7, 47.
3) Gregor Homil. in evang. nr. XXX, 1, Migne 76, 1220 (1575).

tionem illam pro quanto respicit ecclesiam militantem. Ad secundam dicendum est, quod Romanus pontifex in hoc nichil facit contra ordinem divine iusticie, quia coram Deo iste non minus tenetur divine iusticie, quam absolutus a sola culpa, immo magis tenetur quantum ad aliquid, cum maior gratia sibi facta sit et maius debitum sibi dimissum sit. Ad tertiam est dicendum, quod verisimile est, quod sancti patres hoc quandoque fecerint, licet regulariter hoc facere non deceret, prout supra probatum est. Nec tamen propter hoc impii fuerunt, ut ratio concludit, quia nolebant infirmis dare occasionem ad peccandum qui solum a peccato cohibentur timore pene.

Patet ergo, quomodo solus Romanus pontifex potest absolvere a pena et a culpa. Unde forte non vacat a misterio, quod soli Petro dictum est[1]: *Dimitte septuagies septies*, quod etsi intelligatur communiter de relaxatione offense, ut sic conveniat omni fideli qui semper offensam fratri debet liberaliter condonare, quotiescumque veniam petierit, patet tamen non incongrue accipi istud dictum, ut intelligatur de universali absolutione a pena et a culpa, que soli Petro et eius successoribus est commissa, ut quia in hoc merito universitas figuratur secundum Gregorium et Augustinum. Immo intelligatur numerus infinitus, secundum quod alii sancti dicunt, ratione accipiatur in ipso illimitata potestas Petri et successorum, qua sine aliqua exceptione ab omni culpa et pena possunt absolvere, ut septuagenarius numerus, qui consurgit et reductione septenarii in denarium designet relaxationem omnis culpe in commissione VII criminalium vel transgressione decalogi perpetrate. Sed septenarius superexcrescens significet relaxationem omnis pene temporalis propter VII dies quibus omne tempus volvitur et dilabitur. Hinc est ergo, quod propter istam illimitatam potestatem super thesaurum sanguinis Iesu Christi Chrisostomus vocat Petrum thesaurarium thesaurorum Christi. Unde dicit super illud Act.[2]: *Surgens Petrus in medio fratrum dixit, Capud*, inquit, *sanctissimum beati apostolici chori camerarius et thesaurarius Christi et eius thesaurorum*[3].

(*fol. 170.*) Cap. XII. . . . *Vom Papste rührt alle Iurisdiktion auch über die Temporalien her:* 1) Nullus habet iustam iurisdictionem in temporalibus, nisi per ordinem ad bona spiritualia et ad finem ultimum, propter quem temporalia appetuntur . . . 2) Sicut comparantur ad invicem plures fines ita regulantia per fines ad invicem comparantur; sed finis ultimus ita comparatur ad fines sub eo, quod quicquid bonitatis est in fine inferiori derivatur a fine ultimo . . . 3) Sicut prima causa in naturali rerum origine comparatur ad omnes causas secundarias, sic supplens

1) Matth. 18, 22.
2) Act. 15, 7.
3) Chrysostomus ? vgl. F. Reusch in Abh. d. Bayr. Ak. 18, S. 687.

vicem prime cause in morali hominum directione et regimine comparabi-
tur ad omnes causas secundarias regiminis et dominationis humane . . .
(*fol. 170ᵛ*) . . Hinc est ergo quod (papa) imperatorem qui in temporalibus habet de iure super omnia regna monarchicam potestatem, approbat,
coronat et inungit ac benedicit. Sed utrum hoc faciat iure divino et ex
institutione divina, an ex concessione humana et submissione imperatorum, dubium est apud quosdam, qui probant, quod hoc non sit iure divino
per plures rationes et auctoritates, que licet in diversis operibus et tractatibus magnorum doctorum sufficienter solvantur, tamen alique possunt
hic breviter tangi . . . *Christus besoss beide Gewalten und übertrug sie
Petrus und seinen Nachfolgern* etc. . . . (*fol. 171 bis fol. 171ᵛ*) . . .

(*fol. 172*). Cap. XIII. Verum quia isti heretici quorum errores in tertia
parte inprobantur, specialiter dicunt decretales leges goliardicas nec habere
vim obligandi, nisi in quantum imperator eis dat auctoritatem, ideo postquam visum est, quod a Romano pontifice omnis iusta iurisdictio super temporalia derivatur et quod temporalis potestas est sub spirituali, bonum
videtur investigare, an leges imperiales et civiles legibus canonicis subiciantur, de qua materia latius dictum est in quodam tractatu alias col-
lecto per me de dignitate et principiis iuris canonici. Sed quantum ad
presens spectat opusculum, tria poterunt declarari tribus capitulis : primo,
quod omnia iuris precepta edita per Romanum pontificem et ecclesiam
directe habent vim obligandi sub necessitate salutis eterne ; secundo,
quod nulle leges humane directe talem vim habent ; tertio, quod leges
humane non habent vim obligandi, ubi legi canonice contrariantur.
1) Omnes homines astringuntur ad obedientiam ecclesie sub necessitate
salutis eterne ; . . . sed qui non obedit preceptis iuris canonici editis per
Romanum pontificem et ecclesiam est inobediens ecclesie . . . 2) Precepta
Romani pontificis et iuris canonici obligant quoad conscientiam, quia papa
gerit vices Dei in terris qui est arbiter conscientie . . . 3) Precepta iuris
canonici sunt conclusiones elicite vel ex principiis legis ewangelice et
divine, quia supponendo incommutabiliter legem ewangelicam et divinam
et eam usque ad sanguinem servando, ibi demum incipit Romanus pontifex novas leges condere, ubi ewangelia nequaquam dixerint ; . . . vel sunt
conclusiones directe elicite ex iure naturali, quod et ipsum in lege et
ewangelio continetur . . . *Drei Arten von* precepta canonica : ceremonialia,
moralia *und* iudicialia. *Uebertretung der ersten beiden Arten ist immer*
peccatum mortale ; unde siquis celebraret missam sine vestibus sacer-
dotalibus vel sine altari consecrato vel non ieiunus, semper peccaret
mortaliter, sive hoc faceret ex ignorantia sive ex negligentia ; similiter
(*fol. 172ᵛ*) si quis clericus vel monachus secularibus negotiis se im-
misceret seu mulieribus cohabitaret aut prelatus vices suas sub annuo
censu locaret . . . *Dagegen die* precepta iudicialia, *die nicht direkt*

aus den Prinzipien des Natur- oder göttlichen Rechts abzuleiten sind, sondern aus den leges civiles *oder* ius gentium, *verpflichten nicht* sub necessitate salutis. *Ebenso auch die moralischen und ceremonialen Vorschriften, wenn sie nicht mit dem göttlichen Rechte in Zusammenhang stehen; z. B. wenn jemand in der Messe die Kollektengebete* in numero pari *sagt statt* in numero impari; *oder* dato quod ecclesia precipiat aliquam certam diem ieiunare, non tamen credo, quod solvens ieiunium ecclesie semper peccat mortaliter, nisi tunc faceret ex contemptu etc.; *ausser bei den grossen vier Fastenzeiten. Andererseits haben manche* precepta iudicialia *eine* necessaria connexio cum preceptis divinis et iuris naturalis . . .

Allen derartigen Canones kann keine sonstige consuetudo *praejudizieren; sondern nur den anderen, nicht direkt auf göttlichem oder Naturrecht beruhenden, diese können jederzeit vom Papste widerrufen werden.*
. . . *Ueber die Frage der päpstlichen Dispense* contra precepta divine legis in casu *hat der Vfr. in seinem* Tractatus de dignitate et principiis iuris canonici *gehandelt.*

Cap. XIV . . . (*fol. 173ᵛ*) *Menschliche Gesetze verpflichten nicht* sub necessitate salutis, *wegen* (ex) triplici differentia que potest inter canones et leges humanas assignari: 1) ex principiis a quibus deducuntur et eliciuntur canones et leges civiles. *Er hat in seinem Traktat de commendatione et principiis iuris canonici weitläufig nachgewiesen, dass die Kanonistik allein von der Theologie oder der Ethik abhängt, von keiner menschlichen Wissenschaft. Die* leges civiles *sind nicht direkt aus dem göttlichen Recht abgeleitet,* quia multa permittunt que lex divina prohibet, sicut permittunt concubinatum et usuras . . ., item concedunt causa religionis dissolvi coniugia . . .; *sie sind vielmehr* conclusiones immediate et directe elicite a iure gentium: quod patet. Supponunt enim leges civiles occupationes sedium, distinctiones possessionum, dominia, servitutes, captivitates et postliminia *etc. Die* felicitas politica, *das Ziel des weltlichen Fürsten, entspricht dem* ius gentium et huic vite transitorie, ad cuius regimen ex fragilitate humana primum subortum est ius gentium degenerans a iure divino et naturali, quo omnia erant communia; et postea superadditum est ius civile imperatorum, quo conservatur ius gentium . . . (*fol. 174*). Sciendum tamen est, quod precepta iuris gentium possunt quandoque habere vim obligandi sub necessitate salutis, sed hoc est potius ex condicto et pacto humane societatis et indirecte quam ex natura rei . . . 2) secunda differentia . . . sumitur ex auctoritate, unde lex utraque editur et promulgatur: *Kirche als* auctoritas indefectibilis *und Kaiser als* auctoritas defectibilis . . . 3) tertia differentia . . . sumitur ex modificatione differenti, quia canones per se et directe intendunt modificationem conscientie et repressionem animi, . . . sed leges civiles intendunt principaliter modificare et reprimere manum, licet ex consequenti intendunt reprimere animum.

(*fol. 174ᵛ*) ... Cap. XV. *Wo die* leges civiles *den Canones widersprechen, sind sie unverbindlich* 1) *weil sie dann zuwider sind der* lex divina *oder doch der* indefectibilis auctoritas ecclesie ... 2) ... contrarium conclusionibus ratione deductis et elicitis ab ipsis principiis non potest esse verum ... 3) canonicum dicitur a canone, canon autem grece id est quod regula latine ... *Augustin rechnet die Canones zu den kanonischen Schriften* ... Hinc est ergo, quod canon dicit, quod leges principum contra decreta Romanorum pontificum nullius penitus sunt momenti; ... inde est eciam, quod imperator spondet se in omnibus velle sequi sacras regulas vel sacros canones ... Notavit tamen Host. ᵃ) in Summa rubr. de hereticis ¹), quod leges obligent contra decretales presertim in terris que ecclesie non sunt temporaliter subiecte. Cuius tamen contrarium tenent Laur. Ioh. ²) et sequaces, *denen sich Vfr. anschliesst.* Cuius tamen ampliorem prosecutionem dimittens gratia brevitatis opto semper astrictus et conformis inveniri sancte matri ecclesie, .. hereses omnes de illa exierunt tanquam sarmenta inutilia de vite preciosa, ipsa autem manet in radice sua, in vite sua, in caritate sua, porte inferorum non vincent eam. In hac vite nos semper fructuosos esse palmites concedat ipse eius agricola, trinus et unus Deus, qui est in seculorum secula benedictus. Amen.

Explicit secunda pars tractatus contra hereticos negantes emunitatem et iurisdictionem sancte ecclesie.

Von anderer Hand saec. 15 unten am Rande links:

Tertia pars incipit: *Confundantur omnes,* ubi errores istorum hereticorum specialiter improbantur, que iam dudum fuit v. s., pater sanctissime, presentata per fratrem Hermannum de Alemannia, fratrem heremitarum s. Aug. vestrum devotum et h(umilem) filium.

---

a) *ms.* Cod.

1) Hostiensis Summa super tit. decretal. lib. V. De hereticis § 8. (Lugd. 1518), fol. 255 v.

2) Hostiensis l. c.

Lambertus Guerrici de Hoyo, Liber de commendatione Johannis XXII.

Aus: Paris lat. 4370, fol. 1—23.

(*fol. 2*). Significat sanctitati vestre Lambertus Guerrici de Hoyo, clericus Leodiensis dyocesis, quod audito quendam maledictum nomine tantum et non re clericum, cupientem potius in sortem dyaboli eligi, quam in Dei, quoddam ex falsis adinventionibus dissonis totaliter et contrariis veritati contra sanctitatem vestram dictamen a se editum Bavaro presentasse et esse proinde ut ystrionem dyaboli exaltatum, ipse Lambertus econtra, cum cuiuslibet intersit filii, sui patris iurisdictionem ut suam sustinere, volens famam vestram ab ipsius ystrionis et aliorum inimicorum Dei, vestri et ecclesie venenosis mendaciis illesam, ut est, ostendere cunctis esse, quoddam devotionis dictamen sancti spiritus, qui quandoque sui ineffabili misericordia, que abscondit a maioribus, revelat parvulis, inspirante gratia compilavit. Quod quidem dictamen cum cordiali flexione genuum vestre offert pedibus sanctitatis, eidem supplicans humiliter et devote, quatinus cum idem Lambertus in huiusmodi suo ª) libro in XXXV distincto clausulas ᵇ) vel capitula approbetur per dominum cardinalem de Arablayo et aliquos magistros in theologia et decretis ac plures viros famosos, providos utique et discretos, respondere Dei gratia Bavari et antipape ac nequam eorum fauctorum contra sanctitatem vestram, ymmo pocius contra se frivolis opinionibus adinventis secundum sui capacitatem ingenioli vivis rationibus competenter vestra de ipso dictamine ᶜ) dignetur sanctitas informari. Et ne de fonte plenitudinis vestre potentie inebriatis vestris eciam inimicis ipsum devotum vestrum recedere oporteat sitibundum, supplicationem suam, que est in carta huic opposita in fine presentis huius libri, signare dignemini, eundem Lambertum, si placet, vobis dicturum quedam secretissima in cruce, quam nuper gestabat ante vestrum palacium, aliqualiter, licet latenter ostensa, facientes cum cruce eadem vestro sacro conspectui, qui ut Dei speculum ipsum representat in enigmate, presentari.

(*fol. 3*). Liber de commendatione sanctissimi in Christo patris et Domini nostri Domini Iohannis div. prov. pape XXII. et reprehensione inimicorum ipsius Deo gratias. Sequitur prooemium ᵈ).

a) *ms.* sui.
b) *ms.* clausulis.
c) *ms.* dictamen.
d) *Diese Rubrik ist später ausgestrichen und fol. 2v, das sonst leer ist, von moderner Hand wiederholt worden.*

In nomine Domini. Amen. Noverint universi presens opusculum inspecturi, quod anno eiusdem domini nostri millesimo trecentesimo vicesimo octavo, pontificatus sanctissimi in Christo patris et domini nostri, domini Iohannis, divina providencia pape XXII., anno XIII°, mensis Septembris die XVII^a, audito, quod leno quidam iniquitatis filius, nomine tantum et non re clericus, cupiens pocius in sortem dyaboli eligi, quam in Dei, talentumque scientie sibi datum a Deo consumens in pravis usibus, sic apostatans ab ordine clericali, quoddam ex falsis adinventionibus, dissonis totaliter et contrariis veritati, contra predictum sanctissimum patrem nostrum et dominum, dominum Iohannem, preallegata providentia unicum papam nostrum verum, Dei in terris vicarium et Petri successorem, dictamen a se editum Bavaro presentasset, sibique proinde, ut istrioni, sacrificans demoniis, dari fecisset idem Bavarus uncias auri X, equum et vestes ac expensas suas secum; et sic mali domini malus servus permissione divina, – que quandoque malos permittit in hoc seculo exaltari, ut electi promerendo sub eis et inter eos per virtutum opera comprobentur, ut eciam per Dei iusticiam, que nil irremuneratum dimittit et nichil impunitum, mali essent pro quibusdam bonis accidentalibus, que quantumcumque malos facere quandoque contingit, temporaliter premiati, reservandi pro suis facinoribus incendiis sempiternis, bonique econtra pro suis defectibus, cum sacra destante scriptura septies in die cadat iustus, haberent in hoc seculo purgatorium in toto vel in parte, coronis postea perpetuis coronandi, – sit contra iustitiam, ut in suis laudatus maleficiis, ad tempus modicum exaltatus: ego, cum intersit cuiuslibet filii sui patris iurisdictionem ut suam sustinere, volens famam predicti nostri patris ab inimicorum Dei et ecclesie venenosis mendaciis illesam, ut est, ostendere cunctis esse, ipsorumque zizaniam iam forte, quod absit, seminatam in ortis simplicium eradicare penitus iuxta posse, affectans eciam ego pauper in hoc altari ecclesie serviens ipsius vivere de altari et non, ut predictus istrio, per modici temporis spacium, sed nunc et in perpetuum, mediante iustitia, premiari, dictamen quod sequitur, ad Dei gloriam, virginis matris sue et tocius curie celestis *(fol. 3)* laudem, predicti domini nostri summi pontificis et ecclesie honorem meique et eum auditurorum per Dei gratiam profectum ac confusionem inimicorum ipsorum, Dei favente gratia, que velut aqua secundum maiorem vel minorem infundentis infusionem per canale discurrit, habundat in hominibus ad voluntatem spiritus inspirantis, non per rithimos ^a) seu per versus, sed prosaice, ne extraneorum vocabulorum adinventio ipsum a veritatis puritate alienum redderet, compilavi. Nec credant aliqui, quod ut emulus contra quempiam geram invidiam. sed volens perire neminem etiam in inferno dampnatos doleam, si esset possibile,

a) *so ms.*

secundum iustitiam sic puniri. Idcirco Bavarum, antipapam, carpinales a) et eorum maledictos complices ac fauctores, dato quod parentes propinquissimi michi essent, mallem, nisi qui mortem non vult peccatoris, sed ut convertatur et vivat, sui inspiratione previa, det eis, quod exoro, gratiam ad ecclesie gremium debite revertendi, suum accipere malum finem, ut et sua finiant mala secum, quam genus humanum per eorum astucias tanto dampnationis periculo subiacere. Nolo eciam ipsorum laudando, ymmo celando pocius maleficia, esse ut consenciens par in culpa. Librum autem istum seu dictamen in XXXV distingo clausulas vel capitula b), rubricam cuiuslibet suo assignatam numero premittendo, ut quod legenti placuerit, possit expedicius inveniri. Terminum insuper editionis huius operis premisi in prohemio, ut secundum cursus temporis seriem sui veritas comprobetur.

Explicit prooemium.

Incipiunt rubrice.

I. Lamentatio ecclesie et causa ipsius planctus.

II. Probatio, quod dominus papa sit spiritualis et temporalis dominus omnium terrenorum.

III. Contra illos qui dicunt, quod prius fuit imperator, quam papa, et quod quicquid habet papa, habuit ab imperatore, et probatio contrarii.

IV. Contra illos qui dicunt, nichil debere habere ecclesiam in proprio vel communi, et probatio contrarii.

V. Contra illos qui dicunt, nichil posse facere papam sine (fol. 4) voluntate cardinalium, et probatio contrarii.

VI. Contra illos qui nescientes quicquam loqui contra dignitatem papalem, cum non inveniant, nituntur tamen contra ipsam dignitatem habentes oblatrare, loquendo mendaciter sinistre de summis pontificibus preteritis et quandoque de domino nostro papa Iohanne adhuc vivente.

VII. Quinque opiniones erronee, quas inimici Dei et ecclesie contra dominum nostrum papam Iohannem imponunt.

VIII. Responsio ad primam.

IX. Responsio ad secundam.

X. Responsio ad tertiam.

XI. Responsio ad quartam.

XII. Responsio ad quintam.

XIII. Conclusio ex solutione opinionum ipsarum, quod dominus noster papa Iohannes est ab omnibus unicus papa, verus Dei in terris vicarius et Petri successor reputandus, et quod iusta et sancta opinione faciat, quicquid facit.

XIV. Probatio ex conclusione predicta, quod ipse dominus noster

---

a) So ms.

b) vel capitula am Rande.

papa est honorandus ab omnibus et timendus, maxime eius iusticie equitas timenda a malis et a bonis sua sanctissima dignitas honoranda.

XV. Iterum causa lamentationis ecclesie exprimendo plenius mala inimicorum ipsius.

XVI. Qualiter et quare fuit electus antipapa, et quod est, ut omne violentum, indurabilis, et quod ipsius electio fuit omnium malorum collectio, preteritorum repetitio et prefiguratio futurorum.

XVII. Reprehensio ipsius antipape, carpinalium suorum, et quod saltem prius debuissent sui carpinales eum eligentes fuisse, quam ipse, et, quia nullum servarunt ordinem, ubi ordo nullus est, sunt ponendi.

XVIII. Recommendatio Rome, de sui conversione, et quod in ea perseveret.

XIX. Imploratio ad beatam Mariam, Dei matrem, virginem, laudando eius membra novem dignissima, ut filie sue ecclesie et capellano suo, pape nostro Iohanni, filii sui vicario, subveniat suis precibus et meritis gloriosis.

XX. Imploratio ad angelos.

XXI. Imploratio ad patriarchas et prophetas.

XXII. Imploratio ad apostolos et specialiter ad beatos Petrum et Paulum, veras duas ecclesie columpnas.

XXIII. Imploratio ad martires. —

XXIV. Imploratio ad confessores.

XXV. Imploratio ad virgines.

XXVI. Imploratio specialis ad beatum Iohannem baptistam, recapitulando in ipso beato Iohanne, ut in eo comprehensos omnes ordines predictos, ut nomen suum super omnia nomina subcelestibus in papa nostro Iohanne exaltatum in terris deleri de libro ecclesie non permittat.

XXVII. Invitatio sub sanctorum confidentia omnium temporalium dominorum ad persequendum cito et viriliter ecclesie inimicos.

XXVIII. Commendatio regis Ierusalem et Sicilie, eo quod alios in adiutorio ecclesie iam prevenit, cum de futuro Dei et terrenorum principum adiutorio consolando.

XXIX. Invitatio regis Francorum ad subveniendum spiritualibus suis patri et matri, Christi vicario ac ecclesie, ut tenetur.

XXX. Invitatio regum Anglie, Aragonum et Yspanie ad id ipsum.

XXXI. Invitatio ceterorum regum fidelium et omnium Christianorum principum, ducum, comitum, baronum, militum ac aliorum temporalium dominorum ad hoc idem.

XXXII. Exortatio tocius populi catholici ad viriliter inimicis ecclesie resistendum, et ne pseudoprophetarum astuciis decipi se permittat, quorum mundanam scientiam probo esse insaniam apud Deum.

XXXIII. Imploratio humilis ad ecclesiarum rectores, ut debite asistant summo pontifici et inducant suos subditos ad hoc idem, nec denegent ecclesie necessitatibus patrimonium crucifixi.

XXXIV. Ut cardinales qui elegerunt dominum nostrum papam Iohannem, et electi ab eo electiones factas ab eis et de ipsis, semper predicto antipape resistendo, faciant inviolabiliter observari.

XXXV. Finalis conclusio cum tocius operis recapitulatione et mei dictatoris huiusmodi recommendatione humillima, applicata sepedicto domino nostro pape.

c. 1. Lamentatio ecclesie et causa ipsius planctus.

(fol. 5). Quis dabit capiti mei aquam aut oculis meis imbrem lacrimarum[1]) ut plangam paululum dolorem meum, ymo universalis ecclesie et omnium christicolarum. Hiis enim nostris prohdolor temporibus usurpator Alamannus, omnis christiani nominis nuncupatione indignus, nuncius antichristi, Petri naviculam, sanctam matrem ecclesiam, que licet testante scriptura periclitari non possit, nititur, quantum in se est, in amaritudinum profunditatem demergere, ipsiusque iubar extingendo pro posse, errores diversos et hereses varias ac cetera nephandissima tenebrarum opera tanquam zizaniam loco boni seminis in ea seminare. Nunc ipsius prevaricatoris ad plenum patet insania. quam credebat pseudoprophetarum suorum, satellitum et complicum malignorum astuciis palliare. Licet enim non per hostium, sed aliunde, tanquam fur et latro in imperialem dignitatem de facto intrasset, fingebat se velle imperium regere, tueri, defendere ac eciam exaltare, cum econtra ipsius iura et libertates infringeret, personas tam ecclesiasticas, quam alias indifferenter fideles Dei et ecclesie ac devotas questis, talliis, extorsionibus, angariis et perangariis insolitis, inhumanis, indebitis, illicitis et iniustis opprimeret, penis diversis affligeret tormentisque inenarrabilibus eos martirizando et maxime terrenos angelos, Dei ecclesie nuncios, modo tirampnico cruciaret, ac econtra iuris ordine, quo bonis premium et malis supplicium impendi precipitur, penitus commutato personis indignis, inhonestis, diffamatis, excommunicatis, interdictis, suspensis, iniquis, apostatis, perfidis, scismaticis, patarinis et pessimis hereticis publicis ac notoriis, sibi similibus, dignitates imperiales. iura, possessiones et bona in ipsius, horum predonis, huiusmodique predas inter se dividencium animarum magnum periculum, Dei contemptum, triumphantis ecclesie obprobrium, militantis scandalum tociusque imperii detrimentum. sepe sepius de facto conferret ac semper in se provocando Dei iram, suam augendo contumaciam et exinde sibi debitam temporaliter aut forte perpetuo aggravando penam, non desistat, quantum est in eo, presumptuose conferre, non habitis persone sue et electionis (fol. 5ᵛ), si quam haberet, ac dignitatis imperialis approbatione, confirmatione et coronatione a summo

1) Jerem. 9, 1.

pontifice, ad quem horum et omnium terrenarum dignitatum approbatio et confirmatio noscuntur de iure et approbata consuetudine, tanquam ad Christi vicarium, veraciter pertinere. Omnem autem hominem
contrarium erronice sentientem necesse est in unam harum duarum hic
expressarum heresum dampnabiliter incidere vel in ambas, videlicet quod
aut Christum omnium, que creavit, terrenorum non esse temporalem et
spiritualem dominum, vel summum pontificem ipsius Christi non esse
vicarium nec loco suo in terris huiusmodi habere dominium, dicendo
heretice mentietur . . .

    c. 2. . . . Illustrissimus Francorum rex, licet inter omnes reges chri-
sticolas, suis hactenus clare memorie christianissimus progenitoribus pro-
merentibus, orthodoxe fidei inimicos viriliter deprimendo, primatum obtineat dignitate, exemptione, privilegiis, potentia et honore, per Remensem
archiepiscopum vel Suessionensem episcopum, sede Remensi vacante,
tanquam per summi pontificis vicarium inungitur ac etiam coronatur;
Potentissimi eciam et serenissimi principes, reges Anglie, Aragonum et
Yspanie, per venerabiles in Christo patres dominos Cantuariensem, Chezar-
augustanum et Tholetanum archiepiscopos, ipsius summi pontificis a simili vicarios, inunguntur et ab eis dyademata sua sumunt, *und so die
andern Könige etc.* . . . Coram quibus siquidem prelatis ecclesiasticis,
summi pontificis, ut premittitur, vicariis, prenominati reges et ceteri
christiani de debitis regiminum suorum iuribus, consuetudinibus et statutis, per eos inviolabiliter observandis, antequam regium exerceant officium, sic per ecclesiam approbati fidelitatis exhibent iuramenta. Imperatoris vero aurea postrema coronatio duarum precedentium, persone
videlicet et electionis approbationis et confirmationis declaratio, soli
summo pontifici celebranda, per eum vel suum legatum ad hoc eius
missum a latere, antequam se de imperii iuribus quovis modo intromittat,
specialiter reservatur; innuendo, ut, cum imperialis dignitas (*fol. 6*) omnium sub ecclesia temporalium dignitatum, regalibus Francie per preallegata privilegia et Ierusalem ac Sicilie, quorum duorum regiminum
quadam prerogativa, ut vassallus ecclesie specialis, rex per dominum
papam a simili, ut dictum est de imperatore, regnorum suorum accipit
dyadema, celsitudinibus dumtaxat exceptis, sit principsa ᵃ), domina et
magistra, ceterorum regum fidelium coronaciones, que propter viarum
et expensarum ac absentiarum suarum a suis regnis evitanda incomoda,
non possent nisi mediantibus certis regiminum suorum, ut premittitur,
prelatis ecclesiasticis semper per summum pontificem comode celebrari,
in imperatoris coronatione, ut membra in capite et subditi in domino
repetantur. De ceteris autem christianis principibus, ducibus, comitibus,
baronibus, militibus et aliis nobilibus, sub regibus constitutis et per eos

ᵃ) *So ms.*

in suis dignitatibus, dominationibus et iurisdictionibus approbatis, potest dici, quod in regum coronationibus, ut reges in imperatoris, aut per iuramentorum fidelitatis exhibitionem in certis ecclesiis terrarum suarum, de ipsarum iuribus et debitis consuetudinibus per eos, ut premissum est de regibus, firmiter observandis vel per feuda, que ab ecclesia obtinent, seu censuales redditus, quos eorum aliqui ipsi ecclesie annuatim exhibent, sic etiam approbati per eandem ecclesiam confirmantur. Quod et de omni populo fideli catholicorum ab hoc, a quo non est exemptus dominus. exemptos esse non deceat servos eius, modo simili est dicendum. In ipsis etenim, ut in parvulis, profunde humilitatis subiectio conservatur, temporaliterque et spiritualiter Deo et ecclesie per eos debite exhibetur, ac ex habundanti mediante voluntate divina temporalibus dominis applicatur. in quorum laborum sudoribus, cum fessi a venationibus veniunt a), sepe sepius intingunt panem suum, de quorumque decimis (fol. 6ᵛ), oblationibus et elemosinis ecclesiarum rectores et ministri, quasi quodam spirituali tributo, in signum non servilis, sed libertatis homagii, ecclesie voluntarie debiti, et holocausti salutiferi, ... corporaliter sustentantur. Sed quid mirum, si in extra se bonis temporalibus sibi a Deo collatis eius vicario homines sint subiecti, cum de seipsis omnimodam ecclesie, ut patet in confessionibus, teneantur reddere rationem. Suas namque cogitationes, locutiones et opera in confessionis sacramento presbiteris manifestant arbitrio ecclesie, ut de suis reatibus impetrent veniam corporaliter et spiritualiter puniendi... *Alle Menschen, mit allem, was sie von Gott haben, sind dem Papst unterworfen, auch Heiden, Sarazenen und Juden.*

c. 3... *Konstantin wurde erst nach seiner Taufe wahrer Kaiser; die Konstantinische Schenkung war ebensowenig eine Schenkung, als wenn der Sultan dem Papste Jerusalem restituierte.*

c. 4... *Ueber das Gebot der Besitzlosigkeit.* Hodie seminatum est venenum in ecclesia sancta Dei, abstrahendo furtive ab ecclesia et a quolibet pauperculorum conventuum fratrum suorum, quorum erant duces ceci, quid modicum, ut ingens auri acervum, qui sepe ex multis minimis magnus efficitur, appetitu inordinato congregarent, ipsorum fratrum pauperum substanciam devorantes et eorum sanguinem, apostatantes a sui regula, sic suggentes, sibi ipsis non curantes de communi profectu applicarunt, et ut ydolatre, capta fuga, ad aratrum sancte matris ecclesie verso dorso, ipsius inimicis ad eam expugnandam hec furta sua, una cum relictis in testamentis et ultimis voluntatibus, quorum erant executores, ymo destructores, electi, communicarunt, in eorum dampnacionem et ordinis, cuius esse solebant, tociusque cleri confusionem; licet quam plurimi et fere omnes pauperes conventuales illius ordinis beati Fran-

a) *Im ms. undeutlich.*

cisci (*fol. 8*) sint huius malignitatis inculpabiles, eorum maliciam ignorantes ... *Epochen der Kirche: anfangs kein gemeinsames Eigen nötig,
so lange sie klein und der Glaubenseifer stark war. Anders jetzt, wo
die universale Kirche besteht.* (*fol. 8 ᵛ*) Nunc etiam ecclesia dilatata,
multi ipsius rectores sunt et ministri, quorum aliqui regum et huius mundi
principum filii splendide et delicate nutriti nesciunt parvis uti, et ecclesia
non tot ut primitiva corruscante miraculis, prout nec expedit, cum nullus
se possit de ipsius fidei ignorantia excusare, est hominum refrigerata
caritas, procurante humani generis inimico. Quare relinquitur modernam
ecclesiam indigere communi et quam primitiva maiori, sine quo depressa
vilipenderetur a malis ... *Die Stimme vom Himmel, die die Schenkung
Konstantins verfluchte, erklärt Vfr. so, dass nur die Vermischung welt-
licher und geistlicher Güter verflucht wurde ...*

    c. 5... *Ueber die Rechte der Kardinäle :* Salvis enim reverendorum
patrum et dominorum meorum, dominorum cardinalium dignitate, reverentia et honore ipsorum auditis a domino papa super aliquo facto dictis
et opinionibus intellectis, est ipse dominus papa desuper, ut statera recta
ipsas opiniones et dicta acceptando, ponderosiorem et melius ponderans
equa libra, quod si in mentis sue pectore, a quo ut a corde bono et
optimo procedunt nova et vetera, de cuiusque fontis rivulis universalis
irrigatur ecclesia, saniorem opinionem invenerit, quod et sepe contingit,
de ipsorum fratrum suorum cardinalium tantum consilio, quod patet in
literis apostolicis, decernit auctoritate apostolica ...

    (*fol. 9 ᵛ.*) c. 6. *Gegen die, welche* cum non inveniant quicquam
loqui, contra tamen huius misterii (*die Uebertragung der Eigenschaften
Christi auf den Papst*) dignitatem habentes moliuntur ut canes rabidi
oblatrare, loquendo quandoque de mortuis, quod est vilissimum et quasi
comedere cadavera mortuorum, asserentes mendaciter eciam de hiis
quorum fama in Dei ecclesia lucet clara: talis fuit ille papa et talis
ille alter. *Bisweilen richten sie sich aber auch gegen Johann XXII ...*

    c. 7. *Die 5 Irrtümer, die vorgebracht werden :* primo, quod ipse
dominus noster Iohannes summus pontifex deberet mittere contra Saracenos (*fol. 10*) thesaurum ecclesie et non contra christianos. Secundo,
quod non deberet esse alibi nisi Rome, allegantes et false beatum Petrum
semper Rome tenuisse sedem suam. Tertio, quod si Romam ivisset, non
fuissent facta inibi tanta mala. Quarto, quod facit fieri magnas iusticias
et diversas. Quinto et ultimo, quod parentes et benivolos suos dittat.

    c. 8... *Antwort auf die erste Irrlehre :* quod hic mali opinionem
hanc ponentes dimittunt trabem in suis oculis nescio quam festucam in
aliis inquirentes, volunt se dimitti pessimos ᵃ) incitantes nos ad eundum cum

---

ᵃ) ms. *peximos.*

eis ultra mare, ut malorum Saracenorum adiutorio, cum per se non possint,
inter nos hoc sepius attemptantes, nos ibi capiant improvisos... Sed
hoc non est nec erit faciendum. Nam primo scopanda est domus propria,
quam scopetur aliena, et prius viliores immundicie auferende. Et cum
sacra attestetur scriptura Iudeos plus quam (fol. 10 v) Saracenos, et
falsos christianos quam Iudeos in inferno puniri,... restat contra ipsos
peiores, ymmo pessimos, nobis vicinos... prius esse viriliter insurgendum.

c. 9... Residenzpflicht des Papstes in Rom gibt es nicht. Sicut
enim Deus nullo artatur loco, quin, ubique voluerit, possit esse, sic nec
eius in terris vicarium artat aliquis terre locus, an ad alium ad libitum
ire possit et ibi commorari. Qui enim sibi dixit...: Quodcumque ligaveris
super terram, non dixit: super Romam, nec ibi fuit data papalis potestas...
Petrus Antiochie, ubi fuit positus in cathedra, et alibi, ut in Martinianis
cronicis legitur [1]), annis pluribus tenuit sedem suam; hätte auch keinen
seiner Nachfolger verpflichten können in Rom zu bleiben, prout nec dominus
noster Iohannes, Christi vicarius et ipsius Petri successor, suum artare non
potest successorem, ut semper in Avinione moretur. Restat ergo, cum tota
terra sit ipsius domini nostri pape Iohannis regimini de dita et tota (fol. 11)
ecclesia sua sedes, quod ubique voluerit et expedicius viderit, possit esse et
ibi, cum ubi sit papa, ibi Roma, curiam Romanam tenere ac prelatos ac ceteros
christianos seculares et ecclesiasticos iuxta velle ad sui presentiam evocare.

c. 10... Ad terciam vero opinionem que dicebat, si ivisset dominus
papa Romam, non fuisse tot mala ibi facta, dici potest, quod ymmo peiora
et forte pessima. Nam si ibi eum tenuissent proditores predicti, non sibi
obedissent ut patri, sed ipsum et cardinales dominos suos coegissent
abusivo modo et rationi contrario sibi servis obedire ; se fecisset eciam
bavosus ipse idest mendax contra Deum et iusticiam licet reprobum
approbari, quamvis indignum confirmari et vilem, ymmo vilissimum,
quod est iuri et omni bone consuetudini contrarium, coronari, suosque
satellites, fautores et malignos complices ad suam explendam maliciam,
cum per fas non posset, per nefas eos humiliando, pocius exaltari. apo·
statis eciam hereticis, scismaticis et indignis non ad domini pape conscientiam, sed ad suum infectum libitum et inordinatum appetitum ipsorum conferri beneficia et ecclesiasticas dignitates, dignis remanentibus
improvisis et malis per ecclesiam impunitis etc. Quod si dominus noster
papa ipsi draconi, quod credo, noluisset obedire, confestim per toxicum
vel alio nephario quovis modo mortem eius ut maledictus patricida pro-
curasset. Quo, quod abest, sic sublato de medio in antipapam suum, de
quo inferius fiet mentio vel peiorem, si potuisset inveniri, minis et terro-
ribus, non valens ut credendum est falsis promissionibus neque donis,
consentire coegisset dominos cardinales vel diversis forte penis, quod

l) Chron. Martini Oppav. SS. XXII 408, 45, 409, 1.

attemptare de tantis dominis crudelitas magna esset, carpinales suos seu
cardones, inferius eciam in capitulo sui antipape clarius exprimendos,
iniustos cum iustis, reprobos cum probis et indignos cum dignis ac quasi
Christo Belial venerabili dominorum cardinalium cetui nequiter adiun-
gendo. Et sic qui nullo colore valet nunc suam palliare maliciam omnibus manifestam, allegasset antipapam (*fol. 11 v*) suum sede apostolica
vacante fuisse a debitis cardinalibus electum, seque ab eo tanquam a
papa approbatum, confirmatum et eciam coronatum. Et sic proditorie
et furtive, scilicet parricida, tenens imperium et papatum, in errorem de-
duxisset totum mundum, cum nullus quantumcumque peritus potuisset
nec eciam ausus esset, tantis prevaricationibus, talibus coloratis astuciis
obviare. */Das ist Gott sei Dank verhütet worden. Dem Rufe der Römer
aber konnte der Papst nicht folgen, weil er,* licet illam que est apud
Deum scientiam non haberet, tamen ex revelatione divina et quibusdam
coniecturis ac indiciis manifestis previdens et prenosticans maliciam in
aliquorum Romanorum cordibus existentem, quam nescientes celare, prout
nec Deus volebat, eam suis litteris inserebant; mandabant enim ipsi domino nostro summo pontifici, ut Romam iret et eum debite reciperent
vel papam alium procrearent etc. *Sie wollten nur einen Vorwand haben,
um dann sagen zu können:* quia dominus papa per nos vocatus noluit
venire. alteri dedimus locum suum. (*fol. 12*) Ad hoc autem ipsimet
sibi respondeant, cum et quilibet ignarus possit de facili, prout et ego
respondeo, respondere : servus enim alicuius domini, cum servus non sit
supra dominum, posset ipsum dominum suum cogere, quod veniret ad
domum suam, nisi vellet, et si servo suo non obediret dominus, quod est
abusivum dicere, posset ipse servus domini sui domum alteri donare.
Certe custodes castrorum regis Francie non consulo talia attemptare! etc.
... Potuit eciam movere dominum papam, ne Romam iret, si essem ausus
dicere. altera quedam ratio, quam tamen cum veritas non querat angulum,
ut nichil insolutum huius opinionis remaneat, non tacebo. Carpentorati
enim fuerat sede apostolica vacante, prout et multis est notum, inter
Ytalicorum et Vascorum cardinalium familiares magna dissencio que
postmodum sedata extitit in electione huius domini nostri pape, ipso
capite sua membra ut condecet disponente. Et licet ipsi domini cardinales essent et sint inter se, ut ita loquar, amicissimi, ipse tamen dominus papa qui in altis positus, datus pervigil et custodia toti terre,
dormientibus aliis quorum non adeo interest, habet a propinquis et remotis sua et aliorum pericula previdere, timuit, cum dubitare de singulis
non sit inutile, ne familie Italice Rome potentes commoverent iterum,
suis dominis cardinalibus non valentibus cohibere, prout nec rectores
comunitates sepe possunt, alteras dissentiones seu discordias. inimicis
ecclesie ibi existentibus gaudentibus irridendo et forte suas nequicias

hiis addentibus, ut errorem novissimum peiorem priore facerent et maius scandalum quod desiderant ecclesia pateretur. Propter quas rationes et forte plures alias sibi notas et nobis occultas et ad evitanda preallegata pericula, que, si Romam ivisset, potuissent, ut dictum est, evenisse, credendum est, dominum Deum qui facit eciam temptationi preventum retinuisse in Avinione (*fol. 120*) ex certa scientia dominum nostrum papam.

c. 11... *Die magne et diverse iusticie, die der Papst erlässt, haben jene Uebeltäter verschuldet.*

c. 12... *Dass der Papst seine Verwandten bereichert:* quod ipse dominus papa videns malicias hominum cotidie increscere super terram et multos Deum non timentes nec homines reverentes ad queque perpetranda scelera, de quo dolendum est, effrenatos, parentes suos carnales amicos et benivolos, per eum a longinquis temporibus approbatos, plus de eis confidens et merito tenet secum. Cuius summi pontificis contemplacione monstrantes devotionis affectum quem habent ad eum reges aliqui, huius mundi principes et magnates, quorum posse est eciam de pauperibus divites facere, cum aliter dicerentur impotentes, per regalia et largiflua munera eos dittant./ Quod si ipse dominus noster summus pontifex officia ecclesiastica per seculares solita gubernari et stipendia pro huiusmodi gubernatione debita extraneis et quasi ignotis secularibus, suis carnalibus eque bonis vel forte melioribus derelictis, conferret, quedam procul (*fol. 13*) dubio inhumanitas diceretur. Licet enim ipse dominus papa, quando fuit elevatus dispositione divina ad apicem omnium ecclesie dignitatum, fuerit quasi in alium hominem, quod denotari credo per mutationem nominis, commutatus, nisi tamen educatus fuisset a parentibus et ut infans parvulus enutritus, cum de talibus lignis omnes fiant ecclesiarum prelati, numquam ad id pervenisset, nec quo ascensivus est, in celum altius perveniret. Si igitur qui tot et tanta conferre temporalia et spiritualia bona habet, quod, ditatis suis fama referente benemeritis carnalibus amicis et notis aliis, suppetunt quam plurima, non admirandum est, si saltem pro bonis que ab eis vel eorum progenitoribus recepit in scolis ª), cum in hoc Deo quasi holocaustum fecerint, ut facti probat eventus, eciam centuplum, quod omnium offerenti elemosinam per ecclesiam promittitur, illis reddat, *etc. Nur Neid hat jene Meinung erzeugt:* quod... vellent dominum nostrum papam a suis amicis carnalibus elongari;... *also* relinquitur sanum esse et laudabile ipsum dominum papam suos carnales et notos tenere modo quo consuevit usque nunc sibi caros. Nam iuxta vulgare proverbium suo bodello alligare extraneum non est bonum.

c. 15... (*fol. 14*)... Ipse siquidem alter pharao indurato corde populum Israeliticum persequitur, invadit sanctuarium Dei, polluit quan-

---

ª) In scolis *am Rande.*

tum in se est templum eius, hortum ⁿ) ecclesie vult suis fructibus spoliare, ecclesie patrimonium sibi appropriare furtive... Nec sibi sufficet, quod malus in se est, sed malus dominus suos sibi similes malos vult esse ministros et omnem hominem perire..., sub illiusque umbra multi in diversis mundi partibus in nephariis artibus se exercent spem habentes, ut cum furtis, predis et latrociniis suis ad eum fugiant peiora facturi. Quorum multi confugiunt impuniti. et adhuc plures fugerent sceleribus perpetratis, nisi eos funes alligate collis suis retinerent. Nec hiis contentus ipse vorago inferni mittit falsos nuncios-suos et litteras mendaciis venenosas, antichristi, futuri domini sui, vitam per omnia prefigurans, per claustra, monasteria, ecclesias et cenobia, ut religiosos, votis et promissionibus suis fractis, donorum apud se impossibilium frivolis promissionibus a Dei servicio retrahat et apostatare faciat eciam sapientes. In pugillo terre reclusus fingit se dare mundi terras diversas, quas inausus est habitare, iudicat potentiores se, quorum adire piesentiam non est ausus... Sibilavit prout intellexi serpens ipse, ut ad eum omnes alii (fol. 14 ᵛ) concurrant serpentes ad toxicandum, quod est eis impossibile, totam terram.

c. 16. *Zur Täuschung der Welt setzte er den Gegenpapst ein.*
Novissime enim quendam apostatam non solum religionis sue, ymmo eciam christiane nomen proprium quod recepit in baptismate temerarie abnegando, usurpatorem nominis alieni elegit, ymmo sic presumendo neglegit in papam, ymmo rapam putridam et infectam, escam porcorum inferni, precursorem antichristi, similem principi tenebrarum, qui cum primitus esset angelus in ecclesia triumphante, dixit: Ponam sedem meam in aquilone et ero similis altissimo etc...

c. 17... An den antipapa (fol.15). Tibi ᵇ)quosdam, nescio si te nequiores, tamen nequissimos spiritus ad seminandum habundantius tue false predicationis zizaniam assumpsisti, eos carpinales eligens seu cardones ecclesie, colonis nocivos. a quibus, si ut iam dicta simea voluisses imitari modum ecclesie, eligi debuisses.. Sed cum debitus ordo servetur in bonis actibus, in tuis pravus est ordo preposterus, sed necessario commutatus, ut ubi non est ordo, sed sempiternus horror, inhabitat semper sitis.

c. 18... O Roma, nunc Dei gratia in lucem a tenebris revocata, aperi oculos tuos in circuitu. et unde veneris, attende, meditare, quid fuisti, et non obliviscaris, quid nunc es... Videas, quos a te evomuisti tirampnos, colubres, buffones et cetera venenosa animalia... nec ad vomitum revertaris... *Rom soll sich auf seine zwei von Gott gegebenen* duces *verlassen:* reverendum in Christo patrem tuum qui a te carnalem traxit originem, dominum Iohannem, cardinalem sedis apostolice et legatum, ut tuo presit diei, te vere fidei illuminans claritate...., et luminare minus, illustrissimum principem dominum alium Iohannem, regnorum Ierusalem et

ᵃ) *ms.* ortum.
ᵇ) *ms.* tuo.

Sicilie fortem ensem et firmum ecclesie defensorem, ut et presit nocti, a tenebrosis hominibus firmiter te defendens.., per quorum mandata et non per predictorum malorum humiliter gradiendo domini Iohannis, veri tui pape et nostri, te veraciter omnino subicias voluntati... (*fol 15* ᵛ).

c. 19. *Schluss* (*fol. 17*). *Gebet an die Jungfrau Maria.* Applicare velis hiis que ibi et in eadem civitate *(Avignon)* inferius ad S. Augustini fratres pauperes heremitas humilia diligens das continue, domina.

c. 20. *Gebet an die Erzengel Michael, Gabriel und Raphael.*

c. 28. (*fol. 19*). O Ierusalem et Sicilie inclite rex Roberte, athleta Christi, pugil ecclesie et baculus nostri patris, non te voco ad hoc sacrificium, quia iam vocatus et electus a Deo alios prevenisti.. Ecce predam quam persequeris, vado aliis nostris fratribus, ut et ipsam te iuvent capere, ostensurus.

c. 29. O Francorum rex excellentissime, excita potentiam tuam et veni in adiutorium matris tue, apprehende arma et scutum *etc*... Quod si in guerra Flandrensi occupatum asseris non posse te venire, committas illam aliquibus de tuis baronibus et istam per temet ipsum exerce. Istius namque victoria, si te mediante facta fuerit, tibi dabit victorias omnium aliarum, istiusque depressio, quod Deus avertat, nisi sibi subvenias iuxta posse ᵃ), deprimet te ex toto. Si vero usque ad finem tue victorie ibi te iuramento astrinxeris remanere, mittas litteras comminationum et diffidentie inimicis predictis, et ad eos expugnandos cum magno fidelium tuorum exercitu aliquem de potentioribus tui regni, ut temerariis eorum audaciis in fugam conversis fugiant a facie tua confusi, non ausi brachium tue potentie expectare. Te enim pre ceteris (*fol. 19* ᵛ) mundi regibus timent hii et omnes alii, credentes semper videre in te Karolum et Pipinum ᵇ) et in tuis militibus Oliverium et Rolandum. Quorum sanguinem non ab eo degenerans effusum pro dilatatione fidei christiane, requiras viriliter inter ipsius inimicos, honoresque patrem tuum et matrem, si longevus esse volueris, quod tibi concedat dominus, si bene feceris super terram.

c. 30. O Anglie, Aragonum et Yspanie reges illustrissimi, novelle olivarum in circuitu mense patris vestri, iuventutis vestre florem dantes Deo, ut hunc fructificare faciat, virium vestrarum primitias ad defensionem sancte ecclesie, matris vestre, viriliter exponatis. *Sie, die Jungen, sollen den Alten ein Beispiel sein; sollen sich nicht durch falsche Briefe der Ketzer abwendig machen lassen.*

c. 31. *An die zaudernden Ritter etc.* (*fol. 20*). . .

c. 33. (*fol. 20* ᵛ). *An die Praelaten:* Est enim melius, prout scitis, unumquemque partem bonorum suoru n expendere in prosecutione sue cause, quam causa amissa per avariciam bonis omnibus spoliari, et esset ᶜ)

a) *Am Rande korrig.*
b) *ms.* pupinum.
c) *ms. folgt* que.

expedicius forsitan ad tuitionem ecclesie vasa aurea et argentea in stagnea commutari, quam ea, nulla vobis de hiis relicta memoria, a vestris inimicis auferri, cum princeps ipsorum, ut alter Nabugodonosor, a Roma de ecclesia sancti Petri et multis aliis iam plurima, prout dicitur, asportarit.

c. 34... Et si, quod absit et futurum esse non possum credere ullo modo, ipsum dominum nostrum papam contingat, antequam inimici sui malum suum finem acceperint, carnis viam ingredi universe, de successore suo confestim eadem die, si potestis, ne ad faciendum errorem novissimum peiorem priore inimici *(fol. 21)* predicti in suum antipapam nullum confirmando vos consentire per deceptivas regum et principum huius mundi deprecationes, persuasiones et litteras quasi cogant, quod aberit per Dei gratiam, procuretis.

c. 35. Tu vero, sanctissime pater, Dei vicarie et Petri successor, unice et vere papa noster Iohannes, non mireris, si te odiunt mali homines, quia magistrum tuum et nostrum, dominum Iesum Christum ac sanctos predecessores tuos priores te odio habuerunt *etc*... Non mireris etiam, si te non iuvent tui filii tam cito, ut deberent, quia audientes fore mala nunc in mundo a seculo inaudita, quasi in extasi positi, quid agant ignorant *etc.* . . . *(fol. 22)* . . . Postremo vero et ultimo converti et converto me orphanum, temporali utroque parente nudatum, ad te, unicum post Deum patrem meum, sanctitati tue supplicans humiliter et devote, ut hoc primum filioli tui opusculum, licet prolixum appareat, tamen respectu multimode sue materie que non potuisset adeo lucide comprehendi sub brevibus, multum parvum, digneris, pater mi, recipere ... non credens me tibi loquendo uti presumptuose, sed solum ad confusionem predicti antipape numero singulari. Te enim esse confiteor, prout pluries confessus sum, unicum nostrum papam, verum Dei in terris vicarium etc., iactans in te post Deum . . . cogitatum meum, ut me enutrias et tibi derelicto pauperi michi pupillo et orphano sis adiutor, precipiens si placet me ianuas tuas ingredi et sacro tuo conspectui, qui ut Dei speculum ipsum representat in enigmate, presentari, processum hunc, licet finiat in carta, nundum finitum in verbis, que non publicanda omnibus tibi reservo dicenda, in te tunc conclusurum, prestante domino Deo nostro, cui sit honor et gloria.

Tibi pax et reverencia ac nobis humilitas et obedientia per omnia secula seculorum. Amen.

Explicit liber de commendatione sanctissimi in Christo patris et domini nostri, domini Iohannis, divina providentia pape XXII., et reprehentione inimicorum ipsius. Deo gratias.

Fol. 23. enthält aufgeklebt einen Pergamentstreifen folgenden Inhalts :

Supplicat Sanctitatem vestram Lambertus Guerrici de Hoyo, clericus

Leodiensis dyocesis, quatinus cum in libro quem de honore vestro composuit et alibi vestros publicando processus fuerit scriptor vester et desideret semper esse, sibi specialem gratiam facientes eidem de officio
scriptorum penitenciarie vestre dignemini providere, certo si quis sit
ipsorum scriptorum numero non obstante, maxime cum per totum fere
orbem et specialiter in dyocesi, de qua extitit oriundus, sint adeo collationes occupate, quod si sibi provideretis sub expectatione, spes incerta
boni a casu futuri eidem afflicto adderet afflictionem potius, quam levamen.

X.
Compendium maius octo processuum papalium.
Aus: Burgh. 86, fol. 165—171ᵛ.

Compendium maius octo processuum papalium cum quibusdam allegacionibus catholicis contra Ludovicum Bavarum maleseductum, ecclesie
sancte persecutorem publicum, et eius fautores factorum, ad laudem Christi
et honorem ipsius ecclesie sancte in Romana curia fideliter compilatum.
Minus est implicitum, ut patebit.

Scribit propheta: *Misericordiam et iudicium cantabo tibi, domine*¹ etc.
Et idem: *Misericordiam et veritatem diligit Deus* ²) etc. Eciam secundum
philosophum duobus litigantibus amicis sanctum est honorare veritatem,
scilicet ad hec finaliter, ut dum misericordia et veritatis persuasio non
curatur, veritatis iusticia et recte racionis iudicium dominetur. Idcirco
ego... ecclesiasticus quidam, virtute parvulus, pio celesti domino notus,
ut ecclesiastica misericordia et veritas ac iudicata iusticia et recta katholica racio sanctissimi patris domini Iohannis pape XXII. ᵃ) in hiis processibus
et sentenciis contra Ludovicum Bavarum, maleseductum, olim ducem Bauwarie et in Romanorum regem discorditer quidem electum, ecclesie sancte
ac dicto patri et per consequens Christo domino, ut sequitur, rebellem
excommunicatum insuper et privatum, que vere dolenter scribo, necnon
contra eius auxiliarios, consiliarios et fautores factis et latis, quamvis
multis pateant, adhuc tamen pro communi catholico bono multis pluribus
patefiant; et ut eiusdem veritatis detractioni periculose, cui eciam multi
garruli dictorum processuum et sentenciarum ac veritatis ignari vagisque
rumoribus et fabulis frequenter intenti temere innituntur, aliqualiter adi-
matur facultas, cum huiusmodi catholicam veritatem non expediat ignorare, cumque affectata ignorancia culpam habeat et talis ignorans sit
eciam ignorandus secundum apostolum ad Cor. XIIII°): noticiam meam
quam de dictis misericordia, veritate et iusticia ac de ipsis processibus
et sentenciis in Romana curia, tam in scolis, quam extra, per multos annos
percepi, vidi et audivi, sub quodam compendio, cum ipsorum processuum
et sentenciarum totalitas prolixitatem, que tam faciliter haberi non posset,
contineat satis magnam, aliqualiter pandam et manifestabo sincere, ad-
dendo eciam seu allegando tanquam catholici boni fautor et auctoritat
eiusdem ᵇ) apostoli suffultus, scribentis ad Thimotheum VI° ¹): *Certa bonum
certamen fidei* etc.. de sancta papali auctoritate et ecclesiastica obediencia
ad animarum salutem necessaria, ut et sequitur ex scriptis et canonibus

---

a) *Später eingeschoben.*
b) *Uebergeschrichen.*
1) Ps. 100, 1.
2) Ps. 83, 12.
3) I. Corinth. 14, 38.
4) I. Timoth. 6, 12.

sacris, huic materie, in qua modo heu ¹) maius vertitur periculum, quedam
bene congruencia et utilia, prout spero, addiciones eciam huiusmodi in
locis suis a beatis ipsorum processuum verbis eciam in scriptura, modo
et forma, quantum conveniencius potero, distinguendo.

Ut autem effrena lingua scismatici seu heretici detractoris non
habeat, in quem figat, qui eciam sic ad pacienciam compulsus considerare
forsitan incipiat dictam catholicam veritatem, ideo supersedi ad presens
exprimere nomen meum, celestis quoque patris sincere invocata pia gracia,
qui abscondidit hec a sapientibus et prudentibus et revelavit ea parvulis,
ut beati Mathei XIⁿ caⁿ. ¹), videlicet fidem, confessionem et obedienciam
sanctas beati Petri apostoli precipuas et aliorum apostolorum Dei, Christo,
ipsius vivi Dei patris filio, habitas et factas humiliter ac constanter, quas
et ipse eiusdem Math. XVIᵒ ᵇ) commendavit dicens³): *Beatus es, Symon
bariona, quia caro et sanguis non revelaverunt tibi, sed pater meus qui in
celis est* etc. Qui pater celestis, non eciam caro et sanguis verisimiliter
suo modo abscondere et revelare videtur veraciter ecclesiasticam fidem,
recognicionem et obedienciam sanctas de summi sancta auctoritate ipsius
beati Petri suorumque successorum ᶜ) et papalis dignitatis, pleni videlicet vicariatus Iesu Christi, ab ipso Christo, eiusdem vivi Dei patris filio,
in persona et fide ipsius beati Petri, ut sequitur, firmiter instituti ᵈ). Ad
cuius quidem filii precipue laudem, eius beati previcarii et sancte ecclesiastice obediencie dignam extollenciam, (oportet enim per huiusmodi obedienciam, ut sequitur, acquiri regnum Dei, quod per inobedienciam est amis-
sum secundum beatos Augustinum, Gregorium et Bernhardum), meorum-
que peccaminum remissionem saltem aliqualem, quia zelus domus Dei
graciose comedit me; presentis compendii ecclesiasticum negociolum con-
fidenter in ipsius domus Christo domino sum agressus. Et tanquam facti
considerator et narrator ac aliqualiter cognitor, cum dictos processus et
sentencias omnes bullatos viderim et eorum copiam habuerim subnotare,
decrevi pro informacione ignorancium ea studiosius que secuntur. Non
curetur itaque, ut et supra, quis vel qualis nomine scribat, sed fideliter,
qualia sint que scribat, salva tamen precipue in ipsis omnibus et singulis, si opus fuerit, quod absit, sancte apostolice sedis correccione
sincera et iudicio sacrosancto. Insuper quecumque hic ex parte mei
scripsero, scribere non intendo tanquam sentenciando vel diffiniendo, sed
tanquam insinuando et narrando et ad bonum catholicum quoslibet, sed
predilectos compatriotas Alemannos precipue, in domino exhortando.

a) *Uebergeschrieben.*
b) *Am Rande:* in prima ipsius beati petri precipue.
c) suorumque successorum *am Rande.*
d) *ms.* instituta.
1) Matth. 11, 25.
2) Matth. 16, 17.

Explicit prohemium, incipit hystoria processuum
cum allegacionibus, qui maiori et minori litera di-
stinguuntur.

Anno itaque nativitatis dominice Millesimo Trecentesimo Vicesimo
Tercio, anno vero pontificatus sanctissimi patris, domini Iohannis pape
XXII. VIII°, dum Ludovicus Baurus ¹) maleseductus, olim dux Bauwarie
et in Romanorum regem in discordia electus, contra multorum antecessorum suorum illustrium et prudentum, in reges huiusmodi eciam in concordia electorum, debitum morem, dicte discordis electionis sue a sancta
apostolica sede ª), Romanorum regni ac eciam imperii auctoritate divina
domina et magistra, ut orthodoxis catholice fidei constat et in presenti opos-
culo aliqualiter continetur ᵇ), approbacione non obtenta, insuper debite nec
petita, ut sequitur, dicto regali titulo et amministracioni bonorum et
honorum regni et imperii predictorum se, ut et aliquamdiu antea in-
gesserat, indifferenter et largius ingereret ac preiudicialius ecclesie sancte,
tam in Alamania, quam Ytalia, notorie et temere inmisceret, prefatus
pater sanctissimus, tamquam is ᶜ), cuius interfuit, quia in dicta sede pleno
vicariatui Christi, cuius est terra et plenitudo eius, ut eciam dictus propheta
Ps. XXIII⁰ ᵈ) commemorat, et iuxta Apoc. XIX. c. scriptum est³): *Et* ᵈ) *agnus*
vincet illos, quoniam dominus dominorum est et rex regum etc.; et secundum apostolum ad Hebr. 1. c. ⁴) ipse Christus dicitur *heres universorum, per*
quem facta sunt et secula etc., solus seu precipuus presidet, ut sequitur. Et
de se ipso dominus post resurrectionem suam Math. ult. c. ⁵) dicit: *Data est*
mihi omnis potestas in celo et in terra etc.; et si omnis, ergo tam temporalis quam spiritualis, tam divina quam humana. Quam tamen potestatem
omnem antea secundum deitatem non minus habuit, iuxta illud beati Ana-
stasii⁶): *Omnipotens pater, omnipotens filius* etc. Et dictam potestatem
totalem in ecclesia iure commissario habendam dominus ante passionem
suam beato Petro apostolo, pape primo, promisisse legitur, quando iuxta
ewangelium beati Mathei XVI° ⁷) predictum discipulis a domino interrogatis:
Vos autem quem me esse dicitis? ipse Petrus pre ceteris apostolis firmiter

a) *Im ms. folgt rot:* Addi = addi(cio); *so stets im Folgenden vor den
kleingedruckten Stellen.*

b) *Im ms. folgt rot:* Cio = (addi)cio; *so stets im Folgenden am Ende
der kleingedruckten Stellen.*

c) *Dazu die gleichzeitige Randnote:* Hic notandum pro iure papali
et de institucione apostolice dignitatis.

d) *Loch im Pergament.*

1) Ueber die Form Baurus vgl. Matthias Neoburg, Böhmer-Huber, Fontes IV 227.

2) Ps. 24, 1.

3) Apoc. 19, 17.

4) Hebr. 1, 2. 3.

5) Matth. 28, 18.

6) *lies:* Athanasii, vgl. Migne P. Gr. 26, S. 79.

7) Matth. 16, 15. 16. 18.

credens respondit: *Tu es Christus, filius Dei vivi,* cui eciam Dominus simpliciter respondisse legitur: *Et ego dico tibi, quia (fol. 166) tu es Petrus et super hanc petram edificabo ecclesiam meam,* idest super ipsius Petri fidem et confessionem firmam de ipso Christo, vivi Dei filio originali quidem seu principali ecclesie sue fundamento, ut sequitur, tunc pre ceteris clare factam, ut et sacri canones volunt XXII° d. c. *Omnes* et c. sequenti [1]. Sic et alibi quibusdam a Christo recedentibus ipse Petrus pre ceteris firmus dixit: *Domine, ad quem ibimus? verba eterne vite habes,* Iohannis VI° [2] etc. Quam eciam fidem et confessionem firmam de Christo quemlibet papam cum ipso Petro habere precipue presumendum est, ut XC IIII q. 1. c. *Quia ex sola* [3] secundum beatum Gregorium, et XXV. q. 1. *Divinis preceptis* [4] etc. secundum beatum Leonem. Cum eciam in pari auctoritate, ut beatus Petrus fuerat, iuxta dictorum canonum sacram tradicionem quilibet verus papa sit generalis vicarius Iesu Christi, ut et XXIIII. q. 1. c. *Hec est fides* [5] etc. et de translat. c. penult.[6]) a). Item in dicto ewangelio XVI [7] eidem Petro similiter et soli dicitur: *Quodcumque ligaveris super terram, erit ligatum et in celis* etc. In quo quidem verbo generali *quodcumque* etc. expresse apparet ipsum Petrum solum, ut supra, generalem iurisdiccionem ordinariam habiturum et dicte ecclesiastice edificacionis promissionem post resurreccionem suam complevit, dum iuxta ewangelium beati Iohannis XXI° c. [8] eciam ipsi Petro precellenter ac triplicata vice dixit: *Pasce agnos meos,* indistincte, scilicet omnes, et iterum: *Pasce agnos meos,* et tercio: *Pasce oves meas* etc.; et extra. de electione c. *Significasti* [9] etc. In quibus omnibus continetur palam dicte potestatis et vicariatus firma commissio ipsi soli Petro facta, eciam de presenti / Preterea et de facto dicta edificacio cottidie visa est et adhuc compleri videtur, dum ipsa fides et sancta ecclesiastica obediencia firmiter crevit et crescit in cordibus fidelium Christi Dei. Non est enim Dei gracia modo leviter suspendere Petrum, sicut fuerat temporibus primitivis. Preterea Petrus dicitur a petra, petra autem erat Christus secundum apostolum ad Corinthios X [10]. Itaque Petrus convenienter dici poterit petra petre Christi seu fundamentum fundamenti Christi, passive vero, non active, videlicet non quod Petrus sustentet Christum, sed quod Petrus sustentetur a Christo immediate; et per consequens ab eis tamquam ab uno, differenter tamen, ut sequitur, sustententur omnia alia ecclesie fun-

a) *Am Rande.* — *Am rechten Seitenrande:* hic notandum de paritate auctoritatis cuiuslibet veri pape sicut sancti Petri.

1) c. 1. u. 2. dist. 22.
2) Joh. 6, 68.
3) lies c. 22. C. 24. q. 1.
4) c. 2. C. 25. q. 1.
5) c. 14. C. 24. q. 1.
6) c. 3. X. de transl. (1, 7.).
7) Matth. 16, 19.
8) Joh. 21, 16. 17.
9) c. 4. X de elect. (1, 6).
10) 1. Corinth. 10, 4.

damenta, de quibus psalmista ¹) : *Fundamenta eius in montibus sanctis* etc.
Unde fundamentum Petri non est aliud a fundamento Christi, sed tamquam
unum et idem, diminutive tamen, scilicet ut originale, et accessorium seu
principale et commissarium loco sui, ut supra et ª) de translat. c. penult.
Preterea quis fidelium Christi Petrum fundamentum ecclesie sue fore negaret, cum Christus ipsam ecclesiam super eum edificandam tam simpliciter
affirmaret, dicendo : *Tu es Petrus et super hanc petram edificabo ecclesiam
meam* etc. ²) ubi supra b). Alioquin ipso Petro pro fundamento ecclesie a
nobis non coassumpto seu non concesso, quod et nonnulli perfidi iam c)
dicunt, evacuari et frustrari videtur dictum verbum dominicum : *Tu es Petrus*
etc., quod apud catholicos merito est absurdum. Quare enim dominus illa verba :
Tu es Petrus expressisset ad precedencia verba Petri, nisi et quod sequitur,
scilicet: *Et super hanc petram edificabo ecclesiam meam*, ad eundem Petrum
referre eciam voluisset ? Unde d) et addidit : *Quodcumque ligaveris* etc. ut
supra. Item cum Christus illud fundamentale nomen, scilicet Petrus, quod eciam
a petra naturali fundamento similitudinarie dici potest, ipsi Petro, qui et ante
Symon vocabatur, notabiliter attribuit seu nominando approbarit, merito beatus
Petrus ex dictis racionibus cum Christo domino modo quo supra fundamentum est et dicitur ecclesie sue sancte. Preterea e) et Christus dominus beato
Petro singulariter (*fol. 166 v*) et soli modo predicto dixisse reperitur : *Tu vocaberis Cephas,* quod et Grece interpretatur caput, latine caput, scilicet loco
ipsius Christi omnium fidelium ecclesie sancte et per consequens eius successores, ut supra et de translat. c. penult. Ideo autem soli, ut ecclesia militans
conformaretur triumphanti, in qua eciam non est dare, nisi caput unum,
iuxta symbolum apostolicum : *Credo in unum Deum,* et postea: *Et unam
sanctam catholicam et apostolicam ecclesiam* etc., unitate scilicet et soli-
tate dignitatis, non persone tantum, ut XXIIII. q. 1. c. *Quodcumque* ³) secundum beatum Augustinum et c. *Hec est fides* ⁴). Alioquin ipso Petro iniuriose occiso fuisset Christi commissio quasi frustra et eius vicariatus ex-
pirasset, quod credere catholice senciendo, cum Christus fuerit et sit rex
regum et dominus dominorum et eius regni non sit finis, ut supra, et eciam
cum dixerit se cum apostolis et eorum sequacibus usque ad consummacionem
seculi permansurum, ut beati Mathei ultimo capitulo ⁵), non solum videretur
hereticum, sed et stultum./ Nec in prefato symbolo aliquod exprimitur imperium, licet scismatici et heretici multi nunc imperium ecclesie sancte tanquam lunam soli, corpus anime et transitorium perpetuo erronee preferre

a) Supra et *eingeschoben.*
b) *Am Rande nachgetragen.*
c) *Eingeschoben.*
d) unde *bis* supra *am Rande.*
e) *Am Rande :* hic notandum de unitate capitis ecclesie sancte universalis.
1) Ps. 86, 1.
2) Matth. 16, 18.
3) c. 6. C. 24. q. 1.
4) c. 14. ib.
5) Matth. c. 28, 20.

nitantur, nec in acepholam credendum ecclesiam, ut et quidam curiosi nunc volunt, papa quasi postposito et non curato, cum et· hoc esset evacuare ewangelium Christi de quo supra: *Tu es Petrus*, et XXIIII° q. 1. c. *Quia ex sola* etc., *Hec est fides* etc. ¹) Item gladius temporalis fuit in manu beati Petri, dum Christus dominus Io. XVIII²) dixit ei: *Mitte gladium tuum in vaginam* etc. Licet enim eiusdem gladii exercicium sibi tunc prohibitum videatur, ei tamen gladii possessio non aufertur. Dictum enim est sibi *gladium tuum*, ut patet a). Item ecclesia est una ad instar et similitudinem unice arche Noe ecclesiam sanctam congrue figurantis. Sicut enim in ipsa archa omnes tunc a diluvio salvandi erant inclusi et in ea fuit Noe unicus gubernator, sic in ecclesia sancta est unicus in potestatis plenitudine vicarius Iesu Christi et eciam in ea inclusio dumtaxat perpetue salvandorum, ut XXIIII. q. 1. c. *Quia ex sola* etc. ³) ut supra, et de summa trinitate c. 1.⁴) et in extravagante Bonifacii VIII, que incipit: *Unam sanctam ecclesiam* etc. ⁵).
Alia tamen dignitate qualibet inferiori in gradu suo eciam b) permanente. Memoratum Ludovicum in dictis processibus bullatis, ostiis ecclesie Avinionensis ad instar albi pretoris publice affixis, cum alias ad eum huiusmodi moniciones et processus tute non potuissent aliqualiter pervenire, primo, videlicet Octavo Idus Octobris anno predicto in processu qui incipit ⁶): *Attendentes, quod dum errori non resistitur* etc. ammonuit publice diversarum mundi parcium presente multitudine hominum copiosa, ei de venerabilium in Christo patrum prefate ecclesie sancte cardinalium consilio sub virtute obediencie sancte et sub excommunicacionis late sentencie pena et medicinaliter iniungendo, ut ab huiusmodi gestis per eum indebite attemptatis, videlicet a regalis tytuli assumpcione et Romanorum regni ac imperii amministracione predictis infra trium mensium terminum peremptorium et bene sufficientem, si obedire catholice voluisset, prorsus desisteret, ut deberet, et attemptata eciam revocaret pro posse, quousque et si⁷) dictam eius eleccionem per ipsam sedem, per quam eciam a Grecis rebellibus seu remissis olim in Germanos translatum fuerat, contingeret approbari. Sic quoque satis notabiliter innuerat eciam idem pater sanctus, ut ipse Ludovicus Baurus pro huiusmodi approbacione sua apud dictam sedem merito insisteret, ut deberet.

Iniunxit eciam ipse pater eidem seducto B. sub pena prefata districte, ut a fautoria (fol. 167) et defensione quorundam hereticorum in casu heresis extra presentem imperialem materiam ut sequitur a suis competentibus iudicibus

a) Item *bis* patet *am Rande*. *Vorher nach* fides etc. *ein langer Strich*.
b) *Eingeschoben*.
1) c. 22. u. 14. C. 24. q. 1.
2) Joh. 18, 11.
3) c. 22. C. 24. q. 1.
4) c. 1. X. de summa trinit. (1, 1).
5) c. 1. Extrav. comm. (1, 8).
6) Martène et Durand, Thesaurus Novus II 644 ff. M. G. Const. V, 2 nr. 792.
7) M. G. l. c. p. 618, 24: *nisi et quousque*.

sentencialiter condempnatorum, scilicet Galeatei et quatuor fratrum suorum, filiorum dampnate memorie Mathei de Vicecomitibus de Mediolano, ac de quibusdam aliis scismaticis ipsius ecclesie rebellibus condempnatis, ut et sequitur cum quibus omnibus rebellionis partem fecit, omnino desisteret, ut deberet./ Qui quidem Matheus dum vixit, inter alia sua scismaticalia erronea resurrectionem carnis heretice ᵃ) negabat, vel super ea scrupulum dubietatis in corde gerebat ¹); ipsius quoque Mathei aviarum una, propter heresim contra claves ecclesie predicte commissam canonice condempnata, tradita fuit incendio per iudicium seculare. Galeateus vero predictus de eadem heresi eciam suspectus insuper spiritum sanctum in persona cuiusdam mulieris Guilhelmina nomine credidit seu tamen asseruit incarnatum; propter huiusmodi enim assercionem hereticam Manfreda mulier tunc, dictis Matheo et Galeateo linea consanguinitatis propinqua, et ipsa Guilhelmina sentencialiter condempnate tradite fuerunt iudicio seculari et in invicem concremate. Ipse quoque Galeateus propter eandem heresim captus fuit, sed per dicti dampnati patris sui tunc tyrannicam potenciam de captivitate inquisitorum ereptus. Ipsius quoque Galeatei fratres predicti de heretica pravitate fuerunt similiter condempnati, prout hec in dicti patris processu qui incipit: *Cogit nos temporis qualitas* etc.³) sub X. Kal. Aprilis anno predicto specialiter et melius continetur ᵇ). Inhibuerat eciam idem pater sanctus dicti B. ad premissa consiliariis, auxiliariis et fautoribus universis et singulis cuiuscumque status et condicionis essent, eciam si pontificali vel regali dignitate fulgerent, sub virtute dicte obediencie sancte ac sub excommunicacionis in personas, suspensionis in officia et beneficia et interdicti in terras, ac insuper privacionis beneficiorum et feudorum suorum penis districte, ne sibi in premissorum aliquo, tam in hereticorum fautoria, quam occasione regni et imperii predictorum intenderent aut parerent, nisi et quousque dictam eius eleccionem et personam ut supra per ipsam sedem contingeret approbari. Eos insuper universos et singulos, qui dicto Ludovico in premissis vel aliis regni seu imperii regimen tangentibus se fidelitatis seu cuiuslibet alterius generis astrinxerant iuramentis, tanquam illicitis, que tali ante approbacionem suam prestari non debuerant nec servari poterant sine detrimento salutis eterne, absolvit. Cum iuramentum iniquitatis vinculum esse non debeat, ut extra de iureiurando. c. *Quanto*²), sed eius pocius repulsivum et catholice iusticie firmativum ᶜ).

---

aⱼ *Uebergeschrieben.*

b) *Am Rande*: Hic notandum de inhibicione generali tam episcopis quam regibus facta propter Baurum.

c) *Am Rande*: Hic de secundo processu et de litigioso procuratorio Bauri ad dominum papam missam.

1) Zum Folgenden vgl. Frati im Arch. Stor. Lomb. 15 (1888), S. 241—258, G. Jorio in Riv. Abbruzese di Teramo X (1895), S. 353; F. Tocco in Rendiconti della R. Accad. dei Lincei, cl. di sc. mor. stor. e filol. ser. V, vol. VIII. Roma 1899, S. 309 ff. 351 ff. 407 ff. 437 ff; Atti della R. Accademia dei Lincei a. 1900, ser. V. vol. 8, Roma 1903, S. 3-32; und Arch. Stor.. Ital. 1901.

2) Vgl. Raynald, Ann. 1324, n. 6, u. Tocco l. c. Atti p. 30 n. 1. vgl. M. G. Const. V, 2, nr. 881.

3) c. 18. X. de iureiur. (2,24).

Quamvis autem prefatus seductus Ludovicus Baurus circa predicte monicionis terminum finalem, scilicet IIIIº Nonas Januarii anno prefato, quosdam suos procuratores et nuncios honestos ad dictam sedem et patrem sanctos misisset, tamen illi non fuerunt ad hoc missi nec eciam constituti, ut dictam approbacionem nomine ipsius B. peterent et eidem sedi eius debitam obedienciam nunciarent, ut quidem multi dicti sancti patris emuli aut veritatis ignari fingere iam videntur, sed magis ut contrarium reportarent, videlicet (*fol. 167 v*) ut dicte monicionis et processus terminus prefato eorum domino in tantum prorogaretur, quod posset se, causas et iura sua de iure defendere et se de iusticia eciam adiuvare necnon de reformando in statum debitum, si forte in aliquo excessisset, maxime cum dictus terminus, ut asseruerant, quamvis trium mensium, ut supra, contineret spacium, sibi fuisset artus nimium atque brevis, addiciones eciam inter cetera, salvo in omnibus iure suo, subiungentes, eciam quasi sub condicione intencionem dumtaxat obediencie sue tunc demum faciende sanctis patri et ecclesie supradictis. Estimabat quoque ipse Ludovicus B. pro inconvenienti, quod ipsa ecclesia contra eum non citatum vel monitum taliter processisset, cum tamen dictus processus primus monicionem expresse contineat, ut supra, et super excessu notorio habitus fuerit diu antea pridie Kal. Aprilis pontificatus ipsius patris anno primo in processu qui incipit: *Si fratrum et coepiscoporum nostrorum* [1]) etc. modo predicto sub excommunicacionis et interdicti penis auctoritate prelibata generaliter prohibente scilicet, ne quis imperio vacante, sicut et tunc et nunc vacare dinoscitur, cum prefatus seductus B. ad hoc, ut et sequitur, heu, reddidit se indignum, de alicuius imperialis officii titulo aut eius potestatis vel iurisdiccionis exercicio sine sue vel apostolice sedis licencia se intromitteret aut sibi de novo illud assumeret publice vel occulte. Qui processus dicte ecclesie Avinionensis ostiis similiter publice affixus fuerat, prout supra, unde hec specialis monicio seu monicionis terminus contra dictum Baurum facta, ut videtur, necessaria non fuit, sed paterna pocius atque pia. Dicte quoque procuracionis series in ipsius Ludovici B. procuratorii et supplicacionis copiasecunda ª) predictorum processuum inserta de verbo ad verbum continebatur expresse.

In cuius quidem procuratorii supplicacionis verbis, scilicet quo ad allegacionem ᵇ) iuris defendendi se, causas et iura sua, ac insuper quo ad protestacionem predictam, videlicet de iure suo salvo, concludebatur notabiliter, ut et per modum apparuit et iam apparet evidenter, prefati seducti B. contumacie principium, rebellionis medium et scismatis conclusivum. Cum tale ius, scilicet non petendi approbacionem predictam et per consequens se in regem huiusmodi intitulandi directe dictaque bona sine approbacione libere amministrandi, electo huiusmodi non competat, nec ipsi Ludovico B., tunc in discordia eciam electo, omnium superiorem catholice

a) *ms.* secundo.
b) *ms.* allegatam.
1) Martène et Durand II 641 ff. M. G. Const. V, 2 nr. 401.

senciendo, videlicet dictum patrem sanctissimum auctoritate utique habenti aliqualiter competere possit, maxime facta sibi super premissis per ipsum patrem ex causa legitima ut supra a) prohibicione expressa, cum eciam ad dictos Germanos prefatum imperium per ipsam ecclesiam in personam Karoli magni, sancte apostolice sedis defensoris devoti, pervenerit, scilicet per sancte recordacionis summum pontificem Zachariam illud ad eos tanquam divinum dominum seu Christi vicarium transferentem, ut notatur extra. de elect. c. *Venerabilem* 1) b) et plene in Romana cronica2) reperitur, cuius quidem translacionis ius et dominium, si ecclesia non habuisset, nullus postea Latinorum imperatorum iustus et verus fuisset, quia pro non dato haberetur, ut de iure patron. c. *Quod autem* 3), ac eciam iuxta legum civilium raciones, ut ff. de acquir. rerum do. 4) et *C.* qui sui iur. sunt (?)et huiusmodi c).

Dictis tamen seducti B. temerariis scripturis seu literis non (*fol.168*) obstantibus prefatus pater sanctus de apostolice sedis misericordia prefata dicte monicionis seu processus terminum quoad publicacionem penarum, quas propterea incurrerat, et quoad aggravacionem sentencie excommunicacionis predicte contra eum comminate ac in eum eciam racionabiliter late, prout supra, in secundo processu d) incipiente: *Dudum, VIII° videlicet Idus Octobris* etc. 5) sub VII° Idus Januarii anno domini predicto duorum mensium spacio prorogavit. Prefatus vero Ludovicus infra eorundem mensium spacium nec per se nec per alium comparuit nec de iure suo aliquid docuit nec ostendit. Ideo idem pater sanctus, dicto termino secundo sic quasi frustra decurso, ipsum B. et suos in premissis auxiliarios, consiliarios, fautores et paritores quoslibet supradictos in tercio processu e) qui incipit : *Urget nos caritas sponse Christi* etc. X, Kal. Aprilis anno VIII° predicto, 6) de ipsorum eciam venerabilium patrum consilio, exigente iusticia prefata declaravit expresse propter premissa excommunicacionis sentenciam incurrisse, eorum terris, ut et antea, suppositis generali ecclesiastico interdicto. Dictarum quoque excommunicacionis, suspensionis et interdicti penarum absolucionem seu relaxacionem, ut caucius ipse sentencie in posterum servarentur, preterquam in mortis articulo, extunc soli Romano pontifici reservavit. Et licet ipse pater sanctus contra ipsum sic rebellem seductum B. et suos ad hoc consiliarios et fautores, cum a dictis notoriis non desisteret excessibus, tunc eciam de

a) *Eingeschoben:* u. s.
b) *ms.* Per venerabilem.
c) ut ff. *bis:* huiusmodi *am Rande.*
d) *Am Rande:* Secundus processus de prorogacione termini predicti.
e) *Am Rande:* Tercius processus de excommunicacione contra Baurum et citacione sub pena privacionis.
1) c. 34. de elect. X. (1,6).
2) Martini Chron. SS. 22, 426 zu Stephan II.
3) c. 3. de iure patronatus X. (3,38).
4) Dig. 41, 1 De adquir. rer. dominio.
5) Martène et Durand l. c. II 647—651. MG. Const. V, 2, nr. 839.
6) ib. S. 652-660; MG. l. c. nr. 881.

Scholz, Texte.   12

iure et de facto gravius procedere potuisset, tamen ex intuitu prefate misericordie, eciam pro honore et salute ipsius Ludovici B., si benediccionem voluisset, tercium pro ipsius correccione et per consequens promocione, ut sequitur, assignavit in eodem processu pie monicionis et insuper citacionis terminum, scilicet comparandi per se vel per procuratores ydoneos trium mensium spacio protelato. In quo quidem processu dictus pater sanctus scripsit, et pro veritate talis scripture, cum sit ipsius veritatis idest Christi vicarius summus, presumendum eciam vehementer, scilicet quod ipse pater intensis desideriis ᵃ) appeteret, quod dictus Ludowicus B., in Romanorum regem ut predicitur electus et in imperatorem promovendus, a predicto sui erroris periculoso devio desisteret, ut deberet, monuit eum eciam inter cetera sub pena privacionis iuris, si quid ex dicta eleccione haberet, ut prefato suo errori sub autentico testimonio renunciaret expresse ac attemptata, quantum sibi foret possibile, intra dictum terminum eciam revocaret, quousque et si dictam eius eleccionem, ut supra, contingeret approbari; adiungens eciam districte, ut a fautoria et defensione tam dictorum hereticorum Mediolanensium, quam eciam Ferrariensium, videlicet Reynaldi et Opizonis, filiorum nobilis et catholici viri, domini Ildebrandi marchionis Estensis, qui quidem filii fuerunt similiter de heresis labe per suos competentes iudices condempnati, penitus abstineret.

Ipse tamen seductus Ludowicus B. seductorum consiliis induratus, tanti patris sui salutaribus monitis periculose et temere vilipensis, nec per se nec per alium comparuit, dicto tercio termino, quantum in eo erat, eciam delusorie sic elapso. Insuper nec a predictis *(fol. 168 ᵛ)* suis excessibus, scilicet hereticorum fautoria, nec tituli et amministracionis predictorum eciam post expressas inhibiciones prefatas temerario exercicio in aliquo desistebat. Sed ᵇ) se tamquam superiorem in terris non habentem elatum gerebat, et male; cum nec sibi nec alicui antecessorum suorum, eciam verorum imperatorum, Christus aliquam iurisdiccionem aut potestatem ordinatam in scripturis fidelibus per se seu immediate commisisse legatur, sed solum et expresse beato Petro et suis successoribus, ut supra, universalem iurisdiccionem ordinariam seu ecclesiam suam generaliter commisisse ᶜ). Licet enim ᵈ) imperator iurisdiccionem suam divinitus habeat, ut X. d. c. *Quoniam idem* ¹) et XCVI c. *Si imperator* ²) et in autent. *Quomodo oporteat. coll. 1.* ³) et in similibus, tamen hoc premissis obstantibus sane intelligi non potest, quod

a) *Am Rande:* Hic notandum de intensis desideriis domini pape habitis pro correccione B.

b) *Am Rande:* Hic notandum de catholico iure subieccionis imperatoris erga papam.

c) *Am Rande:* Hic ad tacita obiecta responsio.

d) *Eingeschoben.*

1) c. 8. dist. 10.

2) c. 11. dist. 96.

3) Nov. VI. pr.

ipsam iurisdiccionem a Deo receperit inmediate, sed mediante ecclesia sive
papa, qui solus seu precipuus ipsas iurisdicciones, spiritualem scilicet et temporalem, seu generale regimen salvandorum a Christo in personam beati Petri,
ut supra, divinitus et immediate recepit. Sic eciam ecclesia a Deo immediate
privilegiata divinitus consecrat et instituit sacerdotes, ut de sancta trinit. c.
predicto. Preterea sicut Christus Ihesus est in eadem persona duas naturas
habens, sic eciam utramque iurisdiccionem, scilicet divinam et humanam seu spiritualem et temporalem exercuit, ut Ioh. c. II. [1] et eas uni persone, papali scilicet, cum totali ecclesia sua commisit. Officia vero seu exercicia huiusmodi
iurisdiccionum propter effusionem sanguinis temporali gladio adherentem et
propter secularium negociorum distractam curam que temporali iurisdiccioni
incumbit, sancto et religioso sacerdocio non expedientem, discreta sunt proprie
et districta, ut in dicta distinctione *Quoniam idem* etc. in textu et in glossa
sane legitur et habetur. Quod quidem secularis cure officium est a papa per imperatorem, ne superbus in infernum ut antea demergatur, ut eciam ibidem
tangitur, devote et merito suscipiendum, tanquam ab illo cui a Deo ut supra
commissa fuerunt pariter universa. Alioquin ecclesia sancta, Christi sponsa
que est formosa et unica, ut Canticor. 1°: *Nigra sum* etc. et c. VI°: *Una est
columba mea, perfecta mea* a) [2] haberet, duo capita quasi monstrum, quod
credere non esset solum scismaticum, sed et turpe. Nec obstat, quod Christus dixisse legitur Mathei XXII[a a]): *Reddite ergo Cesari* b) *que sunt Cesaris,*
cum certum sit, quod Cesar tunc temporis fuerit incredulus ydolatra, et c)
absurdum christiano credere aut eciam opinari, quod Christus, verus Deus,
ydolatre tali, suo adversario notario et rebelli, superioritatem vel iurisdiccionem aliquam, immo nec ius aliquod voluerit assignare, sed fraudulente
irrogacioni phariseorum et Herodianorum, ut in ipso ewangelio apparet, ac
iuxta confessionem eorum de ymagine et superscripcione nummi ac increduli
et iniqui imperatoris simpliciter factam, quia verus imperator tunc venit ipse
Christus Jhesus, in eorum tanquam in infidelium obstinatorum confusionem
servilem dicta verba: *Reddite ergo Cesari que sunt Cesaris* sic et non
simpliciter respondisse. Unde statim et notabiliter subiunxit: *Et que sunt
Dei Deo.* Quid hoc aliud, nisi: Si vero liberi esse volueritis et Deo grati,
tunc reddite vos et animas vestras que ad ymaginem Dei facte sunt Deo,
Cesari celesti, ad eius videlicet recognicionem et obedienciam debitam venientes; tunc excludemini a iugo dicte servitutis maligne insuper et eterne, ut
Ioh. VIII[a 4]) et d) iuxta illud Matthei XVII[5]): *Ergo liberi sunt (fol. 169) filii
regum* etc., et sic celestis regis filii precipue/Preterea non e) solum non licere,

a) *Am Rande.*
b) *Am Rande.*
c) *Eingeschoben.*
d) *Am Rande.*
e) *A. Rande:* Racio catholica, quare enim expedit laycum imperare per se.
1) Joh. 2, 15—17.
2) Cant. cant. 1, 5; 6, 8.
3) Matth. 22, 21.
4) Joh. 8, 32.
5) Matth. 17, 26.

immo nec fidei catholice et ecclesie sancte a Christo celesti doctore institute
et sanctorum suorum scripturis illuminate profunde expedire poterit, quod
imperator laycus illam regat vel per se iurisdiccionem in ipsam exerceat aliqualem, quia et multi eorundem imperatorum, eciam christianorum, sed
scismaticorum temporibus primitivis propter ipsarum scripturarum ignoranciam et eorum tyrannicam potenciam in hereticorum perfidiam prolapsi,
sancte matris ecclesie unitatem sepe fuerunt impugnare conati, ut LXIII.
d. c. *Quia sancta Romana* etc. [1]). Prelatos eciam et personas ecclesiasticas
eorum aliqui capere presumserunt, ut de quondam Friderico imperatore de-
posito, de sen. et re iud. c. *Ad apostolice* l. VI.[2]) continetur expresse. Res quoque
ecclesiarum Deo et ministris eius dicatas tanquam suas temere sepius rapuerunt, ut et specialiter quidam dampnati heretici de quibus sequitur, dicti
B. modo seductores consiliarii, tanquam ecclesie sancte degeneres et illegi-
timi filii, hoc fore licitum publice asseruerant/ Rebelles eciam obiciunt, videlicet imperator prius fuit quam papa, ergo pocior est in iure. Sed hec obiectio
est rudis et dupliciter defectiva sive falsa. Primo constat enim, quod figuris
anterioris status cessantibus sacrum et a) verum imperium et perfectum
sacerdocium ad directam salutem fidelium tendencia a Christo, incarnato Dei
filio, qui et amborum actum exercuit, ut Ioh. II[3]) et Matth. XXV[4]) b), processerunt et beato Petro, suo generali vicario, ut supra, pariter commissa
fuerunt. Secundo, quia sacerdocium generaliter sumptum non incepit a beato
Petro, sed sacerdocium Leviticum, quod a Deo fuit cum lege Moysi primitus
datum, translatum fuit in ipsum Petrum secundum beatum Augustinum et
extra De constitut. III. c. [5]) in textu et in glossa. Preterea ruditer petunt
rebelles predicti, quare papa seu ecclesia hanc potestatem non allegaverit et
exercuerit temporibus primitivis. Quorum causa per predicta est eciam satis
patens, quia constat per ipsa, quod hoc non fuit ex defectu iuris, sed facti
et potencie temporalis, videlicet propter cecam et incredulam rebellionem
ac iniuriam perverse gentis, eciam ipsi Christo domino blaspheminose antea
factam, de quo Ioh. 1[6]): *In propria venit et sui eum non receperunt* etc.,
et per consequens beato Petro suo vicario, ut constat, generaliter tunc vi-
gentem. Nunc vero secus et melius Dei gracia disponente. Quod c) et tunc
et nunc sic debere fieri, Christus in parabola illa sancta : *Homo quidam fecit
cenam magnam* etc., Luc. XIIII[7]) lucide indicavit. Dum enim pater familias
familie dixit : *Ite ad invitatos et dicite, quod veniant* etc., hoc significat
statum primitive ecclesie que tunc de facto impotens erat, et pauci eam
intrare voluerunt ; et secundario similiter. Finaliter vero sequitur in eodem

a) s. e. *eingeschoben.*
b) *Am Rande mit Verweis.*
c) *Am Rande:* Hic notandum de ecclesie potestate successiva.
1) c. 28. dist. 63.
2) c. 2. in Vlto. de sent. et re iud. (2, 14).
3) Joh. 2, 15-17.
4) Matth. 25, 31-83.
5) c. 3. X de constit. (I, 2).
6) Joh. 1, 11.
7) Luc. 14, 16-24.

ewangelio: *Ite et compellite intrare* etc., *ut impleatur domus mea*. Quod
verbum *compellite* significat statum moderne ecclesie per multitudinem orthodoxorum fidelium, eciam regum et principum, fortificate. In qua quidem christiani heretici quasi claudi et ceci in fide ac rebelles temerarii excommunicati
vocati et moniti sanctam ecclesiasticam obedienciam a Christo institutam,
ut supra, intrare nolentes sunt zelo fidei et salutis animarum ipsorum per
superiores, quantum in eis est, utique compellendi secundum ipsum Augustinum expresse, XXIII. q. IIII c. *Displicet tibi, quod traheris* etc. [1]) circa
finem; qui ibidem sic scribit: *Quemadmodum de hiis qui primum (fol. 169 v)*
venerant, dictum est . . . Introduc eos, nunc dictum est compellite.
Ita significata sunt ecclesie primordia adhuc crescentis, ut essent vires a)
et compellendi, scilicet in futuro. Quomodo autem humane loquendo ecclesia temporales tyrannos et potentes hereticos ac rebelles excommunicatos
compelleret, nisi in temporalibus et super temporalia eciam potens esset
saltem dominio universali, et merito, quia domini est terra etc., ut supra,
et Christus eciam fuit heres universorum, ut supra, et ei facta fuit iniuria,
ut et supra; et iuxta illud Ierem. 1. c. [2]) Samueli prophete, David regem
eciam ungenti, primitus dictum et papalis dignitatis specialiter figurativum:
Ecce constitui te hodie super gentes et regna, ut evellas et plantes,
destruas et edifices etc. Insuper contra dictos olim incredulos tyrannos
et post et nunc christianos hereticos ac rebelles excommunicatos invenitur Matth. X. c. [3]) expresse dominus statuisse, eos videlicet non debere
timeri scilicet b), quod scismaticam obedienciam, qui corpus possunt occidere,
animam autem nequaquam, sed pocius econtra. Contra quos rebelles christianos excommunicatos specialiter et directe eciam facit illud dicti Matthei XVIII. c. circa finem [4]): *Si frater tuus ecclesiam non audierit, sit*
tibi tamquam ethnicus et publicanus etc. Et ad idem secundum beatum
Ambrosium XXIII. q. IIII. c. *Est iniusta misericordia* [5]) etc. et XXIIII.
q. I. c. *Cyprianus Magno filio* etc. [6]). Et sic incredulus et hereticus
christianus ac rebellis excommunicatus in hoc casu ambulant pari passu.

Ideoque dictus pater sanctus ipsum sic seductum Ludovicum B., sepe
monitum et notorie rebellem excommunicatum, iure, quod sibi ex
dicta eleccione compeciit, auctoritate divina prefata tunc in quarto processu c) qui incipit: *Sicut ad curam periti medici pertinet* etc. [7]) anno

a) *Eingeschoben.*
b) *Eingeschoben.*
c) *Am Rande:* Quartus processus de privacione iuris eleccionis B. et
statim sequitur de quinto.
1) c. 38. C. 23. q. 4.
2) Jerem. 1, 10.
3) Matth. 10, 28.
4) Matth. 18, 17.
5) c. 33. C. 23. q. 4.
6) c. 31. C. 24. q. 1.
7) Martène et Durand l. c. II 660 ff. MG. Const. V, 2 nr. 4 11.

nativitatis et pontificatus predictorum, V. Idus Iulii de consilio predictorum venerabilium patrum omnino privavit, patriarchisque, episcopis
et aliis prelatis quibuscumque ac regibus, principibus, civitatibus, castris
et personis eciam singularibus quibuslibet sub excommunicacionis in personas et interdicti in terras eorum penis late sentencie inhibuit districte,
ne quis sibi tamquam regi vel in regem electo impenderet consilium,
auxilium vel favorem.

Prefatus itaque male deceptus Baurus sic monitus, rebellis excommunicatus et privatus, premissis suis excessibus non contentus, supra-
dictorum seductorum suorum perversis obtemperans consiliis, contra
sanctos ecclesiam et patrem predictos mala fingens et excogitans, si
que posset, inter ceteros suos actus rebellicos quendam libellum scismaticum et inter alia erronea eciam dampnatam heresim continentem,
pro se et suis seductoribus, fautoribus et complicibus fabricavit seu
fabricari curavit[1]). Contenta quoque in eodem libello suo iuramento
confirmans, ei insuper suum usurpatum regium sigillum apposuit in
sue seduccionis confusionem maiorem et scandalum hereticale omnium
sui ad hoc complicum et fautorum. Continebat [a]) enim libellus predictus, quod Christo domino et eius apostolis in rebus quas habuerunt
nullum ius utendi competierit, sed tantummodo usus facti, et quod dicere
contrarium esset hereticum censendum. Cuius contrarii veritatem dictus
pater sanctus in extravaganti sua *(fol. 170)* que incipit *Cum inter nonnullos*
etc. [2]) antea declaravit expresse, videlicet Christum cum apostolis proprium
habuisse, et pro eadem declaracione orthodoxa Romana curia eciam tenuit
et tenet constanter, de quo eciam XII. q. II. c. *Aurum habet ecclesia*[3]),
et beatus Augustinus XII. q. 1. c. *Habebat* sic scribit[4]) : *Habebat dominus*
loculos, a fidelibus oblata conservans et suorum necessitatibus et aliis
indigentibus tribuebat etc. Quod si dominus habuisset solum usum facti,
ut dicti blasphemi asserunt, tunc eum conservare et suis ac aliis tribuere
minime licuisset, quod illicitum de Christo sentire seu credere nephas
esset. Insuper simplex usus facti sine iure utendi iniusticiam generaret,
maxime b) cum rem invito domino contrectaret et nec ille usus in
rebus usu consumptibilibus ullatenus esse potest, quia talium rerum substancia et proprietas cum ipso usu, ut sensu patet, esse desinit et desistit.
Itaque cum dicta ipsius sic seducti B. et suorum ad hoc perversorum
predictorum assercio supersticiosa usum et gesta Christi et apostolorum in premissis non fuisse iusta evidenter includat et eciam falsum
contineat, ut apparet, ideo hoc merito a fidelibus blasphemosum et

a) *Am Rande:* Hic de casu heresis contra B.
b) maxime *bis* contrectar et *übergeschrieben.*
1) Vgl. MG. Constit. V, 2 nr. 909; dazu Zeumer N. Arch. 37.
2) c. 4. Extr. Ioh. XXII. tit. 14 de verb. signif.
3) c. 70. C. 12. q. 2.
4) c. 17. C. 12. q. 1.

quia dampnatum, ut supra, eciam hereticum est censendum. Insuper ipse sic seductus B., cumulans mala malis, duos viros, malediccionis alumpnos, scilicet Marsilium de Padua et Iohannem de Ianduno, tunc de heresi suspectos, postea quoque de ipsa condempnatos, in suos familiares recepit. Preterea sic seductus se manifestavit evidencius sacrorum canonum contemptorem. Nam filio suo secundogenito quandam puellam nobilem, eidem filio in gradu consanguinitatis ad contrahendum prohibito attinentem, contra interdicta dictorum canonum, quantum in eo fuit, dederat in uxorem, dictumque matrimonium, immo incestuosam copulam, dispensacione super hoc non obtenta, sollempnizari fecit inter eos in ecclesia eciam supposita ecclesiastico interdicto, prout hec in quinto processu ᵃ) qui incipit: *Quia iuxta doctrinam apostoli* etc.¹) sub anno nativitatis predicte XXVII°, III° Nonas Aprilis plenius continentur.

Consequenter quoque dicto Ludovico B. in sua obstinata contumacia et prefate excomunicacionis sentencia per biennium sic durante, propter huiusmodi suorum excessuum cumulacionem et specialiter propter dictorum hereticorum de Mediolano et de Ferraria ceterorumque in Ytalia sancte matris ecclesie rebellium convocacionem per eum factam notorie in Trydento tractatumque habitum cum eisdem, quomodo posset ingredi Lombardiam in dictorum hereticorum presidium et preiudicium fidelium ecclesie, supradicto anno nativitatis eiusdem, mense et die proxime iam dictis, in VI° processu qui incipit: *Divinis exemplis* etc.²) auctoritate divina memorata de dictorum venerabilium patrum consilio ipsum male seductum erroneum B. omnibus feudis que a sancta Romana et aliis ecclesiis obtinebat, ducatu quoque Bauwarie prelibato privavit, ipsum eciam manifestum fautorem hereticorum fore publice declarando. Universis insuper Christi fidelibus cuiuscumque condicionis aut (*fol. 170ᵛ*) status existerent, ut supra, inhibuit et mandavit, ne prefato L. B. in premissis aut eorum aliquo seu in hiis que ad amministracionem ipsius ducatus, eciam quoad ducis titulum, sub excommunicacionis et interdicti penis predictis intenderent aut parerent, eos insuper omnes et quoslibet qui ei in premissis vel in eorum singulis iuramenti aut homagii obligacione tenebantur, eciam penitus absolvendo ᵇ), cum iuramentum iniquitatis vinculum esse non debeat, prout supra. Monuit insuper eundem B. et tunc salubriter tamquam pius pater, ut adhuc a predictis suis erroribus desisteret et ad sinum sancte matris ecclesie predicte rediret. Alioquin

---

a) *Am Rande.:* Quintus processus de recepcione quorundam hereticorum a B.

b) *Am Rande.:* Hic notandum de absolucione iuramentorum et homagiorum B. factorum.

1) Marténe et Durand l. c. II 682-684.

2) Ib. 671-681.

usque ad Kal. Octobris proxime venturi se conspectui apostolico presentaret super penis aliis quas propter premissa incurrerat ac super familiari recepcione dictorum nephandorum Marsilii et Iohannis condempnatorum hereticorum sentenciam auditurus. Ipse vero obstinatus perseductus B. primorum suorum seductorum scismatico consilio non contentus, prefatorum eciam Marsilii et Iohannis clericorum malicomplicum, ab ecclesia sancta ciusque gubernatore beato et a clericali honestate apostatancium, se ad dictum erroneum B. laicum transferrencium, ut eum in suis erroribus confortarent et eum amplius eciam seducerent, ut sequitur, in suam familiaritatem predictam receptorum, eciam perversitatibus acquievit. Qui seductores nephandi cum supradictis viris scismaticis et erroneis ipsum Ludovicum Baurum et eius gentem, aliquando bonos et honestos, heu dampnabiliter seduxerunt. Ipse quoque B. iniquitati consenciendo eorundem, tunc peior effectus, eciam quendam eorum librum variis heresibus plenum admisit ac eum sepe coram se legi publice et exponi permisit ª). In quo inter cetera hii continebantur errores. Primo videlicet illud quod de Christo legitur in ewangelio beati Matthei: quod ipse solvit tributum Cesari, quando staterem sumptum ex ore piscis illis qui petebant didragma iussit dari, quod Christus hoc non fecerit condesensive et liberalitate sue pietatis, sed necessitate coactus. Item quod beatus Petrus apostolus non plus auctoritatis habuerit, quam alii apostoli habuerunt, nec aliorum apostolorum caput fuerit, et quod Christus nullum caput dimiserit ecclesie nec aliquem vicarium suum fecit. Item quod ad imperatorem spectet papam instituere et destituere ac punire ex eo, quod Pylatus Christum crucifixit. Item quod omnes sacerdotes sive papa sive archiepiscopus sive sacerdos simplex sit ex institucione Christi auctoritatis et iurisdiccionis equalis; quod autem unus plus alio auctoritatis habeat, hoc esse debeat, quantum imperator concedat et sicut alicui concessit, sic possit illud eciam revocare. Adhuc dicti blasphemi asserunt, quod tota ecclesia simul iuncta nullum hominem punire possit punicione coactiva, nisi concedat eciam imperator, prout hec cum multis et sanctis reprobacionibus et condempnacionibus eorundem errorum in processu ipsius sancti patris speciali qui incipit: *Licet iuxta doctrinam apostoli* etc. ¹) plene et specialiter continentur b).

Dicti itaque sic heu maleseducti B. excessivis culpis prefatis per ipsum patrem sanctum in publico consistorio tunc ingenti (*fol. 171*) dolore animi, ut dixerat et audivi, utque in septimo processu incipiente: *Dudum volentes* etc.ª) expresse patet, compassive relatis, ipsum B. tam propter dictorum regni et imperii asscripcionem et ammini-

a) *Am Rande:* Hic notandum de erroribus quos Marsilius de Padowa et Johannes de Ganduno heretici B. consiliarii contra ecclesiam sanctam ponunt.

b) *Am Rande:* Septimus processus de condempnacione hereticali contra B.

1) Marténe et Durand l. c. 704-716.

2) Ib. 698-704.

stracionem temerarias, quam propter Mediolanensis et Ferrariensis defensionem notoriam et fautoriam familiarem dictique sui libelli erronei sigillacionem ac sceleratorum Marsilii et Iohannis prefatorum libro heretico adhesionem, auctoritate predicta comitatu Palatino Reni ac omnibus bonis suis a sancta Romana et aliis ecclesiis necnon ab imperio feodaliter derivatis privavit omnino, ac eundem heu maledeceptum B. anno nativitatis predicte XXVII° prefato, ipsius vero patris XII°, X. Kal. Novembris de ipsorum venerabilium patrum consilio hereticum fore sentencialiter declaravit, libelli eciam predicti asserciones et quamlibet aliam scripturam defendere vel approbare presumentem tanquam hereticum fore ab omnibus confutandam.

Consequenter a) quoque, cum predictus sic seductus et dampnatus B. coronam ferream in Mediolano et postea predictorum hereticorum et aliorum multorum scismaticorum et rebellium perfidorum ac insuper apostatarum diversorum, prelacionis seu pocius elacionis status numquam ambiencium, temeritate stipatus imperialem a populo urbis Romane seu a quibusdam civibus eorum nomine eciam contra constitucionem felicis recordacionis Nicolai pape III. pontificis summi que incipit: *Fundamenta*, ut extra. de elect. li VI° ¹), de facto temerario recepisset et male, cum eciam concorditer electo et canonice approbato hoc eis facere, scilicet dyadema tradere, non liceret/ ac eciam inunctionem, consecracionem seu pocius execracionem sub imperatoris colore per sue rebellionis et scismatis complices et fautores, II. Kal. Aprilis, in octavo processu b) qui incipit: *Dudum per facti evidenciam* etc.²), coronaciones, inunctionem, consecracionem, immo pocius execracionem, huiusmodi indigno videlicet et ab indignis de facto factas auctoritate predicta, de prefatorum patrum consilio de facto eciam revocavit, cassavit et ea penitus irritavit, ac ipsum sic periculose seductum B. antea rebellum excommunicatum, privatum et pro heretico condempnatum, propter premissa eciam anathematizavit expresse, ac insuper quelibet mandata, precepta, ordinaciones et statuta ab ipso sub ducali, comitali vel regali, postquam illis privatus fuerat, necnon sub imperiali vel senatoris aut rectoris dicte urbis titulis data sive facta, omnes quoque sentencias, confirmaciones, innovaciones et approbaciones privilegiorum seu cassaciones eorum ab ipso ante inunccionem, consecracionem vel exsecracionem predictas vel post in urbe vel alias ubicumque contra quoscumque seu quemcumque, et specialiter contra illustrem et catholicum

a) *Am Rande:* Hic de octavo processu et contra facta Bauri in Lombardia et in urbe.
b) *Am Rande:* Octavus processus, in quo B. anathematizatur, det Deus, ut cito convertatur.
1) c. 17. in VIto. de elect. (I, 6).
2) Martène et Durand I. c. 727-736.

principem dominum Robertum regem ac terras Sycilie promulgatas vel (*fol. 171ᵛ*) factas, seu quas eum contingeret publicare aut facere in futurum extunc cassa, nulla et irrita nunciavit, ipsas quoque nichilominus quatenus de facto processerunt, similiter de facto cassavit, irritavit et viribus vacuavit. Insuper episcopos quoscunque qui coronacioni et execracioni ipsius seducti B., ecclesie sancte et eius gubernatori beato notorie rebellis obstinati, quem tamen Lud. B. cum dictis suis seductoribus, auxiliariis et fautoribus universis Deus sua speciali gracia cito vocare dignetur ad recognicionem veram et ecclesie sue sancte catholicam unitatem, causa eum honorandi interfuerunt, declaravit excommunicacionis et suspensionis a beneficio et officio penas et sentencias incidisse ipsosque ab omni episcopali dignitate et eciam sacerdotali officio suisque episcopatibus et dignitatibus deposuit et privavit. Alios vero prelatos et personas ecclesiasticas inferiores qui dicto heu erroneo seducto B. in premissis adheserunt, astiterunt vel faverunt, similiter declaravit excommunicacionis et suspensionis ab officio et beneficio penas et sentencias per processus alios inflictas talibus incurisse, subiungens eciam ad privacionis, inhabilitatis et alias penas, absque citacione seu monicione alia contra eos se processurum expresse, sicut eorum inobediencia in futurum exigeret et sibi expediens videretur, prout premissa quasi omnia, predictis addicionibus exceptis, in dicti sancti patris processibus prefatis plenius et melius continentur, et prout inspicientibus eos apparere poterit eciam evidencia veritatis.

Qui compendium minus habere voluerit, prohemio et addicionibus obmissis, cetera conscribi faciat ª) et processuum summariam sentenciam reportabit.

O lector ecclesiastice, quicumque frater predilecte in Christo, rogo, swadeo et hortor sincere, ut omnia in hoc opusculo contenta more apis dulciter naturate in mel salutaris ecclesiastice obediencie devote convertas ᵇ), ad sanandum fel impiorum draconum, scilicet tyrannicorum hominum, eidem obediencie sancte et per consequens Christo domino eius latori seu institutori, ut supra, rebellancium indebite et incaute, ut id erga eos et pro eis hortando, optando et orando mereamur efficere, quod nobis et ipsis mitigatis, eternaliter valeat prodesse et ipsi Christo domino in celestibus complacere. Cui sit summa gloria per eterna secula. Amen. Finito libro sit laudis copia Christo. Amen.

Oracio de beato Petro sancte universalis ecclesie patrono. Antiphona. Tu es Petrus et super hanc petram edificabo ecclesiam meam. V. Ora pro nobis etc. Deus, qui beatum Petrum apo-

---

a) *Am Rande rot*: Hic de compendio minori.
b) *A. R.*: Hic negocii recommendacio.

stolum tue sancte militanti ecclesie prefecisti. C o l l e c t a : Da nosque supplices tuos eius intercessione et patrocinio sub sancta ecclesiastica obediencia in hac vita tibi taliter militare, ut mereamur tecum inc elestibus perpetue triumphare, Christe salvator mundi, qui cum patre et sancto spiritu vivis et regnas Deus homo vere per omnia secula seculorum. Amen.

Petitur devote, si debeat dari copia premissorum.

XI.
Konrad von Megenberg.
a) Planctus Ecclesie in Germaniam.
Aus: Paris 3197 A.

(*fol. 1.*) Gloriosissimo vicechristi in Alemaniam legato, domino Arnaldo
de Virdello Conradus de Montepuellarum iuvenis, phylosophye imitator,
laudabiles metas in utriusque negociandis vite feliciter optinere. Insignis
utriusque iuris archa, moribus depicta, virtutibus presculpta, manu sapiencie celitus provisa, *intuere et respice obprobrium*¹) tam generose filie
sedis Romane, recordare, quid acciderit Germanie, quot et quantis qualibusque erroribus in mari viciorum cottidianis exagitatur undis, *quomodo
facta est meretrix civitas fidelis plena iudicii! Iusticia habitavit in ea,
nunc autem homicide*ª). Verumtamen, si fas esset huius morbi demonstrare radices, uttique *dominus daret verbum ewangelisantibus virtute
multa*²)! Quoniam ewangelisantis *guttur veritatem meditatur et labia ipsius impium detestantur*³). Ewangelisare igitur et tu poteris, pater. Namque
huius egritudinis potissima radix est capitum morbus, quia *omne caput
languidum et omne cor merens, a planta pedis usque ad verticem non
est in eo sanitas*⁵). Quibus dudum predixit Ysayas⁶): *Audite verbum domini,
principes Sodomorum; auribus percipite legem Dei nostri*ª); *quiescite*⁷)*agere
perverse, discite benefacere.* Quorum et polycye predixit⁸): *Argentum tuum
versum est in scoriam, vinum tuum mixtum est aqua, principes tui infideles socii sunt latronum, omnes diligunt munera, secuntur retribuciones,
pupillo non iudicant et causa vidue non ingre.litur ad eos.* Propter hoc
ayt dominus exercituum fortis Ysrahel: *heu consolabor super hostibus
meis et convertam manum meam ad te, et excoquam ad purum scoriam
tuam et auferam omne stagnum tuum et restituam iudices tuos, ut fuerunt prius et consiliarios tuos, sicut erant antiquitus.* Quapropter, quin
ipse vicechristus cum consiliariis suis in foro penitencie reddatur, sicut
sanctissimi predecessores ipsorum antiquitus fuerunt, scoria Germanici
erroris ad purum non decoquetur. Quanto insuper longioris more huius
morbi postulatur medicina, tanto profundius filiale vulnus tocius corporis
flagellabit medullas. O, doctorum sapiencia, cur te ipsam ignorasti, quare
fumo inanis superbie oculos tuos submisisti? Numquid honestius flores

---

a) *ms.* vestri.
1) Thren. 5, 1.
2) Jes. 1,21.
3) Ps. 67,12.
4) Prov. 8,7.
5) Jes. 1,5. 6.
6) Jes. 1,10.
7) ib. 1, 16, 17.
8) ib. 1, 22—26.

Romane sedis penitencie lacrimis medullitus postulabantur, an eiusdem sedis dignitas fimbrias revocandorum reverencius insequitur, eosdem eciam convertendos longinquis in partibus lacrimosa voce proclamat? (*fol. 1 v*). Secunda eciam accedit talis egritudinis radix : studiosarum personarum spretus, qui a flore iuventutis per adolescenciam quousque in annos viriles in scolasticis disciplinis tempora sua suffocarunt, qui nec commendantur nec beneficiis Romane ecclesie in Alemania pre ceteris extolluntur, secundum illud Senece [1]: *Nobilis intellectus nec appreciatur nec diligitur, et credo, quod si venalis esset, non haberet emptorem.* O, ineffabilis sapiencie altitudo, quare panem filiorum canibus ad manducandum transmittis, qui penitus se ipsos et magis tuam ignorant nobilitatem ?

Ceterum vestre reverencie sequentem transmitto tractatum, qui ante anni spacium natus [2]), rem, de qua agitis, domino pape predixit, sicut per principes Alemanie in posterum exivit in actum. Parvulorum audire sermones iocum senibus inducit, secundum illud scripture : *Surgant parvuli et ludant coram nobis* [3]).

(*fol. 2.*) I n c i p i t   e p i s t o l a m a g i s t r i C o n r a d i d e M o n t e - p u e l l a r u m   a d   c a p e l l a n u m   d o m i n i   p a p e.

Illustrissimo cleri flosculo ac speciali legum preceptori domino Johanni de Piscibus Conradus de Montepuellarum iuvenis phylosophye imitator, flexo poblice manibusque convolutis quidquid pulcrioris promittit cunc. tarum virtutum magistra a). Quam pictis manibus arborem sapiencie carpseritis ac quam venustis labiis eiusdem digeratis fructus, ad plenum referre vix sufficeret eloquencia thuliana [4]). Sequitur ergo, ut nec lingua mea vestri status tangere minimam valeat verbellam ; nec calamus meus plene audaciam vestri pallii titillandi fimbriam sumat. Verumtamen quia Deus gloriosus et sublimis, qui de alto cuncta prospicit, evidenter vestros sic auxit successus, nec fortuna vestris precurrentibus meritis sufficienter augere valebit, ut tam pusillis, quam eciam acutissimis manum sublimis mens vestra porrigat adiutricem : idcirco mens mea tenera, puerilis et rudissima, cum tocius mundi peragraverit gyrum, vos sibi Gades b) et anchoram sue spei fixit, de vestra tam multiflorida humilitate in suis dandis specialiter confidens, maxime cum gloriosus mundi viceprinceps c) seu vicechristus benignus, qui meritorie Benedictus papa duodecimus intytulatur, vos clero in curia Romana promovendo probatorem prefecerit et lucernam. Igitur vestrarum virtutum thesauro hunc tractatum presen-

---

a) *darüber die Glosse:* idest sapiencia.
b) *Am Rande:* gades idest metas.
c) *Glosse:* idest papa.
1) Bei Seneca nicht zu finden; *appreciare* ist spätlateinisch.
2) Also etwa September 1337.
3) 2. Reg. 2, 14.
4) *lies:* Tulliana

ꜰare sum ausus, quem puerilis mea sitivit adolescencia sub metrorum pedibus respirare. Qui licet planctum ecclesie tociusque Alemanie lacrimas ad gloriosum papam effundat, specialiter tamen, o utinam magnus foret, vester vult totis viribus esse, eo quod ipse tam tener ruditatis puerulus adhuc in cunis dormiens existat, in faciem stupendi leonis ac ammirabilis pape [1]) per se prospicere non sit ausus, cuius a) Romanum album nigrum calami mei medullitus expavescit. Cum enim recolo, quot et quantis qualibusque dotibus dominus noster Ihesus Christus vicedominum b) seu vicechristum suum dotavit, tunc loqui aliquid de ipsius vicepetri c) inenarrabili potestate conturbantur omnia ossa mea et anima mea turbatur valde. Verus etenim christicola os suum in celum funditus profundare formidat neque valet, quoniam nemo prudens sollicitatur plus sapere quam oportet. Attamen quia vos ipsius vicepetri, ymo vicechristi, dignus estis secretarius et archanorum ipsius tacitus auditor, eiusdemque pallacia cottidianis passibus perambulatis, decet, ut cum dominum d) in benignitate ioca precingant, sibi puerilem hunc ludum pre oculis aliquociens currere faciatis, nec illa metra rudia solum, sed una me totum do vobis ad nutum. Totam substanciam vestri status in pugillum istius recommitto pueri, qui plenam mundi machinam in eodem concludit pugillo, qui sit benedictus in secula seculorum. Amen.

(fol. 2ᵛ.) Incipit planctus ecclesie in Germaniam compilatus per Conradum de Montepuellarum anno domini Mᵒ CCC' 37° et presentatus capellano pape in die circumcisionis anno eodem subsistente²). Cuius capitulum 1. captat benivolenciam pape et cardinalium, conquerens penuriam imperatoris et cum hoc humiliat se auctor et excusat.

> Flos e) et apex mundi, qui tocius ipse rotundi,
> Nectare dulcorum conditus aromate morum,
> Qui mira dya f) succingeris ipse g) sophya,
> Orbis papa stupor, clausor celi, reserator h),
> Tu sydus clarum, thesaurus deliciarum,
> §. Sedes sancta polus, tu mundo sol modo solus,
> Large favum melle radias, cardi i) quasi stelle
> Si iungas nales k) ²), te lucent ʲ) luce sodales,
> Sydera maiora te non ᵐ), graduando ⁿ) minora ᵒ).

Interlinearglosse: a) scilicet pape.   b) scil. papam.   c) idest pape.   d) scil. papam.   e) sc. o papa.   f) idest divina.   g) scil. papa.   h) eiusdem celi. i) cardinales. *Am Rande:* hic figura que dicitur themesis.   k) has sillabas. l) scil. cardinales.   m) scil. sunt.   n) idest gradatim scandendo.   o) sunt sydera.
   1) *Eingeschoben.*
   2) Das ist 1. Januar 1338; der Vfr. rechnet nach mos Florentinus.
   2) *Verbinde:* cardi-nales quasi stelle lucent.

§ Deficit et luna ᵃ), quam deflet prochdolor una
Filia formosa tua tam pia, tam generosa,
Filia tam digna, Germania ᵇ) clara, benigna;
Mater et ecclesia, quam ᶜ) subgemit ᵈ) optima dya ᵉ),
Deplangens ᶠ) natam ᵍ) quondam tam longe creatam ʰ).
Et plangit ⁱ) merito. Pater optime, papa, memento!
Maximus es, minimo verbo ᵏ), crudo tamen esto
Partim flexibilis; poterit mens alta senilis ˡ)
Ex verbis pueri ᵐ) crudis quandoque moveri,
Hauriat ut magnum gutta ⁿ) sapiencia stagnum.
§ Sed labris ᵒ) rudibus inpingas, cum nimis hyrcus ᵖ)
Sermo labet stultus, nimis incoctus ᑫ), male cultus ʳ).
Nam vix mensurnus ˢ) solum loquor atque diurnus ᵗ),
Cuius ᵘ) per quartam vix temporis attraho cartam,
Ex calido ductus fletu, calidissime luctus,
Quem ᵛ) pinxit pallor ʷ), tinxit ˣ) cruciatus et horror.

§ C. 2ᵐ· in quo auctor ostendit causam operis sus-
cepti; et est causa, quia vidit in sompniis planctum
ecclesie Dei.

Visibus humanis michi vis ʸ) vigilando prophanis
Nature clausit oculos, dolor intimus hausit
Iam fantasiam; video perspectoque dyam
Tam claram, portam remeantem ᶻ), stirpibus ᵃᵃ) ortam ᵇᵇ)
Ex dignis sobolem, David de semine prolem ᶜᶜ).
§ Regia matrona fuit hec ᵈᵈ), quam trina corona
Pulcrius ornavit depingens et phaleravit ᵉᵉ):
Nam florum ᶠᶠ), lauri ᵍᵍ), ternum dyadema sed auri.
§ Erubet ʰʰ) in vultu, vestis sub paupere cultu

Interlinearglosse: a) idest imperator. *Am Rande:* hic conqueritur de penuria
imperatoris. b) idest Alemannia. c) scil. lunam. d) idest deflet scil. ecclesia.
e) idest divina vel sancta ecclesia. f) scil. ecclesia Dei. g) scil. Alemanniam. h) idest generatam magnis sudoribus sanctorum. i) scil. ecclesia
Dei. *A. R.:* hic invitat papam ad audidendum verba sua. k) scil. meo.
l, scil. tua, o papa. m) scil. mei. n) scil. de. o) scil. meis. p) id est in-
comptus. *A. R.:* hic supplicat ut papa parcat puerilitati sue. q) scil.
sermo. r) scil. sermo. s) idest per spacium mensis. t) quia de nocte
quievi. u) scil. mensis. v) scil. fletum. w) scil. ipsius luctus.
x, pro intinxit. y) scil. nature. z) scil. per illam portam. aa) supple ex.
bb) idest natam. cc) scil. ecclesiam Dei. dd) scil. ecclesia. *A. R.:* describit
ecclesiam Dei. ee) idest vestivit vel coronavit. ff) primum. gg) secundum. hh) scil. ecclesia Dei. *A. R.* per illas coronas intendit gloriam martirum, virginum et doctorum Dei.

Succincta a) tunica. Dum pernoto b): Virgo Maria,
(*fol. 3.*) Quid vult hec domina c)? Venit altera d) larga benigna,
Conqueritur e) domine prime f) matrique benigne g).

§ Hec h) turbas duxit plures secumque reduxit i),
Tristibus afflictas k), rubeo de sanguine pictas,
Tam pie parmatas l), tam milicias galeatas,
Tam pie, tam misere proclamantes : Miserere!

§ Nudos infantes m) ortos iam, tam lacrimantes
fervide, tam misere, sic clamantes : Miserere!
Virginibus n) vidue proclamabant : Miserere!

§ Mater o) et afflendo pueris simul atque gemendo p),
Aggreditur retro, portam petit et vicepetro q)
Fletibus, ut sequitur, loquitur, reloquens lacrimatur.

§ Ast r) ego torrorem, quamvis rudis, hunc in honorem
Virginis eximie scripsi matrisque Marie,
Cuius s) et in plenum t) gremium me dono serenum u),
Cuius v) sub clamide me velo w), dampna ruine x)
Neu y) me persolvant, sed gaudia celica volvant z),
Non detractores curans, asinis rudiores.
Sic volo nec blesor aa) seniorum bb) nec volo lesor cc),
Sed fervens esse scriptillus dd) dando necesse,
Ni purum calamo, dicam ee), quod digerit ordo
Nunc Alemannorum per arenam, nunc puerorum.

§ C. 3 m. in quo ponuntur verba lamentabilia ecclesie Dei.
Filia formosa ff) domini, flens sto lacrimosa gg),
Prerubicunda hh) rosa, fleo nunc pallens odiosa.
Alleph ii) et ach, michi ve, cur dissipit omne suave!
Sola sedet pietas kk) Christi, flet et ingemit : allas ll).
Nobilis et soboles David de semine proles
Vultum flectit humo nunc, quomodo flos sine dumo :

Interlinearglosse: a) idest arta. b) scil. inter me. *A. R.:* per brevem et artam
tunicam ecclesie Dei intelligit auctor superbiam prelatorum ecclesie qui clau-
dunt gremium eius. c) scil. ecclesia Dei. d) scil. domina, ut puta Alemannia.
e) scil. Alemannia.   f) scil. ecclesie Dei.   g) scil. eius.   h) scil. Alemannia.   i) scil. in patriam suam.   k) scil. turbas.   l) idest armatas.
m) scil. eciam duxit.   n) scil. adductis per Alemanniam.   o) scil. ecclesia Dei.   p) cum pueris.   q) idest pape.   r) *A. R.:* ostendit auctor
se in honore beate Marie scripsisse hunc tractatum.   s) scil. Marie.
t) virtutibus.   u) puritate et veritate.   v) scil. Marie.   w) idest occulto.
x) ipsi.   y) idest ut non.   z) scil. me.   aa) idest blanditor.   bb) scil.
esse.   cc) idest increpator.   dd) idest parvus scriptor.   ee) illud.   ff) scil.
quondam.   gg) scil ego ecclesia Dei.   hh) scil. quondam.   ii) *A. R.:*
Alleph interiectio dolendi.   kk) idest ecclesia Dei.   ll) est interiectio
dolendi apud Francos.

§ Omne genus rerum complangas [a])! Sum mulierum
Flebilis; o proceres mundas, castas mulieres,
Numquid plangetis iuvenes, si quas adametis?
§ Mundicie celle florum [b]) conflendo [c]) puelle
Exsudent lacrimas, quia ius prepostulat illas [d]).
§ Nonne meis morbis celestis congemet orbis?
Rursum non plaude, celum, tua lumina claude!
§ Clara lapillorum virtus et aromata florum [e])
Marcescant [f]), flescant [g]), flores vernando tepescant.
§ O dolor, o planctus nimius, plus quam dolor anctus [h])!
Angis tam dignam sobolem [i]), dulcore benignam.
(*fol. 3 v*) § O vos, o digni fidei vel mente benigni,
Omnes noscatis per stratam, qui remeatis,
Si dolor est tantus veluti meus! Est modo cantus
In planctum versus, risus sub tristia mersus.
§ Nodet [k]) iunctura digitos, qui [l]) verbera dura
Incuciant cordi, mea conflendo bona, sordi
Tam male connupta. Laudis sunt organa rupta,
Effetum [m]) vellus Gedeonis [1]), rivat [n]) ocellus [o]).
§ O pallore gene subfuse, quippe serene [p])
Quondam fulgentes, auroram despicientes [q])!
§ Cirri [r]) dispersi modo sint; quondam bene tersi
Et satis ornati, fulvi, crispi, phalerati [s])
In capitis claustro flatu lusere sub austro.
Hirci conflicti tristes sint undique stricti [t]).
§ Plangant [u]) armille gemmarum sydera mille,
Cirros que [v]) pingunt et collum, pectora cingunt.
§ Purpura pallore tingatur [w]) et absque colore
Quilibet ornatus sit! Mecum stet lacrimatus!
§ Incuso patrem, si fas, mundi prothoregem,
Mitem qui matrem voluit nasci protholegem [x]),
Christi sudore rubro comitante cruore [2]).
§ Quantus honor [y]), quem tantus amor Christi preciabat,

Interlineargiosse: a) scil. michi. b) idest virtutum. c) scil. michi. d) scil. lacrimas. e) scil. in condolendo michi. f) idest tepescant. g) idest incipiant flere. h) idest angustia. i) scil. ecclesiam Dei. k) idest connodet. l) scil. digiti. m) idest sine fructu. n) idest: plorat. o) scil. meus. p) scil. quondam. q) scil. in rutilitate et splendore. r) scil. mei. s) idest vestiti, *daneben*: quia ad flatum ventorum capilli ludunt in capite hominis. t) scil. cirri u) scil. in manibus meis. v) scil. gemme. w) idest intingatur. x) idest ecclesiam Dei. y) scil. ecclesie Dei.

1) Vgl. Judic. 6, 36—40.

2) Zu dieser Lehre vgl. z. B. Augustin, Enarr. in ps. 138, 2; J. Schwane Dogmengeschichte II 640 (Freib. i. B., 2. A. 1895).

Christus homo, Deus atque leo quem a) sic preamabat,
Ex celo salvum saltum sub virginis alvum
Ut faceret nasci curans et fomite pasci b)
Lactis, confringit c) artus d) crux, fascia pingit.
§ Sic potui nasci sub Christi sanguine; dasci e),
Postea postillas 1) pecii de sanguine stillas
Martiribus dignis, velut agnis morte benignis.
Quippe meas vestes tersi de sanguine, testes
Celi sunt cives. Deus, o, quam gloria dives
Me f) genuit, prolem virtutum, denique solem!
O Deus, o prothorex mundi, cur sic tua flet lex?
O quantam g) sordem, quam h) tantus sudor in orbem
Contulit! O, misera i), brevis, o, michi suppetit hora.
§ C. 4m. in quo ecclesia accedit papam et exhortatur ipsum
ad vindicandum maliciam mundi et audaciam persuadet.
Ex animo tristi tibi dico, vicarie Christe,
Dicam pace tua, pater, obsecro, paucula verba.
Sint tibi terrores, quos noscit2) deteriores
Nunc, lux ecclesie, prudens cytharista Marie k).
(fol. 4). Corrige, cum possis, nunc sordes, quas bene noscis!
Heu, nam peccatum satis est, quod velat opacum,
Et magis incultum tibi, sume pater pie cultum
Petri tam leti l), subeuntis pocula leti m).
Ob Christi laudem studeas, bone n), rumpere fraudem
Et ius sectare domini, pro quo moriare!
§ Sum connupta o) tibi, pie papa, subambula Petri,
Sum tibi commissa, pater, ut scis, nobilis yssa P) 3),
Ut me preserves nocuis, mea munera serves
Et proceres vestes q). Scripture sunt michi testes,
Quod sum res rerum, pulcerrima sum mulierum.
Omnis honor, velud omnis amor, tibi dicere vincor,
In me depictus floret. Michi quippe relictus
Est orbis mundi, pro regno denique mundi.
Omnia sed reliqua nunc transeo; non sinit equa
Lex, ut calcentur, pedibus mea munera dentur,

Interlineargtosse: a) scil. amorem.   b) scil. postea.   c) scil. Christi.   d) scil.
artus Christi.   e) idest incipiens dari.   f) scil. ecclesiam Dei.   g) supple:
videas.   h) scil. me, ecclesiam Dei.   i) scil. hora.   k) scil. papa.   l) idest
gaudentis.   m) idest mortis.   n) papa.   o) scil. ego ecclesia.   p) idest
mulier.   q) scil. meas.

1) *Wohl* = post illas, illas *mit* stillas *zu verbinden.*
2) *So ms., wohl: noscis.*
3) yssa, issa hebr. mulier (Hieronymus).

Si dormis [a]); vigila, te citāns excitat hora!
Iusticie parma [b]) te vestiat, induat arma
Tam prudens animus! sic non es corpore nudus.
Sola [c]) voluntas, pauca potestas regna subegit,
Magna potestas, nulla voluntas denique degit.

§ C. 5m. in quo papa ecclesiam commendat et ipsam ad osculum invitat ipsique gaudia exhortatur.

O mea dilecta, pulcerrima tu mulierum,
Mitis, perfecta, redolens nardus specierum,
Virtutum sponsa cunctarum, virgo, magistra,
Labia sunt oris tua mellea mitis odoris,
Aurore dominans, facies pulcerrime pregnans [d]).
§ Suntque columbelli [e]) premitis ad instar ocelli [f])!
Regia matrona, te septat trina corona,
Nam florum, lauri, ternum dyadema sed auri;
Candescis bysso, quam pingit lactis ymago;
Flores de summis radiantibus undique gemmis!
§ Oscula dulcoris michi [g]) stillet balsamus oris,
Pulcra, tui [h])! Tecum trahe me, curramus in ortum,
In quo florigero rosule pregnantur ab austro,
Qui [i]) mellit [1]) rores, florum diffilat odores.
Rivos exsudant fontes, sua dulcia nudant,
Carminibus plena iam dulcisat [2]) phylomena [k]) [3]).
Laudula [l]) [4]) pendula [l]), garrula [l]) parvula) [l]) [5]) gaudia pregnant;
Omnia numina [m]) dant sua munera, plaudia regnant.
Surge cito, propera, sine mendis [n]) dulcis amica!
(*fol. 4 v*). Tempus ditandi vocat [o]) et vires [p]) recreandi!

§ C. 6m. in quo ecclesia conqueritur de obauditu pape eo, quod ipse obaudiverit planctum eius et cum hoc ostendit pape, quod secum gaudere non possit ad presens.

Ach Deus omnipotens, hic sto tua filia lugens!
Effudi lacrimas sponso [q]), sed obaudiit illas.

Interlinearglosse: a) o papa. b) tale genus armorum. c) *a. R:* nota. d) scil. in pulcritudine et splendore. e) idest parvi columbi. f) idest oculi tui. g) scil. pape. h) scil. oris. i) scil. auster. k) avis. l) avis. m) idest omnes dii. n) idest maculis. o) scil. nos. p) scil. nostras. q) idest pape.

1) mellit, *wohl nach* mellitus *gebildet*, *sonst:* mello, mellare.

2) dulcisat = dulcescit.

3) phylomena *oder* philomela, *die Nachtigall*, vgl. Megenberg, Buch der Natur S. 220,31.

4) laudula = alauda, Buch d. Natur S. 171, 13 ff.

5) pendula: *schwebend*? ob Vogelname? oder mit laudula zu verbinden? (vgl. Körting, Lat. Rom. W. B. s. v.); garrula: *der Häher*, vgl. Megenberg, Buch der Natur, S. 199,7 parvula: *Klein*, mit garrula zu verbinden?

Excellens pena numquam sibi nupsit amena [a]);
Ut pueri discunt, se non contraria miscunt.
§ Si michi [b]) compateris, mea tristia tunc lacrimeris [c]),
Aut dic [d]), si noris, que sit medicina doloris [e])?
§ Iam sunt fellita mea labia, gaudia trita [f]),
Cur non amplector [g]), non osculor [g]), optime rector [h]).
§ Que [i]) miseri pena, nescit fortuna serena,
Risus ignorant, que languida vulnera plorant.
§ Sola sedet probitas, flet, quomodo subgemit, allas [k])!
Alleph, quid faciam? Maneam neu [l]) sive recedam [m])?
§ Papa, recedo, vale! Tibi semper capto valere,
Viva vel extincta [n]) sim, florida [o]) vel maletincta [p]).
§ Attamen hoc prescire potes, si marceo corde,
Quod tua sunt, si vera notes, hec fulmina sorde.
§ Non propriis mendis [q]), peregrinis subruet undis [r]).
Fors [s]) tantum vicia papam mergent peregrina [t]) [1]).
§ Navis tu prima Christi, caveas tibi rima
Neu [u]) submergaris, de sola [v]) subruit omnis
Ecclesie classis; aliorum [w]) non cade cassis [x])!

§ C. 7m. in quo papa ostendit se ignorare causas doloris ecclesie Dei et supplicat ei, quatenus in propria forma dicat easdem causas.

Bella michi video prefigis viribus ultro.
Que non demerita michi fingis crimina trita.
Ut cum pace loquar. Tua verbula sunt michi calcar
Atque tue lacrime michi panes sunt die nocte!
Sed tamen hoc noscas, quia nescio que tua poscas?
Non solum martis [y]), michi stant [z]) occasio mortis.
Que bona perdisti vel que mala dampna tulisti?
Ergo dic, domina mitis, matrona benigna,
Sub forma propria, que tristia sint tibi, dya [aa])?
§ A me [bb]) non cedas [cc])! Hoc cedere [dd]) mors, michi credas,
Esset; nam trita [ee]) tua mors michi [ff]), gaudia [gg]), vita [hh]).
§ Asside [ii]), dic, digna [kk]), tua tristia, virgo benigna!

Interlinearglosse: a) idest gaudiosa et delectabilis. b) ecclesie. c) scil. o papa. d) scil. o papa. e) scil. mei. f) per dolores et tristicias. g) scil. te. h) scil. o papa. i) *a. R.* nota. k) est interiectio dolendi. l) pro: ne. m) scil. ab hoc mundo. n) idest mortua. o) idest virida. p) idest male colorata. q) idest maculis. r) scil. papa. s) idest forte. t) idest aliena. u) idest non. v) scil. rima tua. w) scil. o papa. x) idest vanis operibus. y) idest belli. z) tua tristia. aa) idest: o sancta ecclesia dic etc. bb) scil. papa. cc) scil. o ecclesia. dd) scil. a me. ee) idest mala. ff) scil. sunt. gg) scil. tua hh) scil. sunt mihi. ii) scil. michi. kk) scil. ecclesia.

1) *Vor* peregrina *im Texte* aliena *durch Punkte getilgt.*

§ C. 8 ᵐ. in quo ecclesia ostendit, quod doleat de calumpniis et miseriis aquile intelligens per aquilam imperium
Romanorum.

Conqueror ergo tibi, pie papa, vicarie Christi.
Mi pater et domine, mi sponse, magister et alme ª),
Me nunc immacerat dolor, interiora ᵇ) cruentat.
(*fol. 5*). Me planctus tangit, pallor cruciatibus angit,
Connodo digitos, clamoribus excito celos,
Plangens nunc aquilam, super omne volatile primam.
Ve ᶜ), perdens aquilam perdam rem viribus amplam,
Nec mox hanc caperem, si vellem, non iterarem.
Scisne ᵈ) bonam gentem, dignam, prope, non procul entem ᵉ)?
Nutrit et hanc aquilo; michi crede, timetur ab austro ᶠ).
Occasus solis, timeas hanc, spernere nolis ᵍ)!
Nutrit et hanc oriens partim; modicum timet hec gens.
Audax, non vilis, fortis, stans mente virilis,
Nobilis ast, hylaris, mores contraxit Achillis ʰ),
Hectoris et Parydis, exemplar ⁱ) dic satis Herclis ᵏ).
Milicieque ˡ) rosa, fide strennua, gens generosa,
Milicie numen merito tenet ensis acumen,
Gignens terrores inimicis captet honores ᵐ).
O pie, qua recolo, quondam defendere nemo
Me ⁿ) potuit, scio, nec voluit; sed pulcre redemit ᵒ)
Magno sudore Germania ᵖ) certe cruore.

§ C. 9ᵐ in quo ecclesia ostendit, quare dederit imperium
Theotonicis, et cum hoc revertitur ad conquerendum de
amissione aquile.

Cernens quanta gerit bona strennua, nec sibi querit �q)
Vite delicias, quia mortem curat ut illas ʳ),
Sub iuris messe fuerit vel quando necesse,
Succingens aquilam, super aurum muneror illam ˢ),
Et volo, quod reges gignat ᵗ), Rome prothoreges.
Digne ferens aquilam Germania nutriat illam ᵘ)!
Credebam facere satis optima, sed periere:
Non aquilam teneo; prothoregem ᵛ) lumine quero,
Sed non invenio; cito ʷ), sed loquitur michi nemo,

Interlinearglosse: a) idest sancte. b) scil. mea. c) scil. mihi. d) scil. o papa.
e) idest existentem. — *a. R. links:* hic commendat Theotonicos. f) scil.
hec gens. g) scil. hanc gentem Alemannicam. h) scil. illius pugilis.
i) scil. hanc gentem. k) pro Herculis. l) scil. hec gens. m) scil. imperii. n) scil. ecclesiam. o) scil. me. p) idest Theutonia. q) scil.
Alemannia. r) scil. delicias. s) scil. Alemanniam. t) scil. Alemannia.
u) scil. aquilam. v) idest imperatorem. w) idest voco.

§ Pulcra Syon ᵃ), luge, modo tristia fellea suge,
Tanto plus misera ᵇ), si tam brevis abstulit hora
Res tibi tam mundas, tibi, dico, quippe iocundas ᶜ).

§ Ludunt ecce canes, porci ioculantur inanes,
Et lacerant vestes ᵈ) subtiles, — sunt ᵉ) tibi pestes,
Hoc scio, iam plures, quam celi sydera, fures.
Nemo modo postes castrorum ᶠ) servat et hostes ᵍ)
Terret, sed misere mea castra diu gemuere.
Large volans aquila non solum posteriora
Culmina, sed vetera ʰ), nova prospicit anteriora.

§ Mundus castra daret, mea que sunt, pauca negaret,
Sed magis ornaret aquilam, si large volaret.

§ C. 10ᵐ· in quo ecclesia ostendit, quod meretrix que est
superbia et vana gloria prelatorum christianitatis impediat aquilam.

(fol. 5 ᵉ). Alleph, sed meretrix ⁱ), viciorum pessima nutrix,
Cespitat ᵏ) in phaleris ˡ) michi fructusᵐ) tingit amaris ⁿ);
Et meretrix pueris ᵒ) aquilam diffidat avaris,
Quam cito raptatur ᵖ), iterum meretrice fugatur.

§ O nimis immunda mulier, tibi nulla iocunda,
Ni reddas aquilam, nasum perdes cito nequam!

§ O viciis plena, tibi cur cessere serena,
Que michi sunt propria defedans? Rach, pharisea,
Vile genus rerum, turpissima tu mulierum,
Quippe luens aquilam perdas aures, volo, nequam!

§ O mala tu, misera, quia nec mora nec valet hora �q)
Nasci, quin flentem me reddas, corde gementem,
Non reddens aquilam, perdas visum, volo nequam!

§ Eloquia immundi, mala tu, tu gloria mundi,
Phach, mala, rach, misera, tu pessima, tu pharisea,
Ni reddas aquilam, vitam perdas, volo, nequam!

§ O iuvenes proceresque senes, caste mulieres,
Omnis amans aquilam, peto, perdere curet hebream!

§ C. 11ᵐ· in quo ecclesia ostendit minas superbie, et cum
hoc ostendit, quod verba reprehensoria malum hominem
non moveant.

Sed meretrix plaudit viciis, voces ʳ) et obaudit.

Interlinearglosse: a) idest ecclesia Dei.   b) scil. es.   c) scil. res.   d) idest tuas.
e) scil. o syon.   f) scil. meorum.   g) scil. meos.   h) scil. culmina.
i) scil. vana superbia.   k) idest titubat.   l) idest in vestitu longo.
m) scil. meos.   n) scil. cibis.   o) *a. R. links:* per avaros pueros intelligit
actor regem Francie et regem Robertum qui se scribit regem Sicilie.
p) scil. aquila.   q) scil. o vana gloria mundi.   r) scil. nostras.

Non curat verba, fors verbera curet acerba!
Mogonus ᵃ) atque Cya ᵃ)¹) mergent hanc, cum sit Hebrea!
Non miserentur ei, quia submerguntur Hebrei
Quilibet in Reno, ni ᵇ) cornu reddere pleno
Se possint, dico, burgensibus aut Ludowico ᶜ) ²).
§ Sed nullus miseram sibi nutriet hanc in amicam,
Nec quem delectat caper hyrcus, quando caprinat ³).
§ O nullos utinam delectaret mala nequam!
Prochdolor, hec proprios dominos nutrit michi servos.
Quolibet in claustro regnat; fertur mala plaustro
Quamlibet in cellam; deceptat quamque puellam
Quoslibet et monachos; multos nutrit phariseos,
Qui michi nil prosunt, pocius sed turpiter obsunt.
§ Ocupor in nichilo, laterem lavo; non loquar ergo
Plus, non est equum me talia dicere secum.
§ Non lavat ᵈ) hanc verbum, sit simplex sive superbum,
Sed pocius ᵉ) sordet; quam non malefaccio ᶠ) mordet.
§ Si quis honestatis cupit aut florem probitatis,
Huic, puto, sunt verba mea verbera sicut acerba.

C. 12ᵐ· in quo ecclesia applicat predicta mala ad papam
et ipsum reprehendit super eo, quod eam non preservat
ab illis.

Quelibet hec scisti, pater, ipse, vicarie Christi;
(fol. 6). Si non servabis, me ᵍ) tanta sorde necabis.
§ Si fas est, dicam, quandoque deceret amicam ʰ)
Tam sponso dignam, tam castam scire benignam
Esse Dei natam, magno sudore ⁱ) creatam,
Nec quamquam sinere meretricem regna tenere,
Que michi sunt propria. Satis ex hoc flendo sophya
Nuper, crede, soror ᵏ) mea, planxit, et ethera clamor
Eius tangebat; hec turpia certe dolebat:
Asseruit regem primum mundi ˡ) protholegem ᵐ) ⁴)
Celis restitui vel tanta sorde lavari.
§ Numquid adulterium, divorcia vult mulierum?
Me castris sordere meis, lex non sinit equa,
Aut astris residere diis me cernat iniqua ⁿ).

Interlinearglosse: a) fluvius. b) pro: nisi. c) scil. imperatori. d) *a. R.:*
nota. e) scil. plus. f) sua. g) scil. ecclesiam. h) scil. ecclesiam Dei. i) scil.
sanctorum. k) scil. mea. l) idest Deum. m) idest ec clesiam Christi. n) scil.
lex.

1) Unbekannter Fluss, in der Main oder Rheingegend;
2) Vgl. Grauert, Hist. Jahrb. 22, p. 640. 645 f. 682—684, über die Juden-
verfolgungen d. J. 1336—1338, u. unten c. 27.
3) Caprinat = capridat (Ducange).   4) *Korr. aus* prothoregem.

§ C. 13m. in quo ecclesia ostendit omnes familias suas idest 7 partes sapiencie, peccare in suis actibus.

Pausat nunc symphon dyatesseron et dyapason [a])[1]),
In gravibus barrit[2]), vox tristia murmura garrit[3]),
Intricat[4]) et numerum rudis indistinctio vocum [b]).
§ Est matrona [c]) potens pannosis dispare pallens [d]).
§ Expers est [c]) lucis, solem pertingit eclipsis [e]),
Phebes [f]) se claudit, iam totum sydus obaudit.
§ Cespitat in vanis iam lingua, monetat inanis [g]);
§ Floribus est nuda, rudis et vox rustica, cruda [h]);
§ Iam paralogisinat[5]) homo quilibet atque sophismat [i])[6]);
§ Ethyca marcescunt, magis et brutalia crescunt [k]).
§ Femineum vulgus gladii nunc optat acumen,
Sed cadat in pelagus, hoc mergat, supplico, flumen!
§ Omnia iam perdo mea munera; mi pater, ergo
Consule, quid faciam, tam turpem quod Phariseam,
Que perimit [l]), perimam. Deus hanc maledicat Hebream [m])!

§ C. 14m in quo papa corrigit ecclesiam super sibi inpositis et se excusat de eisdem.

Eloquar, o digna, mitis mea virgo benigna [n]),
O morum nutrix, ruidorum tu reparatrix,
Illustris princeps mundi te nosce rotundi.
Nam si te noris, aderit medicina doloris.
§ Cur sic degeneras, cur te non prurit [o]) honestas,
Cur, princeps rerum, tibi iurgia sunt mulierum?
Mallem certe mori, quam te voluisse [p]) dolori!
Non natura parem tibi reddere vult mulierem,
Non voluit, fors nec potuit, puto; viribus absit
Nature, tantam matronam reddere, quantam
Vel quale genuit; te plenam dicere nescit
Cunctorum lingua, loquor et cum pace, magistra.
(*fol. 6 r*). Mors voret [q]) hanc [r]) morbis, si clausula clauserit orbis

Interlinearglosse: a) *a. R.* peccatum musice. b) *a. R.* peccatus arismetice. c) scil. ecclesia Dei. d) *a. R.* peccatum geometrie. e) *a. R.* peccatum astronomie. f) idest luna. g) *a. R.* peccatum grammatice. h) *a. R.* peccatum rhetorice. i) *a. R.* peccatum loyce. k) *a. R.* peccatum moralis scientie. l) scil. me. m) scil. vanam gloriam mundi. n) scil. o ecclesia Dei. o) idest movet. p) idest dedisse. q) idest devoret. r) meretricem.

1) diatesseron *die Quarte*, diapason *die Oktave*.
2) barrit: barrire elefantorum est (Ducange).
3) garrit: *schrecklich lärmen, um die Feinde zu schrecken.*
4) intricat: *hemmen, erschweren.*
5) *d. i.* paralogizat.
6) sophismat: *sonst* sophismaticare *oder* sophisticare (Ducange).

Vnquam tam pictam mulierem, tam pie fictam,
Quam fedare tua sponsalia vel tua claustra
Vellem! Nam celera [1]) tua sunt mea vel viceversa.
Sed non peccabis, neu [a]) peccem, me sociabis.
Numquid servasti mea culmina? Me sociasti
Semper, peccare numquam potui, sed amare
Te, custodire [b]) virtuti nec resilire.
§ Dulcorum celle te concomitant domicelle [c]),
Septem quas pingit, has veste pedissequam [d]) cingit,
Ut decet, exornat, virtutibus undique normat [e]).
Circum te, prolem [f]), lucent, quasi sydera solem [g])
Hec lucent astra, decorant mea que tua casta,
Illustrant animum [h]), quod possit cernere verum.
§ Cur vanis ergo me corripis? Accipe, virgo,
Consilium sanum: tristari redde prophanum!
Supplico tam sine re, mea viscera contremuere
Talibus in lacrimis, tamen et nulli valituris.
§ Res [i]) deflens viles tibi sunt mores pueriles,
Quam deflens aquilam rem defles numquid amaram?
Hanc aquilamne tuas recolis turbasse columbas [k])?
Postergans aquilas archanas sume columbas [k]),
Simplas, prudentes, quasi serpentes sapientes.
§ Laudas Germanos [l]) crudos, grossos, male sanos,
Quis [m]) tribuens aquilam rudibus, si vis, rapis ipsam [n]).
Et merito raperes, numquam venient ad honores,
Vnquam [2]) nec vere per culmen credo stetere [o])
Imperii, mores, fidei tytulos et honores
Ut dilatarint, quidquam vel quid recrearint [p]).

§ C. 15m. in quo ecclesia solvit et interimit correcciones pape factas in capitulo precedenti.

O Deus, exaudi gemitus, nec flere subaudi,
Et papam flecte, prothoprinceps [q]), ut michi recte
In re meos volvat [r]) sermones vel bene solvat!
§ Tristibus omina [s]) si mala numina [t]) quos venerantur,
Hiis mala nomina nulla iuvamina presociantur.

Interlinearglosse: a) pro: ut non. b) scil. te. c) *a. R.* idest septem artes liberales de quibus scriptum est: sapientia edificavit sibi domum, excidit columpnas 7. *(Prov. 9, 4).* d) idest moralis sciencia. e) idest regulat. f) scil. Dei. g) scil. circumlucent. h) scil. meum. i) *a. R.* hic corrigit eam super fletu aquile. k) *a. R.* per columbas intelligit viros ecclesiasticos. l) *a. R.* hic corrigit ecclesiam super laude theutonicorum. m) idest quibus. n) scil. aquilam. o) scil. Alemanni. p) scil. de amissis imperii. q) idest Deus. r) scil. papa. s) idest fortuna. t) idest deitates, *a. R.* nota.

1) *d. i.* scelera. 2) *Vorher* nec. *ausgestrichen.*

§ Nunc sum ᵃ) delira pape, quod ᵇ) munera mira
Appingit sine re michi, nam dudum periere ᶜ)
§ Non me, non aquilas nec noscens ipse columbas,
Celi vix ᵈ) stellas nec noscens ipse puellas ᵉ).
§ Nunc fleo tam largum papam, qui forte litargum ᶠ)
Tam graviter patitur, recolet fors, si medeatur!
§ Das ᵍ) vicium ʰ) sine re ⁱ), quia sermo subambulat in re ᵏ).
(*fol. 7*). Si bona ˡ) dico bonisᵐ), mala ⁿ) quippe malis volo ᵒ) verbis.
An ᵖ) dici munda meretrix meruitne iocunda ᑫ)?
Sed magis immunda sibi quelibet et caribunda ʳ).
§ Nec Deus ˢ) es nec homo, medius tamen et sine neutro,
Corporeus tamen angelicus ᵗ), prothopresul ᵘ) amicus ᵛ)
Ipse Dei. Misereturʷ) ei, cui tu ˣ) misereris,
Vincit ʸ) quos vincis. Oculos tene, supplico ᶻ), lincis!
Non fac degentem populum ᵃᵃ), circumspice mentem ᵇᵇ)!
Si neglectus in hoc fueris, cruciaberis; aut hoc ᶜᶜ)
Si facis indigne, timeo dampnare ᵈᵈ) gehenne ᵉᵉ).

§ C. 16ᵐ· in quo ecclesia ostendit per raciones, quod papa
possit errare, eo quod papa supra affirmavit, se non po s-
se errare.

Corporis ᶠᶠ) in specula meretr͞ix vim nacta ᵍᵍ) superba,
Oscula dans ʰʰ) fellis septem ⁱⁱ) turgendo puellis,
Tam plenis carie ᵏᵏ); vestes ˡˡ) capit ipsa sophye ᵐᵐ),
Vultu dulcoris deceptat ⁿⁿ), veste sororis ᵒᵒ);
Et tamen ultima ᵖᵖ) sunt absynthia sicut amara.
§ Prompta bonis anima licet est, caro ᑫᑫ) viribus egra,
Corpus marcescit ʳʳ), racio bona queque capescit.

Interlinearglosse: a) scil. ego ecclesia. b) scil. papa. — *a. R.* hic replicat
contra laudes quas papa adtribuit ei. c) scil. mea pulcra dona que habui.
d) scil. noscit papa. e) scil. meas. f) idest egritudinem oblivionis. g) scil.
o papa. h) scil. mihi. i) causa k) scil. vera. — *a. R.:* hic replicat
contra instanciam sibi factam de verbis que prius ipsi superbie dixit.
l) scil. facta. m) scil. verbis. n) scil. facta. o) quia sermones referendi
sunt secundum materiam subiectam. p) pro numquid. q) scil. dici, quasi
diceret nequaquam. r) idest venenosa, et dicitur a carie quod est immundicia. s) scil. o papa. — *a. R.:* hic premittit quoddam ex quo sequitur
papam posse peccare. t) scil. es. u) i. papa. v) scil. est. w) scil.
Deus. x) o papa. y) idest ligat. z) idest oculos circumspectos. aa) scil. Dei.
bb) scil. tuam. cc) scil. regere populum Dei in virtute. dd) scil. tu dampnaris.
ee) scil. ignis. ff) scil. tui. gg) *a. R.* nacta dicitur a naciscor, quod est
idem quod acquiro. hh) scil. tibi. ii) idest 7 criminibus capitalibus.
kk) idest immundicia. ll) idest apparencias. mm) idest sapiencie. nn) scil.
te. oo) scil. nostre que est sapiencia. pp) scil. eius. qq) scil. tua. rr) scil.
in operibus bonis.

Deget quippe bonis quociens ᵃ) virtus racionis,
Corporis et numen sternit racionis acumen,
Et cedunt dentis ᵇ) sociabus numina mentis :
Tunc ᶜ) sinit errare racio, valet et recreare ᵈ).
Cum venit aurora mentis cernendo priora ᵉ)
Tam male patrari ᶠ), viciis animum superari,
Corriget errores racio tunc forte priores .
§ Angelus erravit, celis sed non remeavit ᵍ);
Adam peccavit, veniam repetens remeavit ʰ);
Petrus et erravit prothopapa, sed hic remeavit!
Non semper vinco ⁱ) meretricem, sepe relinquo ᵏ)
Que mea sunt propria, mea cum servat pharisea ˡ).
§ Ad dominam remeare tuam te cogat honestas!
.Ast aquilam revocare meam te, credo, potestas
Ammonet, et dure pestes nobisᵐ⁾ rediture.

§ C. 17ᵐ. in quo ecclesia ostendit, quod non possit
diligere columbos id est viros ecclesiasticos habentes se ut nunc.

Laute colunt lumbos, coeuntes sperno columbós ⁿ),
Et strumam saturant ᵒ), nimis et mea semina calcant.
Pater ᵖ) agricola stat, sua semina spargit �q) in arvum ;
Dat ʳ) tibi crimina, sed time verbera ˢ), te sibi servum
Optat, quod semen ᵗ) caveas ᵘ) sub floris acumen ᵛ).
§ Est avis ingrata ʷ), quia stercorat in sua strata ;
Cingentes ˣ) lumbos ʸ) ego diligo, vere palumbos ᶻ) ;
Sed nullos ᵃᵃ⁾ video nec habes veros nec habebo,
(fol. 7 ᵛ) Pompa namque sua meretrixᵇᵇ⁾ fugat hos ᶜᶜ), pharisea.
§ Esto ᵈᵈ) tamen castos retinerem vere palumbos,
Simplex prendetur ᵉᵉ) cito rusticus ᶠᶠ), et veneretur
A cunctis aquila, quia nobilis est avis ipsa.
Hec ᵍᵍ) tantum soboles regum procerum decet ales,
Estque columbus avis, quam tractat rustica quevis.

Interlinearglosse: a) aliquociens.   b) idest corporis.   c) scil. te.   d) scil. racio
suas virtutes.   e) scil. facta eius.   f) idest perfici.   g) scil. penitendo, *a. R.* secunda ratio ad idem sc. quod papa peccare possit.   h) scil. ad salutem.
i) scil. apud te.   k) scil. ego ecclesia.   l) idest vana superbia pape et
cardinalium.   m) scil. mihi et tibi.   n) *a. R.* per columbos intelligit viros
religiosos.   o) scil. columbi.   p) scil. meus.   q) scil. Deus.   r) scil. ex
negligentia tua.   s) eius.   t) scil. eius.   u) ab hiis columbis.   v) idest
ad honorem salutis.   w) scil. columbus.   x) idest viros castos.   y) scil.
suos.   z) scil. parcentes lumbis.   aa) scil. palumbos.   bb) scil. vana
gloria.   cc) scil. palumbos idest viros mundos et honestos.   dd) idest posito.   ee) idest capietur.   ff) idest columbus.   gg) scil. ales.

§ Numquid ego ₐ) mundi princeps, regina rotundi ᵇ)?
Sed desunt vires aquile michi; sunt mea ᶜ) glires ᵈ) ¹)
Anterius retro rodentes, sed vicepetro ᵉ)
Scandunt ᶠ) in cantrum g) ²), mensam ʰ) fedant; nec in antrum
Affuget hos ⁱ) aquila, quia prochdolor est procul illa ᵏ).
§ Non recolas aquilam me fors ˡ) fecisse molestam,
Eloquor archanam ᵐ), fidei, recolo, male sanam ⁿ).
§ Quis non deliquit ᵒ)? Nemo sine crimine vivit.

§ C. 18ᵐ. in quo ecclesia ostendit, quod simplicitas
Alemannorum est fidelis et bona, et quod opus eius
vincat verbum.

Laudo Germanos, si vis tribuas mage sanos ᴾ);
Non mage tu sanos, mage tu, bene credo, prophanos q)
Querens invenies, vulpinos ʳ) vel muliebres ˢ).
Fraudibus, est crudus, insulsus nam scio, nudus ᵗ),
Germanus rudis est: sua grossicies michi prodest.
§ Simplicitas vera Germani nulla chymera ᵘ).
Assumit galeam, clipeum capit et pie parmam,
Corporis, ipse ᵛ) gula bellis volitans ᵃ), ut in aula
Tunc hos ʷ) astuti vulpini, qui sibi tuti,
Dicunt tam crudos et moribus hos male nudos:
§ Pillea nec capitis gliscit rudis hic ˣ) removere ʸ),
Crura nec, ut sapitis, discit genibus retinere.
§ Vincit opus verbum Germani, vel sit acerbum ᶻ)
Vel mollens, tacitat, operatur, verba refutat.

§ C. 19 m in quo auctor libri narrat quoddam io-
cosum de quodam Alemanno, laborans ecclesiam ducere ad iocum.

O pia formosa princeps, tibi dico iocosa.
Et puer ᵃᵃ) et iuvenis, placeat tibi dicere paucis.
§ Parysyus, digna cum me tam Franca benigna
Nutrit, Germanum video fors more prophanum.
Francos tam letos binos videt ille facetos,

Interlinearglosse: a) scil. ecclesia.   b) supple: de iure, licet non de facto.
c) scil. dona.   d) idest homines iniqui.   c) idest pape.   f) scil. glires.   g) scil.
suum.   h) scil. eius.   i) scil. glires.   k) scil. aquila.   l) pro forte.
a. R. hic solvit illud de perturbatione aquile.   m) scil. fidei.   n) scil. me
turbasse.   o) scil. aliquando.   p) scil. milites quam sint isti.   q) idest
inutiles.   r) idest fraudulentos.   s) in factis suis.   t) scil. a fraudibus.
u) idest nullum existens figmentum.   v) scil. Germanus.   w) Germanos.   x) scil.
Alemannus.   y) scil. in honorando aliquem.   z) scil. huius verbum.   aa) sc. ego.

1) glires: *Mäuse.*
2) cantrum = cantharum.
3) *Von Begierde nach Krieg schwärmend?*

Pillea qui sumunt capiti, tam sepe resumunt,
Basia qui pingunt ori, que[1]) manus pie cingunt.

§ Rusticus ast illos reputat traxisse capillos,
Et clavam reperit, Francos satis et maledicit :
Rach non est illos licitum traxisse capillos,
Basia qui sibi dant, mox sese dire capillant.

§ Hii tunc insanum fugiunt, reputant male vanum.

(*fol. 8*). Cernit a) item mirum reputans pulcerrime girum,
Quem Franci curvant dominis, latus atque recurvant.
Sic faciam domino, disputat ille, meo.
Inque domum b) rediens sibi corpus inepte c) reflectens
Rusticus inplanus et mox sibi sibilat anus :

§ Cur loqueris pestis pro me ? sic dicit agrestis,
Non sinit impletus venter, quod quisque facetus
Se dominis curvet, ut Franci sepe recurvet .

§ Sic tua d) iam dicta rudium factis probo e) picta.

§ C.20m. in quo ecclesia ostendit se pro nunc iocari
non posse et cum hoc²) affirmat, quod si unus est rudis,
tamen alter est subtilis Germanus.

O puer, o iuvenis, mea seria picta iocosis
Iam nolunt esse, cum sit deflere necesse .

§ Rustica natura semper rudis ad sua iura f)
Tractat grossiciem, procerum g) raro capit omen h).

§ Ablue, pecte canem, canis est et permanet idem i).

§ Numquid subtiles proceres k) Germania lactat ?
Viribus exiles raro nutrix l) bona tractat.

§ C. 21m. in quo auctor libri petit veniam de ioco per eum
inducto.

Ad placitum, domina, michi precipe, sancta magistra!
Parce tuo puero, sanctissima, supplico, virgo m)!
O mater, doleo, tibi condoleo, pia virgo.

§ C.22m. in quo papa probat se habere aquilam et per consequens utrumque gladium per tres raciones.

Quod satis est, loqueris n), quia talis mos mulieris o).
Scisne tuas aquilas quia nostra manus capit illas ?
Imperii numen nobis nunc cessit acumen,

Interlinearglosse: a) scil. predictus Alemannus. b) scil. suam. c) scil. predictus Alemannus. d) scil. o ecclesia. e) scil. ego scriptor huius carte. f) a, R.
nota. g) idest nobilium. h) idest subtilitatem. i) quasi diceret : sic est
de naturali rustico. k) idest nobiles. l) scil. Alemannia. m) scil. in
tuis miseriis. n) scil. o ecclesia. ò) scil. plurima loqui.

1) *Für:* et.
2) *Eingeschoben.*

§ Mundi pinguis ᵃ) adeps, prothopresul sum, prothoprinceps.
§ In brevibus retuli mea ᵇ) que sunt: ecce sigilli,
Si placeat, faciem. Dum Christus condere legem
Censuit ecclesie ¹), servus preamans ayt: Ecce,
Ecce duo gladii! Christus: Satis est, ayt illi ᶜ).
Ergo non exul aquile stas ᵈ), cum prothopresul ᵉ)
Hanc ᶠ) prothorex teneat, dignus super omnia regnat .
§ Num ᵍ) Moyses gladio ʰ) rexit ⁱ), num ᵍ) prespiterando ᵏ)?
Huius ˡ) ad exemplar ᵐ) digni regnamus ⁿ) ad instar.
Numquid et exiles sunt ᵒ) pontifices pueriles,
Qui regnant gladio, regnant et prespiterando?
Sumus ᵖ) maiores, regnabimus ut iuniores:
Moguntinensis, Treverensis, Coloniensis,
Ast alii plures armantur sicut Achilles
Et celebrant missas . Nos sepe videmus et yssas �q) ¹)
Pro nichilo flentes, clamantes sive gementes.
(fol. 8 ᵛ). Talia ʳ) natura, puto, fleumatis ˢ) ²) in sua iura
Contrahit, exercet, oculos et fletibus arcet.
§ Plus, rogo, non loquere ᵗ), si ᵘ) vis mea iura tenere.

§ C. 23ᵐ. in quo ecclesia probat per duas raciones,
quod prespiteri nove legis non debeant utrumque gladium
habere, sicut prespiteri in veteri lege.
Dum satis insigne tibi papa loquor, quia digne ᵛ),
Non me postponas et te super ethera ponas!
Cardinibus ʷ) si forte tuis hec verba loquaris,
Non michi, maioris quia sum, concedis, honoris.
§ Eloquar ˣ) audacter: meus, assero, papa magister;
Asserit ipse ʸ), sua quod sim, puto, larga magistra.
§ Arguis ᶻ) illepide, capis et que non docuere
Verba Dei; disce, pater, illicitis resipisce!
§ Si Romanorum prothorex simul es prothopresul ᵃᵃ),
Est Romanorum prothorex eciam prothopresul;

Interlinearglosse: a) scil. sum ego papa. b) quia scil. duo gladii; a. R. rot:
prima racio pape. c) scil. servo suo. d) scil. o ecclesia. e) idest papa. f) scil.
aquilam. g) pro numquid. h) scil. seculari. i) scil. populum. k) scil. eciam
rexerit. a. R. rot: secunda racio. l) scil. Moysi. m) scil. existentes. n) scil.
nos papa. o) scil. respectu nostri; a. R. rot: tertia racio. p) scil. nos papa.
q) idest mulieres. r) scil. facta muliebria. s) quia mulieres dicuntur
multum fleumatis habere. t) pro loqueris. u) pro quia. v) scil. loquor
tibi. w) idest cardinalibus. x) scil. ego ecclesia. y) scil. papa. z) scil.
o papa. aa) a. R. rot: prima racio ecclesie.

1) ms. eclesie.
2) Vgl. S. 194
3) fleuma = flegma.

Tunc antiquorum a) protholex b) tua, sum c) pater exul d),
Sic pereo, perii, degam, sequitur lacrimari.
Non modus e) iste meus, pocius perhibetur Hebreus f).
§ Nostri prespiteri mundis rebus sociari g)
 Nitantur, veteres gliscant 1) postponere mores 2).
§ Angelice h) turbe, quas gyrus claudit in urbe
 Terreni vultus, studeant sibi sumere cultus
 Divinos, proceres gliscant accingere vires.
§ Conflictent i) simul et dictent que dogmata munda,
 Consertent simul et certent que vita iocunda,
 Conscribant simul atque bibant de mite cruore,
 Quo k) leo Christus homo Deus atque redemit amore
 Astus serpentis, quos clauserat osque parentis!
§ Has l) lactent dye m) duo rivi phylosophye n),
 Quorum o) mel primus derivat, amara secundus,
 Ut bona preposcant, mala postergandaque noscant.
§ C. 24 m. in quo ecclesia adducit terciam racionem
ad idem et per hoc totum solvitur prima racio de
Moyse.
 Numquid ut ipse p) decet vivat vicechristus q)? Oportet
 Premundis premunda sequi, carnem macerari.
 Non voluit tamen et potuit Christus bona mundi,
 Profuit r) et studuit servos s) bona linquere mundi.
§ Petrus et Andreas, qui calcarunt maris undas,
 Navem cum rethi linquebant denique leti;
 Sic facit efetam t) Matheus quippe monetam u);
 Sic faciunt alii v) linquentes pulpita mundi,
(fol. 9). Qui bene noscuntur w). penis x) tormenta y) sequuntur.
§ Non equus in sella, Christum portabat asella;
 Non sibi z) tam parva castella nec alta 3), sed arva.
§ Numquid ut ipse aa) decet vivat vicepetrus? Oportet

Interlinearglosse: a) scil. Iudeorum.   b) scil. est.   c) scil. ego ecclesia Christi.
d) isto modo.   e) scil. tenere utrumque gladium,   f) idest iudaicus.   g) *a. R. rot:*
secunda racio.   h) idest viri studiosi.   i) scil. nostri prespiteri.   k) scil. cruore.
l) scil. turbas.   m) idest divine.   n) idest sapiencie.   o) scil. rivorum.   p) scil.
Christus.   q) idest papa.   r) scil. Christus.   s) scil. suos.   t) idest sine
fructu.   u) scil. quam habuit de theolonio.   v) scil. apostoli.   w) scil.
in scriptura sacra.   x) scil. propriis.   . y) scil. Iesu Christi.   z) scil. sicut
propria.   aa) scil. Petrus.
 1) gliscere = cupere, tumescere, superbire.
 2) *Vorher ausgestrichen* vires.
 3) Anspielung auf den Bau der Papstburg in Avignon, vgl. Grauert
l. c. 644, n. 1, Böhmer, Acta imperii p. 740, Ehrle, Hist. Bibl. Pont. Rom.
Aven. I. Romae, 1890, p. 602 ff.

Gentes piscare, domini fidei revocare .

§ Ut sis terrenus, gliscis, sinis esse serenus .

Si quis nascetur, de terra certe loquetur ;

Angelicus rursum sapit optima plaudia sursum .

§ Umbra velut Petri nos sanaret vicepetri ª),

O Deus, ach, utinam, qui legem diligis equam,

Tunc mallem castra sua porrectaret in astra b) ¹)!

Cresceret umbella c), Germania, magna puella,

Tunc sanaretur, fors d) Grecia consereretur e) .

§ C. 25m. in quo ecclesia adducit quartam racionem ad idem sumptam a simili in astris.

Sydera magna duo cesserunt a prothofabro f),

Nam primum phebus g) presul pater atque diebus,

Altera luna subit, que nocti lumina subdit.

Hec duo se peramant et cunctis sydera regnant .

§ Luna means remeat, aquilonem denuo gyrat;

§ Qui h) vario i) degit, solem sed ecliptica k) legit l),

Signiferi semper, variat sed luna frequenter.

§ Hec m) magis illustrant mundum, cum maxime distant;

Si ᶻ) loca n) coniunctim sumant, pacientur ³) eclipsim.

§ Commode non decuit bene solum sydus o) in orbe,

Non licitumque fuit caput p) unum nec sine sorde,

Ni collum candens teneat sub viribus ardens q).

§ Imperialis apex me r) servet militis ense,

Nobilis et prothorex s) parmam sumat sibi dense t),

Et conum galee subeat sub viribus ille,

Cui gladium donat u), auro quem Roma coronat,

Et cui dans aquilam super omne volatile primam.

§ Hic Cesar magnus, quociens mactetur ut agnus,

Interlinearglosse: a) idest pape. b) scil. papa. c) scil. pape. d) idest forte. e) scil. Alemannie in sanando. f) idest a fabricatore mundi. g) idest sol. *a. R. folgende Figur mit roter und schwarzer Tinte: zwei konzentrische Kreise; der innere zeigt auf der Peripherie sechs Mondphasen: unten Vollmond, oben Neumond, rechts und links je erstes und letztes Viertel; der äussere Kreis oben in der Mitte die Sonnenscheibe. Diese und die beleuchteten Stellen der Monde sind mit roter Farbe gemalt.* h) scil. sol. i) scil. cursu. k) idest totalis linea. l) in preterito idest collegit sibi. m) idest duo lumina. n) scil. sua. o) scil. magnum, *a. R.* hoc applicat ad propositum. p) idest papa. q) scil. imperatorem. r) scil. ecclesiam. *a. R.* exponit predicta. s) idest rex Romanorum. t) idest frequenter. u) scil. Roma.

1) Vgl. Anm. 3, S. 207.

2) *Rasur (Lücke) im ms.*

3) *ms.* pacienter.

Armis, sudore, virtutibus atque cruore
Florens a) ecclesia iuvenescit, regia sponsa.
Sanguis sublimus generosus tergit opimus
Cesaris ecclesiam, Christi sub sanguine natam.

§ Esto b) tamen Cesar virtute leonis adinstar
Insignis pugnet, hostes crucis ense refrenet
Ad nutum, sponse ludus non sufficit iste.

(*fol. 9 v.*) Devotis psalmis, lacrimis nutritur c) et almis,
Dum contemplatur divinitus et speculatur
Vernans milicia d), que dicitur, assero, prima.

§ Sic per castella regnabit casta puella,
Filia pulcra Syon, et ei cedet cacademon e).

§ Attamen hec sola doctrina perit, nisi stola
Ensis pregnetur, qua vulgus iners honoretur.
Phylosophis maior spes est vulgi, velut auctor f)
Fert : que consuescit, homo nam dimittere nescit.
Ergo prius terror ensis disponat et horror
Vulgum concudat, iterum sudore recudat
Gentilem pestem, veterem deponere vestem
Imperet, ut bysso lactis tingatur et auro
Cor fidei pingat, Christi pia semina lingat.

§ Papa pius pater et dominus tunc mittat in arvum
Verba Dei, vere fidei faciat sibi servum g).

§ Nolumus h) et volumus h), non semper discere vulgus
Curat, nec plumbum h) curat bullando rotundum.

§ C. 26m. in quo ecclesia adducit quintam racionem ad
idem sumptam a similibus multis.

Binos fortuna gladios manus arripit una,
Dimicat in plano, casu regnante prophano i).

§ Nemo videt sursum, simul attamen apte deorsum,
§ Nec sufflare queam, tamen ore tenere farinam,
§ Nec vult verna probus dominis servire duobus!
§ Quid malus in claustro? quid quinta facit rota plaustro?
§ Noster brunellus in choro, dic, quid asellus?
§ Hyrco quid cappa, porco quid, supplico, mappa?
§ Ceco quid lumen, scriptis libris quoque flumen?
Pontifici parma k), clipeus quid et ensis et arma?

Interlinearglosse :

a) idest hiis.   b) *a. R.* respondet questioni.   c) scil. ecclesia Dei.
d) scil. cleri.   e) idest malus spiritus.   f) scil. Aristoteles, *a. R*: forcior
est fides vulgi fide philosophorum idest sapientum.   g) scil. vulgum domatum
iam gladio.   h) scil. pape, *a. R.* nota.   i) idest inutili.   k) illud genus
armorum.

§ Martinus presul. celerum [1]) sanctissimus exul,
Se cruce consignans, clipeo nec casside pugnans,
Securum se dat inimicis, quos penetrabat.
Omnes sic facerent, si de viciis remearent.

§ Cum duo sint gladii, solus cedet prothoregi a);
Soli sit solus gladius, duo sintque duobus,
Cesaris ipse minor, prothopresulis b) uttique maior.

§ Papa tenens animas satis optinet, ut puto, salvas
Has c) satagens facere; quas spernens salvificare,
Non solum puerum, sese sed negliget ipsum.
Obruit et proprium papam scelus et peregrinum d).
Ergo sis largus visu decet, ut, pater e), Argus f)

(fol. 10) Argutis g) oculis velut antea post speculeris!

§ Industris Cesar pugnando leonis adinstar
Gentiles frenet duros, leo fortis habenet;
Pape non verba h), qui verbera curat acerba i).

§ Fac k) 2) calibisque sonum vel k) 3) cassidis arripe k) conum l),
Indue te m) clipeis, hastas flectas inimicis;
Aggravat hoc frontem, sudoris dat quoque fontem.

§ Verbis sub bulla n) pugnando verbera nulla
Dat crucis exemptis fidei, vix donat ademptis o).

§ C. 27 m in quo ecclesia adducit racionem sextam
ad idem sumptam a periculo futuro simili periculo
ludeorum, nisi caveatur.

Sic sese preament, mundo duo lumina regnent p),
Nec kathedras q) socient, sua sed decet ut loca distent.
Frigus avaricie longissime distet ab orbe r);
Si sua coniunctim querant, pacientur eclipsim.

§ Congrua sunt legi sua que dare sunt prothoregi
Atque Dei domino sua que dare sunt vicepetro s).
Sic docuit Christus, decet ut doceat vicechristus t).

§ Si facias aliter, tibi dicam pace, magister,
Es modo, vix sed eris, male cum clero pacieris;
Rides nunc, flebis modo, si ditescis, egebis.

Interlinearglosse: a) idest imperatori, *a. R.* applicat ad .propositum.
b) idest pape.　c) animas.　d) idest alienum.　e) scil. papa.　f) talis
pastor qui dicitur habuisse 100 oculos.　g) idest circumspectis.　h) scil.
curat.　i) scil. imperatoris.　k) scil. o papa.　l) si non vis admittere
imperatorem.　m) scil. papam.　n) scil. sicut papa pugnat.　o) scil. verbera.　p) scil. papa et imperator.　q) scil. suas.　r) scil. inter ipsos.
s) idest pape.　t) idest papa.

1) *d. i.* scelerum.
2) *Auf Rasur.*
3) *Auf Rasur.*

§ Nitentur layci, credas. velut audio dici,
Quod male prespiteri, simul et perdantur Hebrei;
Nam bona prespiteri sua devastent et Hebrei.
Hii a) nimis usura, primi perimant b) sua iura,
Presbiterique regant sua, sed layci male degant,
Ducant in claustra rerum plaustrissima plaustra.
§ Ecce rei faciem, quia fors spernis mulierem c):
Scisne, gregat pestes Germania? Nutrit agrestes d),
Et volat impunus quorum e) dux rusticus unus [1]).
Non tamen, opto, meos [1]), in aquis mergunt sed Hebreos
Bombantes g) turbe; regnant in qualibet urbe,
Mogonus h) atque Cya discunt, lacrimantur Hebrea.
§ In Frankenfurda i) fuit, hoc scio, maxima burda.
Iuris mendicus, qui, prothdolor, est Ludowicus,
Se vix k) defendit, pietatem sed pie prendit l),
Cum pie burgenses vocat et sibi congregat enses.
Iurant m), quod cleros pie defendant et Hebreos.
Quo facto pestes cessant, remanent et agrestes.
§ Credas, si vellet Ludowicus, plus mage mallet
Hoc populus, verum tibi dico, perdere clerum [2])
In rebus saltem n), decet ut in corpore saltem o).
(fol. 10 v). Ad solum nutum Ludowici sumere scutum
Gauderent vere. Deus o velit hoc removere!
§ C. 28 m. in quo ecclesia dat triplicem solucionem
racionis pape facte de Moyse.
Substituit reges Moyses, cum scribere leges p)
Nititur in colle; soli, sequitur, sibi nolle
Commissum regere populum, quia scripta docere
Et gladio regere populum se vix paciere.
§ Esto q) tamen tales Moysen sprevisse sodales,
Non modus iste meus pocius perhibetur Hebreus.
§ Esto r) quod iste meus, proprius modus et nec Hebreus,
Attamen hoc mane nimis esset adhuc. mage sane
Intres consilium, vulgum retinebis amicum.
§ Vix hunc pes trusat leporem, quem rethe recusat s).

Interlinearglosse: a) scil. Iudei.   b) scil. clerici.   c) scil. me in protestando dicta.   d) idest rusticos.   e) scil. agrestium.   f) scil. clericos.
g) *a. R.*: bombantes idest sonantes sicut animalia bombancia, ut apes et huiusmodi.   h) tales fluvii.   i) tali civitate.   k) scil. ibidem.   l) pro prendidit idest cepit.   m) scil. cives.   n) idest ad minus.   o) idest transeam.   p) *a. R.* prima solucio.   q) *a. R.* 2ª solucio.   r) *a. R.* 3ª solucio.
s) *a. R.* nota.
    1) *Zum Folgenden vgl.* Böhmer-Ficker, Acta imperii nr. 1042 p. 725 f.
Joh. v. Viktring lib. VI. c. 3. u. 7., ed. F. Schneider II 196. 200 f. (178).
    2) *Letzter Buchstabe in Tintenfleck.*

§ C. 29ᵐ. in quo ecclesia solvit racionem pape
factam de inferioribus pontificibus, sed primam
racionem eius non solvit, quia per se patet eius
solucio intuenti.

> Si male maiores vivant, simul inferiores,
> Moguntinensis, Treverensis, Coloniensis.
> Tanto plus misera ᵃ), quia me brevis obruet hora.

§ C. 30ᵐ in quo papa ostendit se habere gladium secularem quo ad confirmacionem eius, sed non quo
ad actum exercendi.

> Ut me nitaris capias, non tanta loquaris!
> Numquid eris rauca? Miror; michi, supplico, pauca
> Dicere consuescas! Melius mea verba capescas!
> § Sic me pontificem simul et facio prothoregem ᵇ),
> Ut confirmentur per me simul atque probentur
> Induperatores ¹): si qui sectentur honores
> Et lumen fidei teneant, decet hiis misereri.
> Et volo sic, iubeo, doceo sic sicque docebo.
> § Sic gladii posse michi cedere vult utriusque,
> Ast exercicium gladium michi contulit unum ᶜ).
> § Non totus mundus Germania, credo, rotundus ᵈ),
> Vix pars est parva; cleri si dentur in arva,
> Tunc currant alibi, rapiant campestria mundi!

§ C. 31ᵐ in quo ecclesia perscrutatur a papa, de qua
gente ergo desideret imperatorem confirmare.

> Cur nimis artatur animus tuus aut honoratur,
> Si tibi tam digne loquitur tua sponsa benigne?
> Non mea fors verba, sed res te vexat acerba,
> Et puto, quod merito . Vicepetre ᵉ), mei memor esto!
> Quod tibi sum domina sub vita, morte magistra.
> Cardinibus si forte tuis sua verba negaris
> Aut aliis minimis, volo sim maioris honoris.
> (fol. 11) Num ᶠ) tua scis cruda ᵍ), quod plangit curia ʰ) nuda ⁱ),
> Tam sine vi lepida ᵏ)? Te corrige, consulo, papa!
> § Quis, pater, est aquilam sumens, quis nutriet illam?
> Quem vis ornari Roma, rogo, quem phalerari ¹)?
> Germina ᵐ) milicie numquid satis hec meruere?

Interlinearglosse: a) scil. ego sum. b) idest imperatorem. c) scil. spiritualem. d) *a. R.* Solvit papa sextam racionem. e) idest o papa. f) pro
numquid. g) scil. facta. h) scil. Romana. i) scil. hominibus, quia iam
pauci frequentant curiam. k) scil. facta. l) idest coronari. m) idest
Alemanni.

1) *d. i.* imperatores, *wie immer des Metrums wegen.*

Germen milicie, Germanus dicitur inde.

§ Induperatorem quem confirmabis? Honorem
Cui, pater, impendes, rogo, quem pro Cesare prendes?

§ Fraudibus astutum vulpinum vas time sputum ª),
Ne pingas aquila, nec lylya te decet illa,
Que sunt feminea muliebria, cingere parma.

§ Non comedit vulpes insigne ᵇ⁾ volatile, pultes ᶜ⁾: ¹)

§ Nobile tam signum procerum, tam denique dignum,
Esurit hos aquila cibos, quos ᵈ⁾ non valet ulla
Telluris regio, nisi dic Germanicus ordo,
Milicie ᵉ⁾ galea . Sequitur, quod non sinat equa ᶠ⁾
Lex aquilam rapere Germanis, quam tenuere ᵍ⁾.

§ C. 32ᵐ in quo papa respondet, multas alias gentes
dignasesse imperio et non Theutonicos tantum.

Femina ʰ⁾, feminea loqueris puerilia verba,
Numquid milicia Francorum floret amica?

§ Numquid Lombardi prudentes robore bardi ⁱ⁾? ᶻ⁾

§ Plures sunt alii satis et pro Cesare digni.

§ C. 33ᵐ. in quo ecclesia reprobat alias gentes nominatas
per papam.

Franci katholici, fidedigni, quippe faceti,
Femineum vulgus, aquile non sufficit hoc rus.

§ Ast Lonbardya mage scit quam numina dya ᵏ⁾;
Si cui forsan obest armis, sevissima fraus est ˡ⁾.

§ Si me milicia Germanica fors relevaret,
Cetera nequicia me totam ᵐ⁾ dilaceraret ;

§ Si me milicia Germanica non recreavit,
Cetera nequicia me, noscas, raro beavit ;

§ Si fors milicia fraudem Germanica pinxit,
Cetera nequicia mare fraudis ad ethera tinxit ⁿ⁾.

§ Hec si milicia pugnaret pro vicepetro ᵒ⁾,
Cetera nequicia resiliret quam cito retro.

§ Rodere blande bolum ³⁾ decet ipsos quippe loquaces ᵖ⁾,

Interlinearglosse: a) *a. R.* per vulpinum vas intelligit Lombardos et per
lylia Francos. 'b) scil. aquila.   c) scil. eciam non comedit.   d) scil.
cibos.   e) scil. existens. f) idest iusta.   g) scil. diu.   h) scil. o ecclesia.
i) bardus est animal robustum.   k) scil. in astuciis et versuciis callidis.
l) *a. R.* quia sevissima est iniusticia habens arma.   m) scil. ecclesiam.
n) pro intinxit.   o) idest pro papa.   p) scil. Francos.

1) pultes: puls *der Opferbrei oder die Armenspeise*.
2) *Vgl. die Stelle aus Conrads Buch der Natur S. 156, bei Grauert
l. c. 647, n. 1.*
3) bolum: *den gefangenen Fisch, d. h. den Papst.*

Evacuando colum [1]) gestus resecare minaces.

§ Preflorens a) aquile caput optat penna virile b)
Milicie nutrix florens Germania victrix.

(*fol. 11 v.*) Simplex est, agilis armis, robusta, virilis.
Exitus acta probat, vires Germania nodat.

§ C. 34m. in quo papa regreditur ad reprobandum
Alemannos.

Laudas Germanos insulsos, crede, prophanos c);
Gignunt errores, numquam venient ad honores.
Non unquam vere per culmen, credo, stetere
Imperii, mores fidei, tytulos et honores
Ut dilatarint, quidquam vel quid recrearint.

§ C. 35m. in quo ecclesia solvit illam reprobacionem
et ostendit, quod sola invidia prelatorum christianitatis impediverit Alemannos.

Que quondam repetis, volo sed tibi solvere paucis.
Nutrix milicie Germania florida clare
Non verbis ²), factis sollempniter a prius actis
Imperium vere Romanum poscit habere.

§ Ex satis expertis et Lombardya repertis
Induit ipsa viros Germanos culminis heros
Imperii, postes firmat, quis d) terret et hostes.

§ Imperio nato Germanis pulcre ligato
Cespitat in blacta c) ³) meretrix inflata noverca ¹).
Triste g) malignatur ⁴) lolyum h), quo i) certe necatur
Imperialis apex, nec quisquam floruit hic rex k).

§ Hec meretrix regnat ¹), diffidat, pessima m) pregnat,
Fundens in clarum lucis, quod clausit amarum.

§ O fedans odium, cur claudis culmina regum,
Ecclesie clipeos nondum mox subruis ortos?

§ Subgemit Heynricus n), Conradinus n), Fridericus n)
Iuris mendicus nunc prothdolor et Ludowicus
Tam mordens lolyum, quod subruit hostis amicum o).

§ O nimis invidia, turpis que fraudis opaca

Interlinearglosse: a) idest pennis.   b) scil. caput.   c) idest inutiles scil.
ipsos ecclesie.   d) idest quibus.   e) idest veste longa.   f) idest vana superbia pape et cardinalium.   g) idest superbia.   h) idest zizania.   i) lolio.
k) scil. in Alemannia.   l) scil. hodie.   m) scil. facta.   n) scil. imperator
a. R. nota bene.   o) scil. invidia m subgemit quilibet predictorum.

1) colum: *die Fischreuse, d. h. wohl die Kurie, die Kirche.*
2) *ms.* sed *übergeschrieben.*
3) cespitat in blacta: *sie strauchelt im Purpur* (blacta = blatta).
4) malignare: *giftmischen.*

Concipis, effundis, que mortis pocula condis!
§ Ad bona privigna ª) velut ad mala queque benigna,
O nimis antiqua, nimis, o nimis ipsa noverca!
Cum puer orbis erat, te pessimus ipse crearat
Celi burgensis, domini quem mox vetat ensis.
Teque ᵇ) Cayn coluit, fratrem cum ᶜ) reste peremit.
§ Vivis adhuc meretrix, viciorum pessima nutrix:
Cordi leta dabam, submersam quando putabam
Te, te tam miseram; mortem rogitabimus equam,
Ut te submergat in aquis vel cuspide tergat.
Mortua ni ᵈ) fuerit, mors funera magna perurit
(fol. 12.) Magnorum procerum, sternet fecem mulierum,
Te nequam, miseram, nichil in mundo valituram!
§ Sed nimis ipsa tenax caro stat tua, stat mala mordax,
Morderes ᵉ) mortem! Forsan timet ipsa cohortem
Et cavet ipsa suam. Quis curet perdere nequam?
Non demon cuius est infans hic ᶠ) pater huius ᵍ)
Nec dominus curat hanc ʰ) tangere neque crearat ⁱ).
Iudicis adventum spectabimus ergo secundum.

§ C. 36ᵐ in quo ecclesia exclamat de amissione Ale-
mannie et invehitur contra superbiam prelatorum
christianitatis.
Greci cismantur, de Cesare dum spoliantur;
Sic se Germani disponunt forte profani,
Prothdolor, ex dignis veluti patefit modo signis,
Quorum gens errat mordax, pro Cesare gwerrat.
§ Numquid ero vidua de multis gentibus ampla?
Ach dolor, o planctus, nimius plus quam dolor anctus!
§ Ve michi, dormit! Ave, me cingam milibus ach ve!
§ Ach meretrix, vestis viciorum, pessima pestis!
Quid de te faciam? Pueri, perdamus iniquam!
Vos rogo, vos pueros, infantes lactis amicos!
Quosque ᵏ) crumene ˡ) non iuvat, ymmo ludus arene
Nil plus complaudit, senium michi flere subaudit;
Namque crumena stat hiis sanctissima resque serena.
§ Frigus avaricie, cur non procul exis ab orbe?
§ Me, pater, offendam, laqueo mea guttura pendam.
Quin perdas nequam, que legem non sinit equam
Plaudere sub propriis. Cur nequam non maledicis?

Interlinearglosse: a) scil. es.   b) scil. invidiam.   c) pro quando.   d) pro nisi.
e) scil. o invidia.   f) demon.   g) scil. invidia.   h) scil. invidiam.   i) scil.
invidiam quia sine ipso factum est nihil.   k) scil. pueros.   l) scil. ludus.

§ C. 37^m in quo papa asserit se hucusque nescivisse
serium ecclesie, sed serio eius viso affirmat se con-
dolere ei.

Dulcis regina, sine ruga, flos sine spina,
Cur sic tristando, cur degeneras lacrimando?
§ O nimis adiutrix mitis, dignissima nutrix,
Non sic credebam, tua seria nulla dolebam,
Sed nunc condoleo ᵃ) cernens tua seria, virgo.
§ Quid vult formosa Germania, quid generosa?
Vel que sit meretrix, quam defles, dic, pia nutrix!

§ C. 38 ᵐ in quo ecclesia declarat, quod superbia prelatorum induat sibi strictam vestem, ut non possit
velare pueros eius.

Numquid pomposam meretricem scis generosam ᵇ),
Pessima que pestis? Mea fecundissima vestis,
Prothdolor, hanc vestit, hanc velat, hec mea restit ᶜ)
Nequicie reste, tractans tam dulcia meste.
§ Hec ᵈ) michi dat fictam tunicam, fictissime strictam.
Et cum formosa mea filia, tam generosa ᵉ),
Milicie munda nutrix, rosa prerubicunda,
(fol. 12 ᵉ) Frigoribus lesa Germania, vulnere cesa,
Tam deflens cuptat, gremium genitricis adoptat,
Quam ᶠ) velem munde, vestis non suppetit ᵍ) unde.
§ Ingemit ergo mea suspirans filia magna ʰ)
Crimina quippe sua Germania; plurima stagna
Vix ipsam tergent feces vel ad infima mergent.
Quam si non mundas, sydus tingetur in undas
Et cadat in pelagus exspirans pondere fluctus.

§ C. 39 ᵐ in quo papa exclamat de dolore Alemannie
et inquirit, qua parte doleat vel in quo membro.

O Deus, o michi ve, quam turgida tristia de te
Audio! Qua parte, mea filia, quero, vel arte,
Qua gemit illustris? Audet quis talia nostris?
§ Expandas gremium, puerum tam suscipe dyum ⁱ)!

§ C. 40 ᵐ in quo ecclesia ostendit, quod filia eius
Alemannia doleat caput idest imperatorem.

Est caput illacrimans Alemania, vulnera plorans ᵏ),
Sed capiti partus alios dolor inficit artus.
§ Iuris mendici calcaribus est Ludowici

Interlinearglosse: a) scil. tibi.   b) scil. in viciis.   c) idest ligat.   d) scil.
meretrix.   e) scil. Alemannia.   f) scil. Germaniam.   g) scil. michi.
h) scil. Germania.   i) scil. sanctum.   k) vel sudans.

224

Hic dolor ; et stricta negat hunc a) vestis mea ficta,

§ Denegat et natam b), quondam tam longe creatam c).

§ C. 41 m in quo papa corrigit ecclesiam super eo, quod vestes suas alienat meretrici, et dicit Alemanniam sanari, sed Ludowicum nequaquam.

Viribus exilem te fingis, te puerilem

Reddis, quando sinis clamidem d) manibus peregrinis e).

Filia formosa, rosa fecundissima, glosa f)

Virtutum, speculum tyronum g), purpura regum,

Sic volo, sanetur, Ludowicus peste necetur !

§ C. 42 m. in quo ecclesia ostendit, quod cupiditas carnalis pape alienet vestes suas et si Ludowicus non sanetur, nec Alemannia sanari velit.

Que tua h) sunt castra, dominus porrexit in astra ;

Pallia vult i) tendam mea, sub tua culmina pendam k).

Cum tenebre l) gyrant noctemque silencia spirant,

Auscultat tacite meretrix, blanditur amice

Et mea furatur, tanquam sim. sic ioculatur.

Fingit mendicum, sed amicum m) tunc Ludowicum n),

Quoslibet addermes o) excludit p), sumit inermes,

Porcos atque canes sub pallia velat inanes.

§ Ast ego sto plangens sub curtis vestibus angens :

§ Si non servabis Ludowicum nec recreabis ,

Nec vult sanari mea filia nec recreari q).

Se putat acephalam r), ni s) stet Ludowicus ad illam t).

§ C. 43 m. in quo papa ostendit, dominum Ludowicum non esse dignum gremio ecclesie eius, eo quod voluerit dividere tunicam inconsutilem Christi. in creando antipapam.

(fol. 13). De tam sordifico non plus, rogo, dic Ludowico !

In tibi consubilem u) clamidem voluit v) pharisilem w),

Hic x) dedit antipapapam y): lacrimans z) heresis sine lappam ! aa) *)

Hunc a) plangat Roma, sumens heresis peryzoma a).
Quem a) sic fedarunt tam turpia, quem macularunt,
§ Pallia b) qui cindit sine causa, qui tua c) findit,
Numquid servetur, decet, aut per te relevetur?
Indignus clamide, clamidem si cupto ruine.
§ Non Alemannorum caput hic d) est iure, sed horum
Vi se dat dominum, de facto crede tyrannum e).

§ C. 44 m. in quo ecclesia approbat dominum Ludowicum et ostendit, quod tantum dederit signum posse
nocere ecclesie, si voluisset, et quod de perpetratis
veniam petat.

Asserit ecce tua pia sponsa, pater. sine ruga f),
Que connupta tibi miseris semper misereri,
Cum deflent vicia, venientes qualibet hora.
§ Hic g) si peccavit, veniam repetens remeavit h)
Mox, deflens vicia michi gratus qualibet hora.
§ Non facias de clave i) seram, de principe k) servam,
Obsecro, redde meam clamidem l), longissime largam!
Desine, ne fictam l) facias, largam michi strictam l)!
Paupere sub veste rubeam non, stem sed honeste,
Sunt mea ductilia per mundi clymata fila.
§ Armis, sudore, Ludowicus certe cruore
Se probat electum pro Cesare, digne refectum,
Ast electores tribuunt sibi quivis honores.
§ Sanguine prefuso, replicando sepe refuso,
Sub multis annis sibi pape scisne Iohannis
Est nimis ingratus oculus nec adhuc reseratus m).
§ Romam tunc peciit n), Petri vestigia quesit o).
Est n) simplex laycus, multus sibi clerus amicus,
Nec voluit reri p) quid q) consilio sine cleri,
Antipapam nasci sinit, hunc r) cleri sale pasci.
§ Querunt cordigeri s), que sit sentencia veri,
Querit landunus t), sic Marsilius Paduanus t).
Induperatorem retinere dat omnis honorem
Hunc u), fors sed false, papam de iure creasse
Antiquitus, posse, semper sibi iure fuisse v);
Et leges monstrat sibi quilibet atque remonstrat,

Interlinearglosse: a) scil. Ludowicum.   b) scil. tua.   c) scil. pallia.
d) scil. Ludowicus.   e) scil. Ludowicum.   f) ecclesia Dei.   g) Ludowicus.
h) scil. ad salutem.   i) scil. celorum.   k) scil. ecclesie Dei.   l) scil. vestem.
m) scil. oculus iste.   n) Ludowicus.   o) quesit pro quesivit.   p) idest opinari.
q) idest aliquid.   r) scil. antipapam.   s) idest minores.   t) iste magister.
u) scil. honorem.   v) scil. in creando papam.

Par iungas agrafum a) 1) decreti, denoto verum b).
(*fol.* 13 c) Hec c) cum misisset d), sequitur, quod si voluisset,
Ipse malignari potuisset. Continuari c)
Noluit; hic e) luxit fide, crimina facta reduxit
Ad lucem fidei, papam peciit misereri,
Et sic cottidie petit et pie supplicat ipse.

§ Numquid si Cayfas penitisset 3) crimina f), iudas g),
Omnes tortores Christi, viciosus Herodes,
Pylatus, pharao, viciorum pessimus ordo
Totus si fleret, sua crimina si peniteret,
Hos sanguis Christi revocaret de nece tristi.

§ Propter non equos, sed propter Christus iniquos
Venit salvare, domino patri revocare.
Non tibi sit limus. quem Christi sanguis opimus
Ad vitam duxit, de vera morte reduxit!

§ Non presumebat hic h) crimina, signa volebat i)
Hic dare, quod grave sit, oculos qui scelte k) 3) retergit.

§ Verbere raro canis liber revocatur inanis!

§ Hic l) doctor verus fuit in te. Cernito: clerus
Illum sectatur, laycorum gens imitatur!

§ Si placeat, retrahe virgam! Satis est nocuisse,
Posse nocere viro. Si cernas munere miro
Hunc m) lux nature dotavit, corpore n), iure,
Omni virtutum lucens est ad michi o) nutum.

Et sibi fortuna specialiter est magis una
Precunctis aliis: sibi sumpsit robur Achillis,
Expectat paciens vindictam, stat quasi ridens
Semper, stat largus, inimicum prospicit argus.
Non est exactor p) subitus, sed mente retractor,
Neque sub hoc, dico, parcit, credas 4), inimico!
Milicie summa, virtutum florida gemma,
Armorum dominus. cunctis tractando benignus.

§ Asserit hec quivis, sit strennuus aut muliebris,
Ipsum 4) qui noscit, veniam pro principe r) poscit.

Interlinearglosse: a) *a. R.* figura que dicitur themesis, quia hec diccio
paragrafum est divisa. b) scil. questione LXIII. c) predicta. d) idest
admisisset. e) Ludowicus. f) scil. sua. g) traditor Christi. h) scil.
Ludowicus. i) scil. dominus Ludowicus. k) idest stimulo. l) scil. Ludowicus. m) scil. Ludowicum. *a. R.:* hic ponit laudes et proprietates domini
Ludowici. n) scil. suo. o) scil. ecclesie. p) scil. inimicorum. q) Ludowicum. r) Ludowico.

1) *d. i.* paragrafum iungas decreti; *vgl.* c. 22. dist. 63.
2) *so für* penituisset.
3) scelte = celte, *von* celtis: caelum sculptorium (*Ducange*).
4) *ms.* credas parcit *mit Umstellungszeichen.*

§ C. 45 ᵐ· in quo papa ostendit, dominum Ludowicum
inobedientem fuisse Iohanni pape, quia citatus per
eum non comparavit, ut memoratur.

Non est hoc mirum, cum feceris undique gyrum
Per mundi circum. Fedantem diligis hyrcum ᵃ).
Frivolus inflatus Ludowicus scisne citatus
Ipse fuit annis primis ex ore Iohannis ᵇ)?
Paruit et nullus; cur non est regulus ullus ᶜ),
Non est ecclesie miles, satis obfuit ipse.
Transeat exemplar aliis; ipsum volo calcar
Vrgeat ecclesie, gremium nequeat retinere ᵈ)!

§ (fol. 14) C. 46 ᵐ· in quo ecclesia ostendit, quod si dominus Ludowicus imperator fuit citatus a papa Iohanne, tamen hoc fuit ad locum non tutum, et ergo
non tenebatur conparere.

Hee norme dantur iuris: quicumque citantur
In sibi non tuta loca, non ea, papa, refuta,
Non sunt venturi, que condis culmina iuri!

§ Iuris mendicus fuit, et sic scis, Ludowicus,
Dum non curatur, loca per spaciosa vocatur,
Imperii postes ubi firmant viribus hostes ᵉ).

§ Qui nondum fortis Ludowicus munera sortis
Expectans dignus, confunditur ipse benignus,
Fulmina dum regnant pape, dum cymbala pregnant,
Ipsum diffamant et claustro criminis hamant.
Regnant cottidie nec fulmina postposuere
In multis annis, ut noscis, labra Iohannis.

§ Postea fit ᶠ) fortis per maxima munera sortis,
Et Romam peciit, admittens que tibi dicit
Pagina premissa; cito sunt hec facta remissa.

§ Sub clipeis orat eius Germania, plorat,
Imperat, et tristis suspirans casibus istis

§ Supplicat; et veniam Christus non denegat illam ᵍ),
Sed Magdalenam dilectans et Cananeam.

§ C. 47 ᵐ in quo papa ostendit, quis debeat esse modus penitendi domini Ludowici ad hoc, ut gremio
ecclesie restituatur.

Si penitens ʰ) gignet fletum, prius atque resignet
Imperii flores, ipsi tribuemus honores,

Interlinearglosse: a) scil. Ludowicum.   b) scil. pape 22.t.   c) scil. Romanorum.   d) scil. ecclesie Romane.   e) a. R.: sicut rex Francie et rex
Robertus qui se regem scribit Sicilie.   f) scil. Ludowicus.   g) scil. viduam.
h) scil. Ludowicus.

Et sua delicta tergemus tam maledicta.

§ Si prius ablatum reddat, dare postea gratum

Hunc decet in gremium ª), nostrum credemus amicum.

§ C. 48ᵐ in quo ecclesia ostendit, peticionem pape esse irracionabilem, et ideo dominus Ludowicus eam possit negare.

Raro per hanc normam sub pacis ducere formam.

Crede, lupos magnos exuta pelle vel agnos

Sic vix arriperes, prius aut ex orbe fugares!

§ Quanto sudore, prefuso, scisne, cruore,

Quanta milicia suppressa, sumito papa,

Induit hic ᵇ) regnum Romanum? Credito magnum,

Quod petis, est petere! Credit se posse negare

Ethycus vnde Katho¹): quod honestum iuste rogato!

Nam petitur fede de iure negabile, crede.

§ Crede, tuos monachos poteris vix cogere nigros,

(*fol. 14ᵛ*) Quin nimis enutent ²), ut longa capucia mutent, ᶜ)³)

Cleros plurales coges vix sin-que-gulares ᵈ) ⁴),

Ut sint ad nutum ᵉ); pater, ergo quomodo scutum

Imperii caudet ᶠ) ⁵) Ludowicus? Longius audet ᵍ)!

§ Longi sunt anni, quod plures quippe tyranni

Imperii pecias rapuerunt; quis petit illas?

Quis, rogo, creator? Nec papa nec induperator.

§ Fingunt tutores ʰ) hii se nostros, ad honores

Magnos florescunt, post temporis paucula crescunt.

Sic perit imperium, tibi cogor dicere verum,

Imperii clipeus exhaustus erit tibi virus!

Succinctis annis cruciaberis ipse! Tyrannis

Quis te defendet? Se quilibet ad tua pendet

Et mea submerget homo quivis, nemo reterget ⁱ)!

§ Diligis imperium, perium ᵏ) quod sit, puto, mirum.

Interlinearglosse: a) scil. ecclesie.   b) scil. Ludowicus.   c) scil. nigri monachi.   d) themesis; scil. in officiis et beneficiis.   e) scil. tuum.   f) idest posterget.   g) scil. quam hoc faciat.   h) scil. tyranni.   i) idest mundabit.   k) perium potest dici devastabile a pereo, peris.

1) Cato.

2) enutent *schwanken.*

3) *Vgl. hierzu und zum Folgenden die* Constitutiones Benedictinae (Caturcenses) vom 28. Nov. 1336, Bull. Franc. VI 23; Holzapfel, Handbuch der Gesch. des Franziskanerordens, Freib. i. Br. 1909, S. 83; Karl Jacob, Studien über Papst Benedikt XII, Berl. 1910, S. 85 ff.

4) *d. i.* vix singularesque.

5) caudet *zurücklassen.*

§ Qui tua iam castra pingunt, recitabis ad astra a),
Ridens nunc flebis, si nunc ditescis, egebis !

§ C. 49 m. in quo papa conqueritur de verbis acribus
ecclesie et asserit dominum Ludowicum hoc modo
non reconciliari.

O Deus, in quantis mulieris crescit amantis
Tam fervens animus! Michi prebet crimina virus.
§ Asserit iniustum, repetam, simul ast inhonestum
De tam sordifico, vicioso tam Ludowico.
Hunc per fervorem numquam veniet sub amorem b) !

§ C. 50 m. in quo ecclesia ostendit, quod cum res sit
acris, oporteat acriter loqui.

Ardua res agitur, non verum me c) sepelitur,
Seria quippe loquor, loquar ut strictissime cogor.
Seria iam retuli faciem portando sigilli;
Si placet, exaudi gemitus nec flere subaudi !

§ C. 51 m. in quo ecclesia supplicat gloriose virgini,
matri Iesu Christi, ut secum roget pro domino Ludowico.

Omne genus rerum mecum roget! O mulierum
Tam soboles digna, castissima virgo Maria,
Celi regina sine menda d), flos sine spina,
Flecte tuum Christum puerum, roget ut vicechristum e)!
Anglos f) celorum, iube turbas, virgo, sororum g)
Castarum, cellas dulcorum manda puellas,
Ut pro dulcifico mecum rogitent Ludowico !
§ Reddas nectaricum michi, papa, meum Ludowicum !
Reddas Ludwicum, gemit omnis amicus amicum,
O Ludowicus esset, qui nunc Ludowicus h) !

§ (fol. 15) C. 52 m. in quo ecclesia ostendit, quod in-
fancia salvatoris roget pro domino Ludowico.

Infans i), quem stringit frigus k), quem fascia pingit,
Quem caste stille lactis pascendo papille
Virginis allactant, quem verbigenam pie tractant
Anglorum turbe, cuncto miseretur in urbe
Culpas deflendi, tibi supplicat, ut miserendi

Interlinearglosse : a) scil. conquerendo de ipsis.   b) scil. dominus Ludowicus.
c) idest per me.   d) idest macula.   e) scil. pro meo Ludowico.   f) scil.
roga.   g) scil. tuarum.   h) a. R. quasi diceret : utinam ius Ludowici esset
longum et non breve.   i) scil. Christus.   k) scil. in presepi.

Assumas oculum . Num ª), papa, subaudis in illum ᵇ)?
Imperat et rogitat puer hic, super ethera regnat.
§ Te rogo: mirificum michi redde meum Ludowicum!
Reddas Ludwicum, gemit omnis amicus amicum,
O Ludowicus esset, qui nunc Ludowicus!
§ C. 53ᵐ· in quo ecclesia ostendit, quod virgo Dei ge-
nitrix sub cruce plangens roget pro domino Lu-
dowico.

Exundans vena miserendi, mitis, amena
Stella maris, dya, dulcissima virgo Maria,
Sub cruce dum plorat, crucifixum subgemit, orat,
Ut fidei gemitum ᶜ) des . Redde meum Ludowicum!
Reddas Ludwicum, gemit omnis amicus amicum,
O Ludowicus esset, qui nunc Ludowicus!

§ C. 54ᵐ· in quo ecclesia ostendit, quod immutacio
syderum in celo roget pro domino Ludowico.

Omne quod irrorat, mundus pro viribus orat.
Num ᵈ) sol se clausit deplangens orbis et hausit
Sydus sub mundum barbatum sive secundum.
Mars cum Saturno motu non crede diurno ᵉ)
Hoc ᶠ) attraxere, quod et antea progenuere
Vrse, quod plaustrum presustentabat, in austrum ᵍ) ¹).
Denotat ʰ) horrorem, fundendum longe cruorem
Christicolis dignis hiis partibus ⁱ) atque benignis.
§ Fusus longe cruor, fundendus denuo sudor
Celos pertingit; Deus et sua sydera pingit
Expansa pelle, signat pulcerrime velle,
Ut michi donetur Ludowicus neque fugetur ᵏ).
Reddas Ludwicum, gemit omnis amicus amicum,
O Ludowicus esset, qui nunc Ludowicus!

§ C. 55ᵐ· in quo ecclesia ostendit magnam fidem et
maiorem esse in domino Ludowico, quam in papa
vel ceteris prelatis.

O quante ˡ) fidei! Non credunt sic pharisei.
Quantus katholicus crucis, obsecro, quantus amicus ᵐ),

Interlinearglosse: a) pro numquid.   b) scil. puerum.   c) idest flebilem.
d) scil. illo anno, *n. R.* vult dicere, quod anno domini M . CCC 37° ante festum
Iohannis Baptiste apparuerit cometa idest stella comata que movebatur a
septentrione in meridiem, ubi coniungebantur mars et saturnus; et antea
eodem anno fuit eclipsis solis.   e) sed motu transversali.   f) scil. sydus.
g) scil. attraxerunt.   h) scil. illud sydus.   i) scil. meridionalibus.   k) scil.
a me.   l) scil. est Ludowicus.   m) scil. est dominus Ludowicus.
1) *Vgl. hierzu auch* Conr. v. Megenberg, Buch der Natur S. 75, 26 f.

Qui [a]) fervens audet mortem, qui pro fide gaudet!
Nostros prelatos mallem fide sic phaleratos [b]),
(*fol. 15r*) Quam sub flatura mea pessime perdere iura.
Hos queret [c]) vere gremium [d]) qui prepediere [e]).
§ Ergo dulcificum michi redde meum Ludowicum!
Reddas Ludwicum, gemit omnis amicus amicum,
O Ludowicus esset, qui nunc Ludowicus!

§ C. 56m. in quo ecclesia ostendit, quod Alemannia stans ante hostium pape et flens roget pro domino Ludowico.

Stat foris ante fores Alemannia filia [f]), mores
Vertit et in planctus, tristis petit ethera cantus [g]).
Subgemit et plorat pro mite [h]): Preco, precat, orat:
Supplico, redde precum nate [i]) gremio [k]) Ludowicum!
Reddas Ludwicum, gemit omnis amicus amicum,
O Ludowicus esset, qui nunc Ludowicus!

§ C. 57m. in quo ecclesia petita licencia a papa iubet Alemanniam intrare ad papam.

Si placet [l]). intrabit mea filia[m]), flendo rogabit [n]).
Intres, dilecta. tecum tua [o]) filia vecta [p])!

§ C. 58m. in quo Alemannia intrans ad papam salutat ipsum.

Sit tibi, presul, ave, tibi sit, pater [q]), omne suave,
Omnes virtutes tibi dicant mille salutes!

§ C. 59m. in quo papa suscipit Alemanniam filiam suam et pueros eius conquerens sudores eorundem.

Filia dilecta mea, salve, resalve, refecta
Te, sedeas, loquere, tua quomodo disposuere
Se. Que tui nati sunt, hii [r]) veniant bene grati [s]),
Heeque tue [t]) nate veniant, bene sunt michi grate.
§ O quantus pallor hos [u]) tangit, quomodo sudor
Exundat vultus [v])! Recreandi sumito [w]) cultus!

§ C. 60m. in quo Alemannia[1]) ostendit causas sui sudoris, et quod tyranni imperii obnubilent papam, ut claudat gremium domino Ludowico.

Non, pater, immerito iam sudo; papa, memento,

Interlinearglosse: a) scil. Ludowicus. b) idest vestitos. c) scil. Ludowicus. d) scil. ecclesie. e) idest impedierunt. f) scil. tua. g) scil. Alemannie. h) scil. Ludowico. i) scil. tue. k) scil. meo. l) scil. tibi o papa. m) scil. Alemannia. n) scil. pro domino Ludowico. o) scil. o Alemannia. p) idest duc. q) scil. o papa. r) scil. milites. s) scil. mihi. t) scil. turbe. u) scil. pueros. v) scil. eorum. w) scil. o Alemannia.

1) *ms. am Rande, statt ausgestrichen:* ecclesia *im Texte.*

Quod tua sum nata, sanctorum sanguine lata [a])
Virginis in gremium, digne genitricis [b]) in alvum.
Martirium magnum sanctorum duxit ad agnum
Me me [c]), qui Christus. § Nunc quomodo vult vicechristus [d])
Perdere me [e]) subito? Vincesare [f]) sub Ludowico,
Quem dicunt [g]) Bavarum . Nemo confundit avarum [h]),
Qui sibi vult animum [i]), gremium [k]) precludere salvum [l])
Eternis annis . Animus datur ille tyrannis [m]),
Pape qui [n]) mentem velant graciose volentem [o].
(*fol. 16*). Me me [p]) iam sterno coram te, rege superno!
Effundo lacrimas, pluo sed specialiter illas [q])
Pape tam misere, velit ipse mei miserere!
§ Dic, pie [r]), numquid ego [s]) tua filia sum? Male dego
Nunc sub mendicis, numerabar tunc sub amicis [t]).
Filia [u]) dilecta tunc, nunc sum spreta Rebecca,
Nunc sum [v]) rugosa, quondam tam deliciosa,
Ut me dotaret specialiter atque precaret
Legis papa sator; michi cum datur induperator [w])
In sponsum dignum, michi se [x]) docet ille benignum.
Dico docet, docuit. et semper quippe docebit,
Sic quod non mittam sponsum, nec in extra remittam.
Si tibi non placuit [y]), tua cur manus hunc michi nupsit?
§ Qui semel est nuptus [z]), pulcer semper michi cuptus [aa]).
Postponam [bb]) patrem proprium, linquam michi matrem [cc]),
Quolibet invito gaudens adherebo marito!
Ipse [dd]) suum patrem dimittet denuo matrem
Et simul uxori merito compendet [dd]) amori [ee]).
Lex generalis erit, fuit, hec est, cedere nescit [ff]).

§ C. 61[m.] in quo Alemannia conqueritur, quare papa
sibi pocius derelinquat errores quam ceteris regnis,
et cum hoc minatur pape.
Cur sunt errores michi, sed caruere sorores [gg])?

Interlinearglosse: a) scil. ego Alemannia.   b) idest ecclesie.   c) scil. Alemanniam.   d) idest papa.   e) scil. Alemanniam.   f) *a. R.:* vincesar dicitur quasi
vincendo cesar.   g) scil. Gallici.   h) scil. animum.   i) scil. Gallicorum.
k) scil. ecclesie.   l) scil. sibi coram Deo.   m) idest raptoribus imperii.
n) scil. tyranni.   o) scil. verum imperatorem.   p) scil. Alemanniam.
q) scil. lacrimas.   r) scil. papa.   s) scil. Alemannia.   t) scil. quondam.
u) scil. ego.   v) scil. ego Alemannia.   w) idest imperator.   x) scil.
imperator.   y) scil. imperator.   z) scil. michi.   aa) idest desideratus.
bb) scil. papam.   cc) idest ecclesiam pape.   dd) scil. imperator.   ee) scil.
domine amate, et est hic enphasis.   ff) scil. quod homo postponet
patrem et matrem et adherebit uxori sue, ut dicitur in primo genesis.
(Gen. 2,24).   gg) scil. mee.

Anglia, Sconcia a), Francia, Dacia, Spania b) gaudent
Cerbere c), verbere d), numina, flumina e), me tua fraudent f).
Sed mage fraudari per te g) volo, quam superari h).
Ut perdam gratum i) michi sponsum, longe precatum.

§ C. 62 m. in quo Alemannia ostendit, quod velit separari a papa sicut Grecia et numquam reverti, nisi
sanguine nobilium sanctorum.

Grecia, magna soror mea, me vult, dicere cogor,
Ut sibi sim socia, velut hoc est: sim pharisea k)
A gremio l) matris, vadam sub nomine patris
Eius sic nati sub pneumatis atque beati.

§ Vertar, pervertar, queras, sed quando revertar m) ?
Sanguis sublimus cum me revocabit opimus;
Sanctorum procerum n) miserebitur et mulierum,
Nostrum fors dominus tunc temporis, o modo nullus o)!

§ C. 63 m. in quo Alemannia regreditur ad supplicandum
pape et secum adducit turbas multas.

Set magis hortabor papam, planctu saciabor p),
Neu sit culpa mea, gremio quod ero pharisea q).

§ O pater, o misere mulieris tu miserere r)!

(fol. 16 v.) Nosce s) tuam natam, quondam tam longe creatam t)!
Scisne u) meos natos regali stirpe creatos?
Mendis fedatos tam pulcros v) scis maculatos,
Intime iam plorant calidis sub fletibus orant.
Cures audire prius ut proceres w) redimire!

§ C. 64 m. in quo Alemannia adducit specialiter turbam
militum supplicancium pro domino Ludowico.

Florida milicia sub opimis stirpibus orta
Prosternit genua, tibi supplicat, o pie papa!
Cernito, quam digne tibi supplicat atque benigne!
Exuta parma se flectit x) et exuit arma,
Sanguis prefusus per eam y) quoque sepe refusus,
Sanguine pretincti clipei quoque, sepe retincti,
Et calibis galee tibi proclamant: Miserere!

Interlinearglosse: a) epenthesis; *a. R.:* Sconcia pro Scocia.   b) Spania
pro hyspania, et est ibi auferesis.   c) idest o dux inferni; *a. R. :* Cerberus
est dux inferni ut defabulatur.   d) scil. tuo.   e) scil. tua.   f) idest
decipient.   g) scil. cerberum.   h) scil. a pelice mea que est iniquitas
prelatorum.   i) scil. imperatorem.   k) idest divisa.   l) scil. ecclesie.
m) scil. ego Alemannia ad papam.   n) scil. nobilium.   o) scil. miseretur
nostri.   p) scil. ego Alemannia.   q) idest divisa.   r) scil. Alemannie.
s) scil. o papa.   t) scil. sudoribus sanctorum.   u) scil. o papa.   v) scil.
natos.   w) scil. natos.   x) scil. milicia.   y) scil. miliciam.

Cures adverti precibus dominumque a) reverti b).
Iuris mendicum, sed amicum c) fac Ludowicum!

§ C. 65 m. in quo Alemannia adducit turbam virgi‐
num ad idem.

Precastos d) flores e) vernans f) tibi flectit honores g)
Fructibus elatis arbor pia virginitatis;
Dulcoris celle caste rogitando puelle
Tam castis osclis h), tam dignis cernito i) flosclis k)!
Osclantur pedicas l), tergunt tibi crinibus illas.
Auro gemmatis m) fulvis, crispis, phaleratis n)
Sudoris stillas o) rivant cinguntque papillas p)
Tam pie virgineas, manus q) et pie concutit illas r)
Et totum s) pectus, rogitando, quod ipse refectus
Sit tam mendicus iuris, pius hic Ludowicus.
Cures t) adverti precibus proceremque u) reverti v)!

§ C. 66 m. in quo Alemannia adducit turbam cleri et
specialiter pontificum ad idem

Tota cohors cleri Germanica vult misereri,
Cespitat w) 1) in planis rebus nutando profanis x).
Quid faciat, nescit y), tum z) peccat, tum resipiscit,
Tum z) missam celebrat aa) Ludowico, tumque recusat.
Sunt obdurati bene pontifices federati
Tanquam veridico regi, domino Ludowico,
Induperatori tum iurant, tum meliori bb);
Errant sic miseri, rogitant : Cures misereri,
Cures adverti precibus Bavarumque reverti cc)!

§ C. 67 m. in quo Alemannia adducit turbam scola‐
rium cupiencium sacros ordines ad idem.

(fol. 17). Obstruit dd) et nares demon, veniendo scolares
Cum se prespiterant, anathemate denuo gyrant,
Et veniunt aliqui gremium repetendo reduci ee).

Interlinearglosse : a) scil. Ludowicum.　　b) scil. ad te.　　c) scil.
tibi.　d) idest valde castos.　　e) idest mores.　　f) idest florens.　　g) scil.
arbor virginitatis.　　h) pro osculis.　　i) scil. o papa.　　k) pro flosculis.
l) scil. tuas.　m) scil. crinibus.　n) idest coronatis.　o) scil. puelle.　p) scil.
suas idest mamillas.　　q) scil. earum.　　r) papillas.　　s) scil. cingunt.
t) scil. o papa.　u) scil. Ludowicum ; *n. R. :* Nota, quod licet *proceres* non
habeat singularem secundum usum, tamen secundum artem habet : *proceris
-is, -i, -em, -ere.*　　v) scil. ad te.　　w) idest titubat.　　x) idest inutilibus.
y) scil. clerus.　　z) idest aliquando.　　aa) scil. clerus.　　bb) idest pape.
cc) scil. ad te.　　dd) scil. ante peccata fetida.　　ee) scil. in gremium.

1) cespitat *strauchelt.*

Curia sub burda[1]) tua stertit[2]), stat quasi surda [a]);
Tunc meat ad propria, petet omnis [b]) pristina iura.
Sic nimis exerrant anglis [c]) cum demone gwerrant [d]),
Errando miseri rogitant, ipsis misereri.
Cures adverti precibus dominumque [e]) reverti!

§ C. 68m. in quo Alemannia adducit dominam Margaretam, conthoralem domini Ludowici, cum omnibus impregnatis ad idem.

En Margaretam, virtutum quippe monetam,
Connuptam dignam Ludowici, vere benignam,
Hec morum cella diffundens dulcia mella [f]),
Hec vas dulcoris, tam pregnans arbor honoris,
Hec decorisque rosa, prevernans tam speciosa,
Eximium procerum fulgens sydus, mulierum
Presculptum speculum, nature dicito templum [g]),
Quod [h]) recipit clarum thesaurum deliciarum.
§ Est humilis domina, tibi supplicat ista corona [i]),
Tam pie, tam digne, mitissime, vere benigne.
Flos inpregnatus tibi supplicat iste beatus [k]),
Inpregnatarum turbam ducens dominarum,
Et tam mundarum socians turbas viduarum.
Supplicat [l]) in partu post antea quolibet artu,
Quem dolor appingit et clamor [m]) ad ethera tingit [n]).
§ Infans [o]) in partu lacrimatur quolibet artu
Et rogitat: Veniam, pater, o des, supplicat, istam!
Cures [p]) audire dominam sponsumque [q]) redire [r])
Ad gremium matris; revocant hunc [s]) vulnera patris,
In cruce latronem sumentis [t]) vispilionem [u]).
Cures adverti precibus dominumque reverti [v])!

§ C. 69m. in quo ecclesia iubet filiam suam Alemanniam tacere propter ruditatem pape et ad propria reverti.

Filia, iam satis est, nil plurima dicere prodest!
Ad patriam remeando tuam conduc tibi turbam [w]),

Interlinearglosse: a) scil. in audiendo tales. b) scil. scolaris. c) pro angelis. d) scil. scolares. e) Ludowicum. f) scil. morum et virtutum. g) scil. dominam Margaretam. h) scil. templum. i) scil. domina Margareta. k) scil. pro sponso suo. l) scil. illa domina. m) scil. eius. n) idest pertingit. o) scil. eius. p) scil. o papa. q) scil. eius. r) scil. ad te. s) scil. sponsum eius. t) scil. patris. u) quasi vi spoliantem. v) scil. ad te. w) scil. puerorum tuorum.

1) burda *Last, Bürde.*

2) stertit: *schnarchen, schlafen.*

Ut melius poteris! Caveas manus et pharaonis a),
Neu b) te subripiat aut quem c) turba d) tibi sternat !

§ C. m. 70 in quo Alemannia recipit licenciam a papa,
ex quo sibi nichil respondet.

(fol. 17 v.) Papa diu vere tacuisti, visne tacere
Semper ? Et ergo vale, cupio tibi mille valere !

§ C. 71 m. in quo Alemannia recommittit se matri sue,
scilicet ecclesie Dei, ex quo a papa est recessura.

O mater, domina clarissima, virgo, magistra,
Ecce recedo, vale, tibi semper cupto valere !
Me tibi committo, nate, rogo, digna e) memento!

§ C. 72 w. in quo ecclesia Dei confortat Alemanniam
et promittit ei, quod eam diligere velit semper et
ubique.

Neu timeas, nata, michi sis, volo, quod sociata,
Mentis f) sub claustro sedeas aquilone vel austro g).

§ C. 73m. in quo scriptor libri rogat Alemanniam
ut ipsum sumat secum, eo quod sit nutrix eius,
ne perdatur.

Mater, subtendas. tecum puerum h) tibi prendas,
Neu male perdar ego i) nec habenda tenens mea dego.

§ C. 74m. in quo Alemannia deridet moram quam facit scriptor in curia Romana.

O puer k), o iuvenis, tibi nil datur Avinionis,
Numquid habes l) bullasm)? Sed vix retinebimus ·) ullas o).

§ C. 75m. in quo scriptor asserit papam obduratum,
et rogat nutricem, ut prestoletur ad horam propter disputacionem sequentem.

Sic perduratum p) dicunt et nemo rogatum q),
Nec pro me r) quisquam dignatur flectere papam.
Nunc eo s) Parysyus, numquam vel vix rediturus t),
Sed non privignam u). dominam video, puto, dignam v),
In qua delector totus, cernendow) refector.
Nutrix x), tange moram, speculando moremur y) ad horam !

Interlinearglosse: a) idest regis Francie.   b) prout non.   c) idest aliquem.
d) scil. de.   e) scil. o mater.   f) scil. mec.   g) idest ubicumque fueris.   h) scil.
Conradum.   i) scil. Conradus.   k) scil. Conrade.   l) scil. o Conrade.
m) scil. pape.   n) scil. ego et tu.   o) idest aliquas scil. bullas.   p) scil.
papam.   q) scil. papam vult habere.   r) scil. Conrado.   s) scil. ego
Conradus.   t) scil. ad curiam Romanam propter maliciam ipsius.   u) idest
novercam.   v) scil. ecclesiam Dei.   w) scil. eam.   x) scil. mea, o Alemannia.   y) scil. propter disputacionem sequentem in secundo libro.

§ C. 76m. in quo ecclesia rogat Deum, ut puerilia scriptoris et Alemannie paciatur.

Ach nimis, o pueri, Deus omnipotens misereri
Vestri curetur, puerilibus annueretur,
Si quid linquatis a) in strata, si quid agatis b),

§ C. 77m. in quo ecclesia concludit dampna sibi ventura de recessu Alemannie a papa.

Iam satis audisti, menti, bene, papa, tulisti c)
Seria plangenda, que dat Germania flenda.
Quid, pie, dicis ad hec? Fluo iam sub tristibus, allec,
Ut maris est unda natans, fleo stans d) gemebunda.
§ Apsens me e) ledis, mea filia pulcra, recedis f).
Nescio, quando mora remeet, vel que sinat hora,
Ut te iam versam, cernam, té quando reversam.
§ Iam fleo tam merito, nescis, pie papa, memento!
(*fol. 18.*) Tanto g) ridebam, sub remige tuta sedebam h),
Tanto letabar speculo, cum me speculabar i)!
O Deus, o quanto rutilabam sydere tanto
Fulta, nego dampna michi, cum stat tanta columpna k)!
Nec firmo postes mittens hoc fulmen in hostes.
§ Omnia riserunt sub te l), mea tuta fuerunt,
Filia pulcra mea, Germania, nunc pharisea m)
Incipis, atque sinis mea culminibus peregrinis n).
§ Tempore tam parvo nimis, omen o) sedit in arvo p).
§ Lumina sub cenum remeant, clausura serenum,
Nubila fata diem, ducentque crepuscula noctem.
§ Tristibus q) immundis q) navis r) frangetur in undis,
Et cito furetur speculum s), sydus pacietur
Et paciar dampna, nutabit sculpta columpna.
Tunc risus t) fictus, cessabit fulminis ictus,
Unde tremunt hostes, rumpentur quam cito postes u);
In castris sordebo meis, degens phariseis v).
§ De magna parva fiam w), de principe serva,
Et castrum x) cella y), fit equus michi magnus asella.
Gaudia dictura michi sunt: vale vix reditura z)!
Ridens aa) tunc flebo, ditescens numquid egebo?

Interlinearglosse: a) idest delinquatis. b) scil. puerilis rei. c) scil. papa. d) scil. ex recessu filie mee. e) scil. ecclesiam. f) scil. o Alemannia. g) scil. sicut est Alemannia. h) scil. ego ecclesia Dei. i) scil. in Alemannia. k) scil. Alemannia. l) scil. Alemannia. m) idest divisa a me. n) idest alienis. o) idest fortuna. p) scil. meo. q) undis. r) scil. mea. s) scil. meum. t) scil. meus. u) scil. hostiorum meorum. v) idest filiabus meis a me divisis, scil. Germania et Grecia. w) scil. ego ecclesia. x) scil. meum. y) scil. fit. z) scil. gaudia. aa) scil. nunc.

Floreo ᵃ), marcescens ero tunc, sudabo quiescens ᵇ).
§ Quid, pie, dicis ᵇ) adhuc? Vertas illuc, decet. aut huc ᶜ)!

§ C. 78ᵐ. et finale, in quo papa rogat ecclesiam, ut de materia illa taceat, quia res est propinqua, ut divertat ad partem.

Res sedet in foribus, decet et nunc dicere nil plus.
Apcius hic loquitur animus, quam labia. Sit mus,
Si placet, in claustro iam, nec tibi regnet in austro ᵈ)!

§ Talia postponam, post horam stat quasi nonam,
Mulsit campanam iam clerus meridianam ;
Plurima sed restant, michi tedia cetera prestant ᵉ) ;
Ut melius potero, tamen hec narrata ᶠ) resumo ᵍ).

§ Explicit prima pars planctus ecclesie in Germaniam de discordia inter imperatorem et papam. Incipit pars secunda de inhonestate cleri et maxime religiosi mendicantis, qui sub habitu simplicitatis fundit venenum in ecclesiam Dei et discordiam nutrit prenotatam, cum tamen scriptum sit: Indicabo tibi, homo, quid sit bonum, aut quid Deus requirat a te, utique facere iudicium et iusticiam et sollicite ambulare cum domino Deo tuo (fol. 18ᵛ) per vite sanctitatem et morum honestatem¹). Que etsi in omnibus, in clericis tamen potissime requiruntur, qui a iudiciis in quantum possunt abstinere debent, cum servos Dei non oporteat litigare, II. q. VII. sicut sacerdotes²) et circa hec Hostiensis in summa et [prologo tertii libri³).

§ C. 1ᵐ. in quo scriptor libri supplicat pape, ut eum de cetero arguere permittat cum ecclesia Dei.

Adveniens exul ego sum, sanctissime presul ʰ),
Ut puer et iuvenis Conradus, solvere paucis,
Si placet, opto tace, volo verbis, obsecro, pace ⁱ).
Sed mater domina ᵏ), iuveni ˡ) michi parce, magistra !

Interlinearglosse: a) scil. nunc.   b) scil. o papa.   c) scil. responsionem tuam.   d) idest in aura.   e) scil. prius obiecta.   f) scil. tua prius. g) scil. ad respondendum ipsis.   h) scil. o papa.   i) scil. tua faciam illud. k) scil. ecclesia.   l) scil. Conrado.

1) Vgl. Mich. 6, 8.
2) c. 6. C. 2. q. 7.
3) Hostiensis, Summa (Lugduni 1518), fol. 145ᵛ Rubr. de vita et honestate cleri.

§ C. 2m. in quo scriptor solvit unum argumentum ecclesie de defectu melodye factum in prima parte libri in capitulo 13°: pausat nunc symphon[1].

Que quondam dulcis, nunc sit symphonica tristis!
Asseris [a]), et barrit vox, tristia murmura garrit,
Non hic distinguo perimendo, sed tibi solvo.
§ Nonne tibi fratres cecinerunt tunc duo vel tres,
Cum puerilis [b]) adhuc, expertes dicere sol, ut?
Nunc cantant tibi fa, bene centum [c]) milia, sol, la.
§ Amplius albescunt, nigrescunt, undique crescunt [d]),
Grisescunt fratres, concinnant atque sorores.
§ Discolor auferica crucis et variata figura
Quamplures signant, de Christo qui bene cantant.
§ Quemvis conventum convolvunt milleque centum
Qualibet in villa monachi, quos [e]) suscipit illa [f]).
Illud scriba bonum predixerat atque iocundum.
Ad pulcrum numerum consistere dixit in unum
Fratres; non fratres tantum, michi crede, sorores [g]),
Qualibet in cella tibi concinnit una puella.
§ Paulus [h]) vel Symon [h]), Kyryos cantatque leyson [i]),
Est frater lector, gymnisans [k]), optimus hector,
Scribit postillas, super omnia disputat illas.
Sic faciunt alii, satis et similantur Achilli [l]).
§ Corrigo [m]) sic primum, placeat, si solvo secundum,
Sed cum pace tua tibi supplico, virgo magistra [n]).

§ C. 3m. in quo ecclesia iubet Abram idest ancillam suam arguere, eo quod materia sequens sit vilis.

Argue nunc, Abra [o]), quia dedignor mea labra
Vilibus in rebus admergere . Supplico phebus [p])
Stent ast aurora; poterit mora, quod nequit hora.

(fol. 19) § C. 4m. in quo Abra ostendit gulositatem monachorum et invidiam eorum multum nocere in ecclesia Dei.

§ Tunc, mater [q]) cara, iube me [r]) benedicere, clara!
§ Partim sunt danda que dicis [s]), parte neganda,
Utique sunt plures [t]), quam celi sydera fures,
Quis [u]) bona [v]) perduntur, raro de iure fruuntur.

Interlinearglosse: a) scil. o ecclesia. b) scil. esses. c) scil. fratrum. d) scil. fratres. e) scil. monachos. f) scil. villa. g) scil. habitant in unum cum fratribus. h) scil. frater. i) themesis. k) idest laborans. l) scil. in laboribus. m) scil. ego Conradus. n) scil. o ecclesia Dei. o) idest ancilla. p) idest sol. q) scil. o ecclesia. r) scil. ancillam. s) scil. o Conrade. t) scil. fratres. u) idest quibus. v) scil. ecclesia.

1) *Vgl. oben* cap. 13, S. 200.

Sed magis indigne ᵃ); quos consumat Deus igne,
Supplico suppliciter. § Loquor et cum pace, magistra,
Sunt monachi quorum stomachi sunt anfora Bachi,
Qui fumant, male consumant, que viscera strumant.
§ Pregnans invidia, fratrum regnans symonia ᵇ⁾
Atque cucullosa vestis, pestis studiosa
Omnibus est vere, nolens viciosa timere
§ C. 5ᵐ in quo Abra adducit mortem imperatoris Hein-
rici qui intoxicatus fuit per monachum quendam.
Cesaris Heynrici, divini floris amici,
Mors hec exsudat, infantibus undique nudat,
Non tantum senio. fratrum quod claudicat ordo.
§ Hic fuit armorum princeps et cistula morum ᶜ),
Ecclesie clipeus; necat hunc turpissime virus
Per calices ficti confessoris maledicti.
§ O Deus. o Christe, non potus inebriet iste
Me ! Te virgo pia, reparatrix, opto, Maria !
§ Nequam, quem mordes ex fratribus, unica sordes,
Scisne pium Christi prothoservum quem rapuisti ?
Perfide, perfidie demon, mammon symonie,
Imperii numen vendens dulcoris acumen!
§ Obfuit hic tibi quid, tua quem fraus pessima stravit ᵈ) ?
Sed personatus tibi fors dedit ille reatus .
Fiunt pontifices Cayphas, Pylatus, Herodes ᵉ),
Iudas cum Symone ᶠ⁾, florent fructus symonie.
§ Illicitum vendunt et emunt, qui munera sumunt
Ecclesie; culpe sine vindice , dogmata vulpe
Sumunt prespiteri qui sunt modo lumina mundi,
Lucent ex viciis. quasi fabri furnus opacis,
Illustrant segetes ᵍ), sternunt florere volentes,
Ramos effalcant, Christi quoque germina calcant.
§ C. 6ᵐ in quo Abra¹) adducit errores de paupertate Chri-
sti eciam per monachos inventos et derelictos.
Cordigeri ʰ⁾ cum nigriferis scribunt odiose
Christi de propriis. Deus, et scis non generose.
(fol. 19 ᵛ). Solvunt hanc pestem divina prophetica, vestem
Cum dixere meam sorti misere beatam ;
Si mea tunc propria testatur philosophya ;
Insuper ecclesia sic dat per sculpta sigilla ⁱ⁾,

Interlinearglosse: a) scil. fruuntur.   b) *am R.:* nota.   c) scil. imperator
heinricus.   d) quasi diceret non.   e) *a. R.:* nota.   f) scil. mago.   g) scil.
Christ.   h) idest minores.   i) scil. quod Christus habuerit propria.
1) *ms. a. R., statt* ecclesia *im Texte.*

Presul ª) bis denus ᵇ', si dixeris, atque secundus
Has firmans annes consanxerat ipse Iohannes ᶜ).

§ C. 7ᵐ in quo Abra adducit errorem de visione beata,
quem licet papa Iohannes 22ᵘˢ invenerit, tamen religiosi
nutriverunt ipsum.

Postea fit talis, quam vestivit generalis,
Questio cordigerum ᵈj , collectans undique clerum
Parysyus : clare si possent presto videre
Pneumata ᵉ) sub patria dominum, que ᶠj celica vita
Duxerat in terris . Quis ᵍ) subveniens cito gwerris,
Viribus invictus nunc papa Dei Benedictus
Primus ab undecimo ʰ), Bernhardi quem beat ordo,
Clarum sanctarum concernere dans animarum,
Et prius, adventus quam venerit ipse secundus
Iudicis austeri , venientibus undique. veri ⁱ),
In patria datur hiis faciem spectare beatis
Divinam ᵏ) , lacrime quorum digne meruere.
Est benefactinus mercede sua bene dignus.

§ Redditur ambiguum scripturis undique notum ˡ),
Invidie studio fumo nigratur opaco.

§ C. 8ᵐ in quo Abra adducit errores in studio monachorum qui divinam paginam postponunt et truffaticis
insudant.

Augustine tace, loquor, optime, cum tibi pace!
Omnes doctores sancti, perdistis honores!
Summus Aristoteles et Averrois edocuere,
Sancti subtiles, quod docti non potuere.

§ Dicit Aristoteles, primo bene credo Iohannis ᵐ),
Tam commendables res, quod Deus exit in annis,
Qui tamen eternus, homo fit de virgine verus.

§ Commento decimo folio tamen ecce secundo
Dicit Averrois et miserabilis et maledictus,
Christus homo Deus atque leo quod nos benedictus
In cruce salvavit, a vera morte beavit :
Dico per antifrasim : sic lex ⁿ) pacietur eclipsim ᵒ).

§ C. 9ᵐ in quo scriptor solvit argumentum Abre factum
in c. quinto huius partis secunde.

Abra tenes speculum, te te specularis ut hera ᴾ);
Nulla tuum iaculum michi vulnera dat , quia vera

Interlinearglosse : a) idest papa.   b) idest decimus.   c) scil. quod habuerit
propria.   d) idest minorum   e) idest anime.   f) pneumata.   g) idest quibus.
h) idest duodecimus.   i) scil. iudicis.   k) scil. faciem.   l) _n. R._ nota.
m) loquitur hyronice.   n) scil. Christi.   o) idest defectum.   p) idest domina tua.

(*fol. 20*) Commemoras certe , protestor singula parte,
§ Nemo valet plene committere falsa ruine,
   Ni Deus omnipotens, plenissime singula noscens,
§ Si malus ille ª), bonus hic est ª) de fratribus unus.
§ Fratres curares perimi fors atque sorores,
   Essent predones, fierent et vispiliones
   Multi stratilates, iuvenes fierent meretrices,
   Exponerent flores pro victu, corpus, honores,
   Quos refovent claustra , quorum sunt cantica plaustra.

§ C. 10ᵐ in quo scriptor solvit argumentum Abre factum
in capitulo quarto huius partis.
   Si qui se monachent, decet, ut sua corpora bachent
   Nobilium proceres studii sufferre labores ,
   Ni facies ᵇ) macies consumpserit undique vires,
   Non possunt . Recreent ᶜ), decet, ut sua corpora lactent ᵈ).
§ Prompta bonis anima licet , est caro viribus egra,
   Corpus marcescit, racio bona queque capescit.
§ Quis non delinquit? Vix quis sine crimine vivit.
   Ethycus unde Katho : Vivit sine crimine nemo.

§ C. 11ᵐ in quo scriptor solvit argumenta Abre facta
in capitulis 6ᵗᵒ, 7ᵐᵒ et 8ᵛᵒ huius partis.
   Res tam difficiles, quas eructant bene fratres,
   Cur tibi ᵉ) sunt odio , quia postea scis sine nodo?
§ Magnus Aristoteles aut gentiles, loquor, omnes,
   Si concordentur sanctis, dum sancta docentur,
   Hoc sine fit carie ᶠ) , quia vero consonat omne.

§ C. 12ᵐ in quo Abra replicat contra solucionem
datam in capitulo nono.
   Numquid, papa bone, valet hec pensare ruine
   Saltem que noscit ? Malefaccio pessima poscit
   Penam non fractus . Confessor cum maledictus
   Sic delinquebat, vitam dulcem perimebat
   Cesaris Heynrici , presul, velut audio dici,
   Est . Maledicatur ob fraudem qui phaleratur ᵍ) !
§ Nonne magis legem cedit , cedens prothoregem ʰ) ?
   Alcius yma cadit qui plus que cacumina vadit.
   Pulcrius emunit homines, cum lex mala punit.
   Tunc mala mens prurit , cum lex malefacta perurit.
§ O frater, gaude, mala pessima forcius aude !

Interlinearglosse: a) scil. frater.   b) scil. eorum.   c) scil. se.   d) idest
nutriant.   e) scil. o Abra.   f) idest vicio.   g) idest vestitur vel coronatur.
h) quam scil. simplicem virum.

Pessime ᵃ), de sorde stas impunitus in orbe.

§ Attamen hoc orat, simplex Germania plorat ᵇ)

(*fol. 20* ᶜ) Cum Lombardya prudenti : numina dya

Quod te postergent , merito te tartara mergent!

In calicem Christi virus diffundere tristi

Invidia gaudes, sub tantis fraudibus audes.

§ C. 13ᵐ. in quo Abra replicat contra quoddam additum in predicta solucione.

Credas, non odio fratres, quod nutriat ordo!

Qui si tam laute, non caste, tamen bene caute

Vivere captarent , vulgum vivendo bearent.

§ C. 14ᵐ in quo Abra dat exemplum de effrenita
cupiditate monachorum et impudencia viciorum.

Doctoris ferulam mea cum puericia plangit,

Erroris speculam sordes tam pessima tangit.

§ Funera deplangunt, burgenses fletibus angunt

Cuiusdam mortem , plectentis et antea sortem

Per mitem vultum , quia dives erat, scio, multum,

Copia quem turbe generis concaudat in urbe,

Armigeri centum sociant hunc, mille clientum,

§ Quem mors dira necans, fortune munera calcans,

Que ᶜ) vult finiri, corpus nudum sepeliri.

§ Conventant fratres, concurrunt atque sorores,

Et quia plus dives, confluxant undique cives.

Spes turgens inhyat , animo tunc quemque monetat,

Qui se prespiterat, ad missam sive coaptat.

§ Fratres Francisci cupientes fercula disci ᵈ)

Pauper-et-es ᵉ) ¹) monachi cupientes pocula bachi,

Nigriferi stellant ᶠ) numero, prope funus ocellant.

§ Prespiter et ville iurat per numina mille.

Hoc tamen in rure sibi corpus cedere iure,

Nam qui nutrit ovem vivam, tenet et morientem.

§ Affirmant fratres, hec ᵏ) quod non, que fuit. est res,

Ad minus in numero ; nature dicligat ᵞ) ordo

Vita florentes et easdem res morientes.

§ Prespiter associat sibi multos et prope passat

Arripiens funus. Qui vivit ternus et unus,

Omnipotens hodie servet nos ! Salve Marie

Interlinearglosse: a) scil. o frater.   b) scil. pro cesare Heinrico.   c) scil.
munera.   d) discus, -sci, est sedicella.   e) themesis.   f) *a. R.* stellant
idest ad numerum stellarum se multiplicant.   g) scil. res.

1) *d. i.* et pauperes.

2) *wohl:* diclinat.

Quilibet exoret ! Si sint sua funera, ploret !
§ Fratres tam celeres posuere manus modo plures,
Frater et Heinricus non vult nec vult Fridericus,
Talia quin plaustra socientur sub sua claustra.
§ Illa rapit manus, illa capit, luit hic, ruit ille.
(*fol. 21.*) Bella meant, manibusque creant fustes sibi mille,
Se baculant, sese iaculant, trahit ille capillos,
Verberat hic buccas, sed fulminat ille lapillos.
§ Sunt populi varii, moduli simul atque iocelli,
Hii flent, hii rident, se convolvunt domicelli
Armigeri, stant prespiteri cappis lacerati.
§ Funus fedatum strateque luto maculatum
Sic iacet atque tacet, nolens hunc scire reatum.
§ Prespiter applaudens, hominum de funere gaudens,
Funus dat terre, compescuntur modo gwerre.
§ Ecce dies cedit, nocti dimissus obedit.
Surgunt clam monachi galeati, casside bachi,
Funus furantur, iacturam ne paciantur
Anniversario de funere post redituro.
§ Sepius hunc vidi casum per eos iterari,
Nequam diffidi, semper dicentur avari a).
§ Quos semel horrendis nigrat diffamia mendis b),
Tergendo munde vix sufficerent maris unde.

§ C. 15m i n q u o A b r a   r e p l i c a t   c o n t r a   s o l u c i o -
n e m d a t a m i n c a p i t u l o d e c i m o.

Nolo, pater, victus monachis quin sint et amictus,
Sed bene compresse, quia tantum pure necesse
Diligat hiis uti quivis nec rebus abuti.
§ Abbates mores alternant atque priores,
Student in densis loculis, modo Cloniacensis c).
Quilibet errores adamans et eos sibi mores
Attrahit in viciis . Pater, eloquar, optime, paucis
Et cum pace tua : pocius stant hec pharisea d)
Ac divisa satis, quam dicatur monachatis.
Turgidus, inflatus equitat frater monachatus '),
Et sibi sunt centum sub eadem veste clientum,
Centum presbiteri de cauda posteriori
Hunc sociant . Testis Deus est, quia sint mala pestis.

Interlinearglosse: a) scil. tales monachi.   b) idest maculis ; *a. R.:* nota.
c) idest talis abbatis nigri divitis valde.   d) idest separata.
   1) *Oder :* monachisatus ? *ms.* monachatus, *doch nicht deutlich hoch-
gestellt.*

§ C. 16ᵐ in quo Abra replicat contra solucionem datam in capitulo undecimo.

Res tam difficiles, quas exsudant, michi fratres
Credas non odio, sed tantum displicet ordo
Et modus utendi, sudor malus inveniendi.
§ Nature studium scio, quod marcescit in isto,
Non est ambiguum, pia que sunt scribere Christo.
§ Sed dat solus amor, timor et domini neque sudor
Corpore subtristi superoptima noscere Christi.

(fol. 21 ʳ) § C. 17ᵐ in quo scriptor solvit replica-
cionem factam in capitulo 15ʾ

Supplico nunc, Abra, cur submergis tua labra
Verbis pannosis, inhonestis aut odiosis,
Detegis et vicia, velut asseris? Attamen ista
Nullos errores credo pocius, sed honores.
§ Prespiteris esse tot servos, dico, necesse,
Qui nos emergunt viciis et crimina tergunt ᵃ)
Per malefactores, ne perdant corpus honores.
§ Quod nimis est fugiunt et amaras res maledicunt,
Divicias odiunt, ast erumpnas ᵇ) benedicunt.
Qualibet inmundi tristis vita furibundi.
§ Subveniunt claudis et eorum munera nudis
Pauperibus Christi, que litargum forte tulisti,
Cur bona non ¹) recolis, data que sunt fratribus illis?
§ C. 18ᵐ. in quo Abra corrigit scriptorem, eo quod
velat immundiciam cleri.

Fili Conrade, puerilis, supplico, vade,
Si placet, ad verum! Nescis quia diligo clerum?
Ecclesie vernam scio te, tibi dico, supernam
Hanc teneas dominam! Timeas nec rem phariseam ᶜ)!
§ Ecclesie nutum studeas, depingere sputum ᵈ)
Noli, tam care, fili, res sint nec avare,
Vero plus menti risum tribuet tibi flenti
Rex pater ecclesie, qui virginis ipse Marie
Filius atque dator, mundi pius ipse creator.
§ C. 19ᵐ. in quo Abra triplicat contra solucio-
nem datam in c. 17ᵐᵒ.

Quippe nocent qui sancta docent et non operantur,
Subveniunt verbis et acerbis, dum baculantur
Flentes in portis baculis, ad pocula mortis

Interlinearglosse: a) scil. prespiteri.   b) idest miserias.   c) idest fictam
et ab ecclesia divisam.   d) idest immundiciam.
    1) *Am Rande ergänzt.*

246

Nudos dementes offendunt quippe clientes ªJ.

Ferrea sic testa datur hiis ᵇ), ut verbera mesta
Pauperibus dentur prope ᶜ) portas et maculentur
Stercore vel sputo ; caude ᵈ) cum casside, scuto
Quod confundantur, prelatos que comitantur.

§ Sola superbia talia ᵉ) cornua preside gliscit,
Mendula ᶠ⁾ pandula ᵍ) dans viciamina non resipiscit ʰ).

§ Fures, latrones et plures vispiliones
Insidias gaudent caudis ⁱ) et cornibus ᵏ) audent
Tam bene vestitis nummismis et redimitis.

§ C. 20ᵐ. in quo Abra adducit errorem cleri orientem ex vendicione oracionum.

Dicunt vulgares communiter et populares :
Prespiteri sterni nos gaudent, crede, moderni.

(fol. 22). Firmant quod vere centum marcis miserere ˡ)
Prevaleat puris, sinat et nec regula iuris,
Quod de profundisᵐ) pro mille detur, nisi mundis ⁿ).

§ Sed dicunt basse miseri : Vidimus asse ᵒ)
Et de profundis cariosis ᴾ) et furibundis
Vendere. quippe novo pro solo vidimus ovo.

§ C. 21ᵐ. in quo Abraˡ⁾ecclesie per quandam fabulam deridet errorem orientem ex vendicione indulgenciarum.

Quando templa subis in petris atque columpnis
Inspice scripturas et in ewum non perituras,
Presulis exemplo quod qui sua munera templo
Largitur, mille centumque dies tenet ille
Rusticus , indultis de criminibus sibi multis.

§ En die sub quadam quem nosco rusticus Adam
Christi templa subit . Quid vult hec ᵠ) carta? requirit.

§ Templo si qua ʳ) dares, pueri dixere scolares,
Cunctis purgares viciis te, pulcre lavares,
Dicimus et verum, per centum mille dierum.

§ Rusticus hec audit, tacitus de munere plaudit
Et querit, munus quantum sit. § Tunc puer unus
Dicit: Quidquid habes : nummum, res, crede, minores
Vult Wenceslaus, eciam sanctus Nycolaus.

§ Intrat villanus animum ˢ) rudis et male sanus ᵗ):

Interlinearglosse: a) idest servi.   b) scil. servis.   c) scil. prelatorum.
d) scil. prelatorum.   e) scil. clientum.   f) idest macula.   g) idest patula.
h) idest cessat.   i) scil. prelatorum.   k) scil. eorum.   l) idest talis
psalmus.   m) scil. ille psalmus.   n) scil. hominibus.   o) scil. pro.   p) idest immundis.   q) scil. in pariete.   r) scil. dona.   s) scil. suum.   t) scil. in discrecione.
     1) am Rande.

Hec sunt pulcra nova! Mea coniunx colligit ova,
Vendere proposuit ea ᵃ), denique si michi credit,
Hec quod nosco fora Nycolai sunt meliora.
Largum conventum faciet, quia milia centum,
Si recolo verum, michi vendet certe dierum
Ovo pro solo; duo vel tria sic dare nolo,
Sint antiqua, nova. sibi vendam quelibet ova!
§ Inque domum caute rediens, ubi scit sua laute
Sint antiqua, nova vasi sibi vendicat ova,
Et numerat mille quater et ter rusticus ille,
Multiplicans numerum per primum credo secundum
Aut econverso, terre vultu sibi merso.
§ Spiritus est victus malus, omnipotens benedictus
Sit Deus et dominus, qui vivit ternus et unus,
(*fol.* 22 ᵉ) Ut nostri vere nos prespiteri docuere.
Plurima persolvam, quam vita ᵇ) crimina volvam
Aut unquam faciam, non tanto tempore vivam.
§ Peccabo tute; demon si cernat acute
Alcia que stagna, caveat sibi verbera magna!
Nam Wenceslaus domini sunt et Nycolaus.
Non rapit infernus, Adam sum nunc ego ternus!
Si non tam digne nobis loqueretur ᶜ), in igne
Si satis asuevit, mare petras credo timebit.
Hunc ᵈ) submerget aqua Nycolaus vel male petra,
Wenceslaus adhuc, si vult, dat verbera Welczbup ᵉ).
§ Hiis ita perplexis, nunc ante modo bene nexis,
Sit Deus exemplum, modo vult accedere templum
Iusticie dominus . Duo si gliscant, cadet unus ᶠ)!
§ Attamen hii grati domini sunt, credo, beati;
Hic Wenceslaus bonus est, velut est Nycolaus.
§ Quam cito templa subit, Nycolai sculptile cernit,
Tam confessoris sancti: Tibi nescio moris
Quid sit, ayt ᵍ), salve, renegas mihi cur, pie calve ʰ)?
Es satis annosus, decet, ut sis morigerosus .
§ Talem conventum dabo, si vis, milleque centum,
Si dicam verum. tribues michi certe dierum .
Sit vetus anque novum, de me solum tamen ovum
Sumas aut socius . Tacet et sanctus Nycolaus .
§ Si quis delinquit, ego non sum, rusticus inquit;
Qui tacet assentit aut assentire videtur ⁱ)

Interlinearglosse: a) scil. ova.   b) scil. in mea.   c) scil. demon.   d) scil.
demonem.   e) pro welczebup.   f) scil. Adam.   g) scil. Adam.   h) scil.
Nycolae.   i) *a. R.:* nota.

Aut latet aut sentit male, vel sentire negetur.
§ Hec sunt pulcra nova, numerabo quelibet ova.
Hic sunt mille ᵃ), pater, quater et ter; nemo magister
Est tantus dominus, velut est sanctus Nycolaus
Si non sit fatuus, degluciet omnia solus .
§ Sal tibi non habeo; vale, presul sancte, recedo ᵇ) .
§ Hiis sic perpensis latus ᶜ) associat bonus ensis
Et trinum scutum , credens se denique tutum,
Si centum sternat, sciat aut quis vel bene cernat,
Quod non prendatur aut numquam confiteatur ᵈ) .
(*fol. 23*). Seque putans ᵉ) herum, tunc offendit male clerum,
Quendam prespiterum, virtutibus, ut puto, verum.
§ Prespiter ecce iubet, templum quod postea vitet ᶠ),
Quin desolvatur, delictum confiteatur.
§ Si quis delinquit, ego non sum, rusticus inquit,
Non sic certe cadam, quia sum sanctissimus Adam;
Est Wenceslaus testis, velut est Nycolaus .
Ergo non certes! Nisi sint fatui vel inertes
Vel deceptores, numquam retinebis honores .
Quid dicas anne? Cave, ne moriaris in anne!
§ Qua duo mirum facerent, nullomodo dirum,
Nec facerent centum fors de quocumque clientum,
Nec facerent mille , quia sum sanctissimus ille,
Quem merces vere de peccatis posuere.
Quidquid agam, prudenter agam, sanctissimus Adam.
Quidquid ago, sum sanctus ego, sanctis neque dego.
§ Prespiter ammirans variis stat mente regirans,
Tandem rimatur ᵍ), verum petit, ut fateatur.
§ Narrat tunc factum per eum prius ille peractum.
§ Prespiter: Insane, dicit, rudis atque profane,
Non sapis hec ʰ) vere; meruisti magna timere!
Non quin contritis datur hec sentencia mitis ⁱ)
Et bene confessis sua crimina : postea fessis
Ad delinquendum , non est sic talia rendum ᵏ).
Talia per castra, credas, non itur ad astra!
§ Submergens oculos palpebris pingit ˡ) acutos
Nares, distorquens vultum, gestus male torquens:
Prespiter es pestis mala, credo, dicit agrestis,
Quod confundaris, videas neu stulta loquaris!

Interlinearglosse: a) scil. ova.   b) scil. ego Adam.   c) scil. eius.   d) scil
tale delictum.   e) scil. Adam.   f) scil. Adam.   g) scil. prespiter.   h) scil.
rustice.   i) scil. scripta.   k) idest opinandum a reor, reris.   l) scil.
rusticus.

Scholz, Texte.

Dic ᵃ⁾, sub peccatis, malefactis aut viciatis
Rebus quid timeas plus, cum quo crimina tergas ᵇ⁾?
Maximus est horror celerum ¹) confessio, terror,
Sicut ego ᶜ⁾ credo . Caveas, quia certe recedo
Et dicam domino iam prudenti Nycolao,
Vindicet ut sanctum ¹) ! Canet et talem tibi cantum,
Quod vix tantus eris vel mecum pacificeris ᵉ⁾ !
(fol. 23ᶜ   § Currit ad altare Nycolai, clamat amare:
Prespiter addictus tibi semper sit maledictus !
Quelibet immunda sibi sint nec vita iocunda !
Nititur ipse, forum nostrum quod prespiterorum
Firmetur more . Peto, quod privetur honore !
Talis tonsura nollet sua perdere iura,
Quod confundatur , non unquam iure fruatur !
§ O benedicaris, pater, obsecro, quod fatearis,
Si fors ignoro verum, quia perdere ploro
Res ᶠ⁾ . Tam prespitero maledicto credere nolo .
§ Obticet et signum Nycolai, credito lignum,
Nam sua natura nescit proscribere iura .
§ Rusticus : Ecce pater, quater et si dico magister
Et michi nil loqueris, tunc consentire videris
Prespitero certe ; iam sum deceptus aperte !
§ Arripit et signum Nycolai denique lignum,
Cuius in adnatis homines posuere cavatis
Alveolis, more sub confessoris honore
Nummos per festa, tribuens sibi verbera mesta,
Et iacit in terram, presumens undique gwerram :
Ni michi reddideris mea que sunt, hic morieris !
§ Rumpitur alveolus, nummus cadit, ut puto, solus .
§ Nummo non vendam tot, dixit rusticus Adam,
Est tibi summus honor bene solvere, parcere nitor
Talia tot vicia, michi si persolveris ova,
Ut bene contentur . Si non, caveat sibi venter
Turgidus, inflatus alienis dissaturatus !
§ Qui ventri prosit, decet, ut tibi physicus assit,
Ventri cristere sic compacto posuere ᵍ⁾ .
§ Nunc dixi tibi bis, de me non viribus ibis,
Ni michi persolvas ! Decet, ut in mente revolvas,
Prespiter ex propriis docet uti, non peregrinis .

Interlinearglosse: a) scil. o prespiter.   b) scil. quam confessionem.   c) **scil.**
Adam.   *d)* scil. Adam.   e) scil. o prespiter.   f) scil. meas.   **g) scil. medici.**
1) *lies:* scelerum.

§ Dissolvas rostrum a), dic quid b), quia, quem scio nostrum,
Per Christum dominum, si deportaveris unum
Ovum, punitus et eris fusti repetitus !
Doctor ayt c) moris : Dolor est medicina doloris .
§ Si michi nil loqueris neque solvis, tunc baculeris !
Numquid scis, quid agam ? Bucce d) teneas, volo, plagam!
(fol. 24). Ferreus es, crudus, satis incoctus ! Michi e) nudus
Est totus venter ; non solves, credo libenter !
Arripit et baculum castigans verberat ydlum f) .
Rumpitur ignotus prior alveolus sibi totus :
Quattuor ecce ruunt libre, que sculptile solvunt !
§ Qui sic delinquit, baculetur, rusticus inquit,
Et bene persolvet prius, et si solvere nollet .
Bos ad aquam tractus vix vult potare coactus.
§ Ut dicunt veteres muliebres vel mulieres
Ni bene plagentur, nolunt que iure tenentur.
§ Prespitero credam g), bonus est vir et bonus Adam
Sum . Sed sunt nequam, credas, si spexeris unquam,
Multi mitrati, per simplos et venerati .
§ Si caput est virgo vel presul, non putet ergo h)
Quis, quod corda, nares, oculi sint guttura vates !
§ Non magis ille redit, sed agrestis postea credit
Pontifices fictos, phariseos et maledictos .
Sic credunt multi, fors quilibet, ut puto, stulti .
§ Cur non peccarem ? dicunt, magis asse lavarem h),
Quam possem celera i) committere . Non patet hora i),
In qua structura fratrum neget hec sua iura .

§ C. 22m in quo Abra ostendit decepcionem quam
faciunt monachi in edificiis ipsorum.
　　Qualicumque mora venias, tunc anteriora
Templa vides, plorant, ninguntque pluunt, simul orant
Aut quod sint misera, gravet aut hec k) forte ruina,
Supplicat et pasci pars anterior cito nasci .
Attamen effecta pars posterior bene tecta
Gaudet l) picturis, petris fortissima duris
Fratres custodit . Sed agrestes denique rodit
Pars prior in festis sanctorum, multipla pestis m),
Ventus flans aure laycorum murmurat aure,

Interlinearglosse: a) scil. o prespiter.   b) idest aliquid.   c) scil. Katho.   d) scil.
tue.   e) scil. Ade.   f) pro ydolum et est ibi syncopa.   g) scil. ego Adam.
h) *a. R.:* nota.   i) scil. predicta et sequencia.   k) scil. templa.   l) scil.
pars posterior.   m) scil. corrodit eos.
　l) *lies:* scelera.

Ymbris et adde minas, nymbo spergente pruinas .

§ Murmurat et basse tunc quivis rusticus, asse
Fors iuvat ecclesiam , putat et de iure iuvandam,
Ut consumetur, monachorum sic miseretur .

(*fol. 24* ᵃ) Sive sit annosa ᵃ), puer aut sit, stat ruinosa
Ecclesie semper facies, fratrum quia venter
Munere nutritur, quod in archis sic reperitur .

§ Attamen hiis esse monachis vult quisque necesse ;
Ipsi prodesse volumus, si pure necesse
Quis contentur monachus, quo nemo fruetur ᵇ).

§ C. 23ᵐ· in quo Abra ostendit vicia generalia tocius
cleri, sicut est luxuria et pluralitas beneficiorum.

Hec cuncto generi compingunt crimina cleri,
Gentes vulgares elate seu populares,
Decem prebendas velit omnis sub sibi mendas ᶜ),
Decem curata beneficia pinguia grata,
In non sint usus ipsis pocius, sed abusus.

§ Multis uxores vicient, stuprent quoque flores
Virginibus castis ; galeati tucius hastis
Plurima bella creent ; cleri mendosius exstent
Omnes errores, quis ᵈ) fles, Germania, plores,
Dicitur ᵉ) a cleris, utinam de non sibi veris ᶠ)!

§ C. 24ᵐ. in quo Abra exhortatur scriptorem, ut
se studio restituat et delectaciones mundi recuset.

O nimis inflati viciis, nunc evacuati
Omni virtute ! Tibi. fili, consulo tute ᵍ) :
Ad studium redeas, et numquam mente revolvas,
Quis vel quantus honor mundi, quia te docet auctor ʰ)
Astra docens, quod magna nocens est cura revolvens
Et volvens mundum sub honoribus hic furibundum .

§ Nobilis effindit feces, mens alta recindit ⁱ)
Ad procerem saltum, sua culmina tendit in altum .

§ Flamma latere nequit, sua cornua poscit acumen,
Alta iacere sinit mens, noscit in ethere numen.

§ C. 25ᵐ. in quo Abra ostendit delectaciones quas
habet scriptor ex nuptu eius cum ea Parysyus et
alibi.

Parysyus dysus ᵏ) cleri, florens paradysus,
Nonne satis magna tibi contulit, obsecro, stagna,

Interlinearglosse : a) scil. facies.   b) scil. puro necesse.   c) idest ma-
culas.   d) idest quibus, *a. R.:* nota.   e) scil. tibi.   f) scil. dicerentur
ista.   g) scil. o Conrade.   h) scil. ptholomeus.   i) *a. R.:* nota.   k) idest
oriens.

Ut peragres dye tam munda profunda sophye?
Scandit ad ethera mens tua parvula ᵃ), mens puerilis,
Ecce puer ᵃ), tua sum pia, florida, sum iuvenilis ᵇ) .
(*fol. 25.*) Attamen etatis coeterne sum pietatis,
Non gadi ᶜ) parcet, etas numquam mea marcet .
Nonne iuvat munda te mitis virgo iocunda ᵈ),
Virtutum cella, dulcorum quippe puella,
Formosis plena iuvenem ᵉ) ducens ad amena,
Cum pie te pascit, cuius te fascia fascit?
Virgo decora nimis de semine sum prothoregis ᶠ).
§ Infirmus pateris fors, aut saltem revocabis ᵍ),
Nutrix quod tanta tua sim, que, qualia, quanta
Munera sponsarint tibi me, quam pulcre bearint ʰ) !
§ Scis num quantus amor, quis, qualis, supplico, sudor
Me tibi coniunxit, cor fervens fervide nupsit?

§ C. 26ᵐ. i n q u o A b r a m i n a t u r v a n e g l o r i e m u n d i
e o q u o d d e c e p e r i t s c r i p t o r e m.
Crede michi, meretrix luet optime, prestigiatrix ⁱ),
Que tibi prestrinxit oculos, sua guttura tinxit ᵏ)
Fuco nequicie, vilis, sed olens ut ovile
Vel caper interius, sub amictis pessima virus
Ingerit . Ipsa senes defraudans et pueriles
Dicitur immundi meretrix presumpcio mundi,
Polluit illa senes, homines, pueros, mulieres.

§ C. 27ᵐ. i n q u o A b r a o s t e n d i t m a l i c i a m c u r i e
r e s p e c t u d i v i t u m e t p a u p e r u m.
Non tibi prebenda, pocius datur, ut puto, menda;
Fructus cardonis tibi vix datur Avinionis .
Nil datur hic flenti, panis prebetur habenti .
Qui nil habet, quod habet, perit. hec vix racio fallet .
§ Pauperis in forma petit omnis dispare norma,
Plaudit nummosus, gemit et pauper generosus .
Dives adest porte ¹) ridens, venit et cito sorte
Pape forte cliens baculo: Quid vis? sibi dicens.
Aurisᵐ) adest caute, subicit ⁿ) sua munera laute :
§ Supplico, me noscas et me pro tempore poscas,
Cum qui magnates intrent, volo tot tibi grates
Reddere, quod satis est , si florenus tibi prodest .

Interlinearglosse: a) scil. o Conrade. b) scil. ego Abra Dei. c) idest mete.
d) scil. Abra ecclesie, que est sapiencia. e) scil. te. f) idest Dei. g) scil.
ad memoriam. h) scil. te. i) idest ioculatrix. k) idest intinxit. l) scil.
pape. m) scil. clientis. n) scil. dives.

Princeps ecce venit, cuius caudam sociabit ª) .
Tunc venit ad Christi prothoscrvum ᵇ), murmure tristi:
(*fol. 25 ᵛ*) Sum mendicus ego, Christi de munere dego.
Pape flens inhyat luctu, scribet sibi fiat;
Transit ad examen, miser, indoctus, rudis amen ᶜ) :
Concinet ipse pie, leget optime, construet apte,
Ambigit in nullis, gaudebit quam cito bullis .
§ Pauper ades, plora tempus perdens, nequit hora
Nec mora, quod placide possis vel grate, venire .
Verberibus mestis cruciaberis aut inhonestis
Verbis te cruciant, qui certe negotia tractant
Pape, ni taceas procul aut de limite vadas .
§ Si tibi fors inhyat fortuna, rescribere fiat ᵈ),
Volvitur in pannum tua bulla, nil optat ad annum.

§ C. 28ᵐ. in quo Abra ostendit, que et qualis ipsa
sit, quia sapiencia, que est soror ecclesie Dei.
Nonne vides dignam matronam, quippe benignam ᵉ)?
Flentem torporem cleri, que plangit honorem ᶠ)
Dispersum viciis, sibi subripit os meretricis ᵍ)
Et vultus fictus bona quevis, si Benedictus ʰ)
Papa Dei miseretur, ei dabitur requiei .
§ Est michi quippe soror, sed eam postcedere cogor
Et servire sibi, velut Abra ⁱ) libens volo ᵏ) scribi .
Fors ego sum senior, sed amor patris sibi maior,
Non est etate ˡ) mater, perhibetur honore .
Est mater domina, soror aurea, sancta magistra .
Ecclesiam Christi noto, quam sanguisᵐ) nece tristi
Exornans genuit . Hostis de fauce redemit
Captivam miseram gentem, lymbo cruciatam .
§ Orbis et in villa decuit, dum nascitur illa ⁿ)
Tam mitis soboles . David de semine proles
Hostis ut horrorem tereret, sponsus ᵒ) per amorem
Sponse tam digne, tam nobilis atque benigne,
In cruce suspirans, felici lite triumphans .

§ C. 29ᵐ. in quo scriptor petit veniam ab Abra,
super eo quod ignoravit eam nutricem suam esse‧
O nutrix placida, virtutum clara magistra ᵖ),
O matrona pia, dulcissima salve sophya !

Interlinearglosse: ª) scil. dives.   b) scil. papam.   c) idest vere.   d) scil.
a papa.   e) scil. ecclesiam Dei.   f) scil. suum.   g) idest gloria mundi.
h) scil. 12ᵘˢ.   i) idest ancilla.   k) idest ego sapiencia.   l) scil. ecclesia
Dei.   m) scil. Christi.   n) scil. ecclesia Christi.   o) scil. ecclesie que est
Christus.   p) scil. o sapiencia.

O puer, o iuvenis, quam vix tua numina noscis!
O mater digna, tibi supplico, virgo benigna,
Parce tuo puero, te mundi prelocat ordo!
(fol. 26). Non dedignaris, quin me servando sequaris,
Effundam lacrimas, quia ius prepostulat illas .
Te nimis exegi, pulcerrima, stulte peregi,
Nutricem propriam, peregrinam certe putabam .
Sed te nunc nosco, veniam, dulcissima, posco .

§ C. 30 m. in quo scriptor ostendit beneficium sibi collatum inutile esse propter plures precedentes ipsum.

Parysyus redeam, numquam plus talia queram .
Contulit ipse pius Benedictus papa benignus
Sufficiens munus michi, sed vult rusticus unus
Aut duo passare pre me, tam longe meare [1]).
Sic numquam capiam, nec tanto tempore vivam,
Ecclesie fructus . Ignoro, quomodo ductus
Omnis est oculus me curans cernere torvus [a]) .

§ C. 31 m. in quo scriptor ostendit quod capellanus pape vix admisit eum ad examen et recommittit se et opus suum eidem.

Vix dedit examen michi birriger [b]) . Opto, levamen
Eternis annis sibi det [2]) Deus ! Ipse Iohannis
Nomen habet, mille bona [c]) sint, de Piscibus ille [d])
Dulcior es, satis es, met dulcor, dico Iohannes,
Flos redolens cleri, miseri cures misereri!
Me tibi do totum, subfundas nectare potum !
Stilla potabor modica, mox atque iuvabor .

§ C. 32 m. in quo scriptor supplicat Abre ecclesie vel sapiencie, ut ipsum recomittat ecclesie Dei.

Te michi prestituo, mitis dulcissima virgo [e]),
Me, rogo, dulcori morum committe sorori [f]) !
Vivus et exstinctus, sim marcidus aut bene tinctus,
Ecclesiam Christi preamo . Si quid meministi [g])
Fors verbum vile, nimis aut dictum puerile,

Interlinearglosse: a) idest obliquus.   b) *a. R.* Birriger quasi birretum idest mitram gerens.   c) scil. eidem.   d) scil. Iohannes dictus.   e) scil. o sapiencia.   f) idest ecclesie Dei.   g) scil. o sapiencia.

1) Im Reg. Bened. XII. nicht erwähnt ; hier nur litt. comm. (ed. Vidal) vol. II nr. 8606 die Provision auf ein Kanonikat in Regensburg, 1341, Mai 16, vgl. auch Gesch. Qu. d. Prov. Sachsen 21, 323 nr. 46, Riezler, Vat. Akt. nr. 2104. Dazu Megenbergs Urk. im Münchener Allg. Reichsarchiv S. XXIV. Kast. M no. 9 von 1342, März 16, Lang, Reg. Boica VII 331.

2) *Ergänzt am Raude.*

Non scribas honori iuvenis, ioculantis amori
Ascribas pueri !

§ C. 33ᵐ. in quo scriptor conqueritur de surditate
prelatorum in curia.

§ Dare me credebat honori
Papa pius . Nomen dandi michi denegat omen ᵃ),
Sub longis burdis pomparum denique surdis
Denoto nunc illos, qui precisere capillos,
Largas matronas sibi disposuere coronas,
Ut nos audirent nudos, aures aperirent .
(*fol. 26 ᵛ*). Se surdos fingunt, in rostrum labia pingunt,
Auribus ignorant sensum nec dentibus orant .

§ C. 34ᵐ. in quo scriptor dat similitudinem inter
Deum et effigies eius in templo ex una parte et
papam et vicarios eius ex altera.
Ascendit castra nunc papa, Deus sed ad astra ᵇ)
Christus homo scandit, ut lux superoptima pandit .
§ Sculpunturque macra Christi templis simulacra,
Crescunt prelati vicepape, sunt decorati .
§ Christi tamque ¹) macrum tacet in templo simulacrum,
Raro cernuntur vicepape ᶜ), pauca locuntur.

§ C. 35ᵐ²). in quo scriptor petit graciam a Deo, e
in hoc inponit finem huic libro.
Felle returbate Deus omnipotens, cruciate
In vera carne Deus et non, sed caro vere ᵈ)
Virginis eximie, tu virginis ipse Marie
Fili, sicque Dei, meretrices et pharisei
Non dedignati sunt a te, sed venerati,
Cum sua flevere peccata, mei miserere ! Amen.

Explicit planctus ecclesie ³) in Germaniam editus a Conrado de
Maegenberg, quod Parysyus dicitur de Montepuellarum , anno Domini
MᵒCCCᵒ 37⁰ in die circumcisionis Domini, anno vero nativitatis sue 28ᵛᵒ.
Qui superaltatus flos virginis ipse Marie
Stas sublimatus celis, mei miserere !
M. tricenteno ⁴).

interlinearglosse: a) idest fortuna.   b) scil. ascendit.   c) idest prelati.
d) scil. est cruciata.
1) _ms._ que _eingeschoben._
2) _ms._ 25.
3) _Ergänzt am Rande._
4) _Diese 3 Zeilen von anderer, gleichzeitiger Hand mit anderer
Tinte darunter gesetzt._

Conradus de Megenberg

b) De translacione Romani imperii.

Aus: cod. Eichstad. 698 (olim 269) p. 406—460.

(*p. 459*) I n c i p i t   t r a c t a t u s   d e   t r a n s l a c i o n e   i m -
p e r i i   C o n r a d i   d e M o n t e p u e l l a r u m ,   c a n o n i c i   e c -
c l e s i e ᵃ)   R a t i s p o n e n s i s ,   c u i   p r i m o   p r e m i t t i t u r
p r e f a c i o   a d   d o m i n u m K a r o l u m   s e r e n i s s i m u m R o -
m a n o r u m   a u g u s t u m.

Serenissimo Romanorum augusto Bohemieque regi victoriosissimo ᵇ),
domino Karolo Conradus de Montepuellarum, humilis ecclesie Ratisponensis canonicus ᶜ), flexo poblice, reverencia quoque digna premissa,
armorum dominium ad salutem exercere sempiternam.

Duo quippe sunt, rex auguste, que vos augustum faciunt et augustum desinunt, scilicet incolarum discordia et forensium malicia. Incolarum, inquam, discordia, qui Romanos principes eligere habent tam ex iure,
quam ex veteri consuetudine, et qui sacri imperii sunt officiati; forensium malicia, qui rusticanis digitis, ut sic dicam, aquilam deplumant Romanam crebrisque insidiis ipsius obviant volatibus non recognoscendo
vos superiorem.

Primo igitur nichil periculosius, secundo nil iniuriosius estimandum.
Quid enim obcenius, sed ut dicam venenosius sacratissime Christi ad-
vocacie, quam eos qui non in fimbriis, ymmo sursum resident, Romani
regni glorioso in gremio, et clamidem dilacerant quam venerantur,
illud detestantur, a quo reportant honorem . Nam quid valet principem
eligere et eidem minime obedire? O gens stolida et popule insipiens ¹),
utinam prima saperes et intelligeres ac novissima provideres! Cur non
memorie tue subvenit, quanta qualique concordia progenitores tui sacrum
Romanorum imperium obtinuerunt? Quare, inquam, tantille expers es
prudencie, ut premetiri nescias exitus tuos? Verecundum enim est ac turpe
tibi, popule meus, gens fatua, clipeos obmittere patrum tuorum et
vexilla postponere sanguinis tui. Detestabile ᵈ) nimis est tibi te ipso te
interire, qui forinsecos populos pocius debellare debueras et subiugare
tibi. Noruntne hanc in te stoliditatem wulpes exterminantes vineas tuas

a) *ms. wiederholt.*
b) *ms.* inviçtorissio.
c) *Endung korr.*
d) *Korr. a.* detestabilis.
1) Ps. 73, 18.

utique?¹) Sufficiat ergo eis. ut a te securi sint, zizanias discordiarum
tibi ipsi seminasse²). Deterius genus falconum est, quod ab ardea piscem
evomitum recipit et ardeam suis volatibus dimittit³). Peioris condicionis
est, si quem cadaver turpis muneris ᵃ) alliciat, ut proprium dominum
deserat et obmittat. Regrediendo itaque, rex auguste ᵇ), quem Romani
amici imperii futurum iam speramus ᶜ) imperatorem, dico duplicis morbi
predicti duplicem, sed unam compositam esse medelam, utpote regis sapienciam et affluenciam diviciarum. Prima imperat et magistrat, secunda
roborat et sustentat. Sapiencia dico magistrat singula agibilia humana,
ut laudabiles exitus sorciantur. Nam sapiens per mentem suam est mensura rerum, de longe prospicit et ardua cognoscit, favoribus succurrit,
fraudibus occurrit. Sapiencia namque omnium virtutum venerabilis est
magistra, quam si quandoque sortis sinistre conturbant eventus, tanto
firmius stat, quanto speram fortune discernit volubiliorem. Diviciarum
autem affluencia roborat et sustentat tamquam organum et instrumentum
regie serenitatis, quoniam rex sine diviciis est nauta sine aquis. Iusticia
namque distributiva qua vulgus armorum dirigitur, sine diviciarum habitu
est arbor florida sine fructu; plurima mittit, sed pauca tribuit. Milicia
vero que proprio cogitur militare stipendio, cito parmam abicit ex fastidio.

Verumtamen et si orbis hec ambo vos noverit habere ad sufficien-
ciam sapientissimi atque ditissimi Salomonis, ad quem finem militatis?
Cur agonibus angimini ᵈ) cottidianis? Estimo, non ᵉ) ut mundo videamini,
sed ut domino comprobemini. Cui domino? Qui virginem matrem habuit
in terris sine patre, et Deum patrem in celis sine matre secundum Ori-
ginem⁴). Istum ergo finem respicit exercicium vestrum regium, ex quo
profecto sequitur, ut ad defensionem totis nisibus nitamini ecclesie militantis. Clero Christi sitis clipeus, quia boni principis ac religiosi est ecclesias contritas atque concussas restaurare novasque edificare et Dei
sacerdotes honorare atque tueri, sicut legitur in canone XXVI. di. c.
Boni principis⁵). Subveniat (p. 460), queso, memorie vestre dignissime
dictum tam dulcifluum, quam commendandum Constantini olim imperatoris: Vere, inquit, si oculis propriis vidissem sacerdotem Dei aut ali-

---

a) ms. numis, lies muneris?
b) Korr. aus augustem.
c) ms. superamus.
d) Korr. aus agmi.
e) Auf Korrektur.
1) Jud. 15, 4. 5.
2) Matth. 13, 25.
3) Vgl. Conrad v. Megenberg, Buch der Natur S. 188, 19 ff. 168, 11.
4) Origines? vgl. Migne, Patr. Gr. 12, 108.
5) Lies c. 16 dist. 96.

*quem eorum, qui monachico habitu circumamicti sunt, peccantem, clami-
dem meam explicarem et cooperirem eum, ne ab aliquo videretur,* di.
XCVI. c. *In scripturis* [1]). Vos ergo, serenissime auguste, sic cum summo
conversemini pontifice, ut non tamquam mercenarii pro lacte et lana
ovium Christi adinvicem litigetis, sed pocius ea que Dei sunt, non que
vestra, circa Christi ovile intimis desideriis exquiratis. Nam si dissensio
principum Alamannie virus letale imperii Christi [a]) dinoscitur, non minus
periculum, sed alcius intimiusque [b]) venenum, non solum Dei imperio,
sed universali ecclesie ingeritur ex discordia summi pontificis et Romani
imperatoris.

Sed unde michi quod profero? Sane non augurium auspicia rimatus
sum, ymmo predecessorum vestrorum experiencia, tamquam rerum magistra, didici tanta taliaque. Intuamini, queso, mi rex, quali olim lamen-
tacione Fridericus Romanus imperator evanuerit, qualibus certe lacrimis
Cunradinus cervicem suam gladio fortissimo prostraverit, quo luctu
avus vester imperator Henricus [c]) ab hoc seculo migraverit, et quod
nostre subvenit recenter memorie, quali cysmate tota Germania tempore
Ludovici quarti, immediati vestri predecessoris, multipartita fuerit et
divisa. Bonum tamen et pacificum omnibus quasi habuistis ingressum
domino concedente; sed facite, ut Dei gracia finem laudabilem porrigatis.
Quia *qui perseveraverit usque in finem, salvus erit* [2]).

Desiderio desideravi, rex illustrissime, vestre sapiencie id modicum
loqui, non ut prudenciam vestram instruam, que rerum noticiis, ut audio
multipliciter habundat: sed pocius, ut michi sufficeret regem Romanorum
allocutum fuisse. Vobis quoque hunc brevem offerens tractatum de translacione imperii Romanorum in Francos et Germanos, de iuribus eciam
imperii circa sedem sanctam Romanam post dictam translacionem, pre-
stituendo michi tractatum eiusdem tytuli utriusque iuris arche, denique
smaragdine, domini mei Lupoldi de Bebenburg [d]), nunc [3]) venerabilis
Babenbergensis episcopi, cuius pennis aureis pro maiori parte volito·
Quamvis autem a suis conclusionibus abeam, non tamen hoc fit in finem
contradicionis aut correccionis ipsius, cuius non sum dignus solvere
corrigiam calciamenti; sed id feci ad recitandum contrariam opinionem,
ut bonus rerum estimator tanto fervidius predicti domini mei innitatur [e])

a) *Am Rande ergänzt.*
b) *Endung korr.*
c) *ms.* Henreicus.
d) *ms.* Gebenburg.
e) *Korr. (Rasur) aus* innitantur.
1) c. 8. dist. 96.
2) Matth. 24, 13.
3) *Seit 1353 Jan. 13.*

fundamentis, quoniam opposita iuxta se posita magis elucescunt [1]). Non ergo debet sedes Romana ingrata esse disputanti contra suas conclusiones probabilia congerendo, nec debet sacrum dedignari imperium, siquis eas quas sui iuris estimat conclusiones, disputacione maturet. Nichil enim scitur verius, nisi quod dentibus corroditur disputacionis; contrariis eciam oblatis omnis sapiens firmius se muniet opposicione, et cognoscuntur oves proprie discrecius in rure alieno.

Vade igitur nec invideo, vade, inquam, sine me, libelle [2]); ibis [b]) ad orbis monarcham [a]). Karolum Romanum denique augustum. Sed michi nunc domino non licebit prochdolor ire tuo [3]). Non licebit, dixerim, ne corvis forsitan oculis obliquis [c]) invidear [d]). Cave autem, si poteris, ut malignus interpres a ioculi tui absit urbanitate. Cumque in aspectu fueris regio, non obliviscere mei, quin me gregi clericorum suorum fidelium connumerare [e]) labores etc.

Cap. I [f]) (p. 406,2). In foribus quis delinquet, id est in principiis rerum quis errabit secundum [g])Aristotelem II° Methaphisice[4]). Parvus etenim error in principio maximus est in fine. Patet hoc in viatore qui cum in bivii principio modicum ab itinere recto declinat, quanto plus progreditur, tanto plus deviabit. Cupiens igitur secundum parvitatem ingenii mei tractatum parvum colligere de translacione imperii a Grecis in Francos et Germanos, utile, immo necessarium mihi videtur, a principio ponere, quid sit imperium, quid sit ipsum transferre, et que cause [h]) ipsius, ut consequenter de ipsius effectibus et proprietatibus parumper disserere possim.

Iuxta primum notandum est, quod imperator Romanorum est super omnes reges, VII. q. 1. In apibus [5]), et omnes naciones sub eo sunt, XI. q. 1. § Si quis versu volumus [6]). Ipse namque est princeps mundi et

a) Korr. aus ibi.
b) ms. monarchiam.
c) Endung korr.
d) ms. inuidor.
e) ms. comunerare.
f) Pag. 406, Col. 1. Incipit modo tractatus magistri Conradi de Monte puellarum de translacione Romani imperii.
g) vorher et ausgestr.
h) ce (?), und Abkürzungsstrich, korr. aus m (?).
1) Vgl. Thomas Aqu., Summa theol. I. II. qu. 48, 3, 3.
2) Vgl. Ovid, Trist. I, 1, v. 1.
3) ib. v. 2.
4) Aristoteles, Metaph. I. II. c. 3, ed Firmin-Didot II 493.
5) c. 41, C. VII. q. 1.
6) c. 36. C. XI. q. 1. Gratian mit c. 37 ib.

dominus, ff. ad l. Ro. de iac. l. *deprecacio* [1]). Eciam Iudei sub eo sunt,
C. de ludeis l. *Iudei* [2]); et eciam omnes provincie, LXIII. di. *Adrianus* [3]).
Omnia quoque sunt in potestate imperatoris, VIII. di. *Quo iure* et XXIII.
q. VIII. *Convenior* [4]). Ex quibus patet, quod, siquis descriptive dicere velit,
imperator Romanorum est princeps mundi et dominus, sub quo de iure
omnes reges sunt et omnes naciones christiane, Iudei, omnes quoque
provincie cuiusque sunt universa: sic describitur imperator, quod est
nomen concretum ab imperio dictum et imperium est eius abstractum.
Sed secundum philosophos abstractum et concretum nomen idem signant,
quamvis diversis modis significandi, quia quod abstractum signat per
modum per se stantis, concretum signat per modum inherentis alteri,
sicut patet in hiis nominibus albedo et albus.

Ergo iuxta dictam descripcionem imperatoris describere possumus
imperium Romanum. Est itaque imperium tocius orbis monarchia, cuius
monarche omnes reges et principes de iure communi subiciuntur (*p. 407*)
tamquam defensori precipuo ecclesie Dei. Dico de iure communi, quia
de iure gencium vel naturali, prout naturale dicitur a natura, que est
hominis racionalis anima. Omni enim racioni disposite hoc apparet tamquam consonum equitati, ut unus sit princeps omnium principum mundi
ad instar disposicionis et regiminis tocius universi, quod uno principe
gaudet. Unde Aristoteles in fine XII. Methaphysice sic dicit [5]): *Encia nolunt
male disponi nec bona pluralitas principancium.* Unus ergo princeps. Sic
et omnes homines regularem habentes racionem nolunt malam tocius
congregacionis [a]) humane policyam, quem contingeret ex pluralitate principum eque primorum in regimine temporalium rerum. Unde hoc iustum
et equum omnes concedunt sapientes, ut unus sit et primus universalis
princeps omnium temporalium regendorum, quem imperatorem nomina-
mus. Ergo dicit Hostiensis extra de fo. con. [6]) *Cum contingat,* quod *consuetudo non posset hoc operari, ut in eadem civitate vel dyocesi essent in
solidum duo capita tamquam monstrum,* quanto minus in felici domini
advocacia. Quapropter nec prescripcione nec aliqua lege poterunt eximi
ceteri reges a dominio imperii, exempcione [b]) saltem integra et totali,
sic quod imperator in eisdem regnis et policiis nullam omnino iurisdi-

a) *Folgt* tocius *ausgestrichen.*
b) *Endung ausgestrichen.*
1) Dig 14. tit. II.
2) Cod. I 9, 1. 8.
3) c. 22. dist 63.
4) c. 1. dist. 8 ; c. 21, C. 23. q. 8.
5) Metaph. XI c. 10, l. c. 611.
6) Hostiensis, Lectura super II° decretalium, de foro comp., fol. 12v col. 1.

cionem exercere possit nec in casu appellacionis a regibus ad eum inter·
ponende nec in casu negligencie ipsorum regum, vel quando denegarent
facere iusticiam, et sic de similibus, quia contra subieccionem vel obedienciam non prescribitur, ut patet extra de prescripcionibus: *Cum non
liceat*[1]), ymmo ea que sunt signa subieccionis prescribi non possunt,
sicut sunt tributa et consimilia, testibus ad hoc multis legibus et canonibus. Ac vero, sicut universalis ecclesia nullum fidelium eximere potest
ab aliis suis, sic nec imperator a brachiis imperialis celsitudinis aliquem
eximere potest, nec habet integraliter et ex toto. Nam quale monstrum
esset homo, qui nec caput esset nec aliud membrum universi? Talem
ecclesie Dei non patitur ordo, sed nec benedicta Christi advocacia, que
passibus paris quasi ambulat a) latitudinis gladio temporali. Unde
sicut extra ecclesiam non est imperium, XXIIII q. 1. § *Sed illud*[2]), sic
nec infra ecclesiam aliquis eximi potest ab imperio, ut per advocatum
Christi de iure non habeat coherceri. Duo enim sunt subordinata principia quibus tamen orbis regitur, scilicet pontificalis auctoritas et imperialis maiestas, di. XCVI b) *Duo sunt*[3]). Et quemadmodum sol in die
super bonos et malos lunaque de nocte universaliter lucet, sic pontificalis auctoritas et imperialis serenitas omnes homines universaliter
dirigere habent, [hos quidem mediate, alios vero immediate.) Nisi ergo
aliqui reges vel populi immediate subiecti sint ecclesie ex speciali iure,
necesse est omnes imperio Romani imperatoris subiacere. Quamvis par·
ticulares aliquibus per divos imperatores indulgeri valeant libertates,
semper tamen imperator iurisdicionem habet saltem mediatam ad subditos omnium filiorum regum et immediatam in personas eorundem regum
et principum regnancium ubicumque, nisi, ut dixi, ecclesie immediate
subiciantur ex iure forsitan speciali. Si autem se reges ab hac retrahunt subieccione asserentes se superiorem non cognoscere, pocius hoc
est de facto, quam de iure permittatur, et prochdolor, ex imperii atte-
nuacione, quod detrimenta patitur cottidiana,

Dixi eciam in descripcione imperii: tamquam defensori precipuo ecclesie Dei, quia specialiter ad imperatorem spectat officium ecclesiam
Christi defendere omnesque filios ipsius ab infestacionibus et oppressionibus eripere, sicut patet in decretis, LXIII. di. *Tibi domino*[4]) et XCVI.
di. c. ultimo[5]). Eadem eciam racione ad imperatoris pertinet officium

a) *Korr. aus* ambulas.
b) *ms.* XXVI.
1) c. 12. X. de prescript. (II, 26).
2) *Wohl* c. 9, C. 26. q. 2.
3) c. 10. dist. 96.
4) c. 33. dist. 63.
5) c. 16. dist. 96.

specialiter et authonomatice pupillos et viduas aliasque miserabiles personas clipeo defensionis protegere et vi oppressos de manibus calump-
nancium liberare, quod eciam ad omnes reges et principes generaliter
spectat, ut patet XXIII. q. V. *Regum* ¹) et c. *Amministratores* ²) cum concordanciis suis ᵃ). Unde quilibet regum Romanorum in imperatorem
promovendus talem defensionem se facturum primo domino pape iurabit.
[Cap. II| ᵇ) (*p. 408*). Translacio imperii motui locali simulatur. Motus
autem localis quinque principiis necessitatur, utpote motore, motabili,
termino ad quem et virtute naturali salvativa mobilis, quam consequitur
mobile ex motu suo naturali. Sic translacio imperii quinque principiis
necessitatur, videlicet translatore, qui motor est, puta ᶜ) papa; trans-
feribili quod est mobile, scilicet imperium ; termino a quo transfertur, videlicet gente que imperio privatur ; termino ad quem transfertur, sicut est
gens ᵈ) in quam transfertur, virtute salvativa mobilis, sicut est virtus
et nobilitas ᵉ) gentis, in quam sit translacio. Quoniam imperium transferre nichil aliud est, quam ipsum actu habentibus auferre et aliis qui
prius non habebant donare per eum qui hoc de iure facere potest. Et
dico: per eum qui hoc de iure facere potest, quia si non potest, attamen
ipsum se transferre dicit, solum nomen transfert, re nominis immota permanente, nichilque donat recipienti, nisi nomen derisorium, non con-
gruens illi. Atque si hoc potest, non tamen de iure id fiat, violenter transfert, spolium publicum committendo. Sane tam sacri canones, quam eciam
cronice diverse asserunt, verum imperium de Grecis ad Francos et Germanos translatum fuisse, ut patet extra de elect. *Venerabilem* ⁴) et de iure
iurand. *Romani imperii* in Cle. ³), quamvis fuerit opinio Bernardi Hyspani et quorundam aliorum, quod verus imperator sit imperator Con-
stantinopolitanus, et quod noster ᶠ) imperator sit procurator sive defensor ecclesie Romane, que opinio notatur per dominum Guidonem archi-
dyaconum XCVI. di. *Si imperator* ⁵). Sed revera extra ecclesiam Romanam
esse verum imperium ipsamque matrem omnium fidelium viduatam esse

a) *Korr. aus:* suus.
b) *Fehlt im ms.*
c) puta *a. Rande.*
d) *Uebergeschr.*
e) *Korr. aus* mobilitas.
f) *Korr. a. R. statt verwischt* vr. i. *Texte.*
1) c. 23. C. 23. q. 5.
2) c. 26. C. 18. q. 5.
3) c. 34. X. de elect. (I, 6).
4) c. un. in Clem. de iureiur. (II, 9).
5) c. 11. dist. 96 cf. Lupold c. 4, p. 176, 2 A. *(später Nachtrag, Meyer* l. c. 9).
Dieselbe Ansicht schon bei Bonizo, vgl. Döllinger, Münch. Jahrb. 1865, S. 387 ff.
und Bonizo, Ex libro VII. decreti excerpta ed. Mai, Patr. Bibl. Nova VII, 3,
p. 58 nr. 127 u. 128; MG. Lib. de lite I 577 f.

vexillo et clipeo imperialis serenitatis, est dare sancta canibus et mar-
geritas porcorum pedibus conculcandas. Inhiando igitur vestigiis sacrorum canonum concedendum est verum imperium in Theutunicos et Francos translatum fuisse secundum rem et nomen, ymmo id pro fundamento
accipio in hac consideracione.

Pro secundo vero fundamento sumo, quod papa imperium transtulerit, nam in hoc genus translatoris omnes concordant, tam cronigraphi
quam canonum expositores.

Sumo insuper pro fundamento tercio, quod hoc papa fecerit de iure
et potuerit imperium transferre. Racio est, quia, da oppositum, tunc ecclesia illo die spolium publicum commisit et illicitos possessores intrusit
et continuavit usque in hodiernum diem, quod est nephas dicere contra
eos qui eciam miraculis claruerunt.

C. III. de duabus opinionibus translacionis imperii.

Sed quis summorum pontificum imperium transtulit a Grecis, due
sunt opiniones[1]), quarum una est communis, scilicet quod Stephanus
papa secundus ultimo anno sui pontificatus Romanorum imperium a
Grecis transtulerit in personam magnifici Karoli, tunc in iuvenili etate
constituti, ut notatur extra de elect. c. *Venerabilem* in glossa Bernardi,
et accipitur a cronica Martini[2]), quoniam Constantinus et Leo filius
suus, imperatores Constantinopolitani, requisiti per dominum Stephanum,
ut ecclesiam Romanam ab oppressione Astulfi regis Lombardorum defensarent, eam defendere noluerunt. Idcirco Stephanus papa iam dictus
Pipinum et duos filios suos, scilicet Karolum, qui post Karolus Magnus
vocatus est, et Karolomannum unxit in reges Francorum sub anno domini
DCCLIII, et elegit eos atque ipsorum successores ad ecclesiam Romanam
et sedem apostolicam defendendam, ut sic per talem eleccionem videatur
facta translacio imperii de Grecis in dictos reges Francorum/ qui fuerant
Germani, prout ex historia Francorum[3]) et cronica Eusebii[4]) et (*p. 405*)
aliorum scripturis colligi potest.

Sed hec opinio non placet a) domino meo Lupoldo de Babenburg,
decretorum doctori atque Babenbergensi episcopo. Quoniam, ut habetur

---

a) 1 *hineinkorr.*

1) Cf. Lupold c. 3, Schardius, Sylloge p. 173, 1; *vorher:* Tractatus de
origine ac translacione et statu Rom. imperii, *in der Ausgabe der* Determinatio comp. ed. Krammer p. 68 f. *nach* Tholomeo Luc. Hist. eccl. XIV, 14.
2) MG. SS. XXII. 426.
3) Annalista Saxo, SS. VI 556. vgl. Martini Opp. Chron. SS. XXII 426.
4) Frutolf-Ekkehardi Chron. univ. SS. VI. 160.

ex cronicis Francorum [1]), post plures annos [2]) dicte coronacionis et unccionis regum Francorum a Stephano papa secundo, sicut predicitur, quidam Romani ea que sunt imperialis potestatis sibi vendicare volentes,
dum Leo papa tercius, successor immediatus Adriani primi, qui Adrianus
fuit successor immediatus Stephani secundi, in hoc resisteret Romanis
atque cum letaniis in die sancti Marcii ad ecclesiam sancti Laurencii
pergeret a), iidem Romani sedicione b) mota ipsum oculis sibi erutis b) et
amputata lingua ceperunt; sed Deus omnipotens, qui in sanctis suis
fecit mirabilia, visum illi restituit et loquelam. Post hec Karolus pro
atrocissima iniuria huiusmodi vindicandi Romam veniens, dum in sancta
die natalis domini sub anno eiusdem DCCC° 1 in ecclesia sancti Petri
ab oracione surgeret, Leo papa predictus coronam imperialem capiti eius
imposuit, et a cuncto populo Romano ter acclamatum est: Karolo augusto [3]) coronato, magno et pacifico imperatori Romanorum, vita et victoria!
Post quas laudes unctus est ab apostolico et ablato patricii nomine imperator b) et augustus appellatus. Sed idem [4]) Karolus ante unccionem
et coronacionem hanc numquam se Romanorum imperatorem nominavit
seu intytulavit, prout ex cronicis Francorum et ex diversis privilegiis per
eundem Karolum ante unccionem et coronacionem huiusmodi concessis,
que in multis adhuc reperiuntur ecclesiis, evidenter apparet. Hoc eciam
probatur ex canone LXIII. di. *In synodo*, in principio [5]), ubi patet, quod tempore quo c) idem Karolus fuit factus per Adrianum papam, primum successorem supradicti Stephani, patricius Romanorum, nominatus fuit tantum rex Francorum et Lombardorum e) et non imperator. Nam [6]) sepedictus Karolus precibus eiusdem Adriani inductus ad compescendam
tyrannidem Desiderii, regis Lombardorum, quam contra sanctam Romanam
ecclesiam aliasque Dei ecclesias exercebat, sub anno domini DCCLXXIII.
Ytaliam intravit et eundem regem in civitate Papye, ubi erat sedes regni,
cepit, de quo facto loquitur canon LXIII. di. *Adrianus II.* et XXIII. q. VIII.

---

a) *Korr. aus:* pro-geret.
b) *Endung korr.*
c) *ms.* tpe q o. *korr.*
d) *Durchgestr.* quam contra.
e) *Folgt* q *durchgestr.*
1) Martini Opp. Chron. SS. XXII. 427.
2) post plures annos *bis* Augustus appellatus = Lupold cap. 1, l. c. p. 170,
2 B. — 171, 1 A.
3) *Bei Lupold folgt:* a Deo; *später Nachtrag nach Meyer* l. c.
4) Sed idem *bis* non imperator = Lupold c. 3, p. 175, 2 B.
5) c. 23 dist. 63.
6) Nam *bis* canone Adrianus = Lupold cap. 1. p. 170, 2 B.

Hortatu ¹), et ²) factus est per ipsum Adrianum patricius Romanorum cum sancta synodo, tunc Rome celebrata, ut eciam patet ex predicto canone *Adrianus.* Credit igitur dominus meus iuxta premissa ³), quod Stephanus papa secundus eligendo reges Francorum ad sedem apostolicam defendendam, sicut dicit hystoria Francorum, in quo eciam concordat cronica Eusebii, per hoc constituerit eos tantum advocatos et defensores ecclesie Romane; sed quod Leo papa tercius unxit et coronavit eundem Karolum imperatorem Romanorum, acclamante populo Romano et petente, per hoc credit translacionem imperii de Grecis factam fuisse ad reges Francorum et ex sequenti in Germanos. Dato ⁴) enim quod per eleccionem Stephani secundi ⁴) esset facta hec translacio, non tamen posset dici, quod esset facta in personam Karoli Magni, sicut dicitur de elec. c. *Venerabilem* et c. *Romani* in principio de iureiur. in Cle. ⁵), sed pocius esset facta in personam Pipini vel saltem in personas omnium trium, scilicet Pipini, Karoli et Karolomanni, quos omnes tres elegerat Stephanus papa secundus.

C. IIII. concordans dictas opiniones.

Ad concordandum autem dictas duas opiniones videtur michi dicendum, quod sicut supra patuit in descripcione imperii, duo sunt precipua essencia ᵇ) vel saltem propria imperatoris, scilicet esse dominum mundi et esse defensorem ecclesie. Fuit eciam dictum, quod translacio imperii motui locali assimulatur. Sed quoniam in arduis et magnis ecclesia Dei non consuevit esse prepropera et (*p. 410*) festina, igitur motu instantaneo ᶜ) sive simultanea ᵈ) translacione noluit imperium transferre, ne forsitan inexperiencia gentis, ad quam transferret, totum transferibile deciperetur, cum non sit modicum, ymmo validissimum ecclesie Christi commodum, bonos videre atque fideles imperatores, sicut per oppositum atrocissimum venenum est eiusdem sponse Dei malos et infideles cesares habere. Quia propter tres dicti sedis sancte Dei summi pontifices immediati ad invicem successores, scilicet Stephanus secundus, Adrianus primus et Leo tercius, tamquam tres motores successorie se iuvantes tam grave

---

a) *Endung korr.*
b) *Endung korr.*
c) *Silbe* ta *übergeschrieben.*
d) sive simultanea *übergeschrieben.*
1) c. 22 dist. 63. u. c. 10 C. 23 q. 8.
2) *Bei Lupold folgt:* Et tunc postquam *bis* tempore Carolus, *von Conrad gekürzt.*
3) *Das Folgende bis* Germanos = *Schluss von* Lupold, cap. 3, l. c. p 176, ¹), **A.**
4) Dato *bis* Carolomanni = Lupold c. 3, p. 175 A.
5) c. 34 X (de elect. I, 6) u. c. un. Clem. (de iureiur. II, 9).

mobile, sicut est imperium, particulatim et temporibus diversis transtulerunt. Sumpsit enim papa Stephanus proprietatem imperatoris, que est auctoritas defendendi ecclesiam Dei, suis humeris [a]) ab imperatoribus Constantinopolitanis deportabat. Quoniam illi sua desidia et malicia hanc proprietatem imperatoriam diucius ferre noluerunt, per consequens desierunt esse imperatores, sicut desinit esse aqua, puta cum desinit esse frigida, cum humidum et frigidum sint proprietates aque naturales. Nulla enim res sine suo proprio naturali poterit esse. Sed quia dictus dominus Stephanus maxima indiguit ecclesie Dei defensione, noluit hanc auctoritatem in hominem unum transferre, qui facili casu auferri potuisset ; transtulit ergo eam in Pipinum et filios suos simul. Adrianus vero primus sedem Stephano succedens, videns Karolum Magnum crescere virtutibus preclarissimis et potencia, deprecatus est eum [b]), ut compesceret tyrannidem Desiderii regis Lombardorum, quam contra Romanam ecclesiam aliasque Dei ecclesias exercebat. Unde predictus Karolus precibus Adriani pape sic inclinatus, sub anno domini DCCLXXIII. Ytaliam intravit et Desiderium cepit, sicut supra dictum est. Quapropter Adrianus tamquam vicinior imperii translator vicinius transtulit imperium, quia convocata sancta synodo Rome fecit ipsum Karolum patricium Romanorum. Iuxta quod notandum est, quod sicut ex auctoritate defensoria sedis sancte Romane imperator dicitur advocatus ecclesie Dei, sic ex auctoritate protectoria miserabilium personarum, quales sunt pupilli et vidue ceterique pauperes vi ca'umpniancium oppressi, patricius nuncupatur. Nam sicut advocatus ab advocando dicitur, quoniam ecclesia ipsum advocat in periculis suis, sic revera cesar patricius [c]) dicitur, quasi pater inclitus seu illustrissimus, a pietate protectoria miserorum sic nuncupatus [d]). Et talis habet crimina punire et causas civiles iudicare. Sed nondum dederat ei Adrianus hanc auctoritatem per universum orbem, ymmo tantum apud Romanos, ideo nondum imperator, sed patricius Romanorum est vocatus. Leo autem tercius videns, quia hic homo ab adolescencia quousque in senectum non desiit esse fidelis ecclesie defensor et pauperum iustissimus protector, ipsum corona tocius orbis coronavit, tamquam verum augustum et dominum dominancium in universo. Unde patet, quod huius translacionis principium fuit Stephanus papa secundus, medium vero Adrianus primus et finis seu complecio Leo tercius. Sed quoniam, ut in proverbio dicitur, principium est plus quam medium tocius, igitur a Stephano secundo dicitur non incongrue in personam Karoli Magni translacio imperii facta in Theutunicos fuisse.

a) *Ergänze :* et ?
b) *Vorher* potencia *ausgestrichen.*
c) *Folgt* cesar *ausgestrichen.*
d) *Korr. aus* occupatus.

C. V. quod imperium fuit translatum in personam Karoli Magni in Francos et nichilominus in Germanos.

Quia tamen multis ambiguum est, qualiter imperium translatum fuerit de Grecis in Germanos sive Theutunicos in personam magnifici Karoli, sicut dicitur in c. Venerabilem, extra de elect. § Verum et de iureiur. Romani^in principio in Clem.[1]), cum pocius videatur primo translatum in personam Karoli Magni de Grecis in reges Francorum, sicut dicit cronica eorum, pro quo eciam facit LXIII. di. Ego Ludwicus[2]) et quod ibi notatur in ultima (p. 411) glossa; et quod post hoc fuerit translatum de regibus Francorum in personam Ottonis primi, de quo legitur in canone LXIII. di. In synodo[3]), nam ipse fuit primus, qui de nacione Saxonum, de numero Germanorum existencium, imperium fuit adeptus: iustum intellectum videtur habuisse Io. glosator in predicta ultima glossa, quia dicit ibi: Nota imperium prius fuisse Francorum, sed postea Theutunicorum. Unde Theutunici virtutibus imperium promeruerunt. Ad hanc dubitacionem dominus meus pulcerrime respondet dicens[4]), quod veritas est imperium fuisse translatum in personam Karoli Magni ad reges Francorum, sicut cronica eorum refert; sed[5]) nichilominus in personam eiusdem Karoli translatum fuit a)[6]) in Germanos, ut dicunt predicta duo capitula. Et hoc tripliciter declarat.

Primo sic, quia Karolus iste fuit Francus[7]) Germanicus, sicut refert cronica Gotfredi Viterbiensis[8]), quondam imperialis curie capellani et notarii[9]), qui de eodem Karolo hunc ponit versum[10]): Romuleus matre, Theutunicusque patre[11]). Id eciam habet communis assercio Germanorum[12]) dicencium fuisse locum originis sue villam Ingelnheim b), que a civitate Magun-

a) ms. aus sicut, korr.
b) ms.: in gelnhei.
1) c. 34, X de elect. (I, 6); und c. un. Clem. de iureiur (II, 9).
2) c. 30 dist. 63.
3) c. 23 dist. 63.
4) Nach Lupold cap. 3, l. c. p. 173, 1 bis 175, I. A., bis zu d. W.: magnifice reducendo. Im Folgenden sind die Lesarten, die der älteste Text in Lips. 363 mit dem Drucke bei Schardius, Sylloge gemeinsam hat, mit „Lupold" bezeichnet.
5) Lupold: et.
6) Lupold add.: imperium.
7) Schardius: Franco, Lips. 363 fol. 332: Francus.
8) Fehlt Lupold.
9) quondam bis notarii fehlt Lupold.
10) Lupold: de eodem Carolo canens (Lips.: ponens) hunc versum.
11) Gotfredi Viterb. Speculum regum II 64 v. 1450, M. G. SS. XXII 93, vgl. Pantheon ib. 207.
12) Lupold l. c. p. 173, 2.

tina tantum [1] per duo miliaria Theutunica distat. Sed fama [2] interdum probare videtur, precipue [3] in hiis quorum memoria non habetur, ut ff. de proba. l. *Si arbiter* et ff. de aqua plu. arce. l. *In summa* §. *Item Labeo* cum concordanciis [4]). Ad idem Gotfredus in cronica sua [5]) ponit hunc versum [6]): *Natus Ingelnheim* a), *cui Bertha fit Ungura mater*/ Illud idem eciam colligitur [7]) ex cronica a) Eusebii et hystoria Francorum [9]),[10]) eo quod in eis dicitur, quod ipse Karolus XII mensibus anni [11]) et XII ventis iuxta propriam lingwam vocabula inposuit, que in eisdem cronica b) et hystoria in lingwa Germanica ponuntur, in [12a]) quibus vocabulis pro parte [13]) tunc Germani deficiebant [14]). Dedit eciam Germanis quasdam leges in lingwa Germanica seu Theutunica, que a multis adhuc habentur. Ex quibus omnibus [15]) colligitur eundem Karolum fuisse Germanum [16]) et ex consequenti non solum ad reges Francorum in personam suam transit imperium, sed eciam in Germanos, quia in ipsum et suos filios atque [17]) posteros, qui Germani fuerunt. Nam huius [18]) translacionis tempore ac eciam postea longo tempore successione generis hereditaria regnum et imperium devolvebantur [19]), sicut infra patebit [20]). Et hii, scilicet [21]) Germani, quibus Troiani Franci primo [22]) commixti fuerant, proprie loquendo Franci, Gallici [23]) vero Francigene et non Franci nuncupantur, sicut infra declarabitur ex cronica Eusebii [24]).

a) *ms.* coronica.
b) *Endung am Rande v. H. s. 15 verbessert.*
1) *Lupold:* tantum *nach* Theutunica.
2) *Lupold:* fama vero.
3) *Lips.* presertim ; precipue *bis* habetur *fehlt Schardius.*
4) Dig. 22, 3, l. 28, Dig. 39, 3 (de aqua et aquae pluviae arcendae) l. 2 § 8.
5) *Schardius:* cronicis suis. — Ad idem *bis* mater *fehlt Lips.*
6) Gotifredi Pantheon l. c. 209. *Dies Citat ist bei Lupold Nachtrag.*
7) *Lupold:* Hoc etiam satis (*Schardius:* intelligitur seu), colligitur.
8) *Schardius:* cronicis, so *immer statt* cronica ; *Lips.:* cronica.
9) Frutolf-Ekkehardi Chron.univ., SS. VI 164. Annalista Saxo, SS. VI 569.
10) *Lupold add.:* predictis in eo quod.
11) *Fehlt Lupold.*
12) *Fehlt Schardius.*
13) pro parte *fehlt Schardius.*
14) *Lupolds Zusatz :* Unde etiam *bis* imposuit *fehlt hier; cf. Meyer l. c. p. 8.*
15) *Lupold add.* satis.
16) *Lips. fol. 332v:* Francum fuisse Germanum.
17) *Lupold:* et.
18) *Lupold:* huius etiam ; *Lips.:* huius enim.
19) *Lupold:* successio g. h. in r. et i. locum habuit.
20) *Lupold:* ut patet ex dictis supra capitulo proximo.
21) *Schardius:* sunt ; *Lips.:* scilicet.
22) *Fehlt Schardius.*
23) *Lupold:* Gallice ; *Lips.:* Gallia.
24) *Lupold:* ut patet ex hiis quae dicta sunt ex chronicis Eusebii in primo capitulo huius tractatus.

Probatur hoc eciam[1]) per legem eiusdem Karoli, que ponitur XI.[2]) q. 1
c. *Hec siquis* § *Volumus*[2]), [4]) alias est capitulum, de qua lege eciam fit mencio extra de iudi. *Novit*[5]), in qua lege sic dicitur : *Volumus autem atque pre-
cipimus, quod*[6]) *omnes nostre dicioni subiecti, tam Romani, quam Franci,
Alamanni, Bawari, Saxones, Düringi, Frisones, Galli, Burgundiones,
Britones etc.* Ex quo patet, quod[7]) cum circa principium huius legis post
Romanos nominati sunt[8]) Franci[9]) et deinde, primo nominatis omnibus aliis
nacionibus et incolis provinciarum ᵃ) Germanie, nominati et positi sunt
Galli ; ergo Galli[10]) et Gallici dicuntur proprie loquendo non Franci, sed
Francigene appellantur. Et de hiis Francis ipsorum[11]) Francia loquitur c.
primum extra. de spons.[12]), ut patet ex suprascripcione[13]). Est enim Triburium
villa circa Renum, diocesis Maguntinensis ; ibi[14]), ut refert[15]) cronica Francorum[16]), fuit concilium habitum sub anno domini DCCCXCIIII ᵃ) in quo
fuit casus predicti capituli diffinitus[17]). Soli igitur Germani et illi dumtaxat, qui Alamanni, idest Swevi, Bawari, Saxones ᵇ), Düringi aut[18]) Frisones
non sunt[19]), Franci proprie appellantur, puta illi Germani, qui circa partes
Reni et in quibusdam aliis terris Reno adiacentibus commorantur, quarum una Franconica ᶜ), cuius metropolis est Herbipolis, a quodam[20]) duce
Francone, ut refert[21]) cronica Gotfredi[22]) *(p. 412)*, nominari consuevit. Et ad

---

a) *ms.* Dicit XCIIII.
b) *ms.* Saxanes.
c) *ms.* fronica, *Silbe* — nco — *übergeschrieben.*
  1) *Lupold :* Et hoc etiam probari potest aperte.
  2) *Schardius :* 2.
  3) volumus *fehlt Schardius* ; *Lips :* ubi volumus. *Lips. folgt :* vel est,
dann Lücke, alias e. c. *fehlt.*
  4) c. 37 C. XI. q. 1.
  5) c. 13 X de iudic. (II, 1).
  6) *Lupold :* ut.
  7) *Fehlt Schardius.*
  8) *Schardius :* sint et positi.
  9) *Schardius add. :* et Galli qui et Gallici dicuntur proprie loquendo
non Franci. *Der Satz :* et deinde *bis* Galli, ergo Galli *fehlt ; Lips. wie im Text.*
  10) *Lips. add.* qui.
  11) *Lupold* ipsorumque.
  12) *Schardius add.* et matr.
  13) c. 1, X de sponsalibus et matrim (IV, I), Ex concilio Triburiensi.
  14) *Lupold :* ubi.
  15) *Schardius :* referunt.
  16) Annalista Saxo, MG. SS. VI 589.
  17) *Der Zusatz Lupolds :* Fuit etiam *bis* diffinitus *fehlt ; Meyer l. c.*
  18) *Schardius :* et ; *fehlt Lips.*
  19) *Fehlt Schardius.*
  20) *Lupold l. c. p. 174, I, A.*
  21) *Lupold add.* predicta.
  22) Gotifredi Pantheon, MG. SS. XXII 203.

hos Francos Germanicos in personam Karoli Magni, qui de eadem Francia Germanica traxit originem, imperium noscitur fuisse translatum [1]. Sicut ergo [a]) olim Romani virtutibus promeruerunt imperium iuxta dictum beati Ieronimi, ut patet XXVIII. q. 1 § *Ex hiis* [3]), sic et Franci Germani per ipsorum magnificum regem Karolum translacionem imperii huiusmodi non absque virtutum meritis promeruerunt [4]. Beatus eciam Ieronimus in vita sancti Hylarionis huius Francie Germanice vallidam esse gentem affirmat [5]. Licet igitur [6]) tempore Ludwici imperatoris primi cuius fuit preallegatus canon LXIII. di. *Ego Ludwicus* [a]), ut patet ex superscripcione ipsius, imperium fuerit Francorum magis proprie loquendo, quam sit hodie, cum [7]) quia tempore istius Ludwici regnum et imperium huiusmodi non fuit divisum, sed tempore filiorum suorum divisum extitit, sicut patebit infra [8]), tum eciam quia eius tempore ac eciam post ipsum longo tempore imperium fuit regum [9]) Francorum de genere dicti Karoli Magni descendencium, qui [10]) Karolus fuit Francus [11]) Germanicus [12]): nichilominus tamen hodierna die [13]) potest dici imperium non solum fuisse Francorum, ut dicit glossa predicta LXIII. di. in c. *Ego Ludwicus*, sed potest [14]) dici adhuc esse Francorum duplici respectu. Uno modo quia est Germanorum, quorum patria, scilicet Germania, fuit principalior pars regni Francorum, quia in ea fuit origo et inicium regni, sicut infra patebit [15]); item alio modo potest dici [16]) adhuc esse regnum [17]) Francorum, quia eciam inter naciones Germanorum, que sunt superius in dicta [18]) lege Karoli nominate, imperium

---

a) *ms.* Canon *bis* Ludwicus *am Rande.*

1) *Die folgenden Zitate Lupolds* v. Ex preallegata *bis* sum etiam quia *fehlen.*

2) *Fehlt Lupold.*

3) c. 14 Pars 5 Gratian, C. 28, q. 1.

4) *Lupold:* promeruisse noscuntur. *Das Folgende:* Eorum insuper prerogativa — c. 1. circa princ. *fehlt.*

5) Hieronymi Opera ed. Maurin. (Paris 1706) IV, 2 S. 81. *Der Zusatz Lupolds:* Preterea *bis* dico quod *fehlt ; nach Meyer p. 8 reicht der Zusatz nur bis* fore factum.

6) *Fehlt Lupold.*

7) *Lupold :* tum.

8) *Lupold :* ut patet supra capitulo proximo.

9) *Fehlt bei Schardius.*

10) *Schardius :* quia, *l. c. p. 174, 2.*

11) *Fehlt Schardius.*

12) *Bei Lupold folgt :* ut premisi.

13) h. d. *fehlt bei Schardius.*

14) *Lupold add. :* etiam.

15) *Lupold :* ut ex superius dictis apparet.

16) *Lupold add.* imperium.

17) *Fehlt bei Lupold.*

18) *Lupold :* predicta.

est principalius Francorum, quam aliorum Germanorum. Sunt enim quatuor principes electores imperii in hac Francia, scilicet Moguntinensis, Treverensis [1]), Coloniensis archiepiscopi, item comes Palatinus [a]) Reni, qui quatuor principes vacante imperio [2]) tamquam maior pars numero [3]) electorum possent creare regem in concordia eligendo [4]), vocatis tamen aliis eorum conprincipibus et coelectoribus iuxta consuetudinem in hoc hactenus observatam [5]).

Sic ergo dominus meus primo istam conclusionem solvit, quod imperium fuit translatum in personam Karoli Magni in reges Francorum et nichilominus in personam eiusdem Karoli translatum fuit in Germanos.

Secundo probat eandem conclusionem sic. Quia licet omnes naciones ab Aquitanea usque in Bawariam [6]) fuerint de regno Francorum, tamen inicium et origo illius [7]) regni fuit in Germania [8]), sicut c. proximo patebit. Principium autem est pars potissima cuiusque rei, ut [9]) ff. de ori. iur. l. 1. Merito ergo considerato principio [b]) et origine dicti regni imperium in Germanos et non in Gallicos, qui postea illi regno Francorum per Francos Troyanos genere et eciam per Germanos, quibus illi primo fuerant commixti, subiugati fuerunt, dicitur fuisse translatum.

Tercio probat dictam conclusionem sic. Quia licet posteritas Karoli Magni diu habuerat [10]) regnum et imperium Francorum, tamen regnum [11]) et imperium huiusmodi fuit divisum tempore imperatoris Lotharii, nepotis Karoli Magni et filii[12]) Ludwici imperatoris primi [13]), cuius regni divisi una pars fuit tota Germania, Pannonia, Bohemia et Moravia inclusis, quantum[14]) ex divisione huiusmodi Ludwicus, frater dicti Lotharii imperatoris, in porcione hereditatis obtinuit, qui tres filios prestantissime indolis habuit, scilicet Karlomanum, Ludwicum et Karolum. Et hii cum sua posteritate felici sorte regnum Germanie ac imperii gubernacula post tempora Karoli

---

a) *ms.* Paletinus.
b) *Vorher* quod *gestrichen.*
1) *Lupold add.* et.
2) *Lupold:* regno et imperio.
3) *Fehlt Schardius.*
4) *Fehlt Schardius.*
5) *Lupold* servatam; *folgt:* ut ex infra dicendis cap. 6 plenius apparebit.
6) *Lupold add.:* ut patuit in capitulo supra proximo.
7) *Lupold:* istius.
8) *Bei Lupold folgt:* ut patet ex dictis in primo cap. memorato.
9) *Schardius add.* scribitur.
10) *Lupold:* habuerit.
11) *Fehlt Schardius.*
12) *Schardius add.* sui.
13) *Bei Lupold folgt:* eo modo quo dictum est superius in capitulo.
14) *Lupold:* quam.

imperatoris secundi usque ad tempora Ludwici tercii moderarunt[1]. Cuius tempore Ytalia defecit a fidelitate regum Germanie ac societate ipsius regni usque ad tempora Ottonis primi, qui dictam Ytaliam reduxit ad regnum a) Germanie et ad b) Germanos et tandem factus fuit imperator[2]. Considerato[3] igitur isto finali eventu, scilicet quia[4]) Ytalia et imperium post divisionem antedictam regni Francorum finaliter remansit aput reges Germanie et non apud reges Gallie[5]), eciam dum adhuc erat in posteritate et genere Karoli Magni (p. 413), ipsum imperium in Germanos et non in Gallicos vel in aliarum nacionum de regno Francorum homines in personam Karoli Magni dicitur fuisse translatum. Est ergo verum dicere, quod imperium fuit translatum in personam Karoli Magni de Grecis ad reges Francorum[6]) et[7]) ex consequenti in Germanos[8]), non autem in personam Ottonis primi[9]) fuit imperium cum c) Ytalia translatum in Germanos, cum prius apud eos non[10]) solum tempore Karoli fuerit, sed eciam tempore posteritatis Karoli post divisionem dicti regni Francorum finaliter remanserit apud eos; sed ipse Otto Ytaliam per Beringarium tyrannum, qui eam temporibus suis tenuit occupatam, regno Germanie quod principalior pars regni Francorum extitit, recuperavit, item[11]) Ytaliam cum imperio ad[12]) Germanos magnifice reducendo. Hec dominus meus[13]).

C. VI. qualiter regnum Francorum inicium habuerit.

Ut autem dicta et dicenda plenius intelligantur, oportebit consequenter duo declarare, quorum primum est, qualiter regnum Francorum inicium habuerit et originem iuxta tenorem capituli primi tractatus domini mei. Secundum vero est videre de divisione regni et imperii Francorum iuxta

---

a) *Vorher* germanos *durchgestrichen.*
b) et ad *übergeschrieben.*
c) *ms.* tum.
1) *Schardius* moderati fuere. *Lips.* moderarent.
2) *Bei Lupold. folgt:* prout hec ex superius dictis in c. proximo apparent et in chronicis ac historia predictis plenius continetur. Merito igitur considerato.
3) *Lupold* p. 175, 1. *Lips fol. 334.*
4) *Schardius:* quod.
5) et non apud *bis* Germanos *fehlt bei Schardius.*
6) *Lupold folgt:* ut refert predicta historia Francorum seu Chronica.
7) *Lupold:* ac etiam.
8) *Lupold folgt:* triplici consideratione predicta.
9) *Lupold:* predicti.
10) non *bis* apud eos *fehlt bei Schard.* Es *folgt:* esset ut ex dictis supra in c. proximo satis apparet.
11) *Lupold:* ipsam.
12) *Lupold:* ad reges Germaniae et ad.
13) *Lupold l. c.* 175, 1.

c. ll. eiusdem libri. In hiis vero non recedam a vestigiis domini mei, sicut nec in capitulo priori, quoniam pulchrius et fertilius nemo ponere potest materiam istam, eciam quia ego in disputacionibus meis sequentibus ex eisdem suppositis conferam cum domino meo.

Quantum [1]) igitur ad primum legitur in cronica Eusebii in ea parte, ubi agitur de gestis Valentiniani imperatoris [2]), quod post excidium Troye, illo tempore quo Eneas Ytaliam [3]) venit, quidam ex Troianis simili modo profugi circa [4]) Meothydas paludes a) applicuerunt [5]), ubique [6]) consedentes terminos suos b) usque in Pannoniam dilataverunt civitatem Sycambriam edificantes, unde Sycambri primum vocati. Tempore vero quo Alani Meothydas paludes intraverunt, que [7]) sunt in principio Europe et in confiniis Asye constitute, sicut scribitur in libro XV de proprietatibus rerum, et iidem Alani Romanis rebellaverunt, dictus [8]) Valentinianus imperator [9]) edictum protulit, ut gens que Alanos intrando dictas paludes vinceret per decem annos proximos libera esset ab omni tributo. Tunc quidam de Sycambris[10]) pugnaverunt contra eosdem Alanos habitaque victoria eiecerunt eos. Et pro hac victoria per decennium facti sunt liberi a tributo et a Valentiniano Franci, quod Attica sive Greca lingwa idem est quod feroces, duri et [11]) fortes c), prout dicit dicta cronica Eusebii, secundum vero lingwam Romanam idem est quod liberi, perpetuo sunt vocati. Expleto autem [12]) decennio, dum Valentinianus a Francis d) solita tributa peteret, illi, ut erant feroces, tributa solvere rennuerunt et missos pro solvendis [13]) tributis huiusmodi occiderunt. Fuerunt autem inter eos tunc duo principes antiquorum nominum [14]) preferentes insignia, Priamus et Athenor.

a) A. R., st. plaudes *im Text durchgestrichen*.
b) Folgt ipse *durchgestrichen*.
c) d. e. f. a R. v. *späterer Hand*.
d) *ms*. Francia.
e) *ms*. missi.
1) *Lupold cap. 1., l. c.* 169, 2. *Lips. fol. 327v*
2) *Lupold l. c. folgt:* ubi plene prosequitur Eusebius de origine gentis et regum Francorum.
3) *Schardius:* in Italiam.
4) *Schard.:* ad.
5) *Schard.:* intraverunt.
6) *Lupold:* ibique.
7) que *bis* rerum *folgt bei Lupold p. 170, I, B. Lips. fol. 328v*
8) *Lupold:* idem.
9) *Schardius folgt:* qui, ut refert Eusebius in dicta Chronica regnare coepit anno Domini trecentesimo sexagesimo septimo ; *fehlt Lips*.
10) *Lupold:* Sycambria.
11) *Schardius:* ac.
12) *Lupold:* vero.
13) *Schardius:* exigendis.
14) *Lupold:* vocabulorum.

Propter quod imperator iussit exercitum Romanum cum multis exteris gentibus pugnare contra eos. Et pugna commissa in qua dictus Priamus mortuus est, cum [1]) ex utraque parte multi mortui fuerint [2]), tandem Franci tantam multitudinem sustinere non valentes fugerunt [a]). Egressi autem de Sycambria venerunt in terram Germanie et habitaverunt [3]) aliquo tempore in Düringia sub duobus ducibus suis, scilicet Marcomede, filio Athenoris predicti [4]). Porro [5]) defuncto Symone Franci habito consilio a Marchomede Faramundum [b]) ipsius filium ad instar aliarum gencium regem creaverunt. Leges eciam tunc per suos auctores Gwiso gastaldum et Salagastum conpositas habere ceperunt. Ab illo autem Salagasto lex salica nomen accepit. Et [6]) de hac lege [7]) fit mencio in li. feu. de filiis natis de matrimonio ad morganaticam in contracto c. uno [8]) et XII. q. II. *In legibus* [9]), in prima glossa. Qua eciam lege per multa tempora usi [c]) sunt Franci, unde et ipsi [d]) [10]) Salici nominantur [11]). Post hoc Franci de (*p. 414*) Düringis [12]) Renum transgressi Romanos, qui eo tempore in Gallia per suos magistratus usque ad Lygerim flumen imperabant [e]), bello agressi partim ipsosocciderunt, partim eciam fugaverunt. Sicque [f]) illatam sibi a Romanis iniuriam acriter vindicabant./ Postea captis urbibus Tornaco et Cameraco atque paulatim progressi et regressi Remis, Suessonam, Aurilianum et Coloniam, que tunc dicebatur Agrippina, et Treverim ac postremo totam Galliam et Germaniam ab Aquitania usque in Bawariam sibi vendicant atque subiciunt. Et hii qui Theutonicis commixti sunt, proprio vocabulo [13])

a) *ms.* fugierunt.

b) *A. R. zweimal korr. vor späterer Hand, i. Texte zweimal ausgestrichen* tamerissimum ?

c) *ms.* visi *korr.*

d) u. e. i. *a. R. nachgetr.*

e) *ms.* imparabant.

f) *A. R. statt ausgestr. i. Texte* sicut.

1) *Schardius:* et.

2) *Lupold :* fuerunt.

3) *Lupold :* habitaveruntque.

4) *So ms.; es fehlt nach* Marcomede: filio dicti Priami et Sunone. *Das Folgende bei* L.: quorum etiam ductu *bis* consederunt *ist Zusatz, cf. H. Meyer, p. 7.*

5) *Lupold* p. 170, l. Porro *bis* creaverunt *fehlt Schardius, dann.:* et compositas leges habere coeperunt a Salagasto.

6) Et de hac *bis* prima glosa *Zusatz bei Lupold, Meyer l.c. fehlt Lips.*

7) *Lupold add.:* Salica.

8) *D. langob. Lehnrecht ed. K. Lehmann, Göttingen 1896, S. 160.*

9) C. 10. C. 12. q. 2.

10) *Lupold add.* Franci.

11) *Lips.* nuncupantur.

12) *Lips.:* de Thuringia ; *Schardius:* e Thuringia.

13) *Fehlt Schardius.*

Franci, qui vero per connubia a Gallis¹) sunt progeniti²), Francigene sunt appellati. In premissis satis concordat hystoria Francorum et cronica Gotfredi³), salvo quod in⁴) cronica Gotfredi in prohemio libri Karolorum ⁵) narratur, quod Troiani predicti qui primo Sycambri et⁶) postea Franci appellati sunt, postquam occupaverunt Germaniam ad edictum imperatoris predicti Valentiniani vicerunt Alanos inter dictas paludes ᵃ) Meotydas receptos. Et quod post hec [pugna] ᵇ) contra eos a Romanis ⁷) quia ⁸) tributa solvere recusabant commissa in partes Düringie se contulerunt. Sed cronica predicta Eusebii refert ⁹), quod demum post dictam pugnam ¹⁰) Franci venerunt in Germaniam et habitabant aliquo tempore in Düringia ¹¹). Dicit autem dominus meus, quod probabilius videatur in hoc dictum Eusebii, quia non est verisimile, quod dicti Franci de Germania iverint pro expugnandis Alanis ad partes tam remotas, scilicet ad Meotydas paludes¹²). Regnavit autem predictus Faramundus primus rex Francorum anno domini CCCCXXVI°, ut patet in dicta cronica Eusebii in ¹³) c. de gestis Honorii imperatoris et extunc Germani Franci vocabantur, ut patet ibidem in c-sequenti ¹⁴. Post hunc vero regnavit filius eius Clodius¹⁵), cui successit Meroveus ᶜ) a quo reges Francorum Merovingi ᶜ) vocati sunt. Et sic deinceps de illo genere regnaverunt reges Francorum, quorum nomina in eadem cronica Eusebii per ordinem describuntur usque ad tempora Hilderici regis, qui ultimus erat de antiquo genere regum Francorum⸱ qui fuit de regno depositus et Pipinus, pater Karoli Magni, substitutus eidem, sicut de hoc notatur et legitur ¹⁶) XV. q. VI. Alius ¹⁷), hoc autem

a) A. R. im Texte ausgestr.: plaudes.
b) Fehlt im ms.
c) ms. meroneus, meroningi.
1) Schardius: Gallica.
2) Schardius add.: proprio vocabulo.
3) Lupold folgt: Viterbiensis quondam imp. curie capellani et notarii.
4) Lupold add. dicta.
5) in pr. l. K. fehlt bei Schardius. Vgl. MG. SS. XXII 201.
6) Fehlt Schardius.
7) a. Romanis fehlt Schardius.
8) Schardius: qui.
9) Lupold folgt: ut ex iam dictis apparet.
10) Schardius add. commissam.
11) Lupold folgt: Quid autem bis quod probabilius, hier gekürzt.
12) Fehlt das Folgende: que ut scribitur bis sequendam; z. T. Zusatz Lupolds, Meyer p. 7. fehlt Lips.
13) Lupold l. c. 170, 2.
14) Schardius folgt: Fuit autem bis continetur, als Zusatz Lupolds Meyer l. c.
15) Fehlt der Zusatz Lupolds: qui sub anno bis continetur, Meyer l. c.,
16) Lupold: legitur et notatur.
17) c. 3. C. 15. q. 6. Bei Lupold folgt: de quo facto etiam infra in cap. 12 in 7 ma oppositione plene dicetur; davon in 7 ma oppositione Zusatz Lupolds.

regnum Francorum, quod ut premissum est, protendebatur ab Aquitania usque in Bawariam, idem Karolus pre omnibus [1]) regibus Francorum plus auxit ac nobilius sublimavit./Nam ipse dicto regno Francorum, quod ex paterna [2]) successione iuxta morem aliorum regnorum [3]) occidentalium habuit Saxoniam, Frysiam [4]), Britaniam, Vasconiam, terras Hunorum, qui tunc Pannoniam incolebant, et eciam Sclavorum ac plures alias provincias et terras propter tyrannides quas reges et principes illarum terrarum et provinciarum contra Christi ecclesias et christianos exercebant, bello licito subiugavit, ut in dictis cronicis ac eciam in gestis eiusdem Karoli per multos hystoriographos scriptis plenius continetur. Post hoc vero subiugatis provinciis et terris huiusmodi idem Karolus ad [5]) preces Adriani pape primi [6]) Desiderium regem Lombardorum in civitate Papye [7]) cepit [8]), sicut supradictum est c. III. et IIII, et ab Adriano patricius factus est Romanorum. Deinde post plures annos pro iniuria Leonis pape tercii vindicanda Romam venit et ab eodem papa coronatus est in imperatorem Romanorum, sicut patuit c. predictis. Et [9]) sicut Romanum imperium, quod a temporibus Constantini Magni, Helene filii, apud Constantinopolim in Grecorum imperatoribus mansit, ex hoc iam ad reges Francorum transiit et Germanorum, sicut prius patuit c. V, sic ergo patet propositum primum, scilicet qualiter regnum Francorum originem habuerit et ortum.

C. VII. de divisione regni Francorum.

Quoad secundum propositum, scilicet de divisione regni [10]) et imperii post dictam translacionem facta et de statu diverso ac variacionibus ipsius usque ad hec tempora habitis, est sciendum (*p. 415*), quod idem Karolus Magnus, dum morbo et senectute gravaretur, congregatis solempniter Aquisgranis proceribus de toto regno Francorum Ludowicum, filium suum, Aquitanie regem, cunctorum consilio sibi consortem tocius regni et imperialis nominis heredem sub anno domini DCCCXIII [11]) constituit, impositoque capiti eius dyademate imperatorem et augustum appellari iussit [12]). Post hec idem Ludowicus, qui pius est cognominatus,

1) *Lupold add.* aliis; r. Fr. plus *fehlt bei Schard.*
2) *Schardius*: prima; *Lips.* paterna.
3) *Schardius*: regum.
4) *Lips.*; *fehlt Schardius.*
5) *Lupold*: precibus — inductus.
6) *Lupold folgt*: inductus, ad compescendam tyrannidem Desiderii regis Longobardorum, quam contra eccles. Rom. aliasque Dei ecclesias exercebat sub anno domini 773 Italiam intravit et eundem regem.
7) *Lupold folgt*: ubi erat sedes regni.
8) *Das Folgende bis zum Schluss des Kapitels frei gekürzt von Conrad.*
9) *Vgl. Lupold l. c. p. 171, 1.*
10) *Vgl. Lupold cap. 2, l. c. 171, 1 B.*
11) *Schardius*: 814.
12) *Bei Lupold folgt*: Bernhardum vero nepotem, filium Pipini, filii sui, Italie prefecit et regem appellari iussit.

mortuo patre suo iam dicto generalem ¹) conventum Aquisgrani sub anno domini DCCCXVII habens filium suum primogenitum Lotharium sui nominis et imperii consortem constituit et ceteros reges appellatos unum Aquitanie, scilicet Pipinum, alterum Bawarie, scilicet Ludowicum, prefecit. Et hii tres filii ex prima sua uxore Irmengarda nati fuerunt. Quarto vero filio, scilicet Karolo ex secunda eius uxore, scilicet Iudith, nato, Alamanniam, Retiam et Burgundiam post hec concessit, ceteris fratribus super hoc indignantibus. Mortuus autem fuit Pipinus predictus adhuc patre ²) Ludowico vivente, relinquens filium Pipinum nomine, prout hec in cronica Eusebii ³) et historia seu cronica Francorum clare ac de verbo ad verbum sic scripta leguntur. Idem vero Lotharius post mortem Ludowici imperatoris ⁴) predicti assumpto sibi Pipino, iam dicto filio fratris sui Pipini, cum Ludowico et Karolo, predictis suis fratribus, occasione discordie inter ipsos super divisione regni Francorum suborte sub anno domini DCCCLXI ³) apud pagum Antisiodorem in loco, qui Fontanith dicitur, bellum gravissimum commisit. In quo bello ita Francorum vires attenuate sunt, ut [non] ᵃ) modo ad ᵇ) amplificandos regni terminos, verum eciam ad proprios tuendos vix sufficerent ᶜ). Ludowicus tamen ᵈ) et Karolus non sine gravi dispendio suorum vicerunt secundum hystoriam Francorum, cui concordat predicta cronica Gotfredi, sed ᵉ) cronica Eusebii refert, quod a neutra parte fuerit triumphatum⁶). Post hoc autem bellum supradicti fratres inter se pacificati regnum et imperium Francorum sub anno domini DCCCᵒXLII diviserunt hoc modo: Karolus habuit regnum occidentale Francorum a Britannico mari usque ad Mosam fluvium et vocatus fuit rex Gallie ⁷); Ludwicus habuit orientale regnum Francorum, scilicet totam Germaniam usque ad Reni fluenta et nonnullas civitates cum adiacentibus pagis trans Renum, et vocatus est rex Germanie, et dominus meus intelligit Germania, Pannonia, Bohemia et Moravia inclusis ᶠ), ut ex inferius dicendis, ubi dicetur de divisione regni Germanie, apparebit.

a) Fehlt ms.
b) Eingeschoben.
c) ms. sufficeret.
d) Korr.
e) cronica Gotfredi sed am Rande; statt hystoria im Text durchgestrichen.
f) Korr. inclus.
1) So Lips. fol. 329v; Schardius: scilicet Carolo Magno in dicto conventu.
2) Lips; Schardius add. eius.
3) Lupold l. c. p. 171, 2. vgl. Ekkehardi Chron. SS. VI 172, Annalista Saxo ib. 574.
4) Sch. add. scilicet patris sui.
5) Lupold: 841.
6) Vgl. Ann. Saxo l. c. 575, Gotifredi Pantheon l. c. 226, Ekkehard l. c. 172.
7) Bei Schardius folgt: iste habuit tres filios ut infra dicetur.

Lotharius vero primogenitus imperator appellabatur et a Mosa usque ad Renum fluvium Belgicam Galliam quasi medius inter istos duos incedens sortitus est, que usque hodie Lotharingia ex eius nomine solita est appellari. Habuit eciam provinciam et omnia regna Ytalie cum urbe Romana. Sed Pipino predicto, filio fratris eorum, Aquitania cessit, prout hec omnia partim ex cronica Eusebii et Gotfredi et partim ex hystoria Francorum liquido ¹) colliguntur. Post hoc vero Lotharius imperator predictus, convocatis principatibus ²) regni filio suo Ludowico sub anno domini DCCC°LV ³) Ytaliam tradidit et imperatorem constituit. Unde eciam ipse cum filio suo Ludowico secundo predicto aliquamdiu tenuit imperium. Et hoc ultimum probatur eciam ex canonibus LXIII di. Reatina in superscripcione ⁴) et ⁵) e. di. c. Inter nos ᵃ) similiter in superscripcione. Lothario vero filio suo regnum Lothariense, quod ex nomine suo sic vocatur, concessit. De quo regno eciam habetur in canone LXIII. di. Porro ⁶). Et de hoc Lothario rege multi canones locuntur, ut patet II. q. I. Que Lotharius et c. Scelus et XI. q. III. Precipue ⁷) et c. Teugaldum ⁸) cum multis consimilibus ⁹). Alteri vero filio, scilicet Karolo, Provinciam dedit ¹⁰). Post hec mortuo ᵇ) predicto Ludwico secundo Karolus rex Gallie predictus imperium (p. 416) obtinuit. Post cuius mortem Karolus tercius, filius ¹¹) Ludwici regis Germanie, obtinuit Ytaliam cum imperio. Qui Ludowicus rex Germanie tres habuit filios prestantissime indolis, scilicet Karlomannum primogenitum, Ludowicum et Karolum iam dictum ¹²), qui tres post mortem patris regnum paternum, ut plene patet ex hystoriis Francorum ¹³), sub anno domini DCCCLXVI ¹⁴) diviserunt in tres partes; quorum primus, scilicet Karolomannus, sortitus ¹⁵)

a) ms. vos.
b) Vorher filio ausgestrichen.
1) Lupold add. predictis.
2) Lies mit Lupold: primatibus.
3) Schardius: 860. Lips. DCCCL.
4) c. 16 dist. 63.
5) et c. d. bis superscriptione fehlt bei Schardius; vgl. c. 31. dist. 63.
6) c. 4 dist. 63.
7) c. 16 C. II q. 1, c. 21 ib., c. 3 C. XI q. 3.
8) c. 10 C. XI. q. 3.
9) Lupold: similibus.
10) Lupold: largitus est.
11) Schardius: filius Ludovici fratris iam dicti Caroli mortui regnum Germanie obtinuit atque Ytaliam etc., Lips.fol.330v: filius Ludovici regis Germanie tres habuit filios prestantissime indolis usw.; es fehlt obtinuit bis imperio.
12) Lupold l. c. p. 172, 1.
13) Lupold add. predictis; vgl. Ann. Saxo l. c. 584.
14) Lies mit Schard.: 877. Lips. 887.
15) Lupold. add. est.

Bawariam, Pannoniam, Caryntiam et regna a) Sclavorum Bohemensium
et Moraviensium, et appellabatur rex Bawarie; Ludowicus Orientalem
Franciam, Düringiam, Saxoniam, Frisiam et partem regni Lotharii, et
vocatus est rex Ostrofrancie b) seu Orientalis Francie 1); sed Karolo Alamania c), que hodie Swevia nuncupatur, in partem cessit ac alique civitates
ex regno Lotharii, et vocatus est rex Alamanie d). Et hic factus fuit imperator post mortem Karoli imperatoris secundi 2). Et post hunc Karolum
tercium Arnulfus, filius Karlomanni, regis Bawarie predicti, regnum tocius
Germanie, quia Karolus tercius et Ludowicus, rex Orientalis Francie, sine
liberis decesserunt, obtinuit una cum Ytalia et imperio. Post cuius Arnulfi mortem Ludowicus tercius, filius suus, dictum regnum Germanie
obtinuit ex paterna successione. Huius vero Ludwici tercii tempore
defecit Ytalia a societate regni Germanie. Cepit enim, ut e) plene patet
ex a) cronica Martini 4) dividi imperium ipsius tempore. Quidam enim
tantum in Ytalia, de facto tamen, et quidam tantum in Germania
imperabant seu regnabant. In qua cronica f) enumerabantur omnes qui
in Ytalia a tempore dicti Ludowici usque ad tempora Ottonis primi,
de quo legitur in canone LXIII. di. In synodo 5), regnabant, qui cepit utrobique regnare 6). Post hunc vero Ludowicum tercium Conradus
primus, qui secundum quosdam non fuit de genere Karoli Magni, secundum alios vero fuit de genere ipsius, puta filius fratris Ludowici 7) tercii
predicti, quod dominus meus verius credit, obtinuit regnum Germanie et
sic secundum hoc defecit in dicto regno Germanie genus Karoli Magni
in persona dicti Conradi. Quo deficiente Heinricus primus de nacione
Saxonum cepit libera potestate regnare in Germania g), non tamen ex
eleccione principum electorum, qui sunt hodie h), quia nondum adhuc fuerant
instituti huiusmodi electores, sed a h) cunctis principibus et 9) natu maio

---

a) ms. regno.
b) Vorher durchgestrichen: Alamannie.
c) ms. Alamonia.
d) ms. Alamonie.
e) Eingeschoben.
f) Am Rande; Text ausgestrichen canonica.
g) ms. Germonia.
h) ms. korr.
1) seu O. Fr. fehlt Schardius.
2) Bei Lupold folgt: ut iam dixi.
3) Lupold: in.
4) MG. SS. XXII 863, 50.
5) c. 23 dist. 63.
6) Bei Schard. folgt: Sciendum tamen bis appellant, späterer Zusatz,
vgl. Meyer l. c. p. 8.
7) Bei Schard. folgt: scilicet filii Arnulfi.
8) Fehlt Lips. fol. 331.
9) Lupold l. c. p. 172, 2.

ribus Francorum, Alamannorum, Bawarorum et Saxonum anno domini DCCCC°XIX[1]) fuit electus in regem. Hic rex cum omnes naciones in circuitu subiugasset, postremo Ytaliam et Romam proficisci decrevit, sed infirmitate corporis prepeditus iter pretermisit et, cum morbo se gravari sentiret, convocato populo designavit Ottonem filium suum regem, ceteris filiis suis predictum thezaurum[2]) distribuens. Hic Otto primus post mortem patris, tam ex patris designacione, quam eciam ex cunctorum principum Germanie, ut cronica Francorum plene narrat, eleccione factus fuit rex anno domini DCCCCXXXVI[3]). Hic Otto Magnus propter celebres bellorum eiusdem victorias vocatus[4]), considerans Ytaliam a fidelitate regum Germanie et societate ipsius regni[5]) a tempore Ludowici tercii defecisse, ipsam reduxit ad regni et regum Germanie potestatem. Intrans enim Ytaliam expulso de civitate Papye Beringario tercio[6]), qui tunc temporis in Ytalia de facto regnabat, possessor quasi tocius Ytalie Deo sibi[7]) assistente efficitur et ibidem natale Domini sub anno eiusdem DCCCCLII[8]) celebrans, inde Saxoniam proficiscitur et ducem quendam Cunradum generum a) suum ad persequendum dictum Beringarium in Ytalia reliquit. Qui Beringarius postea dono b) et gracia regis Ottonis recepit Ytaliam regendam, excepta marchia Veronensi et Aquilegiensi, que Heinrico fratri Ottonis committebantur. Post hec vero quia[9]) idem Beringarius contra ecclesiam Romanam et alias ecclesias Ytalie multas tyrannides (p. 417) exercebat, idem Otto sub anno domini DCCCC°LXII[10]) filio suo Ottone septenni Aquisgrani in regem inuncto ad preces anxias Iohannis pape XII. et ceterorum episcoporum Ytalie, ut ipsos de dicti Beringarii manibus[11]) liberaret in Ytaliam c) denuo proficiscens civitatem Papye absque ulla resistencia intravit. Beringarius vero et filii sui, quibus poterant municionibus se includebant. Indeque progrediens Rome favorabiliter susceptus acclamacione tocius cleri et populi a d) predicto Iohanne papa imperator augustus vocatur et ordinatur. Deinde vero dicto Ottone mor-

---

a) Am Rande.
b) ms. dona.
c) in Yt. am Rande.
d) Eingeschoben.
1) Schardius: 819.
2) Lupold: praedia cum thesauris.
3) Schardius: 836. vgl. Ann. Saxo l. c. 599.
4) Lupold: appellatus.
5) Lips. fehlt regni, Schard fehlt ipsius.
6) Fehlt bei Schard.
7) Fehlt bei Schard.
8) Schardius: 852.
9) Fehlt Lips.
10) Schardius: 862.
11) Statt manibus folgt bei Schardius: et filii sui tyrannide.

tuo regnum et imperium iterato incepit ex successione generis deberi.
Unde legitur in cronica Eusebii c. de gestis Ottonis imperatoris secundi [1]),
quod mortuo Ottone primo aliqui primates volebant transferre imperium
ad Henricum, ducem Saxonie, fratrem primi Ottonis iam dicti. Alii vero
certabant imperium deberi legitimo heredi, scilicet Ottoni secundo. dicti
Ottonis primi filio, quorum eciam pars prevaluit, ut ibi dicitur. Post hec
eodem Ottone secundo mortuo, filius ipsius Otto tercius regnum et imperium ex successione paterna similiter obtinuit, prout hec omnia partim
in cronicis Eusebii, Gotfredi et partim in hystoria Francorum antedictis
plenius continentur. Tempore vero huius Ottonis tercii, qui filiis caruit,
fuit institutum, quod per certos principes Germanie, scilicet per officiatos
imperii seu curie imperialis, eligeretur imperator, ut patet in cronica [2]
Martini [3]), in qua enumerantur officiati et electores huiusmodi per hos
versus : *Moguntinensis, Treverensis, Coloniensis, Quilibet imperii fit can-
cellarius horum. Inde Palatinus dapifer, dux portitor ensis, Marchio
prepositus camere, pincerna Bohemus. Hii statuunt dominum cunctis per
secula summum.* Et hii principes ecclesiastici et seculares officiati curie
imperialis sunt hodierna die regni et imperii electores [4]). Hec dominus
meus.

C. VIII. q u e   f u e r i t   c a u s a [a])   f i n a l i s   g r a c i a   c u i u s   i m-
p e r i u m   t r a n s l a t u m   f u e r i t.

Patet igitur ex dictis perfectissime translacio imperii in personam
Karoli Magni in Francos et Germanos. Unde manifesta est causa quodam
modo materialis istius translacionis, que poterit obiectualis dici vel res que
transfertur, scilicet imperium sacrum. Patet eciam causa efficiens eius,
scilicet pape qui transtulerunt. Patet insuper materia terminorum, scilicet
terminus a quo [b]) materialis, puta gens Grecorum, et terminus materialis
ad quem, videlicet gens Germanorum et Francorum. Restat nunc videre
de formis eorundem terminorum, que sunt quodammodo fines, gracia
quorum facta fuit dicta translacio.

Iuxta quod notandum est, quod idem appetitus est motoris quo appetit
fugere terminum a quo, disconvenientem sibi disposicionem, et acquirere
terminum ad quem, disposicionem connaturalem mobili atque convenientem, sicut piscis existens in arida. si potest, fugit siccitatem et transilit
in aque humiditatem.que sibi est connaturalis. Et utraque disposicio terminorum illius motus quoquomodo dicitur finis, gracia cuius piscis movetur; quia
disposicio termini a quo est finis [c]), gracia cuius fugit ab illo, et forma ter-

a) *Korr. aus* tam.
b) a quo *am Rande.*
c) *Korr.*
1) Ekkehard l. c. 191.
2) *Lupold l. c.* p. 173, 1.
3) Vgl. Chron. Martini Opp. SS. XXII. 466.
4) *= Schluss von Lupold cap. 2, l. c. p. 173, 1 A.*

mini ad quem est finis, gracia cuius prosequitur et porrigit ipsum. Sane disposicio valde disconveniens imperio et innaturalis sibi fuit apud Grecos imperatores tandem, et precipue apud Leonem tercium et Constantinum quintum, filium eiusdem Leonis, imperatores Constantinopolitanos, aliosque imperatores Grecorum, qui non solum ecclesiam Romanam non defendebant a calumpniatoribus suis, sed ipsi per se infestabant ª) et vexabant eamdem. Karolus autem Magnus cum genere suo semper pro ecclesie Romane defensione stetisse leguntur. Sed hec diligencia defendendi ᵇ) ecclesiam Dei est una de proprietatibus naturalibus imperii Romani, sicut supra patuit c. I. et c. IIII. Quapropter iniquitas Grecorum imperatorum et bonitas Francorum atque Germanorum cause fuerunt finales translacionis imperii Romani, prima siquidem ut fugienda, puta malicia Grecorum imperatorum, secunda ut persequibilis et translacione acquirenda, scilicet bonitas et serenitas Francorum et Germanorum. Sed ut hec magis specifice (p. 418) sciantur, notandum est¹), quod Greci longo tempore ante dictam translacionem imperii ab ipsius ecclesie Romane obediencia discesserunt, constituentes sibi caput ecclesiam Constantinopolitanam. Et quia ²) eadem ecclesia scribebat se primam omnium ecclesiarum, ideo Focas imperator, qui regnare cepit sub anno domini DCCIIII³), rogatu Bonifacii pape IIII constituit Romanam ecclesiam esse caput omnium ecclesiarum, ut in Eusebii et Martini cronicis continetur ⁴). Et hoc intelligit dominus meus: Constituit id est constitutam declaravit ᶜ), Ecclesia enim Romana primatum omnium ecclesiarum habet a Christo ut probatur in canone XXI. di. Quamvis ⁵) et XXII. di. c. I et II ⁶). Nec suffecit Grecis dicta, ut sic dicam, apostasya, quin abhorrendas eciam blasphemias exercerent contra Christi ymagines et sanctorum Dei. Quia Leo tercius et Constantinus quintus, filius eiusdem Leonis, imperatores Constantinopolitani, fecerunt ymagines Christi et sanctorum deponi et incendi, sicut in cronicis Eusebii, Francorum, Martini et Gotfredi continetur ⁷). Legitur eciam in eisdem cronicis, quod cum Gregorius papa tercius eundem Leonem imperatorem super premisso ᵈ) excessu incorrigibilem videret, Rome multorum episcoporum celebrato concilio confir-

a) *ms.* in vestabant.
b) *ms.* defendi, *darüber* dē.
c) *ms.* declaruit.
d) *ms.* premissa.
1) *Das Folgende nach Lupold cap. 4, l. c. p. 177, 1 B. — 2.*
2) Et quia *his* 22. di. c. 1 und 2 *ist ein Nachtrag bei Lupold c. 4, cf.* *Meyer p. 10.*
3) Lies DCIIII.
4) Ekkehard, MG. SS. XXII 152, Martin. Opp. ib. 422.
5) c. 3 dist. 21.
6) c. 1 und 2 dist. 21.
7) Ann. Saxo SS. VI. 554, Ekkeh.-Frutolf l. c. p. 157, 50, 158, 25. Martin l. c. 460; Gotifrid. Viterb. l. c. 200.

navit veneracionem sanctarum ymaginum et violatores anathematizavit, ipsamque Ytaliam a iure dicti Leonis discedere fecit ac tributa et vectigalia sibi dari inhibuit. Legitur eciam in hystoria Francorum[1], quod post tempora dictorum imperatorum, scilicet tempore Constantini sexti et Hyrene, matris eiusdem, auctoritate Adriani pape primi in Nicea concilium CCCL episcoporum congregatur, in quo heresis execrancium ymagines Dei et sanctorum in perpetuum anathematizatur. Insuper Constantinus et Leo filius suus imperatores Constantinopolitani requisiti per papam Stephanum secundum, ut ecclesiam Romanam ab oppressione a) Astulfi regis defensarent, eam defendere noluerunt, sicut patuit supra c. III. Ergo hiis et similibus sedis sancte Romane a summis pontificibus collectim consideratis transtulerunt imperium a Grecis tamquam a scismaticis et inutilibus defensoribus ecclesie sancte Dei. Ex quibus patere potest, quod opiniones diverse loquentes de causa huiusmodi translacionis omnes verum dicunt. Dicit enim Lau. VII. q. l. *In apibus* [2]), quod ecclesia Romana transtulit imperium de Grecis in Romanos ob hoc forte, quod Greci Romanam ecclesiam non recognoscebant. Sed dominus meus dicit: *quod hoc ex aliquibus hystoriis vel de scriptis non apparet. Unde illud est divinare, presertim quia Greci longo tempore ante dictam translacionem imperii ab ipsius ecclesie Romane obediencia discesserunt* [3]). Salva reverencia tamen domini mei omnia in cronicis conclusive et argumentative nec omnia specifice poni non reperimus. Inconveniens enim nimis esset atque absurdum, quod nullis demeritis Grecorum exigentibus sedis Romani summi pontifices eos imperio pertinaciter ac violenter spoliassent. Nec valet racio, quia licet diu ante translacionem huiusmodi Greci ab obediencia ecclesie Romane discesserint. non tamen ante hoc tempus sunt reversi; sed nec mox, ut recesserunt, ecclesia in eos irruere debuerat, quoniam tamquam pia mater benignius exspectat redeuntes et precipue tantam multitudinem, quanta est populi Grecorum. Similiter non incongruum dicit alia opinio asserens, quod ex eo fuerit translatum b) imperium, quia Leo tercius et Constantinus quintus fecerunt ymagines Christi deponi et incendi. Nam cumulata mala ferocius urgent. Novissime igitur malicie connumerate primis sedem sanctam moverunt imperium e'sdem auferre. Quare autem pocius in personam Karoli Magni in Francos et Germanos fuerit translatum, quam in aliam gentem, huius racio est, quia cum imperatores Constantinopolitani temporibus eiusdem Karoli et longe prius, scilicet tempore Pipini ac tempore Karoli Martelli, avi c) sui, ec-

a) *ms.* appressione.

b) *Korr. aus* transtulit.

c) *ms.* Marcelliani.

1 Ann. Saxo SS. VI. 561, 69.

2) c. 41 C. VII. q. l. — Laurentius, Glossator, vgl. Schulte, G. d. Qu. u. L. I 190.

3) *Lupold l. c. p. 177, l.*

clesiam Romanam variis infestacionibus oppressam aliasque Christi ecclesias ac clerum in occidentali imperio non defenderent, quod tamen
specialiter ad imperatorum spectat officium, atque cum pupillas et viduas
non protegerent, sed predictum occidentale imperium pro derelicto habuerint, et cismatici facti (*p. 419*) redire non curarent, ipse vero Karolus
predictus potencior esset omnibus regibus occidentalibus, sicut visum
est supra, moribus insignior et fide preclarior ipsamque ecclesiam Romanam, ut prius dictum est, a variis calumpniis liberaret, sicut et pater
eius Pipinus eandem ecclesiam ab oppressionibus Astulfi regis bello
acerrimo liberavit. Sic et Karolus cognomine Martellus ᵃ⁾, pater eius[dem] ᵇ⁾
Pipini et avus Karoli Magni, dux et maiordomus Francorum, ecclesiam
Romanam et Ytaliam a Gothis liberavit. Cumque predictus Karolus non
solum ecclesias defenderet, sed ruentes restauraret et novas edificaret
christianos a violenciis paganorum in multis terris et provinciis eriperet,
mota fuit sedes sancta Romana in personam eiusdem Karoli tamquam
dignissimam transferre.

C. IX. de effectibus translacionis imperii.

Causis itaque translacionis imperii iam visis nunc de ipsius effectibus dicamus. Iuxta quod notandum, quod effectus est illud cuius esse
consequitur cause virtutem et operacionem. Nam causa est ad cuius
esse sequitur aliud, scilicet effectus, ut patet II. Physicorum ¹). Cum
igitur a principio huius tractatus dictum sit imperium tocius orbis esse
monarchiam et ipsum de Grecis translatum in Germanos, si translacio
hec fuit realis, alicui videtur sequi omnes regiones in una transivisse
totumque in unam suarum parcium restrictum. Si vero non fuit hec ᶜ⁾
translacio realis, sed si tantum mentalis seu conceptualis, sic garcio in
alium garcionem poterit omnia regna mundi transferre et montes traicere
atque mirabilia concipere vel dicere, que inpossibilia sunt mundo. Huic
consideracioni dicendum est, quod in orbis monarchia duo est considerare, videlicet materiale et formale ipsius. Monarchia namque grece
idem quod unicus principatus dicitur latine. Sed ᵈ⁾ materiale principatus
sunt partes habitales terre, homines inhabitantes easdem et possessiones
eorum; formale autem principatus est respectus et ordo principantis ad
subditos atque subditorum ad principantem cum virtutibus debitis. Utrobique virtus autem principis est imperare licita et honesta quibuslibet
subditis in gradibus suis. Sed virtus subditorum est principi obedire,
secundum quod oportet et quantum seu qualiter oportet./ Melior etenim

---

a) *ms. marcellus.*
b) *ms. eius.*
c) *ms. korr. aus* hanc.
d *Folgt ein undeutliches Zeichen :* p? q?
1 Aristoteles, Physicor. 1. II. c. 3, ed. Firmin-Didot II 264.

est obediencia quam victima ᵃ), ymmo a domino dictum est: *Qui principi non obediverit, morte moriatur.* Quod enim per prophetas dicitur, a domino dictum creditur. Cum ergo de subdito fit dominus, dicte virtutes transponuntur. quoniam qui prius obediencia indiguit, nunc magistratum debitum requirit. Unde patet, quod cum superior deponitur et inferior super eum extollitur, predicte virtutes realiter transponuntur. Ad propositum dico, quod effectus dicte translacionis non est sic realis, ut materialia imperii sint localiter transposita, sed formalia ordinis regendi et principandi sunt realiter translata. Nam gens Francorum et Germano-rum que prius ad obedienciam per principem suum immediatum Grecis tenebatur imperatoribus tam ex iure naturali, ut supra patuit c. 1, quam eciam iure civili, quod dicit imperatoris esse omnia et sibi deberi universa, in quod eciam sacri canones concordant: *Nam tolle iura imperatoris, et quis audet dicere: hec villa mea est, hic servus meus est* etc. di. VIII. *Quo iure* ¹), post translacionem predictam de iure, quamvis de facto non sic, tenebatur imperare eisdem in persona Karoli Magni et imperatorum succedencium sibi. Unde patet, quod Karolus Magnus ad terras proprias et regiones. quas prius possiderat, aliud ius acquisivit per dictam trans-lacionem, quam habuerit prius; quia post translacionem fuit dominus earum. quo nullus superior in temporalibus erat, sed prius fuit dominus earum, qui de iure ad obedienciam tenebatur suo superiori in temporali iurisdicione. Iste fuit primus ᵇ) effectus translacionis imperii. Secundus effectus ipsius est, quod virtute dicte (*p. 420*) translacionis Karolus et sui successores receperunt potestatem imperialem in omnibus ᶜ) regnis, provinciis et terris. que prius non erant sub dicti Karoli potestate, vide-licet petendi et exigendi·a regibus et principibus regnorum, provinciarum et terrarum infra Dei ecclesiam saltem, subieccionem debitam imperatori, quam potestatem prius non habebant, ita quod sicut olim populus Ro-manus ius et potestatem transtulit in imperatorem, ut patet ff. de orig. iuris l. II. § *Novissime* ²), insti. de iur. na. gen. et ci. *Sed et quod prin-cipi* ³) et ff. de consti. princ. l. 1 ⁴), sic tempore dicte translacionis ius et potestas huiusmodi in Karolum et suos in imperio successores de Grecis imperatoribus est translata. Tercius effectus est, quod Karolus et sui successores virtute dicte translacionis a summis pontificibus ecclesie Romane specialem acceperunt respectum, quoniam aliter papa imperato-

---

a) *Endung korr.*
b) *ms.* prius.
c) *ms.* noibus.
1) c. 1, dist. 8.
2) Dig. I, 2 1. 2 § 11.
3) Inst. I, 2, 6.
4) Dig. I, 4, 1. pr.

rem respicit Romanorum, quam ceteros principes mundi ; respicit enim ipsum tamquam immediatum defensorem ecclesie Dei et tamquam clipeum generalem, sub cuius ᵃ) requiescit tutus a persecutoribus Christi. Acceperunt eciam omnes regiones et provincie, quas Karolus possidebat, novum respectum ad papam, quia cum prius respicerent eum tamquam dominum mediatum, superiorem domino proprio et inmediato earum, translacione facta ipsum respexerunt tamquam superiorem inmediatum. Prius enim habebant de iure imperatorem superiorem domino proprio et medium inter papam et proprium dominum eorum. Unde vacante imperio papa succedit imperatoribus in eis, sed vacantibus aliis regnis imperator de iure succederet in illis. Ex quibus patet, quod quascumque terras et provincias Karolus prius possederat, tamquam de facto non recognoscendo suum superiorem in eisdem, illas post translacionem possedit tamquam de iure non cognoscendo superiorem in eis. Ut si forsitan de facto preclusit appellantibus ab eo ad imperatorem vias appellandi, provocandi aut, si negligens fuisset, emendandi auctoritatem imperatori denegasset, ista rebellio tunc pocius facti erat quam iuris. Quia secundum quod dicit dominus meus c. XV. libri sui : Nemo regum ex consuetudine vel prescripcione quantumcumque inveterata potest imperatoribus prescribere omnimodam iurisdicionem in terris et regionibus eorundem regum. Et hoc probat multis legibus ibidem in opposicione secunda ¹), quamvis concedant ²) reges in suis regnis immediate ex consuetudine vel prescripcione a tempore, cuius contrarii non est memoria, posse merum et mixtum imperium exercere. Sed imperator nichilominus habet iurisdicionem mediatam in causis meri et mixti imperii, quoad subditos illorum regum, sicut in casu appellacionis vel negligencie vel denegacionis iusticie, et eciam inmediatam iurisdicionem in causis huiusmodi in personas ipsorum regum. Et reges ex consuetudine sic imperium merum et mixtum posse in suis regnis exercere probat similiter legibus et iuribus multis ³).

Ex hiis solvitur obieccio que posset fieri contra primum effectum translacionis, quia posset forsitan dici, quod quoad regiones, terras et provincias occidentales, quas Karolus ante translacionem possederat, ipsa translacio nullum effectum habuit realem, sed tantum declaratorium, quia papa per suam translacionem tantum declarabat Karolum et suos successores non teneri ad aliquam subieccionem imperatoris Constantinopolis ᵇ) in eisdem terris et provinciis, secundum vero rem ante translacionem hanc non subiciebantur ᶜ) eis, prout ex cronicis patet.

a) *Ergänze etwa :* defensione.
b. *So ms. statt* Constantinopolitani.
c *ms.* subiciebatur, *korr. aus* subiciebantur.
1 Lupold, l. c. cap. 15 l. c. p. 202 f.
2) l. c. p. 203.
3) l. c. p. 20?.

Quia [1] regnum Ytalicum a iugo Constantinopolitanici a) imperii fuit absolutum tempore Iustini imperatoris secundi, et Romani tunc per patricios regnare ceperunt, ut patet ex cronicis Martini et Eusebii [2] ; et eisdem temporibus regna occidentalia a dicto imperio discesserunt, sicut refert cronica Gotfredi [3]). Cum ergo Karolus Magnus post tempora dicti Iustini per multorum annorum curricula fuerit, patet quod imperatorem Constantinopolitanum pro suo superiore minime recognovit. Dicendum enim est, quod cum regnum Ytalicum et cetera regna occidentalia ab imperio Grecorum discesserunt, aut hoc fuit discessione violenta et tyrannica (p. 421), quia proprio motu et inobediencia discesserunt, preter aut contra ecclesie voluntatem et per consequens de facto, non de iure se ab imperio Grecorum exemerunt; sed post translacionem imperii eximebantur de iure. Aut certe ante translacionem imperii discesserunt dicta regna ab imperio Grecorum iussu et voluntate ecclesie Romane et per consequens de iure, sicut supra dicebatur c. VIII. de Gregorio papa III° b), qui cum Leonem tercium imperatorem Grecorum incorrigibilem videret super deposicione ymaginum Ytaliam a iure dicti Leonis discedere fecit ac c) tributa et vectigalia sibi dari inhibuit, et tunc sedes illa regna suspendit ad futuri imperatoris subieccionem, sibi ipsi pro illo tempore reservans imperium immediatum summitatis super ea. Sed post translacionem largibatur d) Karolo et suis successoribus imperium immediatum in ea. Imperium dico summitatis, quamvis prius habuerit imperium immediatum subieccionis in ea de iure; non tamen dico papam sic largiri summum imperium regibus in regiones, ut imperatores non habeant papam superiorem eis, sed dico summum imperium eis dari respectu omnium principum mundi temporalium. Nec eciam valet, si obiciatur adhuc contra primam conclusionem dicendo [4], quod Karolus Magnus, ut supra patuit c. VI, partim ex successione paterna, partim eciam per bellum licitum habuit ante iam dictam translacionem omnia regna et provincias, que seu quas habent imperatores Romanorum, habuit insuper Galliam occidentalem, Vasconiam, Pannoniam et plures alias provincias et terras, quas hodie non possident imperatores : et per consequens regna et provincie huiusmodi cum plena potestate in ipsis per ecclesiam Romanam in eum transferri minime potuerunt. Quod enim meum est ex una causa, non potest ex alia fieri meum, nisi desinat esse

a) ms. Constantinopolitca.
b) papa III" am Rande.
c) Auf Korr.
d) Korr. a. largitur.
1) Vgl. Lupold cap. 4, l. c. p. 176.
2) Martin. Opp. SS. XXII 456, 29 Ekkeh. l. c. 141.
3) Gotifrid. Viterb. Pantheon SS. XXII 193.
4) Lupold cap. 4, l. c. p. 176, 1 B.

meum, extra de fi. instrum. *Inter dilectos* [1]), cum concordanciis ibi notatis. Respondeo et dico, quod illud, quod meum est totaliter ex una causa,
non potest meum fieri ex alia causa, sed quod totum meum est, non
tamen totaliter, quia non totaliter imperio, potest ex alia causa meum
fieri totaliter, scilicet imperio totali. Et sic est in proposito, sicut patuit
superius ex correlario de tribus effectibus translacionis illato.

C. X. q u o i u r e   e c c l e s i a   t r a n s t u l e r i t   i m p e r i u m.

Sed quomodo vel quo iure ecclesia transtulerit imperium, consequenter
est dicendum. Iuxta quod notandum est, quod utique iure divino transtulit, quod siquidem ius in lege christiana et ewangelio continetur et ipsum
quandoque ius naturale dicimus ex natura naturante, que Deus est. tale
ius precipiendo et instituendo. Et dicit dominus meus [2]). quod ecclesia Romana non regulariter, sed casualiter, scilicet propter necessitatem facti, quia
non erat hic superior, qui hoc faceret, imperium transtulerit. Illud probatur extra Qui filii sint legitimi c. *Per venerabilem,* § *Racionibus* [3]). quod dictum satis bene declarat Innocencius et Hostiensis post eum extra de fo.
con. *Licet* [4]), ubi dicunt: quod licet in multis sint distincta officia et regna
mundi a), tamen quandocumque necesse est, ad papam recurrendum est.
sive sit necessitas iuris, quia iudex dubius est, quam senteciam pro-
ferre debeat, vel necessitas facti, quia alius non est iudex superior vel
non potest ius reddere vel qualitercumque iudex nolit vel non possit
iusticiam exercere. Et allegant prēdictum c. *Per venerabilem.* Sic quia
non erat hic alius superior, qui translacionem dictam faceret, certis et
racionabilibus causis inspectis imperium transtulit ecclesia Romana, quod
est negocium maximum iurisdicionis secularis, et hoc potuit ex iure
divino per ea, que leguntur in dicto § *Racionibus.*

Sed tam b) debita quam devota reverencia domini mei salva, dico.
quod ecclesia regulariter transtulit imperium, et non casualiter. Ubi notandum est, quod est differencia inter auctoritatem regularem et auctoritatem casualem, quia regularis auctoritas semper tenet ac ubique,
quandocumque et ubicumque porrigere potest in materia disposita sibi:
casualis autem auctoritas in paucis tenet atque raro et nonnisi cum
regularis non potest haberi auctoritas. Exempli gracia baptizare parvulos
ex regulari auctoritate est sacerdotum, qui in (*p. 422*) sacris sunt constituti, nam illi semper et ubique baptizare c) habent baptizandos. Sed
layci est parvulos baptizare auctoritate casuali, cum scilicet necessitas
incumbit et sacerdos haberi non potest. Certissimum autem est, quod

a) *ms. folgt ein* p *oder* q.; quo l?
b) *Korr. a.* tamen.
c) *ms.* baptizate.
1) c. 6, X de fide instrum. (II, 22).
2) Lupold cap. 12. l. c. p. 196, 1.
3) c. 13, X qui fil. sint legit. (IV,17).
4) c. 10 X de foro compet. (II, 2).

auctoritas transferendi imperium post ortum christiane religionis nulli debetur, nisi pape, quia numquam superior eo potest haberi nec habetur. In casu tamen, scilicet cum papa non esset, aut differenda esset translacio ad futurum papam aut forsitan collegium cardinalium, si tanta ingrueret necessitas, ipsum imperium transferre haberet. Secunda racio ad idem hec est. Casuale non est in natura, nisi regulare fuerit in natura, quia casuale est obliquitas regularis, obliquum vero non dicitur, nisi respectu recti. Sed nemo rectius et firmius habet transferre imperium, quam papa, nam ipse iure divino et plenitudine potestatis habet transferre, quo iure nullum firmius et rectius invenire potest. Nec valet, si obiciendo dicas casuale, quod raro in paucioribus contingit, ut patet II. Physicorum [1] [a]. Nam ibi casuale sumitur pro eo, quod preter intencionem provenit agentis, sed hic accipitur casuale pro supplente vices ipsius regularis, cum scilicet regulare habere non potest. Si queras, ubi predictum ius divinum habeatur, dicendum, quod ibi, quando dominus dixit Petro [2]: *Tu vocaberis cephas id est caput,* scilicet mundi, atque ibi [3]: *Tu es Petrus et super hanc petram edificabo ecclesiam meam;* et iterum [4]: *Quodcumque solveris super terram, erit solutum et in celis, et quodcumque etc. ligaveris,* etc. Et quod iste gladius temporalis sit manibus domini pape et patet textu ewangelico, quia cum Petrus evaginasset hunc gladium et absciderei Malcho servo pontificis auriculam dextram, dominus dixit Petro [5]: *Converte gladium tuum in locum suum.* Super quo verbo dicit Bern. ad Eugenium papam [6]: *Tuus quidem est hic gladius, sed ad nutum pontificis et exercicium imperatoris.* Et iterum cum discipuli dicerent domino [7]: *Ecce duo gladii hic,* dominus dixit: *Satis est.* Super quo verbo dicit sanctus Bern. in consideracionibus suis ad Eugenium papam [8]: *Si gladius temporalis auctoritatis nullomodo ad te pertineret, dominus non dixisset: satis est, sed pocius dixisset: nimis est.*

Tercia racio ad principale propositum est hec. Cum ecclesia indigeat cesare tamquam defensore et populus laycorum tamquam rectore, utrumque est respectus iuridicus ad imperatorem. Hoc supposito arguo sic. Naturali iure sapientis est regere et esse dominum aliorum; patet hoc per Aristotelem prohemio Metaphysice et primo Politicorum [9]. Ymmo om-

---

a • ms. phycorum.

1) Aristoteles, Physic. I. II c. 5, 5 ed. Firmin-Didot II 267.
2) Ioh. 1, 42.
3) Matth. 16, 18.
4) Matth. 16, 19.
5) Matth. 26, 52.
6) Bernhardus, De consid. I. IV. c. 3, Migne Patr. Lat. 182, S. 776. (438).
7) Luc. 22, 38.
8) Bernhard, I. c. S. 776. (438).
9) Aristoteles Metaphys. I, c. 1, 10. 11, ed. Firmin-Didot II 469 ; Polit. I c. 1. ib. I 482.

nis hominis racio disposita illud concipit tamquam verum. Sed liquidum est sapienciam omnium scripturarum sedis esse Romane et ecclesie sancte Dei ⁿ), ignoranciam autem et insipienciam fore laycorum. Ergo necessitas translacionis sacri imperii pocius regenda est a sede et facienda per ecclesiam Dei iure naturali dicto a natura naturata, que est hominis racio, quam per laycorum rusticas ᵇ) cecitates. Supponimus enim imperium transferibile per christianos esse, quorum duces sunt milites litterarum et principes sacerdotum. Ius autem naturale a natura naturata dictum est regulare, non casuale.

Quarta racio est ista. Sicut se habet sol ad lunam et anima ad corpus, sic se habet princeps sacerdotum ad principem laycorum, sacris canonibus concedentibus illud. Sed certum est, quod lumen solis transfert globo lunari splendorem, quem habet, atque anima transfert corpori vires movendi. Sol enim lune largitur statum lucidum et quandoque retrahit illum, anima eciam largitur corpori motum et retrahit ipsum. Ergo iure regulari et auctoritate ordinaria papa pocius habet imperium transferre, quam cecus quorumcumque laycorum. Si namque laycis hoc esset concedendum, statim imperium destrueretur, quia populus illius regionis vellet ipsum transferre in principes suos et populus alterius gentis in reges suos, et sic maxima fieret confusio transferendi. Omnis autem confusio populi auctoritate regulari in superioris iudicio collocatur. Relinquitur ergo papam regulariter imperium transtulisse et non casualiter. Nam oportet, quod aut per laycos vel clericos vel per utrosque transferatur, et si per utrosque, ista pluralitas necessario pape auctoritate dirigetur. Nec est simile in casibus pertinentibus immediate ad iurisdicionem (*p. 423*) inferiorum, in quibus scilicet tantum, cum necesse est, recurritur ad papam, quoniam tales casus iudices habent ordinarios immediatos alios a papa, sed casus translacionis imperii alium ordinarium a papa ᶜ) nullatenus habere potest, sicut patere potest ex iam deductis; et de hiis locuntur Innocencius et Hostiensis, ubi supra.

C. XI. q u o d   n o m i n a c i o   e t   a p p r o b a c i o   r e g i s R o m a - n o r u m   e l e c t i   a d   p a p a m   p e r t i n e t.

Ex hac conclusione iam probata sequitur, quod nominacio et approbacio regis Romanorum iam electi per principes electores pertinet ad papam et ad ecclesiam Romanam. Racio est: ad papam et ecclesiam Romanam pertinet imperii Romani deposicio et translacio, cum ipsum de Grecis tanstulerit in Germanos ᵈ), ut extra de elect. *Venerabilem*, § *Verum*, et de iureiur. *Romani* circa principium in Clem. ¹), quod est

a. *vorher Sed ausgestrichen.*
b) *ms.* rusticitas cecitates.
c) sed *his* papa *am Rande.*
d) *am Rande korr.*
1 c. 34 X. de elect. (I, 6); c. un. in Clement. de iureiur. (II, 9). *vgl. zum. Folgenden* Lupold c. 12, p. 195, 2 A. f.

maius quam nominacio vel persone approbacio ipsius regis, ut de se
notum est. Ergo eciam nominacio et approbacio eiusdem ad ecclesiam
Romanam et ad papam pertinebit ᵃ). Quod enim in maiori conceditur.
eciam licitum est in minori. ut extra Qui filii sint legitimi. *Per venerabilem*, post principium ¹); ad idem extra de reg. iuris. *Cui licet* l. VI. ⁸)
cum suis concor.

Ad hanc racionem respondet dominus meus et dicit ³), quod papa
non regulariter. sed casualiter transtulerit imperium, ergo nec ex illa
translacione concluditur, quod ad eandem ecclesiam pertineat nominacio
vel approbacio persone electe in regem et imperatorem regulariter, nisi
forte casualiter alique cause necessarie vel racionabiles ᵇ) interdum id
exposcerent. sicut dictum est de translacione. Sed ista solucio evacuata
est per conclusionem capituli prioris.

Secundo probatur propositum sic: ad quem pertinet imperatoris institucio, ad eundem pertinet ipsius destitucio et econtra, ut videtur. Ar.
extra de hereticis, *Cum ex iniuncto* in fi. ⁴) cum concor. ibi notatis. Sed
ad papam pertinet destitucio imperatoris, ut patet extra de re. iudi. *Ad
apostolice.* li. VI. ⁵). Ergo et institucio, que non videtur aliud esse, nisi
electi in regem vel imperatorem approbacio. Ad hanc racionem respondet dominus meus dupliciter ⁶). Primo sic: ad quem pertinet dest tucio ᶜ),
et econtra. Secus autem est in iure speciali. Posset enim institucio in
beneficiis, de quibus loquitur predictum c. *Cum ex iniuncto* ⁷), pertinere
ad aliquem sub episcopo in re speciali, puta ex privilegio vel consuetudine; sed tamen destitucio ad episcopum pertineret, ut ibi notat Io.
Andr. Et sic est in casu nostro, quia imperatoris destitucio non pertinet
ad papam vel ecclesiam Romanam iure ordinario, cum de hiis temporalibus regulariter se non habeat intromittere, sed quodam iure speciali
sic se habet intromittere de destitucione seu deposicione imperatoris,
scilicet racione peccati enormis et notorii, de quo imperator incorrigibilis
reperiretur, presertim cum non sit hic alius iudex superior, qui hanc deposicionem facere possit. Ista solucio sustentatur super eo fundamento,
quo solucio prioris racionis fundabatur. Unde similiter evacuata est per
conclusionem capituli prioris. Auctoritas enim regularis auctoritas or-

a) *mts.* perti-bit.
b) *Vorher:* essent sicut dictum est. *ausgestrichen.*
c) *Es scheinen hier ein paar Worte ausgefallen zu sein; etwa:* pertinet institucio.
1) c. 13. X. qui fil. sint legit. (IV, 17).
2) c. 53. in VI° de regulis iuris (V, 12).
3) Lupold cap. 12, l. c. p. 196.
4) c. 12. X. de haeret. (V, 7).
5) c. 2. de sentent. et re iud. in VIto (II, 14).
6) Lupold l. c. p. 196, 1 B.
7) c. 12 X. de haeret. (V, 7).

dinaria existit; sed probatum est prius papam se regulariter posse intromittere de temporalibus, cum eciam sibi datum sit iudicium in maiora,
sicut dicit beatus Bern. ad Eugenium papam [1]. Secundo dominus meus
solvit racionem predictam sic [2]), quod ecclesia Romana non destituit vel
deponit imperatorem, sed declarat eum racione peccati enormis et notorii,
de quo incorrigibilis est, fore deponendum vel destituendum per principes
et alios populum imperii representantes. Sed nec ista solucio salva pace
videtur michi sufficere, quia vel papa tantum declarat eum deponendum
esse consultorie vel aucţoritative, censura ecclesiastica auctoritatis sue
ordinarie concomitante [a]). Sed primo modo ergo populus ambulans in tenebris ignoranciarum poterit malum imperatorem in preiudicium ecclesie
sustinere contra pontificis eius consultacionem et (p. 424) exhortacionem,
si forsitan ecclesiam sinat periclitari. Si secundo modo, igitur non solum
declaratorie, sed etiam effectualiter auctoritatis ordinarie virtute imperatorem deponit, censuris ecclesiasticis principes et alios populum imperii
representantes ad non obediendum tali nec tributa solvendum efficaciter
cohercendo.

Tercio probatur conclusio principalis sic auctoritatibus iuris canonici.
Quoniam extra. de elect. c. *Venerabilem* §. *Nos itaque* [3]) dicetur, quod
Innocencius papa tercius nominavit regem Ottonem quartum, quia tamen
fuit electus a maiori parte principum, ut ibi notant Innocencius et Hostiensis; et c. *Romani, prefatis itaque,* de iureiur. in Clem. [4]) dicitur, quod
Clemens papa quintus examinata persona Henrici quondam imperatoris,
licet in eius absencia, ipsum nominavit regem, quem tamen ab omnibus
principibus electum fuisse constat. Unde videtur, quod electus in regem
Romanorum, quantumcumque electus sit in concordia vel a maiori parte
principum, nominacionem regiam et approbacionem ab ecclesia recipere
teneatur. Quia in eodem c. *Romani*, versu : *prefatis itaque* de iureiur. in
Cle. dicitur, quod Clemens papa quondam Heinricum imperatorem approbavit in regem Romanorum et tamen, ut dictum est, idem concorditer
fuit electus a principibus. Item in eodem c. dicitur in §. *Ceterum*, quod
Bonifacius octavus approbavit quondam Albertum regem Romanorum,
ymmo quod plus est, dicitur ibi, quod assumpsit eum in regem, quod magis videtur importare, quam approbacio; et tamen hic eciam fuit electus
in concordia.

Hiis auctoritatibus respondet dominus meus [5]). Et primo prime dicens,
quod nominacio regia, de qua locuntur predicta duo capitula, est quedam

a) *ms.* committantc.

1: Bernhard, De consid. lib. I, c. 6, Migne 182, S. 736 (412).

2 l. c. p. 196, 2, A.

3) c. 34, X de elect. (I, 6).

4) cap. un. Clement. de iureiur, (II, 9).

5) Lupold cap. 12, l. c. p. 192, 2 f.

nuda et simplex nominacio, qua papa electum in regem nomiaat seu vocat regem Romanorum, nichil omnino iuris novi tribuens nominato, et hoc probat ex preallegato c. *Venerabilem* [1]). Nam licet ibi papa nominaverit Ottonem regem Romanorum, tamen reservavit contradictoribus potestatem dicendi contra personam ipsius electi et contra factum eleccionis, ut patet ibidem ex versu: *Eos igitur.* Sed illud plus videtur oppositum probare, quia nisi nominacio hoc novum ius tribuisset, nequaquam dominus papa contradictoribus potestatem dicendi contra personam ipsius electi et contra factum eleccionis reservasset, eo quod nuda et simplex nominacio eisdem contradictoribus eandem potestatem nullatenus abstulisset. Item cum simplex et nuda nominacio nullum ius tribuens nulli preiudicet, nemo eam de iure habuisset sollempniter contradicere. Certum autem est, quod si contra doctores habuissent dicere contra personam electi aut factum eleccionis, eciam tali nominacioni contradixissent sollempniter, tamquam papa eam iniuriose nominato imposuisset. Sed nominacio que iniuriam parere potest, si indebite fiat per nominantem, eciam ius tribuit, si debite fiat. Et iterum hec nominacio non fit, nisi quia figurat approbacionem qua papa approbat electum. Sed hec approbacio est realis, novum ius tribuens electo, sicut mox patebit. Ergo nominacio novum ius tribuit, quia hec nominacio presupponit approbacionem.

Ad secundam auctoritatem ex c. *Romani* [2]) de Heinrico imperatore et Alberto rege dicit dominus meus [3]), quod approbacio et assumpcio, de quibus loquitur idem capitulum, non fuerunt ipsis necessarie, cum iidem ex eleccione concordi principum electorum tam nomen regis, quam amministracionem regni et imperii ac eciam potestatem imperialem in provinciis subditis imperio ex generali consuetudine fuerint plenarie consecuti. Nomen autem imperatoris et si quid aliud iuris competit imperatori plus quam regi, poterant consequi post unccionem et coronacionem imperialem; et sic approbacio vel assumpcio necessarie non fuerunt. Sed Bonifacius et Clemens Romani pontifices prefati approbacionem et assumpcionem huiusmodi fecerunt de quadam sollempnitate et ex superhabundanti cautela, scilicet ut sciretur ab omnibus propositum eorum, qui decreverunt Heinricum et Albertum predictos ungere et coronare in imperatores Romanorum.

Contra hanc solucionem arguo sic. Si approbacio et assumpcio (*p. 425*) regum Romanorum, que fit per papam, non esset realis proprie loquendo, ita quod distinccio nominum non declararet distinccionem rerum, et talia per iura canonica imponeret legem verbis et non rebus, cuius contrarium est faciendum, ut patet extra de elect. commissa § *Porro* l. VI [4]). Consue-

1) c. 34. X. de elect. (I, 6).
2) c. un. de iureiur. in Clem. (II, 9).
3) Lupold l. c. p. 192, 2 B., 193, 2 B.
4) c. 35. de elect. in VI. (I, 6).

verunt iura canonica enim sicut et leges onerare verba sentenciis et non sentenciam verbis. Secundo arguo sic. Sicut se habet promocio in imperatorem ad coronacionem et unccionem regum Romanorum per summos pontifices, sic se habet nominacio et approbacio regum Romanorum per eosdem pontifices ad eosdem electos. Patet hoc. quia de similibus idem est iudicium. Sed secundum dominum meum ¹) unccio et coronacio imperialis aliquid realitatis addit ultra nomen imperatoris, alias non posset dici rex Romanorum promoveri proprie loquendo ad imperium nec proprie dici futurus imperator, et sic distinccio nominum non declararet distinccionem rerum, quod est contra iura XXI. di. Clerus ²) et C. de codicillis l. Si idem ³), ut notatur XXV. di. Olim ⁴). Unde coronacio et unccio imperialis nominacionem et approbacionem regiam necessario presupponit, sicut necessario consequens presupponit suum antecedens. Ex quo elido illud, quod dominus meus addit in predicta solucione dicens ⁵): Ex hoc scilicet, quod approbacio vel assumpcio predicte petende non erant et sic nec de necessitate recipiende, satis patet ex predicto c. Romani⁶). Nam non apparet ibi, quod dictus Heinricus a predicto Clemente papa approbacionem persone pecierit, sed solummodo peciit seu dedit nunciis suis mandatum petendi sibi per manus eiusdem Clementis impendi unccionem et consecracionem et Romani imperii dyadema, ut ibi patet in versu: Dictus namque. Hoc idem dicitur de Alberto rege. Quoniam in eo quod dicti reges pecierunt coronari, consecrari et inungi, implicite et tacite petiverint approbari. Qui namque principale petit, eciam accessorium petere videtur, et qui ª) consequens petit; ymmo si numquam papa regem Romanorum alio modo approbaret, per solam promocionem in imperatorem scilicet coronando et consecrando ipsum, implicite et tacite approbaret. /

Quarta responsio ad principalem conclusionem, scilicet quod approbacio regis Romanorum iam electi pertineat ad papam et ad ecclesiam Romanam, sit ista. Examinacio persone electi in regem Romanorum pertinet ad ecclesiam Romanam, ut patet extra. de elect. c. Venerabilem. § Verum ⁷) et de iureiur. Romani, versu Prefatis itaque inde ⁸). Hec autem examinacio non videtur fieri ad alium finem, nisi ut examinata prius ipsius persona electi, approbetur eleccio ipsius vel persona eiusdem electi. Ergo videtur, quod approbacio electi in regem Romanorum, eciam si sit electus a principibus electoribus in concordia vel a maiori parte ipsorum, ab ecclesia

a) Ausgefallen scheint: antecedens petit, eciam.
1) Lupold l. c. cap. 11, p. 192, 1 A.
2) c. 1. dist. 21.
3) C. de codicillis. VI, 36, l. 7.
4) c. 5. dist. 95 (nicht 25).
5) Lupold c. 12. l. c. p. 194, 1 A.
6) c. un. de iureiur. in Clement (II, 9)
7) c. 34. X. de elect. (I, 6).
8) un. de iureiur. in Clem. (II, 9).

Romana peti ac recipi debeat. Huic racioni respondet dominus meus dicens ¹), quod requiritur ydoneitas in promovendo ad imperium, sed non
illa que requiritur in prelatis ecclesiasticis. Sufficit enim in promovendo
ad imperium, quod non sit ludeus vel hereticus, propter heresim enim
papa deponi potest, ut patet XL. di. *Si papa* ²), vel paganus, si enim non
esset christianus, non posset iurisdicionem imperii exercere. Item quod
non sit fatuus seu mente captus aut alias impotens ad imperium guber-
nandum. Item quod non sit incorrigibilis de peccatis, presertim gravibus
per eum perpetratis. Sed in assumendis ad prelaturas alia multa requiruntur, et ex iure canonico potest de facili apparere. Et ad hunc finem
habet ipsum summus pontifex examinare. Sed ista solucio supposita, quod
verum dicat de ydoneitate in rege electo sic inventa per domini pape
examinacionem, non tamen interimit vigorem dicte racionis, quia sufficit
michi talis examinacio proprie dicta et realis in quibusdam defectibus
vel inhabilitatibus ad hoc, ut sequatur ipsum electum approbandum esse
per papam approbacione proprie dicta et reali.

C. XII. qualis debeat iam esse ᵃ) electus in regem Romanorum ad hoc, ut approbetur per papam.

Ut autem hoc plenius intelligatur de examinacione et approbacione clecti in regem Romanorum per ᵇ) summum pontificem. notandum
est (*p. 426*). quod non sufficit tam parva ydoneitas in rege Romanorum
et imperatore, quanta sufficit vel permittitur in ceteris regibus christiane
religionis. Nam quanto ille alcior et regia auctoritate vel imperiali maiestate generalior, tanto virtutibus serenior et moribus decencior esse debet,
quod principum Romanorum malicia tanto est detestabilior, quanto christiane mundicie generalior et ecclesie Dei acrior experitur. Et hoc satis
innuit doctor iuris egregius dominus Hostiensis in summa ᶜ) sua de elect.
§ *Quis eligitur* versu *Nedum in prelatis*, ubi notat ³). quod nedum in
prelatis requiritur ydoneitas persone, sed eciam in promovendo ad imperium, allegans ad hoc de elec. c. *Venerabilem*. Non tamen vult dominus
Hostiensis dicere, quod penitus tanta requiratur et equalis ydoneitas in
promovendo ad imperium, quanta et qualis in prelatis ecclesiasticis. Nam
in prelatis requiritur intelligencia scripturarum; turpe etenim est ponere
doctorem fidei qui pocius quam doceat, est docendus. Illa autem proprietas
non requiritur in principe Romano. Requiritur ᵈ), quod sit providus, prudens in agibilibus, ut sciat prudenter meteri rerum agibilium eventus. Rex

a) *Am Raude nachgetragen.*
b) *ms.* in,
c) *Folgt* elec. *durchgestrichen.*
d) *Folgt* intelligencia *durchgestrichen.*
1) Lupold cap. 10. l. c. p. 189, 2 B.
2) c. 6. dist. 40.
3) Hostiensis, Summa aurea (Lugd. 1518) lib. I, fol. 20.

autem fatuus in solio est quasi symea in tecto [1]). Item requiritur in prelato, ut non sit homicida. Non tamen hoc requiritur in electo in regem
Romanorum et in imperatorem promovendo. Item quod promovendus in
prelatum non sit vel fuerit bigamus, quod eciam universaliter in promo-
vendis ad sacros ordines requiritur. Sed nec hoc exigitur in electo in [a])
principem Romanum. Et sic est de pluribus aliis. Porro illa requiruntur
esse bona in Romanorum principe electo, que Magnum Karolum dignum
fecerunt imperio Romano, videlicet ut non sit tyrannus et pauperum
oppressor, sed pocius eorundem iudex equus et pius defensor. Unde beatus Cyprianus in libello de XII abusivis [2]) dicit, quod unum eorum est
rex iniquus. Secundo ut non sit cleri inimicus et ecclesiarum destructor,
sed pocius cleri clipeus et ecclesiarum constructor et reparator, sicut superius auctoritatibus sacrorum canonum probatur. Tercio ut sit fortis fortitudine militari, utpote animosus et virilis, quia sicut frequenter pugna-
turum non decet inermem esse corpore, sic nec Romanum principem inermem animo congruit esse. Quarto exigitur, ut sit prudens, sicut prius
dixi. Quinto ut non sit negligens et effeminatus, quoniam hoc Hildericum
regem Francorum deposuit, ut Pipinum patrem Karoli Magni substituit.
Zacharias enim papa Hildericum a regno Francorum deposuit vel saltem
deponendum esse declaravit, eo quod effeminatus atque negligens et per
consequens inutilis regno erat, ut patet ex cronicis et eciam ex canone
XV. q. VI. Alius [3]). Sexto ut non sit ebriosus. Nam ubi [b]) frequens est ebrietas, ibi nulla sapiencia, sed omnis insipiencia dominatur. Septimo ut non sit
hereticus, sicut in priori c. dixi auctoritate domini mei. Octavo ut non sit
incorrigibilis de peccatis suis notabilibus, sicut ibidem dixit dominus
meus [4]). Nono ut non sit infamis enormi et grandi peccato; non enim sufficit hoc penituisse et ecclesie emendasse, verum eciam de hoc vulgarem
infamiam non habere. Proprius enim tytulus Romanorum principum est,
ut serenissimi dicantur; sed nequaquam serenus dicitur, quem infamia
maculatur et vulgaris locucio detestatur. Unde poeta: *Quem semel horrendis maculis infamia nigrat, Ad bene tergendum, multa laborat aqua.*
Hec necessario ex parte anime requiruntur. Sed decimo requiritur, quod
necessarium est ex parte corporis, videlicet, ut non sit monstruosus pluralitate vel defectu [c]) membrorum corporis sui, puta ermofrodita, vel
manu aut pede carens vel alio defectu notabili aut deformitate ridiculosa
viciatus. Nam qui aspectibus hominum autenticatur, diligencius integritate
sua pernotatur, atque secundum physonomos monstrum in corpore, monstrum in anima esse affirmatur. Quantum autem est de bene esse, requi-

a) *Hineinkorr.*
b) *Uebergeschrieben.*
c) *Korr. a.* defectus.
1) Vgl. Bernhard, De consid. II c. 7., l. c. p. 750.
2) Ps.-Cyprianus, De XII abusionibus saec. c. 9, Migne IV 878.
3) c. 3. c. 15 q. 6.
4) Lupold cap. 10, l. c. p. 190, 1, A.

Scholz, Texte.   19

ritur, ut sit elegantis stature et speciosus forma precommuniter filiis hominum. Graciosus enim aspectus principis gratum eum aspectoribus facit et dignum principatui ostendit, sicut antiquitus dictum est: *Species Priami digna est (p. 427) imperio.*

Sed hoc ultimum quamvis requiratur de bene esse, non tamen est necesse. Si que vero sunt alie proprietates, que necessario in principe Romanorum requiruntur, ad hos decem, ut estimo, reduci possunt, quarum decem condicionum, si unam dumtaxat vel plures abesse summi pontificis examen inveniat, nequaquam electus quamvis in concordia principum per ecclesiam Romanam est approbandus. De illo vero examine dicit dominus meus [1]), quod duplex est examinacio persone. Una clerici promovendi ad dignitatem ecclesiasticam, scilicet qua inquiritur, an commiserit crimina. Et talis, si repertus fuerit per evidenciam facti vel per confessionem in iure factam aut per probaciones legitimas crimen seu crimina commisisse, non poterit promoveri absque superioris dispensacione ad ecclesiasticam dignitatem. Nec in hoc distinguit, an egerit penitenciam an non, secundum ea, que leguntur et notantur extra de temporibus ordinacionum [a]) c. ultimo[2]) et L. di. *Ferrum* [b]) [3]). Et talis regulariter ante examinacionem persone, per quam devenitur ad confirmacionem vel infirmacionem sue eleccionis, amministrare non potest. Sed demum ex confirmacione habita, ad quam devenitur per examinacionem persone electe et eleccionis modi [c]) amministrare poterit, sicut patet extra de elect. *Nosti* [4]) et c. *Qualiter* [5]) et e. t. *Avaricie* li. VI [6]). Alia vero est examinacio electi in regem vel imperatorem. Et hec potest esse duplex. Una est qua inquiritur, an commiserit crimina notoria, presertim gravia, de quibus egit penitenciam; et hanc non habet facere dominus papa seu ecclesia Romana de persona ipsius regis. Non enim deberet propter hoc personam ipsius tamquam indignam vel eleccionem de ipso factam reprobare; ymmo nec deberet eidem propter hoc unccionem et coronacionem aliqualiter denegare. Et huius racio est, quia dato quod electus in regem seu imperatorem Romanorum propter crimen sit inhabilis ad ministracionem regni et imperii assumendam, tamen per penitenciam peractam reverteretur ad priorem statum. Unde scribitur originaliter Apockalipsis II. c. [7]): *Age pe-*

a) *ms.* ordinator(um).
b) *Korr.*
c) *Korr. in* modu.
1) Lupold cap. 10, p. 188, 2, A.
2) c. 17. X. de temp. ord. (1, 11).
3) c. 18 dist. 50.
4) c. 9. X. de elect. (1, 6).
5) c. 17 ibidem.
6) c. 5 de elect. in VI^{to} (1, 6).
7) Apoc c. 2, 5.

nitenciam et priora opera fac. Ponuntur hec verba transumptive in canone L. di. *Quia tua*, versu *Sicut ad idem* [1]), XXIII. qu. VI. *Vides* [2]), L. di. *Ferrum* [3]). Secus tamen esset in hoc casu in electo seu in promovendo ad ecclesiasticam dignitatem. Nec mirum, quia in spiritualibus maior ydoneitas, qua.n in temporalibus requiritur, ut patet extra Qui filii sint leg. *Per venerabilem* [4]) circa principium. Sed ne oporteat regredi, salva reverencia domini mei, tanta relaxacio non est facienda in examine tanti principis, quia secundum caput est universi. Ymmo propter prerogativam principis Romani ad alios principes seculares et propter maiorem ydoneitatem ipsius maior a) in multo requiritur in principe Romanorum, quam in aliis principibus temporalibus ex racione superius dicta, non sunt sustinenda crimina notabilia electorum in reges Romanos vel imperatores. Si namque tale crimen est divulgatum, quantumcumque committens penituerit, propter vulgarem infamiam non est approbandus; si vero est occultum nec ad hoc vel saltem cum difficultate b) est approbandus, quia qui semel malus, semper presumitur malus. Quam maliciam tanto intimius perhorrescit ecclesia, quanto in tali principe periculosior est ovili Dei. Nec auctoritas Apockalipsis est ad propositum, si sumatur sicut sonat; nam eque bene concluderet de prelatis ecclesiasticis, sicut de imperatore, et ergo exponenda est: *Age penitenciam et priora opera fac :* „secundum ecclesie dispensacionem et ordinacionem". Sed nulli dubium, quin propter predictas causas ecclesia ordinaverit maiorem esse ydoneitatem per examen pape requirendam in rege Romanorum electo, quam in ceteris principibus secularibus. Ergo ad tam largam dissimulacionem defectuum in tali electo nullatenus est descendendum.

Nec valet si forte dicatur [5]), quod iurisdiciones pape et imperatoris sint distincte et divise ita, quod (*p. 428*) una non dependeat ab altera, et per consequens nulla constitucio iuris canonici possit regno et imperio circa amministracionem temporalium eiusdem regni et imperii preiudicare, cum rex vel imperator non subsit pape quo ad ea secundum opinionem Hug. et Io. [6]); vel dato quod subsit c) eidem quo ad temporalia, per quandam d) consequenciam, tamen non habeat se intromittere de temporalibus in alterius preiudicium secundum opinionem Hostiensis. Et sic predicta duo capitula, scilicet c. *Venerabilem* extra de

---

a) Vor maior *vielleicht* que *zu ergänzen.*
b) *ms.* difficultore.
c) *Korr.*
d) *Korr. a.* quendam.
1) c. 16. dist. 50.
2) c. 3, C. 23, q. 6.
3) c. 18, dist. 50.
4) c. 13 X. qui filii sint legit (IV, 17).
5) Vgl. Lupold cap. 10, p. 188, 1 B, 2 A.
6) Huguccio und Johannes Teutonicus.

elec. et c. *Romani* de iureiur. in Cle. [1]), que asserunt dictam examinacionem debere fieri, non obstarent. Sine dubio duas esse iurisdiciones,
quarum una non dependeat ab alia, non videtur congruum nec conpas-
sibile christiane ordinacioni. Et hoc probo triplici racione, quarum prima
est hec. In omni genere encium est dare unum primum, quod est metrum
et mensura omnium aliorum in illo genere, ut dicit Aristoteles X° Metaphysice [2] et patet inductive in omnibus totis. Nam in toto integrali ethe-
rogeneo, sicut in corpore animalis, cor est influens spiritus vitales omnibus membris. In toto essenciali composito ex materia et forma ipsa
siquidem forma gubernatrix est omnium operacionum, et si plures sint
forme, una est princeps omnium aliarum atque cetere subserviunt ei.
Unde Themistius II° de anima [3]): *Quibuscumque mortalibus natura dedit
intellectum, dedit eisdem ceteras potencias in ministerium illius.* Sed liquidum est religionem christianam quoddam totum esse, et iurisdicionem
temporalem et spiritualem quasdam partes ipsius regitivas. Ergo impossibile est, quod sint ambe eque prime, quin una earum sit alterius metrum
et principium, a quo dependebat virtus alterius. Absit autem, quod spiritualis iurisdicio dependeat a) a b) temporali, cum c) hec sit longe d) nobilior illa. Quare sequitur iurisdicionem temporalem a spirituali dependere iurisdicione; et hec e) est racio ostensiva. Secunda racio est ducens
ad inconveniens. Quia nisi dominus primus iurisdicionis spiritualis examinare et per consequens approbare vel reprobare haberet dominum iurisdicionis temporalis, sequeretur, quod eciam de peccato enormi incorrigibili sibi hanc iurisdicionem in f) ecclesie Dei detrimentum turpiter usurparet, quod esset inconveniens et periculosum valde. Et cum quilibet electorum
in regem Romanum sic posset peccare, quilibet electorum huiusmodi est exa-
minandus, et per consequens iurisdicio temporalis dependet a iurisdicione
spirituali, quia rector temporalis promocionem et approbacionem accipit
a domino iurisdicionis spiritualis. Tercia racio sit hec. Iurisdicio spiritualis
est fundamentum, a quo tota ecclesia fundamentaliter dependeat, quod an-
nuebat dominus, quando Petro dicebat [4]): *Tu es Petrus et super hanc petram
edificabo ecclesiam meam.* Sed Petrus non nisi auctoritate iurisdicionis
spiritualis fuit petra huiusmodi fundacionis. Constat autem iurisdicionem

a) *Korr.*, de *übergeschrieben.*
b) *Uebergeschrieben.*
c) *Korr. a.* quod.
d) *Korr. a.* longior.
e) *A. R. nachgetragen.*
f) *Uebergeschrieben.*

1) c. 34. X, de elect. (I, 6); c. un. de iureiur. in Clement. (II, 9).
2) Aristoteles Metaphys. l. IX c. 1, ed. Firmin-Didot II 575, cf. X, c. 6. ib. 590.
3) Themistius, In libros Aristotelis de anima paraphrasis ed. R. Heinze
(Comm. in Aristotelem Graeca ed. auct. Acad. Litt. R. Boruss. V, 3).
4) Matth. 16, 18.

te·nporalem infra ecclesiam claudi. *Nichil enim ad* ᵃ) *nos de* ᵇ) *hiis qui foris sunt* ¹). Quare sequitur iurisdicionem temporalem super spirituali fundari iurisdicione et per consequens hanc dependere ab illa.

Regrediendo itaque ad propositum dicit dominus meus ²), quod alia posset esse examinacio persone regis electi, qua inquireretur. an commisisset crimina, de quibus non egerit penitenciam: et sic papa et ecclesia poterit ᶜ) eum examinare. Hec tamen examinacio non habet fieri per ecclesiam ad hunc finem, ut approbetur vel reprobetur sua eleccio vel persona, dum tamen sit electus in concordia vel a maiori parte principum electorum. Nam cum ipse factus sit rex ex huiusmodi eleccione, non poterit propter crimen in modum excepcionis oppositum repelli a regno, cum quis non repellatur ab honore sine accusatore, ut ff. de muneri. et hono. l. *Rescripto* ³). Hic dominus meus supponit, quod electus in regem per principes electores factus sit rex kathegorice loquendo, quod non conceditur, ymmo tantum est rex ypothetice dicendo, videlicet supposito quod per papam approbetur. Unde non est talis reprobacio ab honore deposicio, sed pocius adepcionis huiusmodi honoris non admissio et eleccionis cassacio. Nec valet, quod dominus (*p. 429*) meus dicit, quod ad hunc finem examinari potest ab ecclesia, ut agat penitenciam de criminibus per examinacionem repertis in eo. Nam vir criminosus de facili recidivare potest tam ex consuetudine, quam ex fragilitate sue naturalis forsitan condicionis. Posito ergo, quod peniteat, non tamen est crimen ᵈ) crimen notabile seu grave et magnum, de quo eciam corrigibilis appareret nec umquam de cetero recidivaret. Hoc autem fieri debet propter scandalum vitandum, si crimen tale notorium exstat. Turpe namque est tanti tituli reverenciam in infamia turpitudinis residere. Si vero non sit notorium, dummodo sit grande, propter pericula ecclesie vitanda, talis electus non est approbandus; posset enim talis, si non esset ᵉ) corrigibilis, virus diffundere in universalem ecclesiam Dei. Et quia supponitur prius non egisse penitenciam, propter adepcionem honoris posset penitenciam fingere ore et malignacionem corde sustinere. Nec est simile de papa electo a duabus partibus cardinalium, contra quem non potest excipi de crimine heresis, licet posset de illo accusari, ut notat Inno. et Conpost. ⁴) extra de elect. *Licet* ⁵), quia papa superiorem non habet, qui eum examinare habeat iam electum et approbare vel re-

---

 a) *Uebergeschrieben.*
b) *Vorher* eisdem *ausgestrichen.*
c) *Vorher* et *ausgestrichen.*
d) *Folgt* est *ausgestrichen.*
e) *Korr. a. R.*
1) 1. Cor. 5, 12.
2) Lupold c. 10. p. 189, 1 A.
3) Dig. 50, 4, 6.
4) Innocentius IV; Bernardus Compostellanus.
5) c. 6 X de elect. (1, 6).

probare, sicut habet imperator. Sed nec hoc forsitan simpliciter concederet Inno. et Conpost., de quo ad presens non habeo disputare. Relin·
quitur ergo, quod effectus examinacionis huiusmodi sit approbacio vel
reprobacio electi. Quis autem sit effectus eleccionis facte per principes
electores infra suo loco dicetur. Sufficit enim michi ad presens hanc pro-
basse conclusionem principalem in priori c. positam, scilicet quod nominacio et approbacio regis Romanorum electi per principes electores pertineat
ad papam et ad ecclesiam Romanam.

C. XIII. quare rex Romanorum pocius approbari habeat
per papam quam ceteri reges.

Cur autem pocius rex Romanorum approbari habeat per papam, quam
ceteri reges christiani, multiplex est racio, quarum prima potest esse ista.
Quoniam ubi maius periculum, ibidem ab ecclesia caucius est agendum. Sed
in Romani principis malignacione tanto gravius periculum Dei [ecclesie] a)
imminet, quanto ipse maior est atque celsior de iure omnibus principibus
temporalibus mundi, quorum ipse de iure dominus supremus est ·in ordine
temporalium et caput omnium principum mundi. In proverbio namque
dicitur et experiencia, rerum magistra, hoc evidencius docet: ex capite
infirmo ceteris membris egritudo derivatur. Unde versificator: *Dum caput
egrotat cetera membra dolent.* Ergo ecclesia b) pocius hoc instituit ad
reges Romanorum, quam ad ceteros reges. Secunda racio est hec: quia c)
Romanorum rex immediate dependet ab ecclesia Dei, ceteri vero reges
omnes mediante imperatore. Qui namque de facto superiorem non reco·
gnoscunt, de iure et ordine ecclesie Dei superiorem habent. Nam, ut dicebatur capitulo I. huius tractatus, ordo ecclesie non patitur, ut aliqui principes sint, qui nec sint capita nec membra iurisdicionum eius d), cum tam
iurisdicio temporalis, quam spiritualis sint in manibus ecclesie Christi,
sicut proximo capitulo fuit probatum. Igitur examinato et approbato principe Romano spes est omnes reges christianos ecclesie voluntati fore alli·
gatos. Qui namque malignari vellent contra ecclesiam non curando eccle·
siasticas censuras, calcaribus imperii possent perurgeri. Ex quo sequitur,
quod sedes sancta Romana speciali favore tenetur prosequi reges Romanorum et diligenti intendere iuribus imperialibus auxiliacione. Si secus
fit, timendum est, ne forsitan ecclesia tandem propriam ruinam adoptet.
Sunt enim aliqui se exemptos asserentes, qui, ut cum pace dicam, favoribus ecclesie sunt incrassati, dilatati et impinguati et tales, si voluerint
malignari, quis ecclesiam defendet, imperio quasi iam penitus evacuato?
Timeo, ne in talibus ecclesia serpentes in gremio nutriat tandem!

a) *Fehlt ms.*
b) *A. R. korr.* aus etiam.
c) *A. R., st.* punius *i. T. ausgestrichen.*
d) *Korr., st.* e huius.

Tercia racio est hec: quia specialis coniunccio est inter papam et imperatorem, eo quod imperator alium superiorem non habet, quam papam; et quia imperator est advocatus ecclesie et iurat ei ad defensionem et observacionem iurium eius; et ab ecclesia summoque pontifice imperator tenet imperium, ut patet de elec. c. Venerabilem¹) et LXIII. di. Tibi domino²). Eciam papa succedit in iurisdicione imperii vacante imperio, ut patet extra de fo. com. c. licet³) Ista simul collecta sunt una causa (p. 430) sufficiens, quare rex Romanorum habet approbari per papam et examinari atque per consequens coronari et inungi ab eo in imperatorem pocius, quam ceteri reges christiani, qui talem coniunccionem ad ecclesiam non habent. Unde non licet arguere divisim a destruccione cuiuslibet illarum condicionum, alias committitur sophisma consequentis ab insufficienti. Possunt enim aliqua coniunctim esse causa alicuius, quorum nullum sufficit divisim; verbi gracia, si aliquis uxore sua vivente dedit alteri fidem ducendi eam mortua priore et ᵃ) cum hoc polluit eam, priore mortua non poterit ducere secundam; attamen neutrum illorum impedit divisim, nec scilicet pollucio absque fidei dacione, nec fidei dacio absque pollucione, quin mortua priore poterit ducere secundam, ut patet extra De eo qui duxit in uxorem quam polluit per adulterium c. ultimo⁴). Sic eciam in infinitis quasi naturalibus invenimus. Multe namque medicine composite efficiunt sanitatem, quarum nulla pars componencium induceret eandem.

Quarta racio hec: quia rex Romanorum eligitur eleccione vim a sede habente et a sede petente, ceteri autem reges hereditarie succedunt. Quia cum eleccio illa procedat ex translacione imperii in Francos et Germanos, certum est, quod non ex successione hereditaria precise, sed eciam ex virtute translacionis imperii in Francos et Germanos. Ex eo quod virtute ipsius, cum approbata fuerit per sedem, rex Romanorum in imperatorem promovetur et per consequens virtute talis eleccionis confirmate poterit iurisdicionem exercere non solum in terris et provinciis, quas Karolus ante translacionem imperii possidebat, sed eciam in aliis regnis et provinciis, quas prius non possidebat. Nam eundem effectum, quem olim translacio imperii operabatur in Karolo Magno, nunc operatur eleccio aprobata et per sedem confirmata. Ymmo supposito, sed non concesso, quod eleccio nuda, non confirmata nec approbanda per sedem, daret regi Romanorum imperium ad alia regna, que non possidebat Karolus Magnus ante translacionem imperii, tunc adhuc verum esset dicere, quod huiusmodi eleccio a sede vim haberet et ab ea dependeret et per consequens papa

a) Uebergeschrieben.
1) c. 31 X. de elect. (I, 6).
2) c. 33 dist. 63.
3) c. 10 X. de foro compet. (II, 2).
4) c. 8 X. de eo qui duxit in matrimonium (IV, 7).

auctoritatem sibi legem ponendi haberet. Nam esse translatum a sede pendet et voluntate sedis in principibus Germanie conservatur; ergo si auctoritate eleccionis non confirmate rex Romanorum electus haberet iurisdicionem super alias terras et provincias, quas Karolus ante translacionem non possidebat, hoc tantum esset virtute translati esse, quod possident ꜣ) Germani. Sed non minorem auctoritatem habuit papa dandi imperium super terras et provincias a Karolo Magno possessas, quam super alias ecclesie Dei subiectas. Ergo eciam super eas, quas possidebat, sibi auctoritatem imperialem donabat et acquisiciones earum per Karolum factas divino iure confirmabat. In hac autem racione non curo, utrum eleccionis approbacio et confirmacio per unccionem et coronacionem fiat vel alio modo.

Licet autem olim translacione facta imperium per multos annos hereditarie successerit, illa tamen successio quantum ad esse translatum imperii ab ecclesia Romana dependebat. Nam eadem auctoritas, que transfert, eciam conservat esse translatum, unde quod tunc hereditarie succederet imperium ad posteros et heredes imperatorum, placuit ecclesie et per consequens consenciendo tacite successores approbavit. Factis autem électoribus iterum virtute translati esse placuit ecclesie tandem statuere legem examinandi electos et mores eligendi propter maiorem cantelam et certitudinem habendi bonos imperatores et explicite approbare eosdem. Hoc autem licite facere poterat, quia qui sua auctoritate habet imperium transferre et translatum conservare, habet eciam translato legem racionabilem statuere nemine de iure prohibente. Nec oportet querere, quo iure summus pontifex habeat in regem Romanorum electum approbare, quoniam eodem iure, quo imperium transtulit, eodem eciam examinat et approbat electos.

Constat autem ex decimo capitulo, quod papa iure divino transtulit imperium. Si forte obiciendo dicas. quod non videtur super hoc aliquod mandatum divinum emanasse, qued, eciam si emanasset, ita extenderetur preceptum huiusmodi ad alios (p. 431) reges terre christianos, qui ut plurimum regem et imperatorem Romanorum non recognoscunt in temporalibus pro suo superiore, sicut ad regem Romanorum, precepta enim divina generaliter omnes ligant, quod tamen ceteri reges minime faciunt, respondeo: quod si hec racio valeret, eque probaret imperium non fuisse translatum, sicut nititur probare electos in reges Romanorum non fore approbandos per sedem. Nam queram, ubi emanaverit preceptum iuris divini ad imperium transferendum et ibidem ostendam tibi propositum. Item consimili racione probabo omnia regna christiane religionis per papam posse in alios, quam in suos iam possessores transferri. Quia cum papa iure divino transtulerit imperium, ita poterit transferre

ꜣ) *Korr. aus* possent.

alia regna, cum precepta iuris divini ᵃ) omnes ligent. Et si dicas, quod potest necessitate imminente, sic dicam, quod potest eos examinare et approbare necessitate ingruente. Sed quare hoc semper et regulariter faciat in quolibet electo in regem Romanorum, non tamen in aliis regibus christianis ᵇ), huius raciones iam sunt assignate. Posset tamen in aliis regibus christianis idem, si vellet, saltem eodem iure, quamvis illi sibi resisterent de facto. Sed quia ipsi omnes de iure subsunt imperatori, sufficit solum approbare bonum imperatorem, cui omnes ad obedienciam de iure tenentur. Imperator enim fundat suam intencionem de iure in orbe, ut patet in canone VIIⁿ. q. 1. *In apibus* ¹) et ff. ad l. Rodiam de iactu l. *Deprecatio* ²). Cum ergo ad subieccionem et obedienciam imperatoris teneantur, videntur peccare in hiis sibi resistentes; ad hoc XI. q. III. *Qui resistit* ³), presertim cum contra obedienciam non currit prescripcio, extra de prescript. *Cum non liceat* ⁴) et c. *Cum ex officii* ⁵) et de consuet. *Cum inter vos* ⁶). Si vero tales reges ostendant se exemptos ab imperatore forsitan per privilegia imperatoris, tunc mox papa succedit imperatori de iure in dominio temporali super eos. Nam omnis homo de iure aut est caput aut ᵈ) aliud membrum tocius integralis, cuius tamquam pars ingreditur integracionem.

C. XIIII. quod electus in regem Romanorum antequam confirmetur per papam, non dicitur proprie rex nec de iure amministrat.

Ex predicta conclusione principali, que ponitur c. XI, scilicet quod nominacio et approbacio regis Romanorum iam electi, quamvis concorditer vel a maiori parte principum electorum, pertinet ad papam et ad ecclesiam Romanam, sequitur mox alia conclusio, scilicet quod electus in regem seu imperatorem Romanum concorditer a principibus electoribus regni et imperii in Ytalia et aliis provinciis eiusdem regni et imperii non potest amministrare, antequam per ecclesiam nominetur et approbetur. Racio est, quia ᵉ) examinacio et approbacio regis Romanorum electi pertinet ad ecclesiam Romanam, ut patet ex priori conclusione longius probata et defensa; atque hoc patet ex recognicione principum electorum, qui pape ius et auctoritatem examinandi personam electam dudum reco·

a) *Korr.* divina.
b) idem si vellet saltem *folgt durchgestrichen.*
c) non *fehlt.*
d) *A. Rande.*
e) *Eingeschoben.*
1) c. 41. C. 7. q. 1.
2) Dig. 14, 2 1. 9.
3) c. 97. C. XI. q. 3.
4) c. 12. X. de prescript. (II, 26).
5) c. 16. ibidem.
6) c. 5. X de consuetud. (I, 4).

gnoverunt, ut patet extra. de elect. *Venerabilem* § *Verum* ¹) versu : *Sed
et principes recognoscere debent et utique recognoscunt, sicut iidem in
nostra recognovere presencia, quod* ᵃ) *ius et auctoritas examinandi personam electam in regem et promovendam ad imperium ad nos spectat.*
Ecce ista recognicio est asina, qua papa farinam in molendinum ᵇ) proprium duxit. Constat autem, quod electus non nisi virtute approbacionis
tandem poterit amminisfrare, sicut in electis ad dignitates ecclesiasticas
regulariter observatur, ut patet extra de elect. *Nosti* ²) et c. *Qualiter* ³),
et e. t. *Avaricie* li. VI ⁴). Nec valet, si forte dicatur, quod ᶜ) electus in
regem Romanorum non examinatur, ut probetur vel reprobetur eleccio,
sed ut pocius, si indignus repertus fuerit, sibi ᵈ) unccio et coronacio imperialis subtrahatur ᵉ), quia ᶠ) si ᵍ) ex eleccione facta dignus ʰ) est regno
Romanorum, indigne sibi unccio et coronacio imperialis subtraheretur ⁱ),
si vero ex eleccione facta indignus repertus fuerit, quomodo tamquam
canonice ingrediens in amministracione regni Romani ut verus augustus
est admittendus ? Nequaquam. Ista enim convertibiliter se comitantur ᵏ),
ut qui dignus vel indignus est corona imperii, eciam dignus vel indignus sit regno Romanorum et econtra. Nec maiorem potestatem habet
papa examinandi electum, si ¹) dignus vel indignus sit corona imperii,
quam utrum dignus vel indignus sit regno Romanorum. Ad omnes enim
regiones et provincias se regnum Romanorum extendit, ad quas se imperium (*p. 432*) Romanorumᵐ) extendit. Et eadem pericula ecclesie per
malum regem evenirent, que per malum imperatorem. Secundo probatur
dicta conclusio sic. Si electus in regem Romanorum posset mox eleccione
concordi principum facta sibi nomen regis assumere licite et iura atque
bona imperii amministrare in Ytalia et in aliis provinciis regni et imperii
Romani, hoc non esset, nisi propter duas raciones. Quarum prima est,
quod quilibet populus carens rege potest sibi regem eligere de iure gencium, ex quo regna condita sunt, sicut patet in iuribus civilibus. Sed

a) *Eingeschoben.*
b) *Korr. aus* immolendi.
c) *Korr. aus* quos.
d) *Eingeschoben.*
e) *A. R., statt* subtrahaberetur.
f) *A. R.*
g) *Folgt* vero, *ausgestrichen.*
h) *Korr. aus* indignus.
i) *A. R. statt. korr. i. Text.*
k) *ms.* committantur.
l) *ms.* sic.
m) *ms. folgt nochmals :* se.
1) c. 34 X. de elect. (I, 6).
2) c. 9 ibid.
3) c. 17 ibid.
4) c. 5 de elect. in VIᵗᵒ (I, 6).

principes electores representantur a) populum tocius regni et imperii Romani; ergo videtur, quod de iure gencium possint sibi regem eligere, quando carent rege, et per consequens electus talis eodem iure et eadem eleccione potest licite nomine ac re ipsare gnare, quod non est aliud, nisi nomen regis assumere ac iura et bona regni et imperii amministrare. Secunda racio est hec: quia quod subrogatur et succedit in locum alterius rei, debet retinere ac imitari ius et naturam illius rei, ut patet b) extra de vo. vo. re. *Magne § Cum igitur* ') cum concor. Sed eleccio regis et imperatoris que fit per principes electores successit et subrogata est in locum successionis generis, que per multa tempora fuit in regno et imperio, ut patuit supra c. VII. Ergo illa eleccio retinebit ius et naturam successionis generis. Sed tempore successionis generis in regno et imperio filius statim mortuo patre ex ipsa generis successione assumpsit nomen regis et amministravit iura et bona regni et imperii in Ytalia et in aliis provinciis regni et imperii.

Ergo eciam nostro tempore electus a principibus electoribus concorditer potest statim licite nomen regis c) assumere ac iura et bona regni et imperii amministrare. Iste due raciones sunt d) domini mei c. VI to libri sui ²). Et revera nemo poterit alias facere ad istam suam conclusionem.

Sed tamen, honore salvo semper in omnibus dictis et dicendis, iste raciones non videntur concludere, quoniam populus Germanie et Ytalie atque aliarum terrarum et provinciarum imperii Romani mox translacione facta incepit novum respectum et novum ius habere ad papam et ad ecclesiam Romanam, tam ex iure transferendi, quam ex consensu recipientis translacionem, sicut patuit supra c. IX de effectibus translacionis. Unde populus iste de cetero sine consensu pape aut sedis Romane indulto tacito vel expresso non habebat sibi eligere regem, nec hereditaria successio vim habuit, nisi ex sedis Romane permissione. Quapropter quamdiu sedi placuit, hereditarie succedentes admisit eosdemque quoque tali admissione approbavit. Nam qui tacet consentire videtur, ut dicit re. iu.ª, Item eosdem ungendo et coronando approbavit. Et si tunc sine examine illos approbasse ipsa invenitur, non est putandum, quod hoc factum fuerit, nisi propter opera bonitatis manifestissima in eis. Nec putandum est eos receptos esse ad unccionem et coronacionem imperialem, si dubia fuerit sedes de bonitate vel malicia eorum, neque illos in regno sustinuisse et imperio notabili et incorrigibili malicia reperta in eis. Unde experiencia preambula iudicio examinis equipollet.

a) *ms.* representata.
b) *ms. zweimal, eines ausgestrichen.*
c) *ms.* regibus *korr.*
d) *Auf Rasur.*
1) c. 7 X. de voto et voti redemptione (III, 34).
2) Lupold cap. 5, p. 179, 1 B — 179, 2 A. B.
3) c. 43 de reg. iur. in VI to (5, 12).

Patere potest igitur, qualiter hoc verum sit, quod dicitur extra de elect. c. *Venerabilem*[1]), scilicet quod auctoritas eligendi per sedem apostolicam pervenerit in principes electores Quoniam ex translacione imperii hereditaria successio, eleccio atque ipsorum electorum institucio vim habuit et confirmacionem per consensum Romane ecclesie et summorum pontificum permissionem. Quia nemo sapientum hoc potest dicere, quod papa non reservaverit sibi auctoritatem resumendi imperium a Germanis, ius continuandi et conservandi ipsum in eisdem et per consequens ius consenciendi et non consenciendi in successores imperatorum et in modos succedendi eorundem, qui sunt hereditaria successio et eleccio, atque [a]) auctoritatem constituendi regulas et precepta, quibus caucius succedat tante dignitatis celsitudo iuxta debite racionis exigenciam et status mundi variacionem. Supposito igitur, quod a principio placuit sedi reges Romanorum more hereditarie (*p. 433*) succedentes aut electos nomen regium assumpsisse et iura ac bona regni et imperii amministrasse, illud tamen pocius gracie fuerat, quam rigoris. Sed quod alicui vel aliquibus gracia vel favore permittitur, non est in consequenciam trahendum, maxime cum legislator revocat illud et nove legis constitucione permutat. Nam quod legislatori placet, vim iuris et rigoris habet. Unde si olim sedi placuit reges electos statim amministrare, poterit modo non placere et dudum non placuisse. Et in hanc voluntatem ecclesie Romane dudum consenserunt principes electores, ut supra dictum est, per recognicionem eorum, scilicet in eo quod recognoverunt ius et auctoritatem examinandi electum ad papam pertinere. Cum igitur in prima racione dicitur, quod quilibet populus carens rege poterit sibi regem eligere, dico, quod verum est, salvo tamen iure superioris, quod habet ad talem eleccionem examinandam et per consequens approbandam vel reprobandam, sicut est in proposito nostro, et precipue, quando superior est in cuius manibus regnum tale et imperium in talem populum est translatum et continue a manibus eius dependet. Et quando secundo dicitur, illud quod subrogatur et succedit in locum alterius etc., concedo illud, nisi ius illud a gracia superioris dependeat ut ab eius racionabili voluntate. Quia ille racione exigente poterit consuetudinem hanc immutare et ius subditorum variare. Et quod ecclesia hoc variaverit, patet per sepe allegata c. extra de elec. *Venerabilem* per § *Verum, de iureiur. Romani,* versu: *Prefatis itaque* in Cle[2]). Iste raciones generaliter concludunt, tam de amministracione in Germania, quam in Ytalia et ubicumque etc.

C. XV. inferens conclusionem ex priore vicinam eidem.

Iam igitur probate sunt tres conclusiones principales in hoc tractatu, quarum prima fuit, quod papa iure divino regulariter et non casualiter

---

a) *Korr. st.* ad que.
1) c. 34 X. de elect. (I, 6).
2) c. 34 X. de elect. (I, 6); c. un. de iureiur. in Clement. (II, 9).

transtulerit imperium in Germanos; secunda, quod nominacio et approbacio regis Romanorum electi pertinet ad papam et ad ecclesiam Romanam; tercia, quod electus in regem seu in imperatorem Romanorum concorditer a principibus electoribus non potest statim licite ex ipsa eleccione
nomen regis assumere ac iura et bona imperii in Ytalia et aliis partibus
seu provinciis eiusdem regni et imperii amministrare.

Ex quo statim infero quartam conclusionem principalem et est ista¹),
quod electus in regem seu imperatorem Romanorum a principibus electoribus in discordia, quamvis sit electus a maiori parte ipsorum numero,
non potest ex tali eleccione licite nomen regis assumere nec iura et
bona regni et imperii in Ytalia et in ceteris provinciis et terris
eiusdem regni ac imperii amministrare. Racio est, quia si id quod
magis videtur inesse, non inest, nec id quod minus. Sed magis videretur,
quod electus concorditer per principes electores posset statim nomen
regis licite assumere ac iura et bona imperii amministrare, quam electus
a maiori parte principum electorum, ut de se notum est; et tamen concorditer electus non potest de iure hoc facere, ut patuit per conclusionem
precedentem, ergo multo minus electus a maiori parte principum electorum.

Nec valet, si forte dicatur²), quod si examinacio et approbacio
electi pertinet ad papam, et hanc habeat expectare amministracio regia,
illud preiudicat regno et imperio Romaño, quia facta sedis et precipue
tante sollempnitates consueverunt esse prolixe retardacionis, ex qua
pericula plurima potuerunt imperio provenire. Quia cum bona est concordia inter sedem et imperium, mox electo poterit sedes legatum mittere
auctoritatem habentem examinandi et approbandi eum. Si vero, quod
absit, sedes voluerit esse ingrata imperio, sicut tota proclamat Ger-
maniaª), illud non procedit ex iure, sed ex malicia eorum, qui seminant
non solum imperii destruccionem, ymmo ex consequenti ecclesie Dei dimi-
nucionem. Ecce, Karolus Bohemie rex satis velocitatus fuit ad regnum
Romanorum per sedis promocionem, quoniam approbatus fuit per sedem
adhuc Ludwico quarto vivente, qui se Romanorum multis annis scripserat imperatorem. Sic fieret de aliis, qui sedis quererent favorem.

Iuxta dictam conclusionem est notandum, quod dominus Hostiensis notat extra de elect. c. *Venerabilem* in glossa⁷): *Hec alternacio*, quod eleccio
pertinet ad principes electores non tamquam ad collegium, sed tamquam ad
singulares personas. Sed dominus meus (*p. 434*) pulchre ᵇ) et subtiliter
reprobat illud dicens⁴): Si institucio principum electorum non esset facta,

a) *Vorher* ecclesia *ausgestrichen*.
b) *ms*. puchre.
1) cf. Lupold cap. 6, p. 181 f.
2) cf. Lupold cap. 5, p. 180, 2 A.
3) Hostiensis, Lectura (Paris) fol. 53 v.
4) Lupold cap. 6, l. c. p. 181, 2 B.

omnes principes et alii representantes populum subiectum Romano imperio eo vacante haberent eligere regem et imperatorem de iure gencium [1]); ergo principes electores instituti censentur eligere vice et auctoritate universitatis principum et populi predictorum. Non igitur poterit dici, quod eleccio talis pertineat ad eos, ut ad singulares, sed pocius ut ad collegium sive ut ad universitatem omnium principum et populi antedictorum. Consencio domino meo in hac racione, excepto hoc solo, quod nec populus imperii nec electores, representantes eundem populum, ex mero iure gencium habent eligere imperatorem, sed ex iure divino, cuius virtus est in esse translati imperii Romani, ut patuit prius. Secundo est notandum, quod in omni universitate illud, quod fit a maiori parte illorum de universitate, valet ac proinde est habendum, quasi factum esset per omnes de universitate, quia cum homines ex natura sint faciles ad dissenciendum, nisi staretur in factis universitatum maiori parti, nichil posset per universitates perfici aut finiri. Et ergo concedunt hoc tam sacri canones, quam eciam leges.

C. XVI. quod due coronaciones regis[a]) Romani que fiunt per episcopos, non dant ius amministrandi.

Ex dictis conclusionibus infero aliam conclusionem, scilicet quintam, et est ista [2]). Quod coronaciones et uncciones due, quarum una regi Romanorum Aquisgrani per archiepiscopum Coloniensem impenditur, et alia unccio et [b]) coronacio que per archiepiscopum Mediolanensem in villa Modycensi secundario eidem ante unccionem et coronacionem imperialem impenditur, non dant uncto et coronato auctoritatem amministrandi iura et bona regni et imperii Romani.

Iuxta quam conclusionem, antequam probetur, est notandum, quod quidam opinati sunt, regem Romanorum recipere auctoritatem amministrandi in Germania et Gallia Belgica et in aliis provinciis regni citra- montanis ex coronacione in Aquisgrani, sed ex unccione et coronacione in villa Modicensi recipere auctoritatem amministrandi in Ytalia, alias enim viderentur huiusmodi uncciones et coronaciones esse superflue et inanes. Contra quam opinionem ponitur conclusio predicta et probatur sic. Auctoritas amministrandi datur principi Romano per approbacionem pape et ecclesie Romane, ut patet per terciam et quartam conclusiones prius probatas. Ergo non datur illi per dictas coronaciones, quia debito ordine procedendi approbacio ecclesie plerumque sequitur coronaciones easdem, et aliquando ex manifesto consensu summi pontificis precedit eas, sicut nuper patuit in Karolo rege Bohemie, qui cum tempore Ludwici quarti Romani imperatoris eligeretur ab aliquibus principibus electo-

a) *Im ms. zweimal.*
b) *ms. est.*
1) *Die Worte* de iure gentium *fehlen bei Schardius.*
2) cf. Lupold cap. 10 p. 190, 1.

ribus, mox Clemens papa sextus consensit in eandem eleccionem, ymmo procuravit et ordinaverat eam fieri in destruccionem supradicti Ludwici, per sedem numquam approbati. Unde dictus Karolus poterat amministrare bona et iura imperii, antequam coronaretur Aquisgrani vel alibi. Sed ad quem finem dicte coronaciones et uncciones fiunt ante unccionem et coronacionem imperialem, respondet dominus meus a) et dicit: [1] quod ritus unccionum regum christianorum ex precepto veteris testamenti est inductus. Legitur enim primo Regum IX. c. [2]), quod dominus precepit Samueli, ut ungeret Saul ducem super populum Israel; quod et fecit, ut patet ibidem c. IX. [3]) Idem eciam legitur de David 1° Regum XVI. [4]) Item legitur de Salomone rege, quod fuit unctus per Sadoch sacerdotem et Nathan prophetam. III. Regum 1. c. [5]) Legitur eciam de aliis regibus unctis ex b) preceptis domini per Helyam prophetam, ut patet originaliter III° Regum XIX. c. [6]) et transsumptive extra de sacra unct. c. uno, versu: *Unde in veteri* [7]), ubi eciam dicitur, quod in novo testamento unccio regis vel principis a capite ad brachium est translata. Coronacionem autem regum credit dominus meus [8]) ex sola generali nedum christianorum, sed eciam paganorum et gentilium consuetudine introductam.

Hiis premissis dicitur, quod rex Romanorum ungitur iuxta ritum omnium regum christianorum ex precepto c) veteris testamenti inductum; coronatur autem iuxta (*p. 435*) consuetudinem generalem et laudabilem tam aput reges christianos, quam eciam aput paganos et gentiles communiter observatam. Sed quod bis ungitur et coronatur d) ante unccionem et coronacionem imperialem, ut est dictum, putat dominus meus hoc esse propter duo regna principalia que habet introductum. Primum est regnum Germanie, cui accessit olim regnum Lothariense; et idem dicit de regno Arelatensi vel regno Burgundie, quod Otto primus, ut refert cronica Francorum [9]), in suam potestatem accepit. Unde racione huius regni Germanie, cui accesserunt dicta regna Francorum, primo ungitur et coronatur Aquisgrani. Hic enim locus est caput regni, ut notat Hostiensis in summa de peni. et re. § *Cui confitendum* sub § *Cui imperator* [10]). Cui

a) *ms.* di. III.
b) *ms.* et.
c) *Folgt* omnium *ausgestrichen.*
d) *ms. folgt* unctionem.
1) Lupold cap. 10, p. 190, 1 B.
2) 1. Reg. 9, 16.
3) ibid. 10, 1.
4) ibid. 16, 13.
5) 3. Reg. 1,39.
6) ibid. 19. 15, 16.
7) c. un. X de sacra unctione (I, 15) § 5.
8) cf. Lupold 10 c. 190, 2 A.
9) Ekkehard l. c. 187.
10) Hostiensis, Summa aurea. Lib. V., fol. 294v nr. 35.

eciam concordat cronica Godefredi dicens '), quod Karolus Magnus ibi
principalem sedem regni constituit. Secundum regnum est regnum Ytalie,
racione cuius in dicta villa Modicensi, ut premittitur, ungi et coronari
consuevit. Volebant enim Ytalici sicut Germani circa coronacionem regalem Ytalici regni suam sibi consuetudinem observari. Unde patet ex
declaratis, quod dicte uncciones et coronaciones tantum ex quadam fiunt
consuetudine et sollempnitate, nichil novi iuris electo tribuentes. Sed de
coronacione et unccione imperiali infra XVIII° c. dicetur.

C. XVII. quod rex Romanorum electus ex sola eleccione
tantum est rex ypotheticus non kategorice dictus.

Seriatim ergo procedendo pono nunc sextam conclusionem principalem tractatus huius et est ista. Quod electus in regem Romanorum,
quamvis ab omnibus principibus electoribus vel a maiori parte, quamvis
eciam coronatus ab archiepiscopis predictis, antequam confirmetur per
sedem et approbetur, de iure non habet se scribere simpliciter *regem*
Romanorum, sed cum addicione, scil. *electus in regem Romanorum*, que
addicio si de facto non exprimitur, de iure tamen sufficienter subauditur.
Si ᵃ) quoque mox electus amministrat iura et bona imperii prius quam
approbetur, hoc fit ex sedis Romane dissimulacione aut ex gracia speciali.

Racio prime partis in hac conclusione est, quoniam electus ante confirmacionem suam tantum est rex ypotheticus et condicionalis, videlicet,
si per papam fuerit approbatus; que condicio in omnibus electis per
hanc addicionem *electus* connotatur. Sed per simplicem et kathegoricam
tytuli posicionem connotatur esse confirmatum per superiorem. Unde
nullus electorum in prelatum alicuius loci scribit se simpliciter eiusdem
loci prelatum, sed pocius electum, antequam confirmetur. Secunda vero
pars dicte conclusionis patet ex conclusionibus superius probatis, quia
cum rex electus non possit amministrare ante confirmacionem suam de iure,
ergo si permittitur amministrare, hoc est ex gracia speciali. Cum non sit
dare medium, nisi dicas, quod amministret de facto et violenter contra
ius ecclesie et eius voluntatem. Sed circa istam conclusionem est racionabile dubium, scilicet quis sit effectus eleccionis per principes electores.
Respondeo, quod qualis est effectus quorumcumque canonice electorum
expectancium suas confirmaciones et approbaciones a superioribus suis,
talis est eciam effectus eleccionis per principes electores electi in principem Romanorum. Et est effectus talis, quod superior non potest illum
ab hac dignitate ad quam canonice electus est de iure amovere, sed
pocius stabilire et ratificare in eadem ipsum tenetur, nisi forsitan aliquid
canonici sibi reperiat obstare aut ex parte modi eligendi aut ex parte
persone sic electe. Et circa eleccionem principum electorum est notandum,
quod vacante regno et imperio Romano ipsi iuxta consuetudinem antiquam

a) *Korr. a.* sed.
1) Godifridi Pantheon. 1. c. 221.

et hactenus circa hoc observatam conveniunt in villa Renis Treverensis diocesis, ubi more aliorum collegiorum vel universitatum statuitur terminus
ad eleccionem regis Romanorum in oppido Franckenfürt per eos communiter faciendam. Iste namque est locus deputatus huiusmodi eleccioni
(p. 436) principum Romanorum.

C. XVIII. de unccione et coronacione ª) imperiali principis Romani.

Quia vero sepius de unccione et coronacione imperiali principum Romanorum facta est mencio, igitur nunc de illa est videndum. Ubi notandum est, quod opinio fuit domini Hostiensis extra de verb. sig. *Super
quibusdam*[1]), quod coronacio et unccio imperialis non daret, nisi nomen
imperatoris. Sed hec opinio non placet meo ᵇ) domino ²), quia dicitur in
canone XXIII. di. *In nomine domini³*), versu: *Eligatur autem*, ibi: *et futurus
imperator* etc., quod primo quis efficitur rex et postmodum futuro tempore imperator. Idem patet extra. c. *Venerabilem* §. *Verum* ibi: *eligendum
in regem in imperatorem postea promovendum*. Item de iureiur. c. *Romani*
versu *post que* dicitur: *Ego enim Rex Romanorum et futurus imperator*.
Ex quibus dictis patere videtur, quod primo quis efficitur rex et postea
futuro tempore imperator. Sed absurdum et ridiculosum videtur, quod
hec promocio ad imperium, que fit per unccionem et coronacionem imperialem, fiat propter nomen imperatoris tantummodo consequendum. Igitur
dicit dominus meus ⁴), quod imperator post unccionem et coronacionem huiusmodi consequitur potestatem imperialem in omnibus regnis et provinciis
presertim occidentalibus, que non erant sub potestate Karoli Magni ante
tempus translacionis imperii in Francos et Germanos et que adhuc non
sunt sub potestate imperii de facto, ita quod potest in eis spurios legit-
timare quo ad temporalia, infames ad famam restituere, leges concedere
et hiis similia facere, que de iure sunt solis imperatoribus reservata.
Item potest a regibus eorundem regnorum ac eciam provinciarum subieccionem exigere, quod ante unccionem et coronacionem imperialem facere
non poterat, nisi in hiis provinciis et terris, que erant sub potestate et
dominio dicti Karoli ante tempus eiusdem translacionis et que adhuc
hodie subiecte sunt imperio. In hiis enim potest potestatem imperialem
exercere et premissa facere ante unccionem et coronacionem imperialem
saltem virtute consuetudinis, eo iure, quo id potuit Karolus. Unde unccio
et coronacio imperialis aliquid realitatis addit super nomen imperatoris,

a) *Unter dem Worte die Buchstaben* via, *vielleicht,* (Quia *Anfang d.
Cap., vom Schreiber zuerst zu hoch gesetzt.*
b) *Am Rande.*
1) c. 36 X de verb. signif. (V, 40). Hostiensis Lectura l. V.
2) Vgl. Lupold cap. 11. p. 191, 2.
3) c. 1. dist. 23.
4) l. c. p. 101, 2 B.

Scholz, Texte. 20

alias enim, nisi sic dicamus, non posset dici rex Romanorum promoveri
proprie loquendo ad imperium nec dici proprie futurus imperator, et esset
lex imposita verbis et non rebus, cuius contrarium est faciendum, ut
patet extra de elec. conmissa, §. *Porro.* li°. VI° ¹) et non declararet differenciam rerum, quod est contra iura, XXI. di. *Cleros* ²) et d. c. de codicillis l. *si idem* ³), ut notatur XCV. ⁴) di. *olim* ⁴). Licet autem reges
eorundem regnorum occidentalium, sicut rex Francie, Castelle et consimiles, non sinerent talia in suis regnis per imperatorem Romanorum fieri,
ad hoc tamen de iure tenentur, sicut probatum est prius c. 1° huius
tractatus.

Ista conclusio est bipartita, quoniam una pars eius dicit, quod ante
unccionem et coronacionem imperialem rex Romanorum, possit potestatem eandem imperialem exercere ᵇ) in aliis terris et provinciis, que ante
translacionem imperii non fuerunt sub potestate et dominio Karoli Magni.
Et hec secunda racio probata est, sicut eam probat d. m. c. XI. libri sui ⁵).
Prima vero pars probatur per eum c. VII. eiusdem libri ⁶), ubi est notandum, quod duplex est potestas regis seu imperatoris, quedam est potestas ᶜ) amministracionis bonorum et iurium regni et imperii, que consistit in ᵈ) recipiendis iuramentis fidelitatis a subditis, in conferendis feudis
et in exercendo iurisdicionem temporalem per se vel per alios. Nomine
enim amministracionis continetur iurisdicio, ut patet 1. q. VII. *Sancci-
mus* ⁷) et c. 1. q. I. *Iubemus* ⁸) cum concor. ibi notatis per Archidiaco-
num. Item consistit eciam in recipiendis tributis et obvencionibus regni
ac aliis in regni et imperii negociis disponendis. Quedam vero alia est
potestas exercendi actus imperatori de iure debitos et conservatos, que
consistit in legittimandis illegitimis quoad temporalia, in restituendis in-
famibus ad famam, in creandis tabellionibus et in similibus (*p. 437*), de
quibus notat Inno. et Hostien. extra. de fi. instru. c. 1. Hiis visis probatur
prima pars conclusionis sic, quoad utramque potestatem, quam habet im-

a) *ms.* XXV.
b) *Offenbar Lücke*; *es fehlt etwa:* in terris *etc.* que erant sub potestate K. M. ante tempus translacionis imperii; altera racio dicit quod ante
unct. et coronac. imp. rex Rom. n o n possit potestatem eandem imp. exercere in aliis terris *u. s. f.*
c) *ms.* potestatis.
d) *Eingeschoben.*
1) c. 35 de elect. in VI to (I, 6).
2) c. 1. dist. 21.
3) Cod. VI, 35, de codic. 1. 7.
4) c. 5 dist. 95.
5) l. c. p. 191, 2—192, 1.
6) l. c. p. 182, 2 B.
7) c. 26 C. 1. q. 7.
8) c. 126 C. 1. q. 1.

perator ¹). Is qui succedit in locum alterius, debet uti eo iure, quo ille usus est, in cuius locum succedit, ut ff. de re. iur. l. *Qui in ius* ²) et extra. e. t. *Is qui in ius*, li. VI. ³) cum multis concor. ibi notatis. Sed rex Romanorum ex eleccione principum electorum succedit Karolo Magno ª) et Ottoni primo, saltem quoad Ytaliam et alias provincias, que adhuc sunt de regno et imperio. Et hii duo, prout ex cronicis patet, in Ytalia et in aliis provinciis regni ante unccionem et coronacionem imperialem plenariam potestatem amministracionis exercebant ut ᵇ) reges, quam post unccionem et coronacionem huiusmodi exercebant ut imperatores, nec aliquas provincias et terras de novo ex dictis unccione et coronacione consequebantur, nec eciam hodie regnum et imperium habet plures provincias vel terras, quam tunc habuerit Karolus vel Otto etc. Ergo etc. Probatur hoc idem quantum ad actus reservatos imperatori a iure, quia consuetudo est omnium regnorum occidentalium a tempore, cuius contrarii non est memoria hominum ᶜ) hactenus observata, quod reges ipsorum in suis regnis et quo ad suos subditos exercent ᵈ) actus reservatos a iure imperatori; infames enim in suis regnis ad famam restituunt, tabelliones creant, vectigalia recipiunt et concedunt et hiis similia. Sed talis consuetudo valet et est licita.

Ego autem concedendo secundam partem conclusionis dicte, primam sic inpugno, quia non maior est dignitas imperialis ad terras et provincias Karolo ante coronacionem imperialem subiectas, quam ad alias. Sed rex nondum unctus nec coronatus unccione et coronacione imperiali non potest in aliis provinciis et terris exercere actus imperatori a iure reservatos, ergo nec in illis, que Karolo ante unccionem imperialem subdebantur. Maior probacio patet ex eo, quoniam terre et provincie Karoli de iure non plus erant nec hodie sunt exempte ab imperio, quam alie regiones populi christiani, cum ᵉ) ex generali auctoritate imperium omnibus regnis et provinciis dominetur. Minor autem probacio sic probatur, quia populus Romanus ius et potestatem imperii non in reges, sed in imperatores transtulit, ut ff. de orig. iuris l. ll, § *Novissime*⁴) institu. de iur. na. gen. et ci. § *Licet et quod principi*⁵), et ff. de consti. principum. l. 1ª ⁶) secundum ea eciam, que notat Hostiensis in summa de censi ᶠ). § *Ex quibus*

a) *ms.* Karolus magnus.
b) *Eingeschoben.*
c) *Darauf Tintenfleck.*
d) *ms.* exercentes.
e) *ms.* tame *korr. in* tn *oder* cu.
f) *ms.* detensi.
1) Vgl. Lupold c. 2, p. 183, 1 B.
2) Dig. L, 17, de diversis regulis iur., reg. 177.
3) c. 46 de reg. iur. in VIᵗᵒ (5, 12).
4) Dig. I, 2, 2 §. 11.
5) Inst. de iure nat. gen. et civ. I, 2, § 6.
6) Dig. I, 4, 1.

causis, versu: *Sed numquid rex Francie* [1]). Item C. de quadrienn. prescripcione l. *Bene a Zenone* in fi. [2]). Imperator non concedit privilegium
ante infulas imperiales susceptas, per quarum suscepcionem intelligimus
coronacionem imperialem. Unde.patet, quod rex Romanorum non habet
eandem potestatem in quibuscumque provinciis, eciam et terris sive Ka-
rolinis vel aliis, quam habet postea factus imperator. Nec raciones pro
conclusione opposita concludunt. Ad primam namque dicitur, quod is qui
succedit in locum alterius, debet uti eo iure, quo ille usus est, nisi ius
illud dependeat a voluntate superioris, nam tunc superior in successoribus poterit variare. Ad minorem propositum dico, quod secus fuit de
provinciis et terris, quas Karolus possedit ante translacionem imperii,
quam post, sicut patuit supra c. XIIII. in secunda racione ad conclusionem principalem. Sed nec valet id, quod allegatur de consuetudine, quoniam, ut dicit Hostiensis extra de fo. con. *Cum contingat* post principium [3]): *Consuetudo non posset hoc operari, ut in eadem civitate vel diocesi essent in solido duo capita* a) *tamquam monstrum;* ad hoc extra de
off. or *Quoniam* [4]). Sic autem esset in proposito, quia imperator et reges
illorum regnorum in ipsis regnis essent duo capita, scilicet imperator de
iure et reges de consuetudine, tamquam monstrum. Ymmo nec contra
obedienciam vel subieccionem prescribitur, extra de script. *Cum non liceat* [5]) et c. *Cum ex officii* [6]), et de consuetudine *Cum inter vos* [7]).

Ex predictis igitur concluditur hec conclusio VII. principalis huius
tractatus, scilicet quod rex (*p. 438*) Romanorum, quamvis approbatus et
confirmatus per papam, non habet eandem potestatem in terris et provinciis imperii, quam idem habet postea factus imperator, ymmo tantum
habet potestatem amministracionis, sed non eam, que imperatori de iure
reservatur. Unde [8]) si translacio imperii dicatur facta fuisse per Stephanum papam II., sicut cronica Martini refert et eciam glossa Bernardi,
extra de elect. *Venerabilem* [9]), tunc id fecit b) citra omnem unccionem et
coronacionem imperialem, quia postea multis annis elapsis Karolus Magnus fuit unctus et coronatus per Leonem papam tercium, ut supra fuit
ex cronicis declaratum. Et sic dicendum est, quod Karolus exercens tunc
potestatem imperialem ante infulas fecit hoc ex indulto et gracia spe-

---

a) *Folgt* s. imperatores de iure, *ausgestrichen.*
b) *Folgt* contra *ausgestrichen.*
1) Hostiensis Summa l. III § 9 fol. 196v.
2) Cod. de quadriennii praescr. lib. 7 tit. 37. l. 3.
3) Hostiensis Lectura lib. II, fol. 12v, col. 1.
4) c. 14 X de officio ind. ord. (I, 31).
5) c. 12 X de prescript. (II, 26).
6) c. 16 X ibid.
7) c. 5 X de consuetud. (I, 4).
8) cf. Lupold c. 16, p. 204, 2 B.
9) c. 34 X de elect. (I, 9).

ciali sedis, quia nondum perfectus erat imperator nec scripserat se imperatorem. Exercuit enim prius potestatem imperialem in omnibus terris et provinciis quas ante translacionem possederat, et hoc pocius de facto, quam de iure. Quam potestatem post translacionem indulserat ei sedes Romana. Sed quod ex favore et indulto speciali fit, non est in consequenciam habendum. Similiter, quod de facto fit, non est in consequenciam iuris allegandum. Quapropter plurima fecerat Karolus Magnus de facto, que hodie ecclesia de iure non habet admittere. Ipse ¹) namque Ludowicum filium suum consortem sibi tocius regni et imperialis nominis heredem constituit inpositoque capiti eius dyademate imperatorem et augustum nominari iussit. Sed hoc vel per papam factum est vel ex consensu et auctoritate ipsius, quorum si neutrum fuisset, de facto Karolus id fecisset. Sic eciam intelligendum est de plurimis gestis successorum Karoli Magni, quia Ludowicus predictus Lotharium, suum primogenitum, nominis et imperii sui consortem constituit; si hoc non fecit unccione et coronacione imperiali ab ecclesia recepta aut ex consensu ecclesie permissa, tunc sine dubio de facto id fecisse et non de iure est credendum. Cognoscentes enim se errasse postea emendaverunt. Nam ²) cronice Eusebii et Francorum referunt, quod Stephanus papa quartus sub anno domini DCCCXVI. nondum transactis duobus mensibus post consecracionem, ad dictum Ludowicum iter arripuit, premissis interim duobus legatis, qui eidem Ludowico pro coronacione sua suggererent. Quod ille audiens Remis pape occurrit, ubi eum coronavit ac Romanorum imperatorem pronunciavit. Sed Karolus ³) Magnus prius dyadema imperiale eidem Ludowico sub anno domini DCCCXIII. imposuerat Aquisgrani. Item cum predictus Lotharius Ytalia disposita redire ad partes disponeret. Kalixto papa rogante ab ipso sub anno domini DCCCXXX ³) Rome apud sanctum Petrum regni coronam, imperatoris ac augusti nomen suscepit, quem tamen pater eius Ludowicus prius sub anno domini DCCCXVII nominis atque imperii sui consortem Aquisgrani constituerat, sicut in dictis cronicis continetur. Ex dictis infero duo correlaria, quorum primum est, quod ⁴) unccio et coronacio ᵇ) regalis et unccio et coronacio imperialis concurrentes in personam regis Romanorum non sunt ciusdem condicionis et nature, quia regalis nichil novi iuris tribuit, sed tantum fit ex consuetudine populari, sicut prius patuit; imperialis autem novum ius tribuit, scilicet potestatem imperialem, que solis imperatoribus reservatur; et hec

a) *Folgt* prius *ausgestrichen.*
b) *Folgt* imperialis *ausgestrichen.*
1) Vgl. Lupold cap. 16, p. 204, 2 A. und 205, 2 A.: ipse *bis* iussit.
2) Cf. Lupold c. 16 p. 205, 2 A. Nam cronice *bis* continetur, *Zusatz;* M e y e r 1. c. p. 14 f.
3) Lupold: DCCCXXXIII.
4) Vgl. Lupold cap. 16, p. 204, 1 B. unctio *bis* nature.

differe[ncia] ᵃ) ex placito legislatricis, scilicet ecclesie sancte Dei, vigorem assumpsit. Secundum correlarium est, quod cum plurimum reges Roma-norum electi per papam non examinentur nec approbentur, nisi cum iam promovendi sunt in imperatores, ergo ut plurimum sic electi non habent bona et iura imperii de iure amministrare, nisi cum iam sunt imperia-liter coronati: aut oportet, ut dicamus, quod hec sedes eis prius indul-serit ex gracia speciali etc.

C. XIX. de iuramento quod imperator prestat pape.

Consequenter videndum est de iuramento, quod imperator summo pon-tifici prestare consuevit. Sit igitur conclusio octava principalis huius trac-tatus, quod iuramentum, quod prestat imperator domino pape et ecclesie Romane secundum formam in canone LXIII. di. Tibi domino ¹) conten-tam, est iuramentum fidelitatis id est homagii, quod feudatarius prestat domino suo. Et hanc conclusionem (p. 439) probo sic. Imperator tenet iurisdicionem temporalem, quam exercere habet per universum orbem, a manibus domini pape: ergo racione imperii est feudatarius pape. Ante-cedens patet ex hiis que probata et declarata sunt prius, quia non solum nomen imperii papa transtulit nec propter solum nomen regem Romano-rum examinat et approbat; alias esset princeps vocabulorum tantum, quod est ridiculum, quia non solum Donatus nec Priscianus, sed minimus grammaticorum translacionem talis nominis et eius novam imposicionem facere potuisset et hodie posset. Transtulit ergo papa rem imperii et pos-sessorem hodie ad rem et in re confirmat et approbat, habens hoc ex iure divino et regulari collacione. Cum hoc eciam concordant Innoc. et Hostien-sis extra. de fo. con. t. Licet, ubi notant, quod imperator tenet imperium a papa, ymmo Hostiensis, extra de elect. c. Venerabilem versu: Sunt enim, in glossa Consultus ²), et in summa sua de elect. §. Quis eligitur, versu: Item capcio, dicit ³), quod imperator est feudatarius ecclesie Ro-mane. Sic patet ergo antecedens dicte racionis; sed consequencia de se nota est. Ad hanc racionem quoad exposicionem auctoritatum dicit d. m. ⁴), quod imperator non tenet nisi solum nomen imperatoris a papa quo ad terras et provincias, quas Karolus ante translacionem imperii pos-sidebat, quoniam Karolus potestatem imperialem in eisdem provinciis non recepit virtute translacionis, cum eam prius haberet virtute consuetudinis. Igitur racione potestatis imperialis in eisdem terris et provinciis et racione earum rex Romanorum seu imperator non tenetur pape ad homagii iura-mentum. In aliis autem terris et provinciis que non erant sub potestate

---

a) Schlussteil des Wortes durch Tintenfleck unlesbar.
1) c. 33. dist. 63.
2) Hostiensis. Lectura lib. II, fol. 11, col. I. (= Innocentii IV. Apparatus, Venet. 1491, lib. II § Licet ex suscepto.)
3) Hostiensis, Summa lib. I, fol. 20, col. 2, Lectura lib. I, de elect. fol. 53v col.2.
4) Lupold cap. 9, p. 187, 2 B. und cap. 13, p. 200, 1 A. B.

Karoli ante tempus translacionis imperii nec eciam hodie subsunt imperio saltem de facto, imperator tenet a papa imperium, id est nomen imperatoris et iura imperialia seu potestatem imperialem. Ista solucio salva reverencia non tenet propter duo : primo quia concedit propositum saltem racione aliarum terrarum et provinciarum, que non erant sub potestate Karoli ante tempus translacionis imperii; et hoc sufficeret michi pro conclusione mea. Secundo non valet hec solucio, quia ut sepe probatum est, Karolus habuit in suis terris et provinciis potestatem imperialem de facto ante translacionem imperii in personam suam, quam postmodum habuit de iure. Igitur virtute translacionis accepit iura imperialia in propriis terris et provinciis, ymmo si papa transtulisset imperium in aliam gentem, quam in Francos et Germanos, atque in personam alterius principis christiani quam Karoli Magni, eidem dedisset potestatem imperialem ad terras et provincias eiusdem Karoli, sicut dedit Karolo ad terras et provincias aliorum, nec est maior racio hic quam ibi,/

Secundo probo conclusionem principalem sic. Si imperator sive rex Romanorum non prestaret domino pape iuramentum homagii, sed tantum iuramentum fidelis defensionis, ut dicit d. m. [1]), hoc maxime videretur ex eo, quia imperator non recipit execucionem gladii temporalis a papa, eo quod iurisdiciones ecclesiastica et secularis sint divise et distincte atque una non dependeat ab alia. Sed huius contrarium patet ex hiis que [a]) notantur extra. Qui filii sint le.. Causam [b]) que. II[a]), ubi Ala. Tan. et Bern.[3]) tenent, quod secularis iurisdicio ab ecclesiastica dependeat iurisdicione. Quia tamen Hug. et Io.[4]) X. di.[5]) tenent oppositum, igitur recurro ad tres raciones quas posui supra c. XII. §. Sine dubio, probantes quod secularis ab ecclesiastica dependeat iurisdicione. Nec obstat, si aliquociens in scripturis invenitur potestatem secularem imperatoris inmediate a Deo esse, quia [c]) hoc verum est ex parte donantis, qui non indiget aliquo medio mediante quo donet, cum omnia immediate dependeant a virtute Dei ; sed hoc non in mediacione ordinis fit, quod regularis [d]) auctoritas non habeat auctoritatem in hoc mundo se priorem, a qua dependeat directive et per quam dirigatur. Item iurisdicio imperatoris inmediate est per negacionem principis vice temporalis intermedii inter Deum et imperatorem, sed non per negacionem vice Dei intermedii. Qui namque se

a) *ms*. net, *ausgestrichen*.
b) *ms*. tam q̄.
c) *A. Rande*.
d) *Korr. a*. segularis.
1) cap. 9, p. 187.
2) c. 7. X. qui fil. sint. legit. (IV, 17).
3) Alanus (saec. 13 in.), Tancredus (Parm.) Bernardus Hispanus (gest. 1263).
4) Huguccio, Iohannes Teutonicus.
5) c. 8 dist. 10.

huius mundi terrenas dignitates a Deo confitetur habere, non erubescat
easdem a vice Deo possidere, non erubescat in quantum a vicechristo
(*p. 440*) Deo possidere, non erubescat in quantum a vicechristo suum
dominium accipere, qui contra Christum noluerit cum infidelibus ᵃ) regibus convenire, de quibus propheta dicit ¹): *Astiterunt reges terre et princi-*
pes convenerunt in unum adversus dominum et adversus Christum eius.
Sed tamquam fidelis princeps intelligere debet a quo recipere meruerit
ea que possidet, erudire eciam, quomodo eisdem utatur ad nutum Dei et
hanc erudicionem recipere tenetur a vicedeo. Sic ᵇ) quoque in timore et
obediencia Christo servire obligetur, ut vicechristum tamquam verum Dei
vicedominum nullatenus detestetur. De quibus fidelibus regibus eciam
propheta dicit ²): *Sed nunc reges*, scilicet fideles, *intelligite, erudimini qui*
iudicatis terram, servite domino in timore etc.

C. XX. de quodam dubio circa iam dicta.

Sed contra conclusionem iam dictam est unum racionabile dubium, quia
videtur pocius, quod ecclesia Romana teneat regna et bona temporalia a
manibus imperatoris quam econtra. Legitur enim, quod Constantinus imperator primus dudum ante tempus Karoli Magni concessit et donavit beato
Silvestro pape et ecclesie Romane urbem Romanam, Ytaliam et omnium
occidentalium regionum provincias, civitates et loca, sicut legitur in canone XCVI ᶜ) di. *Constantinus* ³). De ista materia sunt varie opiniones ⁴),
quarum unam tenet auctor in aut. Quomodo oporteat episcopos, post
princ. coll. I. ⁵) dicens, quod ista donacio non valuerit; pro quo eciam
facit ff. de offi. presi. l. penult ⁶). Secunda opinio est, quod Constantinus
non donaverit generaliter terras et provincias occidentales ecclesie Ro
mane, sed elegerit Romanos pontifices tamquam Dei summos sacerdotes
ob divinam reverenciam in patres, ut ab eis debeat benedici eorumque
apud Deum oracionibus adiuvari, eisdem sedem imperialem Rome relinquendo ipsamque Byzancium transferendo, que civitas Byzancium postea
Constantinopolis dicta est, ut notatur XXII. di. *De Constantinopolitana* ⁷),
et eciam nova Roma, ut eadem di. *c. Constantinopolitane* ⁸), unde
urbs Romana vetus Roma dicitur; addicientes, quod idem Constantinus
inter filios suos orbem dividens uni dedit orientale et alteri dedit occi-

a) in- *übergeschrieben.*
b) *ms.* sit.
c) *ms.* XXVI.
1) Ps. 2, 2.
2) Ps. 2, 10.
3) c. 14. dist. 96.
4) vgl. Lupold cap. 13, l. c. p. 199.
5) Accursius zu Nov. VI pr. l.
6) Dig. 1, 18, l. 20.
7) c. 4. dist. 22.
8) c. 3. ibid.

dentale imperium, ut apparet ex diversis cronicis, quod non fecisset, si
regna occidentalia, cum quibus et Ytalia conprehenditur, ecclesie contulisset; dicentes ᵃ) eciam, quod Theodosius imperator primus et multi alii
devoti imperatores, ut eciam patet ex cronicis, post tempora Constantini predicti Romam cum pluribus aliis regnis occidentalibus possederunt.
Unde eciam Iustinianus ᵇ) imperator possedit Galliam et Hispaniam, ut
patet ff. de offi. prefec. pret. Affrice I. *In nomine domini* post principium ¹). Et secundum hanc opinionem, ut dicit d. m. ²), habemus dicere,
quod predictum c. *Constantinus*, quod est palea, non est pro canone
habendum. Et ideo forte c. *Fundamenta*, extra. de elec. li. VI. ³), loquendo
de donacione Constantini ecclesie Romane, tantum dicit de donacione
urbis Romane, de donacione Ytalie et aliarum regionum occidentalium
non facit mencionem. Tercia opinio est quasi communiter omnium canonistarum, quod dicta donacio valuerit et sit vere notabilis. Et hanc
tenet Iohannes glossator decreti LXIII. di. *Ego Ludowicus* ¹). Et hanc
eciam sequitur Io. An. de iureiurand. *Romani.* § *Porro*, versu *Eidem* in ᶜ)
Cle ⁵). Dicit autem d. m. ⁶), quod secundum hanc opinionem omnes reges
occidentales, qui regem et imperatorem ᵈ) Romanorum pro suo superiore in temporalibus non recognoscunt, sicut apparet de regibus Francie, Hispanie et quasi omnibus aliis regibus occidentis, tenentur ᵉ) domino pape ad iuramentum homagii, quod scilicet vasallus prestare tenetur domino suo, quia dominium omnium regionum eorum racione dicte
donacionis videtur apud papam et ecclesiam remansisse. Vel habebi-
mus dicere, quod licet valuerit donacio illa, tamen ex quo Romani pontifices post eandem donacionem nec de Ytalia generaliter sequendo de
ea nec eciam de aliis regnis et provinciis occidentalibus se intromi-
serunt, attendentes forte id quod legitur in canone XCVI. ᶠ) di. *Cum ad*
verum ⁷), ex hoc a se dominia regnorum et provinciarum huiusmodi ipso
facto abdicasse et quasi pro derelicto ea habuisse videntur, presertim
cum prescripcio currat contra Romanam ecclesiam in temporalibus (*p. 441*)
iurisdicionibus et iuribus, ut patet extra de script. *Ad audientiam* ⁸).

a) *Korr. a.* dicendum.
b) *ms.* Justianus.
c) *ms.* IIIᵒ.
d) *ms.* imperator(um).
e) *ms.* tenetur.
f) *ms.* XXVI.
1) Cod. 1, 27, 1.
2) Lupold c. 13, p. 199, 2 A.
3) c. 17. de elect. in VIᵗᵒ (I. 6).
4) Iohannes Teutonicus zu c. 30. dist. 63.
5) Ioh. Andreae zu c. un. de iureiur. in Clem. (II, 9).
6) l. c. p. 199, 1 A.
7) c. 6. dist. 96.
8) c. 13. X de praescript. (II, 26).

Quarta opinio est quorundam theologorum et eciam quorundam canonistarum, dicencium, quod donacio illa non fuerit proprie donacio, scilicet novi iuris collacio, sed pocius quedam cessio et recognicio alieni iuris, quia Constantinus per hanc donacionem ostendit et recognovit se non legittime usum regalibus et gladii potestate. Et sic cessit huic iuri beato Silvestro tamquam vicario Christi, veri et proprii domini. Dicit d. m. [1]), quod secundum hanc opinionem sequeretur, quod omnes imperatores et omnes reges, tam orientis quam occidentis, a tempore institucionis christiane religionis usque in presentem diem, qui non recognoverunt se habere regalia et gladii potestatem ab ecclesia Romana, illicite [a]) ipsis usi fuissent, quod dicere iustum est grave, ut de se patet. Preterea ex hoc sequeretur, quod ex quo ecclesia Romana haberet regalia et iurisdiciones temporales a Deo tantum, quod contra eam in hiis non curreret prescripcio. Ideo enim, ut notat Inno. extra de postu. prela. *Bone II* [2]) contra papam circa spiritualem iurisdicionem nullus potest querere possessionem, que ipsi preiudicet, quia illam cum plenitudine potestatis habet a Deo tantum, XXI. di. *In novo* et c. sequenti [3]) et XXII. di. c. *Omnes* [4]) cum concor.; et ideo est inmutabilis, V. di. in principio [5]). Sed ut prius dictum est, in temporalibus iurisdicionibus potest quis querere possessionem et eciam prescribere contra ecclesiam Romanam; ergo etc.

C. XXI. solvens dubium predictum.

Omnes dicte opiniones solempnes sunt, fortes habentes defensores. Igitur de ipsis conferre est difficile et veritatem in eis grave est determinare. Sed quoniam omnia hec, que hic et alibi [6]) de hac materia scripsi, non per modum doctoris, sed sub forma humiliter discentis transcurri, ut mutum os aperire discerem et pigrum ingenium aliqualiter exercerem, ideo licet oculis caligantibus me ad predictam materiam converto [b]), quasdam distincciones et quedam notabilia ad propositum proferendo. Quarum prima est hec, quod principis universi, qualis est summus pontifex, aut eciam imperatoris esse universale in sua potestate habere omnia, potest intelligi dupliciter: uno modo immediate et usive, quia scilicet ipse immediate possideat omnia et singula atque ipsis utatur tamquam possessor proprius et immediatus, sicut ego meis utor in diviciis et possideo eas. Hoc modo nec pape nec imperatoris sunt omnia sive [c]) iure divino sive humano. Quoniam tam ius divinum, quam humanum

a) *Folgt* hiis *durchgestrichen.*
b) *Folgt* ad, *rot ausgestrichen und unterpunktiert.*
c) *ms.* sine.
1) Lupold c. 13, p. 198, 2 B—199, 1 A.
2) c. 4. X. de postulatione praelator. (I, 5).
3) c. 2. und 3 dist. 21.
4) c. 1. dist. 22.
5) dist. 5 Gratian.
6) *Wohl in den* Oeconomica I. II. oder III. vgl. S. Riezler, Literar. Widersacher S. 290 f.

precipit unicuique dimittere, quod suum est; uniuscuiusque vero id esse dicitur, quod iusta est acquisicione sibi appropriatum, sive successione hereditaria scilicet ad ipsum derivatum a) sit, sive iustis laboribus suis acquisitum aut congrua commutacione ad ipsum devolutum. Et sic nec rex nec imperator potest exigere vineam meam aut equum meum sine indignacione Dei, qua minatus est regi Achab cupienti habere vineam ipsius Nabuthen viri sancti et beati 1)./

Secundo modo potest intelligi principis universi esse omnia directorie et regitive, quia scilicet omnibus de rebus suis habet facere iusticiam tamquam iudex ultimus, ad quem recurritur ultimate b). Et sic generalis principis omnia fore dicuntur. Secunda distinccio hec est, quod principis orbis esse omnia primo modo, adhuc dupliciter intelligitur, quia potest intelligi, quod ipsius sint omnia distribucione totali, scilicet prout hec c) omnis distribuit pro qualibet parte cuiuslibet rei; et sic est falsum principis omnium esse omnia. Vel potest intelligi ipsius esse omnia distribucione porcionali, videlicet quia de possessione qualibet vel cuiuslibet exigere habet debitam porcionem; et sic est verum imperatoris de iure esse omnia, quoniam ab omnibus exigere habet suam porcionem. nisi quantum imperialis maiestatis gratitudo aliquos a tributis et vectigalibus ceterisque speciebus contribucionis exemit/Reges autem et e) principes qui suis in principatibus imperatori huiusmodi denegant proporcionatas contribuciones, de iure ad aliquid f) recompense obligantur, sicut necessitate ingruente exercitus ministrare, quamvis de facto plurimi resipiscant denegantes eciam imperatori actus soli de iure debitos et (p. 442) reservatos, de quibus supra fiebat mencio c. XVIII. Iuxta sensum secundi membri prime distinccionis poterit verificari dictum beati Augustini. quod assumitur in canone di. VIII. Quo iure, ubi dicitur 2): Tolle iura imperatoris et quis audet dicere, hec villa mea est, meus est iste servus. Nemo enim aliquid possidet, nisi legibus imperatoris temporaliter dirigi habeat et de quo forsitan imperator non habeat iusticie porcionem.

Tercia distinccio est, quod dupliciter iure humano aliquis suas poterit possidere possessiones, scilicet aut lege humana divino iure directa aut a divino iure soluta; primo namque modo fideles suas possessiones possident iuste in ipsos dirivatos g), quoniam illis iuxta preceptum dominicum iure dimittuntur, que ipsorum sunt et quod ius gencium dictat.

a) *ms.* diruatum.
b) *Endung korr.*
c) homines.
d) *ms.* h *oder* li.
e) *Nachgetragen.*
f) *Korr. a.* aliquem.
g) *ms.* diruatos.
1) 3. Reg. 21, 19.
2) c. 1 dist. 8.

Secundo modo infideles res suas possident hereditarie in ipsos devolutas aut iusta commutacione acceptas; et quamvis racio humana non habens respectum ad precepta legis divine dictet illis easdem res dimittendas, lex tamen divina, quoniam ipsi contra Deum infideliter abutuntur, dictat eos non iure proprio dicto, sed pocius iure abusivo ipsas possidere. Quapropter ei a) qui contra legem Dei incorrigibiliter peccant aut qui a fide apostatant, non solum rebus, sed eciam vita privantur.

Ex quibus sequitur, quod Constantinus imperator primus, antequam unda baptizmatis lavaretur, abusivus erat imperator, nam extra Dei ecclesiam imperabat; sed postquam lotus b) est fonte christiano et fidei firmitate roboratus, proprie meruit imperium possidere.

Hiis distinccionibus adiciendum est, quod eiusdem dominii plures possunt esse domini canonice subordinati, quorum superior aliqua iura habeat in illo, que non habet inferior et econtra. Exemplum huius est, quia imperator in regnis regum christianorum habet iura solis imperatoribus reservata, et ipsi reges in eisdem regnis suis habent ius amministracionis proprium, quod imperatori non debetur; habet quoque superiores provincias et terras proprias domino ipsorum, in quibus amministrant et omnia iura temporalia exercent, sicut habet imperator in terris et provinciis que immediate subiacent imperio et appropriantur dominio ipsius. Sicut autem superior iure feudatario confert inferiori dominium suum et ipsum confirmat dominium ipsius, sic inferior econtra poterit idem dominium dare superiori cum omni iure. quod idem inferior habet in eo, ut scilicet perpetuo tempore irrevocabiliter pertineat ad superiorem immediate et ad suos successores. Ulterius est notandum, quod superior habens inferiori conferre dominium aliquod de iure illi debitum, habet illud dominium virtualiter et originaliter, tamquam a causa, a qua virtualiter dependet sive causative; inferior autem postquam illud accepit a superiore habet ipsum effectualiter et formaliter. Cuius exemplum est in naturalibus, quoniam forme omnium generabilium et corruptibilium sunt in celo virtualiter et causative, non autem formaliter. Unde Aristoteles IIo De generacione 1): Forme, inquit, omnium sunt in terminis, idest in virtutibus astrorum. Sed eedem forme sunt in hiis inferioribus effectualiter et formaliter.

Sane cum quis diligenter ponderat ea que superius diffinita sunt, videbit imperium a papa virtualiter dependere, quia translative et collative atque confirmative ab eo dependet, videbit autem idem imperium imperatoris effectualiter et formaliter esse, quoniam ipsius est possessorie et exercitative. Et sic forte intelligitur dictum beati Bernardi ad

a) ms. eos.
b) ms. locus.
1) Aristoteles, De generatione I. II. c. 8, ed. F. Didot II 463.

Eugenium papam [1]: *Iste gladius* a) *materialis*, inquit, *ad nutum est summi pontificis et ad exercicium imperatoris.*

Istis premissis b) dico ad predictam dubitacionem, quod quia beatus Silvester Constantinum imperatorem primum ad fidem convertit et ecclesie Dei membrum fecit atque in ipsum tamquam in imperatorem christianum consensit, fecit et creavit eum verum orbis imperatorem qui prius de facto imperabat. Unde iure divino transtulit verum imperium in ipsum. Nam ante tempus baptizmatis Constantini vacabat imperium ecclesie Christi, sic quod infra ecclesiam non erat alius imperator a papa, sicut patere potest virtute tercie distinccionis posite prius. Et ergo cum idem Constantinus donaret beato Silvestro urbem Romanam (*p. 443*), Ytaliam et plurimas regiones respiciendo ad ius, quod ante baptizmum habuit in imperio, ista non fuit proprie donacio, sed pocius quedam cessio, sicut dicebat opinio quarta in c) priori capitulo posita. Contulit ergo beatus Silvester implicite et consenciendo d) Constantino imperium verum idest christianum, Constantinus autem partem donavit et in parte collati Silvestro explicite cessit. De secunda vero opinione non oportet aliud dicere, nisi ut tenor e) canonis inspiciatur XCVI f) di. *Constantinus* [2]). Et si pape postea indulserunt devotis imperatoribus Rome et alibi regnare in occidente, hoc pro tempore cuiuslibet graciose concessum esse creditur ad maliciam Romanorum reprimendam vel aliorum violenciis obviandum, salvo tamen iure ecclesie Romane in eisdem locis, qua protestacione premissa non currebat prescripcio. Sed tercia opinio respicit ad esse veri imperatoris, qualis erat Constantinus post beati Silvestri consensum in ipsum; nam tunc verus erat imperator et formaliter ac effectualiter imperium possedit. Fuitque illa donacio, ut sic proprie dicta, sed irrevocabilis, nam que semel libere donantur ecclesie, sancta sanctorum domino vocantur. Si autem racione talis donacionis omnes reges occidentales pape ad iuramentum homagii obligantur, aut illi ex gracia sedis supersedent de illo aut pocius de facto; nos autem loquimur de iure. Et sic uterque utrique contulit, diversimode tamen, quia beatus Silvester dedit illud, quod suum erat virtualiter, sed Constantinus contra illud idem retribuit in parte, quod suum erat formaliter iuxta sensum notabilem secundi positi prius. Contra primum ius pape, quia mere g) divi-

---

a) *Folgt* imperialis *durchgestrichen.*
b) *Folgt* dictis *ausgestrichen.*
c) *Uebergeschrieben.*
d) *Korr. a.:* con-swetude *in* consendo.
e) *ms.* teneor.
f) *ms.* XXVI.
g) *a. Rande korr.*
1) Bernardus, De consideratione l. IV. c. 3, Migne 182, 776 (438).
2) c. 14 dist. 96.

num ᵃ) est, nemo prescribere potest, scilicet contra ius virtuale quod super imperium tenet. Sed contra secundum prescribi poterit, videlicet contra ius effectuale, quia mixtum est humanum. Et per hoc patet, quid sit respondendum racionibus domini mei contra quartam opinionem positis. Ad primam namque dico, quod omnes imperatores et reges, qui Romanorum imperatorem ᵇ) christianum non recognoscunt pro suo superiore, sed exempti sunt de illius imperatoris voluntaria permissione, ad sedem immediate devoluti sunt et recognoscere tenentur se habere sua regalia et gladii potestatem ab ecclesia Dei, cui si renituntur, utique regnorum suorum illiciti sunt occupatores et de facto ambulant, non de iure. Si vero de gracia imperialis serenitatis non sunt exempti, sua regalia ab imperatore sumere tenentur, et sic papa in eos habet ius mediatum, non immediatum, sicut eciam supra declarabatur c. XIII. circa finem. Et certe illud grave non est reputandum, sed pocius leve et honestum, cum ordo maioritatis et obediencie a celesti gerarchia in hunc mundum derivatus existat. Igitur non ᶜ) debent subditi grave estimare, si oporteat eos suis superioribus obedire dicente domino: *Iugum meum suave est et onus meum leve* [1]. Ad secundam vero dico racionem, quod in talibus in quibus contra ecclesiam prescribitur, summus pontifex habet ius mixtim humanum, non mere divinum, sicut prius dicebatur. Et sic patet, quid sit senciendum de secunda, tercia et ᵈ) quarta opinionibus ᵉ) predictis. De prima vero mox dicetur.

C. XXII. quod donacio Constantini valuerit.

Videretur autem alicui forsitan, quod prima opinio de donacione Constantini in principio XXIIII. c. ²) posita veritatem haberet propter raciones sequentes quarum prima est ista. Quia cum huiusmodi donacio de consensu principum et populi regno et imperio subiectorum non videatur facta, ipsi principes et alii populi, regnum et imperium representantes potuerunt contradicere ac eorum est contradicio admittenda, quoniam cum papa non exerceat gladium materialem, regiones et provincie date sedi Romane potuerunt ab invasoribus et precipue ab infidelibus dirimi et molestari. Sed equitas et racio naturalis dictat, quod quando per aliquod factum preiudicatur pluribus, quod illud per omnes illos comprobari debebit, ut patet extra de offi. archydya. (*p. 444*) *Ad hec* § *Si* ³) cum multis concordanciis. Secunda racio est: interest populi et principum predictorum, ne bona et iura regni et imperii dilabantur et pereant, cum pe

---

a) *Korr.*
b) *Folgt regem ausgestrichen.*
c) *Folgt sub ausgestrichen.*
d) *Übergeschrieben.*
e) *ms.* opinibus.
1) Matth. 11, 30.
2) *Lies* cap. XX.
3) c. 7. X de off. archid. (I, 23).

reges divites longe melius et efficacius quam per pauperes valeant defensari. Sed non est dubium, quin per dictam donacionem totum imperium desolacionem acciperet ac ruinam, cum omne regnum in se divisum desoletur. Ergo principes et populi Romanum imperium representantes potuerunt de iure contradicere dicte donacioni. Et consimilibus racionibus probat d. m. ¹), quod per submissiones vel recogniciones regum Romanorum, pape vel ecclesie Romane factas non preiudicatur regno et imperio, ªɪ quominus principes et populus regno et imperio subiecti suis iuribus possint contradicere ipsorumque sit contradicio admittenda. Quia cum huiusmodi submissiones et recogniciones de consensu principum electorum non sint facte, ipsi principes et alii populi regnum et imperium ᵇ) representantes potuerunt contradicere ac eorum est contradicio ᶜ). Nam quando dominus habens ᵈ) iurisdicionem in subditos se ac terram suam vellet submittere alteri domino ᵉ), ipsorum est contradicio admittenda. Interest enim sua, quod dominus eorum sit liber, et ut tot dominos non habeat ᶠ), ad hoc ff.de liberali causa li. 2.et II ᵍ) ff.de app. *Non tantum*, cum concordanciis ˢ), ad idem extra de ma. et obe. c. *fi.* et c. *Dilecti* ⁴), ubi de ᵍ) hoc per Hostiensem. Sed in casibus premissis per has vel consimiles submissiones et recogniciones electus in regem Romanorum a principibus teneretur obnixius ecclesie Romane quadam servitute, scilicet non assumendi nomen regium ʰ) nec amministrandi bona et iura regni et imperii, nisi demum post nominacionem et approbacionem ipsius ecclesie ⁱ) Romane. Item per submissionem vel recognicionem, per quam esset vasallus ecclesie Romane, principes et subditi non solum haberent imperatorem pro domino suo, sed eciam ipsam ecclesiam Romanam haberent quodammodo pro domina sua in temporalibus, quia licet vasallus vasalli Romane ecclesie non sit vasallus ipsius ecclesie iuxta ea que notantur LXXXI. di. *Legitur* ⁵) et per Wil. in spe. de feu. di. II. ᵏ) versu XIIII ⁶). Queritur tamen, si regnum et imperium teneretur in feudum ab

a) *ms. folgt* subiecti, *am Rande*: suis iuribus *usw. bis* subiecti ; *die Randnote nachgetragen mit anderer Tinte, aber von derselben Hand.*
b) *ms.* imperii.
c) *Ergänze*: admittenda.
d) *ms. folgt* et.
e) *Korr. aus* dominorum.
f) habeant ?, *korr.*
g) *Korr.*
h) *ms.* regum.
i) *ms.* eccl. ips. *umgestellt durch Verweise.*
k) *Folgt rot durchgestrichen*: di.
1) Lupold cap. 14 p. 200, 2 B. 201, 1.
2) Dig. 40, 12.
3) Dig. 49, 1, 6.
4) c. 17. u. c. 13. X de maior. et obed. (I, 33).
5) c. 25. dist. 81 (?).
6) Guillelmi Durantis, Speculum de feudis dist. 2, § 14.

ecclesia Romana, ipsa ex hoc haberet iurisdicionem temporale n, saltem
mediatam, in vasallos regni et imperii, per ea que leguntur et notantur
extra. de fo. con. *Ex transmissa* [1]) per Inno. et Hostiensem post eum.
Erit igitur principum a) et populi predictorum contradicio in hoc merito
admittenda.

Preterea equitas et racio naturalis dictat apud omnes, quod quando
per aliquod factum preiudicatur pluribus, quod id per omnes comprobari
debebit, et sic illud videtur esse de iure gencium ff. de iust. et iur. l.
Omnes populi [2]). Hoc eciam probatur iure canonico et civili extra de offi.
archydyaconi *Ad hoc* § *fi* [3]), ff. de aqua plu. arcen. l. *In concedendo* [4])
cum multis concordanciis. Sed si rex Romanorum electus concorditer b)
vel a maiori parte principum electorum non posset ministrare, sed haberet nominacionem et approbacionem ab ecclesia, precipue ante translacionem petere et optinere, ex hoc possent magna pericula et dispendia
principibus electoribus et aliis principibus ac populo c) imperii per gwerras
ex quibus solent cedes hominum, rapine, incendia et hiis similia sequi,
interim generari. Item interest principum et populi predictorum, ne iura
et bona regni et imperii dilabantur et pereant, cum per reges divites
longe melius ac efficacius, quam per pauperes valeant defensari. Sed
non est dubium, quin per huiusmodi submissiones et recogniciones bona
et iura imperii ante nominacionem et approbacionem ab ecclesia obten-
tas per electum in regem multum dilabi et periclitari possent, presertim
cum negocia per ecclesiam Romanam expedienda propter magnam ma-
turitatem, quam adhibet in agendis, multum prothelari cottidie videamus.

Salva tamen reverencia ego dictas raciones accipio pro me ad probandum duas conclusiones, quarum prima est hec: quod donacio Constantini valuit. Et hec sit nona conclusio huius tractatus principalis. Racio
huius (*p 445*) conclusionis est hec. Quidquid principi placuit, precipue
ex consensu maiorum et saniorum sui principatus, qui minorem eciam
populum representant, vim iuris habet ac vigorem. Ista proposicio patet
a contrario sensu proposicionis prime racionis ad contrariam conclusionem, et admittitur communiter talis argumentacio in utroque iure. Ymmo
valet eciam hec forma arguendi in loyca per vim huius maxime thopice:
si propositum in proposito, et oppositum erit in opposito. Sed nulli dubium, quin Constantinus post baptizmum suum et magnum miraculum,
quod Christus in eo fecerat, maturo et bono consilio secum baptizato-
rum atque magnatum imperii fecerit hanc donacionem. Neque causa contradicionis valet, quoniam si papa gladium non exercet materialem, ipse

a) *ms.* principium.
b) *Folgt:* sed si rex Romanorum, *rot durchgestrichen.*
1) c. 6. X de foro comp. (II. 2).
2) Dig. 1, 1, 9.
3) c. 7, X de off. archid. (I, 23).
4) Dig. 39, 3.

tamen per imperatorem exercendus est ad nutum domini pape, et sic imperator per iuramentum, quod prestat pape, defendere tenetur ecclesiam et sua. Secundo probo dictam conclusionem sic. Oblacio Deo facta valet, sed que Constantinus obtulit ecclesie vel donavit, obtulit Deo. Nam quecumque homines offerunt ecclesiis, dicuntur esse oblata Deo, XII. q. II. c. *Res* ¹) ᵃ) et c. *Videntes* ᵃ); et q. II c. *Non licet* ᵃ) et c. *Qui abstulerit* ⁴) ᵇ), ymmo glossa ordinaria posita XL. di. c. *Si papa* ⁵) super verbo *nemine*, dicit, quod papa in ipso c. *Non liceat* non iudicat de suo successore, sed dicit, quod non licet sibi alienare res ecclesie, quia nec papa nec aliqui prelati possunt alienare res ecclesie datas, quia non sunt eorum, sed Dei et corporis eius mistici, quod est ecclesia, ut patet per predicta c. XII. q. II.

Tercio probo eandem conclusionem sic. Interest populi fidelis et principum fidelium ecclesie Christi amministrare iuramenta, quibus sustentari valeat et roborari, ea quoque vitare per que posset notabiliter infirmari. Ista proposicio patet ex eo, quia qui oppositum faceret, pocius infidelis, quam fidelis esset asserendus. Sed nulli dubium, quin per donacionem rerum temporalium ecclesia robur acceperit et firmitatem, quia per regiones et provincias, civitates, municiones, fortalicia et castra ecclesie Christi non solum in spiritualibus, sed eciam in temporalibus subiecta et subdita eadem Christi sponsa immaculata firmatur ad renitendum inimicis suis, cum non solum infideles, quin ymmo qui fidem confitentur, quandoque laici, sint clericis opido infesti ᵉ). Non valet racio secunda ad oppositum, quoniam per talem donacionem imperium non fuit in tanto diminutum, quin adhuc sufficientissimis sibi diviciis uteretur. Sed nec minus fideles ecclesie obligantur ad sui observanciam et crementum, quam imperio, ymmo magis, cum imperium sub ecclesie brachiis militet militantis, premium ecclesie prestolans triumphantis.

Quarta racio sit hec. Si donacio Constantini non valuisset, hoc precipue videretur ex eo, quod papa non haberet se de temporalibus intromittere. Sed hoc non obstat, sicut infra patebit capitulis XXIII. c. XXIIII. et XXV. Secunda conclusio sit hec, quod principes regni et imperii Romani ac alii populum eiusdem regni et imperii representantes non habent

a) *Endung korr.*
b) *ms.* rex.
c) *ms.* abstulerunt.
d) *Am Rande korr., statt* ecclesiam.
e) *Folgt* substai, *ausgestrichen.*
1) c. 12 C. 12 q. 2.
2) c. 16 C. 12 q. 1.
3) c. 20 C. 12 q. 2.
4) c. 6 C. 12 q. 2.
5) c. 6. dist. 40.
6) Vgl. c. 3 de immunit. eccles. in VIᵗᵒ (III, 23).

Schulz, Texte.   21

contradicere submissionibus regum Romanorum pape et ecclesie Romane factis, nec eorum contradicio est ª) admittenda. Et sit Xª conclusio principalis in hoc tractatu, que probatur sic. Quidquid Romano principi placuit ex consensu maiorum et saniorum imperii Romani pertinens ad ecclesie Dei firmitatem et sacri imperii conservacionem, a nullis posteris est revocandum vel contradicendum, sed nec revocacio huiusmodi aut contradicio, si qua fieret, est admittenda. Ista patet ex terminis omni sapienti, alias enim contradicio irracionabilis esset admittenda contra placitum racionabile boni legislatoris. Sed dicte submissiones et recogniciones facte sunt per consensum principum electorum imperii, ut patet extra de elec. c. Venerabilem, § Verum, versu ¹): Sed principes, ubi expresse ponitur, quod iidem principes electores in pape recognoverunt presencia ius examinandi et approbandi regem electum ad papam pertinere. Nec interest populi ac principum imperii, ut dominus eorum sit liber a vicechristo, sicut prima racio ad oppositum dicit (p. 446), sed pocius, ut sit liber a quocumque principe iure temporali. Et quod dicta submissio et recognicio sint ad ecclesie firmitatem, patet quoniam per eas prevenitur malicia malignorum, qui in ecclesie detrimentum in reges et imperatores Romanorum possent aliquociens sublimari, sed quod similiter sint ad sacri imperii conservacionem, clare patet, quia per eas prevenitur thyrannides electi et desidia vel negligencia ipsius, quibus ambobus imperium multum possit periclitari et pauperes imperii multipliciter aggravari. Sedes enim Romana tanto acucius et perspicacius prospicit assumendos, quanto diligencius super dominicum gregem vigilat. Nec raciones ad oppositum concludunt, quia sedes sancta non est domina gravaminis et oppressionis subditorum Cesari Augusto, ymmo pocius pia mater dirigens imperatorem, ut prudenter et virtuose agat in singulis negociandis. Et per hoc bona et iura imperii pocius augentur et conservantur, quam quod distrahantur. Ecclesia eciam Romana in tam arduis non consuevit esse dispendiosa : unde si electus in regem ad approbacionem digne festinat, mater nostra ecclesia benignius et prudencius accelerat et promovendum coronat.

C. XXIII. ubi ponuntur quedam obiecciones contra determinata.

Sed contra omnia prius determinata posset obici per ea, que obicit Ludowicus quartus, ut dicitur Romanorum imperator, in quibusdam processibus suis et sentenciis ª), quas scripsit universis et singulis regibus christianorum ac patriarchis, archiepiscopis, episcopis, presbiteris, dyaconibus, ducibus, comitibus, baronibus, capitaneis, dominis, potestatibus,

a) Folgt hec ausgestrichen.
1) c. 34 X de elect. (I, 6).
2) Gesetz Fidem catholicam, vom 6. Aug. 1338, u. a. Hartzheim, Concilia Germanica 4, 323 ff.

rectoribus et iudicibus et officialibus provinciarum, civitatum et terrarum Romano imperio subiectarum et ipsarum civibus, incolis et habitatoribus ac omnibus et singulis christifidelibus, tam ecclesiasticis quam secularibus, dicens: *Inprimis contra nos et imperialem a·ictoritatem, potestatem et ius imperii allegatur et obicitur, quod potestas et auctoritas imperialis est a papa et quod electus in regem Romanorum ex sola eleccione non est nec dici potest verus imperator nec habet potestatem, iurisdicionem et auctoritatem, antequam inungatur, consecretur et coronetur a papa, qui, ut dicunt, tam in temporalibus, quam in spiritualibus habet plenitudinem potestatis.* Ad que respondemus hanc opinionem a) *sacris canonibus ac iuri et racioni pariter obviare, sicut expresse patet in decretis XCVI* b) *dist. in c. Cum ad verum*[1]) *et c. Duo sunt*[2]) *et c. Si imperator*[3]), *ubi expresse diffinitur et dicitur in hec verba: Duo sunt quippe quibus principaliter hic mundus regitur, et auctoritas sacra pontificum et regalis potestas, habet quippe imperator privilegia potestatis sue* c) *quam amministrandis legibus publicis divinitus consecutus est, nec imperator iura pontificatus nec pontifex iura imperatoris sibi usurpat.* Hec ibi; ubi glose ordinarie dicunt, quod iste potestates sunt distincte, et quod neutra dependet ab altera, et quod imperator non habet potestatem d) *sive imperium a papa, sed a solo Deo. Item XCIII* e) *dist. Legimus* ⁴), *ubi in textu dicitur, quod exercitus facit imperatorem, glossa super verbo Imperatorem dicit sic: Ex sola enim eleccione principum dico eum verum imperatorem, eciam antequam a papa confirmetur; ut dixi LXIII. dist. c. Quanto* ⁵). *Hec glossa. Et hoc eciam probatur in canone X. dist., ubi de potestate pontificali et imperiali loquens diffinitur in hec verba* ⁶): *Quoniam mediator Dei et hominum Iesus Christus sicut actibus propriis et dignitatibus distinctis officia potestatis utriusque discrevit, ut christiani imperatores pro eterna vita pontificibus indigerent et pontifices* f) *pro cursu temporalium rerum imperialibus legibus uterentur, quatenus spiritualis accio a carnalibus incursibus distaret et Deo militans, scilicet papa, minime se negociis secularibus implicaret ac vicissim ille, scilicet imperator, ne videretur divinis rebus presidere, qui esset secularibus negociis implica-*

a) ms. opposicionem.
b) ms. XXVI.
c) Korr. aus suis.
d) a. R. ergänzt.
e) ms. XXVIII.
f) Endung korr.
1) c. 6 dist. 96.
2) c. 10 ibid.
3) c. 11 ibid.
4) c. 21. dist. 93.
5) c. 10. dist. 63.
6) c. 8. dist. 10.

tus. Hec ibi, ubi glossa ordinaria de utraque potestate loquens dicit sic:
Cum ergo potestates ille distincte sint, est hic argumentum, quod im-
perium non habetur a papa, et quod papa non habet utrumque gladium.
Nam exercitus facit imperatorem, XCIII. dist. *c. Legimus* [1]), et imperium
a solo Deo habetur XXIII. q. IIII. *c. Quesitum* [2]), alioquin si imperium
haberetur a papa, posset ª) in temporalibus ad papam appellari, quod
prohibet Alexander (*p. 447*) papa dicens, quod illa, scilicet temporalia,
suam iurisdicionem non contingunt, extra de appellat. *c. Si duobus* [3])
et Qui filii sint legit. *c. Causam* [4]) et infra: *Ego credo istas potestates*
esse distinctas. Hec glossa.

Et VIII. dist. *c. Quo iure* [5]) dicitur, quod *iura humana per impera-*
tores et reges seculi Deus distribuit ᵇ) *generi humano,* et lex dicit, quod
imperium et sacerdocium ab eodem principio processerunt, in auth. Quomodo oporteat episcopos et ceteros clericos ad or. perduci, in principio
collacionis 1. [6]). Nec imperator iurisdicionem pape nec papa iurisdicionem
imperatoris perturbare debet, extra de iudiciis *c. Novit* [7]). Ex quibus
clare patet, quod potestas et auctoritas imperialis est immediate a solo
Deo et non a papa, et quod electus in imperatorem ex sola eleccione
est rex Romanorum et habet auctoritatem et iurisdicionem et potestatem
imperialem, eciam antequam inungatur, consecretur vel coronetur a papa,
et quod papa non habet in temporalibus dictam plenitudinem potestatis.

Istam conclusionem eciam nisi sunt aliqui theologorum in favorem
imperatoris sic probare [8]). Quia in sola et mera commissione regni celorum non venit nec cadit commissio regni terrenorum, cum regnum celorum et regnum terrenorum ex opposito dividantur, sicut regnum carnale et regnum spirituale. Sed Christus promisit Petro et eius successoribus in persona ipsius claves regni celorum, ut patet Mathei XVI. c. [9]),
ubi legitur Christus dixisse Petro: *Et tibi dabo claves regni celorum,*
et quodcumque ligaveris super terram, erit ligatum et in celis. Nec
usquam in scripturis ewangelicis et apostolicis reperitur, quod Christus
commiserit Petro claves regni terrenorum; et quod non est scriptum,
non est novis adinvencionibus presumendum, II. q. V. c. *Consuluistis* [10]).

a) *ms.* possit.
b) *Im ms. umgestellt:* distr. Deus, *mit Verweisungsstrichen.*
1) c. 24. dist. 93.
2) c. 45. c. 23 q. 4.
3) c. 7. X. de appelat. (II, 28).
4) c. 7. X qui fil. sint legit. (VI, 17).
5) c. 1. dist. 8.
6) Nov. VI. pr.
7) c. 13. X. de iudiciis (II, 1).
8) *Vgl. unten* Occam, Tractatus de potestate imperiali.
9) Matth. 16, 19.
10) c. 20. C. II. q. 5.

Item Bernardus ad Eugenium papam l° libro ¹): *Ergo in criminibus, in-quit, non in possessionibus potestas vestra, propter illa siquidem et non propter has accepistis claves regni celorum, prevaricaciones utique ex-clusuri, non possessiones.* Item XXIIII. q. III. c. *Si habes* ²) dicitur sic : *Spiritualis pena qua fit quod scriptum est: Quecumque ligaveris super terram* ᵃ), *erunt ligata et in celis, in celo animas ligat.* Item oracione qua legitur et cantatur in universali katholica ecclesia dicitur sic : *Deus qui beato Petro apostolo tuo, collatis clavibus regni celestis, animas ligandi atque solvendi pontificium tradidisti* etc. Ex quibus patet quod illa verba : *Quodcumque ligaveris,* tantum intelliguntur de spiritualibus, scilicet de animabus ligandis et solvendis, non de terrenis iudicandis et disponendis.

Secundo arguitur sic ad principale. Certum est Christi vicarium non habuisse nec habere maiorem plenitudinem potestatis, quam habuerit ipse Christus. Sed Christus non habuit nec habere voluit universalem potestatem ᵇ) et iurisdicionem in temporalibus. Nam cum quidam de turba dixisset Christo : *Magister, dic fratri meo, ut dividat mecum here-ditatem,* Christus respondit: *Homo, quis me constituit iudicem et diviso-rem super vos,* Luc. XII. ³), quasi diceret: nullus. Item Io. VI. c. ⁴) : *Iesus ergo cum cognovisset, quod venturi essent, ut raperent eum et facerent eum regem, fugit iterum in montem ipse solus.* Item Iohannes Crisosto-mus pertractans eadem verba dicit ⁵) : *Utique nos erudiens mundanas contempnere dignitates,* et parum post : *venit autem erudiens nos contempnere que in hac vita sunt et deridere omnia hec et futura amare.* Item Iohannes XVIII. ⁶) Christus stans coram Pylato ait : *Regnum meum non est de hoc mundo.* Item Io. XIX. ⁷) Christus dixit Pylato : *Non habe-res potestatem adversus me ullam, nisi tibi datum esset desuper,* que verba pertractans Augustinus in sermone de uno martire dicit ⁸) : *Ut ergo esset homini potestas in Deum, ab ipso Deo accipit potestatem homo, ut iudicaret Deum Deum occultum et hominem manifestum.* Ergo Pylatus habuit iurisdicionem temporalem super Christum, et per consequens Chris-tus non habuit plenitudinem potestatis temporalis. Item Mathei XX c.: ⁹) *Scitis, quia principes gencium dominantur eorum et qui maiores sunt*

a) *a. R. nachgetragen.*
b) *a. R. nachgetragen.*
1) Bernhard, De consid. l. l. c. 6, Migne 182, 736 (412).
2) c. 1. C. 24. q. 3.
3) Luc. 12, 14.
4) Joh. 6, 15.
5) Joh. Chrysostomus, in Joh. Homilia 42 (al. 41), ed. Montfaucon VIII 290.
6) Joh. 18, 36.
7) Joh. 19, 11.
8) Augustinus, Sermones : nicht zu finden.
9) Matth. 20, 25—28.

potestatem habent et exercent in eos. Vos autem non sic, sed quicumque
voluerit inter vos maior fieri, sit vester minister, sicut filius hominis
non venit ministrari, sed ministrare. Ergo Christus non venit (*p. 448*)
temporaliter dominari, sed subici. Item Bernardus ad Eugenium papam
allegans predicta verba ewangelii dicit ') : *Planum est, apostolis interdicitur dominatus, igitur* ᵃ) *tu et ˙tibi usurpare audes* ᵇ) *dominans apostolatum* ᶜ), *apostolatus* ᵈ) *dominatum plene* ᵉ) *ab utroque* ᶠ) *prohiberis,
si utraque* ᵍ) *habere velis, perdis* ʰ) *utrumque ; alioquin non te exceptum
illorum numero putes, de quibus queritur Deus sic : Ipsi regnaverunt,
sed non ex me* ²). Item Luc. II. c.³): *Et regnabit in domo Iacob in eternum et regni eius non erit finis,* sed regnum temporale non est ⁱ) in
eternum. Item apostolus ad Hebreos IX⁴): *Christus autem assistens
pontifex futurorum bonorum per amplius et perfectius tabernaculum,
non manufactum et non huius creacionis.* Ecce dicit *futurorum,* scilicet
celestium et non presencium, scilicet temporalium que transeunt in presenti. Item Matth. XXII. et Marc. XII. et Luc. XX ⁵) Christus ait : *Reddite
que sunt Cesaris Cesari et que sunt Dei Deo ;* sed Christus hoc non
fecisset, nisi Cesarem pro vero domino in temporalibus habuisset ; et
sic Chistus non fuit rex et dominus in temporalibus, cum duo in solidum
in eodem regno regere et domini immediati esse nequeant, VII. q. 1.
In apibus ⁶). Item apostolus Rom. XIII. c. ⁷): *Omnis anima sublimioribus
potestatibus subdita sit,* et infra : *Necessitate* ᵏ) *subditi estote non solum
propter iram, sed eciam propter conscienciam.* Item 1. Petri II. c. ⁸): *Subditi estote omni humane creature propter Deum, sive regi tamquam precellenti sive ducibus tamquam ab eo missis.* Ergo nec Christus nec eius
vicarius fuit rex in temporalibus, alias doctrina apostolorum deceptoria
fuisset. Constat autem, quod Christus tale regnum recommendavit apo-

a) *So ms. ; lies:* i ergo tu.
b) *Statt* Migne: aude, aut.
c) Erg.: aut.
d) Migne : apostolicus.
e) Migne : plane.
f) Migne : alterutro.
g) Migne : utrumque simul.
h) Migne : voles, perdes.
i) *ms.* c̄ est.
k) *korr. in :* necessitati.
1) Bernhard, De consid. l. II., c. 6, Migne 182, 748 (419).
2) Osee 8, 4.
3) Luc. 1, 32.
4) Hebr. 9, 11.
5) Matth. 22, 21 ; Marc. 12, 17 ; Luc. 20, 25.
6) c. 41. C. VII. q. 1.
7) Rom. 13, 1 u. S.
8) 1. Petri 2, 13 14.

stolis, quale ipse habuit. Unde Luc. XXII. c. [1]): *Et ego dispono vobis regnum, sicut disposuit michi pater.* Docuit autem eos regnum rerum temporalium contempnere. Unde Mt. XIX. et Luc. XVIII. [2]): *Vade et vende omnia que tu habes et da pauperibus et sequere me.* Et Petrus respondit: *Ecce nos relinquimus omnia et secuti sumus te.* Relinquitur ergo ex hiis et consimilibus, quod papa, successor Petri, non habet plenitudinem potestatis et iurisdicionis temporalis.

C. XXIIII. ubi arguitur ad oppositum predictorum.

Non obstantibus autem hiis probandum est iurisdicionem temporalem a spirituali dependere iurisdicione et papam utrumque gladium in suis manibus retinere. Cuius conclusionis, que potest poni XI. huius tractatus, prima racio sit ista. Cuicumque datur plena potestas pascendi oves Dei, nulla excepcione posita sibi data est potestas utriusque iurisdicionis in omnes. Ista patet, quia nichil excipitur, ubi nichil distingwitur, ut dicit Bernardus [3]) super hoc verbo ewangelii: *Pasce oves meas* ad Eugenium papam. Sed certum est Petro et suis successoribus a Christo datam fuisse potestatem pascendi oves Dei indistincte, tam ex parte pascibilium, quam eciam pascuarum. Nulla enim ovis distingwitur nec pascua specificatur. Est enim pascua exercicium iurisdicionis, quod pastor ovibus congrue amministrat. Et est pascua bipartita, quoniam iurisdicio spiritualis et eciam temporalis, cum debite exercentur in subditos, nutriunt eos creatori. Cum vero indebite exercentur, pocius oves Dei depascunt et ab ovili domini alienant, quam quod nutriant illos. Ergo papa utramque habet iurisdicionem a); tamen ordine quodam, ex quo iurisdicio temporalis rectificari habet per iurisdicionem spiritualem, certum est, quod hec ab illa dependet.

Secundo sic. Omnem potestatem necessariam iusto regimini ecclesie Dei Christus Petro commisit et successoribus suis, sed certum est, quod potestas iurisdicionis temporalis necessaria est iusto regimini ecclesie Dei; ergo hanc Petro Christus necessario recommisit. Maior patet, quia Christus dixit Petro: *Quodcumque ligaveris,* quod equipollet huic quod est; sed qui b) omne dicit nichil excludit. Ergo Christus intellexit omne quod ligaveris iusta liga ligabile, et omne quod solveris iusta solucione solubile. Sed constat hominem ligabilem esse legibus tam iurisdicionis temporalis, quam spiritualis. Igitur ad iustum regimen ecclesie (*p. 449*) pertinet eciam iurisdicio temporalis, et per consequens ad

a) *Vorher:* potestatem *ausgestrichen.*
b) sed qui *am Rande.*
1) Luc. 22, 29.
2) Matth. 19, 22 u. 27.; Luc. 16, 9; 18, 28.
3) Bernhard, De consid. l. II. c. 8, Migne l. c. 751 (422).

papam, tamquam ad vicecaput primum ecclesie militantis. Et dico ad vicecaput, quia verum ipsius caput Christus est.

Tercio sic. Si Christus non commisisset pape iurisdicionem temporalem, hoc maxime esset ex eo, quia ipsemet Christus ante resurreccionem suam, cum nondum habuerit glorificatam humanitatem, non habuit nec exercuit potestatem temporalis iurisdicionis. Sed hoc non obstat. Ergo etc. Maior patet per ᵃ⁾ adversarios, qui dicunt, quod Christus duplex habuerit dominium, scilicet dominium increatum secundum increatam divinitatem et dominium creatum secundum assumptam humanitatem. Dominium autem creatum eius fuerit duplex, unum ante eius passionem, et mortem; et illud concessit suo vicario Petro. Sed illud non fuerit universale dominium temporalis iurisdicionis et spiritualis, tale namque derogat et obviat Christi et apostolice paupertati. Et aliud fuerit dominium eius post mortem et resurreccionem ipsius, de quo legitur Matth. ultimo¹): *Data est michi omnis potestas in celo et in terra.* Et propheta in psalmo²): *Omnia subiecisti sub pedibus eius* etc. Tale autem dominium Christus non commisit alicui successori. Et sic patet maior per adversarios. Minorem probo, quia ridiculum est dicere, quod Christus ante resurreccionem suam non habuerit dominium rerum temporalium, sed tantum post. Ymmo ᵇ⁾ Io. II. c. dicitur ᵃ⁾, quod Christus ingressus in templum eiecit corporaliter cum flagello de funiculis de templo omnes ementes et vendentes, et nummulariorum effodit es, et cathedras vendencium columbas evertit. Sed hoc fuit exercicium iurisdicionis temporalis et ante mortem et resurreccionem Christi.

Hic respondent alii dicentes, quod Christus in hoc exercuit officium sacerdotis et non regis. Unde II. Paralipomenon XXVI. c. ⁴) legitur, quod cum rex Ozyas vellet in templo domini pontificis officium exercere sacerdotes domini festinanter ᵇ⁾ ipsum de templo expulerunt. Sed ista responsio confirmat propositum, quoniam pugnare cum flagello pro ecclesia Christi actus est iurisdicionis temporalis, sicut pugnare cum gladio, sive hoc in ecclesia vel in foro fiat.

Quarto arguitur ad principale sic. Si Christus non commisisset pape iurisdicionem temporalem, hoc precipue ex hoc videtur, quod temporale dominium derogaret ac obviaret ᶜ⁾ apostolice paupertati, humilitati, caritati, equitati et honestati. Sed hoc non impedit, ergo etc. Maior patet per adversarios, qui hoc ponunt. Minorem probo, quia legitur de multis regibus sanctis et imperatoribus beatis, qui tamen iurisdicionem

a) *Eingeschoben.*
b) *ms.* Inno.
c) *ms. korr.* aus festinato.
1) Matth. 28, 18.
2) Ps. 8, 8.
3) Joh. 2, 15.
4) II. Paralip. 26, 16—21.

temporalem exercuerunt, eos humiles, equos iustos, honestos et caritativos fuisse. Omni namque salvando dicitur, quod non introibit in regnum celorum, nisi humiliatus fuerit, sicut parvulus iste quem statuit dominus in medio discipulorum. Et si possibilius est camelum per foramen acus penetrare, quam divitem intrare regnum celorum [1]), non tamen omnem salvandum oportet pauperem esse rebus, sed pocius pauperem spiritu suo. Possunt ergo in sancto imperatore se compati felix divinarum virtutum acervus et cum [a]) hoc exercicium iurisdicionis temporalis; sed quare non in papa? Securius tamen et [b]) liberius papa incedit in hiis, qui solum de approbacione imperatoris sollicitatur, imperator vero de exercicio imperii mundanorum.

Quinto arguitur ad principale sic. Pontifex nove legis non debet esse maioris, indigencie in potestate sua, quam pontifex veteris legis, cum vetus [c]) lex fuerit umbra et figura nove legis, sicut apostolus testatur ad Hebreos X. c., ubi de veteri lege loquens dicit)[2]: *Umbram enim habens lex futurorum bonorum, non ipsam ymaginem rerum.* Sed pontifices veteris legis habuerunt utrumque gladium, sicut Melchisedech, qui fuit figura Christi et [c]) fuit rex et [d]) sacerdos, ut patet Gen. XIIII. c. [3]). ubi de ipso dicitur: *Ac vero Melchisedech rex Salem proferens panem et vinum, erat enim sacerdos Dei altissimi;* et ad Hebr. VII. c. [4]) de ipso dicit apostolus: *Hic est Melchisedech (p. 450), rex Salem, sacerdos Dei summi.* Similiter Moyses qui fuit specialis Christi figura, habuit utrumque gladium, scilicet temporalem et spiritualem, quia fuit sacerdos et princeps ac iudex populi. De cuius sacerdocio dicitur in psalmo [5]): *Moyses et Aaron in sacerdotibus eius.* De principatu vero et [e]) eius iudicatu legitur Act. VII. c. ibi [6]): *Hunc Moysen quem negaverunt dicentes: Quis te constituit principem aut iudicem super nos, hunc Deus redemptorem et principem misit cum manu angeli qui illi apparuit in rubo.* Similiter Heli sacerdos [f]) utrumque gladium exercuit, quia amministravit sacerdocium et iudicavit populum Ysrael XL annis, ut patet 1. Regum IIII. c. [7]). Huic racioni respondetur, quod dominium temporalium non ponit nec dicit perfeccionem, sed magis tollit et impedit, quia perfeccio legis nove

a) *ms.* obviare.
b) *Eingeschoben.*
c) *Eingeschoben.*
d) *ms.* fetus.
e) *Eingeschoben.*
f) *Am Rande.*
1) Matth. 19, 24.
2) Hebr. 10, 1.
3) Genes. 14, 18.
4) Hebr. 7, 1.
5) Ps. 98, 6.
6) Act. 7,35.
7) 1. Reg. 4, 18.

includit renuncciacionem et abdicacionem temporalis dominii secundum consilium salvatoris, Matthei XIX [1]: *Si vis perfectus esse, vade et vende omnia que habes, et da pauperibus, et veni sequere me*, et Luc. XIIII. [2] : *Omnis ex vobis qui non renunciaverit omnibus que possidet, non potest meus esse discipulus.* Retencio autem temporalis dominii universalis regni et imperii terreni excludit et tollit renuncciacionem temporalis dominii omnium terrenorum. Ergo cum pontifex nove legis perfeccior sit pontifice legis veteris, non sequitur, si ille habuit dominium terreni regni a), quod propter hoc iste habeat.

Sed ista solucio non valet, quia licet potestatem habere in dominio temporali non dicat gradum intensionis b) in perfeccione sanctitatis, dicit tamen gradum latitudinis extensionis potestative, sic quod habens utrumque gladium eius potestas ad plura se extendit, quam habens alterum tantum Unde patet, quod dicta solucio equivocat perfeccionem quia loquitur de perfeccione sanctitatis; racio vero loquitur de perfeccione auctoritatis. Sed hec c) potest haberi sine illa et econverso; potest enim aliquis perfeccioris sanctitatis esse, qui non habet potestatem super alios, quam ille qui habet. Sufficit autem pape esse sanctum, etsi non sit sanctissimus. Nec dominus voluit dicere, quod relinquere omnia manu et potestate diceret perfeccionem existive, sed omnia relinquere spiritu. Quia fidelis imperator est discipulus Christi, cum sit discipulus discipuli Christi in ecclesia Dei: sed imperator non relinquit omnia. Sufficit ergo relinquere omnia animo et mente. Sunt enim aliqui mendici ostensive, qui scilicet ostendunt se reliquisse d) omnia secundum professionem ordinis sui. et tamen requirunt omnia secundum avariciam animi sui. Sunt alii divites ostensive, attamen pauperes existive, qui scilicet terrena possident, sed humiles spiritu in hiis non extolluntur. Esto tamen, quod papa iret mendicatum aut victum quereret manibus suis, numquid adhuc imperator christianus examinari et approbari posset ab eo ac imperium a manibus eius accipere tamquam christianus per ecclesiam approbandus et assumendus in dignitate christiane defensionis absque eo, quod hoc derogaret ac obviaret pape sanctitati et equitati et honestati? Estimo quod sic. Quapropter potestatem et autoritatem imperialem esse a papa ipsumque habere imperium virtualiter et ad nutum, augustum vero universale imperium possidere formaliter et exercitative, non contrariatur apostolice bonitati.

a) *Eingeschoben von anderer Hand.*
b) *Korr. a.* incensionis.
c) *Korr. von anderer Hand aus* hoc.
d) *ms.* relinquisse.
1) Matth. 19, 21.
2) Luc. 14, 33.

Sexto arguitur sic ad principale. Luc. XXII. c. ') dicitur, quod cum Christus dixisset apostolis: *Qui non habet, vendat tunicam suam et emat gladium.* Et Petrus apostolus respondit: *Domine, ecce gladii duo hic.* Tunc respondit dominus: *Satis est.* Ex quibus arguitur, quia cum per duos gladios videatur significari gladius spiritualis et gladius temporalis, videtur quod Petrus habuerit duplicem gladium, scilicet iurisdicionem spiritualem et iurisdicionem temporalem. Huic racioni respondetur, quod in sacra scriptura nusquam est expressum neque tactum ª), quod per duos gladios intelligatur gladius spiritualis et gladius temporalis. Velle autem declarare expressum et manifestum per non expressum et tacitum, est declarare ignotum per ignocius, presertim quia, sicut dicit Augustinus ²) ad Vicentium rogatistam, velle aliquid in allegoria positum interpretari pro se, nisi habeantur manifesta testimonia, quorum lumine illustrentur, inpudentissimum est. Ista responsio non valet, quia supponit (*p. 450*) falsum, scilicet, quod dicta allegoria testimonium non habeat. Sufficit enim tibi testimonium beati Bernardi ad Eugenium papam et sufficit michi, qui suam scienciam non in scolis humanis didicisse legitur, sed ex spiritus sancti fecundacione. Dicit enim sic ad Eugenium papam ³): *Si gladius hic materialis nullo modo ad te pertineret, Christus non dixisset: satis est, sed pocius dixisset* ᵇ): *nimis est.* Item cum Petrus evaginaret gladium materialem et materialiter eum exerceret, Christus dixit ei: *Converte gladium tuum in vaginam,* super quo verbo dicit Bernardus ⁴): *Hic gladius materialis tuus quidem est, sed ad nutum pontificis et ad exercicium imperatoris.* Etsi dominus inhibuit Petro illa die exercicium gladii temporalis, non tamen ab eo abstulit potestatem eius; nam imperatori illa die inhibuisset, si pro eo pugnare voluisset, qui nec angelos in auxilium voluit habere. Cum hac autem exposicione allegorica bene stant alie ceterorum in fide doctorum; sunt enim multi binarii gladiorum, quibus utitur ecclesia militans Christi, et de hiis omnibus textus ewangelicus verificatur. Unde beatus Ambrosius super Lucam libro IX tripliciter exponit hunc locum ⁵). Primo namque per duos gladios exponit gladium verbi divini et gladium sacri martirii dicens: *Est eciam gladius spiritualis, ut vendas patrimonium et emas verbum, quo nuda mentis penetralia vestiuntur. Est eciam gladius passionis, ut exuas corpus et immolate carnis exuviis ematur tibi sacra corona martirii.* Secundo per duos gladios beatus Ambrosius intelligit doctrinam novi et

---

a) *ms.* tantum.
b) satis *bis* dixisset *Korr. am Rande.*
1) Luc. 22, 36.
2) Augustin ad Vincent. Ep. 93, c. 8, Migne 33, S. 334 nr. 24.
3) Bernhard, De consid. l. IV., c. 3 Migne l. c. 776 (138).
4) vgl. Bernhard l. c. 776 (138)
5) Ambrosius, Super Luc. l. X. Migne 15, 1909 f (1515) § 54, 55.

veteris testamenti. Unde dicit sic : *Movet causam adhuc, quod duos gla-dios discipuli protulerunt, ne forte unum novi et unum veteris testa-menti sit, quibus adversus dyaboli armamur insidias? denique dicit do-minus : Satis est, quasi nichil desit ei, quem* a) *utriusque testamenti mu-nierit doctrina.* Tercio modo beatus Ambrosius subintelligens hunc locum de gladio spirituali et temporali, reddit racionem, quare Christus iusserit apostolos emere gladium materialem et tamen prohibuerit Petro ipsum exercere. Nam ipso uti ad vindictam vel offensionem prohibet lex gracie sacerdotibus; sed non prohibet ad defensionem. Licet autem Petrus voluerit uti ad defensionem domini sui, non tamen licuit, sicut nemini licebat illa die ad differendum mortem Christi. Unde dicit beatus Ambrosius sic [1]): *Cur emere iubes, qui ferire me prohibes, cur haberi precipis quem vetas promi, nisi forte, ut parata sit defensio, non ulcio necessaria et videri posse vindicari, sed nec licuisse. Lex tamen ferire me non vetat et ideo fortasse Petro offerenti duos gladios : Satis est, dicis, quasi licuerit usque ad ewangelium, ut sit in lege equitatis eru-dicio, in ewangelio perfeccio bonitatis.* Ex quibus verbis clare patet, quod gladius temporalis in potestate est sacerdocii, quamvis non ad exercicium offensionis est, tamen cum hoc in sacerdocii manibus ad exercicium licite defensionis, quia paratam esse defensionem, non ulcio-nem necessariam, et posse vindicari, sed non licere, arguit sacerdocium habere gladium auctoritative, sed non exercitative, nisi casu neccessi-tatis imminente. Sed qui perfecte desiderat esse sanctitatis, nec offen-sorie nec defensorie referire debet sive laycus sit sive sacerdos. Talibus enim dicitur in ewangelio [2]): *Si quis te percusserit in maxillam unam, prebe ei alteram.* Sed in lege veteri dicitur [3]): *Dentem pro dente, oculum pro oculo.* Lex enim vetus equitatem erudiebat, sed lex gracie perfeccio-nem consulit et informat. Patet ergo, quod in dicta exposicione tercia beatus Ambrosius supra dictum locum eciam de gladio materiali intel-lexerat ; et sic est contestis beati Bernhardi. Unde beatus Petrus utrum-que gladium secum portabat, scilicet corporalem seu materialem corpo-raliter et spiritualem spiritualiter.

VII° arguitur ad principale sic. In corpore ecclesie militantis est uterque gladius, scilicet spiritualis et temporalis, ergo uterque fundatur supra petram universalis ecclesie, que siquidem petra universaliter ec-clesiam fundat. Sed petra ista Petrus est, cum dominus dicebat [4]): *Tu es Petrus et super hanc petram edificabo ecclesiam meam.* Et vicepetra vicepetrus est. Ergo etc. Sed quid est aliud gladium materialem fundari

a) ms. que.
1) Ambrosius l. c. 1909 (1515) § 53.
2) Luc. 6, 29 ; vgl. Matth. 5, 39.
3) Exod. 21, 24; Levit. 24, 20; Deut. 19, 21.
4) Matth. 16, 18.

supra petram ecclesie, nisi ipsum ad (*p. 452*) nutum esse summi pontificis et ipsum dirigi ad voluntatem ipsius?

VIII° arguitur sic. Summus pontifex habet constituere iudicem temporalis iurisdicionis, ergo habet conferre iurisdicionem temporalem. Consequencia patet de se, quoniam aliquem ad aliquam iurisdicionem constituere, est sibi auctoritatem illius iurisdicionis conferre. Sed antecedens probatur auctoritate apostoli, id est ad Corinth. VI. c. ¹), ubi sic dicit: *Secularia igitur iudicia si habueritis, contemptibiles qui sunt in ecclesia, illos constituite ad iudicandum.* Ecce, non dicit: permittite iudicare, sed pocius dicit: constituite. Et quod hec auctoritas ad sacerdocium pertineat, probat apostolus ibidem per locum a minori arguendo sic. Si id quod minus ª) videtur inesse, inest et id ᵇ) quod magis: sed minus videretur, quod apostolici viri haberent iudicare angelos ex sanctitate, quam homines in temporalibus ex auctoritate. Et tamen ex sanctitate angelos iudicabunt, ergo homines in temporalibus. quamvis non exercitative, tamen constitutive, ut dictum est. Istam racionem ponit apostolus per hec verba ²): *Nescitis quoniam sancti de hoc mundo iudicabunt? et si in vobis iudicabitur mundus, indigni estis, ut de minimis iudicetis. Nescitis quoniam angelos iudicabimus? quanto magis secularia.* Et ad hanc intencionem loquitur beatus Bernardus ad Eugenium papam dicens ³): *Non videtur michi bonus estimator rerum, qui estimat viris apostolis non licere, ut de temporalibus discernant, quibus datum est iudicium in maiora.*

Hic respondunt adversarii dicentes, quod apostolus in dicto capitulo, quantum ad apostolos qui terrenis actibus renunciaverunt, loquitur de rebus temporalibus ecclesie pauperum, quorum apostoli erant procuratores et dispensatores, et non de rebus secularibus hominum mundialium huius mundi negocia querencium. Ista solucio claudicat ᶜ) altero pede, cum quia dicta racio apostoli concludit eciam de temporalibus secularium hominum in ecclesia Dei, tum quia nisi de rebus temporalibus secularium hominum intellexisset, minime regulam iudicandi in eisdem secularibus mox intulisset, scilicet quod per viros apostolicos non exercitative et immediate, sed constitutive et mediate de rebus secularibus esset iudicandum. Unde idem apostolus II° ad Thymo. II. c. dicit ⁴): *Nemo Deo militans implicat se negociis secularibus, ut illi placeat cui se probavit.* Implicare namque se in hiis est eis uti, ea immediate possidere et iurisdicionem in ipsis exercere. Et huic occupacioni renuncia-

a) *ms.* iurius.
b) *ms.* ad.
c) *ms.* clauditat.
1) I. Corinth. 6, 4.
2) 1. Corinth. 6, 2. 3.
3) Bernhard, De consid. I. 1. c. 6, 1. c. p. 736 (412).
4) II. Timoth. c. 2, 4.

verunt apostoli, non autem auctoritati examinandi et approbandi principes seculares et constituendi eos principes aliorum. Sed diceres michi: nusquam legitur apostolos hec fecisse. Respondeo, quod tunc *astiterunt reges terre et principes convenerunt in unum adversus dominum et adversus Christum eius* ¹). Si autem temporibus apostolorum fuissent reges qui veritatem intellexissent fidei et in ea erudiri voluissent atque domino in timore servivissent, sine dubio apostoli eos principaliter iudicassent et approbassent et probatos super alios constituissent.

XI° arguitur sic principale. Cui principale committitur, eidem accessorium intelligitur esse commissum. Sed temporalia habent se ad spiritualia sicut accessorium ad principale, secundum illud salvatoris Mt. VI ᵇ) ²) c *Querite primum regnum Dei et hec omnia adicientur vobis*. Ergo cum Christus apostolis commiserit ordinariam iurisdicionem spiritualium, sequitur quod eis commiserit consequenter et accessorie iudicariam potestatem temporalium. Huic racioni respondetur, quod universalis iurisdicio temporalium non est per se accessoria, sed magis distractoria et impeditoria ad universalem iurisdicionem spiritualium. Nam ea que sunt Cesaris non habent se ad ea, que sunt Dei, sicut per se accessoria ad principale. Ista solucio, ut cum pace dicam, derisoria est. Quoniam fidelis imperator totam iurisdicionem suam conformare tenetur ecclesie sancte Dei nec aliquibus legibus sustentari, quibus obviari aut contrariari posset iurisdicioni spirituali. Cum ergo iurisdicio temporalis (*p. 453*) in auxilium iurisdicionis spiritualis a Deo data sit, ut ubi censura non timetur ecclesiastica, rigor et horror temporalis gladii timeatur. liquidum est temporalem per se accedere ad spiritualem iurisdicionem, ymmo ea que sunt Cesaris fidelibus legibus regulata, habent se ad ea que sunt Dei, tamquam per se accessoria ad principale. Quoniam leges imperiales non sunt supra legem Dei, sed subtus, di. X. *Lege imperatoris* ³). Et ubi leges imperatoris canonice sanccioni viderentur obviare, non esset eis in controversiis ecclesiasticis utendum, sicut patet ibidem. Relinquitur ergo iurisdicionem temporalem per se accessoriam esse ad spiritualem. Maledictus enim et infidelis imperator, cuius ᶜ) ea que sunt per se, non attendunt ad ea que sunt Dei. Omne namque imperatoris iudicium se iudicio Dei et ecclesie conformare necessario tenetur. Sed omne necessarium est per se, et omne per se necessarium, ut patet per Aristotelem primo Posteriorum ⁴).

a) *am Rande.*
b) *Korr. am Rande.*
c) *Endung korr.*
d) *Es scheinen mehrere Worte ausgefallen; etwa:cuius leges cum regulant.*
1) Ps. 2, 2.
2) Matth. 6, 33.
3) c. 1. dist. 10.
4 Aristoteles, Posterior. 1. I. 1. c. III 484.

Decimo arguitur ad principale sic. Sicut omnis pontifex iure divino habet, quod possit a suis subditis exigere illa, quibus opus habet ad divinum ministerium peragendum secundum testimonium apostoli I. ad Corinth. IX. c. dicentis ¹): *Si nos vobis spiritualia seminamus, non est magnum, si vestra carnalia metamus; nescitis, quoniam hii qui in sacrario operantur, de hiis que in sacrario sunt, edunt?* Ita eciam dominus ordinavit hiis qui ewangelium annunciant, de ewangelio vivere. Sic summus pontifex non solum est necessarius ª), ut sibi sumat ᵇ) vivere de ewangelio, ymmo pro defensione ecclesie Christi universalis necessarius est approbacione boni et fidelis imperatoris, dico ita necessarius sicut pane et vino ad defensionem corporis sui, cum ipse provisor sit universalis ecclesie Dei. Ergo quandocumque aliquis in regem Romanorum eligitur, mox per papam approbari vel reprobari tenetur. Hec racio tenet per locum a simili ᶜ).

Undecimo arguitur sic. Quia Gen. 1. c. legitur ²), quod *fecerit Deus luminaria magna, scilicet luminare maius, ut preesset diei et luminare minus, ut preesset nocti.* Sed illa duo luminaria magna signant et figurant duas magnas potestates in ecclesia, scilicet luminare maius pontificalem et luminare minus regalem, ut patet extra de maior. et obed. c. *Solite.* Luna vero recipit lumen suum a sole. Ergo potestas regalis recipi debet a potestate pontificali. Ad hanc racionem respondetur, quod quamvis luna sit inferior sole, tamen non est facta a sole, sed immediate a Deo, nec eciam proprius motus lune dependet a sole. Item nec eciam proprium et naturale lumen dependet a sole, quia cum tota luna eclipsatur, tunc luna non apparet quo ad lumen solis ᵈ), sed quo ad lumen proprium. Et in ewangelio Mt. XXIIII. dicitur ³): *Et luna ᵉ) non dabit lumen suum*, ergo secundum ewangelium luna habet lumen suum et proprium. Consimiliter licet potestas regalis sit inferior et minor pontificali, quia spiritualia maiora sunt et digniora temporalibus, et in hiis que spectant ad eternam salutem illuminetur et dirigatur ab ea, tamen potestas regalis non est a iure divino constituta per potestatem sacerdotalem et pontificalem plus, quam luna constituta sit a sole, quia primus sacerdos qui legitur in sacra scriptura fuit Melchisedech, qui tamen prius legitur rex, quam sacerdos, ut patet Gen. XIII c. ⁴), prius autem non constituitur per posterius. Unde et apostolus Iª ad Corinth.

a) *a. R. Korr. statt* nucci 9.
bꞮ *ms.* sinuat.
c) *ms.* assimili.
d) *Folgt ausgestrichen :* sed quo ad lumen solis.
eꞮ *Korr. a.* lumen.
1) 1. Corinth. c. 9, 11—13.
2) Genes. 1, 16.
3) Matth. c. 24, 29.
4) Genes. 14, 18.

XV. c. dicit ¹): *Non prius quod spirituale, sed quod animale, deinde quod spirituale est.* Ista responsio deficit propter duo. Primo quia licet luna concedatur parvum lumen habere proprium et obscurum valde, nichil aut modicum proficuum inferioribus, non tamen habet notabilem statum luminis, nisi a sole. Sic imperator, quamvis ad personam propriam aliquas habeat virtutes, tamen iste ut sic monastice exercentur aut yconomice ᵃ), valentes sibi aut domui sue. Et bene conceditur, quod papa non dat imperatori substanciam suam nec virtutes innatas vel consuetudine aut doctrina acquisitas. Si vero lumen suum debeat esse (*p. 452*) notabilis status et notabiliter proficuum universo secundum exercicium politicum universe polycie christiane, quale nomen est serenitas imperialis auctoritatis, illud neccessario, quantum est de iure, a papa recipit; et in hoc puncto racio assignavit similitudinem.

Secundo deficit hec responsio, quia esto, sed nondum concesso, quod in veteri testamento regnum precesserit sacerdocium, nichilominus in novo testamento est econverso, quia Christus et apostoli precesserunt reges fideles, quamvis infideles precesserunt eos. Sed nos loquimur de iuribus regum fidelium et summorum pontificum in novo testamento, qui longe perfecciorem habent potestatem, quam habuerint sacerdotes veteris testamenti. Item licet animale prius sit via imperfeccionis spirituali, sicut corpus prius est anima, tamen quo ad esse racionale, utique spirituale et racionale est prius prioritate cause ipso animali ᵇ), quoniam per spiritum, qui est anima racionalis, animal racionale constituitur formaliter in esse quo ad aliam partem sui recipientem materialiter hoc esse. Sic supposito, quod reges sub inperfecto et figurali testamento precesserint sacerdotes, sub esse tamen testamenti perfecti sacerdocium faciens reges fideles precessit, donans eis formale esse fideliter regendi.

Ultimo arguitur sic ad principale auctoritate Hugonis qui dicit de sacramentis parte II. c. IIII ²): *Nam spiritualis potestas terrenam potestatem et instituere habet, ut sit, et iudicare habet, si bona non fuerit.* Ipsa vero a Deo primum constituta est, et tum deviat, a solo Deo iudicari potest. Racio huius auctoritatis hec est. Quandocumque duo agencia subordinata agunt ad eundem finem, quorum unum, scilicet superius, est divinum et reliquum, scilicet inferius, est humanum, ipsum superius habet inferius dirigere, et si ᶜ) sit instituibile, per superius institui, maxime cum hoc superiori instituere non repugnet. Sed iurisdicio spiritualis, tamquam divina et superior, ac iurisdicio temporalis, tamquam

a) *ms.* yconomee.

b) *Durchgestrichen folgt :* quoniam per spiritum qui est anima racionalis animal racionale utique spirituale et racionale est prius prioritate cause ipsi animali.

c) *ms. korr. a.* sic (?).

1) 1. Corinth. 15, 46.

2) Hugo Vict., De sacram. lib. II. P. II. c. 4. Migne 176, 418.

humana et inferior, ad eundem fine.n militant et agonizant in ecclesia militante, scilicet ad iuste vivere populi christiani, puta unicuique dimittere, quod suum est, neminem alteri facere quod sibi fieri non vult, Deum colere et huiusmodi. Nec repugnat iurisdicioni spirituali instituere temporalem, quando principem non habet, cum ambe ad eundem finem agant et in eadem materia, scilicet populo Christiano. Non eciam sunt incompassibiles in eadem persona, videlicet in summo pontifice, ut unam earum habeat formaliter et exercitative, reliquam habeat ᵃ) virtualiter et institutive ᵇ) seu collative.

C . X X V . s o l v e n s   o b i e c c i o n e s   a d   o p p o s i t u m   f a c t a s.

Ad solvendum autem obiecciones in oppositum prius adductas aliqua necessaria sunt premittenda. Quorum primum est, quod tempora primitive ecclesie a temporibus ecclesie nunc adulte et sublimate sunt distingwenda. Nam temporibus ecclesie primitive dominus commendare voluit humilitatem ipseque et eius apostoli a principibus et imperatoribus huius seculi eciam infidelibus iudicari voluerunt. Nam tamquam eos recogno-scerent de iure habere dominium temporale super eos neque quod recognoscerent eos veros reges aut veros imperatores populorum, cum extra ecclesiam universalem fidelium non sit imperium, eo quod extra ecclesiam nulla de iure potest esse potestas iudicandi, XXIIII. q. 1. c. *Subdyaconus* ¹), iusserunt eciam eis obedire et tributa solvere, non quod de iure tenerentur ad ista, sed ut scandalum apud populum infidelem frementem adversus dominum et adversus Christum eius in primitiva ecclesia vitaretur. Deinde vero ecclesia tributa solvere voluit ex benignitate pro sui defensione, XXIII. q. VIII. *Tributum* ²). Postquam autem immenso sanguine Christi et martirum eius rubricatus est orbis, postquam illuminatus est fidei claritate per predicaciones apostolorum et succedencium ipsis, et cum iam adulta esset ecclesia ipsa, pia mater nostra, Ierusalem sancta, beatis brachiis veros reges et principes fecit, instituit et felici regimine direxit. Nam cum apostolicus Christi dominantes preter Deum aut non ex Deo reduxit infra limina ecclesie, ipsos ex Deo regnare fecit (*p. 455*) et per consequens imperium eorum a Deo fuit principaliter per operam spiritus sancti atque a vicedomino Christi tamquam a ministerio ᶜ) subserviente Deo et vices eius in terris gerente. Quo progressu ecclesie sic paulative progrediente ad maioritatem in populo ipsa felicissima Christi sponsa auctoritatem et potestatem, quam a domino habuit et hodie habet et semper habebit usque ad seculi consummacionem, lacius extendere racione postulante decrevit, leges imperato-

---

ᵃ) *ms. folgt ausgestrichen :* formaliter et.
ᵇ) *ms.* instuitative.
ᶜ) *Endung korr.*
1) c. 39 C. 24 q. 1.
2) c. 22 C. 23 q. 8.

ribus Romanis instituit sibi iurandi et examinandi et approbandi vel re-
probandi electos in reges Romanorum et postmodum in imperatores pro-
movendos propter raciones in superioribus capitulis assignatis. Quapropter nulli arguere licet sub hac forma: ecclesia a) retroactis temporibus non exercuit hoc ius in reges et imperatores vel non exigebat ab
eis tale quid, ergo nec modo exercere vel exigere debet. Et hoc pulcher-
rime declarat canon auctoritate beati Augustini ad comitem Bonifacium
XXIII. q. IIII. c. *Si autem* [1]), sic dicens: *Quod autem dicunt qui circa
suas impietates leges iustas institui nolunt, nec petisse a regibus terre
apostolos talia, non consideras* b) *aliud fuisse tempus et omnia suis convenire temporibus? Quis enim tunc in Christum imperator crediderat?
Quis enim pro pietate circa impietatem leges deferendo serviret? Tunc
enim adhuc illud propheticum* [2]) *implebatur: Quare fremuerunt gentes
et populi meditati sunt inania, astiterunt reges terre et principes convenerunt in unum adversus dominum et adversus Christum eius. Nondum
enim agebatur, quod paulo post in psalmo dicitur* [3]): *Et nunc reges intelligite, erudimini qui iudicatis terram. Servite domino in timore et exultate
cum tremore. Quomodo ergo reges serviunt domino in timore, nisi ea
que circa iussa domini fiunt religiosa serenitate prohibendo atque plec-
tendo? Aliter enim servit, quia homo est, aliter eciam quia rex est. Quia
homo est, servit vivendo fideliter, quia rex est, servat leges iusta pre-
cipientes et contraria prohibentes convenienti rigore sancciendo.* Item
ibidem c. *Displicet tibi.* § *Repetis* [4]) canon ex verbis Augustini ad Donatum presbiterum dicit: *Et non attendis, quia tunc primum ecclesia novello germine pullulabat nondumque completa fuerat illa prophecia* [5]):
*Et adorabunt eum omnes reges terre, omnes gentes serviunt ei. Quod
utique quanto magis impletur, tanto maiore utitur ecclesia potestate, ut
non solum invitet, sed eciam cogat ad bonum.* Loquitur autem beatus
Augustinus contra Donatum hereticum, qui contra hoc, quod heretici con-
pellebantur reverti, allegabat, quod in ewangelio scriptum est [6]), reces-
sisse a domino LXX discipulos et arbitrio male c) sue atque impie dis-
pensionis fuisse permissos, ceterisque XII qui remanserunt fuisse dictum: *Numquid et vos vultis abire?*

Ex hiis clare patet, quod excellens Christi ac apostolorum humilitas
qua usque in mortem humiliati sunt et subditi regibus seculi in ecclesia

a) *folgt in getilgt.*
b) *ms.* considerans, *korr.*
c) *ms.* anale.
1) c. 42 C. 23 q. 4. § 1.
2) Ps. 2, 1. 2.
3) Ps. 2, 10. 11.
4) c. 38 C. 23 q. 4 § 3.
5) Ps. 71, 11.
6) Joh. 6, 68.

primitiva, non est in consequenciam successoribus trahenda. Secundo est notandum, quod in sacris eloquiis ea, que consuluntur ad perfeccionem, non precipiuntur ad salutis necessitatem, sicut relinquere omnia que homo possidet ac ire mendicatum aut diligere inimicos et hiis similia, quia tunc nemo, nisi pauper esset, salvaretur, quod est absurd um. Sufficit ergo ad salutem eternam sic renunciare mundo, ut animus mundanis rebus non obruatur in tantum, quod divinum cultum postponat et caritatem Dei penitus amittat. Maria namque Magdalena, quamvis optimam partem elegerit contemplando et verbum dominicum iugiter audiendo, nichilominus Martha que solicitata fuit circa plurima et circa frequens ministerium satagebat, salutem non ommiserat a). Quapropter summum pontificem Christi et apostolorum perfeccionem non est neccesse habere nec de regione in regionem nudis pedibus ambulare, sed nec domum propriam habere quemadmodum Christus. Nec sequitur : Christus hec non exercuerat, ergo auctoritatem eorum non habuerat. Poterat enim multa que non fecerat, et plurima circa ecclesiam suam disponenda Christus suis apostolis et eorum successoribus commendabat.

Tercio est notandum, quod (p. 456) imperium immediate a Deo esse verum est ex parte Dei donantis, scilicet immediacione principalitatis, quia nemo principalius donat, nec ipse aliquo medio indiget mediante quo donet ; sed non est immediate a Deo per privacionem ordinis et ex parte recipientis. Quoniam imperator recipiens imperium ipsum recipit mediante humana eleccione et indiget electorum concordia, sicut olim indiguit hereditaria successione. Indiget quoque ecclesie Dei confirmacione, sicut summus pontifex indiget eleccione per cetum cardinalium facta. Unde (si) b) arguitur c): imperium immediate est a Deo, ergo non a papa, est fallacia equivocacionis, equivocando videlicet d; immediate. Sicut non valet, si arguatur : imperium est a Deo immediate, ergo ab electoribus non dependet ; aut oportebit dicere, quod electores sint Deo viciniores papa et supra Deum, vel saltem oportebit dicere, quod iurisdicio temporalis imperii sacri nullo modo dependeat ab eleccione ipsorum.

Quarto est notandum, quod papa non habet se intromittere de iurisdicione imperii effectualiter et exercitative, nisi cum vacat imperium, sed tantum virtualiter et collative, scilicet in assumendo electum et ipsum confirmando secundum habita prius. Velle autem conferre marchyonatus, ducatus aut comitatus ipsis vacantibus existente imperatore aut alia efficere et exercere, que ad imperatorem electum et confirmatum pertinent, est preiudicium facere Cesari in iuribus suis. Et non licet sic

a) *ms.* ammiserat.
b) *Fehlt ms.*
c) *Endung korr.*
d) *ms.* lij ?

papam falcem mittere in messem alienam; sicut non licet econtra imperatorem episcopos consecrare vel confirmare aut alia que ad spiritualem
pertinent auctoritatem exercere. Ymmo sic papa non habet imperium in
manibus suis ordinaria auctoritate. Sic enim posset sibi reservare colla-
ciones maiores vel aliquorum principatuum imperii, et ipso tamquam
maiore presente cessaret auctoritas imperatoris, sicut fit in hiis que formaliter et exercitative summo subsunt pontifici. Item namque reservat
sibi, quando placet, omnes prelaturas maiores omnium ecclesiarum et ubicumque presens est ᵃ) cedentibus ipsis de iure cessat auctoritas inferiorum. Sic autem non est de imperio, quia nec imperator iura pontificatus
nec pontifex iura imperatoris sibi usurpat, ut patet XCVI. ᵇ) di. *Cum ad
verum.* ¹) et c. *Duo sunt* ²) (cum) ᶜ) concordanciis eorum.

Ex hoc notabili solvuntur omnes obiecciones opposite per dominum
Ludowicum quartum. Nam omnes per eum allegati canones sic sunt intelligendi. De glossa vero ordinaria dico, quod tenetur ad placitum in
hiis questionibus et consimilibus. Contrarium enim eius tenent alii doctores, extra qui filii sint legit. *Causam que II.*³), ubi Alanus, Tancredus,
Bernardus tenent, quod secularis iurisdicio ab ecclesiastica dependeat
iurisdicione. Quamvis autem exercitus faciat imperatorem ypotheticum,
non tamen kategoricum facit, sicut patuit supra c. XVIII.

Quomodo vero imperium habeatur a solo Deo, dictum est iam notabili tercio. Sed quod dicitur, quod non posset appellari ab imperatore
ad papam, dicendum ᵈ) est, quod mediate ab imperatore ad papam appellari non debet, scilicet a iudice seculari ordinarie subdito imperatori
pretermittendo imperatorem, saltem in hiis populis qui non sunt immediate subiecti iurisdicioni pape temporali. Immediate autem ab imperatore appellari potest ad papam, cum imperator aliquem contra Deum et
iusticiam gravaret, sicut eciam imperator ad concilium appellat, quando
se a papa sentit agravari, ut patuit per appellacionem domini Ludowici
quarti contra processus Iohannis pape XXII. nostris temporibus interpositam. Ad illud vero, quod obicitur VIII. di. ⁴) dicendo, quod *iura humana
per imperatores Deus distribuit generi humano,* dico, quod hoc verum
est tamquam per eos ad quos secundario pertinet iurisdicio temporalis,
scilicet usualiter et exercitative. sed cum hoc bene stat, quod eadem
iurisdicio ad papam pertineat virtualiter et collative. Et quod in eodem

a) *Folgt* autoritatis *ausgestrichen.*
b) *ms.* XXVI.
c) *Fehlt ms.*
d) dicendum *his* papam *am Rande.*
1) c. 6. dist. 96.
2) c. 10. ibid.
3) c. 7. X qui filii sint legit. (IV, 17).
4) c. 1. dist. 8.

c. *Quo iure* dicitur [1]): *Tolle iura imperatoris, et quis audet dicere hec villa mea est, meus est iste servus etc.*, dico, quod omnia sunt ipsius tamquam rectoris et (*p. 457*) [a]) defensoris, qui gladio temporalis iurisdicionis omnia dirigere habet temporalia, sed non sunt omnia ipsius tamquam possessoris et usoris. Quamvis autem lex dicat imperium et sacerdocium ab eodem principio processisse, non tamen hoc est eodem ordine, sicut patet ex sepius declaratis.

Concludendo ergo dico, quod imperator iurisdicionem pape perturbare non debet nec papa iurisdicionem imperatoris, quam habet effectualiter et formaliter exercere, sic quod papa exerceat eandem. Habet tamen papa imperatorem electum impedire, si inveniat ipsum non canonice electum fuisse, quia ipse summus pontifex iurisdicionem imperalem nutualiter habet, sic quod ad nutum suum exercenda est ac virtualiter, quia quodammodo causative et collative tenet eam, sicut longe superius est declaratum.

Ad raciones theologicas [b]) eciam est dicendum. Et primo ad primam cum dicitur [2]): *In sola et mera commissione regni celorum non venit nec cadit commissio terrenorum.* Concedo maiorem ; sed minorem nego, nam ista exclusiva nusquam in dictis ewangelicis reperitur, quibus legitur dominum claves regni celorum Petro contulisse. Unde Matth. XVI [3]) non legimus: *Et tibi dabo claves regni celorum* tantum ; nec dicitur *quodcumque ligaveris tantum in spiritualibus super terram, erit ligatum et in celis.* Sed quod non est scriptum, non est novis adinvencionibus presumendum, ll. q. V. c. *Consuluistis* [4]). Et cum dicitur [5], *quod regnum celorum et regnum terrenorum ex opposito dividuntur, sicut regnum carnale et regnum spirituale,* respondeo, quod sicut viator in ecclesia militante indiget carne et spiritu ad vivere suum temporale, sic indiget celestibus ad cibum anime et terrenis ad corporis sustentacionem. Nec possunt in hac vita celestia pertractari sine terrenis subsidiis. Sed nec papa nec imperator indiget toto mundo terreno ad sui corporis sustentacionem. Indiget tamen uterque ex iniuncto sibi a Deo officio, ut totum mundum dirigat ad debite utendum carnalibus et temporalibus, non amittendo eterna. Et sic regularis usus rerum temporalium non contrariatur celestibus viatorum felicium sive sanctorum in hac vita, ymmo subvenit eis; alias omnes homines possidentes terrena neccessario dampnarentur, nec aliquis regum aut imperatorum posset eternam vitam possidere, quod est absurdum. Irregularis autem et immoderatus usus

---

a) *ms. zählt irrtümlich* 455 (B) u. s. f.
b) *ms.* theoloygicas.
1) c. 1. dist. 8.
2) Vgl. unten Occam, Tr. de pot. imp.
3) Matth. 16, 19.
4) c. 20. C. II. q. 5.
5) Occam, Tr. de pot. imp.

temporalium et carnalium celestibus et spiritualibus contrariatur. Sed talis non est imperatoris, si totum mundum bene dirigat, nec pape, si imperatorem ad hoc ydoneum approbet et confirmet. Si vero papa extra debitum sibi temporalia usurpet plus solicitando de possessionibus, quam de criminibus hominum tergendis, iniuriam facit officio suo. Nam finis principalis papalis officii est animas ovium Christi Deo reddere et omnes actus hominum ad hunc finem moderare. Sed quoniam videbatur beato Bernhardo, quod Eugenius papa magis exteriora quereret quam oporteret, ergo eum increpando dixit [1]): *Propter illa*, scilicet crimina tergenda, supple tamquam propter finem principalem, *et non propter illas*, scilicet possessiones rerum temporalium, tamquam propter finem, *accepistis claves regni celorum, prevaricaciones utique exclusuri, non possessiones*, supple formaliter et exercitative, quod pertinet ad imperatorem. Cum hoc tamen Bernhardus concessit gladium temporalem ad papam pertinere, sicut supra patuit in VI. racione c. XXIII. Et quod allegatur ex decretis XXIIII. q. III. c. *Si habes: Quecumque ligaveris etc.*[2]), concedo, quod hoc animas in celo ligat, sed cum hoc non excluditur, quin virtute eiusdem verbi eciam pape divino iure competat transferre imperium, confirmare imperatorem electum et approbare. Idem dico ad oracionem ecclesie, qua dicitur: *Deus qui beato Petro* etc., quia non est oracio b) exclusiva, non enim dicitur: *collatis clavibus regni celestis* tantum; ymmo cum ea bene stat: *terreni imperii pontificium tradidisti.* Sed quoniam ad papam non pertinet terrenum imperium exercere, sicut pertinet ad imperatorem, pertinet autem ad summum pontificem sacerdocii pontificium (*p. 458)* exercere, ergo pocius dicitur in scripturis de regno celesti quam de terreno, cum regnum celeste sit finis principalis, gracia cuius totum terrenum imperium militat virtutibus et sanctis operibus agonizat. Unde II⁰ De anima dicit Aristoteles [3]), quod iustum est a fine omnia denominari.

Ad secundam racionem principalem, cum dicitur [4]): *Certum est Christi vicarium non habuisse nec habere maiorem plenitudinem potestatis, quam habuerit Christus*, concedo maiorem, sed minorem nego, ymmo dico, quod Christus plenitudinem potestatis habuit in temporalibus longe perfeccius, quam papa, sed non exercuit eam. Quare autem non exercuerit, huius racio supradicta est notabili primo, quia Christus summa perfeccione et humilitate volebat ostendere, quod non venisset finaliter, ut regnaret in hoc mundo, sed ut lapsum genus hominum repararet. Non ergo omnem potestatem quam habuerat exercere volebat, alias crucifi-

a) *am Rande korr.*
b) *Korr. aus* racio?
1) Bernhard, De consid. l. 1, c. 6, l. c. p. 736 (412).
2) c. 1. C. 24. q. 3.
3) Aristoteles, De anima l. 2. c. 4, ed. F. Didot III 450.
4) Vgl. unten Occam l. c.

xus minime fuisset. Unde Petro evaginanti gladium ait [1] : *Non credis, quia possem rogare patrem meum, et mitteret michi XII legiones angelorum.* Plurimi autem ex Iudeis putabant, quod Christus natus esset ad hoc purus homo, ut regnaret in populo Ysrael, et in hac intencione plurima petebant ab eo, et sic homo de quo legitur Luc. XII. [2]) peciit a Christo, ut iuberet fratrem dividere secum. Christus autem volens [a]) connotare intencionem petentis esse falsam, dixit : *Quis me constituit iudicem mundanum super vos*, supple : tamquam regem purum hominem, ut tu estimas, quasi diceret : nullus. Consimili intencione deceptus fuit Herodes, qui Christum natum occidere volebat, quia ipsum regnaturum in Iudea purum hominem estimabat. Et quod Io. Crisostomus dicit [3], Christum nos docuisse mundanas contempnere dignitates, verum est in arroganciam et prevaricacionem, sed in servicium Christi [b]) et regimen ovium Dei iugum dignitatis subire utique salubre est. Sufficit, quod quis in diviciis sciat esse pauper, et felicius est, quam pauperem, in penuriis avarum existere. Fugiit ergo Christus in montem, cum turbe ipsum volebant regem facere, credentes eum esse hominem purum, ut ostenderet se a patre habere omnem potestatem quam habebat, non ab eleccione humana vel a iure humano. Quomodo enim Christus denuo rex fieret hominum eleccione, quia ab eterno secundum predestinacionem patris rex omnium erat creaturarum. Et hoc modo eciam solvitur illud Iohannis XVIII [4], quod Christus stans coram Pylato ait : *Regnum meum non est de hoc mundo.* Putabat enim Pylatus, quod Christus assereret se regem Iudeorum tamquam hominem purum. Et sic Christus negabat se regem esse eo modo, quo [c]) hic mundus sibi accipit reges vel per hereditariam successionem hominum vel per eleccionem. Sic enim regnum Christi non fuit de hoc mundo, sed pocius regnum eius fuit universalis mundi machina [d]) elementaris siquidem et etheree regionis, cui mare obediebat, aer cum ventis suis acquievit, terra contremuit, ignis auscultavit, astra ministrabant, angeli serviebant. Item quod postea subditur Ioh. XIX. [5], scilicet quod Christus dixit Pylato : *Non haberes potestatem in me ullam, nisi datum esset tibi desuper*, respondeo, quod Pylatus non habuit iurisdicionem temporalem super Christum nec data fuit sibi a Deo sic, quod haberet ius ipsum iudicandi; cum extra ecclesiam nulla de iure possit esse potestas iudicandi, sicut patuit notabili

a) *ms.* volebat.
b) *Korr.*
c) *ms.* quod.
d) *Folgt* sua *ausgestrichen.*
1) Matth. 26, 53.
2) Lc. 12, 13—14.
3) Joh. Chrysostomus. l. c. oben S. 325.
4) Joh. 18, 36.
5) Joh. 19, 11.

primo, sed data fuit sibi potestas, id est permissa tamquam huic, qui
regnavit et iudicavit, sed non ex Deo. Sic eciam intelligenda sunt verba
beati Augustini pertractantis eadem ewangelica dicta. Et quod subiungitur
Matth.[a] XX [1]: *Scitis quia principes* etc., dico, quod cum Christus dixit:
Qui maior vestrum sit, fiat sicut minister[2]), vel consimilia, intellexit: qui
maior vestrum sit auctoritative et potestative, sit vester minister humilitate sanctitatis, non sit dedignans superbus et arrogans, sicut sunt
reges inanes. Revera hoc fidelibus imperatoribus eciam precipitur, quia
in hoc ab infidelibus distant. In eodem sensu intelligenda sunt verba
beati Bernhardi ad Eugenium papam[3]), quoniam apostolis interdicitur
dominatus (p. 459) superbie et vanitatis, sed nullatenus dominium auctoritatis et felicis iurisdicionis tam in spiritualibus, quam in temporalibus rebus. In temporalibus saltem auctoritas virtualis et nutualis,
quamvis non intromiserint se de auctoritate effectuali et exercitativa.
Quoniam exercicium temporalium et exercicium spiritualium commode
se non compaciuntur. Ad illud autem Luc. II. cum dicitur[4]): *Et regnabit
in domo Iacob in eternum,* dico quod ista non est proposicio exclusiva,
quia cum hoc eciam Christus regnet in hoc transitorio mundo. Quia
reges et imperatores terre regnant et imperant per ipsum, et si Christus
in hoc mundo non exercuit iurisdicionem regni temporalis, nichilominus
ipsius potestatem habuit, sicut supra declarabatur. Ad dictum apostoli
ad Hebreos IX. c. [5]), cum dicit: *Christus assistens pontifex futurorum bonorum* etc., dico ut prius, quod hec proposicio non est exclusiva; commendatur enim Christus a dominio futurorum bonorum, utpote celestium
in ecclesia triumphante, que bona respiciuntur ut finis et premiacio per
bona opera viatorum, quibus transeunt hii per bona presencia huius ecclesie militantis. Sed cum hoc non excluditur, quin Christus eciam habuerit dominium presencium rerum. Et si queras, utrum habuerit dominium rerum presencium ut Deus vel ut homo, dico quod tamquam Christus unus ex utroque. Sicut enim anima racionalis et caro unus est homo,
ita Deus et homo unus est Christus. Similiter papa dominium talium
habet, non ut homo, sed ut vicechristus aut tamquam vicedeus. Non tamen habet omnium rerum potestatem et dominium, quarum Christus dominium habebat, sed omnium eorum, que sibi neccessaria sunt ad ecclesiam Christi regendam. Ad illud ewangelicum, quod obicitur: *Reddite ea
que sunt cesaris, cesari* etc. °), dico quod hoc fieri debet, quia [b] unicui-

a) *mts.* Jo.
b) *Uebergeschrieben v. a. H.*
1) Matth. 20, 25—28.
2) Matth. 23, 11. Marc. 10, 43.
3) Bernhard, De consid. l. II c. 6, l. c. 748 (419).
4) Lc. 1, 32.
5) Hebr. 9, 11.
6) Matth. 22, 21.

que ᵃ) reddendum est, quod suum est. Ergo papa non debet se intromittere de iurisdicione temporali sacri imperii usualiter et exercitative, quia
ut sic pertinet ad imperatorem. Cum hoc tamen bene stat, quod eadem
iurisdicio sit pape virtualiter et collative, neque ex hoc sequitur, quod
eiusdem iurisdicionis sint duo domini in solidum absque ordine et eodem
modo dominandi, sicut racio supponit, sed pocius eodem modo, quo iam
dictum est. Sed quod Christus per hoc verbum recognoverit imperatorem
dominum suum in temporalibus, absit a cordibus nostris. Ad illud autem
apostoli ad Ro. cum dicitur ¹): Omnis anima sublimioribus potestatibus
subdita est, concedo: et ergo imperatori subdimur, sicut oportet atque in
quibus oportet. Quapropter et ipse imperator pape subdi tenetur sicut
sublimiori suo, saltem eodem modo, quo oportet et congruit equitati. Et
ad auctoritatem Petri apostoli cum dicitur²): Subditi estote omni humane
creature etc., respondeo, quod si intelligi deberet, sicut sonat, oporteret,
quod quilibet homo subderetur cuilibet homini, quia dicit: omni humane
creature. Igitur Petrus apostolus vult dicere, quod humiles debemus esse
et mansueti ad omnes homines, inferioribus gratitudinem exhibendo, superioribus obediendo et cedendo, sicut sapiencia Kathonis ait³): Cede
maiori, parce minori. Concluditur ergo non plus, nisi ut papa cedat imperatori in iuribus suis eo modo, quo pertinent ad imperatorem, sicut
supra dictum est. Ad illud autem, quod ultimo dicitur, quod Christus
docuerit apostolos contempnere temporalia, quia dixit⁴): Vade et vende
omnia que ᵇ) habes et da pauperibus, dico, quod illud est consilium ad
perfeccionem, sed non est preceptum ad salutis neccessitatem. Et quod
Petrus ait⁵): Ecce nos relinquimus omnia etc., respondeo, quod hec vita
congruebat apostolis in primordiis ecclesie, sed non est trahenda in consequenciam successorum suorum, sicut in primo notabili superius declarabatur.

   Explicit tractatus de translacione imperii editus a magistro Conrado de Montepuellarum canonico ecclesie Ratisponensis Anno domini Millesimo
CCC⁰ quinquagesimo quinto.

   a) quia übergeschrieben v. a. H., dann ausgestrichen.   b) Folgt su
ausgestrichen.
   1) Rom. 13, 1.
   2) 1. Petri 2, 13.
   3) Nicht in den Disticha Catonis, ed. M. Baehrens, Poetae lat. min. III
214 ff.
   4) Matth. 19, 21.
   5) Matth. 19, 27.

Conradus de Megenberg

c) Tractatus contra Wilhelmum Occam.

Aus : a) Mscr. 149 (348) des Mährischen Landesarchivs in Brünn (früher no. 5 des Franzens-Museums in Brünn) = B.

b) Cod. Eichstad. 698 (olim 269) p. 461—483 = E.

Reverendo ¹) in Christo patri ac domino suo gracioso, domino F[ridcrico] ᵃ), venerabili episcopo Ratisponensi, C. de Montepuellarum, humilis eiusdem ecclesie canonicus, reverenciam tam debitam, quam devotam. Novit vestra prudencia in novis ac arduis delectari animum humanum, et quia in plurimis vobis obligor graciarum accionibus, novi quid ac ardui vestre paternitati decrevi humiliter deferre igitur et dicare ᵇ). Casu accidit anno precedenti proximo, ut serenissimum nunc imperatorem dominum K. et tunc regem Romanorum, qui pariter Boemie rex est, subtus bestiam quandam inmanissimam stratum flebiliter conspicerem, papas quoque et cetus cardinalium, specialiter tamen papam Iohannem XXII. et Clementem sextum bestie dentibus eiusdem, tamquam dentibus aprinis crudeliter dilacerari contuerer. Ac ego tremescens et attonitus ᶜ), quantum vires pauperes ministrarunt, a faucibus bestialibus papam et cardinales extraxeram et predictum regem Augustum plenis armis in equum suum tamquam honoris ascensorem reposueram meis manibus domino cooperante. Inscius facti huius nunc Cesar Augustus, inscia quoque sedes forsitan Romana ; sed hunc tractatum veluti nunccium novigerulum mittere desideraveram tunc regi, nunc imperatori. Rex autem in eam se transtulit distanciam imperialem recepturus coronam, qua nunccius hic libellus eum porrigere minime valebat. Ingratus ergo michi erit imperator, sed absit. Nam si Nythardus ᵈ), olim agrestium emulus, Nythardicis comediis hanc materiam exarasset, grates gratissimas a Cesare accepisset. Suscipite itaque, pater ᵉ) reverende, tenuem hanc cartulam et eam, si placet imperatori redeunti offeratis, quem Deus benedictus vobis graciosum et placabilem faciet in omnibus vestris coram ᶠ) eo ventilandis et agendis. Amen.

Incipit ᵍ) epistola Conradi de Montepuellarum ad dominum Karolum serenissimum Romanorum Augustum cuius primum cap. est prohemiale.

a) *ms.* ff, *darüber von moderner Hand :* Friderico.   b) *ms.* dicam.
c) *ms. ;* atrenicus.   d) *ms.* Nychardus, Nychardicis.   e) *ms.* pac[is.]
f) *Folgt* Deo *getilgt durch unterstreichen.*

1) Dieser Brief nur im Brünner Ms. = B p. 1. Gedruckt bei H. F r i e d j u n g , Karl IV. und sein Anteil am geist. Leben seiner Zeit, Wien 1876, Beilage VI, p. 327—328.

2) E. p. 461. Von hier bis zum Schluss von Kap. V gedruckt mit Kürzungen von K. M ü l l e r im Progr. der Univ. Giessen v. J. 1888 ; z. T. auch

Romanorum Augusto gloriosissimo Bohemieque regi gratissimo domino Karolo Conradus de Montepuellarum ecclesie Ratisponensis canonicorum minimus gladium imperialis culminis ad crementum et robur ecclesie militantis feliciter exercitare. Serenissime Auguste, ut vobis, ecclesie christiane defensori precipuo, nunc et alias loquár meosque libellos singulari desiderio gracie vestre a) scribere coner, quodam indicio b) quasi desuper, ut credo, impulsante secrecius inducor. Maximum namque spei fomentum michi prebet dotum c) bonitatis vestre magnitudo, ut scilicet ecclesie Dei militantis unversalis atque omnium ecclesiarum vos magnum sperem propugnatorem nobilemque d) defensorem nostris in diebus tamquam christianissimum regum. Quapropter simplicitas mea regie vestre celsitudini nuper ausa fuit libellum transmittere de translacione imperii a Grecis in Francos et Germanos, de iuribus quoque imperii Romani e) post instans translacionis eiusdem. Sed quia tunc regius apex multo exercitu laborabat, ut quosdam sacri imperii Romani principes fidelitatis alligaret catenis f), igitur pro tunc non patebat michi ad vos Romanum principem accessus propria in persona. Cumque ') sic in civitate Nurinberga g) sub latibulis latitarem ad regium vultum accessum prestolando h), fuit michi undecumque quaternulus quidam oblatus plenus omni malicia et veneno doloris i), singulariter tamen statum vestrum tangens et diffamans omnem honorem. Cuius siquidem libelli principium tale est:

„Quia sepe iuris k) ignari de l) hiis que certa sunt et in iure diffinita tam clerici, quam religiosi seu mundani propter aliqua que habentur m) in quadam littera domini Clementis pape sexti seu confessione per totum n) mundum transmissa dubitant, de quibus aput iurisperitos dubitacio non existit etc.".

Et ascribitur ille nequiciarum libellus, ut sic dicam, fratri Wilhelmo de Occam Anglico, qui non solum in hoc tractatu, verum eciam in multis aliis suis tradicionibus virus maximum diffudit in ecclesiam Dei, tantamque o) multitudinem scolasticorum virorum secum traxisse videtur, ut tercia pars vel ultra speculatorum a solida philosophya modernis temporibus apostatasse decernatur. Unde et ipso congrue per draconem magnum figurari potest cuius cauda trahebat terciam partem stellarum celi et misit eas in terram. De quo dracone scribitur Apokal. XII ᵃ).: Et ecce draco magnus et ruffus etc. Iste namque draco magnus invidens ecclesie

v. Höfler, Aus Avignon (Abh. d. böhm. Ges. d. W. VI. F. Bd. 2) S. 14—16. Beide haben mehrfach ungenaue Lesarten.

a) E : ure. b) B. : indicii c) E. : totum. d) que *fehlt* B. e) *fehlt* B. f) B. : cathervis. g) B. : Neubergensi vel Nurinberga. h) B. : postulando. i) B. *folgt* et. k) E. : viri· l) *fehlt* B. m) B. E. : habent. n) *fehlt* E. o) E. : tamquam.

1) B p. 2.
2) Apoc. 12, 3.

Christi, magnus inquam scripturarum sophisticacione, ruffus delictorum sanguine, quibus deliquit ᵃ) in ecclesiam Dei, traxit cauda venenosa compylacionum suarum tam in philosophya, quam in sacra pagina terciam partem stellarum celi, idest docendorum in scripturis, ipsos quoque de celo veritatis in terram tenebrarum et errorum deiecit, ut de angelis facti sint demones, de phylosophis errophyli creati. Sed ᵇ) quia specialiter iste tractatus predicti fratris Wilhelmi, quem nunc pre manibus habeo, si tamen suus est, ut asseritur, flebiles seminat errores in ecclesia katholica Christi, qui denique errores calore verborum suorum possent deformare simplices et inficere innocentes, ideo ad honorem Dei ac defensionem ecclesie christiane necnon ad vestri reverenciam, inclite Auguste, quia vos pro magna parte inficere nititur singulariter, cogitavi hunc brevissimum tractatum colligere ad confutandum errores eosdem.

Cap. II. ponens tres articulos datos a dominoClemente papaᶜ) sexto.

Sciendum est itaque, quod anno domini MCCCᵒXCVIIᵒ 3ᵒ kal. decembres dominus Clemens papa sextus, cuius memoria in benediccione sit, misit per diversa loca orbis et specialiter per Alamaniam literam quorumdam articulorum, quos quilibet notabiliter promovendus in ecclesie Dei iurare deberet credere atque fideliter confiteri. Et sunt tres precipue positi sub hac forma ¹) : *Ego confiteor me tenuisse et tenere (p. 462) fidem katholicam ac credere et tenere, quod credit et tenet et* ᵈ) *docet sancta mater ecclesia, et credidisse et adhuc firmiter credere, quod non spectat ad imperatorem papam* ᵉ) *seu summum pontificem deponere et alium* ᶠ) *eligere vel creare, sed hereticum reputo et heresim dampnatam per ecclesiam. Insuper ad sancta Dei ewangelia iuro, quod stabo et parebo mandatis domini nostri Clementis pape sexti et ecclesie Romane super illatis iniuriis et contumaciis et rebellionibus fautoriis et aliis implicite vel* ᵍ) *explicite per me* ʰ) *commissis, per me* ⁱ⁾ *confessatis et non confessatis ac certis penis in curia ab homine vel a iure propter premissa* ⁹⁾ *vel ea tangencia latis. Et quod eidem domino pape eiusque successoribus canonice intrantibus de cetero ero* ᵏ⁾ *fidelis, eisque debitam reverenciam et obedienciam exhibebo ; Domino quoque Karolo regi Romanorum tamquam Romanorum regi per eandem ecclesiam approbato obediam et parebo.*

Contra hos tres articulos primo invehitur adversarius in genere, secundo in specie per plures raciones contra quemlibet eorum. Primo

---

a) B : deliquid.   b) E. : *korr. a. R. aus* Secundo.   c) E. : pape.   d) E. : ac.
e) E. : *am Rande ergänzt.*   f) E. : eligere alium.   g) E. : et *korr. aus* vel.
h) *folgt* conf. *ausgestrichen.*   i) p. m. *fehlt* E.   k) *fehlt* E.
1) Vgl. die vollständige Formel bei R a y n a l d, Ann. 1348, 15.
2) B. p. 3.

namque tamquam veneno aspidum sub labiis suis taliter incedens intoxicat orbem, dicendo quod :

„dicta litera confessionum domini Clementis pocius litera sit abiuracionum et confusionum, quam litera confessionum bonarum factaque sit ad seminandum cisma et discordiam inter catholicos viros ᵃ), atque quod nitatur de katholicis facere hereticos et de hereticis filios ecclesie",

quod absurdum et erroneum ᵇ) est in auribus fidelium christianorum audire contra determinacionem ecclesie et sacram scripturam seu dicta summorum pontificum ac sanctorum patrum diffinita etc. ᶜ).

Cap. III. De impugnacione primi articuli.

Contra primum articulum adversarius specialiter procedit sub hac forma dicendo, quod :

„secundum iura summorum pontificum scilicet canonica, si papa est firmus et stabilis sicut bonus pastor, qui animam suam dat pro ovibus suis, in fide catholica et in bonis moribus, nullus imperator habet potestatem deponendi talem papam seu summum pontificem et alium instituere, quia in tali casu papa non habet superiorem in terris. Nec usquam invenitur, quod aliquis christianus ᵈ) imperator deposuerit aliquem papam catholicum de papatu et alium instituerit. Si vero papa deviat a fide catholica et bonis moribus, talis desinit esse prelatus ecclesie et est omni auctoritate et potestate privatus et minor quocunque catholico, quod probatur XXIV. q. I. c. *Audivimus* et § ᵉ) *Sin autem* ¹), et omnes catholici habent ab eius obediencia recedere et eum tamquam ipso facto omni auctoritate et potestate privatum repudiare, XVI. q. ultima §. *Sane*²) ; et XIX. di. c. *Anastasius*³) in textu ᶠ), et glossa ordinaria; nec pastor, sed subversor dici potest, XXV. q. II. c. *Si ea destruerem*⁴), et lupus pocius quam pastor est dicendus, XXIII. q. 4. c. *Tres personas*⁵). Et hodie per sentenciam consilii universalis ecclesie omnis heresis et omnes heretici sunt excommunicati et dampnati ipso facto, Extra de hereticis c. *Excommunicamus* I et §. *Credentes*⁶) et c. *Ad abolendam*⁷) et c. *Excommunicamus II*.⁸). Cum ergo imperium sit ᵍ) a Deo solo et superiorem in temporalibus non habeat in terris, XCVI. di. c. *Cum ad verum*⁹), et c. *Duo*

---

a) E.: veros.   b) E.: erraneum.   c) *fehlt* B.   d) B.: cristianus
e) E.: etc. *korr. in B.*   f) E.: inter.   g) *fehlt* B.

1) c. 4. C. 24. q. 1 *und* Gratian.
2) c. 15. C. 16. q. 7.
3) c. 9. dist. 19.
4) c. 4. C. 25. q. 2.
5) c. 12. C. 23. q. 4.
6) c. 13. X de hereticis (V, 7) § 5.
7) c. 9. ibid.
8) c. 15. ibid.
9) c. 6. dist. 96.

sunt [1]) et c. *Si* a) *imperator* b), in textu et in glossa, ideo quilibet imperator de tali papa heretico habet iudicare, scilicet ab omni auctoritate
et potestate a sancta matre ecclesia privato, et habet talem hereticum
ab omni iure denunciare privatum, ut legitur in legendis et cronicis per
plures imperatores hoc esse factum et specialiter imperatorem Ottonem
primum, qui denunciavit et deposuit papam Iohannem XII. de papatu.
Ymmo absurdum est et erroneum dicere, quod imperium, quod est a solo
Deo, non habeat auctoritatem, potestatem et iurisdicionem denunciandi
et deponendi papam deviantem a fide catholica vel errantem in bonis
moribus et una cum clero et populo Romano alium papam catholicum
instituendi et specialiter, quando b) cardinales habent cau_dam_ colligatam
cum erroribus pape deviantis a fide catholica et bonis moribus. Ymmo
(*p. 463*) quilibet bubulcus catholicus est [3]) maior papa non catholico.
Nam ut dictum est, ecclesia nullum hereticum tollerat c), set dampnat
et excommunicat. Alias si pape devianti a fide catholica et bonis moribus obediendum esset, ut aliqui erronei dicere perhibentur, tota fides
posset periclitari. Quid enim? si papa foret potens, puta quia de genere
nobili vel aliter per suam et sequacium suorum potenciam ita timeretur,
quod nullus auderet sibi contradicere; vel esto, quod omnes cardinales
et clerus sibi d) in suis erroribus consentirent e), si tali foret obediendum,
tota fides periclitaretur, quia omnes homines saltem de facto sibi in suis
erroribus consentire viderentur non resistendo./Item secundum hoc male
fecissent sancti per ecclesiam canonisati, qui restiterunt summis pontificibus deviantibus a fidei veritate, quod est erroneum dicere, sicut sanctus Hilarius Leoni pape et sanctus Athanasius f) et sanctus Eusebius
Liberio Ariano et alii quam plures sancti et clerus Romanus pape g)
Anastasio et sic de aliis, prout in legendis et cronicis continetur sanctorum, papis errantibus restiterunt. Tales enim non resistentes pape devianti a fidei veritate, sed consencientes sibi in erroribus suis sunt omni
auctoritate et h) potestate privati et in latam sentenciam contra i) fautores
hereticorum inciderunt k) per universalem ecclesiam, ut patet Extra de l)
sentencia excommunicacionis c. *Excommunicamus I.* et §. *Credentes* [4]).
Et sicut legitur in decretis et in historiis ac cronicis imperatores per
ongiora tempora cum clero et populo Romano urbi et orbi de summo
pontifice providebant. Et usque ad tempora ista pape et cardinales de-

---

a) *fehlt* E.   b) E. *am Rande korr.*   c) E.: tollerat *korr. a.* toleret.
d) *fehlt* E.   e) E.: consentire viderentur.   f) E.: Anathasius.   g) *fehlt* E.;
papa : B.   h) E. *wiederholt.*   i) B.: extra.   k) E.: incidunt.   l) E. *am
Rande korr.*

1) c. 10. dist. 96.
2) c. 11. dist. 96.
3) B. p. 4.
4) c. 13. X de heret. (V, 7) § 1 und 5.

scenderunt ab istis papis institutis per imperatores [a]), clerum et populum Romanum et ab eis habuerunt originem [b]) et habent; quod factum esset [c]) huic articulo contrarium. Et ideo dominus Clemens, qui nominat se papam sextum, timens in futurum de se ipso, prius vult prevenire quam preveniri, specialiter decipiendo bonos et catholicos viros de Alamania [d]) et involvendo [e]) eos cum astuciis in errores et hereses per sanctam matrem ecclesiam sentenciatas [f]). Et secundum hoc dictum domini [g]) Clementis, scilicet quod non spectat ad imperatorem papam seu summum pontificem deponere et alium eligere vel creare, sed hoc hereticum reputo et heresim dampnatam per ecclesiam, sequeretur, quod a tempore primi pape instituti per imperatorem, clerum et populum Romanum usque ad tempora ista ecclesia fuisset in errore, quod est erroneum dicere et contra articulum fidei. Eciam [i]) secundum hoc dominus Clemens non esset summus pontifex, qui habuit et habet originem ab illis pontificibus per imperatores institutis. Et primus qui fuit electus in papam per cardinales fuit Nicolaus secundus anno domini MCCLXII [k]) in Tussia civitate Senensi [l]). Sequitur ergo, quod erroneum et absurdum est dicere, quod ad imperatorem, qui est caput mundi [m]) in temporalibus et [n]) superiorem non habet in terris, quia a solo Deo est, de voluntate cleri et populi Romani non spectat, papam hereticum seu summum pontificem deponere ac denunciare et alium catholicum creare sive eligere".

Hec de articulo primo [o]).

Cap. IV. De [p]) impugnacione secundi articuli.

Secundum vero articulum, qui sic incipit: *Insuper ad sancta Dei evangelia iuro etc.*, adversarius sic impugnat:

„*Quia*, ut dicitur Extra. de iureiurando c. *Sicut nostri* [1]) *non iuramenta, set periuria pocius sunt dicenda que contra utilitatem ecclesie attentantur* [q]) *et iuramentum habet* [r]) *tres comites, scilicet veritatem, iudicium et iusticiam.* XXII. q. 4. § *quod autem* [2]), *ubi autem ista defuerint, non est iuramentum, set periurium.* Ideo ut iuramentum sit licitum, oportet videre, utrum dominus Clemens, quia se nominat papam sextum, sit verus episcopus Romanorum et apostolicus, quia [3]) legitur ad Titum 1. c. [4]): *Oportet enim episcopum sine crimine esse, sicut Dei dispensatorem, non*

a) *korr.* E. b) E. *folgt* et. c) *fehlt* B. d) *fehlt* E. e) E.: Alimannia. f) E.: non involvendo. g) E.: sentenciata. h) *E. korr. in* dictum. i) B. *auf Rasur.* k) *so* E. B. *statt* MLVIII. l) B.: Stuensi. m) E. *eingeschoben*: et. n) E. *gestrichen.* o) B. *fehlt* hec *bis* primo. p) *fehlt* E. q) B. E. *fehlt* non iuramenta *bis* et. r) E: debet habere.

1) c. 27. X. de iureiur. (II, 24).

2) c. 23. C. 22 q. 4, Gratian § 1.

3) B. p. 5.

4) Tit. 1, 7—9.

superbum non iracundum, non vinolentum, non percussorem, non turpis a)
lucri cupidum, sed hospitalem, benignum, sobrium, iustum, sanctum, con-
tinentem, amplectentem eum, qui secundum doctrinam est, fidelem ser-
monem, ut potens sit exhortari in doctrina sana et eos, qui contradicunt,
arguere. Hoc apostolus Paulus, Et quia de dicto Clemente dicitur et publice per (*p. 469*) mundum divulgatur, quod amasias publice teneat et
filios procreaverit b) et habeat et ad dignitates ecclesiasticas eos promo·
verit, quod non est c) secundum doctrinam apostoli, et quod peius est
dictus dominus Clemens est cismaticus, quia ipse inter regem Anglie et
Francie ponit cisma et partem tenet, discordias et guerras inter eos pro-
vocat, item thesaurum d) ecclesie dispergit e) et inter Assasinos et Malandrinos guerras fovet, dans stipendia f) pro predictis guerris et preliis
constituendis, quia vult adimplere g) illud, quod dicit h) psalmista de male
agentibus i) ¹): *Qui* k) *cogitaverunt iniquitates in corde, tota die consti-*
tuebant prelia. O quantus luctus omnium, quanta precipue merencium
lamenta christianorum de hominibus ¹) in preliis moriencium; non atten-
dens illud apostoli II. ad Timoth. 2. c: ²) *Nemo,* inquit, *militans Deo in-*
plicat se negociis secularibus!/Unde talia facinora et enormia non deberent esse in apostolico et vicario seu dispensatore Christi, quia insana m) sunt audire in auribus fidelium christianorum aut videre, qui
deberet esse speculum tocius christianitatis, sed est umbra tenebrosa.
Et quod deterius fidei catholice est, ipse habet caudam colligatam cum
gestis, factis et erroribus pape Iohannis XXII n); qui delectabatur per
universum orbem ponere cisma, scandala, prelia, discordias et guerras
ac homicidia consentire inter fideles christianos, de catholicis facere hereticos et hereticos vocare filios ecclesie. Exemplum de excellentissimo
domino, domino Ludwiko o) IIII° Romanorum imperatore, qui fuit fidelis
christianus et devotus, quia noluit consentire in gesta et facta et p) errores seu hereses predicti Iohannis, specialiter propter duo statuta, si
dici possunt, ymmo verius destituta, posita in septimo libro decretalium,
sub titulo de iureiurando, quorum primum incipitur: *Romani principes* ³);
secundum statutum positum est sub titulo de sent. et re iud., quod incipitur *Pastoralis cura* ⁴), per que duo statuta iura imperii et totum imperium annichilantur et destruuntur q); et propter quatuor constitucio-

---

a) E: temporis,   b) B: procreavit.   c) *fehlt* E.   d) E thesauros
korr. in thesaurum.   e) *Korr.* E.   f) E: stipendia, *Endung radiert*;
B: stipendiaria.   g) E: implere.   h) E *korr.*   i) B: legentibus.   k) E *korr.*
aus quia.   l) E: h *korr.*   m) E: insona.   n) E *korr. aus* XX.   o) B: Lodwiko.   p) E: ac.   q) B: annichilatur et destruitur; E *korr.*
1) Ps. 139, 3.
2) 2. Tim. 2, 4.
3) c. un. de iureiur. in Clem. (II, 9).
4) c. 2. de sent. et re iud. in Clem. (II, 11).

nes hereticales, quarum una incipit *Ad conditorem,* secunda *Cum inter nonnullos,* tercia *Quia quorumdam* [1]), quarta *Quia vir reprobus* [2]), in quibus constitucionibus sunt multi errores et hereses contra sacram scripturam et determinacionem ecclesie et sanctorum patrum diffinita [b]). Et de facto [c]), cum de iure non posset, predictus dominus Iohannes voluit se intromittere de factis imperii dicens, quod institucio et regimen imperii de iure ad ipsum pertineret, sicut in predictis suis constitucionibus continetur. Et propter hoc fulminavit per universum orbem sentencias contra prefatum dominum imperatorem et omnes sibi adherentes, tamquam contra rebelles et contumaces ecclesie; et hoc fecit contra omnia iura et post appellacionem factam. Et quia dictus dominus, qui se nominat Clementem papam sextum, non canonice intravit in ovile ovium sancte matris ecclesie tamquam pastor, quia bonus pastor animam [5]) suam dat pro ovibus suis, set aliunde intravit [d]), tamquam mercenarius, qui dispergit oves et mactat, quia mercenarius est, et quia fuit intrusus [e]) per fautores pape Iohannis heretici, qui habebat caudam colligatam cum eisdem erroribus et heresibus ipsius, volentes servare dictum philosophi: *omne simile applaudit suo simili,* ideo tam dominus Iohannes, quam dominus Clemens et fautores ipsorum sunt privati omni auctoritate et potencia ipso iure et de facto per sentenciam canonis prolatam in omnes hereticos et fautores et defensores eorum [f]), ut patet Extra. de hereticis c. *Excommunicamus I* et § *Credentes* et c. *Excommunicamus II* [4]); ita quod non est faciendum, prestandum seu obediendum nec observandum talia iuramenta tali heretico et fautori hereticorum, nec [g]) clerici [h]) vel religiosi seu mundani cuiuscunque condicionis vel preeminencie existant, qui iuraverunt predicto Clementi vel commissariis ipsius, tenentur ad observanciam predictorum iuramentorum. Nam illa iuramenta non possunt sine detrimento animarum suarum aliqualiter observari, quod ostenditur et probatur racionibus infrascriptis. Prima racio sic sumitur. Certum est, quod sancta Romana catholica et apostolica ecclesia Extra de heretic. c. ultimo [5]), diffinit et determinat in hec verba *(p. 465)* dicens: *Absolutos se noverint* [i]) *a debito fidelitatis et tocius obsequii quicumque* [k]) *manifeste lapsis in heresim aliquo pacto* [l]) *quacumque firmitate allato* [m])

Scholz, Texte.   23

tenebantur astricti, et glo. ord. super verbo *absoluto* dicit: *Ipso iure ex quo manifeste lapsi sunt.* Et super verbo *aliquo pacto* ᵃ) dicit glossa: *Eodem modo* ᵇ) *si per iuramentum.* Et XV. q. VI. c. *Nos sanctorum* di citur ¹): *Eos qui excommunicatis fidelitate aut sacramento constricti sunt apostolica auctoritate absolvimus a sacramento et ne sibi fidelitatem servent omnibus modis prohibemus.* Et glo. Hostiens. super verbo *absolvimus* dicit: *id est absolutos ostendimus;* et in eodem capitulo XV. q. VI. c. *Iuratos* sanctus Urbanus papa diffinit dicens ᵃ): *Iuratos Gwidoni comiti milites ne ipsi, quamdiu excommunicatus est, serviant, prohibeto. Qui* ᶜ) *si sacramentum pretenderint, moneantur, oportere Deo magis servire quam hominibus; fidelitatem enim quam christiano principi iuraverunt* ᵈ)*, Deo eiusque sanctis adversanti et eorum precepta calcanti nulla cohibentur auctoritate persolvere* ᵉ)*.

Hec ibi. Ex quibus clare et manifeste patet, quod iuramentum quodcunque prestitum ad instanciam sive in favorem illius, qui in heresim manifeste lapsus est vel excommunicatus, non obligat nec astringit illum, qui illud prestitit ad ipsius iuramenti observanciam, quia ipso iure est a tali iuramento per ecclesiam catholicam absolutus. Et patet, quod tale iuramentum prestitum per predictos clericos et religiosos seu mundanos pape Clementi seu commissariis eius non possunt absque detrimento et periculo animarum suarum aliqualiter observare nec mandatis seu sentenciis obedire nec parere. Secunda racio sic sumitur: aut illi, qui dictum iuramentum fecerunt, sciebant, quando iuraverunt, predictum papam in favorem hereticorum incidisse ᶠ) aut ignorabant. Si ᵍ) sciebant, tunc tale iuramentum contra dominum imperatorem et filios obedientes et adherentes eis illicitum fuit, quia fuit contra mandata Dei et ecclesie sue sancte, quibus precipitur, non esse prestandum iuramentum lapsis in heresim aut favorem hereticorum nec excommunicatis manifeste obediendum nec favendum nec ʰ) parendum, quia hoc in preiudicium fidei catholice et ecclesie verteretur. Et ideo tale iuramentum per supradictos viros nullo modo servandum est nec servari ³) debet nec potest absque periculo et detrimento animarum suarum, ut probatur XXII. q. IIII. per totum et in § *Tribus* ⁴) et § *Ecce* ⁵), ubi dicitur in hec verba: *Illicita iuramenta laudabiliter solvuntur et dampnabiliter observantur;* et in sequenti c. in fine et c. *Mulier* ⁶). Item eadem causa XXII. q. IIII. c. *Inter*

a) B: patro.   b) B: et dummodo.   c) B: quod.   d) E: iuraverint.
e) E: absolvere; ab — *ausgestrichen.*   f) E: lucidisse.   g) E: Sed.
h) E: aut.
1) c. 4. C. 15. q. 6.
2) c. 5. C. 15 q. 6.
3) B. p. 7.
4) c. 19. C. 22 q. 4.
5) l. c. c. 19 pars 2, Gratian.
6) ib. c. 21.

cetera [1]) beatus Augustinus doctor ecclesie sic dicit: *Iuramentum non est inventum, ut sit vinculum iniquitatis seu cuiuscumque criminis,* et infra: *Periurii namque pena percutitur et* [a]) *velut* [b]) *homicida in extremo examine a iusto iudice dampnabitur, per quem sacrosanctum ewangelium ad iniustum et illicitum et Deo* [c]) *minime amabile quasi testimonium iuste et humane peticionis adducitur.* Et hec eciam probantur Extra de iureiur. c. *Quanto* [2]), ibi: *Cum iuramentum non fuerit institutum, ut esset vinculum iniquitatis;* et in fine dicitur: *Satisfactionem iniunctam sibi pro illicito iuramento studeas adimplere.* Et Extra de hiis que fiunt a maiori parte capituli c. 1° dicitur [3]): *Nec enim iuramenta, sed pocius periuria sunt dicenda que* [d]) *contra utilitatem ecclesie et sanctorum patrum veniunt instituta.* Hec ibi. Constat autem contra iusticiam et contra precepta divina seu contra iudicium [e]) sacrorum canonum fore, si obediatur sentenciis et mandatis predicti domini Clementis et ipsius sequacibus, et si ipsorum mandata servantur. Ergo dicti clerici et religiosi seu mundani non tenentur ad observanciam ipsius iuramenti, sed pocius agere penitenciam debent pro illicito prestito iuramento, nec illud [f]) iuramentum possunt absque detrimento et periculo animarum suarum aliqualiter observare.

Tercia racio sic sumitur. Si autem predicti clerici tam religiosi quam mundani nesciebant [g]) predictum dominum Clementem in favoribus hereticorum fuisse, quando prestiterunt illud iuramentum contra dominum imperatorem et filios ipsius ac ipsis (*p. 466*) adherentes seu obedientes, sed credebant ipsum verum ac catholicum ac legitimum papam esse, nec periuri dici debent nec possunt, si contraveniunt. Et hoc probatur XXII. q. IIII. c. § *Illicitum* [4]) et extra de iureiur. c. *Ad nostram* [5]). Nam in omni iuramento promissorio intelligitur condicio: si illud quod iuratur non est contra Deum nec canonicis obviat institutis, Extra de iureiur. c. *Quemadmodum* [6]) in textu et in glo. et in dicto c. *Ad nostram* in fi. ubi dicitur sic: *Nec tu quando iurasti sub premisso tenore, habebas in mente, ut propterea venires contra canonicas sanctiones, alioquin non iuramentum, sed periurium pocius extitisset.* Hec ibi. Ex predictis igitur concluditur manifeste, quod dicti clerici tam religiosi, quam mundani, cuiuscumque condicionis vel culminis existunt, in omni casu sive illi, qui requiruntur a domino Clemente seu [h]) commissariis ipsius, ad supra-

a) B: uel.　　b) B *folgt* et.　　c) *fehlt* B.　　d) B: qua.　　e) B: iudicia.
f) *fehlt* B.　　g) E: nescierunt.　　h) B: *folgt* a.
1) ib. c. 22.
2) c. 18 X. de iureiur. (II, 24).
3) c. 1 X. de his que fiunt a maiori parte cap. (III, 11).
4) c. 23 C. 22. q. 4 Gratian.
5) c. 21 X. de iureiur. (II, 24).
6) c. 25 ibidem.

dictum iuramentum prestandum non tenentur. Aut illi qui prestiterunt ª),
sciebant illum in excommunicacionis sentenciam seu fautoriam hereticorum incidisse sive non, in quolibet casuum predictorum dicti clerici seu
religiosi ac mundani ad huiusmodi iuramenti observanciam non tenentur.

Et ex hoc apparet manifeste hominibus intuentibus et intelligentibus,
quod dominus Clemens, qui se nominat papam sextum, timens in futurum de se ipso, vult prius prevenire quam preveniri, quod futurus imperator propter hereses ᵇ) suos una cum clero et populo Romano ᶜ) deponat
eum a papatu et alium eligat, et ex totis viribus suis conatur secundum
consuetudinem hereticorum involvere simplices et fideles christianos in
errores et hereses suas et inducere ᵈ) eos ad prestandum iuramenta sibi
et complicibus suis, cum quibus habet caudam colligatam".

Hec de articulo secundo per adversarium.

Cap. V. De impugnacione tercii articuli.

Tercium ¹) autem articulum, qui sic incipit: *Domino preterea Ka-*
rolo etc., adversarius sic impugnat dicens quia:

„Ut dilucidius appareat intentum, ad licitum iuramentum duo principaliter requiruntur. Primo enim videndum est, utrum dominus Clemens,
dato quod esset catholicus et verus papa, habeat talem potestatem ordinatam precipiendi et inquirendi fidelibus christianis ad prestandum
iuramentum contra veritatem et in destruccionem populi christiani, quia
potestas pape non extendit se nec est ordinata ᵉ) ad inquirendum iuramentum contra veritatem, set pro veritate nec in destruccionem veritatis,
set in edificacionem, sicut expresse probatur ᶠ) IIᵃ epistola ad Corinthios 13° ᵏ) c. et ultimo c. ²) ubi apostolus loquens de potestate sua et aliorum apostolorum dicit sic: *Non enim possumus aliquid contra veritatem,*
set pro veritate, et infra: *Ideo hec absens scribo vobis, ut non presens*
durius agam secundum potestatem, quam dominus michi dedit in edifi-
cacionem et non in destruccionem. Et ideo tale iuramentum contra veritatem et in destruccionem populi christiani sive tocius imperii non est
iuramentum, set periurium; et per consequens domino Clementi non est
obediendum contra veritatem nec in destruccionem, quia potestas pape
non extendit se nec est ordinata ad hoc.

Secundo videndum est, utrum contineat veritatem, scilicet utrum dominus Karolus sit rex Romanorum. Et probatur, quod non, secundum
iura canonica et iura imperii ac ordinacionem summorum pontificum seu
sanctorum patrum diffinita. Nec dici debet nec esse potest, ymmo quod

---

a) E: *folgt* si.   b) E: errores et hereses.   c) E *folgt* non *einge-*
schoben.   d) E. *korr.*   e) E: ad hoc *durchgestrichen. Das Folgende*
bis ordinata ad hoc *steht auf einem eingeklebten Zettel, auf den im Texte*
verwiesen ist; dieselbe Hand.   f) E *folgt*: per apostolum.   g) B. E: 10.
1) B p. 8.
2) II. Cor. c. 13, 8 *n.* 10

plus est, non est rex Boëmië nec comes Lucenburgensis a), set est omni
auctoritate et potencia privatus racionibus infrascriptis. Prima racio sic
sumitur. Ille qui debet b) ad dignitatem regalem Romanorum eligi, non
debet esse rebellis imperii seu de genere rebellium ecclesie, non c) excommunicatus, non periurus nec fautor hereticorum, quia talis d), secundum quod e) est superius probatum, privatus est omni auctoritate et potencia ab ecclesia et omnibus feudis, dignitatibus et graciis, quas tenet
ab imperio, denudatus est eciam f) ab omni iure, ita quod remanet sicut
statua. Item eleccio talis debet fieri ab electoribus veris et legitimis
electis secundum ordinaciones sacri imperii, non g) periuris, non privatis
aliqua imperiali lege, convocatis per illum, qui debet h) electores convo-
vocare in Franckenfurt in termino et die prefixa ad eligendum. Eciam
talis eleccio non debet fieri i) contra voluntatem superioris nec k) vivente alio rege vel imperatore. Set dominus Karolus est de genere rebellium ecclesie, quia dominus Heinricus, bone memorie Romanorum imperator, avus predicti domini Karoli, dedit sentenciam contra dominum
Robertum, Apulie regem, et dominus Clemens papa quintus suspendit
predictam sentenciam vocando dominum Heinricum Romanorum imperatorem periurum et excommunicatum. Et in congregacione prelatorum facta
Wienne super Rodanum per predictum Clementem quintum factum fuit
quoddam statutum, quod positum est in VII° decretalium sub titulo de
iureiurando et incipit *Romani principes* 1) 1). Item fecit aliud statutum
positum in eodem libro VII° sub tytulo de sen. et re iudi., quod incipit
Pastoralis cura 2), per que statuta iura, consuetudines ac libertates imperii et prelatorum ac principum electorum imperii et imperialis dignitatis preeminencia ac potestas et auctoritas subvertuntur et destruuntur
de facto (*p. 467*), sicut ipsorum statutorum inspeccione colligitur evidencius. Atque per eadem statuta papa sibi de facto usurpat auctoritatem
et iurisdicionem in temporalibus et super totum imperium contra iura
divina, sacros canones et sanctorum patrum diffinita seu decreta. Ex m)
dictis statutis positis in VII° dominus Heinricus, bone memorie Romanorum imperator 3), zelo fidei et sacri imperii fecit processum contra eadem
statuta ex multis racionibus et iuribus, que inserere nimis foret prolixum. Et
secundum asserciones clericorum de Avinione, quicunque facit processus
directe vel indirecte n), implicite vel explicite, publice vel occulte contra
opiniones, asserciones et ordinaciones ipsorum, habetur per eosdem et

---

a) E: de Lützenburg.   b) B: *nachgetragen*.   c) B: nec.   d) *fehlt* B.
e) *fehlt* B.   f) E: eciam est.   g) B: nec.   h) E: habet.   i) E: *nachgetragen*.   k) E: *nachgetragen* ; *fehlt* B.   l) E: principis.   m) E: Et ex.
n) E: *fehlt* vel indirecte.

1) c. un. in Clement. de iureiur. (II, 9).
2) c. 2. Clement. de sent. et re iud. (II, 11).
3) B. p. 9.

vocatur rebellis ecclesie excommunicatus et hereticus et privatus ipse et
sui heredes usque ad terciam generacionem omni auctoritate et dignitate,
iurisdicione et potestate. Set dominus Karolus est tercia generacio predicti bone memorie domini Heinrici ᵃ) imperatoris.

Ergo quamdiu stabunt
predicta statuta in VIIᵒ posita et dominus Karolus habebit amiciciam et
specialem conversacionem cum illis clericis de Avinione, qui predicta
statuta habent tamquam catholica, fatetur avum suum dominum Heinricum Romanorum imperatorem fuisse excommunicatum, rebellem ecclesie,
periurum et hereticum et per consequens se ipsum. Et sic ᵇ) concluditur,
quod dominus Karolus ex predictis de iure non est rex Romanorum nec
rex Boëmie nec comes de Lucenburg ᶜ), set est omni dignitate et potestate ᵈ) privatus, et quilibet potest de iure et debet et bona sua invadere et eum privare tamquam rebellem fidei catholice veritatis, eciam
bona domini Heinrici, Romanorum imperatoris, avi sui. Set si dominus
Karolus vellet benefacere cum illis, qui instituerunt eum regem Romanorum, imperare ᵉ) deberet, quod supradicta statuta per clericos de Avinione revocarentur et hoc publicaretur per universum orbem. Tunc fideles
fidei catholice et sacri imperii haberent causam promovendi eum ad dignitatem imperialem et tunc imperium destructis supradictis statutis et
constitucionibus hereticalibus et sancta mater ecclesia, que per ᶠ) supradictos clericos adulteratur, starent in iuribus suis. Credit ipse dominus
Karolus, quod ista que facta sunt circa eum in statuendo ipsum regem
Romanorum, sint facta propter dileccionem, quam habeant ipsi clerici de
Avinione ad ipsum? Certe non! Set solum facta sunt ad ponendum ᵍ)
cisma et discordias inter fideles christianos et ad destruccionem sacri imperii, quia stantibus illis statutis supradictis secundum illos clericos de
Avinione imperium nullam iurisdicionem habet. Immo si dominus Karolus, posito quod esset verus et legittimus rex Romanorum, vellet servare
et regere se secundum iura imperii antiquitus observata, prout decet regem Romanorum, predicti clerici de Avinione excommunicarent eum;
immo ad presens derident eum cachinando de ipso et vocant ipsum stipendiarium et cursorem ipsorum. Et mundani videntes et audientes talia
derisoria de domino Karolo a predictis clericis fieri, vocant dominum
Karolum regem clericorum seu stipendiarium ipsorum.

Secunda racio sic sumitur. Certum est, quicunque iurat fidelitatem
imperatori et postmodum in contrarium facit, efficitur rebellis imperio ʰ)
et periurus. Et talis privatus est feudis et graciis ac omnibus dignitatibus imperialibus. Set anno domini MᵒCCCᵒXXXᵒVIIIᵒ dominus Karolus
volens ire in Franciam misit domino Ludwico quarto Romanorum impe-

---

a) E: *folgt* Romanorum.   b) E: *am Rande korr.*   c) E: Lutzenburg.
d) E: potencia.   e) E: imperatorem.   f) *fehlt* B.   g) B: deponendum.
h) B: imperii, E *korr. in*: imperio.

ratori nunccios pro conductu et securitate, quod posset transire cum ducentis equitibus per Alamaniam [a]). Quod fuit concessum. Et transiens per Frankenfurt [1]) inventum fuit, quod ducebat plures quam quingentos. Audiens hoc dominus imperator, quod deceptus fuerat a domino Karolo et ipse existens in Frankenfurt dominus imperator, fecit vocari [b]) ad se dictum dominum [c]) Karolum, qui dominus Karolus domino imperatori fidelitatem iuravit et habere ipsum pro vero et legittimo imperatore contra omnem personam [2]) excepto contra patrem; et sic [d]) reversus fuit in Boëmiam.

Postmodum anno domini MCCCXLVI excecatus et inductus ab hereticis et fautoribus hereticorum seu a rebellibus ecclesie catholice, scilicet a clericis de Avinione et sequacibus ipsorum et aliquibus electoribus *(p. 468)* seu simoniacis et periuris fecit se eligi et institui [e]) de facto in regem Romanorum, cum de iure non posset, contra iura et [f]) consuetudines imperii, scilicet non [g]) in loco debito nec per illum, qui habet electores convocare, nec in termino et die prefixa atque vivente domino Lodwiko IV° Romanorum imperatore. Et quando fuit bene institutus in regem Romanorum seu in regem clericorum, impetravit confirmacionem a clericis hereticis de Avinione, scilicet a domino Clemente, qui se nominat papam sextum, que impetracio et confirmacio fuerunt contra iura imperii et consuetudines antiquitus conservatas, cum imperium sit a solo Deo, et contra legem prolatam in contrafacientes anno domini MCCCXXXVIII [h]) VI° die mensis Augusti, presentibus imperii electoribus et domino Edevardo [i]), divina gracia rege Anglie, in Confluencia, civitate archiepiscopi Treverensis, que lex incipitur: *Licet iuris*, ubi dicitur sic [3]):

Postquam [k]) *aliquis eligitur in regem Romanorum ab electoribus imperii concorditer vel a maiori parte eorundem, statim ex sola eleccione est rex Romanorum verus nec indiget approbacione, confirmacione et auctoritate vel consensu sedis apostolice aut alicuius alterius. Et quicunque contra hec declarata decreta et diffinita vel aliquod* [l]) *eorum asserere seu dicere aut asserentibus sive* [m]) *dicentibus consentire vel eorum mandatis* [n]), *literis vel preceptis obedire presumpserit* [o]), *eos omnibus feudis que ab imperio detinent et omnibus graciis, iurisdicionibus, privilegiis et immunitatibus a nobis vel predecessoribus nostris eis* [p]) *concessis ex nunc privamus et ipso iure et* [q]) *facto decernimus esse privatos. Insuper*

a) E: Alamoniam. b) *fehlt* B. c) *fehlt* E. d) E: sicut. e) B: destitui. f) *fehlt* B. g) E *am Rande erg.* h) B. E: MCCCXLVIII. i) E: Edebardo. k) E: post; *eingeschoben*: quam. l) B: aliquid E: aliquod, *korr. aus* aliquid. m) B: seu dicere. n) B *folgt*: aut. o) B: presumserit. p) E: *am Rande.* q) E *folgt*: de.

1) Vgl. E. Werunsky, Gesch. Kaiser Karls IV., B. 1, 227 und 446 ff. Exkurs II.

2) B p. 10.

3) Vgl. auch Neues Archiv XXX p. 100—102.

*eos crimen lese maiestatis decernimus incurrisse et penis omnibus in-
positis lese maiestatis crimen committentibus subiacere.*

Hec sunt verba dicte legis, ita quod ex omni casu dominus Karolus
et predicti electores, qui eum elegerunt contra omnia a) iura et consuetudines comprobatas imperii, sunt privati omnibus graciis et feudis que ab
imperio detinent, et incurrerunt crimen lese maiestatis. Igitur ex omni
iure dominus Karolus remanens sicut statua dealbata seu b) idolum clericorum hereticorum de Avinione.

Tercia racio sic sumitur. Manifestum est, quod quicunque est fautor-
hereticorum vel defensor fautorum hereticorum, talis est excommunicatus
et nullam iurisdicionem, auctoritatem et potestatem habet, set est sicut
idolum nec ad aliquam dignitatem potest nec debet eligi de iure nec
ipse aliquem alium ad aliquam dignitatem potest dare seu conferre alicui, ut superius est probatum. Set dominus Karolus est fautor et defensor
clericorum de Avinione, scilicet domini Clementis, qui se nominat papam
sextum, et sequacium ipsius, qui habet caudam colligatam cum ipsis c),
qui sunt fautores heretici, scilicet Iohannis XXII. qui habuit supradicta
statuta et constituciones, immo verius destituta et destituciones, pro catholicis, per que statuta et constituciones domini Iohannis sacra scriptura
impugnatur et contradicitur determinacioni ecclesie universalis atque
omnis religio volens vivere sine proprio d) destruitur et confunditur. Et
papa e) sibi de facto usurpat auctoritatem et iurisdicionem in f) temporalibus super totum imperium contra iura divina et sacros canones atque
sanctorum patrum decreta et contra iura sacri imperii. Que quidem prima
duo statuta, licet fuerint primo compilata per dominum Clementem quintum tempore congregacionis 1) prelatorum in Vienna super Rodanum, tamen fuerunt suspensa per eundem dominum Clementem ex aliquali motu
consciencie una cum aliis statutis per ipsum nunc compilatis, sicut g)
tunc patuit per literas per ipsum studio Parisiensi transmissas et per
mundum publice divulgatas 2). Et postmodum de facto fuerunt per dominum
Iohannem XXII. approbata et confirmata contra omnia iura, sicut superius
dictum est, ut de ipsa approbacione et confirmacione eciam patet ex
prohemio, quia ipse dominus Iohannes fecit h) ex instancia regis Francorum, qui rex semper fuit et est invasor et tyrannus Alamannorum et
imperii, eundem septimum librum. Et ex hiis pluribus, que in ipso libro VII°
continentur, hec probari et ostendi possunt, ita quod ex omni via stantibus supradictis constitucionibus et statutis dominus Karolus est sicut ido-

---

a) *fehlt* E.   b) *Korr.* E.   c) E : *folgt ausgestrichen* : qui ipsis.   d) E :
korr.   e) B : propterea.   f) E : *korr. statt* et.   g) *fehlt* B.   h) B : facit.
1) B. p. 11.
2) Vgl. Nicolaus Minorita, Böhmer, Fontes IV 598 und Denifle, Chart.
univ. Paris II 169, Note zu nr. 708, Ehrle, Arch. f. Litt. u. K.-G. IV 448 ff.

lum seu statua [a]) de iure sine re, ex quo habet specialem fautoriam cum predictis clericis hereticis de Avinione, et fatetur do minum (*p. 469*) Heinricum Romanorum imperatorem, avum suum, fuisse hereticum, qui fecit processum contra predicta [b]) statuta, ita quod non ad aliquam dignitatem debet nec potest eligi imperialem nec aliquem alium ad aliquam dignitatem potest eligere, quia omni dignitate, iurisdicione, auctoritate et potestate privatus est tamquam fautor hereticorum, extra. de hereticis c. *Excommunicamus I* § *Credentes* [1]) et c. *Excommunicamus II* [2]) et per iura imperii seu leges est privatus feudis.

Quarta racio sic sumitur, quia de iure et antiqua consuetudine [c]) imperii approbata est, quod ille, qui debet eligi in regem Romanorum, debet eligi a veris principibus electoribus imperii, non periuris et rebellibus seu imperii proditoribus, nec talis eleccio debet fieri vivente alio imperatore, et in loco Franckenfurt, in die et [d]) termino prefixo per illum, qui habet prefigere ad eligendum, et a maiori numero electorum. Sed dominus Karolus [e]) est electus a minus veris electoribus, scilicet a [f]) periuris et proditoribus ac cismaticis sacri imperii, nullam habentibus auctoritatem. Quod probatur, quia anno domino M°CCC°XXXVIII [g]) XV. die Iulii domini principes electores sacri imperii in civitate archiepiscopi Moguntinensis que vocatur Lonstain super Renum convenerunt in unum inter se ad prestandum iuramentum pro defensione sacri imperii et fidei veritatis. In quo iuramento prestito dicitur sic circa medium [3]):

Insuper convenimus [h]) *in unum, quod nos prefati imperii ac nostri principatus honorem, quem ab ipso imperio habemus, nominatim ab eleccione ipsius* [i]) *imperii, in suis ac nostrorum* [k]) *principum electorum iuribus, libertatibus et consuetudinibus, prout ab* [l]) *antiquo in nos tamquam* [m]) *sacri imperii electores perventum et deductum existit, manutenere, defendere ac tueri volumus pro omni possibilitate ac viribus* [n]) *nostris, sine fraude contra omnem hominem nullo penitus excluso. Nam hoc nostrum tangit honorem et iuramentum. Et hoc nolumus omittere* [o]) *ex qualicunque mandato a quocunque vel quolibet promulgato, ex quo mandato imperium et nos ceteri principes electores in casibus* [p]) *suprascriptis* [q]) *quomodolibet possemus infirmari.*

Et infra:

Omnes ergo prescriptos articulos et quemlibet eorum singulariter promisimus bona fide et promittimus in presenti scriptura ad nostri prin-

a) E: *korr. aus* statuta. b) E: dicta. c) E *folgt* et *ausgestrichen.* d) *fehlt* E. e) E *korr.* f) sc. a. E *am Rande korr.* g) B E: MCCCXLVIII.; E: VIII *auf Rasur.* h) *fehlt* B. i) E: conveniemus. k) B: nrm. l) B: in. m) E. B *folgt:* in nos. n) E: iuribus. o) E: obmittere. p) E: talibus. q) E: prescriptis.

1) c. 13 § 5, X de heret. (V, 7).

2) c. 15. ibid.

3) Vgl. SB. d. Wiener Akad. XI. 702.

cipatus honorem et eciam iuramus ad sancta sanctorum pro nobis et successoribus nostris inviolabiliter observare nec in contrarium venire nec ullo modo discedere.

Et infra :

Et deberemus coram Deo et mundo dehonorari, perfidi et periuri esse et vocari, ubi vel quomodo in contrarium faceremus aut veniremus a) *quomodocunque* [1] *vel qualicunque astucia vel nutu contra predictos articulos et* b) *quemlibet eorum sigillatim.*

Hec sunt verba dicti iuramenti. Et iuramento prestito super hiis predicti principes electores fecerunt sibi fieri publicum instrumentum in crastina die futura in pomerio sito c) iuxta villam Reyns d) super alveum Reni, ubi principes electores sacri imperii Romani ad habendos tractatus e) super eleccionibus aut aliis ipsius imperii negociis solent ut plurimum convenire [2]. Quod instrumentum incipit f) sic : *In nomine domini Amen etc.* Et infra : *Reverendi in Christo patres et domini, domini etc.*

Et infra :

Invicem congregati et presencialiter constituti super iuribus et consuetudinibus sacri imperii Romani pertractandis, habitis quoque quam pluribus sepedicti imperii fidelibus tam clericis quam laicis ibidem presentibus, vocatisque nobis tribus notariis publicis propter hoc concorditer et unanimiter g) *factis interesse ipsos per ordinem, sub prestitis eorum iuramentis et requisicionibus, prout moris est, ipsorum principum, iudicando dixerunt et diffiniendo pronunciaverunt :*

hoc est de iure et antiqua consuetudine imperii approbata, quod postquam aliquis a principibus electoribus imperii vel a maiori parte numero eorum eciam in discordia pro rege Romanorum est electus, non indiget nominacione, approbacione vel h) *confirmacione, consensu vel auctoritate sedis apostolice* i) *super amministracione bonorum et iurium imperii sive titulo* k) *regio assumendis; et super hiis talis electus non habet necessario recurrere ad eandem sedem* l) ; *et quod sic est habitum, obtentum et observatum (p. 470) a tempore* m) *de cuius principio memoria non existit, quod electi a principibus electoribus imperii concorditer vel a maiori parte sibi titulum* n) *regium assumpserunt* o) *ac bona et iura imperii amministraverunt* p) ; *et quod hoc de iure et consuetudine licite facere potuerunt et poterunt* q) *nulla approbacione vel licencia dicte sedis apostolice super hoc habita vel obtenta.*

a) E : contraire *(am Rande)* videremur. b) B : uel. c) B : suo. d) E : Remijs. e) B : tractus. f) B : incipitur. g) E : uniformiter. h) E : et. i) B : *folgt* uel. k) E : tytulo. l) E : sedem eandem. m) a tempore *fehlt* B. b) E : tytulum. o) B : assumpserit. p) B : amministrarunt. q) B : potuerunt.

1) B. p. 12.

2) Vgl. SB. d. Wiener Akad. XI 703 f. Zeumer, Quellensammlung zur Gesch. d. deutschen Reichsverf. nr. 126, S. 154.

Hiis pronunciatis et taliter diffinitis predicti [a]) *domini principes, electores* [b]) *omnes et singulos ibidem in eorum tractatibus et consilio tunc presentes fideles et vasallos imperii sub eorum iuramentis imperio deditis seu prestitis singulariter requisierunt, quid ipsis super tractatibus* [c]) *diffinitis et pronunciatis imperii iuribus et consuetudinibus videretur? Qui omnes et singuli per eadem verba vel hiis similia pronunciando, sentenciando et diffiniendo in eo finaliter concordaverunt* [d]), *in quo mens* [e]) *principum electorum resedit.*

Hec sunt verba dicti instrumenti. Sed dominus Waldevinus de facto contra [f]) supradicta, cum de iure non sit archiepiscopus Treverensis cum domino Rudolfo nuncupato duce Saxonie [g]), qui sunt et debent periuri nuncupari .... "

Hic est finis huius quaternuli et residuum adversarii habere non potui, quod tamen adhuc modicum esse dicitur [h]). Quilibet autem sapiens sufficienter subaudit, quod iste homo concludere nititur, predictos duos principes, scilicet dominum Waldewinum archiepiscopum Treverensem et Rudolfum ducem Saxonie, non habuisse auctoritatem eligendi dominum Karolum in regem Romanorum et quod periuri fuerint ex transgressione iuramenti prestiti sub forma [i]) iuramenti publici in hac quarta racione allegata [k]).

Cap. VI. procedens contra personam Wilhelmi Occam ex heretica pravitate.

Quia vero ut dicit [l]) Ysidorus tercio suo libro sententiarum c. XII [1]): *Tanta est hereticorum calliditas, ut falsa veris malaque bonis permisceant salutaribusque rebus plerumque erroris sui virus interserant, quo facilius* [2]) *possent* [m]) *pravitates perversi dogmatis sub specie persuadere* [n]) *veritatis. Plerumque sub specie* [o]) *catholicorum doctorum heretici sua dicta conscribunt, ut indubitanter lecta credantur. Nonnumquam eciam blasphemias suas latenti* [p]) *dolo in libris sanctorum inserunt doctrinamque veram adulterando corrumpunt,* et infra [3]): *Caute igitur meditanda cauteque sensu probanda sunt que leguntur, ut iuxta apostolica monita* [q]) *teneamus que recta sunt et refutemus que contraria veritati existunt sicque in bonis instruamur, ut a malis illesi permaneamus.* Sed iste [r]) homo frater Wilhelmus de [s]) Occam blasfemias suas non solum

a) E: prefati. b) B: electores principes. c) B: tractatis. d) B: concordarunt. e) B: os. f) E: *übergeschrieben.* g) E: *korr. aus* Saxone. h) E: dicitur esse. i) E: *folgt* prestiti *ausgestrichen.* k) E: allegati. l) E: ait. m) E: possunt. n) B: suadere. o) E: *folgt ausgestrichen* dig. p) E. B. latendi. q) B *folgt* et, *in* E *ausgestrichen.* r) E *korr. statt* ista. s) B: ad Occan (*so stets*).

1) Isidori Hispalens. Sentent. lib. III cap. 12, § 6. 7, Migne, Patrologia lat. 23, 294 f.

2) B p. 13.

3) ibidem § 8. l. c. p. 295.

latenter in ᵃ⁾ libris sanctorum ᵇ⁾ inseruit, verum eciam patenter et nudissimis ᶜ⁾ opprobriis contra dignitatem et honestatem ecclesie sacrosancte ᵈ⁾ Dei, tamquam verus serpens in radiis solis virus evomuit omnium hominum ad aspectum. Et de ipsius malicia conquestus est dominus papa Clemens sextus in quodam sermone publici consistorii, qui sermo sic incipit ¹): *Impius cum in profundum venerit peccatorum contempnit, sed sequitur eum ignominia et oprobrium, Proverb. XVIII²)*. In quo siquidem sermone dominus Clemens inter cetera sic dicit ³) : *Wilhelmus Occam diversos errores contra auctoritatem et potestatem sancte sedis Romane docuit et docet, et ab illo Wilhelmo didicit et recepit errores* ᵉ⁾ *ille Marsilius et multi alii.* Loquitur autem de Marsilio de Padua et de Iohanne de Ianduno, de quibus idem dominus Clemens conqueritur in alio sermone qui sic incipit : *Atrium quod foris est eice foras, Apock. XI⁴).* Et dicit sic⁵) : *Marsilius de Padua et Iohannes de Ianduno* ᶠ⁾ *heresiarche sunt et de heresi condempnati. Et audemus dicere, quod vix umquam legimus peiorem hereticum illo Marsilio. Unde de mandato domini Benedicti predecessoris nostri de quodam eius libello plus quam ducentos et XL articulos hereticales extraximus.* Sed redeundo ad priorem sermonem de fratre Wilhelmo dominus Clemens loquitur in hec verba ᵉ⁾ : *Et quid* ᵍ⁾ *fecit predictus* ʰ⁾ *Wilhelmus? Ecce post mortem Michahelis, qui fuit minister generalis Minorum, ipse scripsit litteram et sigillavit eam sigillo eiusdem Michahelis et fecit se vicarium ordinis, et* ⁱ⁾ *quamvis vicariatus exspiraverit, nichilominus se vicarium ordinis vocavit, venit ergo iste impius in profundum peccatorum. Et Deum invoco (p. 471) testem, quoa numquam aliquid tantum* ᵏ⁾ *desideravi post salutem anime mee, quantum desideravi salutem istius hominis, ita ut reverteretur ad gremium sancte matris ecclesie, quia ut dicitur Ezechiel XVIII⁷) : Si impius egerit penitentiam ab omnibus peccatis suis que operatus est, et custodierit omnia precepta mea et fecerit iudicium et iusticiam, vita vivet et non morietur, mnium iniquitatum suarum, quas operatus est, non recordabor. Et istam auctoritatem nos* ˡ⁾ *proposuimus nunciis suis in responsione nostra ; sed ipse semper magis fuit superbus et magis impius, ut de ipso dicatur*

a) *fehlt* E.   b) *fehlt* B.   c) *Endg. korrig. in* E.   d) E : sacre
sancte.   e) *fehlt* B.   f) E : Janduo *ohne Abkürzungs-Strich.*   g) B :
quitquid.   h) *fehlt* B.   i) *Das Folgende* : et *bis* vocauit *in* B *ausgefallen.*
k) *fehlt* B.   l) *fehlt* B.

1) ms. Eichstad. p. 494—495(11. Juli 1343). vgl. Höfler, Aus Avignon p. 20.
2) Proverb. 18, 3.
3) l. c. p. 494, 2.
4) Apoc. XI, 2 ; im ms. p. 488—494 (Die cene [10. April] 1343), vgl. Höfler
l. c. p. 20.
5) l. c. p. 490 : M. de P. et J. de J. h. et de heresi condempnatos sustinuit
et secum tenuit usque ad mortem eorum, et audemus dicere *etc.*
6) l. c. p. 494.
7) Ezech. 18, 21. 22.

quod legitur Iob. XV [1]*): Cunctis diebus impius superbit. Et in* a) *psalmo* [2]*): Superbia eorum qui te oderunt, ascendit semper. Iste semper superbivit et stare voluit in profundo peccatorum et in suis heresibus, sicut patet per litteram suo sigillo sigillatam quem misit pape Iohanni predecessori* b) *nostro* c) *super illa materia, videlicet quod Christus et apostoli nichil habuerint* d) *nec in proprio nec in communi, quam posicionem non tenet sancta mater ecclesia. Et numquam dixit, quod vellet redire ad gremium sancte matris ecclesie, sed semper dixit: salvo statu suo; et Deum* a) *invoco testem, quod in ista sede non sedit adhuc aliquis qui cicius fuisset sibi miseratus* e) *quam nos, ymmo aliquando dubitavimus, ne nostra clemencia reputari* f) *posset ad vicium, quia secundum beatum Gregorium libro Moralium* [4]*) aliquando vicia menciuntur se esse virtutes, sed non sic* g) *impii, non sic, sed tamquam pulvis quem proicit ventus a facie terre. Impius ergo cum in profundum peccatorum devenerit* h)*. quid facit? Contempnit.*

Hec dominus Clemens de homine isto. Patet igitur, quod frater Wilhelmus de Occam non solum hereticus, sed heresiarcha vel princeps hereticorum a sacrosancta Romana et universali ecclesia est reputatus. Quapropter secundum i) doctrinam beati Ysidori prius allegatam [5]) caute meditanda cauteque sensu probanda sunt que in eius scriptis et libellis leguntur. ne coinquinatis pedibus quis cespitet in k) illis, ymmo ne forte compedibus heresum l) involutus redire nequeat, ut salvetur. Nam ut dicit m) idem Ysidorus paulo ante in eodem cap. [6]): *Heretici scripturas sano sensu non sapiunt, sed eas ad errorem prave intelligencie ducunt neque semet ipsos earum sensibus subdunt, sed eas perverse ad errorem proprium pertrahunt. Doctores eorum pravis persuasionibus ita per argumenta fraudulencie illigant auditores, ut eos quasi in labirinto* n) *implicent a quo exire vix* o) *valent.* Verum est, quod iste homo, iam sunt forte XII anni, michi per quendam fratrem de ordine suo, scilicet de ordine Minorum, nacione Anglicum, supplicari fecerat, ut quociens contra eum disputarem, verba detractatoria vitarem. Et ego tunc dixi et adhuc dico, quod *sermones referendi sunt secundum materiam subiectam,* ut ait Aristoteles primo Ethicorum [7]). Et versificator ait: *In tali tales capiuntur*

---

a) E: Quia dicitur. b) E: precessori. c) E: nostris. d) B: habuerunt. e) B. E: misertus. f) E: dubitari. g) E: sic *am Rande erg.* h) E: aduenerit. i) E: *am Rande erg.* k) E: exeat ab. l) E: heresis. m) B: dixit. n) B: laborinto. o) *In* E *nachgetragen.*

1) Hiob 15, 20.
2) Ps. 73, 23.
3) B. p. 14.
4) Gregorius M., Moralia. I c. 35, § 49, Migne 75, S. 549 (34).
5) Isidori Sentent. lib. III. cap. 12 § 8. Migne 83, S. 295.
6) l. c. cap. 12, § 4. 5, S. 294.
7) Aristoteles, Ethica Nikom. 1. c. 3. ed. Firmin-Didot. II 2.

flumine pisces. Ego eum non odio nec umquam odivi, sed errophiliam a) suam semper detestata est anima mea. Specialiter autem compacior ecclesie Dei in tribulacionibus suis, cuius certum filium me non erubesco, quamvis peccatorem me esse diffiteri non valeam nec asserere sanctum Sed ut inquit Ysidorus libro I° sentenciarum cap. XVI [1]): *Ecclesie propter Christum gemine tribulaciones existunt, id est sive* h) *quas a paganis pertulit in martiribus, sive quas ab hereticis perfert* c) *in diversis certaminibus. Utrasque autem Dei per graciam exsuperat partim ferendo, partim resistendo. Soncta* a) *ecclesia contra gentilium atque hereticorum pertinaciam summo opere sapienciam et pacienciam* i) *opponere)* e) *studet ; sed exercetur paciencia* e), *cum temptatur verbis, exercetur paciencia, cum temptatur gladiis.* Exerceamur igitur et nos sapiencia sacre scripture contra hereticum istum. Nam clarius tunc manifestatur veritatis assercio., quando patuerit oppositorum f) dissensio.

Cap. VII. de fundamentis utilibus g) ad propositum.

Oportebit autem a principio huius disputacionis premittere, quid sit h) ecclesia, que partes prime ipsius, quid sit heresis opposita ecclesie, et qui heretici dicantur. Nam ex hiis tamquam ex quibusdam fundamentis contra adversarium procedemus.

Est igitur notandum, quod secundum Ysidorum [3]) in libro De divinis officiis ad Fulgencium episcopum *ecclesia vocatur proprie propter hoc, quod omnes ad se vocet et in unum congreget.* Unde hoc nomen ecclesia interpretatur convocacio vel congregacio. Dicitur autem ecclesia christiana ab hominibus christianis *qui vocantur christiani derivativo nomine ex vocabulo Christi. Nam sicut ex Iude* i) *nomine vocabulum traxerunt Iudei (p. 772), a quo Iuda in illa gente regia stirpis dignitas claruit, ita a Christo christiane gentis nomen inhesit, cuius* [4]) *est in gentibus et in Iudeis prerogativa dignitas potestatis.* Catholica vero dicitur hec ecclesia, id est communis vel universalis. Catholicon enim grece idem est quod k) commune latine, *quia* ipsa *per universum mundum est constituta vel catholica, idest generalis,* ut dicit Ysidorus [5]). *quoniam universalis in ea doctrina est ad instructionem hominum de visibilibus atque* l) *invisibilibus rebus celestium atque* l) *terrestrium vel propter (quod)* m), *omne hominum genus (trahit ad se)* n) *ad pietatis subieccionem tam prin-*

a) E: errophylyam.   b) E: snre.   c) B: prefert.   d) B: prudenciam.
e) *fehlt* E. B. *lies:* sapiencia.   f) E: quelibet.   g) E: ubilibet,   h) *fehlt* B.
i) E. B: exinde.   k) *fehlt* B.   l) B: ac.   m) *fehlt* E; quod omne *fehlt* B.
n) *fehlt* B. E.

1) Isid. Sentent. l. I. cap. 16, § 2 (Migne 83, 155).
2) l. c. § 4.
3) Isidor, de div. off. cap. I. (Migne 83, 365) § 2. vgl. § 1.
4) B. p. 15.
5) l. c. § 3.

cipum quam principatui subiectorum et ydiotarum, vel propter quod gene-
raliter curat omnium a) *peccata que per corpus et animam perficiuntur.*
Sed partes ecclesie prime sunt duo prima genera christianorum,
scilicet genus clericorum et genus laycorum, XII. q. 1. *Duo sunt* 1) : *Et di-*
cuntur clerici idest sorte electi, ipsos enim Deus in suos elegit. Hii
namque sunt reges idest se aliosque virtutibus regentes et ita in Deo
regnum habent. Et hoc designat corona in capite : hanc coronam habent
ab institucione Romane ecclesie in signum regni, quod in Christo ex-
pectatur . . . 2). *Aliud vero est genus christianorum, ut sunt layci, idest*
populares; laos enim grece populus est. Hiis concessum est temporalia
possidere, sed nonnisi ad usum. De clericis dominus Constantinus imperator olim b) legem promulgavit excellencie respectu laycorum, dicens :
Vos a nemine diiudicari potestis layco, quia Dei solius reservamini iudicio ;
Dii enim c) *vocati estis et idcirco non potestis ab hominibus iudicari,*
XII. q. 1. § 1 d) *Idem* e) *vero* 3). Item de dignitate sacerdotum 4) dicitur di.
XCVI. c. 4). *Quis dubitet, quod sacerdotes Christi regum et principum*
omniumque fidelium patres et magistri sunt censendi? Item genus clericorum est g) tamquam lux christiane religionis, quibus salvator in personis apostolorum ait : *Vos estis lux mundi* 5). Genus autem laycorum
est populus ignarus, qui pocius doceri debet quam docere, pocius duci
quam ducere. Unde XCVI. di. c. *Si imperator* 6) dicitur, quod *si imperator*
fidelis est sive katholicus, filius est, non presul ecclesie, discere ei con-
venit, non docere. Istud genus hominum regere non debet clerum, sed
pocius regi ab eo, quoniam : *Sapientis est regere, non autem regi,* ut ait
Aristoteles prohemio Methaphysice 7). Genus autem clericorum sapienciam scripturarum possedit, sed genus laycorum ignoranciam retinuit.
Propter quod anthonomastice h) loquendo, id est per excellenciam et
quasi sermone yperbolico, dicimus genus clericorum quandoque ecclesiam,
et principem eius nonnumquam scripture nominant ecclesiam, scil. papam,
eo quod ille caput sit ecclesie christiane, unde i) IX. q. III. c. *Nemo,* dicitur : 8) *Nemo iudicabit sedem primam,* et ibidem §. *Cuncta* k), dicitur 9) :
Sacrosancta Romana ecclesia fas habet de omnibus iudicandi neque cuiquam

---

a) B : omnia.   b) B : olym.   c) B : etenim.   d) *fehlt* E.   e) E :
Item.   f) *fehlt* E.   g) *fehlt* E.   h) B : authonomasice ; E. *folgt ein*
ausgestrichnes Wort : scie.   i) E : ut.   k) *fehlt* E.

1) c. 7. C. 12 q. 1.
2) Ausgelassen ist der Passus über den Verzicht auf persönliches Eigentum.
3) c. 15. C. 12. q. 1.
4) c. 9. dist. 96.
5) Matth. 5, 14.
6) c. 11. dist. 96.
7) Aristoteles, Metaphys. I c. 2, ed. Firmin-Didot II 470, § 3.
8) c. 13, C. 9. q. 3.
9) c. 17. ibid.

de eius licet iudicare iudicio. Et per oppositum genus laycorum cum principe suo temporali dicimus imperium. Duobus igitur predictis ᵃ) iam superius modis sumendo ecclesiam, priori modo sumptum ᵇ) imperium pars est ipsius; secundo vero modo ecclesia ex opposito distinguitur contra imperium, sicut econᵗrario due partes integrales eiusdem tocius dividuntur. Et sic inveniuntur litigantes, quorum hii diligunt ecclesiam, alii vero imperium amant, quomodo Sathanas inter Gybellinos ᶜ) et Gelfos in Lombardia lolia detestabilis rixe ᵈ) seminavit. Descriptive igitur dicendo ecclesia catholica sive universalis est tocius ᵉ) orbis fidelium omnium christianorum monarchya in unum finem veritatis tendencium, scil. in felicitatem sempiternam ¹). Dico autem ecclesiam tocius orbis monarchyam esse ad differenciam ecclesiarum, quas heretici constituunt. Nam ut dicit Ysidorus 1⁰ sentenciarum c. XVI : ᵃ) *Ecclesie hereticorum in partibus mundi coartantur* ᶠ)*, ecclesia vero catholica in toto orbe diffusa expanditur Paulo attestante apostolo* ᵃ) *: Gracias, inquit, ago Deo meo pro omnibus vobis, quia fides vestra annuncciatur in universo mundo. Hereses enim aut in aliquo angulo mundi aut in una gente inveniuntur versari. Ecclesia vero catholica sicut per totum mundum extenditur, ita et omnium gencium societate construitur.* Dico ᵍ) eciam omnium fidelium christianorum ad differenciam Iudeorum et gentilium, de quorum ecclesia propheta dicit: *Odivi ecclesiam malignancium et cum impiis non sedebo* ⁴). Et dico ad unum finem tendencium, ut connotetur ʰ) per hoc illa esse descripcio ecclesie Dei militantis in hoc mundo, cuius finis, propter quem militat, est ⁱ) ecclesia triumphans in celesti paradiso ᵏ). *Gemina enim,* ut ait Ysidorus ⁵), *est ecclesie pulchritudo* ˡ)*, una quam hic bene vivendo consequitur, altera per quam illic ex retribucione glorificabitur.* Cum ergo loquimur de hereticis, estimandum est illos hereticos censeri qui ab (*p.473*)ecclesie recedunt regimine propriis suis assercionibus inhyantes. Unde Ysidorus 1⁰ libro sentenciarum c. XVI ⁶): *Qui sunt heretici,* inquit ᵐ)*, nisi qui relicta* ⁿ) *Dei ecclesia* ᵒ) *privatas sibi elegerunt societates. De quibus dominus dicit* ⁷)*: Duo fecit populus meus mala* ᵖ)*, me dereliquerunt* ᵠ) *fon-*

---

a) *E am Rande statt ausgestrichen* pdm.   b) E: sumpta.   c) E: Gabelynos et Gelffos.   d) E: rixam.   e) B. *folgt* fide *ausradiert.*   f) B: cohartantur.   g) *E am Rande korr.*   h) B: conuocetur.   i) *fehlt* E.   k) E: paradyso.   l) B: pulcritudo.   m) B: inquid.   n) B: relicti   o) B *folgt* Dei *ausgestrichen.*   p) B: du mala f. p. m.   q) B: derelinquerunt.

1) B. p. 16.
2) Isidori Sentent. l. I cap. 16, § 6, Migne 83, 156 f.
3) Rom. 1, 8.
4) Ps. 25, 5.
5) Isidor Sentent. l, c. 16 § l, Migne l. c.
6) l. c. § 7, Migne 83, 157.
7)

tem aque vive, quia effoderunt sibi cysternas, cysternas dissipatas a)
que continere non valent aquas, supple: sapiencie et veritatis. Est autem *heresis greca diccio ab eleccione dicta, scil. quod eam unusquisque eligat disciplinam quam putat esse meliorem,* sicut patet in canone XXIIII. q. III versu *heresis* b). Nam ut dicit Papyas a): *heresis grece eleccio dicitur latine* b). Sed iudicio meo heretici non semper eam eligunt disciplinam, quam secundum se et in se estimant meliorem, ymmo c) quandoque pervertunt scripturas ad erroneos sensus aut causa iactancie, quia pocius volunt singularis ingenii videri d), quam inniti veritati e) generali, aut causa invidie f) sanctorum sentencias corrumpunt vel amore; invidia inquam g) rerum spiritualium aut amore carnalium h) rerum i). Qui vero ex ignorancia sacram paginam ad sinistros sensus interpretatur, minus k) peccatum habet, et pocius ydiota, quam hereticus reputandus est, quia cum corrigitur, resipiscit, hereticus autem frivola defensione errorum suorum l) indurescit. Unde Papias n) 3): *Heretici vocantur,* inquit, *qui de celo vel creatura vel de Christo vel de ecclesia prava senciunt ac deinde* n) *acceptam novi erroris perfidiam pertinaci fraude defendunt.* Est autem differencia inter cisma o) et heresim, quia cisma p) eadem opinatur atque eodem ritu colit, quo ceteri fideles, congregacione vero seorsum posita ab universali ecclesia delectatur. Unde cismaticus est, qui ab episcopo suo discedit nolens ei obedire in hiis, que Dei sunt, sed contra eum contumacia rebellis existit et cum aliis seorsum gregem facit. Heresis vero alia opinatur longe aliamque sibi ac longe q) quam ceteri dissimilitudinem perversi dogmatis instituit. Unde dicitur a herriscor r), herrisceris, idest divido, dividendum secundum quosdam, quia s) est divisio a fide catholica. Sed, ut dicit Reymundus 4), cum omne cisma intendat sibi constituere ecclesiam et universalem ecclesiam impugnare, vix aut t) numquam potest esse sine heresi cismaticus, namque peccat in illo articulo fidei: *Unam sanctam catholicam ecclesiam* u). Possumus igitur dicere, quod heresis 5) tripliciter dicitur, scilicet communiter, pro-

a) E: dissapatas.   b) B: latine dicitur.   c) B *folgt*: heretici.   d) B: videre.   e) E: veritate, *korr.*   f) E *folgt ausgestrichen*: as.   g) B: inquit.   h) B: carnalius amore.   i) *Fehlt* B. E *folgt ausgestrichen ein Wort*: peccat.   k) E *folgt* po od. pc *ausgestrichen.*   l) E: errorem suum.   m) E: Papyas.   n) B *folgt ausgestrichen.* senciunt.   o) E: cysma *so auch weiterhin.*   p) E: cysmaticus. *ebenso weiterhin.*   q) E: aliaque sibi ac longe, *am Rande*; B: longe quam ceteri aliamque sibi *u. s. f.*   r) E: *das* h *am Rande links und unten ergänzt*; B: ab herciscor, ceris id est diuido, dis.   s) B: que.   t) E: autem.   u) B: eccl. cath.

1) c. 27. C. 24. q. 3.
2) Papias, Vocabularium, ed. princ. Mediol. 1476, fol. 92, s. v. haeresis.
3) l. c. fol. 92, s. v. haeretici.
4) Raymundus de Pennaforte, Summa, l. I. de schismaticis § 1–3 (Avenione 1715 p. 63)?
5) B. p. 17.

Scholz, Texte.   24

prie et stricte. Communiter dictam heresim voco separacionem ab ecclesiasticis constitucionibus, que ad honestatem et utilitatem ecclesiasticarum personarum sunt institute, quibus siquidem personis regitur ecclesia
militans Christi, sicut sunt constituciones de immunitatibus ecclesiarum
et ecclesiasticarum personarum, de a) rebus ecclesie non alienandis et
quod laici b) eleccionibus presulum interesse c) non debeant. Et sub hiis
volo comprehendi omnes constituciones summorum pontificum que quasi
ad placitum d) eorum sunt sine apparencia notabilis racionis. Siquis enim
ammonitus canonice hiis constitucionibus contraire e) pertinaciter perseveraverit ad obedienciam earum nolens reverti, deformat se ecclesie uni-
tati et concomitanter per inobedienciam f) peccat in isto articulo: *In
unam sanctam catholicam* κ) *ecclesiam.* Sed proprie dictam heresim voco
separacionem ab ecclesiasticis constitucionibus circa ritum et ordinem
sacramentorum ecclesie et divinorum officiorum, institutis a patribus
sanctis notabiles raciones habentibus, et pertinaciter perseverare in hac
separacione; sicut missam post sumptum cibum celebrare aut omnibus
canonicis horis pretermissis sacramentum eukaristie conficere, sive sanguinem h) Christi conficere in vino, aqua non permixto, et i) sic de consimilibus. Quoniam a talibus erroribus nolle reverti, gravius est et periculosius anime, quam perseverare in erroribus priori modo sumptis. Nam
tales errores maiorem ignominiam habent, quam priores cum sacramenta
ecclesie a Deo instituta sint, ut k) multum fructum afferant hominibus ad
salutem, sicut quarto sentenciarum declaratur [1]. Heresim vero stricte
sumptam voco devium in natura Dei et proprietatibus ac virtutibus divinis et universaliter errorem, qui primo et principaliter contra articulos
fidei peccat in symbolis [1] ecclesie formaliter expressis. Et dico primo
et principaliter propter eos errores, qui reductive (*p. 474*) et a remotis
in devia huius tercie differencie heresi possunt transferri. Et sic heretici
sunt, qui quod creatoris est tribuunt creature et econtra, quique negant
trinitatem in Deo et incarnacionem unigeniti Dei detestantur et huiusmodi. Brevius autem et subtilius forte dicendo poterit dici, quod duplex
est heresis, scilicet large dicta et proprie. Heresis large dicta est recessus ab hiis constitucionibus ecclesie, que mutari possunt in processibus
temporis ex racionabilibus causis; sed heresis proprie dicta m) est recessus a doctrina ewangelica et apostolica, quod nullo umquam tempore n)
papa poterit immutare. Ex sentencia primi membri sequitur, quod aliquid
pro tempore est hereticum, scilicet pertinaciter recedere a constitucionibus ecclesie illo tempore, quo non sunt mutate neque revocate, quod

a) B : se.   b) E : layci.   c) E : interesse *his* constituciones *am obern
Rande der Seite ergänzt.*   d) E : placidum.   e) B : contrarie.   f) p. i.
fehlt B.   g) B : Katholicam.   h) B : sanguine.   i) *fehlt* E.   k) *fehlt* B.
l) B : simbolis.   m) B : dicta proprie.   n) E : quam ullo umquam ipse.
1) Petrus Lombardus, Sentent. l. IV. dist. 1. 2, Migne 192, p. 839 ff..

tamen alio tempore hereticum non est, puta eisdem constitucionibus mutatis. Unde ih a) primitiva ecclesia multa permittebantur tamquam licita, que crescente ecclesia et sanis constitucionibus enixe prohibentur. Quibus constitucionibus siquis ausu temerario contrairet et in pertinacia sua perseveret, utique hereticus diceretur et esset *Nulli* enim *fas est vel* b) *velle vel posse transgredi apostolice sedis precepta*, XIX. di. c. *Nulli* ¹) et XXV. q. 1. c. *Nulli fas fit* ²) cum suis concordanciis. Ista igitur sint posita pro c) fundamentis nostre disputacionis.

C. VIII. defendens primum articulum Clementis pape VI ᵗⁱ ac elidens supradictos errores d).

Restat nunc elidere supradictos errores adversarii et primo defendere articulum e) primum pape Clementis sexti, scilicet quod f) hereticum est et heresis dampnata per ecclesiam credere, quod spectat ad imperatorem papam deponere et alium eligere vel creare, quoniam imperator non habet deponere papam catholicum ª) et fidelem, sicut eciam adversarius concedit, sed nec infidelem seu criminosum g¹, quia imperatoris non est papam iudicare, sicut in canone patet IX. q. III. § *Aliorum* ³), ubi dicitur : *Aliorum hominum causas Deus* h) *voluit per homines terminare, sedis istius presulem suo sine questione reservavit arbitrio*, et ibidem c. *Nemo* ⁵). Neque enim ab Augusto neque ab omni clero neque a regibus neque a ⁱ) populo iudex, scilicet papa, iudicabitur ; quoniam ·qui papam iudicaverit, crimen sacrilegii incurrit, ut patet XVII. q. IIII. § *Qui autem* ⁶) et XXI. di. c. *Denique*, c. *Nunc autem* ⁷) per totum, ubi dicitur inter cetera k) Marcellino pape ab episcopis minoribus eo : *Tuo ore iudica causam tuam* etc. ¹), *non nostro* m) *iudicio*. Et item : *Noli audire in nostro iudicio, sed collige in* n) *sinu* o) *tuo causam tuam* etc. Omnes autem isti canones intelligendi sunt de crimine pape alio ab heresi. Marcellinus enim hereticus non erat, sed coactus thurificavit ydola. Sed in causa heresis submittitur universitatis sive concilii iudicio, sicut patet XL. di. *Si papa* ⁸). Illud tamen intelligendum est, cum non vult corrigi, quia si paratus esset corrigi, non posset concilio accusari ; tunc enim papa pot-

---

a) E ; *eingeschoben.*   b) *fehlt* E.   c) *In* E. *von anderer Hand hinzugefügt.*   d) *In* E. *die Ueberschrift später nachgetragen mit schwarzer Tinte :* artic. prim.   e) *Korr. in* E.   f) *fehlt* B.   g) E. *korr. aus* criminosus.   h) *fehlt* B.   i) E *folgt ausgestrichen :* clero.   k) B : d. i. c. l) *E folgt ausgestrichen :* omnes autem isti sermones intelligendi ; etc. *fehlt* B.   m) *Am Rande, statt* vestro *i. Texte ausgestr.*   n) *fehlt* E.   o) B.: synu

1) c. 5. dist. 19.
2) c. 4. C. 25. q. 1.
3) B. p. 18.
4) c. 14. C. 9 q. 3.
5) c. 13. C. 9, q. 3.
6) c. 29. C. 17, q. 4. Pars 3 Gratian.
7) c. 6. 7. dist. 21.
8) c. 6. dist. 40.

372   XI. KONRAD VON MEGENBERG

est accusari seu ᵃ) condempnari de heresi, cum pertinax fuerit ᵇ). alias
non, ut dicit Huguccio ᶜ) et post eum Gwido ᶜ) archidiaconus ᵈ) super
c. *Nunc autem* di. XXI ¹).᷄ Sed numquid imperator interesse debet huic
concilio, quo condempnandus ᵉ) est papa hereticus pertinax, dicendum
est ᶠ), quod non ut iudex condempnandi pontificis, quia facta pontificum
imperatori iudicare non licet, di. XCVI. *In scripturis* ²). Sed ipse auscultare habet sentenciam prelatorum cleri christiani, si ᵍ) vocatur ad tale
officium et eam exequi prolatam ʰ)./ Quoniam imperatori in hiis que fidei
sunt discere congruit, non docere, dist. XCVI. c. *Si imperator* ³). Et eadem
di. c. *Denique* ⁴): *Hii* ⁱ) *quibus tantum humanis rebus et . non divinis
preesse permissum* ᵏ) *est, quomodo de hiis per quos divina* ¹) *ministran-
tur, iudicare presumant* ᵐ), *penitus ignoramus.* Item ⁿ) extra de foro compet. c. II. : ˢ) ᵖ) *Nullus iudicum* ᵖ) *secularium* ᵠ) *neque presbiterum, neque
dyaconum aut clericum ullum* ʳ) *aut minores ecclesie sine permissione* ˢ)
pontificis per se distringere ᵗ) *aut condempnare presumat ;* quanto minus
sacerdotem omnium sacerdotum laycus habet iudicare. Et iterum dominus
Hostiensis extra de hereticis c. *Ad abolendam* § *Laycus* ⁶) *autem* super
verbo : *seculans iudicis arbitrio relinquatur,* dicit : *Et idem est de clerico
inpenitente, prius tamen a suis ordinibus degradato, sicut eciam patet
ibidem in textu* § *priori.* Et super verbo : *debitam recepturus pro qualitate
facinoris ulcionem,* dicit : *Ulcio debita est ignis cremacio, sicut patet ex
verbis domini dicentis Iohannis XV.* ⁷): *Siquis* (p. 475)ᵛ) *in me non man-
serit, mittetur foris, sicut* ᵘ) *palmes, et arescet* ᵛ), *scilicet si laycus sit
per iudicis ecclesiastici condempnacionem et curie secularis dampnacionem pene corporalis et execucionem. Si vero clericus sit per premissam
consimilem condempnacionem consecutam degradacionem* ʷ) ; *et colligent
potestates seculares eum scilicet laicum, per dampnacionem corporalis
pene et execucionem, clericum vero in foro suo recipient, ut datam per
eos penalem contra eum sentenciam exequantur.* Et infra: *ad ecclesiam*

---

  a) acc. seu *fehlt* B.   b) E *am Rande erg.*   c) B : Hugo, Gwydo.
d) E : archidyaconus.   e) B : dampnandus.   f) *fehlt* B.   g) *Korr.* E.
h) B : probatam.   i) E *korr. a.* hic.   k) B : premissum.   l) E *folgt* : non.
m) B : presumat.   n) *fehlt* E.   o) E *folgt* : Item.   p) B : iudicium.
q) *fehlt* B.   r) B : nullum.   s) B : permissu pont. per de se destringere ;
in E Endung korrig. in : permissione.   t) E : distingwere ; w *getilgt.*
u) *fehlt* E.   v) E : arcescet.   w) c. d *fehlt* E.

    1) c. 7. dist. 21.
    2) c. 8. dist. 96.
    3) c. 11. dist. 96.
    4) c. 5 . dist. 96.
    5) c. 2. X. de foro comp. (II, 2).
    6) c. 9. X. de heret. (V, 7).
    7) Ioh. 15, 6.
    8) B. p. 19.

pertinet dampnacio de crimine et non dampnacio corporis, ad secularem vero potestatem spectat dampnacio corporis et non dampnacio a) *de crimine.* Ex quibus dictis domini Hostiensis clare patet, quod iudicium [1], condempnacio et degradacio clerici b) super crimen heresis ad forum ecclesiasticum pertinet, non ad forum seculare. Sed cadaver corporis degradati et clericalibus insigniis privati spiculatoribus committitur c) per iudicium seculare; quanto minus summus pontifex iudicio laycorum est committendus/

Sed diceres d): per quem vel quos papa hereticus vel pertinax est degradandus? Estimo, quod per dominum Hostiensem, Portuensem et Albanensem e) episcopos, per quos inungitur et benedicitur, sicut in pontificali continetur, ipso tamen prius per concilium prelatorum et doctorum ecclesie condempnato et iudicato. In concilio autem talia gravia racione persone vel negocii, de quibus agitur, sunt tractanda secundum dominum Hostiensem, de hereticis c. *Excommunicamus 1° § Si vero dominus* [2]. Ista vero gravissima sunt racione persone summi pontificis, cum ipse sit dominus orbis et urbis; ergo nonnisi per concilium prelatorum ecclesie papa hereticus est condempnandus et iudicandus. Cum igitur, sicut f) ex iam habitis g) claret, per constituciones ecclesie pateat et per sacros canones, quod imperator non habeat deponere papam sive iustum sive criminosum, ergo pertinaciter asserere oppositum h) est hereticum secundum primam differenciam heresis priori capitulo positam i). Nam qui precepta k) sedis apostolice pertinaciter transgreditur, hereticus est, XIX. di. *Nulli* [3]. Sed ne forsitan l) videar modos heresis priori capitulo positos ficticie asseruisse m), igitur ad robur positorum et ponendorum in hoc tractatu recitandi sunt hic modi heresis, quos ponit dominus Hostiensis extra de heret. c. *Firmissime* [4]; et sunt X. Primus est, cum n) quis pervertit sacramenta ecclesiastica ut symoniacus, 1° q. *Eos qui per* o) *pecuniam* p) § *Licet* [5]; secundus scismaticus q), VII. q. 1. *Denique* [6]; tercius excommunicatus, IIII. q. 1. *Quod autem hii* [7]; quartus, errans in exposicione sacre scripture, XXIIII. q. III. *Heresis* [8], XXXVII. r) di. *Rela-*

a) b) B: condempnacio.   b) B: cleri.   c) B: comm. spicul.   d) E korr. n. dices; B: dices.   e) Port. et Alban. *in E am Rande v. Hd. 2 ergänzt.* f) *fehlt* B.   g) B: dictis; *darüber*: habitis.   h) B *folgt*: eius.   i) E korr. *aus* positas.   k) *Korr.* E.   l) *fehlt* B.   m) E *folgt*: et sunt X. primus, *ausgestrichen.*   n) E: *übergeschrieben*; B: si.   o) *fehlt* B.   p) E *folgt* Denique, *ausgestrichen.*   q) B: cismaticus.   r) B: XXXVIII.

1) B. p. 19.
2) c. 13. § 3 X de heret. (V, 7).
3) c. 5. dist. 19.
4) c. 3, X. de heret. (V, 7).
5) c. 21. C. 1, q. 1.
6) c. 9. C. 7, q. 1.
7) c. 3. C. 4, q. 1.
8) c. 27. C. 24, q. 3.

tum ¹); quintus qui novam sectam fingit vel confictam sequitur ª), XXIIII.
q. III ᵇ) *Hereticum* ª) ; sextus qui privilegio ecclesie Romane, que preest
omnibus, detrahit, XXII. di. *Omnes* ª); septimus qui communionem ecclesie
non recipit catholice, in Auth. *De privil. dot. haeretic. mulieribus non* ᶜ)
prestan. post principium, versu *Igitur sacramentum* ⁴) etc. coll. VIII ᵈ) ;
octavus qui precepta sedis apostolice pertinaciter transgreditur, XIX. di.
Nulli ⁵); nonus qui decretalibus epistolis apostolicis contradicit vel eas
non recipit, XX. di. *De libellis* ad fi. ⁶), nam et peccatum paganitatis est
preceptis apostolicis contraire ᵉ) LXXXI di. *Si qui sunt prebiteri* ⁷);
decimus strictus modus et proprius, qui aliter ᶠ) sentit de articulis fidei
vel ᵍ) sacramentis ecclesie, quam Romana ecclesia, XXIIII. q. 1. *Hec est
fides* ⁸).

Ego vero priori capitulo istos modos ad duos vel tres generales ʰ)
reduxi. Est igitur hereticum credere, quod imperator habeat deponere
papam secundum octavum modum iam dictum, quia est contra sedis
apostolice precepta; reductive vero et consecutive secundum decimum
modum ⁱ), quia est contra istum articulum symboli : *In unam sanctam
katholicam ecclesiam* etc. ᵏ). Superest autem probare, quod hereticum
sit ˡ), credere vel asserere, quod imperator habeat papam eligere vel
creare, quia eciam est contra sedis apostolice precepta et contra sacrorum
canonum diffiniciones, quod eciam quasi prima facie intuentibus iura canonica facile est videre. Nam LXIII. di. ᵐ) §. *Verum* dicitur ⁹), quod imperatores quandoque modum suum ignorantes non in numero consen-
ciencium, sed primi distribuencium ¹⁰), ymmo exterminancium esse voluerunt, frequenter eciam in hereticorum perfidiam prolapsi catholice
matris ecclesie unitatem impugnare conati sunt, Igitur ⁿ) sanctorum patrum statuta adversus eos prodierunt, ut semet eleccioni non insererent
et quisquis eorum suffragio ecclesiam obtineret ᵒ) anathematis vinculo
innodaretur. Item Adrianus papa secundus ex VIII. universali synodo sic

a) E : consequitur.   b) B : IIII.   c) *fehlt* B.   d) B : VII.   e) B : contrarie.   f) B : qualiter.   g) E : ut.   h) E *am Rande.*   i) *fehlt* B.
k) E *steht* etc. *nach* super est.   l) B : est.   m) E : di. *am Rande-*
n) E *folgt* : secundum.   o) B : optineret, *korr. aus* pertineret.
1) c. 14. dist. 37.
2) c. 28. C. 24, q. 3.
3) c. 1. dist. 22.
4) Authent. coll. VIII. Tit. X no. 109 de privileg. dotis haereticis mulieribus non praestandis.
5) c. 5. dist. 19.
6) c. 1. dist. 20.
7) c. 15. dist. 81.
8) c. 15. C. 24, q. 1.
9) c. 28. dist. 63. pars 4 Gratian.
10) B. p. 20.

dicit ¹): *Hec sancta et universalis synodus diffinivit et statuit atque iure promulgavit neminem laycorum principum vel potentum semet inserere eleccioni vel promocioni patriarche vel metropolitani aut cuiuslibet episcopi, ne videlicet (p. 476) inordinata et incongrua* ᵃ) *hinc fiat contencio vel confusio, presertim cum nullam in talibus potestatem quemquam potestativorum vel laycorum ceterorum habere conveniat, sed silere et attendere sibi, usque quo* ᵇ) *regulariter a collegio ecclesie suscipiat finem eleccio futuri pontificis.* Item Nicolaus ᶜ) papa de summi pontificis eleccione LXXIX di. c. *Si quis* ³) dicit in hunc modum *: Si quis apostolice sedi sine concordia et eleccione canonica cardinalium eiusdem ecclesie ac deinde sequencium clericorum religiosorum intronizatur, non papa nec apostolicus, sed apostata* ᵈ) *habeatur.* Et XXIII. di. c. I ᵉ) dicitur ³), quod , *obeunte Romane ac universalis* ᶠ) *ecclesie pontifice inprimis cardinales episcopi diligentissime* ᵍ) *simul de eleccione* ʰ) *tractantes mox Christi clericos cardinales* ⁱ⁾ *adhibeant sicque reliquus clerus ac populus ad consensum nove eleccionis accedant.* Ecce dicitur ibi de consensu reliqui cleri ac populi Romani. Unde sequentes clerici consentire debent, non tamen sunt vocandi de necessitate ᵏ), sicut dicit glossa originalis di. LXXIX. c. *Si quis*⁴). Item extra de elect. c. *Licet*, libro Iᵒ decretalium⁵), et ci. li. c. *Ne Romani* ˡ) libro VIIᵉ), solis dominis cardinalibus eleccio summi pontificis reservatur, omnibus aliis, tam clericis quam laicis exclusis. Est igitur contra precepta sedis apostolice et contra sacrorum canonum diffinita, quod imperator habeat constituere papam. Et per consequens hereticum est illud credere et pertinaci assercione affirmare in octavo modo heresis, sed consecutive est in Xᵃ modo, quia est contra hunc articulum simboli *In unam sanctam ecclesiam catholicam*ᵐ). Qui namque preceptis et constitucionibus ecclesie racionabilibus contradicit et repugnat, ab unitate et communicacione ecclesie apostolice recedit. Ecclesia etenim catholica non est una unitate hominum, qui sunt multi, sed unitate fidei ac unione intencionis et confirmacionis morum bonorum ad unam fidem amminiculancium. Qualiter ergo intra unitatem ecclesie catholice manere dicitur, qui vicechristo et vicecapiti, scilicet summo pontifici, in racionabilibus preceptis contradicit? Nequaquam; quoniam ⁿ) talis a capite ecclesie, quod

---

a) B : congrua.   b) *fehlt* B.   c) E : Nycolaus.   d) B : apostaticus.
e) E : *am Rande* V, *Rasur im Text*; B : I (?)   f) B : universali.   g) B : diligentissima.   h) B : dilectione, *statt* de elect.   i) *fehlt* B.   k) de noc. *fehlt* B.   l) B : et c. ci. t. ubi manis (*lies* maius) et e. ci. t. non romani li. VII.   m) B : cath. eccl.   n) B : quo.

1) c. d. dist. 63.
2) c. 9. dist. 79.
3) c. 1. dist. 23.
4) c. 1. dist. 79.
5) c. 6. X. de elect. (I, 6).
6) c. 2. in Clem de elect. (I, 3).

Christus est, recedit, qui vicario suo dixerat: *Quodcumque ligaveris super terram* etc. Matth. XVI.[1]). Numquid ergo quodcumque statueris, quodcumque preceperis ad ecclesie militantis salutem, erit et statutum ac preceptum a) in celis. Sed quod predicte constituciones sedis apostolice sint racionabiles et ecclesie Christi militanti salutares, probo sic. Non est ignorantis iudicare condiciones, quas ignorat. Ergo non est imperatoris constituere nec eligere papam. Antecedens patet, quia nemo cecus b) a nativitate c) habet discernere inter colores. Consequencia tenet ex hoc, quod imperatores laici sunt ut plurimum modum suum ignorantes, atque *) ignari scripturarum et condicionum d) felicitatis humane; que in eligendis pastoribus et precipue summis pontificibus tanto alcius et perspicacius sunt pernotande e), quanto illi sublimiores sunt in toto ordine ecclesie militantis. Et de hac ignorancia loquitur canon LXIII f) di. *Quia g) verum*[9]), sicut prius allegatus est. Secundo probo eandem conclusionem sic. Expedit ac salutare est in eleccionibus pastorum ecclesie omnem invidiam et contencionem quantum fieri potest ammoveri. Sed concurrentibus laycis cum clericis occasione tamen laycorum promptior h) est invidia, ut rixas seminet atque discordias eligencium virorum; ergo layci a clericis in eligendo pastores sunt penitus excludendi. Maior proposicio patet ex hoc, quod invidia radix est tocius mali atque origo omnium viciorum que Luciferum de celo eiecit et in demonem transformavit. Et minor proposicio patet per expedicionem cottidianam i). Layci enim clericis opido sunt infesti, ut patet II. q. VII. *Laycos*[4]) et c. *Layci*[5]). Et hoc ideo est, quia sicut caro concupiscit adversus spiritum, sic laycalis status ecclesiastice contranititur k) discipline. Et de hac rebellione seu contencione loquitur canon in constitucione synodali superius allegata, cum dicit[6]): *Ne inordinata et incongrua hinc fiat contencio vel confusio.* Plures ad hanc conclusionem l) alias feci raciones in secundo m) yconomice mee; quas hic obmitto causa brevitatis.

Cap. IX. solvens raciones in contrarium.
Ad raciones autem in contrarium facile est respondere. Ad primam namque racionem, cum dicitur, si papa deviat a fide catholica, desinit

a) B: precept(is).   b) B: cetus.   c) B: ante habet.   d) E *folgt* et *durchgestrichen.*   e) B: peruocande.   f) E: LXIIII.   g) B: §; E: que. h) B. E: pronior.   i) B: cottidiam.   k) B: contrariatur.   l) B. condicionem. m) B: s₁° *es folgt in B Rasur von 3 Buchstaben am Ende der Zeile und ca. 2 am Anfang der nächsten; vgl. dazu:* Phil. Schneider *im Hist. Jahrb. 25 (1904) p. 705 f. Auf der radierten Stelle stand noch erkennbar:* yconomice; *die Lesung Schneiders l. c. ist also falsch.* E *korr.:* cronice.

1) Matth. 16, 19.
2) B. p. 21.
3) c. 28. dist. 63. Gratian.
4) c. 5. C. 2. q. 7.
5) c. 14. C. 2. q. 7.
6) c. 2. dist. 63.

esse prelatus ecclesie, dicendum, quod hoc verum est, si deviat a fide
devio manifesto, super quo a cardinalibus aut ceteris ecclesie prelatis
adiunctis cardinalibus ammonitus corrigi non vult nec emendari a); tunc
enim per concilium condempnandus est prelatorum ecclesie et per consequens ab imperatore et ab omnibus christianis detestandus (p. 477),
tamquam omnium auctoritate et potestate b) privatus; sed ante condempnacionem huiusmodi nequaquam, sicut declaratum est in capitulo priori. Si vero occulta est eius heresis, super illa occulte est ammonen-
dus; qua si se occulte coram cardinalibus non expurgaverit, aut si c)
de illa convictus corrigi non curaverit, concilio utique est accusandus et
condempnandus, sicut prius.

Sed absit, quod imperator vel quicumque alter dicat eum hereticum,
quando sibi placuerit absque iudicio collegii cardinalium et d) concilii
precedente, sicut e) probatum est prius. Sed pone, quod papa statuat,
quod non possit accusari f) de heresi, numquid statuto eius g) erit h)
parendum? Dicendum quod non, quia ex hoc tota ecclesia periclitaretur, quod non licet nec a fidelibus est admittendum, sicut patet XXV. q.
1. *Sunt quidam,* ubi dicitur 1), quod Romano pontifici semper licuit
novas condere leges, nisi ubi dominus aperte vel eius apostoli et omnes i)
sequentes sancti patres sentencialiter aliquid diffinierunt. / Et iura canonica ab adversario allegata non plus concludunt, quam si papa super
manifesta vel k) convicta l) heresi corrigi non vult, tunc omni auctoritate
et potestate est privandus, non tamen per imperatorem, sed per concilium
ecclesie. Ymmo ipso facto est condempnatus per scripta iura, attamen per
concilium declaratur condempnatus, quam declaracionem expectare tenetur imperator et omnis populus christianus. Posset 2) enim super manifesta vel convicta heresi papa corrigibilis esse vel non, quod necessario
prius est experiendum et declarandum./

Et cum dicitur, quod imperium sit a solo Deo, si intelligis a solo
Deo et a nemine alio elective nec confirmative in terra, falsum dicis,
quia tunc privares principes electores imperii iure suo. Et si ab electoribus m) in terra dependet n) elective, quare non a o) papa consensive,
confirmative et approbative dependeret? Si intelligis autem p) imperium
a solo Deo est q) immediate scilicet immediacione principalitatis, quia
nemo principalius r) donat quam Deus, nec Deus s) aliquo medio indiget
quo donet: concedo tibi, sed cum hoc stat, quod non sit immediate a

a) E *folgt*: tunc ad iunctis. b) E *am Rande.* c) *fehlt* B. d) *fehlt* B.
e) B *folgt* prius, *dann ausgestr.* dictum. f) B: accensari. g) B: e. st.
h) B: est. i) B: eos. k) B: et nichil. l) E *folgt ausgestrichen:* corrigi. m) E *folgt in ausgestrichen,* B *folgt:* principibus. n) B *folgt*
imperium. o) *fehlt* B. p) B: vero intelligis. q) B: esse. r) E *korr.*
a. principalibus. s) E *folgt* aliquo *ausgestrichen.*

1) c. 6. C. 25 q. 1.
2) B. p. 22.

Deo immediacione cedentis ᵃ) et ex parte recipientis, quia mediante eleccione principum ᵇ) et mediante confirmacione summi pontificis imperator recipit imperium Romanorum. Esto tamen, sed non concesso, quod imperator superiorem non haberet in terra, hoc tamen non esset, nisi quantum ad ea que pertinent ad forum seculare, qualis non est casus noster ᶜ), sicut patet ex superius probatis. Ergo non sequitur, quod imperator habeat papam super heresi iudicare vel denunciare. Et cum dicitur, quod Otto primus denuncciaverit et deposuerit papam Iohannem XII ᵐ de papatu, respondeo, quod quociens legitur imperatores summos deposuisse pontifices, semper intelligendum ᵈ) est : deposuerunt id est consenserunt concilio deponenti. Si enim aliter egissent, pocius vim, quam ius exercuissent. Aut forsitan ecclesia imperatores tunc admisit, ut haberent vocem in deponendo summos pontifices, sicut eos admisit in eligendo ; sed crescente matre nostra sancta Ierusalem imperatores ab huiusmodi consuetudinibus et privilegiis recesserunt, sicut infra dicetur. Et cum dicitur : si papa hereticus foret tante potencie, quod nullus auderet sibi contradicere etc., dico, quod in tali casu numquam poterit esse tante potencie, quin concilium sit potencie maioris, ymmo si tanta ingrueret necessitas, concilium prelatorum ecclesie ᵉ) auxilium imperatoris invocaret atque aliorum principum secularium iuvamen ᶠ).

Et quando subiungitur : esto quod omnes ᵍ) cardinales et totus clerus sibi in suis erroribus consentirent ʰ), scilicet pape heretico, dico, quod est impossibile omnes prelatos ecclesie et totum clerum errare in fide et genus laycorum recto tramite ambulare. Clerici namque et prelati ecclesie in locum apostolorum successerunt quibus dominus ait : Vos estis sal terre, quod si evanuerit, in quo salietur ? Matth. V¹), quasi diceret : in nullo. Et iterum : Vos estis lux mundi ²). Sed quomodo luce extincta gentes recte ambulabunt, quia scriptum est : Et ambulabunt gentes in lumine tuo et reges in splendoribus tuis ³). Si ergo duces videntes omnes errarent, qualiter ceci ⁱ) ducendo parvulos ᵏ) non deviarent cum eisdem ? Item cum postea dicitur, quod secundum hoc male fecissent sancti per ecclesiam canonizati, qui restiterunt summis pontificibus deviantibus a fidei veritate, respondeo, quod correccio canonica occulta ad omnes spectat secundum ewangelicam veritatem, manifesta vero ad prelatos sive iudices tantum, sicut patet extra de hereticis c. Cum ex

---

a) B : ordinis.   b) B folgt : electorum.   c) E : am Rande korr. statt ausgestrichen : non sunt.   d) E : korr. aus -dus.   e) Fehlt B.   f) E : iuva mea.   g) B : uiuens.   h) B : consentiret.   i) B : m. d. folg. Worte zusammengezogen : reciducendo.   k) B : per illos.

1) Matth. 5, 13.
2) Matth. 5, 14.
3) Jes. 60, 3.

iniuncto §. *Nec quisquam* [1]). Si ergo aliqui sanctorum inveniuntur aliquos summorum pontificum super moribus suis corripuisse, hoc per modum exhortacionis factum est, non per modum iudicii condempnativi, quia, ut patet [2]) ubi prius [a]) (*p. 478*), nulli licet patrem suum delinquentem reprehendere manifeste. Quando vero dicitur, quod imperatores per longiora tempora cum clero et populo [b] Romano urbi et orbi de summo pontifice [c]) providebant, respondeo, quod ista consuetudo per constituciones ecclesie fuit abiecta et detestata, sicut patuit supra./ Et quod hoc sedes licite facere potuerit, patet LXIII. di. §. *Verum* [3], ubi dicit Stephanus papa: *Magna ista auctoritas habenda est in ecclesia, ut si nonnulli ex predecessoribus nostris fecerunt aliqua que illo tempore potuerunt esse sine culpa et postea vertuntur* [d]) *in errorem et supersticionem, si non tarditate aliqua et cum magna auctoritate a posteris destruantur.* Et probat hoc decens [e]) et expediens esse per exemplum Moysi et Ezechie, quoniam [f]) Ezechias confregit serpentem eneum, quem fecit Moyses, eo quod populus eum colere et venerari ceperat [4]). Idcirco destruxit iste, quod iubente Deo fecerat ille/ Item imperatores olim resignaverunt sedi apostolice ius suum eligendi summum pontificem, sicut [g]) patet in eadem di. §. *Verum* in fi., ubi dicitur: *Postremo presentibus legatis imperatoris et inconsultis elecciones Romanorum pontificum celebrate* [h]) *leguntur, tandem iidem imperatores religioso mentis affectu prefatis privilegiis renuncciaverunt multa insuper donaria ecclesie Dei conferentes.* Quando autem additur, quod usque ad tempora ista pape et cardinales descenderunt ab istis papis per imperatores et populum Romanum institutis, concedo, quia hec descensio seu derivacio licita et sancta originacione facta est. Sed cum hoc dicitur [i]), quod elecciones summorum pontificum que tunc fiebant sine culpa per imperatores Romanos ex ecclesie permissione, hodie non fuerint [k]) sine emenda [l]) ex ecclesie constitucione.

Unde quod olim non fuit hereticum ante sedis apostolice [m]) indiccionem, hodie censetur [n]) hereticum per ecclesie prohibicionem, sicut prius patuit in [o]) c. VII. in fine. Quapropter minime sequitur id, quod adversarius infert, scilicet quod si esset hereticum dicere, quod imperator haberet eligere papam, tunc [p]) a tempore primi pape instituti per impera-

---

a) E: prius ubi *umgestellt.*   b) E *folgt* et populo.   c) B: pontifici.
d) E: utuntur, *ohne* -er- *Strich.*   e) B: dicens.   f) B: quo.   g) E: sed.
h) B: celebrare.   i) B: dico.   k) B: fiunt.   l) E *korr.*, e- *über der Zeile;*
B: menda.   m) *Fehlt* B, *folgt:* constitucionem et.   n) B: censentur.
o) *Fehlt* B.   p) E *folgt ausgestrichen* imperator.
1) c. 12. X. de heret. (V, 7).
2) B. p. 23.
3) c. 28. dist. 63. Gratian.
4) 4. Reg. 18, 4.

torem, clerum et populum Romanum usque ad tempora ista ecclesia
fuisset in errore, quoniam iste homo estimat iura canonica uniformiter
stare tunc et modo, quod non est verum.

Cap. X. d e f e n d e n s   p a p a m   C l e m e n t e m   s e x t u m   n o n
f u i s s e   h e r e t i c u m   p r o p t e r   o b i e c c i o n e s   a d v e r-
s a r i i.

Ea vero que a) superius in quarto b) capitulo adversarius obicit pape
Clementi VIto, scilicet quod criminosus fuerit cysmaticus c) et hereticus,
blasfemie d) quedam sunt et malivole detracciones, que pocius colunt invidiam, quam quod veritatem venerentur e). Supposito namque, sed non
concesso, quod dominus Clemens vel quicumque alter f) summorum pontificum sit fornicator, sit ebriosus aliisque mendis peccatorum macu-
latus, dummodo hec non asserat esse licita, tamquam in heresim elap-
sus g) propterea claves ecclesie non amisit. Unde beatus Ieronimus
super illum locum ewangelicum, ubi dominus dixit Petro: *Tibi dabo
claves regni celorum* etc.[1] sic dicit 9) : *Habent enim eandem iudiciariam
potestatem alii apostoli; habet et omnis ecclesia in episcopis, in presbiteris, sed ideo Petrus eam specialiter accepit, ut omnes intellegant,
quod quicumque ab unitate fidei et societate[3] ecclesie se separavit* h),
nec peccatis solvi nec celum potest ingredi. Ecce beatus Ieronimus nullum
sacerdotem excipit intra ecclesiam manentem. Item beatus Augustinus in
libro Questionum novi ac veteris testamenti sic dixit[4]): *Dictum est in
Numeris* i) [5]) *a domino ad Moysen et Aaron sacerdotes: Vos ponite
nomen meum super filios Israel, ego dominus benedicam eos, ut graciam
tradicio per ministerium* k) *ordinati transfundat hominibus, nec voluntas
sacerdotis obesse vel prodesse possit, sed meritum benediccionem pos-
centis* l). Ex quibus verbis patet, quod sacerdos eciam si malus sit, graciam m) transfundit pro sue dignitatis officio, et per consequens summus
pontifex propter illa crimina claves ecclesie non amisit nec ab officio
sue cecidit dignitatis. Ad eandem intencionem eciam accedit illud, quod
scribitur Ia q. l. c. *Cum scriptura* e), ubi dicitur, quod ad preces Hiero-

---

a) B: quo.   b) B: quinto.   c) B: cismaticus.   d) E: blasphemie.
e) B: venerantur.   f) B: *übergeschrieben.*   g) B: lapsus.   h) B: se-
parauerit.   i) E: in meitis.   k) E: ministerii.   l) B: poscent.   m) B *folgt*:
diff. *ausgestrichen.*

1) Matth. 16, 19.

2) Hieronymi Comment in Ev. Matthei lib. III c. 16, Migne 26, S. 118
(124)?

3) B. p. 24.

4) Ps. Augustini, Quaestiones novi ac veteris testamenti q. 1 § 11, Migne
35, 2223 (Corp. SS. eccles. 50, 36).

5) 4. Mos. 6, 27.

6) c. 83. C. 1. q. 1.

boam a) ignis descendit de celo, et rursus peccante Helya ignis missus est qui sacrificia consumeret, in quo datur intelligi, quod Deus non merita personarum considerat, sed officia sacerdotum. Hec ibi. Sicut ergo non merita sacerdotum, sed virtus divina sacramenta sanctificat, sicut patet eadem causa et eadem questione c. *Multi secularium* [1]), sic absque dubio demerita que papam extra ecclesiam non ponunt, ipsum b), ab officio sancti Petri non deponunt. Auctoritas vero apostoli, quod congruit presulari dignitati, persuadet, non autem precipit (*p. 479*), quod ab officio episcopum deponere c) posset. *Spiritus enim promptus est, caro autem infirma* [2]), et ergo humanum est peccare, dyabolicum vero perseverare./ Specialiter autem congruit episcopos mundos esse, et quanto maiores, tanto mundiores, ut d) ante quos aliorum statuitur langwor, in nullo eorum sint iudicandi, et ne magna trabe vulneratos habentes oculos eamque negligentes, festucam tenuem c) in oculis conspiciant aliorum [3]). Et si dominus Clemens in iuventute natura fervente filios procreavit, non est putandum, quod in tanto gradu fecerit ista. Nec vulgari fame que levi suspicione quandoque oritur, est credendum. Maledictus ergo Cham [4]), scilicet adversarius, qui eciam si videret pudibunda patris sui f), non cooperiret, sed detegeret ea. Cum vero ulterius dicitur, quod dominus Clemens sit scismaticus, quia inter regem Anglie et Francie ponit scysma, dico, quod ego vidi dominum Clementem mittere cardinales pro pace tractanda inter eosdem reges. Sed quod sedes favet conservacioni g) regni Francie plus ceteris regnis, ideo est, quia ipsum sedi apostolice semper plus legitur adhesisse. Ingratus enim est qui accepti beneficii immemor est, ut ait Seneca [5])/ Et cum additur, quod dominus Clemens gwerras foverit dando stipendia pro ipsis fiendis inter Assasinos et Malandrinos, respondeo, quod licet pape bella h) instituere contra invasores bonorum et hominum ecclesie Romane, sicut patet XXIII. q. VIII. c. *Igitur* et c. *Scire*, c. *Petrus* et c. *Ut pridem* [6]). Sed quod apostolus dicit: *Nemo militans Deo implicat se negociis secularibus* [7]), respondeo, quod verum est tanta implicacione, ut obliviscatur eorum que Dei sunt; sed Deo militans dirigit temporalia et secularia, ut non amittat eterna. Non ergo episcopi debent esse custodes tantum cartarum, sed eciam defensores i) ecclesiarum, sicut patet XVI. q. I. *In canoni-*

---

a) B: Jeō bona. b) *fehlt* E. c) E: *Lücke im ms., Rasur.* d) B: nec. c) B: cum. f) *fehlt* B. g) B: conservacionem. h) E: bellos. i) B. defensiones.

1) c. 84 ib.
2) Matth. 26, 41.
3) Matth. 7, 3, Luc. 6, 41 f.
4) cf. Genes. 9, 22—25.
5) Vgl. Seneca, De beneficiis III c. 1.
6) c. 7. C. 23. q. 8 ; c. 8 ib.; c. 16 ib.; c. 17 ib.
7) 2. Tim. 2, 4.

bus [1]), ubi dicitur: *Iniquum enim censemus esse* [a]), *ut pocius custodes cartarum quam defensores rerum creditarum, ut preceptum est, indicemur* [2]). Nec credat episcopus *sibi solam leccionem* [b]) *et oracionem sufficere, ut remotus nichil studeat de manu fructificare* [c]), LXXXVI. di. *Fratrem* [3]). Cum autem adversarius subiungit, quod dominus Clemens habuerit caudam colligatam cum erroribus pape Iohannis XXII, respondeo, quod illa duo statuta in septimo decretalium, scilicet de iureiur. *Romani principes et de sen. et re iudi. Pastoralis cura* [4]) sunt licita et honesta nec annichilant imperium, sed glorificant pocius et extollunt. Quia primum statutum declarat illa esse fidelitatis iuramenta, que [d]) eciam [e]) prestat imperator ecclesie Romane tempore sue approbacionis, secundum formam que traditur LXIII. di. c. *Tibi domino* [5]), et tempore sue coronacionis secundum formam in pontificali descriptam. Secundum vero statutum irritat et annullat [f]) sentenciam et processus quondam imperatoris Heinrici [g]) factam et factos contra Robertum regem Sicilie; et hoc facit ex certis et racionabilibus causis que per iura canonica confirmantur et stabiliuntur, sicut patet in glossis ordinariis super hoc statuto editis. Sed numquid imperium ex hoc debilitatur, si ad obedienciam ecclesie congruam et convenientem obligatur? Nequaquam. Quia melior est obediencia, quam victima [h]) et auscultare magis quam adipem arietum offerre, ut patet extra de ma. et obed. c. *Illud dominus* [6]). Alie vero constituciones quatuor Iohannis XXII. adhuc extravagantes, quam racionabiles sint et sacre scripture testimoniis consone, patet eas diligenter intuenti et specialiter qui glossas earum [i]) prenotaverit a domino Zenzelino [k] venerabili utriusque iuris professore editas super eisdem. Et quoniam adversarius simplici procedit assercione, nulla racione fundatus, igitur simplici sibi obviare sufficit oracione, sicut scriptum est: *Qua mensura mensi* [l]) *fueritis, remecietur vobis* [7]).

Ad raciones vero adversarii quibus probare nititur, quod non sint servanda iuramenta prestita domino pape Clementi sexto, statim patet responsio ex iam declaratis. Prima namque racio supponit, quod ipse dominus Clemens in manifestam heresim fuerit lapsus propter ea que sibi adversarius superius obiciebat, et hoc est penitus falsum. Ad secun-

---

a) E : omc.   b) E : elecionem.   c) B : sanctificare.   d) E : *einge-schoben.*   e) *fehlt* B.   f) B : anichilat.   g) *fehlt* B.   h) B : victic. i) B. E. : Zesselino.   k) B : eorum.   l) E : messi.

1) c. 57. C. 16 q. 1.
2) B. p. 52.
3) c. 6. dist. 86.
4) c. un. in Clem. de iureiur. (II, 9); c. 2 ib. de sent. et re iud. (II, 11).
5) c. 33. dist. 63.
6) c. 5. X. de maior. et obed. (I, 33).
7) Matth. 7, 2; Marc. 4, 24; Luc. 6, 38.

dam vero et terciam raciones ᵃ) dicendum, quod illi qui dicta iuramenta prestiterunt nec sciebant Clementem papam esse hereticum neque ᵇ) ignorabant. Sed non sciebant eum ᶜ) hereticum esse, sicut ego nec ᵈ) scio lapidem videntem esse neque cecum, sed non scio eum videntem esse et scio lapidem non videntem esse. Sic et nos neque dicimur scire neque ignorare que numquam fuerunt nec sunt nec erunt, sed non dicimur ea scire. Ignorancia enim nomen ᵉ) privacionis est, privacio vero aptitudinem presupponit. Nemo autem aptus est eum *(p. 480)* scire hereticum, qui numquam fuit nec est nec hereticus erit et per consequens nec ignorabit eum hereticum esse. Et hec est mens phylosophica ᶠ) et vera. Omnia ᵍ) tamen iura que adversarius allegat, presupponunt dominum Clementem hereticum fuisse aut fautorem hereticorum; et illud negatur.

Cap. XI. defendens dominum Karolum Romanorum Augustum.

Consequenter congruit vos defendere, serenissime Auguste, ab hiis que adversarius apici vestre obicit dignitatis. Et primo cum dicit vos esse terciam generacionem bone memorie domini Heinrici ʰ), olim Romanorum imperatoris, et per consequens vos privatum omni auctoritate, dignitate ¹), iurisdicione et potestate atque vos rebellem ecclesie periurum et hereticum censendum propter avi vestri ab ecclesia dampnacionem, respondendum est, quod iudicium ecclesie militantis condempnans aliquem et posteros suos usque in terciam vel quartam generacionem in ᶦ) hoc iudicium Dei imitatur, unde Exodi XX c.: *Ego sum dominus Deus tuus fortis zelotes, visitans iniquitatem patrum in filios in terciam generacionem eorum qui oderunt me* ²). Sed est differencia iudicii Dei a iudicio ecclesie militantis, quoniam iudicium Dei veritati que non fallit neque fallitur, semper innititur. Iudicium autem ecclesie nonnumquam opinionem sequitur, quam et fallere sepe contingit et falli, propter quod contingit interdum, ut qui ligatus est apud Deum, apud ecclesiam sit solutus, et qui liber est apud Deum, ecclesiastica sit sentencia innodatus, sicut dicitur extra de sent. excom. ᵏ) c. *A nobis* II. §. *Nos igitur* ³). Est tamen semper regulariter tenenda sentencia ecclesie et timenda, alioquin contendens eciam secundum Deum ligatur, ut patet XI. q. III. c. 1. et §. *Si ergo* et §. *Cum ergo* ⁴). In Ezechiele autem dicitur ⁵) : *Filius non portabit* ¹)

---

a) B: racionem.   b) B: nec.   c) *fehlt E*.   d) E: non.   e) B: nota·
f) B: philosofica.   g) E: Per *(eingeschoben)* omnia — presupponit.   h) B: Henrici.   i) in hoc *bis* terciam generacionem *in E. ausgefallen*.   k) E: et con.   l) B: portat.

1) B. p. 26.
2) Exod. 20, 5.
3) c. 28. X. de sent. excomm. (V, 39).
4) c. 1. C. 11. q. 3. und c. 21 u. 65 Gratian ib.
5) Ezech. 18, 20.

iniquitatem patris et pater non portabit iniquitatem filii. Quod concordans Ieronimus cum verbo Exodi prius colligato dicit [1]), quod in verbo quod additur dicto Exodi, scilicet: *eorum qui oderunt me,* evidenter ostenditur non ideo puniri a) filios, quia b) peccaverunt patres, sed quia eis similes quodam c) hereditario malo Deum oderunt. Sic dicit Ieronimus super Ezechielem; eciam Augustinus super illo psalmo: *Laudem meam ne tacueris* [2]): Illud dictum Exodi censetur accipiendum de filiis peccata patrum imitantibus. Deus enim punit eos, eo quod peccata d) patrum imitantur, non quia patres peccaverunt. Ideo autem patres specialiter nominavit, quia maxime patres filii imitari solent e) quos f) precipue diligunt. Et terciam et quartam generaciones g) ideo memoratus est, quia solent parentes interdum tamdiu vivere, donec filios tercios et quartos habeant, qui patrum iniquitates videntes. eorum impietatis heredes per imitacionem h) efficiuntur. Unde quicumque de semine Esau et ceterorum ad Deum conversi paternam miliciam detestati sunt, non odium, sed Dei clemenciam experti sunt, sicut dicitur I. q. IIII. §. *Sed hiis* a). Et sic Deus parvulos condempnat pro paterno scelere quos prenoscit, si viverent ad annos discrecionis, patrum malicias imitaturos; unde i) poeta: *Cum bene patris es crimina patris obi,* quomodo parwuli Sodomitarum pro paterna nequicia celesti igne consumebantur. Videns ergo mater nostra Ierusalem, sancta vos, inclitum Augustum, singulari affeccione circa clerum Dei affici et speciali k) devocione reliquias sanctorum venerari, ecclesiarum quoque intendere promocioni, vos in advocatum suum, scilicet Romanorum regem statuit et elegit l), ignoscens vobis devia quondam imperatoris Heinrici m), avi vestri, que sub aliis gressibus vestris vobis inpingere potuisset. Quia secundum varietatem temporum statuta quandoque variantur humana, presertim cum urgens neccessitas et evidens utilitas id exposcit n), sicut patet extra de consangwi. et affi. c. *Non debet* [4]), ymmo causa neccessitatis vel o) utilitatis mutaciones episcoporum fieri possunt, VII. q. I. c. *Mutaciones* [5]; et c. *Scias* [6]). Cum p) ergo pene inflicte q) alicuius [7]) delinquentis propagini non mansuescerent, cum nitesceret posteritas illius. Nam misericordia et ecclesie pietas Dei mansuetudinem

<hr>

a) B: pure. b) E: quia *korr., E: übergeschrieben.* c) B: quondam.
d) E *folgt:* eorum. e) E *folgt:* parentes, *ausgestrichen.* f) B: que.
g) B: generacionem. h) E.: pro imitaciones. i) E *fehlt:* unde *bis* obi.
k) B: spirituali. l) E: elegit. m) B: Henrici. n) E: *korr.* o) B: ut.
p) *Wohl:* cur? q) E: implicte.

1) Hieronymus, Comm. in Ezech. VI, 19, Migne 25, S. 180.
2) Augustin, Enarrat. in Ps. 108, ed. Maur. IV 1740. (Migne 37, S. 1437).
3) c. 11. C 1. q. 4. Gratian §. 12.
4) c. 8. X. de consanguinit. et affinit. (IV, 14).
5) c. 34. C. 7. q. 1.
6) c. 35. C. 7. q. 1.
7) B. p. 27.

imitatur, Deus autem suas quandoque sentencias legitur mutare a). Unde
Ieronimus in Amos prophetam [1]): *Agamus*, inquit, *penitenciam, ipsum quo-*
que sue penitebit sentencie. Et patet hoc exemplis regum Ezechye, quem
Ysaias dixit esse moriturum, et Nynyvitarum, quibus dictum fuerat, adhuc XL dies Nynyve subvertetur, et tamen ad preces Ezechye et Nynyve
Dei sentencia mutata b) est, Sed quod adversarius asserit c) vos glorio-
sissimum Augustum a sede apostolica in Romanorum principem confirmatum non ex dileccione esse factum, quam ad vos habuerit summus
pontifex et cetus cardinalium, sed pocius imperii sacri ad destruccionem,
per hec et similia vos ab amore vellet retrahere ecclesie Christi d) et
confundere gressus vestre pietatis, sicut idem heresiarcha cum sequacibus
suis dominum Ludowicum e) quartum, se scribentem (*p. 481*) imperatorem
Romanorum, flebiliter confudit f). Nam in omnes errores, quos ecclesia
eidem domino Ludowico e) imputabat, hic princeps heresum g) simplicitatem eius inducebat. Cavendum est igitur ab hoc angelo Sathane,
scilicet fratre Wilhelmo, cultore tenebrarum et auctore scelerum, qui non
solum ipse h) ab ecclesia recedere nisus est, sed alios secum trahere
molitur fallacibus doctrinis. Et hoc est proprium hereticorum. Nam ut
ait Ysidorus I° sentenciarum c. XVI. [2]): *Heretici ingenti studio mendacia*
sua discunt et labore vehementi, ne ad unitatem ecclesie veniant, decer-
tant. De quibus per prophetam congrue dicitur [3]): *Docuerunt lingwam suam*
loqui mendacium, quia ut inique agerent laboraverunt. Cum vero secunda racione vos adversarius impugnat, domine i) mi rex, dicendo vos
iurasse k) fidelitatem domino Ludowico l) et ipsum habere pro vero et
legitimo imperatore, anno domini Millesimo CCC°XXXVIII° in oppido m)
Franckenfurt n), respondetur faciliter, quod quia predictus dominus Ludowicus o) excommunicatus p) publice et q) denunciatus per ecclesiam, non
tenebat hoc iuramentum, sicut patet XV. q. VI. *Nos sanctorum*, ubi Gregorius VII^us Romane r) olim synodo presidens dicit [4]): *Eos qui excom-*
municatis fidelitate aut sacramento constricti sunt, apostolica auctori-
tate absolvimus a sacramento et ne sibi fidelitatem observent omnibus
modis prohibemus, quousque ipsi ad satisfaccionem veniant. Idem eciam
patet ex capitulo sequenti: *Iuratos Hugoni* [5]). Unde iuramentum hoc
illicitum et per consequens non tenendum erat et forsitan vis et metus

---

a) E: *Endung korr.* B: imitare.   b) B.E: imitata.   c) E: *am Rande*
korr.; fehlt B.   d) B: eccl. Chr. vellet retrahere.   e) B: Lodwicum.
f) E: confundit.   g) E: heresium.   h) E: ipsum.   i) *fehlt E.*   k) B:
mutasse.   l) B: Lodwico.   m) B: opido.   n) B: Frankenfurt.   o) B:
Lodwicus.   p) B *folgt*: erat.   q) et *bis* sicut *fehlt B.*   r) E: Romano.
1) Hieronymus in Amos, lib. III. cap. IX v. 9, 10, Migne 25, S. 1093 (354).
2) Isidori Sent. lib. 1 cap. 16, § 9, Migne 83, 158.
3) Ierem. 9, 5.
4) c. 4. C. 15 q. 6.
5) c. 5. ib.

vos ad hoc tunc temporis coegerunt. Et cum adversarius subiungit vos
electum fuisse ab electoribus periuris et symoniacis, respondeo, quod
facta que ecclesia Romana approbat, a nemine alio ᵃ) tamquam viciosa
sunt redarguenda. Unde beatus Ieronimus: *Si autem hec nostra confessio apostolatus tui iudicio comprobatur,quicumque me culpare voluerit, se imperitum aut malivolum vel eciam non catholicum, sed eciam
hereticum comprobabit,* XXIIII. q. 1. *Hec est fides* ¹). Sed nec propterea
periuri dicebantur electores, qui per ecclesiam absoluti a domino Ludwico ᵇ) recedebant, quia si propterea fides non servatur, ut ad bonum
redeatur, non ideo violari dicitur, XXII. q. IIII. *c. Mulier* ²). Et si forsitan
iidem electores ᶜ) pecuniam acceperunt, ut a malo commodius ᵈ) declinare valerent, non ideo ᵉ) symoniaci sunt dicendi ³), quia in hoc commo-
ditatur a malo recessus, non emitur nec venditur spiritus sanctus. Sed
in eos hoc iudicare habet eorum consciencia, non hominum lingwa. Unde
Augustinus ad clerum Ypponensem: *Quid obest hominum,* inquit, *quod
ex illa tabula vult eum delere humana ignorancia, si de libro viven-
cium non eum deleat iniqua consciencia,* XI. q. III. *Quid obest* ⁴).

Quando autem adversarius dicit vos in Augustum Romanorum electum non servatis debitis condicionibus in huiusmodi eleccione requisitis,
utpote non in loco debito nec per illum, qui habet electores convocare,
nec in termino vel ᶠ) die prefixo, et vivente domino Ludwico quarto
Romanorum imperatore, respondetur, quod consuetudo talium condicionum
per superiorem et eciam ᵍ) per scripta iura mutari poterit necessitate
ingruente, puta quia locus consuetus ipsis electoribus tunc temporis non ʰ)
est tutus, et quia ille, qui habet electores convocare pro tunc rebellis
est ecclesie, et quia intimacio termini noxia est eleccioni propter potenciam partis adverse, eciam quia precessor per superiorem, scilicet summum pontificem, a regno Romanorum privatus est ac destitutus. Sed
liquet omnia hec in eleccione vestra concurrisse, serenissime Auguste.

Et cum adversarius subiungit, allegando quondam legem promul-
gatam per dominum Ludowicum quartum anno domini MᵒCCCᵒXXXVIII ⁱ)
VI. die mensis Augusti, presentibus electoribus imperii et domino Ede-
wardo, divina gracia ᵏ) rege Anglie, que lex incipit *Licet iuris,* dicendum,
quod non est lex, sed exlex, tam ex parte conditoris, quam ex parte rei
condite. Ipse namque conditor detestatus erat et est per ecclesiam et
privatus omni auctoritate, dignitate et iure imperii Romani et per con-

---

a) *fehlt B.*   b) B : Lodwico, *so stets.*   c) B : idem.   d) E : como-
dosius.   e) *fehlt E.*   f) B : et ; E : ut.   g) *fehlt E.*   h) *fehlt B.*
i) B. E : MCCCXLVIII.   k) E *folgt* a *getilgt.*

1) c. 14. C. 24 q. 1.
2) c. 21. C. 22 q. 4.
3) B. p. 28.
4) c. 50. C. 11. q. 3.

sequens leges condere non potuit nec debebat. Eciam constitucio illicita fuit, quia contra iura et consuetudines ecclesie Romane. Nam cum in eadem constitucione domini Ludewici dicitur, quod postquam aliquis eligitur in regem Romanorum ab electoribus imperii concorditer vel a maiori parte eorundem, statim ex sola eleccione est verus rex Romanorum nec ᵃ) indiget approbacione, confirmacione, auctoritate vel consensu sedis apostolice aut alicuius alterius : iste articulus est contra id quod dicitur extra de eleccione c. *Venerabilem* § *Verum* ¹), ubi dicitur : *Sed et principes recognoscere debent et utique recognoscunt, sicut iidem in nostra recognovere presencia, quod ius et auctoritas examinandi personam electam in regem et promovendam ad imperium ad nos spectat, qui eum inungimus, consecramus et coronamus. Constituciones (p. 482) autem principum secularium ecclesiasticis constitucionibus non preeminent* ᵇ), *sed obsecuntur* ᶜ), di. X. *Constituciones* ²). Ymmo *leges seculi sacros canones sequi non dedignantur*, ll. q. lll. § *Hinc colligitur* ³). Nec *imperiali iudicio possunt iura ecclesiastica dissolvi*, X. di. c. *Lege* ⁴)./

Et quando tercia racione adversarius vobis improperat, serenissime princeps, dicendo vos esse fautorem et defensorem hereticorum, scilicet domini pape Clementis sexti, qui Clemens, sicut adversarius dicit, habuit caudam colligatam cum domino Iohanne papa ᵈ) XXII., quem dominum ᵉ) Iohannem ideo hereticum dicit, quoniam ipse quasdam constituciones edidit circa regulam fratrum minorum, quarum una incipit *Ad conditorem* ⁵), ubi statuitur, ne de cetero fratres minores ᶠ) sub nomine Romane ᵍ) ecclesie aliqua bona mobilia petant ad eam spectancia sine apostolice sedis licencia speciali. Et in illa constitucione reprobatur ʰ) pulchra induccione ʰ) simplex usus facti in rebus consumptibilibus ; plurima quoque alia ibi ponuntur utilia et racionabilia ad commodum regule fratrum minorum. Secunda constitucio incipit *Cum inter nonnullos* ⁷), in qua duo statuuntur : quoniam ⁱ) assercio pertinax asserens, quod Christus et eius apostoli in speciali vel in communi aliquid non habuerint, erronea et heretica declaratur, eciam affirmacio, quod Christus et apostoli in hiis que tenuerunt ius non habuerint ᵏ), erronea iudicatur. Tercia constitucio incipit *Quia quorundam* ⁸), in qua obviatur detractoribus prima-

---

a) E: et.   b) E: *korr.*, e *übergeschrieben*, B: p̄ mient.   c) B: obsequuntur.   d) E: pape.   e) B: dictum.   f) *fehlt B*.   g) E: *am Rande korr., statt* racione.   h) p. i. *fehlt B*.   i) B: quo̅.   k) B: habuerunt.

1) c. 34. X de elect. (I, 6).
2) Principium dist. 10. Gratian.
3) c. 7. C. 2 q. 3, Gratian.
4) c. l. dist. 10.
5) c. 3. extrav. Joh. XXII tit. 14. 14. Bull. Francies. V 235 A.
6) B. p. 29.
7) c. 4. l. c., Bull. Franc. V 256.
8) c. 5. l. c., Bull. Franc. V 271.

rum duarum constitucionum. Sed quia controversia tota hec originem habuit ex eo, quia regula fratrum minorum fundata dicitur esse super Christi paupertate et apostolica vita, quia scilicet Christus et apostoli non ª) videntur aliquid habuisse in speciali nec in communi, ergo parva induccione quadam huius oppositum indicatur ᵇ). Quoniam Matthei II. c. legitur ¹), quod magi obtulerunt Christo aurum, thus et mirram, per quod denotatur oblatorum dominium ᶜ) Christo esse acquisitum, cum rei oblate dominium acquiritur ᵈ) ecclesie, cui offertur, ergo et Christo, qui est ipsa ecclesia, ar. de conse. ᵉ) di. 1. c. *Omnis christianus* ²). *XVI.* q. 1. c. *Statuimus* ³), Item Matthei XXVII. legitur ⁴) Christum habuisse vestimenta et illa sorte divisa. Item Matthei XVII. dicitur ⁵) Christum Petro precepisse, ut dydragma vel stateram pro Christo daret recipientibus tributum: ergo Christus dydragmatis dominium habuit et voluit, quod dominium eius illorum fieret qui tributum recipiebant, alias dominium dydragmatis de iure ᶠ) transferre non potuisset. Idem inducitur de apostolis, quia Mthi. VIII. ᵍ) ⁶) dicitur Petrum domum habuisse et Mthi. XIIII. et XVI. ʰ) ʰ) legitur apostolos panes habuisse. Item ⁱ) Marci II. c. ⁸) dicitur, quod Matheus domum habebat in qua Christus et sui discipuli comederunt et biberunt. Item Marci VI. c. dicitur ⁿ) quod dominus apostolis dicebat, quod ᵏ) darent pauperibus manducare, ex quo supponitur, quod ipsi habebant, unde darent; et ibidem apostoli responderunt: *Eamus et emamus denariis ducentos panes et dabimus eis manducare.* Ergo saltem in communi apostoli denarios habebant; quia denariorum dominium in venditores transferre volebant./Item Marci VIII. dicitur ¹⁰) apostolos septem panes et paucos pisces ˡ) habuisse. Item Luce IX. dicitur ¹¹) Christum apostolis dixisse: *Date pauperibus manducare. At illi dixerunt: Non sunt nobis plus quam quinque panes et duo*ᵐ) *pisces, nisi forte nos eamus et emamus in omnem illam turbam escam.* Item legitur Ioh. XII. et XIII. ¹²),

a) E: *übergeschrieben.*   b) B: *vorher* iudicatur *ausgestrichen.* E: indicatur.   c) E *korr.*   d) E *korr.;* ac *übergeschrieben;* B: queratur. e) B: de cens.   f) B: dum.   g) B *übergeschrieben:* et Mt. 1° et Luce IIII. h) B: XV, *korr. a.* XVI.   i) B *am Rande zugefügt:* Mt. IX° Luc. V° k) B: m.   l) E: panes.   m) *In* E: *Rasur.*

1) Matth. 2, 11.
2) de consecr. c. 69 dist. 1.
3) c. 56. C. 16. q. 1.
4) Matth. 27, 35.
5) ib. 17, 23.
6) Matth. 8, 14.
7) Matth. 14, 17; 16, 9—10.
8) Marc. 2, 2 ? cf. 1, 29.
9) Marc. 6, 37.
10) Marc. 8, 5, 7.
11) Luc. 9, 13.
12) Joh. 12, 6 ; 13, 29.

quod Iudas habebat loculos et que mittebantur portabat. Item I. ad
Cor. XVI. c. dicitur [1]): *Unusquisque autem vestrum apud* [a]) *se reponat
recondens ex collectis quod ei bene placuerit.* Dicitur eciam Actuum IIII.[2]),
quod erant illis omnia communia, et Actuum XX° legitur [3]) Paulum dixisse:
*Argentum aut aurum aut vestem nullius occupavi, ipsi scitis, quoniam
ad ea que michi opus erant et hiis que mecum sunt, ministraverunt
manus iste.* Ex quibus liquide patet apostolos tam in speciali quam in
communi aliquid habuisse. Nec credere debent adversarii, quod abieccio
exteriorum diviciarum quoad effectum sit essencialiter perfeccio, quamvis
quodammodo perfeccionis via sit ac instrumentum, sicut dicit abbas
Moyses in collacionibus patrum [4]), ymmo recta interior abdicacionis intencio [5]) huiusmodi quoad affectum [b]) est de formalibus et principalibus
perfeccionis humane. Unde beatus Augustinus in libro De moribus ecclesie c. XXIX. loquens de beato Iob sic dicit [6]): *Amisit ille omnes divicias et factus est repente pauperrimus, tam inconcussum animum tenuit
et infixum Deo, ut satis monstraret non illas sibi fuisse magnas, sed
se illis, sibi autem Deum.* Quo animo si essent nostri temporis homines
non magno opere ab istorum prohiberemur possessione, ut perfecti esse
possemus. Idem eciam patet ex verbis eiusdem Augustini, que assumuntur XII. q. I. c. *Habebat dominus* [7]), ubi dicitur, quod *dominus habebat
loculos a fidelibus oblata* [c]) *conservans et suorum (p. 483) neccessitati-
bus et aliis indigentibus tribuebat, tunc primum ecclesiastice pecunie
forma est instituta, ut intelligeremus, quod* [d]) *preceperit* [e]) *non esse cogi-
tandum de crastino, non ad hoc esse preceptum, ut nichil pecunie servetur a sanctis, sed ne Deo propter ista serviatur et propter inopie timorem
iusticia deseratur.* Ex quibus clare patet, quod abieccio exterior diviciarum
quoad effectum non est essencialiter perfeccio. Christus ergo cum a Deo
iureiurando factus sit pontifex, ut dicit apostolus ad Hebreos VII. c. [8]),
iure prelacionis et amministracionis divine pauperibus nonnulla dicitur
dispensasse. Similiter apostoli postquam predicatores et amministratores
constituti sunt, leguntur aliqua habuisse que consimili iure dispensasse
videntur, licet iure humano insuper legantur nonnulla [f]) possedisse, antequam amministratores et predicatores constituerentur et post. Si ergo
Christus et apostoli iure prelacionis loculos habuerunt [g]), sequitur, quod

---

a) E : aput.   b) E *korr.* ᵃeffcm.   c) B : ablata.   d) B que.   e) B :
precepit.   f) E *folgt :* dispensasse *ausgestrichen.*   g) B : habuerint.
1) 1. Cor. 16, 2.
2) Act. 4, 32.
3) Act. 20, 33. 34.
4) Abbas Moses in Joh. Cassiani Collationes patrum I c. 6, Migne 49, 488.
5) B. p. 30.
6) Augustini, De morib. eccl. c. 23. ed. Maur I c. 42, S. 1137. (Migne 32, S.1329).
7) c. 17. C. 12 q. 1.
8) Hebr. 7, 20. 21.

maioris perfeccionis poterit esse prelatus loculos habens, quam pauper religiosus a) profitens paupertatem et loculos non habens. Racio est, quia de statu talis religionis convenienter transitur ad statum prelacionis pontificalis, sicut patet de elect. c. *Nullus* libro VI.to decretalium [1]. Sed de minori ad maius est transitus, non econtra, ut patet XCIII di. c. *Legimus* [2]. Non debet igitur adversarius dicere constituciones domini pape Iohannis XXII. esse hereticas et sacram scripturam impugnare, ymmo pocius opposita b) illarum constitucionum asserere ab ecclesia hereticum censetur. Si namque Christus et eius apostoli in hiis que habuisse leguntur absque omni iure tantum simplicem usum facti, sicut adversarius et sui sequaces asserunt, habuissent, sequeretur, quod Christus non habuisset iustum usum in illis, sed carens omni iure in talibus illicite ipsis usus fuisset ac iniuste, quod de Christo intelligere hereticum est et c) blasphemum.

Quando autem quarta et ultima racione frater Wilhelmus d) contra vos invehitur. gloriose Auguste, quod non elegerint vos in principem Romanum veri principes electores, sed pocius periuri et e) rebelles imperii. scilicet dominus Waldewinus. bone memorie, nuper archiepiscopus Treverensis, et Rudolfus dux Saxonie, quos adversarius sacri imperii proditores appellat, eo quod fecerint contra iuramenta per ipsos prestita anno domini M°CCCXXXVIII. f) XV. g) die Iulii in civitate archiepiscopi Moguntinensis h) que dicitur Lonstain super i) Renum, respondeo, ut cum pace k) dicam, quod illa iuramenta erant illicita, specialiter quoad illum articulum, qui dicit, quod postquam aliquis a principibus electoribus imperii vel a maiori parte numero eorum eciam in discordia est electus in regem Romanorum, non indiget l) nominacione, approbacione et confirmacione m), consensu vel auctoritate sedis apostolice super amministracione bonorum n) et iurium imperii sive tytulo regio assumendis nec super hiis necessario habet talis electus recurrere ad sedem eandem. Quoniam examinacio et approbacio regis Romanorum electi concorditer vel a maiori parte principum electorum pertinet ad papam, sicut patet extra de elect. c. *Venerabilem* § *Verum*, versu *Sed et principes* [4]. Constat autem, quod electus nonnisi forte n) virtute approbacionis tandem poterit amministrare, sicut in electis ad dignitates ecclesiasticas regula-

---

a) B: ret. paup.   b) *fehlt B.*   c) B: ac.   d) E: super Wilhelmum.
e) *fehlt B.*   f) E. B.: MCCCXLVIII.   g) B.: *die V auf Rasur.*   h) B: Magutinensis.   i) E *wiederholt.*   k) B *folgt*: dca *ausgestrichen.*   l) B: indigent.   m) E *folgt*: vel *ausgestrichen.*   n) *fehlt E.*

1) c. 28. de elect. in VI.to (I, 6).
2) c. 24. dist. 93.
3) B. p. 31.
4) c. 34. X. de elect. (I, 6).

riter observatur, ut patet extra de elect. c. *Nosti*[1]) et c. *Qualiter*[2]) et eiusdem tituli *Avaricie* libro sexto[3]). Nec valet, si dicatur, quod electus in regem Romanorum non examinatur, ut probetur ᵃ) vel reprobetur eleccio⸱ sed pocius, ut si indignus repertus fuerit, sibi unccio et coronacio imperialis subtrahatur ᵇ. Quia si ex eleccione facta dignus ᶜ) est regno Romanorum, indigne sibi ᵈ) inunccio ᶜ) et coronacio imperialis subtraherentur; si vero indignus repertus fuerit, quomodo tamquam canonice ingrediens in amministracionem ᶠ) regni Romani tamquam verus Augustus est admittendus? Ista enim conversibiliter se comitantur, ut qui dignus vel indignus est corona imperii, eciam ᵍ) dignus vel indignus sit regno Romanorum et econtra. De hac materia copiose disputavi in tractatu meo de translacione imperii c. XI. XII. XIII. et XIIII., qui tractatus incipit : *In foribus quis delinquet*, quem ego nuper vestre regie presentari ⁱ) feceram serenitati, cum iter arripuistis versus ᵏ) Duregum in subsidium domini Alberti illustris ducis Austrie ˡ). Patet igitur, quod hec iuramenta principum electorum de quibus adversarius disputat, illicita fuerint, quia contra ecclesiastica iura ᵐ), et per consequens non erant tenenda, sicut patet XXII. q. IIII. c. *Accione*[4]) et c. *Inter cetera*[5]). Sic ergo ad presens labia mea detestata sunt imperii ⁿ) et ᵒ) ecclesie Dei detractorem ad ecclesie Romane reverenciam, que domino annuente omnium fidelium mater est sanctissima et magistra et vobis principi Romano ad servicium et honorem.

Explicit ᵖ) epistola contra Wylhelmum hereticum Conradi de Monte puellarum canonici ecclesie Ratisponensis ad dominum Karolum serenissimum Romanorum augustum quam edidit anno domini M⁰CCCᵘLIIII⁰ in vigilia beati Michaelis archangeli etc.

a) B: probatur.   b) E: *korr. aus* subtraheretur.   c) E: indignus.
d) B: aut.   e) E: in *korr. statt* ad; B: unico.   f) B: administracionem.
g) B: ecciam.   h) *fehlt E.*   i) B: presentare.   k) B: vesus.   l) ducis
Austrie *in B. wiederholt.*   m) B: iura ecclesiastica.   n) E: imperium.
o) *fehlt E.*   p) *Dieses Explicit nur in B.*

1) c. 9. ibid.
2) c. 15. ibid.
3) c. 5. de elect. in VIᵗᵒ (I, 6).
4) c. 8 C. 22 q. 4.
5) c. 22 ibid.

XII.

Occam.

a) Schluß von Dialogus III, tractatus II, liber III, cap. 23.

Aus: Vat. lat. 4115 fol. 131—133.

Nach den Worten l. c. cap. 23 bei Goldast, Monarchia II 957 : et
Christus sic fuit eis inferior licet sponte fuit passibilis et mortalis, *fährt
die Hs. ohne Unterbrechung fort :*

Discipulus : Quomodo probatur, quod alii poterant testificari contra
Christum ? Magister : Hoc asserit ipsemet Christus, ut videtur danti sibi
alapam et male dicenti a), sic respondens pontifici : *Si male locutus sum,
testimonium perhibe de malo,* Ioh. 18 [1]. Hoc etiam Gracianus sentire videtur, qui ut legitur 2. q. 7. § *Ecce ostensum est,* ait [2]): *Christus quamvis
esset pastor suorum ovium, quas verbo et exemplo pascebat, tamen quantum ad officiorum distributionem, ex qua hodie in ecclesiis alii presunt
aliis, unde quidam prelati, quidam subditi vocantur, in populo illo pasto-
rale officium non gerebat. Mistica enim et visibili unctione nec in regem
nec in sacerdotem unctus erat, que sole in illo populo persone prelati veri
nomen sibi vendicabant.* Ex quibus verbis colligitur, quod Christus, in
quantum homo mortalis, erat subditus illis qui (pre)erant b) in populo illo.
D. Hoc Graciano repugnare videtur, qui ubi primo ait [3]): *Christus Iudeos
ad se arguendum admisit perfectione humilitatis, non severitate iuris : si
enim legis rigore essent admissi, hac auctoritate criminosi et infames
in accusatione religiosorum recipiendi essent, cum essent sceleratissimi,
qui de morte Christi tractantes innocentem condempnare volebant.* Ex
quibus verbis comprehenditur, quod Christus ex rigore iuris accusari non
poterat, sed tantummodo ex perfectione humilitatis. *M.* Ad hoc respondetur,
quod Christus non poterat accusari ex severitate iuris, que Christo necessitatem imponeret, quia Christus, in quantum deus, supra omnem talem
legem fuit, et tamen, in quantum homo, ex perfectione humilitatis sponte
se subdidit huiusmodi iuri, ut posset accusari ab illo, qui erat reci-
piendus in publico, et ita Christus subditus erat, in quantum homo. Quia
tamen sponte, etiam in quantum homo, erat subditus huiusmodi iuri, ideo
quodammodo fuit supra huiusmodi ius, quia in potestate sua fuit posse
accusari et non posse accusari ; et tamen quamdiu ex perfectione humilitatis voluit, poterat accusari. Ex quo sequitur, quod quamdiu voluit ex
perfectione humilitatis, fuit subditus iudicibus illis qui erant iudices in
populo. *D.* Istud est multum pro papa; quia sicut Christus fuit subditus,
quamdiu voluit, iudicibus illis, qui iudicabant in partibus illis, ita etiam

---

a) *ms.* dicente.   b) *ms.* erant.
1) Ev. Joh. 18, 23.
2) c. 39 § 2. C. 2 q. 7.
3) l. c. § 3.

papa potest se submittere (*fol. 131 ᵛ*), si voluerit, iudicio laicorum. Set non est necessarie, quoɟ se submittat, et ita cum ᵃ) sit vicarius Christiɟ non est subditus alicuius, nisi sponte vellet. *M.* Non est omnino simile de Christo et de papa. Quia enim papa est vicarius Christi, ideo non habet omnem potestatem, quam habuit Christus, etiam in quantum homo. Christus enim etiam in quantum homo instituit sacramenta et sponte instituit, ita quod potuit dispensare contra ipsa, quod tamen papa non potest. Papa ergo, cum sit solummodo vicarius Christi, servare tenetur ea que Christus verbo et exemplo docuit servanda. Cum ergo Christus subdens se aliis exemplo docuerit subiectionem exhibendam iudicibus, papa huiusmodi subiectionem servare tenetur. *D.* Potestne probari aliter, quod Christus fuit subditus imperatori et aliis iudicibus? *M.* Hoc probatur aliter per hoc, quod Christus fuit subditus matri et patri putativo, sicut legitur Luc. 2 ¹), ergo fuit subditus illis qui fuerunt superiores et domini patris putativi et matris, quales fuerunt Romani. Unde et Ioseph, ut legitur Luc. 2 ²), ascendit de Galilea in Bethleem, ut profiteretur et faceret se subiectum imperatori cum Maria desponsata sibi uxore. Ergo Christus fuit subditus, in quantum homo mortalis, imperatori, licet sponte et voluntarie, sicut et sponte fuit portatus a diabolo in montem et etiam in Ierusalem, ubi statuit eum supra propinaculum templi. *D.* Adduxisti aliquas allegaciones ad probandum. quod Christus, in quantum homo mortalis, fuit sub imperatore, quantum ad iurisdictionem coactivam; nunc ᵇ) nitere probare hoc de apostolis. *M.* Quod apostoli et omnes alii christiani et discipuli Christi fuerunt sub imperatore, quantum ad iurisdictionem coactivam, multipliciter videtur posse probari. Nam religio christiana et per consequens Christus neminem, eciam secularem et infidelem, privavit iure suo. Sed apostoli fuerunt subiecti imperatori et aliis potestatibus secularibus et infidelibus, ergo postquam fuerunt apostoli, fuerunt eisdem et in eisdem subiecti. Minor istius racionis videtur manifesta, quia non plus erant apostoli ante conversionem et apostolatum exempti a iurisdictione imperatoris, quam alii Iudei, qui tamen erant subiecti imperatori et aliis potestatibus secularibus. Maior autem multis modis ostenditur. Ait enim Ambrosius super epistolam ad Titum ³): *Admone illos principibus (fol. 132) et potestatibus subditos esse, quasi etsi tu habes imperium spirituale, tamen admone illos subditos esse principibus, scilicet regibus et ducibus et potestatibus minoribus, quia christiana religio neminem privat iure suo.* Item Augustinus super Iohannem ait ⁴): *Regnum meum non est de hoc mundo, decepti estis, non*

---

a) ita cum *im* ms. *verwischt.*   b) *ms.* nec.
1) Lc. 2, 51.
2) Lc. 2, 4—5.
3) Migne P. L. 17, S. 530.
4) Vgl. Aug. in Joh. Ev. tract. 115, Migne 35, S. 1939.

impedio dominacionem vestram in mundo, ne vane timeatis et seviatis.
Item Leo papa in sermone de Epiphania ait[1]: *Dominus mundi temporale
non querit regnum, prestat eternum.* Item sic canit ecclesia : *Non eripit
mortalia qui regna dat celestia.* Ex quibus omnibus colligitur, quod nec
Christus nec religio christiana alicui etiam infideli tollit ius suum, ut
scilicet per hoc, quod aliquis christianus efficitur vel efficiebatur tempore
Chr sti, sive apostolus sive alius, imperator et alii sub eo, nullum ius quod
habebant penitus perdiderunt, quod in verbis apostoli 1. Timoth. 6[2]) innuitur, cum ait : *Quicumque sunt sub iugo servi, dominos suos omni
honore dignos arbitrentur, ne nomen domini et doctrina blasphemetur.*
Ex his enim verbis videtur haberi, quod subiecti dominis infidelibus,
quando efficiebantur christiani, ut prius in omnibus dominis suis servire
et obedire debebant, ne domini dicerent, quod religio christiana esset
iniuriosa et iniuriam dominis conversorum facere niteretur. Quod Augustinus aperte videtur asserere exponens verba predicta ; ait enim : *Sciendum est quosdam predicasse communem omnibus in Christo esse libertatem, quod de spirituali utique libertate verum est, non de carnali, ut
illi intelligebant : ideo contra eos loquitur hic apostolus iubens servos
dominis suis subditos esse   Non ergo exigant servi christiani, quod de
Hebreis dicitur, ut sex annis serviant et gratis dimittantur liberi, quod
misticum est ; et quare hoc precipiat apostolus, supponit, ne blasphemetur nomen domini quasi aliena inva.ientis et doctrina christiana quasi
iniusta et contra leges predicet, sed pocius per obsequia servorum fidelium domini infideles convertantur.* Ex quibus verbis concluditur, quod
per conversionem apostolorum et assumptionem eorum ad apostolatum
domini infideles nullum ius in eis quod prius habuerant amittebant, et
ita remanebant subditi eis in omnibus, sicut prius. Amplius quod omnes
apostoli, saltem alii a beato Petro, fuerint subiecti imperatori et aliis dominis secularibus, probatur per illud beati Petri canonica sua 1. *(fol. 132 v)*
c.7[3]: *Subiecti estote omni creature propter Deum sive regi precellenti sive
ducibus tanquam ab eo missis ad vindictam malefactorum, laudem vero
bonorum.* Ex quibus verbis colligitur, quod beatus Petrus voluit omnes subditos suos in spiritualibus esse subditos, sicut ante conversionem, omni
creature que super eos ante habuerat potestatem. Nam ut testatur Innocentius tertius extra de maio. et obed. *Solite*[4]), beatus Petrus ibidem scribebat subditis suis et eos ad humilitatis meritum provocabat, sed apostoli
erant subditi beati Petri, ergo beatus Petrus voluit, quod apostoli essent
subditi regibus et ducibus, quibus fuerant, antequam essent christiani, subecti. *D.* Adhuc alias raciones ad probandum, quod imperator est iudex

---

1) Sermo XXXI (XXX), In Epiphaniae solemnitate I, Migne 54, S. 113.
2) 1. Tim. 6, 1.
3) 1. Petr. 2, 13.
4) c. 6. De maior. et obed. X (I 33).

adducas. *M.* Alia racio que in scripturis fundatur, adducitur, que talis est. Si religio christiana nullum dominum aut principem infidelem, imperatorem vel alium privat iure suo, sicut ostensum est prius, multo forcius imperatorem fidelem et alios dominos fideles non privat iure suo, quod apostolus 1. Timoth. 6 [1]) aperte insinuare videtur, qui postquam dixit : *Quicunque sunt sub iugo servi, dominos suos omni honore dignos arbitrentur, ne nomen domini et doctrina blasphemetur,* statim subiunxit : *Qui autem fideles habent dominos, non contempnant, quia fratres sunt, sed magis serviant, quia fideles et dilecti.* Imperator ergo fidelis per religionem christianam nullum ius perdidit, ergo papa in omnibus est subiectus imperatori, in quibus fuit subiectus ante papatum. *D.* Papa etiam ante papatum non fuit subiectus imperatori, quia fuit episcopus vel clericus, et ideo imperator non fuit iudex ipsius. *M.* Ista responsio excluditur per hoc primo, quod episcopi sunt subiecti imperatori. Sed de isto forte postea queres [2]). Ideo secundo excluditur per hoc, quod purus servus imperatoris, etiam si tonsuram clericalem non haberet, possit eligi in papam, et ita cum imperator non debeat privari iure suo per ecclesiam, papa talis remaneret subiectus imperatori, et per consequens papa ratione papatus non est exemptus a iurisdictione imperatoris. *D.* Minor dignitas quam sit papatus, liberat a patria potestate et etiam a potestate dominica, ergo multo forcius electus *(fol. 133)* in papam eo ipso est liberatus ab omni iurisdictione imperatoris. *M.* Dicunt alii, quod ista obiectio nichil valet. Quod enim minor dignitas quam papatus liberet a patria potestate et dominica, est ex ordinacione humana, non ex ordinacione divina, et ita ex ordinacione imperatoris potest electus in papam eximi a potestate inferiorum iudicum; sed non eximitur ex ordinacione divina. Quod et tali racione probatur : non magis debet aliquis invitus privari iure suo, quod habet in aliquo, ut ei aliqua dignitas ecclesiastica conferatur, sine qua potest salvari, quam aliquis debeat privari iure suo, quod habet in filio, ut eidem filio conferatur baptismus, sine quo non potest salvari. Sed Iudei et alii infideles non debent privari inviti iure, quod habent in parvulis, ut baptizentur, nec ipsi parvuli baptizari debent, ne patres priventur iure, quod habent in eis. Ergo multo forcius, quandocumque aliquis qui erat servus imperatoris vel aliter sibi subiectus a) fiat papa, imperator non privabitur invitus ...

a) *ms.* subiectis.

1) 1. Tim. 6, 1—2.

2) Diese Stelle weist auf einen Passus hin, der uns fehlt, bezw. von Occam nicht vollendet wurde.

Occam.

b) Contra Iohannem XXII (1335).

Aus: Paris lat. 3387, fol. 175, 2–214, 1.

Non invenit locum penitencie Iohannes XXII., tanquam narretur et falso, ut plures extimant, quod agens in extremis penultima die vite sue circa visionem animarum sanctarum in celo confessus fuerit veritatem et errores alios suos, non distincte, absolute et pure, sed in generali et conditionaliter duxerit revocandos ac determinationi ecclesie submiserit corrigendos. Duo itaque in hoc opusculo sunt probanda: primum est, quod predicta assertio ipsum de pravitate heretica non excusat: secundum est, quod prefate revocatio et submissio sibi nullatenus subfragantur, an propter alios errores sit inter hereticos computandus. Sane quia sermonibus suis, in quibus errorem de visione animarum sanctarum et quam plures alios predicavit, nequaquam interfui, solummodo secundum quod accepi a fidedignis, quantum ad illa que illos contingunt errores, in tractatu isto procedam. Si autem ex ignorantia facti vel iuris aliquid dixero contrarium veritati, corrigi sum paratus, quia de omnibus pro posse conabor cauta sollicitudine querere veritatem. Quoniam si per me vel alios quoquomodo invenero, non dimittam, sed corde credam et ore, cum opportunum fuerit, confitebor, quia, ut testatur apostolus: *Corde creditur ad iustitiam, ore autem confessio fit ad salutem* [1]).

Ut pateat evidenter, quod retractatio, quam Iohannes XXII. fecisse refertur, ipsum ab hereticorum numero non excludit, verba retractationis eiusdem absque omnium diminutione et variatione primo per particulas sunt ponenda. Et postmodum ostendetur, quod ipsis non obstantibus est censendus dies suos in pravitate heretica finivisse. Dicta igitur retractatio in duas partes dividitur, quia primo agitur de visione animarum sanctarum in celo, secundo de aliis assertionibus et opinionibus eius.

Es folgt das Zitat der betreffenden Stelle aus Johanns XXII. Constitution „Ne super is que de animabus purgatis" [2]) *(fol. 175 v 1). Gegen die assertio Johanns, dass er jene Ansicht von der visio nur* recitando *gesagt habe, bemerkt* O.: asserunt fide digni, quod apertam continet falsitatem, dicentes quod ipsi fuerunt presentes, quando Iohannes XXII. publice predicavit asserendo, quod anime sanctorum in celo non vident divinam essentiam nec videbunt usque ad diem iudicii generalis; plures etiam dicunt expresse, quod eis in camera sua seorsum expresserit, quod illa erat opinio sua. *Er zitiert dann (fol. 175 v, 2) einen* sermo *Johanns* [3]), qui incipit: *Gaudete in Deo semper*, quem fecit anno domini MCCCXXXI.; *(fol. 176, 1)*

1) Rom. 10, 10.

2) Vgl. Raynald, Ann. a. 1334, 28, 35 f.

3) Vgl. z. Folgenden den anonymen Traktat bei Nik. Minorita, Zs. f. Kircheng. VI. 98 ff. u. ib. nr. 28, p. 87 ff.

einen andern sermo, qui inc. *Tolle pureum, einen dritten : Statim veniet ad templum suum; weiter (fol. 176, 2):* Item anno domini MCCCXXXIIII. die lune III[a] lan. tenuit consistorium publicum, in quo loquens de opinione, qua asseritur, quod anime sancte in celo non vident Deum, dixit sic etc. *Hier beruft sich Johann auf sein studium der Originalschriften*[1] *und bemerkt dazu u. a. (fol. 176*[v] *1):* Sunt enim hodie studentes et alii applicati quibusdam scripturis et illas habent pro evangeliis et epistolis, et amplius parum querunt, et ideo quia nos ista studuimus in originalibus, ista proposuimus, ista inquirimus etc.

Occam untersucht nun genau, ob aus dem Wortlaut der Sermone geschlossen werden könne, dass Johannes seine Aeusserung nur ,recitando' vorgetragen habe, und verneint das durchaus (c. 176 v *—177* v *).*

Nicht nur durch die Worte, sondern auch durch die Handlungen Johanns ergibt sich das, weil er sich ja immer wieder gegen alle wandte, die anders lehrten. Die Aussagen namentlich des Geraldus Odonis, der angeblich in öffentlicher Rede Johann jene Ansichten zuschrieb, seien zu prüfen (fol. 177 v *2), ebenso die der andern, die diese Behauptung verbreiteten, in Avignon* [2] *) und sonst (fol. 178). Es ist unwahrscheinlich, dass ein Reicher und Mächtiger, wie Johann, dessen Gunst sogar Könige suchten, von seinen Freunden verläumdet werde; noch unwahrscheinlicher, dass Johann solche Gerüchte, deren Gefährlichkeit er ermessen konnte, ungestraft gelassen hätte, wenn sie eben nicht wahr waren. Johann aber hat die Gegner dieser Haeresie verfolgt, ihre Bekenner belohnt. Mit seinem Wissen wurde in Avignon die Lehre gepredigt, in Paris hielt Geraldus Odonis öffentliche Determinationen darüber ab, ohne getadelt zu werden. Er war doch dadurch zum Ketzer geworden, seine Revocation genügte nicht, um ihn zu absolvieren; trotzdem behandelte ihn Johann mit Gunst, wie vorher (fol. 179)* [3] *). Es ergibt sich also, dass die retractatio Johanns XII. viele Fälschungen und Unwahrheiten enthält. Ein unparteiischer Richter müsste jetzt, nach Johanns Tode, diejenigen, die den Papst über die häretischen Dinge öffentlich oder geheim reden hörten, genau verhören und eventuell auch gegen den Verstorbenen noch den Ketzerprozess eröffnen (fol. 179* v *, 1). Zur näheren Charakterisierung der Ketzerei Johanns folgt nun eine Untersuchung über die* veritates catholice explicite credende *und* implicite credende *und die Haeresien, die diesen Wahrheiten widersprechen (fol. 179* v *—184* v [4] *); zeigt dann, dass Johannes wegen seiner Aeusserungen ohne weiteres als Ketzer zu behandeln war und durch seine* confessio *keineswegs entschuldigt ist*

---

1) Vgl. Raynald, Ann. 1334, 29. Occam, De dogmatibus c. 9, Goldast, Monarchia II 752.

2) Vgl. hierzu den anonymen Traktat b. Nicol. Minorita, Zs. f. K. G. VI. 99.

3) Denifle, Chartul. Univ. Paris. II, Nr. 970 -975, 981—985.

4) z. T. nach De dogmatibus Joh. pape c. 10, Goldast l. c. S. 752 ff.

(fol. 184 v—189, 2). Die Lehre über die visio beatifica *ist von der ecclesia universalis approbiert, wie die meisten katholischen Wahrheiten.* Die approbatio *oder* dampnatio *der* universalis ecclesia *aber* videtur esse maioris *(fol. 187)* auctoritatis quam dampnatio concilii generalis, presertim dampnatio illius ecclesie, que sibimet succedentes prelatos et subditos, clericos et laycos, viros et mulieres per longissima tempora comprehendit. *Johann war gebunden an diese Lehre der* universalis ecclesia. Hec enim est regula generalis, quod si unquam summi pontifices diversi invenirentur circa aliquid ad fidem pertinens ortodoxam contrarias assertiones vel oppiniones habere, ad sciendum, que est alteri preferenda, ad sacram scripturam et doctrinam seu assertionem universalis ecclesie oportet recurrere, ut indubitanter illius assertio teneatur, que sacre scripture aut doctrine seu assertioni universalis ecclesie consona approbatur. Nullus enim summus pontifex est regula fidei christiane, cum possit errore et heretica infici pravitate . . . sed sacra scriptura et doctrina universalis ecclesie que errare non potest, est regula fidei nostre et ideo ad ipsam in omnibus dubiis circa fidem est finaliter recurrendum, cui, et non summo pontifici contra ipsam est fides firmissima adhibenda *(fol. 188, 2). Kam er durch sein Studium der heiligen Schrift zu anderen Ansichten, so musste er die Regel Augustins dist. IX. c. Ego befolgen und entweder seinen Codex für fehlerhaft halten, einen besseren suchen, oder die Interpretation für falsch ansehen,* vel debuit absque dubio tenere se non intellegere auctoritatem que videbatur contraria veritati predicte universalis ecclesie, et in isto ultimo, ut videtur, debuit se tenere. *Wenn schon der hl. Hieronymus bekennt, manche Stellen der hl. Schrift nicht zu verstehen, wieviel mehr musste das Johann XXII,* qui numquam scientiarum didicit primitiva, qui a pueritia mundanis litigiis fuit intentus *(fol. 188v, 2). Die* confessio Johanns *ist aber auch sonst nichtig und befreit ihn nicht von der Ketzerei. Es fehlt vor allem das offene Geständnis seiner Ketzerei (fol. 189—190 v). Eine Reihe Einwendungen dagegen werden von O. widerlegt (fol. 190—191 v). Auch der Einwand, dass Johann als Jurist wohl selbst gewusst hätte, was zu einer gültigen Erklärung gehöre, ist nicht stichhaltig :* quod etiam iurisperiti sepe decipiuntur, maxime quantum ad ea que facti sunt, *Johann konnte auch denken, dass er bei seiner und seiner Freunde Macht nichts riskiere ; oder man kann auch annehmen,* quod dictam confessionem ipse non fecit, sed ficta fuit a quibusdam assistentibus ei, qui non omnia pericula possibilia evenire subtiliter previderunt, *oder :* quod si Johannes XXII. fecit eam, ipse fecit eam, quando non erat bene conpos sui, ymo quia diu ante languerat et erat vicinus morti, quia moriebatur in crastino, satis probabile est, quod non habuit tantam memoriam, ut adverteret omnia que iura requirunt, propter quod qui erant presentes, quando fecit dictam confessionem, si tamen fecit eam, sunt diligentissime exa-

minandi, et inquirendum est, que verba et sub quo modo dixit tempore illo, et si fuit inductus vel ex se ipso ') fecit confessionem predictam *etc. (fol. 191 ᵛ). O. zitiert dann den Schluss der* confessio (Datum Avinione III° nonas decembris pontificatus nostri anno XX°) *mit der Unterwerfungsformel und der Strafandrohung gegen alle, die sich dagegen wenden* ²), *und geht nochmals im einzelnen die Irrlehren Johanns durch. Es sind acht* ³) :

1) quod anime reproborum non sunt in inferno nec erunt ante diem iudicii generalis ; 2) quod anime dampnatorum non puniuntur nec puniuntur ante diem iudicii generalis ; 3) quod nulli demones sunt nec erunt in inferno ante diem iudicii ; 4) quod demones non puniuntur nec puniuntur ante diem iudicii generalis ; 5) quod Christus post generale iudicium non regnabit ; 6) quod tres persone in divinis, scil. pater et filius et spiritus, *(fol. 193)* non distinguntur ab invicem ; 7) quod Christus, Dei filius, in quantum est incarnatus et homo ex tempore factus, maior est patre et spiritu sancto ; 8) quod Deus de potencia absoluta non potest aliud nec aliter facere, quam facit, et quod omnia de necessitate eveniunt *(fol. 192—193). Ausser diesen in Predigten verkündeten Irrlehren, zählt O. noch achtundzwanzig andere auf:* quos in suis constitutionibus dogmatisat ⁴): 1) *in der Constitutio „Ad* conditorem canonum", quod reservatio dominii rerum quibus utuntur fratres minores a Romana ecclesia facta ipsis fratribus minoribus quantum ad statum perfectionis prodesse non potuit ; 2) *ebendort:* quod si eadem sollicitudo quam exigunt temporalia manet post expropriationem temporalium que ante inerat, ipsa expropriatio ad perfectionem valet nil conferre; 3) *ebendort* ⁵): quod fratres minores propter carentiam dominii Romane ecclesie reservati quantum ad res multas quibus utuntur, non sunt pauperiores, quam si ipsas res cum illo quo carere se dicunt dominio obtinerent ; 4) quod ideo dominium rerum multarum quibus fratres minores utuntur Romane ecclesie reservatum est simplex, id est nudum, verbale et enigmaticum, sicut ipse exponit, et per consequens inutile, quia ex illo dominio nullum eidem ecclesie temporale obvenit actenus comodum nec speratur, quod obvenire debeat in futurum etc. ; 5) *(fol. 193 v) ebendort:* quod usus fructi in rebus usu consumptilibus non potest a proprietate seu dominio separari ; 6) *In der Constitutio „Cum* inter nonnullos": quod hereticum est dicere Christum eiusque apostolos non habuisse aliqua in speciali nec in communi, scilicet iure proprietatis et

1) cf. J. Villani lib. 11, c. 19, bei Baluze I 794. (Muratori, SS. 13, S. 764).
2) Raynald 1331, 37. 38. Baluze I 183.
3) Vgl. zum Folgenden Occam, Compendium, Goldast II, p. 970—972 ; die vierte Irrlehre fehlt hier.
4) Vgl. Occam ib. c. 11, p. 958 f., Punkt 1—6.
5) l. c. p. 959 als quartus error.

dominii civilis et mundani '); 7) *ebendort:* quod nisi Christus et apostoli in hiis que habuerunt, habuissent ius utendi, vendendi, donandi et
ex ipsa alia acquirendi utitur eadem iniuste et peccat mortaliter.
quod non tantum omnibus religiosis, sed etiam omni statui hominum
adversatur²); 8) *In der Constitutio* „Quia quorundam": quod apostoli
post reditum a predicatione pecuniam portaverunt³); 9) quod dictum
Christi, cum dixit apostolis, quod non portarent pecuniam, non fuit
preceptum, sed potestas recipiendi necessaria ab hiis quibus evangelium
predicabant, quod apostolis servare licuit vel non servare⁴); 10) quod
habere aliqua in communi quoad proprietatem non derogat altissime
paupertati, etiam in extremo gradu *(fol. 194)*; 11) *In der Constitutio*
„Quia vir reprobus"; quod omnia que erant communia credentibus in
primitiva ecclesia, de quibus fit mentio Act. IIII⁰. cap. et II⁰., erant eis
communia quoad tale dominium, quale ante conversationem suam in
eis habuerant⁵); 12) *ebendort:* quod domus et agri ac omnia immobilia
conversorum ad fidem de quibus fit mentio Act. II⁰ et IIII⁰ que postea
vendebantur, primo ante venditionem fuerunt facta communia, etiam
quoad dominium et proprietatem, omnibus conversis et apostolis ac
apostolorum discipulis⁶) *(fol. 194 v)*; 13) *ebendort:* quod post missionem
spiritus sancti habuerunt predia in Iudea, quoad dominium seu proprietatem in comuni, et quod licitum fuisset eis, si voluissent, eadem predia
retinere, necnon habendum predia quoad dominium et proprietatem voto
compulsi fuerunt⁷); 14) *ebendort:* quod post divisionem rerum, de
quibus fit mentio Act. II⁰ et IIII⁰, quilibet apostolorum et aliorum
credentium erat proprietarius et dominus in speciali pecuniarum et
aliarum rerum sibi assignatarum⁸) *(fol. 195)*; 15) *ebendort:* nec
votum vivendi sine proprio videtur, quod se extendat ad talia quibus
necessario eget vita humana⁹); 16) quod cum Petrus dixit: Ecce nos
reliquimus omnia etc., non potest concludi, quod quoad dominium seu
proprietatem reliquerint omnia¹⁰); 17) quod apostoli non noverunt abdicationem proprietatis omnium temporalium in speciali¹¹); 18) quod
apostoli in Iudea post missionem spiritus sancti non retinuerunt in-

1) Im Compendium c. 3, p. 961, Punkt 1—6.
2) ib. p. 961, Punkt 7.
3) l. c. cap. 4, p. 962, Punkt 7.
4) l. c. c. 4, p. 363, Punkt 8.
5) l. c. cap. 6, p. 963, Punkt 3.
6) l. c. p. 966, Punkt 4.
7) l. c. Punkt 5.
8) l. c. Punkt 7.
9) l. c. Punkt 10.
10) l. c. p. 967, Punkt 11.
11) l. c. Punkt 13.

mobilia, sed ea potius vendiderunt; 19) quod Adam ante formationem
Eve habuit dominium tale temporalium rerum, quale modo vocatur
proprietas; 20) quod Christus in quantum homo mortalis ab instanti
conceptionis sue fuit rex et dominus temporalis omnium temporalium
rerum[1] *(fol. 195v)*; 21) quod premissa, scilicet regnum et universale
dominium habuit Iesus in quantum Deus ab eterno eo ipso quo Deus
pater genuit ipsum et ita Iesus ab eterno fuit rex et dominus et per
consequens aliqua creatura fuit ei ab eterno serviens et etiam aliquod regnum fuit eternum[2]; 22) quod Christus non ab instanti conceptionis sue, sed postea successive, modis diversis acquisiverit dominium in speciali vestimentorum, alimentorum, calciamentorum et loculorum[3]; 23) quod Christus regno et universali dominio temporalium
rerum renuntiare non potuit, quia si fecisset, contra ordinationem
patris fecisset[4]. *Dabei habe Johann die Lehre von der ewigen Notwendigkeit und Vorherbestimmung verbreitet, die auch einige moderni
verträten.* 24) quod Christus non fuit pauper propter carentiam dominii
temporalium rerum, sed solummodo propter carentiam perceptionis
fructuum[5]; 25) quod omne dominium temporalium rerum separatum
in perpetuum ab omni perceptione commodi temporalis ex ipsa re
habentem non facit divitem et est inutile reputandum[6] *(fol. 196)*;
quod Christus nullam aliam legem vivendi dedit apostolis, quam omnibus aliis discipulis, comprehendendo sub nomine discipuli omnes credentes in Christum, viros et mulieres[7]); 27) quod preceptum datum
apostolis de non possidendo aurum etc. fuit temporale pro tempore
illius vie solummodo[8]); 28) quod XII discipuli non erant apostoli,
quando Christus fecit sermonem de quo habetur Mt. V. — *Andere
zahlreiche Irrlehren übergeht O. Ausser den genannten, über die sich
noch streiten lässt, nennt er aber noch 12 andere, die einfach lächer-
lich (f a n t a s t i c i) erscheinen, sodass sie keine Widerlegung bedürfen,
sondern auch ein Laie ihren Widersinn sofort erkennt. Nämlich:* 1) quod
simplex usus facti qui nec est servitus nec pro illo competit, ius utendi
non potest in rebus usu consumptibilibus constitui vel haberi; 2) quod
nemo potest uti re, ex qua, eius substantia salva, et nulla sibi potest
utilitas provenire. 3) quod actus utendi sine iure aliquo non potest

---

1) l. c. Punkt 18 u. p. 968 Punkt 20, nach Michael von Cesena, b. Goldast l. c. p. 1336, in Zs. f. KG. VI p. 86. (Appellation von 1330).

2) l. c. p. 968 Punkt 20.

3) l. c. p. 968 Punkt 21. 22. Michael v. Cesena l. c. error II.

4) l. c. Punkt 23.

5) l. c. p. 969, Punkt 25.

6) l. c. Punkt 26. 27.

7) l. c. Punkt 30. Michael de Cesena, l. c. error IV. u. Zs. f. Kircheng.
VI, 86, no. 4.

8) Vgl. Michael de Cesena l. c. error V.

Schulz, Texte.   26

in rebus usu consumptibilibus constitui vel haberi; 4) quod nemo
potest uti rebus usu consumptibilibus; 5) quod licet nemo possit uti
usu consumptibilibus, ipsis tamen potest quis abuti; 6) quod uti
presupponit, quod cum usu salva rei substantia manet; 7) quod abuti exigit, ut cum actu huius rei substantia consumatur. *Diese 7 nach
der Constitution Ad conditorem canonum (fol. 196ᵛ)*; 8) quod actus
utendi haberi non potest: 9) quod actus utendi non potest esse in rerum natura *(fol. 197)*; 10) quod ordo minorum fratrum est persona ymaginaria et representata, et per consequens secundum Iohannem ecclesia universalis et omne collegium ac quelibet congregatio et multitudo atque
populus est persona ymaginaria et representata; 11) quod illa que sunt
facti nequeunt ordini convenire et per consequens secundum ipsum ea
que sunt ecclesie vel collegio cuicumque nequeunt convenire et ita ecclesia nequaquam posset questiones fidei diffinire nec iurisdictionem
aliquam exercere; 12) quod licet ordini ea que sunt facti nequeunt
convenire, ordini tamen possunt competere ea que sunt iuris et ita secundum eum persone ymaginarie et representate possunt congruere ea
que sunt iuris. *In seinen 4 genannten Dekretalen findet sich kaum eine
wahre, richtige Lehre. O. weist nun den Widerspruch gegen die explicite zu glaubenden Lehren nach (fol. 197—202ᵛ), besonders auch bei
denjenigen, die der Dekretale Nicolaus' III. Exiit qui seminat widersprechen (fol. 199—200), also über die Armutsfrage; auch den Widerspruch gegen andere Dekretalen, wie die Alexanders IIII. (fol. 200ᵛ—
202), Non sine multa cordis amaritudine. Er untersucht dann weiter, in
welcher Weise die einzelnen Irrlehren des Papstes einfach zu widerrufen
oder nur zu korrigieren seien (fol. 202—206). Die revocacio oder besser
protestacio Johanns XXII. war in keiner Weise genügend (fol. 206ᵛ—212);
ebensowenig die Art und Weise der submissio Johanns. Er musste alles
tun, was sonst ein beliebiger, in Häresie verfallener Bischof tun muss;
alle Irrtümer gegen die* veritas catholice fidei explicite tenenda *musste
er* pure distincte et absolute absque omni conditione simpliciter revocare et sine omni palliatione fateri se errasse; *er musste ein Glaubens-
bekenntnis ablegen, Busse tun für seine pertinacia, Absolution erbitten,
und sich bereit erklären, alle Strafen, die die Kirche über ihn verhängen
würde, auf sich zu nehmen, sich im Glauben fest zeigen, von der Ausübung des päpstlichen Amtes abstehen (fol. 212—213ᵛ).* Et ex hoc concluditur, quod bullando confessionem et revocacionem predictas, esto
quod de se fuissent sufficientes, ipsas ipso facto reddidit invalidas et
inanes. Hec pauca pro latitudine materie, ut michi videtur, dicta sint
ad presens de confessione et revocatione predictis. Si autem contra
unitatem catholicam vel in narratione facti aut aliter quocumque modo
erravi, iuste correctioni et rationabili me submitto. Explicit Deo gratias.
Amen.

Nach einem Spatium folgt fol. 213 v—214, 1 eine kurze Nachschrift über einen weiteren perniciosus error in der Constitution. Quia vir reprobus, dass nämlich Jesus das temporale regnum und universale dominium ab eterno gehabt hätte. Daraus würde folgen, dass auch regnum und dominium, also eine creatura, ewig seien, m. a. W. die Lehre von der Ewigkeit der Welt, d. h. eine Ketzerei

c) Tractatus contra Benedictum XII (c. 1337).

Aus: Paris 3387, fol. 214 v—262.

(fol. 214 v). I n n o m i n e d o m i n i i n c i p i t p r o l o g u s i n s e q u e n t e m t r a c t a t u m.

Ambulavit et ambulat insensanter non re, sed nomine Benedictus XII^s. in viis patris sui, Iohannis videlicet XXII. et in peccatis eius quibus peccare fecit Israel, populum scilicet christianum, Deum fide videntem, qui hereticalium paternarum suarum traditionum et operum habundancius imitator, defensor et cultor existens, tanquam omni dolo et fallacia plenus ac omnis iusticie inimicus atque persecutor insontium subvertere et irritas facere vias domini rectas, fidem videlicet corrumpendo catholicam ac iusticie semitas relinquendo omnino desinit ita, ut omnis penas iuris divini pariter et humani, in quas ipso iure et facto incidit Iohannes XXII. et que sibi de iure ab homine infligi debebant, iste incurrerit sitque si iusticia prevaluerit vivus vel mortuus perpessus, presertim cum non sufficiat ei, ut ambulet in peccatis et heresibus patribus suis ª), sed etiam super ᵇ) omnes hereticos, qui sibi sedem apostolicam usurpabant, erret contra fidem catholicam manifeste, cum heresim detestandam, que totam fidem christianam enervat, quam numquam aliquis hereticus ausus fuit explicite affirmare, iam ceperit ᶜ) seminare aliisque per constitutionem et legem tenendam inponere moliatur, secundum quod inferius manifestabitur evidenter. Ne igitur veritas vel iusticia mi time defensata a me, si tacuero, opressa valeat reputari, et quod iste nonnullas hereses patris sui per defensionem et approbationem dampnabilem faciat esse suas, quod quasdam, claudicando per duas partes, inplicite quoad aliquid in preiudicium fidei christiane, eas illo modo, quo tenetur, minime condempnando, approbat, quod nonnullis tacendo favet, quod nove heresis, quam pater eius explicite tenuit et docuit, promulgator existit, quod diversorum hereticorum est fautor notorius, quod imperium Romanum et imperatorem ac alios innocentes inpie persequendo in errores incidit sapientes hereses manifestas, quibus penis ipso iure et facto involvitur

ª) *lies:* c u m patribus suis †   b) *ms.* insuper.   c) *ms.* cepit.

et que sunt sibi vivo vel mortuo infligende, hoc lecturis opusculum pandere attemptabo, in quo si *(col. 2)* in aliquo contra alium errorem meum cognovero loco et tempore opportunis non differam retractare.

E x p l i c i t p r o l o g u s, i n c i p i t t r a c t a t u s e t l i b e r p r i m u s t r a c t a n s e t o s t e n d e n s, q u o d B e n e d i c t u s p a p a X I I. n o n n u l l a s h e r e s e s I o h a n n i s p a p e X X I I. i n e i u s s t a t u t i s d o g m a t i z a t a s e t a s s e r t a s p e r d e - f e n s i o n e m e t p r o b a t i o n e m . . . ᵃ).

Dogmatum perversorum que Iohannes XXII. pertinaciter tenuit, approbavit et docuit in subversionem fidei ᵇ) orthodoxe, quedam in constitutiones suas sub bulla redegit, nonnulla vero pauca predicatione et assertione contentus vel morte preventus aut occasione alia impeditus in scriptura tam autentica non reliquit. Prima Benedictus XII. per approbationem et defensionem dampnabilem fecit et facit esse sua. ut omnibus heres.bus in constitutionibus supradictis insertis et assertis infectus debeat reputari sitque propter eas sicut primus earum inventor hereticus iudicandus penisque iuris omnibus involutus quas heretici ipso facto et iure noscuntur incurrere.

Primo itaque ostendendum est, quod propter hereses que in prefatis constitutionibus asseruntur, est iste hereticus reputandus. Postea vero, ut evidenter appareat, quod iste propter plures ipsarum magis deliquerit quam primus earum assertor, nonnullas earum in medium studebo adducere et absque prolixis inprobationibus declarare, quomodo obviant catholice veritati et qualiter iste non re, sed nomine Benedictus propter quasdam ipsarum plus et pluribus modis offendit, quam predecessor suus, qui primo ausus fuit eas christianis inponere pertinaciter defendendas.

Zeigt zuerst, dass B. als Ketzer anzusehen sei 1. wegen der hartnäckigen Verteidigung der Irrlehren Johanns. Er zwingt die Minoriten jene Constitutionen zu beschwören und verfolgt auf das Grausamste die Widerstrebenden ¹) *(fol. 215); anstatt gegen jene Haeresien aufzutreten, erklärt er sich für sie, anstatt den Ketzer Johann XXII. zu verfluchen, wozu er als Papst verpflichtet wäre, verteidigt er ihn etc. (fol. 215 v). Zunächst weist Occam nun ausführlich nach, dass jene 4 Constitutionen Johanns* (Ad conditorem canonum, Cum inter nonnullos, Quia quorundam *und* Quia vir reprobus· *ketzerisch sind, (fol. 216—229); er betont, dass durch ihre Anerkennung Benedikt XII. noch mehr als sein Vorgänger sich versündige, weil er Cisterzienser sei (216 ᵛ, 2 u. oft*

ᵃ) *Ergänze:* facit esse suas? *siehe unten.*   b) *ms.* subiectionem.

1) Ein Beispiel Raynald 1337, 30. Baluze, Vitae 1, 205. — Vgl. Nic. Minorita bei Müller, Zs. f. KG. VI, 101.

im Folgenden) und weil er inter catholicos et philosophos, ex quibus libris manifeste confutantur, magis conversabatur, *als Johann.* Unde in hoc, quod errores tam fantasticos sustinet et defendit se nullam intelligentiam scripturarum divinarum et philosophicarum habere, patenter ostendit *(fol. 219, 1). Zu dem Streit um die Dekretale Nikolaus' III.* Exiit qui seminat *bemerkt Occam (fol. 220* ᵛ*), wenn diese Dekretale ketzerisch war, so war Nikolaus III. auch kein wahrer Papst, sondern ein Ketzer, und ebenso die von ihm gewählten Cardinäle oder die Cardinäle, die der Dekretale zustimmten; alle waren Ketzer, hatten also auch kein Recht einen Papst zu wählen, und folglich wären Benedikt XII. wie alle Nachfolger Nikolaus' III. keine wahren Päpste, sondern Ketzer. Oder jene Dekretale ist gut und die Dekretalen Johanns XXII. sind haeretisch: dann ist Benedikt XII. erst recht ein Ketzer!* ¹) ... *(fol. 226* ᵛ — *228) wendet er sich gegen die Irrlehren der Dekretale* Quia vir reprobus, dass *Christus und folglich der Papst das weltliche* dominium *habe, dass insbesondere das* dominium imperii Romani *dem Papste gehöre, was gegen Luc. II.* Exiit edictum, *und Luc. III:* Anno XV imperatoris Tiberii etc. *verstösst.*

Das Buch schliesst: Propter autem istos errores iste Benedictus nomine magis quam predecessor suus est culpandus. Tum quia magister in theologia vult reputari et ideo plus debita Christi et apostolorum eius quam unus brigosus causidicus, theologice facultatis omnino ignarus, deberet scire et ipsa constantius defensare. Tum quia habitu et professione religiosus et ideo magis tenetur scire, quod religio sua imitatur legem vivendi specialem, quam dedit Christus apostolis et non omnibus christianis. *Alle Irrtümer der Constitutionen Johanns XXII. anzuführen wäre kaum möglich; das erforderte einen dicken Band; denn es ist kaum ein Wort darin ohne Irrtum.*

Explicit liber primus, incipit secundus tractans et ostendens ª), quod nominis Benedictus XII. constitutione de visione animarum in celo et pena dampnatorum claudicari dampnabiliter invenitur *(fol. 229,2 — fol. 234,1) Occam kritisiert und verurteilt Benedikts Verhalten zu der Lehre von der visio beatifica, und citiert zum Beweise einige* definitiones *Benedikts aus* Sane dudum *(fol. 281—231* ᵛ*)* ²*), weil er darin Johann nicht als Ketzer betrachtet, und sich der Irrlehre günstig zeigt.*

(fol. 234,1—238, 1) Liber tertius tractans et ostendens, quod nomine Benedictus XII. quam pluribus erroribus et heresibus dampnabiliter ᵇ) ...

---

a) *ms.* ascendens.   b) *Ergänze:* faveat *oder* adhereat.

1) Vgl. dazu den Occamschen Traktat hsg. v. Preger in Abh. d. Kgl. Bayer. Akad. Hist. Kl. XV, 2, S. 80 u. Opus nonaginta dierum cap. 9, Goldast II 1029.

2) Wohl Raynald 1336, 3: Dudum tempore (1336, Jun. 29).

*B. hat stillschweigend eine Menge Ketzereien geduldet und begün-
stigt;* non est silendum, quod nostris temporibus duo fuerunt heretici qui
pre ceteris plures et detestabiles ac de apparencia minus habentes errores et hereses invenerunt et de quibus fideles et catholici magis scan-
dalisati fuerunt, Iohannes scilicet XXII. et Geraldus Odonis qui se generalem fratrum minorum appellat. *Von den Irrtümern Johanns duldete B.*
den, quod Deus non potest aliquid facere, nisi quod facit, ymo ipsum
aliud facere contradictionem includit. *Die gewöhnliche theologische Unterscheidung zwischen der* potencia ordinata *und der* potencia absoluta
*Gottes hält er für absurd. Daraus folge die Lehre von der absoluten
Notwendigkeit alles Geschehens, der Unfreiheit des Willens,* sicut quamplures infideles et antiqui heretici docuerunt et adhuc occulti heretici et
layci et vetule tenent, sepe per argumenta sua etiam literatos viros et
in sacris literis peritos concertantes. *(fol. 234* v*). Occam zählt dann noch
4 andere Irrtümer Johanns in der Lehre von den Seelen auf, die B. be-
günstige, dieselben Irrtümer, die Johann in dem vorigen Traktate*[1]*) vor-
geworfen werden. (fol. 235* v*—236* v*). Ausserdem aber duldet B. schwei-
gend auch eine Reihe (7) Irrlehren des Geraldus Odonis; sie beziehen sich
auf die Lehre von der Ewigkeit der Zeit, auf die Taufe, das Abendmahl,
die Ehe (eine zweite Ehe erlaubt bei Ehebruch der ersten Frau), auf das
Verhältnis von Gott Vater und Sohn und auf die päpstlichen Erklä-
rungen der Regel des heiligen Franz, die von Occam* fermentum puritatis eiusdem regule corruptivum *genannt werden (236* v*—238,1).*

Das IIII. Buch handelt und beantwortet quandam constitutionem
nomine Benedicti *als häretisch. (fol. 238,2—245,2). Es handelt sich um die*
temeritas a seculis inaudita Benedikts, *qui nequaquam dans honorem
Deo, vult, quod sibi et cuilibet summo pontifici tanquam Deo, ymo plus
quam Deo credatur, cum velit omnino, quod sibi subiecti revelatis a Deo
nullatenus debeant firmiter adherere absque eius vel alterius summi pontificis succedentis sibi iudicio, si de ipsis mota fuerit questio coram eo.*
Das hat er verkündet in der constitutio, *quam nuper ordini fratrum minorum tenendam imposuit* et generali eorum capitulo in civitate Ca-
turci*[2]), anno Domini MCCCXXXVII° in pentec. Daraus folgte also, dass
alle Christen auch nichts, was in der Heil. Schrift offenbart ist, glauben dürfen ohne das Urteil des Papstes.* Ex quo sequitur, quod summus
pontifex sic dominatur fidei christiane, ut possit totam fidem mutare et
aliam invenire, quam omnes christiani, quamdiu est summus pontifex,
debeant acceptare et adherere eidem, ... totum ex iudicio summi pon-

1) fol. 192, oben S. 399, Zeile 8—12.
2) cf. Bullarium Franciscanum, tom. 6, nr. 60. u. nr. 61. — Raynald,
Ann. 1336, 65; Bulle vom 28. Nov. 1336. Vgl. zum Folgenden: Occam Dialogus P. III. Tr. II. lib. II. cap. 8, Goldast 908 ff. und Compendium errorum
papae cap. 8, ib. p. 975.

tificis dependeret, quo peior heresis dici ᵃ) non posset, quia hoc est destruere omnes articulos fidei et omnia contenta in scriptura divina, et
quod plus esset credendum summo pontifici, quam Deo, et ista heresis
peior est omnibus heresibus que leguntur dogmatisate explicite ab hereticis quibuscumque *(fol. 238—238 ᵛ)*.
    *Das wird im einzelnen ausgeführt. Bei Streitigkeiten über Glau-
bensfragen hat der Katholik die Partei zu erwählen, die die von den
4 allgemeinen Konzilien festgelegte Lehre vertritt.* Item illi, qui in scripturis divinis exponendis et per consequens in traditione tradendorum
sunt summo pontifici preferendi, possunt in questione fidei catholicam
partem eligere et approbare, non obstante, quod talis questio sit ad Romani pontificis examen deducta; sed expositores sacrarum scripturarum
sufficienter in sacris literis eruditi in exponendis scripturis *(fol. 239 ᵛ)*
et per consequens in traditione seu assertione credendorum sunt summo
pontifici preferendi, *nach dist. 20. § 1.* Nunc autem. *In Glaubensfragen
steht die Synode über dem Papst; der Papst muss also ein* concilium
episcoporum *berufen und kann nicht gegen ein* generale ecclesie statutum nec contra articulos fidei *dispensieren. (fol. 239 ᵛ). — Besonders die
Gelehrten, die in* sacris literis eruditi, *sind immer diejenigen, die zuerst
über eine Glaubensfrage ein sicheres Urteil haben und also zu hören
sind (fol. 240—240 ᵛ). Occam zeigt nun, welche üblen Folgen die Constitution in der Gegenwart habe. Kein Minorit dürfe mehr gegen gewisse
Irrlehren auftreten, die unter Johann XXII. diskutiert worden seien.* Nam
tempore predicti Iohannis XXII. quidam magister in theologia de ordine
predicatorum natione theotonicus, nomine Aycardus publice tenuit, predicavit et docuit ¹), quod mundus fuit ab eterno, et quod quilibet homo
iustus converteretur in divinam essenciam quemadmodum in sacramento altaris panis convertitur in corpus Christi ²), et quod quilibet homo
talis creavit stellas, et quod Deus sine tali homine nesciret quidquam
facere ³), et quod in divinis nulla est distinctio nec in essentia nec in
personis ⁴), et quod omnes creature sunt pure nichil ⁵), et multa alia fan-
tastica, non hereticalia, quam insana et nullo modo vel vix opinabilia,
habens in Alamannia plures sequaces viros et mulieres, etiam de ordine
fratrum minorum, quorum unus ydiota et fantastice publice predicavit,
quod quemadmodum una gutta aque proiecta in mare absorbetur a mari,

---

a) *ms.* disi.
    1) Vgl. Occam, Dialogus III, II, 2, c. VIII. p. 909 u. die Artikel in der
Bulle Johanns XXII. In agro dominico (1329, März 27), Arch. f. L. u. KG.
II, 638 ff.
    2) cf. Artikel 10, 1. c. p. 638.
    3) ib. Artikel 13.
    4) cf. ib. Artikel 23 u. 24.
    5) ib. Artikel 26.

ita anima videns divinam essenciam a divina essencia absorbetur. Pro
predictis autem heresibus et aliis consimilibus multis fuit predictus Aycardus primo accusatus vel denunciatus archiepiscopo Coloniensi, super
quibus deducta fuit postea questio ad examen Iohannis XXII., que etiam
(fol. 241) agitata fuit ipso vocato Benedicto XII. in curia existente et se
pro cardinali gerente. Cum ergo predicte questiones seu opiniones prefati Aycardi deducte fuerint ad examen Iohannis XXII. nec aliquis papa
ipsas determinaverit. licet Iohannes XXII. mandaverit magistris et aliis,
ut eas examinarent et dicerent, quid super hiis sentirent, sequitur, quod
virtute constitutionis predicte istius nomine Benedicti XII. nullus frater
minor super toto negocio fidei sepedicti Aycardi debet alterutram partem
determinare vel approbare. . . . .

    *Noch andere Absurditäten ergeben sich ebenfalls daraus. Eine mil-
dere Auffassung und Entschuldigung des Erlasses ist nicht möglich
(fol. 241—245). Es ist häretisch zu behaupten, jeder Christ könne und
müsse seinen ganzen Glauben der correctio des Papstes unterstellen.
Nicht einmal der ganzen Kirche, der* congregatio fidelium, *steht eine Correctio zu gegen die Autorität des Evangeliums, geschweige dem Papste
(fol. 243v). Die* plenitudo potestatis *des Papstes vermag ebenso wenig
gegen die Heilige Schrift, wie gegen das Naturgesetz, ja sie vermag
keineswegs alles, was nicht gegen das göttliche oder natürliche Gesetz
ist: sonst wäre die* lex christiana *eine* lex orribilis servitutis *(fol. 244, 2)
etc. Der Verfasser der Dekretale ist unter die Ketzer zu rechnen
(fol. 245).*

    Das V. Buch beweist weiter, dass Benedikt XII. ein fautor hereti-
corum *ist (fol. 245, 2—247, 1). Er verbindet sich auch mit Ketzern,
die andere Meinungen, als er selbst, vertreten (fol. 245v):* Est itaque
fautor notorius Geraldi Odonis, qui est tum graviter de heresi diffamatus,
quod usque ad ipsum nomine Benedictum XII. et cardinales omnes infamia illa perv.nit, plures enim persone excellentes necnon et plures provincie ordinis minorum et multi fratres notabiles eiusdem ordinis literas
intimatorias, quod idem Geraldus est respersus heretica pravitate, in
quibus diversas hereses in terminis posuerunt, nomine Benedicto XII et
cardinalibus direxerunt, petentes de ipso iustitiam exhiberi. Nonnulli
etiam fratres ordinis predicti contra ipsum tanquam contra hereticum
appellaverunt quibus omnibus et multis aliis non obstantibus eundem
Geraldum in officio retinet generalatus, ipsum etiam ad rationem de
obiectis heresibus non ponendo, ex quo luce clarius constat, quod est
notorius fautor heretici memorati *(fol. 245v). Auch ohne ausdrückliche
Anklage hätte er gegen ihn einschreiten müssen, et quidam cardinales
sibi, ut fertur, dixerunt in* facie *(fol. 245v 2) — Ebenso ist er ein* fautor
notorius *derjenigen, die die Irrlehren über die* visio beatifica *verbreiten;
er billigt die Anhänger der Irrlehren der Dekretale* Quia vir reprobus,

er begünstigt aber auch manche Verteidiger der Constitution Nicolaus' III.
Exiit qui seminat: *also in jedem Falle, mag nun diese oder die Dekretalen Johanns falsch sein, ist er ein Freund der Ketzer (fol. 246 v—247, I).*
Das VI. Buch handelt de persecutionibus et iniusticiis quas infert nomine
Benedictus XII imperatori *(fol. 247, 2--256, 2).*

Super cathedram non Moysi, sed Petri sedere se iactat hiis periculosis temporibus non re, sed nomine Benedictus XII, asserens se Christi
vicarium et successorem Petri, qui et Christi et Petri semitas dereliquit
etc. Petrus regem onorare precepit, iste regem regum, Romanum videlicet
principem, dehonorat, blasphemat, vituperat et confundit. Iste innocentes
et iustos persequi non desistit, Petrus divicias pro Christi nomine
dereliquit, aliorum iura non invasit; iste sibi res et iura maiorum
et minorum sub nomine Christi usurpat que omnia in sequentibus ostenduntur. — *Benedikt XII. hat die ketzerischen Prozesse, die Johann XXII.
gegen Kaiser Ludwig IV. veröffentlichte, nicht widerrufen, noch korrigiert. sondern gebilligt und bestätigt; er verfolgt also den Kaiser ebenso
grausam und ungerecht, wie Johann XXII.*

Nur einen error *dieser Prozesse will O. näher behandeln,* quia processus et sententias eius, qui sunt deteriores inter omnes, non habeo.
Error itaque Iohannis predicti in quodam suo processu contentus hic
breviter est [1]), quod electus in regem Romanorum, antequam persona
electi per sedem apostolicam fuerit approbata, nomen et titulum regium
non debet assumere nec interim rex Romanorum extitit nec est habendus pro rege nec rex etiam nominandus nec administrationi regni vel
imperii se debet quomodolibet immiscere. Porro ut manifestius pateat,
quod sit perniciosus error iste secundum intellectum tenentium ipsum,
videndum est. ex qua pestifera radice procedat, ut penitus evulsa radice,
error sequens efficacius extirpetur. Radix autem predicti erroris est, quod
imperium est a papa, ut nullus sit verus imperator nec esse possit, nisi
qui auctoritatem imperialem et executionem gladii materialis a pontifice
Romano recepit. Ista autem radix in quadam alia est fundata, quod
scilicet papa habet a Christo plenitudinem potestatis, tam in spiritualibus, quam in temporalibus, ut de potentia absoluta omnia possit, que
non sunt contra legem divinam vel legem naturae, ita ut in omnibus talibus omnes Christiani ei de necessitate salutis obedire firmiter teneantur, quare istam radicem mortiferam, ex qua errores innumeri et infinita
pericula ac innumerabiles iniurie oriuntur, ante omnia expedit extirpare
(fol. 247 v, I).

Zeigt zuerst, dass der Papst eine solche plenitudo potestatis *auch nicht
in* spiritualibus *hat: er kann ja z. B. Eheleute nicht trennen und zur
Keuschheit verpflichten, noch den Christen im allgemeinen die Ehe-*

1) Vgl. M.G. Constit. V, 2, nr. 792, S. 617.

losigkeit vorschreiben; er kann nicht befehlen, dass man ihn nicht *wegen Haeresie anklagen dürfe: der Papst konnte früher den Subdiakonen nicht die* continencia *befehlen* [1]*), also noch weniger kann er es jetzt den Laien; er kann nicht ohne Not ein* opus supererogationis *vorschreiben. Das alles wäre nicht gegen das natürliche oder göttliche Gesetz, trotzdem kann es der Papst nicht, also ist seine Macht in* spiritualibus *nicht unbegrenzt (fol. 248, 1). Daraus ergibt sich schon, dass sie in* temporalibus *noch weniger unbegrenzt ist. Lex* christiana *est* lex *libertatis; die Christen sind nicht* servi *des Papstes, er hat über sie nicht in* temporalibus *die Gewalt, die weltliche Herren über ihre* servi *haben, darf also z. B. nicht beliebig ohne Grund sie der Temporalien berauben, einem König sein Reich nehmen etc. Auch über die* temporalia predia ecclesie data *hat er keine absolute Gewalt (fol. 248, 2), nach XII. q. II. c.* Non liceat [2]*). Eine gewisse Gewalt in* temporalibus *hat er dagegen in* terris sue temporali iurisdictioni subiectis, *die er über andere Temporalien nicht hat. Ferner beruht das Besitzrecht auf dem* ius imperatorum et regum, *nicht auf* ius canonicum *etc.* Dicere autem, qualem plenitudinem potestatis papa habeat et quomodo intelligi debeant canones et leges ac dicta sanctorum, que de potestate pape loquuntur, puto quod non potest brevi volumine lucide explicari, ymo longissimum tractatum opporteret conponere, quod aliquando fieri poterit *(fol. 248ᵛ 1).*

Es folgt nun die extirpatio der zweiten Wurzel, *dass das* imperium *vom Papste stamme. Nur wenige der unzähligen* rationes, *dies ich hierzu anführen liessen, zählt O. auf. Zunächst bestand ein verum* imperium *schon vor Christi Geburt, ist also älter als das Papsttum; folglich stammt es nicht vom Papste her. Dass Augustus ein verum* imperium *hatte, beweist Christus Mt. 22* [3]*): Reddite que sunt Cesaris etc. Auch Luc. III* [4]*):* Anno XV imperii Tiburcii (!) cesaris *etc. (fol. 248 ᵛ. 2) — selbst viele der heidnischen Kaiser, die die Christen verfolgten, waren wahre Kaiser und wurden als solche von den Christen anerkannt; selbst* Iulian Apostata, *nach Ambrosius XII. q. III. c.* Iulianus [5]*). Päpstliche Canones und Glossen stimmen in diesem Punkte überein (fol. 249). —*

Es ist nun weiter zu beweisen (fol. 249 ᵛ, 1), quod electus in regem Romanorum antequam persona vel electio [a] [a]) pontifice [b]) sit [c]) approbata et admissa, potest sibi nomen et titulum regium assumere, ut sit verus rex et valeat se administrationi regni vel imperii immiscere.

---

a) *fehlt ms.*   b) *ms.* pontificis.   c) *fehlt ms.*
1) Vgl. c. 20 C. 27. q. 2.
2) c. 20. C. 12. q. 2.
3) Matth. 22, 21.
4) Luc. 3, 1.
5) c. 94 C. 11. q. 3.

Jenes angebliche Recht des Papstes müsste auf ius divinum *oder* ius humanum *ruhen.* Auf ius divinum *ruht es nicht, denn dieses steht in der Heiligen Schrift, und hier ist nirgends von einem solchen Rechte des Papstes, speziell über das römische Reich und den Kaiser oder den zum römischen König Erwählten die Rede, im Unterschiede etwa von andern Königen. Ueber die andern Könige aber hat der Papst kein solches Approbationsrecht.*

Dagegen aber, dass dieses Recht ex iure humano *stammt, spricht schon, dass der Papst im Weltlichen keine* plenitudo potestatis *hat, also auch keine solche Konstitution erlassen könnte. Ferner alles* ius humanum *ist entweder* ius gentium *oder* ius civile; ius civile *umfasst das* ius canonicum *mit (fol. 249 ᵛ, 2). — Aus dem* ius gentium *stammt das Approbationsrecht nicht, denn* andere gentes kennen es nicht, tum quia quamplures imperatores, tam fideles, quam infideles, contra ius gentium nichil agentes, nomen et titulum imperialem assumpserunt et se administrationi immiscuerunt ante approbationem vel admissionem huiusmodi. *Ebensowenig aber stammt es aus dem* ius civile canonicum; *denn aus dem* ius civile seculare *kann es nicht stammen, weil weder Kaiser, noch Könige, noch andere Laien dem Pâpste ein solches Recht* in preiudicium imperatorum futurorum *bewilligen konnten. Aus dem kanonischen Rechte aber auch nicht,* quia papa, sicut non potest tollere leges imperiales, *nach der Glosse zu dist. 10 super c.* Constitutiones¹) *u. Glosse zu dist. 93,* c. Legimus ᵃ). *Nur solange der Kaiser will, darf der Papst ein solches Recht üben,* quemadmodum aliquando electio pape debuit presentari imperatori, *dist. 63. c.* Agatho ³) *(fol. 250, 2).*

Weiter nach guter, alter Gewohnheit (consuetudo) imperatores et electi in reges Romanorum ex consuetudine ante approbationem vel admissionem huius(modi) sibi nomen et titulum regium assumpserunt ac etiam se administrationi imperii immiscuerunt, nec in hoc iuri pape preiudicaverunt in aliquo; ergo hec consuetudo est servanda. *Auch Innocenz III.* qui respectu electi in regem Romanorum plura attribuit pape, extra. de elect. c. Venerabilem⁴), quam aliquis alius, nullam ibi de confirmatione facit penitus mentionem *(fol. 250, 2). — Ein Gewohnheitsrecht kann für die* approbatio *nicht geltend gemacht werden, denn eine solche* consuetudo *hätte nicht* vim legis, *weil sie nicht* rationabilis *und nicht* prescripta *d. h. aus* leges und canones *zu erweisen ist. Sie ist nicht* rationabilis, *weil sie dem* privilegium imperiale *und dem* bonum commune *widerstreitet; und sie ist nicht praejudizierlich* (prescribi non potest), *weil der*

1) c. 4. dist. 10.
2) c. 24. dist. 93.
3) c. 21. dist. 63.
4) c. 31. X de elect. (I, 6).

Kaiser legibus so!utus *ist, ein Praeiudiz gegen seine Würde nicht gilt.*
Esset etiam huiusmodi consuetudo ... contra bonum commune, quia tam
ex malitia pape, qui posset imperio adversari, quam ex longa vacatione
apostolice sedis, que aliquando vacavit sex annis, et que posset pluribus annis ab hereticis occupari, posset administratio regni seu inperii
in tocius inperii et inperialium detrimentum irrecuperabile inpediri etc.
(fol. 250 ᵛ—251, 1).
     *Daraus folgt also, dass die Prozesse und Sentenzen Iohanns XXII.
gegen Kaiser Ludwig, die Benedikt XII. bestätigt hat, nichtig sind und
dem Kaiser und seinen Anhängern Unrecht tun. Das wird noch im
einzelnen aus dem kanonischen Rechte nachgewiesen, sowohl der Ver-
stoss gegen das formale Recht, als der fundamentale Irrtum des Approbationsrechts. Für die Leser, die die Prozesse nicht gesehen haben und
vielleicht auch nicht sehen werden (fol. 251 ᵛ, 2), zitiert O. ein Stück*
(prefatus Ludovicus a nobis *bis* approbari contigerit et admitti ¹), *und
beweist dann nochmals die Nichtigkeit derselben (fol. 251, 2—252 ᵛ, 1).
Eine Reihe von* obiectiones *werden dann beseitigt. Besonders gegen
den Einwand, dass dem Papst doch ein Prüfungsrecht der religiösen
und moralischen Qualitäten des Erwählten zustehe erwidert O. ausführlich (fol. 254ff.).* Dicitur ergo uno modo, quod papa non transtulit dominium ᵃ) imperium de Grecis in Germanos auctoritate sibi data in Petro a
Christo, sed auctoritate Romanorum, qui potestatem quam super imperium habuerunt ᵇ) vel dampnabilem negligentiam imperatorum Grecorum,
qui omnino Romanos defendere renuerunt, quos tamen principaliter defendere tenebantur. *Bei dieser translatio imperii ist immer als oberstes
Prinzip festzuhalten, dass dem Papst keine spezielle und höhere Macht
über das imperium zukommt, als über die andern Reiche. Ferner zu den
Worten Innocenz' III. ist zu bemerken,* quod licet ius et auctoritas examinandi electum in regem, quando papa debet eum inungere, si non
constat sibi, quod est rite electus in regem, spectat ad papam, non tamen
spectat ad papam concedere electo administrationem regni seu imperii. *Wie
das auch die Erzbischöfe oder Bischöfe, die in den verschiedenen Reichen die Krönung vollziehen, tun können, wenn sie Zweifel an der
Rechtmässigkeit des zu Krönenden haben. Aber vor der päpstlichen
Krönung wird der Kaiser mit zwei andern Kronen gekrönt, der silbernen
und der eisernen :* ergo ante examinationem, de qua loquitur Innocentius,
imperator primum habet nomen et titulum regium et etiam administrationi
se inmiscet. Omnis enim coronatus in regem de iure, licet non semper
de facto, habet administrationem regni ; ergo imperator ante administra-

     a) *Ergänze :* seu ?   b) *Es scheinen einige Worte ausgefallen zu sein,
etwa :* transtulerunt propter inimicitiam.
     1) Erster Prozess Johanns XXII., M. G. Const. V, 1, nr. 792, S. 617,
5—618, 6.

tionem, de qua loquitur Innocentius, prius est verus rex et legitime se
administrationi ª) immiscet.

Christus gab Petrus und seinen Nachfolgern allerdings das Recht
etiam in temporalibus supplendi defectum et dampnabilem negligentiam
omnium regum et principum et universaliter omnium laycorum, quantum
ad omnia, sine quibus non potest quies et securitas ac pax et tranquil-
litas ecclesie custodiri seu haberi. . . . . . Papa igitur auctoritate et potestate sibi data a Christo posset transferre imperium et examinare electum in regem Romanorum et facere omnia illa que tangit Innocentius
tertius, quando, nisi talia fierent a papa, periclitaretur ecclesia. In alio
autem casu talia ad papam minime spectant ex ordinatione Christi, licet
ex concessione humana possint sibi competere; et ideo quando non
periclitatur ecclesia catholica, sed malignantium, ex hoc quod electus in
regem Romanorum nomen et titulum regium sibi assumit et administrationi regni seu inperii se immiscet, papa ex auctoritate sibi data a
Christo in beato Petro nec administrationem nec approbationem nec
examinationem nec coronationem electi in regem Romanorum potest sibi
licite vendicare contra voluntatem electi, licet electus propter maiorem
solempnitatem ab ipso valeat, si voluerit coronari, possitque sibi ob reverenciam Dei in multis reverenciam exhibere, quemadmodum reges et
principes sepe ex devotione et humilitate reverenciam magnam exhibent
etiam simplicibus sacerdotibus propter Deum *(fol. 254 ᵛ).*

O. zählt nun eine Reihe von iniurie *auf, die Johannes XXII. und
Benedikt gegen den Kaiser verübten : Johann sprach ihm widerrechtlich
das Reich ab, hetzte die Rebellen gegen ihn, verwendete auch Kirchengut zum ungerechten Kriege gegen ihn, und verleumdete ihn als Ketzer
(fol. 254 ᵛ, 2). Noch ärger verging sich Benedikt XII., gegen den der
Kaiser doch noch versöhnlicher und friedfertiger und ehrerbietiger war,
als gegen seinen Vorgänger. Es ist seinen Erlassen kein Gehorsam zu
leisten. Johann XXII. und Benedikt XII. haben auch Reichsgut und
-rechte usurpiert. Zum Nachteil des Kaisers und seiner Vikare in Italien
mischte sich Johann in die Regierung,* recipiendo videlicet omagia ac
de dignitatibus et officiis ad imperatorem spectantibus pro suo arbitrio
disponendo civitatesque castra et alia bona imperii recipiendo et deti-
nendo ac etiam nonnulla hostiliter invadendo etc. *(fol. 255, 2). Die Be-
kämpfer der Ketzerei, wie Fr. Michael, den Generalminister der Minoriten, und andere verfolgt Benedikt, wie sein Vorgänger.* De ista autem
materia quam plura sunt edita opera peritorum, quibus minime est responsum neque per istum nomine Benedictum neque per aliquos alios faventes
eidem *(fol. 255 ᵛ).*

a) ms. *wiederholt* : se.

Diesen Ungerechtigkeiten sollen alle, Laien wie Kleriker, dadurch begegnen, dass sie so laut als möglich ihre Unschuld dartun und die Ungerechtigkeit des Papstes und seiner Anhänger beweisen (fol. 256, 1—2).

Das letzte, VII. Buch zeigt: quibus penis nomine Benedictus XII. ipso iure et facto involvitur et que sunt sibi vivo vel mortuo ᵃ). *(fol. 256, 2 —262 ᵛ).*

Die erste Strafe ist, dass er jeglicher kirchlichen Würde beraubt ist, diese Strafe für die haeretica pravitas, *und zwar* iure divino, *wie* iure humano *(fol. 256 ᵛ—257) ; weiter ist er der* excommunicatio maior *verfallen, wie alle Häretiker; ferner der Strafe des Verlustes aller kirchlichen Dinge, die ihm vorher auf Grund einer Würde zustanden. (fol. 257 ᵛ). Diese Strafe erleidet er* ipso iure et facto *als Ketzer. Andere sind ihm vom menschlichen Rechte aufzuerlegen: er muss von der Gemeinschaft der Gläubigen ausgeschlossen, degradiert, vom päpstlichen Stuhle vertrieben werden (fol. 257 ᵛ); das erstere kann ohne besondere Gewalt geschehen. Auch die von ihm und seinen Offizialen okkupierten Kirchengüter, können von den Gläubigen okkupiert werden,* non quidem ad consumendum vel in suos usus convertendum, sed ad conservandum et reddendum vero summo pontifici, cum fuerit catholice ordinatus, quod precipue spectat ad imperatorem, reges et principes ac prelatos *(fol. 258) — namentlich die* bona communia ecclesie. *Auf die Frage, wer denn Richter über den Papst in der Haeresieklage sein solle, antwortet O.*¹): quod si episcopus in cuius diocesi commoratur, est catholicus et super expurganda de sua diocesi heretica pravitate sollicitus atque potens, ipse de consilio fratrum suorum vel, si expediret, de consilio vicinorum episcoporum, si essent catholici, invocato auxilio ᵇ) brachii secularis papam hereticum de heresi iudicare posset et deberet. *Beweis dist. 21 c.* Nunc autem ²) *(fol. 258 ᵛ). Ist der Diözesanbischof selbst Häretiker oder Günst‌ling des ketzerischen Papstes, so muss der Metropolitan oder Primas,* in cuius provincia commoratur, *oder das* concilium prelatorum *aliorum einschreiten. Mögen oder können aber alle diese kirchlichen Instanzen nicht,* si apparuerit legitimus accusator vel denunciator aut fuerit de heresi publice diffamatus et de ipso exortum fuerit scandalum, spectat ad imperatorem, si est catholicus et zelator fidei christiane vel ad dominum temporalem, in cuius dominio commoratur, vel istis deficientibus ad quemcumque principem catholicum, qui potest eum per temporalem potenciam cohercere, qui potest contra eum sententiam ferre et dampnare ac punire ablatione rerum et expulsione de apostolica sede et detentione,

a) *Ergänze:* infligende ?   b) *ms.* auxilii.
1) Vgl. dazu Dialogus, P. I lib. VI c. 90, Goldast p. 607 f.
2) c. 6. dist. 21.

si viderit, quod absque detentione ipsius catholici non sunt securi *(fol. 259 ᵛ, 2); folgen die Beweise aus dem* ius canonicum: *gl. zu dist. 17 c.* Nec licuit ¹); Xl.q.ll.Petimus⁸), 23. q. 6. c. Principes³); 32. q.1 Eos qui⁴); dist. VlII. Quo iure ? c. 1.⁵) *und* 17. dist. Nec licuit ⁶). — *Eine besondere Aufforderung* (recurrere) *der Prelaten an die weltliche Gewalt ist nicht nötig :* principes et layci in casibus pluribus habent potestatem super clericos et super papam hereticum absque constitutione ecclesie, *auch ex iure divina, z. B.* 23. q. 6. c. Non vos⁷) *und c.* Principes⁸) . . *und 23.* q. 5. c. De Liguribus⁹) *(fol. 259 ᵛ).* . .

. . . *(fol. 260, 2):* Adhuc dicet aliquis, quod principes non possunt procedere contra papam hereticum sine prelatis ecclesie, quia principes sunt illiterati, nescientes explicite catholicam fidem, quare in causa fidei iudices esse non possunt . . . *Indessen :* aliqui principes interdum sunt literati et in scripturis divinis periti. Nam et plures imperatores et reges antiquitus excellentis literature fuerunt, unde et quidam scripsit: quod rex illiteratus est asinus coronatus ¹⁰). *Und manche Glaubenssätze müssen sie so sicher wissen, dass der Klerus der ganzen Welt sie davon nicht abbringen könnte. In andern Fällen sollen sie die Sachverständigen fragen und schwören lassen, ob Haeresie vorliegt.* Non enim principes sunt bestie, ut veritatem scripturarum eis expositam a peritis nequeant intellegere ; quinymo sepe maiori vigent iudicio intellectus. ut profundius intelligant veritatem eis expositam, quam illi qui eam sibi exponunt.

Die Fürsten können also den ketzerischen Papst richten, strafen gefangen nehmen, seine Güter konfiszieren ; nur degradieren sollen sie ihn nicht ; das gebührt der geistlichen Obrigkeit ; und deshalb sollen sie ihn auch nicht mit Tode bestrafen, weil die Todesstrafe nicht ohne Verletzung der geistlichen Würde vollzogen werden kann ; auch ob der Ketzerpapst zu lebenslänglichem Gefängnis zu verurteilen sei, soll der Klerus entscheiden.

Diese Strafen erwarten also Benedikt XII. propter hereticam pravitatem. *Wäre er bloss* fautor haereticorum, *so müsste er beseitigt werden vom apostolischen Stuhle* per imperatorem et Romanos, quorum

1) c. 4. dist. 17.
2) c. 19. C. 11. q. 1.
3) c. 20, C. 23 q. 5.
4) c. 10. dist. 32 ?
5) c. 1. dist. 8.
6) c. 4. dist. 17.
7) c. 42. C. 23. q. 5.
8) c. 20. C. 23. q. 6.
   c. 43. C. 23. q. 5.
10) Vgl. Joh. Sarisber. Polycraticus IV. c. 6, Migne 199, S. 524.

est quodammodo episcopus proprius, de consilio et assensu, si necesse esset, concilii generalis.

Hoc enim habet ius gentium, quod preter naturale dominium videtur communius et antiquius, quod prepositus alicui communitati, presertim que superiorem non habet, per ipsam communitatem est, quando expedit, corrigendus vel penitus amovendus. *Aber B. ist ein unverbesserlicher Ketzer, also allen andern Strafen verfallen (fol. 260 ᵛ—261, 1).*

Wegen seiner Beleidigung des Kaisers aber ist er als reus legis maiestatis vom Kaiser zu bestrafen.

Wäre er kein Ketzer, so dürfte ihn der Kaiser, secundum nonnullos, *nicht strafen,* si sponte arbitros eligendo vel alio modo se vellet iudicio submittere. *Weigert er aber jede Unterwerfung, kann der Kaiser mit bewaffneter Hand gegen ihn vorgehen.* Ex quibus omnibus colligitur, quod non solum licet superiori, sed etiam pari, movere bellum contra parem tam pro iniuria ulciscenda, quam pro rebus et per consequens eadem ratione pro iuribus repetendis *(fol. 261). — Auch wegen seiner andern Ungerechtigkeiten gegen die Gläubigen.* Similiter etiam propter persecutionem quam, ut fertur, incipit et intendit inferre illustri regi Anglie partialiter et dampnabiliter regi Francie adherendo sibi decimas et bona ecclesie concedendo et aliis modis favendo indebite. *(fol. 261 ᵛ, 1).*

Noch drei Zweifel werden beseitigt: 1. Wer solle B. die Papstgewalt wegen der genannten Vergehen nehmen, wenn er ein wahrer Papst und kein Ketzer wäre. In diesem Falle wäre er von den Römern zu beseitigen, scilicet imperatore qui est caput Romanorum et aliis, de consilio generalis concilii, si necesse fuerit, hoc est, si aliter absque periculo, scismate vel turbatione vitanda amoveri non posset. *Johann XXII. wurde nur* propter fornicationem et venationem *(nicht propter heresim) von den Römern allein abgesetzt ohne Konzil (fol. 261 ᵛ, 2). — Denn:* quando aliquis presidens aliis potest institui et destitui, si non habet superiorem, ad quos pertinet institutio *(fol. 262)* et destitutio spectat. Secus est sepe, quando ille qui preest et illi quibus aliquis presidet, habent superiorem. *Ein Bischof wird zwar vom Metropoliten oder Erzbischof eingesetzt, aber nicht abgesetzt, sondern die Absetzung gebührt dem Papste, als* superior. *Anders beim Papste selbst.* Romani autem non habent superiorem eis, qui non sit Romanus, neque in spiritualibus neque in temporalibus, et ad ipsos spectat institutio pape; ergo quando papa est deponendus, destitutio eius spectat ad eosdem. *2. Wie die Unverbesserlichkeit festzustellen sei? Wenn der Papst durch Worte und Handlungen zeigt, dass er sich nicht bessern will. 3. Abgesetzt kann der Papst auch wegen anderer Verbrechen als Haeresie werden:* propter scandalum ecclesie universalis et propter scandalum maioris vel minoris partis universalis ecclesie et propter scandalum cuiuscumque ecclesie, que potest turbationem notabilem et periculosam, si non deponitur, suscitare; et hoc, quando crimen pape est notorium et ipse se exhibet incorrigibilem manifeste ... propter cuius scandalum papa iustus et sanctus et etiam illi, ad quos pape destitutio spectat, bona quedam, etiam spiritualia, debent omittere et a prosecutione quorundam iurium suorum cessare, eis cedendo saltem ad tempus etc. Ad laudem et honorem illius, qui interdum per se, interdum per alios potentes de sede deponit. Cui sit gloria potestas et inperium in secula seculorum. Amen.

d) **Allegationes de potestate imperiali** vom Jahre 1338[1]).

Aus Palat. lat. 679 P. 1, fol. 117 v –156.

Fol. 117 v am oberen Blattrande : Tractatus oqua de potestate imperiali. *Nach dem Schlusse der vorausgehenden* Collacio *etc. von 1401 (RTA. IV 19 nr. 3) ohne besondere Ueberschrift :*

Inferius describuntur allegaciones per plures magistros in sacra pagina appropate per quas ostenditur evidenter, quod processus factus et sententia lata in Frankfort per dominum Ludwicum quartum Dei· gratia Romanorum imperatorem contra illa que a quibusdam obiciuntur et allegantur contra imperialem auctoritatem, potestatem et ius imperii, fuerint et sint a) racionabiles atque iusti.

Et primo quantum ad primum articulum in dicto processu contentum, in quo dicitur, quod summus pontifex habet plenitudinem potestatis et iurisdictionis b) solum in spiritualibus et non in temporalibus, ostenditur evidenter de iure divino, quod plenitudo potestatis et iurisdictionis papalis est solum in spiritualibus et non in terrenis sive temporalibus.

Quod probatur primo ex eo, quod in sola et mera comissione regni celorum non venit nec cadit comisio regni terrenorum, cum regnum celorum et regnum terrenorum ex opposito dividuntur, sicut regnum carnale et regnum spirituale.

Sed Christus promisit Petro et successoribus eius in persona ipsius claves regni *(fol. 118)* celorum et non claves regni terrenorum, prout patet Mathei XIII° ca.²), ubi legitur, quod Christus dixit Petro: *Et tibi dabo claves regni celorum, et quecumque ligaveris super terram, erit ligatum et in celis etc.* Claves inquit regni celorum et non regni terrenorum, ergo potestas pape non est in temporalibus sive in regno terrenorum.

a) *ms.* sunt.   b) *ms.* interdictionis.
1) Vgl. Böhmer-Ficker, Acta imperii selecta nr. 793, S. 534 f.
2) Matth. 16, 19.

nec usquam in scripturis ewangelicis et apostolicis reperitur, quod Christus commisit Petro aut ᵃ) eius successoribus claves regni terrenorum, et
quod non est scriptum, non est novis adinventionibus presumendum, II.
q. V. *Consuluisti*¹).

Nec valet, quod obicitur, quod Christus dixit Petro:
Quecumque ligaveris super terram, erit ligatum et in celis, qui autem
quecumque simpliciter dixerit, nichil penitus a Petri iurisdictione exce-
pisse vel exemisse videtur. Et vere hec opinio non valet; quoniam illud:
quecumque ligaveris et *quecumque solveris* intelligitur solum de spiritualibus, videlicet de peccatis atque delictis ligandis et solvendis, et non de
terrenis sive temporalibus negotiis atque causis decernendis, sicud ipsemet salvator Christus exposuit et declaravit, dicens apostolis ²): *Accipite
spiritum sanctum, quorum remiseritis peccata, remittuntur eis, et quorum
retinueritis, retenta sunt.* Unde Bernhardus ad Eugenium papam illo libro
de consideratione scribit sic dicens ³): *Ergo in criminibus, non in possessionibus potestas vestra, propter illa siquidem, et non propter has
accepistis claves regni celorum, prevaricationes utique* ᵇ) *exclusuri,
non possessiones* ᶜ). Hic vide *Si habes* ⁴), ubi dicitur sic: *Spiritualis pena qua fit, quod scriptum est: quecumque ligaveris (fol. 118* ᵛ) *super
terram, erunt ligata in celis, animas allegat.* Hec ibi, et sunt verba sancti
Augustini. Ex quibus et aliis pluribus que brevitatis causa dimittuntur
patet, quod illa verba *quecumque l. s. t. etc.* intelliguntur solum de spiritualibus et non de terrenis seu temporalibus. Secundo probatur ex eo,
quod certum est Christi vicarium non habuisse nec habere maiorem
plenitudinem potestatis, quam habuit ipse Christus, cuius est vicarius.
Sed Christus, in quantum homo viator, non habuit nec habere voluit
universalem potestatem et iurisdictionem in temporalibus neque regnum
et dominium omnium rerum temporalium, ut probabitur: ergo nec eius
vicarius habuit nec habet universale dominium rerum temporalium neque
plenitudinem iurisdictionis et potestatis in temporalibus. Minor probatur
multipliciter; primo ex eo, quod legitur Luc. XII ⁵), ubi dicitur, quod
cum quidam de turba dixisset Christo: *Magister, dic fratri meo, ut dividat mecum hereditatem,* Christus sibi respondit: *Homo, quis me constituit iudicem aut divisorem super vos,* quasi diceret: nullus, ergo de
temporalibus disponendis et iudicandis ad me non pertinet. Secundo ex
eo, quod legitur Ioh. VI. c. ᵈ) ubi dicitur ⁶): *Iesus ergo cum cognovisset*

a) *ms. übergeschr. über* nec.   b) *ms. fügt* non *ein.*   c) *ms.* possessores.   d) *ms. korr. a.* Job. v.
1) c. 20. C. II q. 5.
2) Joh. 20, 22, 23.
3) Bernhard, De consid. lib. 1. c. 6, Migne 182, S. 736 (412).
4) c. 1. C. 24. q. 3.
5) Luc. 12, 13 f.
6) Joh. 6, 15.

quod venturi essent, ut raperent eum et facerent eum regem, fugit iterum in montem ipse solus, quod utique non fecisset, si regnum et dominium temporalium quesivisset. Unde sanctus Iohannes Crisostomus super Iohannem predicta verba ewangelii pertractans dicit sic [1]): *Et propheta erat apud eos – contempnere dignitates,* et *(fol. 119)* parum post: *Venit autem erudiens – futura amare.* Hec Iohannes Crisostomus. Tertio ex eo, quod legitur Ioh. XVIII. ca. [2]), ubi Christus coram Pilato constitutus respondit ei dicens: *Regnum meum non est de hoc mundo – non est hic.* Hec ibi. Ex quibus clarissime patet, quod Christus non habuit nec habere voluit regnum et dominium rerum temporalium huius mundi. Quarto ex eo, quod legitur Ioh. XIX. ca. [3]), ubi cum Pilatus dixisset Christo: *Nescis, quia potestatem habeo – dimittere te,* Christus sibi respondit dicens: *Non haberes potestatem – desuper.* Que verba Augustinus pertractans in sermone de martire dicit sic [4]): *Quis dedit desuper – manifestum.* Hec Augustinus. Ex quibus patet, quod Pilatus habuit potestatem temporalem iurisdictionis super Christum, et per consequens Christus non habuit plenitudinem iurisdictionis temporalis, quia tunc Pilatus nullam potestatem habuisset super eum; ergo nec Christi vicarius habet plenitudinem potestatis et iurisdictionis in temporalibus. Quinto ex eo, quod legitur Math. XX. c. [5]), ubi legitur Christum dixisse apostolis: *Scitis, quia principes gentium dominantur eorum, et qui maiores sunt potestatem exercent (fol. 119ᵛ) in eos. Non ita erit inter vos – redemptionem pro multis.* Et simile per omnia legitur XXII. q. c. [6]). Ex quibus patet quod Christus non venit temporaliter dominari, sed subici, nec [b]) temporaliter iudicare, sed iudicari, iuxta illud psalmiste [7]): *Et vincas, cum iudicaris ;* ergo nec eius vicarius debet temporaliter dominari. Unde beatus Bernhardus 2° libro de consideratione ad Eugenium papam scribens dicit [8]): *Nam quid tibi aliud dimisit (fol. 120)? dominatio interdicitur, indicitur ministratio.* Hec sanctus Bernhardus. Ex quibus clare patet, quod Christus non habuit nec habere voluit regnum neque dominium rerum temporalium huius mundi, et quod tale dominium et regnum numquam concessit Petro nec eius successoribus. Sexto ex eo, quod legitur Luce 1. c. [9]), ubi angelus dixit ad virginem: *Et dabit illi scil. Christus domi-*

a) *ms. über :* sed.

1) Joh. Chrysostomus in Joh. Ev. Homilia 42 (41), ed. Montfaucon 8, S. 290.

2) Joh. 18, 36.

3) Joh. 19, 10, 11.

4) Augustin ? nicht gefunden.

5) Matth. 20, 25–28.

6) Matth. 22, 18–21.

7) Ps. 50, 6

8) Bernhard, De consid. lib. 2, c. 6, Migne 182, S. 748 (419) § 10. 11.

9) Luc. 1, 32–34.

nus sedem David — non erit finis. Hec ibi. Sed manifestum est, quod
regnum quodlibet temporale non durat in eternum, sed habet finem sue
durationis et terminum; ergo regnum Christi in hoc mundo non fuit de
rebus temporalibus, sed spirituale in eternum. Septimo ex eo, quod ait
apostolus ad Hebreos IX. ca.[1]) dicens: *Christus autem assistens pontifex futurorum bonorum et perfectius tabernaculum non manu factum, idest non
huius creationis*; futurorum, inquit, bonorum pontifex et non presentium,
sed celestium et spiritualium, que permanent in futuro seculo, et non
temporalium et carnalium que transeunt in presenti, et per tabernaculum
huius creationis ᵃ), eternale autem fuit Christi regnum et pontificium, quale
fuit eius tabernaculum. Christi autem tabernaculum non fuit huius creationis temporale et terrenum, sed spirituale et celeste. Quare sequitur,
quod summus pontifex sive eius vicarius non habet plenitudinem universalis ecclesie iurisdictionis in temporalibus a Christo. Octavo ex eo, quod
Christus requisitus a ludeis, utrum de iure tenerentur dare tributum *(fol.120ᵛ)*
Cesari, respondit dicens: *Reddite etc.*, ut dicitur Mt. XXII. et Marci XII.
et Luce XX. c.ᵃ). Ex quibus verbis aperte patet, quod Cesar erat
verus rex et dominus in temporalibus, quia sibi Christus sicut regi tributum
dari iussit, quod nequaquam fecisset, nisi ipsum pro vero rege in temporalibus habuisset, et per consequens patet, quod Christus non fuit rex et
dominus in temporalibus, cum duo in solidum in eodem regno reges et
domini inmediate esse nequeant, VII. ᵇ) q. c. 1. *In apibus*[3]); quare sequitur, quod papa Christi vicarius non habet plenitudinem potestatis in
regno et dominio rerum temporalium. Nono ex eo, quia certum est secundum doctrinam apostolorum, quod omnes Christiani tenebantur obedire
regibus et dominis rerum temporalium, sicud patet ad Rom.XIII.c. ibi[4]): *Omnis
anima — etiam propter conscientiam.* Et I. Petri II. c. ibiᵇ): *Subditi
estote — ab eo missis.* Igitur Christus et eius vicarius non fuit rex et dominus in temporalibus, quia tunc non fuisset regibus et ducibus ac aliis
dominis temporalibus obediendum propter conscientiam, et doctrina apostolorum fuisset fallax et deceptoria, quod nephas est dicere. Ergo papa
Christi vicarius non habet plenitudinem potestatis in temporalibus. Decimo ex eo, quod tale fuit regnum Christi pro hac vita mortali, quale
commisit seu recommendavit suis apostolis primis principibus ecclesie,
sicut patet Luce XXII ᵃ), ubi legitur Christum dixisse apostolis: *Et ego
dispono vobis regnum, sicut disposuit michi pater etc.* In quibus verbis

---

a) *Es scheinen ein paar Worte zu fehlen.*   b) *ms.* VIII.
1) Hebr. 9, 11.
2) Matth. 22, 21 Marc. 12, 16, 17. Luc. 20, 24, 25.
3) c. 41 C. VII. q. 1.
4) Rom. 13, 1—5.
5) 1. Petri 2, 13, 14.
6) Luc. 22, 29.

Christus manifeste demonstrat, quod ipse *(fol. 121)* tale regnum recommendabat apostolis, quale pater suus sibi procommiserat, et hoc non fuit temporale, sed spirituale, ut dictum est ; ergo Christus non commisit seu recommendavit regnum et dominium rerum temporalium apostolis, ymo dominium rerum temporalium et regnum docuit eos relinquere et contempnere, quia, ut dicitur Mt. XIX. et Luce XVIII[1]): *Vade, vende omnia — sequere me,* et Petrus in persona omnium apostolorum ostendens se et apostolos hoc Christi consilium adimplesse, respondit : *Ecce nos reliquimus omnia et secuti sumus te.* Ergo regnum Christi et Petri eius vicarii non fuit temporale, sed spirituale et per consequens sequitur, quod papa Christi vicarius non habet de iure divino plenitudinem potestatis in temporalibus.

Ad cuius veritatis declarationem et consummationem ac ad omnium eorum que in contrarium obiciuntur solutionem adtendendum est et notandum, quod cum Christus fuerit et sit verus et perfectus Deus ac verus et perfectus homo, in ipso fuit et est duplex dominium potestatis, scil. dominium increatum secundum increatam divinitatem, et dominium creatum secundum assumptam humanitatem. Secundum primum dominium increatum Christus fuit et est dominus omnium visibilium et invisibilium, corporalium et spiritualium, terrestrium et celestium, quia *omnia per ipsum facta sunt et sine ipso factum est nichil,* ut dicitur Ioh. 1° c.[2]). Et de hoc potestatis dominio legitur Ioh. 1° c.[3] cum dicitur: *In propria venit,* omnia namque creata sunt propria Christi secundum dominium omnipotentie maiestatis divine. Unde beatus Augustinus super Ioh. prima parte in sermone dicit sic[4]): *In propria venit, quia omnia ista per ipsum sunt.* Hec Augustinus. Et hoc dominium Christus nulli pure creature concommunicavit. Dominium vero creatum in Christo *(fol. 121 v)* fuit duplex : unum ante eius passionem et mortem, et aliud post eius resurrectionem; legitur Mt. ultimo cap.[5]): *Data est mihi omnis potestas in celo et in terra.* Similiter de hoc dominio legitur Apoc. XIX. c., ubi dicitur[6]): *Et habebat scriptum — dominus dominantium.* Et quoad hoc dominium fuit et est dominus universorum corporalium et spiritualium, hominum et angelorum secundum illud apostoli ad Philipp. II. c. ibi[7]): *Humiliavit semet ipsum — patris.* Unde beatus Remigius[8])super illud Apoc.[9])* *Vidi alterum angelum — magnam,* dicit sic : *Hèc potestas ad utramque*

1) Matth. 19, 21 u. 27, Luc. 18, 22 u. 28.
2) Joh. 1, 3.
3) Joh. 1, 11.
4) Augustinus, In Joh. Ev. tract. II c. 1 § 12 Migne 35, S. 1394.
5) Matth. 28, 18.
6) Apoc. 19, 16.
7) Philipp. 2, 8—11.
8) Remigius Remensis ? Antissiodor. ? nichts gefunden.
9) Apoc. 18, 1.

eius naturam — Daniel dicit potestas eius potestas eterna. Hec sunt verba
Sti. Remigii. Et hoc dominium Christo datum post resurrectionem, quod
fuit dominium potestatis universalis super omnem creaturam corpoream
et incorpoream, Christus non commisit alicui successori nec Petro apostolo
nec alicui alteri, quia nulli successori suo commisit dominium super
angelos et archangelos *(fol. 122)* et animas beatorum cum ipso in celo
regnantium. De tali etiam Christi dominio loquitur propheta in psalmo dicens[1]: *Omnia subiecisti — universas.* Et quod propheta ibi loquitur de
dominio Christi post resurrectionem patet per apostolum ad Hebr. II. c.[2])
ubi dicit: *Non enim angelis subicit orbem terre futurum — gustaret
mortem.* Hec verba apostoli. Ex quibus aperte patet secundum apostolum,
quod psalmista in verbis predictis loquitur de dominio Christi post resurrectionem ipsius, patet etiam ex eo, quod dicit apostolus: *Non enim subiecit etc.,* et ex eo, quod subdit: *Necdum videmus ei omnia subiecta.*
Unde tale dominium Christus non comisit alicui vicario suo. Aliud fuit dominium potestatis iuridice creatum, quod Christus habuit ante suam passionem et mortem, quod quidem dominium commisit suo vicario Petro
et eius successoribus in personam ipsius. Sed illud non fuit universale
dominium temporalis iurisdictionis, sed spiritualis, quoniam temporale
dominium universalis iurisdictionis derogat et obviat Christi et apostolice *(fol. 122)* paupertati, humilitati, caritati ac etiam equitati et honestati. Derogat inquam Christi et apostolice paupertati, quoniam paupertas Christi et apostolica consistit in voluntaria renuntiatione et expropriatione regni et imperii temporalis ac cuiuslibet terreni dominii *u. s. f.*
. . . . Renunciatio autem universalis do.nii bonorum temporalium et
retentio universalis dominii ipsorum directe adinvicem obviat et repugnat; quare retentio universalis dominii regni vel imperii temporalis
paupertati Christi et apostolice obviat et repugnat *u. s. w.* . . . *(fol. 123)*
. . Secundo obviat et repugnat Christi et apostolice humilitati *(fol. 123 v)*
qua Christus, humilitatis summe fundator et provector, omnem altitudinem
et gloriam huius seculi contempsit et funditus despexit atque derisit et
contempnendam atque despiciendam exemplo et verbo docuit . . . *(cit.
Crisostomus und Anselmus, Gregor, Augustin) (fol. 124—124 v)* . . .
Ex quibus patet, quod Christus ideo solvit tributum et alios solvere
iussit, et ideo etiam fugit, cum eum regem facere noluit, ut tolleret
omnem suspicionem hominibus, ut demonstraret, quod regnum suum
non fuit de hoc mundo, sed celeste . . . . Tertio ostenditur, quod
tale regnum et imperium temporale et terrenum obviant Christi et apostolice karitati, quoniam Christi et apostolice karitatis erat principes
seculi ad fidem katholicam attrahere *(fol. 125)* et inducere et non eos

1) Ps. 8, 8.
2) Hebr. 2, 5—9.

a fide avertere et retrahere. Si autem Christus et apostoli regnum et imperium totius orbis sibi vendicassent, tunc ipsi a fide principes seculi, qui
sua regna et imperia non libenter dimittebant, devertissent et retraxissent,
ymo ad fidei persecutionem eos occasionaliter provocassent .. *(nach Augustinus super Joh. parte II*.)* ... *(fol. 125 v)* ... Ex quibus clare patet
secundum sanctum Leonem papam, quod ponere et dogmatizare Christi
regnum fuisse temporale et terrenum, sicud asseruit et dixit Iohannes
XXII. in quodam suo libello seu statuto, quod incipit: *Quia vir reprobus,* sapit carnalem errorem Herodis et Iudeorum et incidit in heresim
dampnatam, sicud plene ostenditur et probatur in appellatione contra
dictum facta. Qui error carnalis multos adhuc habet sectatores et defensores ... *(Citate aus: Crisostomus, Ambrosius, Bernhard, Beda (fol.
126—127 v)* .. Quarto et ultimo ostenditur, quod tale regnum et
imperium temporale obviat et repugnat Christi et apostolorum eius
equitati et honestati, quoniam, ut patet Mt. XXII. et Mc. XII. et Lc.
XX. c. et supra tactum est [1]), Christus interrogatus a phariseis, utrum
liceret de iure dare censum sive tributum Cesari Romani imperii, respondit dicens: *Reddite que sunt Cesaris Cesari et que sunt Dei Deo.* Ex
quibus apparent duo : primum, quod ius temporalis imperii non dependet
causaliter a pontificali dignitate, nec econtrario ius pontificalis sacerdotii dependet causaliter ab imperiali potestate, quia iura imperialia et
iura pontificalia Christus ex opposito ab invicem distinxit et divisit, neutrum ad alterum causaliter remittendo ... Secundum autem, quod Christus
ipsum Cesarem Romanum principem pro rege vero et imperatore habuit
et tenuit, quia sibi sicut regi et imperatori censum et tributum dari iussit, et per consequens Christus se ipsum non habuit nec tenuit nec gessit pro
rege et imperatore temporali, cum in eodem regno et temporali imperio
plures reges et imperatores in solidum esse nequeant, quorum neuter
alium impediat, quia ut St. Mt. VI. c. [2]): *Nemo potest duobus dominis servire,* et supra dictum est. Ex quibus evidenter ostenditur, quod summus
pontifex sive papa non habet *(fol. 128)* de iure divino universale dominium
nec universalem potestatem regni vel imperii temporalis... *(fol.128 —129 v)*
.. Ex quibus clare patet Petrus et alii apostoli non fuerunt obnoxii Cesari,
quia omnia reliquerunt, et quicumque vult non esse obnoxius terreno regi,
debet omnia cum apostolis relinquere et sequi Christum. Et quicumque habet
divitias huius seculi, est obnoxius Cesari ... *(fol. 130)* ... Item constat
manifeste, quod Petrus et alii apostoli pro tempore ipsorum tenuerunt et
habuerunt reges et principes huius seculi, etiam adhuc infideles, pro
veris regibus et imperatoribus in temporalibus . . . *(fol. 130 v).* Unde et
apostolus Paulus ad Cesarem Romanum imperatorem, adhuc infidelem,

1) Vgl. oben S. 420. n. 2.
2) Matth. 6, 24.

appellavit et suam appellationem coram ipso prosecutus est, ut patet
Act. XXV '). Et si ipsi reges et principes seculi adhuc infideles, qui sua
regna et imperia temporalia ab apostolis non recognoscebant nec tene-
bant, erant de iure reges et domini universales in temporalibus, sequitur
necessario, quod Petrus capud apostolorum et alii apostoli et successores
eorum non habuerunt a Christo nec a Petro nec ab aliis apostolis temporale dominium sive plenitudinem potestatis in temporalibus regnis et
imperiis, cum in eodem regno et temporali imperio nequeant esse de
iure plures reges et domini, quorum neuter impediat alium.... (fol. 131
Stellen aus der ecclesiastica, historia 2. Cor. VI., Hymnus: Hostis Herodes
etc; XCVII. dist.; XCVI. dist. c. duo sunt, c. si imperator). Et sunt
verba sanctorum pontificum/ Ex quibus evidenter patet, quod imperium
est immediate ª), cum dicant divinitus consecutus est (fol. 131 v), et quod
principaliter mundus regitur per dictas duas potestates, quarum scilicet
imperialis est in temporalibus et alia, scil. pontificalis est in spiritualibus.
Et etiam glosse ordinarie ibi dicunt, quod iste potestates distant ab invicem et sunt distincte, et quod neutra dependet ab alia — X. dist. c.
Quoniam — implicatus ²). Hec ibi. Ubi glossa ordinaria dicit, quod iste
potestates distincte sunt, et quod imperium est a solo Deo, XXIII. q. IIII.
Quesitum ³), et quod imperium non habetur a papa, et quod papa non
habet utrumque gladium. Si enim imperium haberetur a papa, tunc posset
in temporalibus ad papam appellari, quod prohibet Alexander papa dicens,
quod illa, scilicet temporalia, suam iurisdictionem non contingunt, ut
legitur extra. de appell. c. Si duobus ⁴) et c. Qui filii sint legitimi, c. Causam ⁵). Item XCIII. dist. c. Legimus ⁶), in textu dicitur, quod exercitus
facit imperatorem, et sunt verba sancti Ieronimi et glo. ibi super verbo
•imperatorem• dicit sic: Ex sola enim electione principum dico eum
verum imperatorem, etiam antequam coronetur a papa, ut dixi LXIII dist.
Quanto ⁷). Hoc glo. Et lex dicit, quod imperium et sacerdotium ab eodem
principio processerunt, in Authentica (fol.132): Quomodo oporteat episcopos aut ceteros clericos, ad or. per. principio coll. I ⁸), et in Auth. De
fide instrum. et cautela ⁹), quod illa et omnia temporalia sunt imperatoris,

a) Anscheinend eine Lücke im Text.
1) Act. 25, 10 ff.
2) c. 8. dist. 10.
3) c. 45. C. 23. q. 4.
4) c. 7. X de appell. (II, 28).
5) c. 7. X qui filii sint. leg. (IV, 17).
6) c. 24. dist. 93.
7) c. 10. dist. 63.
8) Nov. VI, pr.
9) Dig. XXII, 4.

C. de quadriennio prescriptione, L. bene a Zenone [1]) *et ff. legem Rodiam de iactu, l. Deprecatio* [2]), *et XXIII. q. VIII* c. *Convenior* [a]), *et VIII.di. c. Quo iure* [4]) *et in* Autenticis *De consulibus nisi, coll. IIII* [5]),/Ex quibus et aliis que causa brevitatis [a]), plura concluduntur aperte. Primo quod secundum doctrinam Christi et apostolorum et vitam ipsorum ac etiam secundum doctrinam concordem sanctorum doctorum ecclesie katholice Christus et apostoli non habuerunt nec habere voluerunt regnum et dominium temporale huius mundi, ymo renunctiaverunt omni temporali regno et imperio, quod papa ex successione Christi et apostolorum non habuit nec habet universale dominium regni et imperii temporalis nec habuit nec habet plenitudinem potestatis in temporalibus. Secundo concluditur, quod etiam secundum iura et statuta sanctorum Romanorum pontificum et secundum leges per ecclesiam approbatas plenitudo potestatis in temporalibus pertinet ad solum imperatorem, et quod ipsius imperatoris potestas est immediate a solo Deo et non a papa, et quod potestas pape est solum in spiritualibus, et quod papa non habet plenitudinem potestatis in temporalibus./

Nunc igitur respondendum est ad omnia illa et singula que contra predicta obiciuntur. Et primo ad id quod obicitur in contrarium, scilicet cum dicitur, quod papa est generalis Christi vicarius in terris, cui Christus generaliter commisit oves suas . . . *(fol. 132* v*)* . . Respondetur ad hoc, quod predicta auctoritas ewangelii, cum dicitur: *Data est michi omnis potestas etc.*, loquitur de potestate collata Christo secundum glorificatam humanitatem, scil. post eius resurrectionem. *usw. (fol. 133)* . . *(fol. 133* v*)* . . Ad secundum autem, quod obicitur in contrarium, cum dicitur, quod pontifex nove legis non est dicendus imperfectior, sed perfectior pontifice legis antique, . . sed pontifices antique legis habuerunt utrumque gladium, scil. spirituale et temporale: . . . *(fol. 134)* . . . ad predicta, inquam, respondetur et dicitur, quod in nova lege universale dominium temporalium non ponit nec dicit perfectionem, sed magis ipsam tollit et impedit, quia perfectio legis nove includit renuntiationem et abdicationem temporalis dominii, secundum consilium salvatoris Mt. XIX. c. [6]) *Si vis perfectus esse usf.... (fol. 134* v*)*. Ad tertium quod obicitur contra predicta de eo, quod legitur Luc. XXII. c. [7]), ubi dicitur, quod cum Christus dixisset apostolis suis: *Qui non habet gladium, vendat tunicam suam* etc., et Petrus

a) *Erg.* omitto.
1) Cod. VII, 37, l.3.
2) Dig. XIV, 2.
3) c. 21. C. 23. q. 8.
4) c. 1. dist. 8.
5) Authent. Coll. VIII. Tit. VI. nr. 105.
6) Matth. 19, 21.
7) Luc. 22, 36. 38.

apostolus respunderit : *Domine, ecce gladii duo hic,* cui respondit dominus : *Satis est,* ex quibus arguitur, quod cum per duos gladios videatur
significari gladius spiritualis et gladius temporalis, videtur, quod Petrus
habuit duplicem gladium, scilicet iurisdictionem temporalem et spiritualem : respondetur sicut scribit sanctus Augustinus ad Vincencium dona-
tistam a) dicens [1]: *Et quis autem non inpudentissime nitatur aliquid in
allegoria positum pro se interpretari, nisi habeat et manifesta testimonia, quorum lumine illustrentur obscura?* Hec Augustinus. Unde cum
certum sit et in sacra scriptura expressum, quod regnum Christi pro hac
vita mortali non fuit de hoc mundo, quia ipse dixit : *Regnum meum non
est de hoc mundo* [2]), ipse etiam dixit cuidam : *Homo, quis me constituit
iudicem ac divisorem super vos* [3]), ipse eciam dixit discipulis : *Omnis ex
vobis qui non renunciaverit omnibus, que possidet, non potest esse meus
discipulus* [4]). Item ipse dixit cuidam : *Si vis perfectus esse, vende omnia
que tu habes, et da pauperibus* [5]). Petrus eciam in persona apostolorum
dixit : *Domine, ecce nos reliquimus omnia et secuti sumus te* [6]) ... Quod
autem per duos gladios intelligatur gladius spiritualis et gladius temporalis seu potestas pontificalis et potestas imperialis, hoc nusquam in
sacra scriptura est expressum. Hoc secundum velle autem exponere vel
declarare expressum et tacitum, est velle declarare notum per ignotum,
presertim quia, sicut dicit Augustinus, velle aliquid in allegoria positum
interpretari pro se, nisi habeantur *(fol. 135)* manifesta testimonia *etc.*
... Quod autem per duos gladios allegorice positos significetur et
figuretur gladius temporalis et gladius spiritualis, nulla testimonia manifesta habentur ex hac scriptura, quorum lumine hec illustrentur. Propter
quod plures sancti et doctores hunc locum diversimode interpretati sunt :
so Ambrosius, Super Lucam libro IX [7]), *der die Stelle für dunkel und
zweifelhaft erklärt, (fol.135 v) und Johannes Chrysostomus* [8]). Verumtamen
dato sine preiudicio, quod per duos gladios intelligeretur gladius spiritualis et gladius temporalis iurisdictionis, ut quidam dicunt, tamen nusquam legitur. quod Petrus aut aliquis alius apostolorum illos duos gladios, scilicet temporalem et spiritualem, secum portaverit, sed solum quod
Petrus unum gladium tunc secum tulerit.   Non enim dixit domino : *Ecce
habeo cut habemus duos gladios,* sed dixit : *Ecce gladii duo hic* . . . per
hic designans et denotans corpus ecclesie militantis, hic peregrinantis

a) *ms.* donasticum.
1) Epist. 93 c. 8. Migne 33, S. 334.
2) Joh. 18, 36.
3) Luc. 12, 14.
4) Luc. 14, 33.
5) Matth. 19, 21.
6) Matth. 19, 27.
7) Ambrosius, Super Lucam l. X, Migne 15, S. 1909 f. (1515).
8) Joh. Chrysostomus. Homilia in Rom. 16,3, ed. Montfaucon 3, S. 222 f.

quia re vera in corpore militantis ecclesie catholice est uterque gladius, videlicet spiritualis et temporalis.

Es werden nun noch als viertes bis zehntes Argument die Deutungen der bekannten Bibelstellen widerlegt: 1. Corinth. 6, 2 ; Mt. 6, 33 : Querite primum ; Ev. Joh. 2, 15 ; Luc. 22, 36 ; Matth. 21, 2 ; Matth. 2, 11 ; Genes. 1, 16 (fol. 136—139) ; sodann (fol. 140) das elfte Argument aus 22. dist. c. Omnis, was auf die geistliche Binde- u. Lösegewalt bezogen wird ; weiter (fol. 141) zwölftes Argument : quod unum corpus non debet habere duo capita .... *(fol. 141 ᵛ),* sed quod unum corpus habeat sub uno capite primo plura capita secundaria, quorum eciam unum sit sub alio in aliquibus, non est inconsequens nec absurdum. Manifestum autem est, quod primum et principale caput ecclesie est Christus et non papa nec imperator, licet papa et imperator sint ad tempus quedam capita secundaria sub capite primo Christo contenta, quorum etiam unum in ordine ad finem ultimum sub alio continetur, quia in hiis que spectant ad viam salutis eterne papa preest imperatori et in temporalibus imperator preest, pape.... *Die heidnischen Kaiser waren wahre Kaiser ... (fol. 142).* Et tamen dicti imperatores non fuerunt uncti nec consecrati ab aliquo sacerdote vel pontifice catholico, cum essent infideles et inimici fidei christiane. Et ita unctio et consecratio non tribuit regibus et imperatoribus ius terreni regni et imperii, sed electio, et ex sola electione efficitur verus rex et imperator. Sed unctio et consecratio datur in signum spiritualis gratie ... *Vierzehntes Argument : über die* lex divinitatis .. infima per media in suprema reducere.., *dass die weltliche Macht von der geistlichen* ad ultimum finem *zu führen ist, bedingt keine Abhängigkeit; (fol. 142 ᵛ) als fünfzehntes Argument, die Stelle Hugos, De sacramentis II. pars c. 7 :* Spiritualis potestas terrenam potestatem et instituere habet, ut sit, et iudicare habet, si bona non fuerit etc. *zeigt nur (fol. 143),* quod potestas regalis non constituitur in esse per sacerdotalem, nisi quando populus compromitteret se in potestatem spiritualem de rege sibi constituendo, vel Deus ex causa specialiter ipsi potestati spirituali committeret...

Er schliesst (fol. 143 ᵛ) : Ex premissis igitur omnibus superius ostensis et probatis patet aperte, quod summus pontifex non habet de iure divino universale dominium nec plenitudinem potestatis super regnum et imperium temporale, sicut nec Christus cuius est vicarius habuit, ut superius est probatum ... *(fol. 144)* ..... Licet autem eciam superius per iura canonica et civilia sit aliqualiter ostensum, quod papa etiam a iure humano, scilicet canonico vel civili, non habeat hanc potestatem, tamen adhuc restat plenius ostendere, quod papa eciam a iure humano non habet talem potestatem, et quod omnibus obiectionibus que sunt in oppositum quantum ad hunc articulum plenarie respondeatur. — *fol. 144 ᵛ— 146 werden die Canones : 1) Si duobus, 2) Per venerabilem, 3) Solite, 4) Novit,*

5) *Causam que inter, 6) 96. dist. c. Cum ai verum, Duo sunt, Si imperator,*
95. dist. Ecce me, 10. dist. Quoniam diskutiert. Als siebentes Argument :
probatur, quod papa eciam de iure canonico non habet talem plenitudinem potestatis super predia temporalia data ecclesie, ut possit ea ad
libitum *(fol. 146* b) alienare ..., quia ipse res ecclesiastice non sunt eorum,
sed Dei et corporis eius mistici, quod est ecclesia. *Er zitiert Innocenz III.*
und Hostiensis zu extra. de causa proprietatis et possessionis c. Cum
super electione '), et in apparatibus suis super verbo *restituendum :*
Unde quecumque homines offerunt ecclesiis dicuntur esse oblata Deo...
vel ecclesia congregatio fidelium que est corpus Christi capitis.. habet
proprietatem et possessionem eorum... Et si aliquando inveniatur in iure,
quod hec bona ecclesiastica Deo oblata sint episcoporum vel prelatorum,
dic, quod sint eorum quoad gubernationem et administrationem, et etiam
dicuntur esse (fol. 147) pauperum quoad sustentationem, unde proprie
loquendo prelati ecclesie dicuntur procuratores et non domini ... Hec
Innoc. et Host. Ex quibus clare patet, quod res ecclesiastice non sunt
pape nec alicuius prelati ecclesie quantum ad proprietatem et dominium,
sed sunt Dei et corporis eius mistici, scilicet ecclesie ... *(fol 147* v) ....
Ex quibus patet et probatur aperte, quod tam de iure canonico quam de
iure civili dicte potestates, scil. pontificalis et imperialis, sunt immediate
a Deo ... et per consequens sequitur, quod papa non habet plenitudinem
potestatis et iurisdictionis in temporalibus et spiritualibus, et quod contrarium asserere iuri humano scil. canonico et civili repugnat. Quod,
autem contradicat iuri divino, superius multipliciter est ostensum.

Nunc restat respondere ad ea que in contrarium adducuntur *(fol.*
148). Et primo in contrarium adducitur illud, quod legitur extra *de elec-*
tione et electi potestate c. Venerabilem, ubi dicitur, quod *ius et potestas*
eligendi imperatorem ad principes¦Alemannie pervenit a sede apostolica,
cum Romanum imperium in persona magnifici Karoli a Grecis trans-
tulit in Germanos. Sed hanc translationem nequaquam sedes apostolica
de iure facere potuisset, nisi iure divino vel humano temporale dominium
regnorum et totius imperii habuisset .... Ad que respondetur *nach der*
glossa ordinaria. Ex quibus patet secundum glossam, quod ipsa translatio
non fuit facta ex eo, quod papa tanquam dominus in temporalibus posset
imperium transferre a Grecis in Germanos, sed facta fuit propter crimen
in ecclesiam Romanam commissam, cuius criminis tanquam ecclesiastici
punitio ad papam pertinebat ratione iurisdictionis quam habet in spiritualibus ... *(fol. 148* v). Item in cronica Ottonis antiqua de ipsa translatione legitur ²) et dicitur sic : *Quod anno ab incarnatione domini 801 reg-*
nante Karolo Magno regnum Romanorum, quod a Constantino usque ad

---

1) c. 4. De causa possess. X (II 12).
2) Otto Frisingensis, Chron. I. V. c. 31 (ed. 2. rec. A. Hofmeister, S. 256).

illud tempus in urbe regia, scilicet in Constantinopoli fuit, ad Francos derivatum est. Hec ibi. Nec dicitur, quod per papam aliquem translatum fuerit . . . Insuper distinguenda sunt tempus ecclesie primitive a temporibus ecclesie, postquam Deo faciente a principibus seu imperatoribus christianis exaltata est. *Anfangs wurden auch die heidnischen Imperatoren in der Kirche als wahre Fürsten anerkannt (fol. 149).* Postquam vero ecclesia a principibus sive imperatoribus christianissimis Deo faciente exaltata est, maiori potestate usa est . . . *(fol. 149 ᵛ),* quoniam in primitiva ecclesia non cogebat aliquos ad obedientiam ecclesie nec ad fidem, sed postquam crevit et exaltata est, cogit et dampnationis sententiam protulit in omnes hereticos. *Bestimmungen des Konzils von Nicaea . . . (fol. 150) . . . glo. ord. zu c. Iulianus, C. XI. q. III., Raymundus in Summa de apostatis u. a. Gegen die Ketzer besitzt die Kirche Zwangsgewalt. Die Griechen aber verfielen in Ketzerei (ihre Lehren werden aufgezählt), (fol. 150 ᵛ) . . also durfte das imperium nicht bei ihnen bleiben, denn ausserhalb der Kirche kann es nicht bestehen. Das wird mit vielen Stellen aus dem römischen und kanonischen Recht belegt (fol. 151). . . .*

(fol. 151ᵛ) : . . . Ex quibus patet, quod postquam exaltata est ecclesia katholica, imperium non fuit nec de iure esse potuit extra ecclesiam. Et postquam Greci effecti heretici et scismatici ac separati ab unitate ecclesie katholice de iure non habuerunt nec habere potuerunt verum et legittimum imperatorem. Et quod ille imperator qui eligitur ab electoribus imperii et verus et legitimus imperator et universalis dominus omnium temporalium. Unde est in superius allegato c. XCIII. dist. c. *Legimus* ¹) in textu dicitur: *Exercitus facit imperatorem,* ubi glo. super verbo *imperatorem* dicit sic : *Ex sola enim electione dico eum verum imperatorem, eciam antequam approbetur a papa, licet non ita appelletur, ut dixi LXIII. dist. Quanto* ²). Hec verba glo. or . . . Unde statim postquam electus est in imperatorem ex sola electione est verus imperator et statim potest legitimare et iura et leges condere et tollere, *(fol. 151 ᵇ)* eciam antequam coronetur, inungatur vel consecretur a papa ; et hoc patet, quia statim postquam electus est, appellatur et vocatur rex Romanorum, et quia Roma est caput mundi. Ideo cum statim ipse sit rex Romanorum, per consequens est rex omnium membrorum i. e. totius orbis . . . . Et quod dicit papa *(fol. 152)* Innocencius tertius in ipsa decretali *Venerabilem* ³) in hec verba : *Verum in hiis principibus ius et potestatem eligendi regem ad* ᵃ) *imperatorem postmodum promovendum recognoscimus, ut demonstremus, ad quos de iure et antiqua consuetudine noscitur pertinere,* hec ibi, ex quibus verbis arguitur, quod ex sola electione non est imperator,

a) *ms.* et.
1) c. 24. dist. 93.
2) c. 10. dist. 63.
3) c. 34. De elect. X (I 6), aber abweichend.

sed rex tantum dicitur, cum dicat: *regem ad* a) *imperatorem postmodum promovendum*: respondetur prout in preallegata or. glossa dicitur, quod
quantum ad id, quod est de essentia imperatoris, et quod pertinet ad verum
esse, est imperator; sed quantum ad nominacionem, famam et exteriorem
apparenciam hominum, non est, quia non sic appellatur,/ ut dicit dicta
glossa, et ideo quantum ad id dicitur *promoveri*. Sicut et aliter per simile
dicitur *ff. De contrar. empt. l. In lege* [1]), ubi dicitur, quod lapidicine que
non apparent hominibus, non dicuntur esse, quamvis veraciter sint, quantum ad esse verum: sic et in proposito electus ad regem promovetur ad
imperatorem, quantum ad nominacionem et famam hominum, quamvis
ex electione sola veraciter sit verus imperator. Si enim ex electione sola
non haberet plenum ius regendi et administrandi temporalia imperii et
ad papam temporalia imperii et regnorum omnium pertinerent, tunc confirmacio electionis regis Romanorum pertineat ad papam nec ad aliquem
alium, cum in temporalibus rex Romanorum sive imperator non habeat
superiorem in terris, ut superius est probatum.

Secundo in contrarium obicitur de eo, quod legitur C. 15. q. 6 c.
Alius [2]), *die Erzählung von der Absetzung des Frankenkönigs Zacharias.
(fol. 152* v) *Der Verfasser schliesst sich der bekannten Erklärung der
Glosse an:* deponentibus consensit; *der Papst übte nur geistliche Strafgewalt
aus,* dato quod si papa deposuisset eum (propter) b) iniquitates et scelera
sua, quod intelligendum de iniquitatibus et criminibus ad forum spirituale
et ecclesiasticum pertinentibus, non ex hoc sequeretur, quod papa haberet
potestatem et iurisdictionem temporalem super omnia regna . . .

(fol. 154) . . . Tertio adversarii veritatis in contrarium obiciunt de privilegio dato per Constantinum imperatorem sancto Silvestro pape et eius
successoribus, quod palea dicitur et est scriptum et positum XCVI. di. c.
Constantinus et sumptum ex codice magno conciliorum ecclesie katholice . . . *Der Papst erhielt keine Weltherrschaft, sondern nur die Herrschaft über Rom, und auch das nur als* administrator et dispensator
(fol. 154 v). *. Der Traktat schliesst (fol. 155):* Ex allegationibus etiam
et rationibus omnibus superius allegatis concluditur, quod iste due potestates, scil. pontificalis et imperialis, sunt immediate a Deo et distincte,
quia una, scil. pontificalis, est in spiritualibus et alia, scil. imperialis, est in
temporalibus, et quod imperium non habetur a papa, et quod electus in
imperatorem ex sola electione est verus rex Romanorum. Et per consequens sequitur, quod illud quod fecit Iohannes, qui se papam XXII. appellabat, in quantum videlicet c) de facto cassavit electionem factam de

a) *ms.* et.   b) *fehlt im ms.*   c) *ms.* videt.
1) Dig. 18, 1 1. 77
2) c. 3. C. 15 q. 6.
3) c. 14. Dist. 96.

domino Lodwico IIII. in regem Romanorum et cetera que contra ipsum fecit, usurpando sibi de facto universalem potestatem super imperium et iura temporalia imperii, fuerunt et sunt nulla et nullius valoris et momenti, tamquam a non suo iudice facta; et quod processus per prefatum dominum Lodwicum contra gesta facta per dictum dominum Iohannem factus fuit et est validus, rationabilis atque iustus. Per multas eciam alias raciones validas et incomutabiles, de quibus in appellationibus et allegationibus super hiis factis plenius continetur et hic causa brevitatis dimittuntur, ostenditur *(fol. 155 v)* et probatur evidentissime, quod quidquid factum fuit et est tam per sepe dictum dominum Iohannem, quam per dominum Benedictum qui se dicit papam XII. contra prefatum dominum Lodewicum, fuit et est nullius valoris et momenti et nullatenus observandum. Et eciam in ipsis appellacionibus et allegacionibus super hiis factis ostenditur et probatur aperte, quod ipsi domini Iohannes et Benedictus in superius allegato libello, qui incipit *Quia vir reprobus,* per ipsum dominum Iohannem composito et per predictum Benedictum approbato, et in aliis eorum dictis et scriptis dogmatizant multas damnatas hereses contra fidem katholicam, quam sancta mater ecclesia katholica et apostolica hactenus firmiter credidit, tenuit et docuit et firmiter credit, tenet et docet. Et inter ceteras hereses specialiter dogmatizant et asserunt, quod Christus in quantum homo viator ab instanti sue conceptionis habuit universale dominium omnium rerum temporalium huius mundi tamquam verus rex et dominus in temporalibus; et propterea dicunt et asserunt, quod papa qui est vicarius Christi, habet universale dominium omnium rerum temporalium huius mundi et potest ordinare et disponere de regnis et principatibus ac dominiis tocius orbis et ea dare et conferre quibus placuerit, et ea diminuere et augere et certos terminos eis prefigere secundum sue voluntatis arbitrium, et quod translatio, collatio et dispositio omnium regnorum et totius imperii est imediate in potestate pape. Qui quidem error scripture ewangelice et apostolice ac divine et omni iuri divino et humano *(fol. 156)* ac fidei katholice obviat et repugnat et in dampnatas hereses incidit ac cum ipsis dampnatis heresibus habet tantam colligantiam, prout hoc et de aliis heresibus multis dogmatizatis per ipsos Iohannem et Benedictum probatur in dictis appellationibus et allegationibus et ostenditur. Et ob hoc etiam sequitur, quod ipsi Iohannes et Benedictus fuerunt et sunt ipso iure et facto privati dicto privilegio, quod Constantinus imperator ad augmentum et exaltationem fidei christiane concessit prefato sancto Silvestro et eius successoribus, et quod fuerunt et sunt ipso iure et facto omni potestate, iurisdictione et auctoritate papali et pontificali privati, prout in ipsis appellationibus et allegationibus ostenditur et probatur.

Explicit.

432   XII. OCCAM

e) An rex Angliae pro succursu guerrae possit
recipere bona ecclesiarum.

Aus: Vatic. 4115, *fol. 135—156* ᵛ.

Incipit prologus in sequentem tractatum ᵃ).

Quamvis abreviata de questionibus intricatis et precipue minus exquisite discussis eloquia veritatis interdum obscuris vallata invalidis et
interdum indefensa sophisticis inpugnacionibus videantur, et ideo nonnumquam faciem retinent falsitatis ita, ut resistentes veritati nequaquam
cohibeant, et potissime affectatos vel qui falsis doctrinis et erroribus
fuerunt assueti, sed aliquando risu digna a minus profunde intuentibus
iudicentur, quoniam ymo interdum simplicibus occasionem errandi ministrent et ansam ᵇ), dum occulte solvunt, nodum manifeste ligare puten-
tur: tamen, quia gaudent brevitate moderni¹), super prolixis operibus
nauseantes, abreviatum faciendo sermonem conabor ostendere, quod
serenissimus ac gloriosissimus princeps et dominus, dominus Eduardus,
Dei gratia rex Anglorum, non solum per laycos, set etiam per prelatos
seculares et religiosos ac ceteros clericos sui dominii de bonis ecclesiasticis contra inimicos ipsum hostiliter invadentes iuraque eius usurpantes
iniuste, non obstante quocumque humano statuto, sententia vel processu,
prohibicione vel precepto, eciam si a vero summo pontifice emanaret,
licite et de iure, ymo meritorie, si pura assit intentio, est iuvandus; et
quod si contra ipsum, eciam a vero summo pontifice, aliqua de facto
ferretur sententia, propter hoc, quod iusticiam suam prosequitur, nulla
esset et minime formidanda vel servanda; quodque sibi licet imperatorem
Romanorum et obedientes ac faventes eidem in suum adiutorium advo-
care, et quod viri religiosi imperatorie iusticie adherentes et causas fidei
prosequentes sententiis prolatis in ipsos minime sunt ligati. Si quid
autem dixero contrarium veritati, illius vel illorum, cuius vel quorum
interest, correctioni subicio, et ego, si per me vel alium cognovero, loco
et tempore opportunis non differam retractare.

Explicit prologus. Incipit tractatus.

Magnum hactenus et invictum ac per graciam Dei perpetuis temporibus
non vincendum Angellorum regem Eduardum, generis claritate *(fol. 135* ᵛ*)*
florentem, fama celebrem, corporali venustate decorum, potestate sublimem,
affluentem moribus, graciosum et strenuum probitate ac ardua agredientem
intrepide, iusta gerere bella, hii, qui de hiis que facta ᶜ) sunt, veritatis
plenum noverunt, nequaquam dubitant, ut opinor. Et ideo hoc supponere

---

ᵃ) *Am Rande der Blätter oben der Titel:* An princeps pro suo succursu
scilicet guerre possit recipere bona ecclesiarum etiam invito papa.   b) *Korr.*
aus ansarti; *und umgestellt* dum ansam.   c) *ms.* facti.

1) Vgl. Cod. VII, 62, 39.

440

tanquam certum, non discutere vel in dubium revocare propono. Set allegacionibus intendo monstrare patentibus, quod prelati et clerici sibi subiecti ei in guerra sua iusta de bonis ecclesiasticis, et non solum de propriis, subvencionis tenentur auxilium impertiri; et quod et verus summus pontifex de plenitudine potestatis eos prohibere minime posset, et si de facto prohiberet, prohibicio sua ipso facto et iure nulla esset nec alicuius esset omnino vigoris. Porro ut hec et alia plura dicendo magis appareant, aperiaturque via evidencius respondendi ad obiectiones, que in contrarium adduci valerent, ante omnia quendam erroneum intellectum de plenitudine potestatis papalis reputo excludendum. Est itaque oppinio aliquorum, quod papa a Christo talem habet plenitudinem potestatis, tam in temporalibus, quam in spiritualibus, ut omnia possit universaque sint sue potestati ª) subiecta, que non inveniuntur nec legi divine nec iuri naturali contraria, ut sola illa de plenitudine potestatis non possit, a quibus universitas mortalium directe per legem divinam vel ius naturale immutabile et indispensabile prohiberetur, et que de se, non per aliquam ordinacionem, prohibicionem, promissionem, votum vel iuramentum aut pactum seu obligacionem quamcumque humanam sunt illicita et minime licita vel indifferencia reputanda, ita quod secundum quosdam eorum, quamvis papa peccare possit quedam talia de se indifferencia precipiendo vel prohibendo aut inpediendo, tamen quidquid circa huiusmodi fecerit, factum tenet ᵇ), licet non fieri deberet. Multa enim non debent fieri et tamen facta tenent, ut testantur canonice sanctiones. Isti autem se principaliter fundant in verbis Christi, qui ut legitur *(fol. 136)* Mᵗ. 16 ¹) dixit beato Petro et in ipso universis successoribus eius: *Tibi dabo claves regni celorum, et quodcumque ligaveris super terram, erit ligatum et in celis, et quodcumque solveris super terram, erit solutum et in celis.* Ex quibus verbis colligunt isti, quod promisit beato Petro et in ipso successoribus eius summis pontificibus absque omni exceptione talem plenitudinem potestatis, ut omnia possit, quia verbo generali omnia debent comprehendi, dist. 19. *Si Romanorum* ²), 1.q. I. *Sunt nonnulli* ³), 14. q. 3. *Putant* ⁴). Istum intellectum, ut dicunt, de plenitudine potestatis papalis exprimit manifeste Innoc. III., qui, ut habetur extra *de maioritate et obe. c. Solite* ⁵), ait: *Dominus dixit ad Petrum et in Petro dixit ad successores :*| *Quodcumque ligaveris super terram erit ligatum et in celis etc., nichil excipiens, qui dixit: quodcumque ligaveris*

---

a) *ms.* potestatis.   b) *Folgt :* ut testantur canonice sanctiones, *ausgestrichen, darüber :* vacat.

1) Matth. 16, 19.
2) c. 1. dist. 19.
3) c. 114. C. I. q. 1.
4) c. 2. C. XIV. q. 3.
5) c. 6. X. de maior. et obed. (I, 33).

Scholz, Texte.   28

etc. Quibus verbis, ut videtur, patenter asseritur, quod Christus a potestate Petri et successorum eius nichil excipit, igitur nec nos aliquid debemus excipere. Si enim, ut habetur 31. q. 1. *Quod si dormierit* [1]), 2. q. 5. *Consuluisti* [2]), dist. 55. *Si evangelica* [3]), ubi canon non excipit aut definit aut determinat, nec nos excipere, diffinire vel determinare debemus, multo forcius, ubi Christus non excepit, diffinivit vel determinavit, nec nos excipere, diffinire vel determinare debemus. Christus autem promittendo beato Petro et successoribus eius potestatem super reliquos, nichil excepit nec determinavit nec diffinivit, sed indistincte et generaraliter dixit: *Quodcumque ligaveris* etc.; ergo nec nobis aliquid omnino licet excipere; papa ergo a Christo talem habet plenitudinem potestatis, ut modo presupposito omnia possit.

Cap. secundum.

Et licet sub uno intellectu concedi debeat, quod papa verus habet aiiquo modo plenitudinem potestatis, quemadmodum ut habetur extr. *de auct. et usu pallii* c. *Nisi,* quomodo traditur archiepiscopo pallium, confertur eidem plenitudo pontificalis officii, licet hoc falso et in preiudicium auctoritatis papalis possit intelligi, tamen papa non habet in temporalibus et spiritualibus plenissimam potestatem, nec illam plenitudinem potestatis, quam sibi assertores attribuunt. Ymo nonnulli illam oppinionem hereticalem et toti christianitati periculosissimam *(fol. 136 v)* arbitrantur. Quod ergo papa in temporalibus et spiritualibus talem non habeat plenitudinem potestatis multis modis probatur. Lex enim christiana ex institutione Christi est lex libertatis, ita quod per ordinationem Christi non est maioris nec tante servitutis, quante fuit lex vetus. Hoc namque ex auctoritatibus scripture divine colligitur evidenter. Beatus enim Iacobus in canonica sua c. 1. [4]) vocat eam legem perfecte libertatis *u. s. f.* . . et hec sententia Iacobi sicut et sententia Petri a spiritu sancto in universis apostolis totoque generali concilio seu universali ecclesia congregata extitit approbata. . . . *(fol. 137)* Ex quibus aliisque quam pluribus colligitur, quod christiani per legem evangelicam et institucionem Christi sunt a servitute multiplici liberati, et quod non sunt per legem ewangelicam tanta servitute oppressi, quanta Iudei per legem veterem premebantur . . Quod aperte probatur per hoc, quod christiani conversi ex gentibus, de quibus agitur Act. c. 5. recepta epistola apostolorum et seniorum super consolacione gavisi fuerunt, ut habetur ibidem. Sed si fuissent liberati a servitute legis Mosayce et alia maiori vel tanta prostrati fuissent, de inquietatione tanta vel maiori non inmerito do-

1) c. 13. C. 31. q. 1.
2) c. 2. C. 2. q. 5.
3) c. 13. dist. 55.
4) Jac. 1,25.

luissent... *(fol. 137 ᵛ)*. Sed si papa haberet ex ordinatione Christi in temporalibus et spiritualibus huiusmodi plenitudinem potestatis sue, affirmative nec negative auctoritates scripture sacre dicentes legem ewangelicam esse legem libertatis valerent intelligi, quia esset lex horrendissime servitutis et incomparabiliter maioris servitutis, tam in temporalibus quam in spiritualibus, quam fuerit lex vetus ¹).

Omnes enim christiani reges et principes ac prelati et clerici atque layci universi per legem ewangelicam essent servi summi pontificis secundum strictissimam significationem vocabuli servi, secundum quam institutis ᵃ) legalibus vel vulgari locutione cuiuscunque gentis accipitur. Non enim potest quicumque dominus temporalis habere maius dominium vel potestatem super servum suum, quam ut possit omnia precipere ei, quecunque non sunt contra legem divinam nec contra ius naturale..... Posset ergo papa, si haberet talem plenitudinem potestatis, sine culpa et absque causa reges et principes ac alios, clericos et laycos universos, de dignitatibus suis deponere ipsosque privare omnibus rebus suis et iuribus ac eciam reges potestati rusticorum et vilium parvorum subicere ac ipsos constituere aratores agrorum et quibuscumque vilibus operibus et actibus deputare, que absurdissima sunt et libertati ewangelice legis derogantia manifeste. Quare non solum est falsum papam habere huiusmodi plenitudinem potestatis, sed eciam est hereticum, perniciosum et periculosum mortalibus universis. Nec valet dicere, quod ista opinio non est periculosa, quia papa de facto non exercet huiusmodi potestatem, quamvis si talem potestatem super reges et alios christianos inciperet exercere, satis esset timendum de horribilibus et periculosissimis sedicionibus, dissensionibus, guerris et preliis orituris, sed papa tale quid non attemptat : hoc, inquam, non valet, quia in talibus non solum est attendendum, quid de facto sit, sed eciam, quid de iure fieri potest. *(fol. 138)* Et ideo non solum expedit, ut papa talia non attemptet, sed eciam expedit, ut papa de iure talia attemptare non possit propter horribilia pericula que acciderent, si potestatem huiusmodi vel ex cupiditate, ambicione, timore, odio vel amore vel ex malicia vel ex simplicitate aut ex ignorancia presumeret exercere.

Gegen diese plenitudo potestatis spricht auch : Papa habet maiorem potestatem in una terra, quam in alia, teste Innocentio III. qui, ut habetur extra *de hereticis, c. Vergentis* ᵃ), terras summi pontificis temporali iurisdictioni subiectas aperte distinguit ab aliis etc.....

Amplius Christus constituens beatum Petrum capud et prelatum cunctorum fidelium non intendebat principaliter providere utilitati, com-

---

a) *So am Rande, Text* : instiis.

1) Hierzu lange Randnoten eines Kurialisten über den juristischen und theologischen Begriff : *servitus* und *libertas*.

2) c. 10. X. de heret. (V, 7).

modo et honori beati Petri et successorum eius, precipue temporali, sed
principaliter intendebat providere utilitati ecclesie sue ... et per consequens non dedit ei pro se et successoribus suis potestatem et auctoritatem in periculum totius ecclesie *(fol. 138 ᵛ)*. Sed ut habetur dist. 4. c. *Erit
autem lex*[1]), leges pro nullo privato commodo, sed pro communi utilitate
debent institui, et qui aliis preficiuntur et precipue summi pontifices, non
pro suo privato commodo vel honore a Deo recipiunt potestatem. Si
autem huiusmodi plenitudo potestatis tam in temporalibus, quam in spiritualibus collata fuisset a Christo beato Petro pro se et suis successoribus, principaliter fuisset provisum temporali commodo vel honori beati
Petri et successorum eius et non utilitati ecclesie, cum talis potestas
leviter posset in periculum et dispendium tocius ecclesie redundare.....
..Item ad potestatem regalem, non pontificalem *(fol. 139)* spectat regulariter de causis secularibus iudicare et ea que ad iurisdictionem temporalem pertinent exercere, ergo papa non habet potissime in temporalibus
talem plenitudinem potestatis. ... Preterea imperatores christiani, reges
et principes ac alii layci et clerici multi habent veram iurisdictionem
temporalem ac verum dominium temporalium rerum et non a papa. ...
..Probatur, quia non veriorem iurisdictionem temporalem nec verius
dominium temporalium rerum habuerunt imperatores pagani et alii infideles nec ante incarnationem Christi nec post, quam habeant nunc fideles.
Set sanctarum serie scripturarum et testimoniis sanctorum patrum aperte
colligitur, quod multi infideles et ante et post incarnationem Christi habuerunt veram iurisdictionem temporalem et verum dominium temporalium rerum et non a papa nec ab alio sacerdote fideli, licet sepe abu-
terentur huiusmodi iurisdictione et dominio. Sed abusus vere potestatis
aut iurisdictionis vel dominii veram potestatem minime tollit, *Beweis
aus dem A. und NT.*

(fol. 139 ᵛ) Amplius papa non habet universale dominium et proprietatem in speciali atque ius disponendi prout voluerit de omnibus
temporalibus, ergo non habet in temporalibus talem plenitudinem potestatis *etc.*

... C a p. III. De multis raciones pauce que copiosius auctoritatibus
scripture divine et sanctorum patrum vallari valerent, sunt adducte ad
probandum, quod papa non habet in temporalibus et spiritualibus talem
plenitudinem potestatis. Nunc restat idem assercionibus maiorum ostendere *mit Stellen aus den Kirchenvätern Ambrosius, Hieronymus, Gregorius, Chrysostomus Dialogi, Bernhard de consideratione . . . (fol. 141).*
... *(fol. 141 ᵛ)* C a p. IV. *Aus den zitierten Stellen folgt* 1) *dass der Papst
nicht das* universale dominium omnium rerum *hat;* 2) *dass er auch nicht
durch Christi Einsetzung* est dominus aliorum ...... Proinde papa

1) c. 2. dist. 4.

nequaquam dominus est vocan lus propter dominium aliquod temporale
quod super personas hominum vel res ipsorum a Christo accepit, licet
dominus valeat appellari propter prerogativam ordinis et officii, qua
ceteris antecellit, quemadmodum nonnumquam divites et potentes sacerdotes et pauperes religiosos propter prerogativam sanctitatis vel religionis aut ordinis dominos vocant, quos tamen super se nullum habere
dominium temporale non ambigunt; *3) folgt, dass nicht nur die päpstliche, sondern viele andere Gewalten von Gott eingesetzt worden sind,
auch weltliche; viele kirchliche Gewalten sind* a Deo mediante papa,
aber die weltliche, die kaiserliche, königliche et alie principales a Deo
non per auctoritatem papalem, sed per auctoritatem hominum, quam non
a papa acceperunt, sed a Deo. Unde regalis potestas non est a papa, sed est
a Deo mediante populo, qui accepit potestatem a Deoᵃ) preficiendi sibi regem
propter bonum commune. 4) Quartum notabile est, quod papa in b. Petro
non habet a Christo potestatem regulariter temporalia disponendi vel se
implicandi secularibus negociis aut de huiusmodi iudicandi. . . . .

   Christus nullam eis *(den* rectores suorum fidelium in spiritualibus)
regulariter tribuens potestatem super temporalia preter potestatem *(fol.
142)* et ius petendi a laycis ea de temporalibus, que pro sua sustentacione
et suorum officiorum spiritualium execucione necessario requiruntur, licet
eis non indixit sub precepto potestatem temporalia aliquando acquirendi
et ipsa licite possidendi vel de eis eciam iudicandi. Quos eciam voluit casualiter tempore necessitatis propter excessivam maliciam laycorum, vel aliquod aliud consimile potestatem habere temporalia disponendi et se huiusmodi inmiscendi, ne societas fidelium vel eciam ministrorum ecclesie tanquam grex non habens pastorem nec valens sibi constituere gubernatorem
ydoneum periculo importabili aut exter ninio spirituali vel corporali
propter carentiam huiusmodi potestatis valeret exponi. 5) Quintum notabile est, quod papa non habet potestatem tantam, quantam habuit
Christus, *weil der Pupst Vikar Christi ist.* 6) . . . quod potestas papalis
ex ordinacione Christi regulariter ad illa solummodo se extendit. que
sunt utilia et necessaria populo christiano et que in preiudicium vel
detrimentum notabile et enorme sive fidelium sive infidelium non redun-
dant, ut merito non utilitati, glorie, comodo vel honori persone assumpte
ad summum pontificium, sed ecclesie gubernande videatur esse provisum.
7) . . quod claves regni celorum date pape regulariter ad crimina et
peccata. non ad possessiones se extendunt, ... 8) . . quod potestas
clavium regni celorum data pape a Christo ad *(fol. 142 ᵛ)* peccata
et crimina se extendens, non est regulariter coactiva . . . Sanctus enim
Petrus recipiens claves regni celorum a Christo generalem potestatem
super omnia peccata nullo excepto recepit ; sed super peccata et crimina

a) ms. 1½ Zeilen ausgestrichen.

mere secularia, que iudices seculares iuste et sufficienter punire parati
fuerunt, non recepit beatus Petrus in foro contentioso potestatem coactivam, ne per potestatem datam beato Petro potestas secularium iudicum
totaliter esset absorbita — *doch*: licet in foro penitentiali super omnia
peccata et crimina Petrus recepit potestatem, quia etiam a Christo habuit potestatem sanis documentis et exhortationibus salubribus, eciam
publice non obstante contradictione vel prohibicione cuiuscumque, quomodocunque esset expediens, inducendi ad dignos fructus penitentie
peccatores et criminosos, eciam a secularibus iudicibus sufficienter et
iuste punitos, qui etiam super crimina mere spiritualia potestatem habuit
coactivam, qualem eciam potestatem coactivam habuit b. Petrus et habent
successores ipsius casualiter super crimina secularia. In quibus autem
casibus huiusmodi potestatem habeant coactivam, non est exprimendum
ad presens. . . . .

C a p. V. Hiis visis requiritur respondere ad illa quibus ostenditur,
quod papa talem habeat plenitudinem potestatis.

(fol. 143) Das Wort: Tibi dabo claves *etc. darf nicht ohne alle
Ausnahme verstanden werden, weil sonst Absurditäten daraus folgen;
z. B. dass der Papst kraft seiner göttlichen Gewaltfülle Unschuldige
töten, Könige ohne Grund absetzen, Ehen ohne Ursache lösen könnte
etc. (fol. 143 v)* quemadmodum excipi debent illa que sunt contra legem
divinam et ius nature, ita eciam excipi debent illa que essent in notabile
et enorme detrimentum et dispendium libertatum et iurium temporalium
imperatorum, regum, principum et aliorum laycorum et eciam clericorum.
etc. . . . . . Non enim Christus voluit omnes homines servituti summi pontificis subiugare nec vult ipsum preesse aliis propter propriam, sed
propter communem utilitatem. . . . .

(fol. 144) . . Potestas tamen summi pontificis quam sibi Christus in
beato Petro promisit. cum dixit, ut habetur Mt. 16.: *Tu es Petrus et super hanc petram etc.*[1]) non ad sola peccata in foro penitentiali, eciam
ad omnia spiritualia, non que sunt supererogacionis, sed que sunt de
necessitate facienda iuxta modum loquendi et quandam distinctionem
glo. extra. *de constitutionibus* c. *Cum omnis*[2]), et super que expedit caput christianorum potestatem habere, regulariter se extendit, ad peccata
nihilominus in foro contentioso et ad temporalia casualiter se extendit,
in casu scilicet summe utilitatis vel vicine et extreme necessitatis vel
propinque, quando non esset alius ad quem primo talia pertinerent, qui
potestatem vellet et posset circa huiusmodi utiliter exercere . . . *(fol.145)
folgt Interpretation von Extra. Qui filii sint legitimi c. Venerabilem;
Unterscheidung des patrimonium Petri von den anderen regiones.*

1) Matth. 16, 18.
2) c. 6. X. de constit. (I, 2).

Cap. VI. Adhuc expelit quibusdam allegacionibus aliis breviter respondere, quibus nonnulli probare nituntur, quod papa habeat huiusmodi plenitudinem potestatis. *Zwei Schwerter hat der Papst nach St. Bernhard, De consideratione ad Eugenium papam; aber keine Gewalt über das weltliche Schwert. Er hat den Träger des weltlichen Schwerts nur* informatione, exhortatione, ymmo si necesse fuerit, iussione *zum rechten Gebrauch des weltlichen Schwerts anzuleiten.*

..(fol. 145 v) Ex hoc tamen inferri non posset, quod papa haberet talem plenitudinem potestatis, quia cum libertas naturalis, qua homines natura sunt liberi et non servi, non sit ab universis ablata mortalibus per potestatem gladii materialis, que in sublimitate constituitur ad utilitatem concedere subiectorum *etc. (fol. 146). Aus den Worten Jeremias I, 10: Ecce constitui de etc. kann nicht die plenitudo potestatis pape gefolgert werden; denn sie geben dem Papste nicht dominium, sondern ministerium (nach Bernhard); sie sind nicht einem pontifex oder papa gesagt, sondern dem Propheten Jeremias (fol. 146 v).*

(fol. 147) Set forte dicet aliquis, quod papa generali legatione Christi fungitur in terris, ergo omnia absque omni excepcione ei intelliguntur concessa. Hinc faciliter respondetur, quod sepe in generali legatione multa intelliguntur excepta, nisi specialiter exprimantur. Et ideo quia papa legatione fungitur generali, non pro utilitate propria et honore, nec ut iura legitima temporalia aliorum notabiliter minuat, turbat et confundat, sed pro bono communi cunctorum fidelium absque lesione iurium alienorum enormi, ideo omnis potestas que utilitati communi, quam Christus pretulit atque prefert utilitati pape private, vel libertatibus et iuribus alienis enormiter derogaret, in generali legatione qua papa fungitur intelligitur esse excepta, cum constet totam scripturam divinam diligentius perlegenti nullam talem potestatem specialiter esse in ipsa expressam. Illa ergo legatio et est generalis et est toti communitati fidelium expediens, necessaria et salubris .....

(fol. 147 v): ..Sciat ergo papa, quod nullatenus per generalem legationem est sibi concessum, ut per austeritatem et potenciam valeat imperare; sciat ergo non dominium, set ministerium esse datum; sciat se non pro se, sed pro aliorum utilitate universis esse prelatum, quia non sibi principaliter, sed aliis est provisum; sciat se ad edificationem, non ad destitutionem, turbationem et diminutionem iurium alienorum potestatem in domino recepisse.

Set queret aliquis, si non est specialiter et in particulari expressum, in quibus casibus habeat potestatem, si solummodo sibi generalis legatio est iniuncta, prout est, in qua multa intelliguntur excepta, quamvis specialiter minime exprimantur, ad quem pertinet explicare et determinare, in quibus casibus papa habeat potestatem et in quibus non ha-

beat potestatem. Hinc respondetur, quod prima regula et infallibilis in
huiusmodi est scriptura sacra et ratio recta, et ideo ad illum spectat
per assercionem veridicam explicare, determinare huiusmodi casus, qui
quoad huiusmodi scripturam sacram sane et recte intelligit et ineffabili
innititur racioni; ad concilium tamen generale et eciam ad papam, si
intellexerit veritatem in huiusmodi, pertinet per diffinicionem auctenticam,
habentem vim obligandi cunctos fideles, ne contrarium doceant, explicare et determinare in huiusmodi veritatem. Si tamen papa contra veritatem in huiusmodi casu determinare presumpserit, sibi nullatenus est
credendum. Sed illi qui per scripturas sacras et racionem necessariam
sciunt ipsum errare, loco et tempore opportunis, aliis circumstanciis debitis observatis, eum reprobare tenentur, ne erroribus eius dampnabiliter
consentire probentur, quia error cui non resistitur, approbatur, dist.
LXXXIII. c. *Error* [1]). *Anderer Beweis angeblich das Verhältnis von Sonne
und Mond (fol. 148); Antwort:* quod per istam allegacionem magis oppositum, quam propositum potest ostendi . . ., *weil* luna quoad substanciam,
motum et alia multa *nicht von der Sonne abhängt etc. Zum Abschluss
nochmals das Zugeständnis der* plenitudo potestatis in casibus [2]).

C a p. VII *(fol. 148).* Ostenso quod papa non habet talem plenitudinem potestatis, qualem plures sibi attribuunt, monstrandum est, quod
non obstante quocumque statuto papali, prohibicione vel precepto, sentencia vel processu, prelati et clerici regi Anglorum subiecti ei eciam de
bonis ecclesie in guerra sua iusta auxiliari tenentur; secundo quod ab
hoc eos papa per nullum statutum, prohibicionem, preceptum. sentenciam
vel processum potest prohibere. Ante omnia tamen ad evidenciam di-
cendorum sunt aliqua notabilia premittenda. Quorum primum est, quod
prelati et clerici regi Anglorum subiecti res non possident temporales,
presertim superhabundantes, iure divino, set iure humano ab ipso rege
manante. Quod Augustinus testatur expresse *(fol. 148 v),* qui super Iohannem parte prima sermone VI [a]), et habetur in decretis dist. VIII. c. *Quo
iure* [3]) ait, loquens de villis et aliis rebus ecclesie: *Quo iure deffendis
villas ecclesie divino aut humano? respondeat: divinum ius in scripturis divinis habemus, humanum ius in legibus regum, unde unusquisque
possidet quod possidet? nonne* [b]) *iure humano? nam iure divino domini
est terra et plenitudo eius; pauperes et divites Deus de uno limo fecit
et divites et pauperes una terra supportat. Iure ergo humano dicitur: hec
villa mea est, hec domus mea est, hic servus meus est; iura autem huma-*

---

a) *Uebergeschrieben:* c̅q̇. *fi.*   b) *ms. darüber:* quasi dicat: certe sic.
1) c. 3 dist. 83.
2) *Hierzu die Randnote des Glossators:* Ecce quomodo iste dominus
in finalibus adherere videtur totaliter opinioni, licet per verba exquisita.
3) c. 1. dist. 8.

na iura imperatorum sunt. Quare ? quia ipsa iura humana per reges [et] [a])
imperatores seculi Deus distribuit generi humano. Set quid mihi et impera-
tori? Secundum ius ipsius possides terram. Tolle iura imperatorum et quis
audet dicere : mea est ista villa aut meus est iste servus aut mea est hec
domus. Si autem, ut teneantur ista ab hominibus, regum iura fecerunt, vultis
ut reticeamus leges, ut gaudeatis. Item : Relegantur leges, ubi manifeste
preceperunt imperatores eos qui preter ecclesie catholice communionem usur-
pant sibi nomen christianum nec volunt in pace colere pacis auctorem ut
nichil nomine ecclesie audeant possidere. Set dicitis : quid nobis et impera-
tori ? set, ut iam dixi, de iure humano agitur, apostolus voluit serviri regi-
bus, voluit honorari reges et dixit : regem reveremini. Noli dicere : quid
michi et regi? quid igitur tibi et possessioni? per iura regum possidentur
possessiones. Dixisti : quid mihi et regi, noli ergo dicere possessiones
tuas, quia ipsa iura humana renunciasti, quibus possidentur possessiones [que] [b]) a clericis de dominio regis Anglie possidentur. Quod ex
scripturis divinis posset aperte probari pro eo, quod Deus ministris nove
legis nullam specialem possessionem dedit, set solummodo ordinavit, ut
layci eis suis necessitatibus providerent. Ergo omnes possessiones maxime
superhabundantes, quas habent, a regibus et subiectis regibus eisdem
sunt collate, quare iure regum possident illa que habent.

Secundum notabile est, quod unusquisque in tradicione seu collacione
sive donacione rei sue potest legem quam vult inponere, dummodo
nichil inponat, quod sit lege superiori prohibitum. Hoc ex *(fol. 149 v)*
legibus tam civilibus quam canonicis habetur extra *de condicionibus in*
matrimonio appositis, cap. Verum.[1]) Ex quo evidenter infertur, quod reges
Anglorum et eisdem subiecti possessiones et questum quoad res temporales precipue superhabundantes assignando ecclesiis poterant ordinare,
qualiter debuerint dispensari, et in quos usus clerici eas teneantur [c]) servare [d]), non obstante prohibicione precepto vel statuto cuiuscunque qui
regibus in temporalibus non est superior reputandus.

Tercium notabile est, quod res temporales maxime superhabundantes
date sunt a regibus, principibus et aliis laycis, asseritur manifeste.

Quartum notabile est, quod cum per instrumenta et alia legitima
documenta non constat expresse et in particulari, ad quas causas pias
data sunt ecclesiis bona temporalia, maxime superhabundancia, est interpretacio benignior, humanior, racionabilior et veresimilior amplectenda,
tum, quia sicut in hiis que ad cultum divinum spectant, benigna est interpretacio facienda, extra *de privilegiis, In hiis* [a]), ita eciam in hiis,
que ad pietatem pertinent, benignior et racionabilior interpretacio fieri

---

a) *fehlt ms.* b) *fehlt ms.* c) *ms. folgt:* salutis. d) *ms. folgt:* tenentur.
1) c. 4. X de condit. app. (IV, 5).
2) c. 30 X. de privil. (V, 33).

debet, ut nulli sit capciosa, D. *de regulis iuris, Quociens*[1]). Sic in obscuris
est interpretacio facienda, ut res magis prosit, presertim bono comuni,
et ut in nullius dampnum redundent iniustum, tum quia sicut in dubiis
benigniora preferenda sunt, D. *de regulis iuris, Semper*[2]), sic indiffinite
prolatis sunt benigniora et racionabiliora preferenda, tum quia beneficia
principum, precipue, que iuribus non derogant aliorum, latissime interpretanda sunt, extra *de Symonia* cap. ultimo[3]), cum quia sicut in oracione ambigua quod proferenti utilius est, accipere debet, D. *de iudiciis
Si quis intencione*[4]), ita eciam per generalia verba et indiffinite prolata
id quod est benignius et utilius accipiendum est; ergo in omnibus talibus est interpretacio racionabilior et verissimilior amplectenda.

C a p. V I I I. Hiis visis probandum est, quod prelati et clerici regi Angelorum subiecti ei in guerra sua iusta, eciam de bonis ecclesie, subvenire
tenentur. Nam circa res, precipue superhabundantes, collatas ecclesie a
regibus Anglorum *(fol. 149 v)* et aliis eisdem regibus subiectis voluntas
dancium et intencio est servanda, cum quilibet in donacione rei sue
possit pactum et legem quod vel quam vult inponere, quod vel quam
donatarius sive recipiens servare tenetur, per secundum notabile supra-
scriptum. Sed voluntas et intencio regum Anglie et aliorum subiectorum
eisdem conferencium temporalia bona ecclesiis fuit, ut bona temporalia
eadem expenderentur in causas pias, presertim que in utilitatem comunem
omnium de eorundem regum dominio redundarent, sicut per cartas et privilegia, quas et que super hiis receperunt et habent ecclesie, posset ostendi,
que si forte non in speciali, sed solummodo in generali causas pias,
propter quas eadem bona ecclesiis data fuerunt, expresserint, in eis est
interpretacio latissima atque benignior et humanior, racionabilior et
verisimilior amplectenda per quartum notabile supradictum. Sed inter
causas pias defensio patrie et iurium regiorum non est minima reputanda; ergo huiusmodi carte et privilegia sic interpretari debent, et ad
defensionem patrie et publicorum iurium extendantur. Quare prelati et
clerici, quibus dispensacio ecclesiasticarum rerum, non dominium, est
comissa, regi pro defensione patrie et publicorum iurium, que ad utilitatem omnium eiusdem regni spectare dinoscitur, subvenire tenentur.

Amplius non solum res, que ad personas seculares, sed eciam que ad
personas ecclesiasticas transferuntur, precipue superhabundantes, transeunt cum onere suo, nisi ab illo, qui habet in huiusmodi potestatem,
expresse fuerunt liberate : set rebus collatis ecclesie, antequam darentur,
tale fuit onus annexum, ut de eis subveniretur regi pro defensione patrie
et iurium publicorum, a quo onere res collate ecclesiis per reges Anglie

1) Dig. 50, 17, de reg. iur. nr. 200.
2) Dig. 50, 17, nr. 56.
3) c. 46 X de simonia (V, 3).
4) Dig. V, 1 de iudiciis. l. 66,

s.int minime liberate. Ergo de eisdem clerici regi pro defensione patrie et iurium publicorum subvenire tenentur.

Nec valet dicere, quod res ecclesiastice emunitatem habent a regibus Anglie generalem, et per consequens clerici de rebus ecclesie subvenire regi minime obligantur, quia in generali promissione omnia illicita et que promittens specialiter non dedisset, intelliguntur excepta, secundum leges sacras tam canonicas quam civiles. Ita eciam in generali concessione emunitatis omnia illicita et que concedens specialiter nullatenus concessisset, habenda sunt pro exceptis. Set non subvenire regi in tam ardua necessitate, est illicitum, (fol. 150 ᵛ) et reges talem emunitatem specialem viris ecclesiasticis non dedissent; ergo hoc in generali con cessione emunitatis pro excepto debet haberi. Confirmatur, quia, quem admodum, sicut probatum est, presens in generali donacione seu con cessione ad pias causas est interpretacio benignior et racionabilior facienda, ita eciam in concessione emunitatis est interpretacio benignior et racionabilior amplectenda, si racionabile est et benignum, ut clerici regi in necessitate subveniant, ergo taliter est illa generalis concessio interpretanda.

Item in necessitate omne privilegium cessat, sicut dicunt canonice sancciones. Si enim leges non solum humane, set eciam divine in neces· sitate cessant et in eis excipitur necessitas, extra De regulis iuris, Quod non est licitum ¹), distinctione 5 de consecr. Discipulos ²), quod ex verbis Christi accipitur Matth. XII ³), multo forcius privilegia humana in necessi tate cessant et in eis necessitas excipi debet. Ergo si rex nunc sit vel postea fuerit in necessitatis articulo constitutus, privilegia emunitatis concessa a regibus ecclesiasticis viris in hoc casu cessant. Adhuc, quod clerici in hoc casu debeant regi de bonis ecclesie subvenire, probatur. quod non magis sunt exempti ecclesiastici viri, quoad res ecclesie, quam quoad proprias personas vel saltem quoad personas servorum suorum; set tempore necessitatis saltem servi clericorum a defensione regni liberi esse non debent, quemadmodum secundum beatum Gregorium, et habe· tur extra De emunitate ecclesiarum capitulo Pervenit ⁴), cum necessitas imminet, nullus ª) de hominibus ecclesie debet a custodia civitatis seu vigiliis excusari, ut omnibus vigilantibus civibus valeat melius custodiri. Ergo clerici eciam de rebus ecclesie regi subvenire tenentur.

Rursus licet clericis de bonis ecclesie dare militibus stipendia pro defensione sua rerumque suarum, sicut ex pluribus canonibus sacris colligitur evidenter; ergo multo magis et domino suo in temporalibus

a) ms. nullius.
1) c. 4. X reg. iur. (V, 41).
2) c. 26. dist. 5. De consecratione.
3) Matth. 12, 1 ff.
4) c. 2. X. de immun. (III, 49).

pro defensione regni iuriumque suorum, per quam eciam ipsi et res ecclesie defenduntur, debent auxilium defensionis inpendere. Confirmatur, quia, sicut *quod omnes tangit, ab omnibus* ᵃ) *aprobari debet*, extra *De temporibus ordinationum, Si archiepiscopus* ¹), ita, quod omnes *(fol. 150* ᵇ*)* tangit, ab omnibus precaveri debet. Set inpugnacio regni et iurium regiorum omnes de regno clericos et laycos tangit; ergo omnes ad defendendum regnum et iura regis manus debent porrigere adiutrices.

Preterea, cum bona ecclesiastica sint collata ecclesiis ad pias causas, quia magis pium est defendere patriam, quam pascere ᵇ) pauperes, tamen, quia secundum Tullium in sua rethorica ²) per pietatem patrie benivolis officium et diligens tribuitur cultus, et per quos pietas directe ad patriam se extendit, tum quia bonum comune est melius et divinius, quam bonum unius, primo ethicorum ³), ex quo infertur, quod bonum tocius patrie est melius et divinius, quam bonum pauperum illius patrie; ex quo concluditur, quod magis pium est, subvenire toti patrie, quam pauperibus patrie. Constat autem, quod clerici de bonis ecclesie subvenire tenentur pauperibus, ergo multo magis, cum facultates laycorum non suppetunt, regi debent pro defensione patrie et publicorum iurium subvenire.

Item magis tenentur clerici regi racione cure quam habet de patria et omnibus qui degunt in patria, quam racione persone sue; set, si rex racione patrie sue indigeret subvencione clericorum, ipsi eidem non sicut cuicunque alii indigenti, set specialius, quam aliis indigentibus, cum propter curam patrie annexam, que eciam ad ipsos clericos se extendit, tum propter liber(ali)tatem ᶜ) regum, antecessorum suorum, qui bona ecclesie contulerunt, subvenire deberent, quemadmodum ecclesie patronis ipsarum, cum ad necessitatem perveniunt, specialius quam aliis indigentibus subvenire tenentur, extra *De iure patronatus, Nobis* ⁴), et XII. q. VII. *Quicunque* ⁵). Ergo multo magis, si rex pro defensione patrie et iurium publicorum auxilio indiget clericorum, sibi debent de bonis ecclesie auxilium impendere opportunum.

C a p. IX. Monstratum est, quod clerici eciam de bonis ecclesiasticis regi in guerra sua iusta tenentur subvencionis auxilium inpertiri. Nunc probandum est, quod ad illud obligantur non obstante quocumque statuto papali, prohibicione vel precepto, sententia vel processu, eciam si a vero summo pontifice emanaret. Ad cuius evidenciam est sciendum, quod papa non habet regulariter potestatem super temporalibus, precipue

---

a) *ms.* 'oomnibus'.   b) *So verbessert aus* parcere.   c) *ms.* libertatem.
1) c. 6 X. De temp. ordin. (I, 11). Vgl. c. 29 De reg. iur. in VIᵗᵒ (V, 12).
2) Cicero, De invent. II. c. 53, § 161 (rec. C. F. W. Müller I, 1, S. 230).
3) Aristoteles, Ethica Nik. lib. 1, cap. 2.
4) c. 25. X. de iure patron. (III, 38).
5) c. 30. C. 16. q. 7.

superhabundantibus, collatis a regibus et aliis fidelibus ecclesiis, a iure
divino, sed solummodo a iure humano, si dantes super datis ei potestatem aliquam concesserunt; et per consequens, quantam potestatem reges
Anglie vel superiores aut superior *(fol. 151)* eis dederunt vel dedit pape
super bona ecclesiastica, que contulerunt ecclesiis, tantam habet et non
maiorem. Hoc multipliciter posset ostendi. Nam sicut ostensum est prius
c. VII, clerici res non possident temporales, maxime superhabundantes,
iure divino, sed solummodo iure humano, quod est ius imperatoris et regum;
ergo papa non habet regulariter super temporalibus datis ecclesiis Anglicanis potestatem, nisi iure regum, ergo quantam sibi reges dederunt,
tantam habuit et non maiorem. Amplius, sicut patet ex hiis, que ostensa
sunt prius, papa non habet regulariter a sola ordinatione Christi aliquam
in temporalibus potestatem preter potestatem et ius petendi a laycis necessaria pro sustentacione sua et executione officii sui, et si aliquam aliam habet
potestatem, illam habet ab hominibus. Temporalia autem data ecclesiis Anglicanis a regibus Anglie non sunt pro sustentacione pape vel executione
sui officii assignata, ergo si super huiusmodi temporalibus habet regulariter
aliquam potestatem, illam non habet ex sola ordinacione Christi, sed ab
hominibus, et non ab aliis, quam regibus Anglie. Ergo quantam sibi
dederunt reges Anglie et non maiorem habet papa super huius temporalibus potestatem. Rursus sicut per precedentia patet, quilibet in donacione seu tradicione rei sue potest pactum et legem, quam vult, imponere, et per consequens potest ordinare, quantam recipiens vel alius
in ea habere debeat potestatem. Res autem concesse ecclesiis Anglicanis
prius erant regum Anglie et non pape, ergo quando dederunt eas ecclesiis Anglicanis, poterant ordinare, qualiter deberent expendi, et quantam
potestatem clerici et papa haberent in eis, nec aliquis super eis aliquam
habuit potestatem, nisi quam sibi reges Anglie contulerunt. Quare si
reges Anglie nec tacite nec expresse super ipsis aliquam potestatem
pape dederunt, papa super ipsis nullam habet regulariter potestatem.
Dico autem tacite vel expresse, quia si primo consentientibus regibus
Anglorum vel illis, quibus reges Anglie de iure et in tali casu resistere
valebant, extitit ordinatum, quod papa super rebus concessis et conce-
dendis aliis ecclesiis, quam Romane, determinatam potestatem haberet eo
ipso *(fol. 151 v)*, quod reges Anglie temporalia contulerunt ecclesiis
Anglicanis et non expresse ordinaverunt, quod papa super a) huiusmodi
temporalibus potestatem nequaquam haberet, quodammodo tacite ordinaverunt, quod papa super ipsis potestatem haberet, illam scilicet quam
super rebus concessis aliis ecclesiis habere dignoscitur. Poterant autem
ordinare, quod papa non maiorem potestatem haberet super illis, que
dederunt ecclesiis Anglicanis, quam super aliis temporalibus bonis eius-

a) *ms.* sicut, *darüber*: super.

dem regni, si eccles e Anglicane sub tali pacto potuerunt et voluerunt ipsa bona recipere. Si autem ecclesie sub tali pacto vel nequiverunt vel noluerunt ipsa temporalia bona recipere, et tamen reges sub pactis licitis ipsa ecclesiis contulerunt, concedendum est, quod papa super huiusmodi temporalibus habet aliquam potestatem, quamvis nonnisi quantam reges sibi dederunt, ut papa super huiusmodi temporalibus concessis a regibus Anglie ecclesiis in dominio eorundem regum solummodo iure regum habeat potestatem et non quantam per privilegia regum sibi est concessa. Hoc ostenso probandum est, quod non obstante quocumque statuto papali, prohibicione vel precepto, sententia vel processu, clerici regi in guerra sua iusta de bonis ecclesie, maxime superhabundantibus, auxiliari tenentur. Nam, sicut ostensum est, papa non habet super temporalibus concessis ecclesiis Anglicanis aliquam potestatem, nisi iure humano, et quam sibi reges Anglie concesserunt.

Reges autem Anglie non dederunt summo pontifici potestatem, ut quocumque statuto, prohibicione vel precepto, sententia vel processu inhibere valeret clericis regi subiectis, ne eidem in guerra sua iusta subvencionis subsidium exhiberent. Quia si reges Anglie [per] ᵃ) privilegium speciale vel eciam generale talem potestatem pape dederunt, aut hoc in quocumque privilegio generali vel speciali, regio, non papali, distincte, in particulari et explicite continetur, aut solummodo implicite et sub generalibus verbis hoc habetur Primum dici non potest, primo quia inveniri non potest, quod in aliquo privilegio de tali potestate fiat mencio specialis; secundo, quia si in aliquo privilegio de tali potestate fieret mentio specialis, tale privilegium pro non privilegio esset habendum, quia iniquitatem contineret apertam. Iniquum est enim et iniustum ac iuri obvians naturali pariter et divino, totam sarcinam defensionis patrie et iurium publicorum ab illis, qui cum aliis sufficiunt, transferre ad illos, qui insufficientes absque aliis *(fol. 152)* dignoscuntur. Cum ergo pro defensione regni et iurium regni layci cum clericis et non absque eis sufficiant. sequitur, quod privilegium huiusmodi cuiuscumque potestatis humane, in tali casu concessum pape, iniquum censeri deberet; et per consequens privilegium esset minime reputandum, quia privilegium est privata lex, dist. III. c. *Privilegia* ¹); lex autem non est lex, nisi sit iusta, sicut nec ius est ius, nisi sit iustum, dist. 1. c. *Ius autem* ²). In nullo igitur privilegio speciali vel generali, quod est privilegium iudicandum, in particulari et explicite continetur, quod reges Anglie talem dederunt pape super rebus temporalibus, quas contulerunt ecclesiis, potestatem.

a) *fehlt im* ms.
1) c. 3. dist. 3.
2) c. 6. dist. 1. doch vgl. c. 2. ib.

Nec potest dici secundum, quodsi reges Anglie per privilegium generale vel speciale, inplicite et sub verbis generalibus talem pape dederunt potestatem, quia verba generalia posita in huiusmodi privilegio non essent anplianda, set magis essent restringenda, ne per verba generalia intelligeretur talis potestas esse pape concessa, quia sicut patet ex IIII° notabili supraposito c. VII., in talibus est interpretacio racionabilior et benignior facienda. Racionabilius autem est et benignius, ut regi in tanta necessitate de bonis, que liberaliter, predecessores sui contulerunt ecclesiis, subventionis auxilium prebeatur, quam quod sibi tale auxilium denegaretur; ergo verba generalia predecessorum suorum sunt taliter restringenda, ut potestas inpediendi tale auxilium pape minime concedatur. Amplius sicut tactum est prius c. VIII. in generali concessione illa intelliguntur excepta, licet specialiter minime exprimantur, que sunt illicita et que concedens minime specialiter concessisset. Sed non est licitum impedire clericos, ne regi in tanta necessitate subveniant, cum sit impium et crudele et ingratitudinem contineat manifestam. Hoc eciam reges, predecessores regis, qui modo regni gerit gubernacula gloriose, nullatenus specialiter concessissent ᵃ), quia cum non constet contrarium, presumendum est, quod nichil iniquum, periculosum et preiudiciale utilitati *(fol. 152ᵛ)* communi regni concessissent. Ergo per verba generalia reges Anglie talem potestatem pape non dederunt.

Rursus privilegia odiosa et que potestatem et iura diminuunt aliorum, non sunt amplianda, sed restringenda, extra *De decimis*, c. *Dilecti*¹), quod precipue continet veritatem, quando non obstante tali restrictione aliquid confertur per ea; et si ampliarentur, bono communi derogare valerent. Set privilegia concessa pape a regibus Anglie de potestate habenda super rebus temporalibus, presertim superhabundantibus ᵇ), quas reges Anglie ecclesiis Anglicanis contulerunt, sunt odiosa, quia iura diminuunt aliena. Per ipsa enim diminuitur ius regis et eciam ius clericorum de dominio eiusdem regis, quia per privilegia huiusmodi clerici efficiuntur subiecti pape quoad multa, in quibus aliter sibi non essent subiecti, sed liberiorem administracionem haberent in huiusmodi rebus, quia talem potestatem reges pape minime concessissent. Tunc enim multa possent absque licentia pape, ymo contra preceptum eius, que modo non possunt. Ergo talia privilegia concessa pape non sunt amplianda, set restringenda. Qualiter autem sunt restringenda, ex prescriptis patere potest taliter, scilicet ne propter ipsa papa bonum commune regni et illorum, qui sunt regi subiecti, valeat per quodcumque statutum, prohibicionem vel preceptum, processum vel sententiam inpedire.

a) *Drei Zeilen ausgestrichen.*   b) *Zu* superhabundantibus *die Randnote:* que sunt superhabund..ntia doce !
1) c. 8. X. de decimis

(fol. 152 ʸ) Cap. X. Sane ut veritas clarius pateat predictorum respondendum duxi aliquibus obiectionibus que contra ipsa possent adduci.
Nach kanonischem Recht dürfen die Kleriker dem Könige nicht ohne päpstliche Erlaubnis zuhilfe kommen, geschweige denn gegen das ausdrückliche Verbot des Papstes. Ferner: der Papst hat nie von den englischen Königen Privilegien erhalten, also gilt das über die Privilegien Gesagte nicht. Uebrigens wäre der Papst selbst der einzige authentische Interpret solcher Privilegien (fol. 153). Ausserdem beneficia principis sunt latissime interpretanda, *d. h. etwaige allgemeine Privilegien der englischen Könige für den Papst,* super rebus quas dederunt ecclesiis, *nehmen dem Papste nicht das Recht die Intervention des Klerus zu inhibieren;* quare si privilegiis talibus nequaquam exprimitur, quod clerici in guerris regis sibi subveniant, papa potest inhibere eisdem, ne sibi in hoc casu subveniant. Preterea bona ecclesie sunt bona pauperum XII. q. II. c. *Gloria*[1]): ergo in preliis expendi non debent. Item de bonis ecclesie debent tantummodo quatuor fieri porciones, *XII. q. II. c. Quatuor*[2]), inter quas de aliquibus temporalibus expendendis in preliis nulla fit mencio: ergo in preliis bona ecclesiastica non debent expendi. Amplius sententia pastoris sive iniusta timenda est.

Cap. XI. Ad ista faciliter respondetur. Dicitur enim ad primum, quod clerici de bonis ecclesie regi subvenire non debent absque licentia pape et nisi prius Romanus pontifex consulatur in casibus, in quibus papa obtinet potestatem inhibendi clericis, ne conferant subsidia ad relevandas indigencias aliorum; in casibus autem in quibus papa non habet potestatem inhibendi clericis *(fol. 153ᵛ)*, ne indigencias relevent alienas, possunt clerici de bonis ecclesie regi et aliis absque licentia, ymo contra preceptum Romani pontificis subvenire. Constat enim, quod si rex ex aliquo eventu esset in extrema necessitate constitutus et vita eius, nisi ei clerici eciam largiter de bonis ecclesie subvenirent, salvari non posset, clerici antequam pontificem Romanum consulerunt, deberent succurrere, ne si pontificem requirerent, antequam responsum haberent[a]), de hac vita migraret. Si eciam rex esset captivus, pro cuius redemptione bona non sufficerent laycorum, clerici tenentur pro redemptione ipsius dare bona ecclesie. antequam summum pontificem consulerent, si habens regem in captivitate ipsum statim vellet tradere morti, si sibi confestim ipsius redemptio minime preberetur. Item si reges Anglorum conferendo bona ecclesiis ordinassent, quod de bonis eisdem superhabundantibus redimerentur captivi vel construerentur pontes et relevarentur quecumque alie utilitates et necessitates communes, absque licentia Ro-

---

a) *Randnote:* ista est oppinio Petri de Ancharano de imm. eccl. c. libro VI.
1) c. 71. C. 12. q. 2.
2) c. 27. C. 12. q. 2.

mani pontificis, in huiusmodi clerici tenerentur expendere bona eis a regia liber(ali)tate [a] concessa, nec Romanum pontificem astringentur consulere, quia pacta et leges que in donacione rerum a donatoribus imponuntur, debent inviolabiliter observari. *In diesen Fällen ist also weder vorherige Befragung des Papstes, noch Beobachtung eines päpstlichen Verbots der Hilfe zulässig.* In casibus autem in quibus papa habet potestatem inhibendi clericis, ne indigencias relevent alienas vel communes, non debent clerici conferre subsidia ad relevandas utilitates vel necessitates communes, nisi prius Romanus pontifex consulatur. In quibus autem casibus talem papa regulariter habeat potestatem, sciri potest ex iure humano, quod est ius regum vel absque consensu regum expresso vel tacito institui minime potest, sicut in responsione ad secundam obiectionem patebit.

Ad quam dicitur, quod si reges Anglie vel eciam incole eiusdem regni soli per se, absque aliis fidelibus, separatim numquam aliquam potestatem vel privilegium dedissent pape super rebus *(fol. 154)* temporalibus superhabundantibus, quas dederunt ecclesiis, papa nullam potestatem regulariter haberet super eisdem, nisi reges Anglie vel incole regni una cum aliis fidelibus in concilio generali vel alia congregacione seu alio quovismodo tacite vel expresse dedissent pape huiusmodi potestatem: vel papa regibus et incolis Anglie minime reclamantibus talem potestatem acquisivisset ex consuetudine racionabili et prescripta. Et propter hoc tactum est prius, quod omne ius, quod regulariter habet papa super rebus superhabundantibus datis a regibus Anglorum ecclesiis, est ius regum vel absque consensu regum expresso vel tacito fuit minime institutum. Quia tale ius vel reges instituerunt expresse per se et diversi, vel cum aliis communiter in regionibus aliis constitutis, quia una cum regibus Anglie in concilio generali vel congregacione alia voluerunt, quod papa super rebus, quas dederunt et essent forte daturi ecclesiis, haberet huiusmodi potestatem: vel reges Anglie expresse vel tacite consenserunt ordinacioni, qua in concilio generali vel alia congregacione aut ab alio vel aliis extitit ordinatum, ut papa haberet super rebus ecclesiasticis huiusmodi potestatem; vel papa non reclamantibus regibus Anglie potestatem super huiusmodi rebus ex consuetudine racionabili et prescripta legitime acquisivit . . . Si enim in conciliis generalibus aliqua fiebant statuta, quibus tribueretur potestas pape super huiusmodi rebus, quas reges Anglie dederunt ecclesiis, illa statuta possunt quodammodo dici privilegia data pape a regibus Anglie per consensum expressum vel tacitum. Et omnia ideo statuta generaliorum conciliorum et alia quecunque, quibus verbis generalibus statuitur, ut papa super rebus datis ecclesiis a regibus Anglie habeat potestatem, eodem modo interpretanda sunt et

restringenda, sicut essent interpretanda et restringenda privilegia que
reges Anglie soli sub sigillis suis vel aliter dedissent pape de habenda
potestate super rebus, superhabundantibus, *(fol. 154 ᵛ)* quas ecclesiis
concesserunt. Et ideo non inaniter dicta sunt illa, que in precedenti capitulo inseruntur de potestate vel privilegiis concessa vel concessis a
regibus Anglie summo pontifici, quia per illa potest sciri, quomodo interpretanda sunt et restringenda quecunque statuta vel dicta, quibus asseritur, quod papa habet potestatem super rebus datis ecclesiis ab imperatoribus, regibus, principibus et aliis fidelibus quibuscumque, quia sic
interpretanda sunt, ut nequaquam potestatem excludunt et nullam ingratitudinem vel iniquitatem includant.

Ad terciam obiectionem breviter respondetur, quod solus papa habet
interpretari privilegia, que ipse concedit aliis legitime atque rite, quando
necessaria est interpretacio, ex hoc solummodo, quod mens concedentis
privilegia ignoratur. Sed privilegia, que ab aliis conceduntur ipsi pape,
non ipse, set concedentes interpretari debent et possunt, quando necessaria est interpretacio ex hoc, quod intencio concedentium privilegia est
ignota. Si vero alicui vel aliquibus est necessaria interpretacio huiusmodi privilegiorum ex ignorancia potestatis, quam habet papa ex iure
divino vel humano, ad illos huiusmodi interpretacio spectat, qui verius,
acutius, subtilius et profundius iura humana et divina intelligunt, eciam
si iurium divinorum et humanorum minori vigerent memoria. Ad quos
potissime pertinet iudicare, non quidem auctentice et iudicialiter diffiniendo, sed veridico dogmate ᵃ) et assercione simplici affirmando, quantam
potestatem super rebus datis a fidelibus ecclesiis acquirat papa ex consuetudine racionabili, eciam prescripta, non irracionabili vel non prescripta, non reclamantibus, sed scienter permittentibus fidelibus, qui res
huiusmodi dederunt ecclesiis ᵇ), papa consueverit exercere potestatem super
huiusmodi rebus datis ecclesiis. Quos alii minus profunde intelligentes iura
divina et humana, cum per ipsos intellexerint veritatem, sequi tenentur, qualicumque floruerint iurium divinorum et humanorum seu consuetudinum
humanarum memoria.

Ad quartam dicitur, quod privilegia et beneficia principum, in
quantum tangunt iura specialia principum, sunt latissime *(fol. 155)*
interpretanda, ita tamen, quod nullam iniquitatem contineant et illa
excipiantur, que principes in speciali nullatenus concessissent ; in
quantum vero tangunt iura communia et aliorum, sunt interpretanda
strictissime. Et sicut est de privilegiis, ita est eciam de potestate,
quam quis obtinet vel per concessionem principum expressam vel
tacitam vel per consuetudinem racionabilem et prescriptam, quod strictissime debet intelligi, in quantum tangit iura aliorum, eis preiudicium

---

a) *ms.* domate.   b) *Es fehlt hier etwas ; etwa :* quam.

enorme precipue generando. Et ideo si papa potestatem habeat super rebus datis ecclesiis a regibus Anglie sive per concessionem expressam vel tacitam eorumdem regum seu per^a) consuetudinem rationabilem et prescriptam, sic intelligendus est potestatem habere, ut in casu speciali, in quo non est usus legitime huiusmodi potentia, et qui non est expressus in concessione seu commissione sibi facta, qui utilitate communi vel iuribus clericorum subiectorum regi preiudicium generaret enorme, nullam habeat potestatem. Et ideo quia absque enormi preiudicio, ymo periculo utilitatis communis et eciam ipsorum clericorum subiectorum regi non possent clerici prohiberi subvenire in tanta necessitate regi, papa hoc prohibere non potest, et si prohiberet, prohibicio sua nulla esset et clerici sibi aperte debent resistere et quantum ad hoc in nullo penitus sibi obedire et peccarent mortaliter, si presumerent obedire.

Ad quintam respondetur, quod bona ecclesie Anglicane non tantum sunt pauperum, sed eciam sunt tocius communitatis comprehendentis pauperes simul et divites, et omnino ^b) aliorum de eodem regno constitutorum in extrema necessitate vel propinqua, quando eis aliter, quam per bona ecclesie subveniri non potest.

Unde et secundum asserciones sanctorum patrum¹) pro redemptione captivorum, non solum pauperum set etiam divitum, possunt et debent eciam vasa et paramenta ecclesiastica vendi, quando aliter reddimi minime possunt; et ideo bona ecclesie non tantum debentur pauperibus, sed eciam pro utilitate communi, puta, pro defensione patrie et iurium publicorum, possunt et debent in casu expendi. Et sicut papa non posset statuere, quod bona ecclesie non communicarentur pauperibus, cum ^c) quia hoc esset contra intencionem illorum, qui eadem bona dederunt ecclesie, tum ^d) (fol. 155 ^v) quia hoc esset contra caritatem et amorem fraternum, ita non posset statuere, ne eadem bona expenderentur pro defensione patrie et iurium publicorum, cum quia hoc esset contra intencionem et voluntatem dancium, tum quia hoc esset contra zelum et amorem boni communis et salvacionis non tantum laycorum, set eciam clericorum et rerum ad ipsos spectantium.

Ad sextam dicitur, quod antiquitus in quibusdam ecclesiis regulariter solummodo debebant fieri de bonis ecclesiasticis ille IIII^{or} porciones, in casu tamen aliter debebant. Nam secundum assercionem veridicam patrum pro redempcione captivorum expendenda erant ²). Et ideo licet bona ecclesie non sint regi regulariter offerenda, in casu tamen necessitatis, pro defensione patrie et omnium tam laycorum, quam clericorum, degentium in patria, et rerum ipsorum et iurium regni et regis, sunt dispositioni

---

a) *ms.* super.   b) *ms.* in omni.   c) *ms.* tamen.   d) *ms.* tamen.
1) Vgl. c. 18. dist. 86 ; c. 70. C. 12. q. 2.
2) Vgl. c. 26—31, c. 69 dictum Gratiani, c. 70. C. 12. q. 2.

regie exponenda, que licite, ymo meritorie, si sola iusticia moveatur, potest ea in preliis iustis expendere.

Ad septimam, que est ultima, respondetur: quod sententia veri pastoris, non tantum secundum opinionem hominum, que non est nulla ipso iure et facto, ut transire in rem iudicatam non valeat, timenda est; sententia autem falsi pastoris, quantumvis sit pastor secundum opinionem hominum, eciam multitudinis Christianorum, timenda non est. Sententia eciam veri pastoris, que est nulla ipso iure et facto, ut in rem iudicatam, quantumvis non fuerit per appellationem suspensa, transire non valeat, minime est timenda. Talis autem est sententia eciam veri pastoris, que contra ius continet intolerabilem errorem et quomodo infertur in casu, in quo verus pastor habet nullatenus potestatem. Talis autem esset sententia eciam veri pape, que ferretur contra prelatos Anglie propter hoc, quod subvenirent regi in casu predicto, quia errorem intolerabilem contineret et ferretur in casu, quo eciam ᵃ) verus papa potestatem minime habet, sicut ex precedentibus potest colligi evidenter et ex quibusdam dicendis posterius amplius apparebit.

Cap. XII. Non solum autem sententia talis veri summi pontificis in casu predicto clericos Anglie nequaquam constringit, set si eciam sententia contra regem ipsum propter hoc, quod prosequitur ius regum, etiam a vero summo pontifice ferretur, nullius esset omnino vigoris, nec regem quoquomodo ligaret, *(fol. 156)* nec eciam adherentes eidem, nisi forte propter conscienciam erroneam, qua aliqui laborarent. Sicut enim tactum est prius et hic amplius ostendetur, sententia eciam veri pastoris contra ius lata in casu, in quo potestatem non habet, tanquam iniquitatem manifestam vel errorem intolerabilem continens, nulla est et nullas vires penitus habens, eciam quamvis non fuerit per appellacionem suspensa. Hoc ex diversis canonibus sacris et glossis super ipsis patenter colligitur de quibus paucos et paucas adducam. . . . . Ex hiis aliisque quam multis colligitur, quod sententia eciam veri pastoris contra ius lata in casu in quo idem pastor, eciam verus, non habet potestatem, tanquam iniquitatem manifestam vel errorem intolerabilem continens ipso iure nulla est et nullas vires habens omnino. Sed si contra regem Anglorum propter hoc, quod prosequitur ius regium vel requireret iustum subsidium a clericis Anglie, eciam a vero summo pontifice sententia emanaret, esset contra ius et in casu, in quo papa eciam verus, super regem potestatem non habet, et ᵇ) iniquitatem manifestam et errorem intolerabilem *(fol. 156 ᵛ)* contineret, secundum quod ex precedentibus liquere potest intelligentibus evidenter. Ergo talis sententia nec regem nec aliquem alium aliquo modo ligaret, sed ipso iure esset nulla, vires nullas penitus habens.

a) *ms.* ecclesia, *darüber:* alias eciam.   b) *ms.* at (ac?)

Cap. XII. Sane ut racio ista manifestius pateat, ad aliquas obiectio·
nes contra ipsam respondere curabo. Videtur itaque, quod ratio ista
multipliciter deficit. Nam quamvis sententia lata contra ius scriptum
ipso facto sit nulla, ut in rem iudicatam transire non valeat, sententia tamen lata contra ius litigatoris transit in rem iudicatam, nisi fuerit appellatione
suspensa. Nam ll. q. VI. *Difinitiva* [1]), post verba superius allegata sic
legitur : *Si vero contra ius litigatoris sententia dicatur, ueluti dum minor XIIII. annis quartumdecimum annum inplevisse ac per hoc testamentum
iure fecisse pronunciatur, ad provocationis remedium oportet confugere.*
Sed si sententia emanaret a papa contra regem Anglie, in hoc casu talis
sententia esset solummodo contra ius regis, ergo non esset nulla ipso
iure. Item sententia veri pastoris, que non est contra ius scriptum seu
constitutiones, est timenda per predicta, quod eciam extra *De sententia
et re iudi.* c. *Cum inter* [2]), patenter innuitur, ubi sic legitur: *Attendentes
tamen, quod quantum ad litigantes ipsos ius ex sententia factum fuerit,
eciam si contra ius litigatoris lata fuisset, cum contra ius constitutionis
expresse lata non fuerit etc.*, ubi dicit glossa super vocabulo *constitucionis : Illa enim nec transit in rem iudicatam nec est necesse appellare ab ea.* Ex quibus colligitur, quod sola illa sententia, que est contra
ius scriptum sive constitutionis est nulla ipso iure. Sed si talis sententia ferretur a papa contra regem vel faventes eidem, non esset . . . .

f) De imperatorum et pontificum potestate [a]).

Aus : Brit. Mus. Ms. Royal 10. A. XV.

Universis Christi fidelibus presentem tractatulum inspecturis frater
Guillielmus de Okkham fidei veritatem et morum, prout gradui cuilibet
congruit, omni gratia, odio et timore postpositis, sine personarum acceptione intrepide defensare et sinceriter emulari. §. Quoniam, ut Christi
veridica testantur eloquia [3]), *qui facit veritatem, venit ad lucem, ut mani-
festentur opera eius, quia in Deo sunt facta*, et *qui male agit, odit lucem
et non venit ad lucem, ut non arguantur opera eius*, ne subterfugiendo
iudicium me male agere facto declarem, et quod de iusticia non confidam,
ostendam, ex intimis scilicet cordis medullis ad lucem districti examinis
et iudicii coram iudice competenti gestio pervenire, universis et singulis
qui aliquid adversum me vellent proponere responsurus. §. De omnibus
enim, que feci, scripsi vel dixi, postquam regule beati Francisci me
subieci, coram iudice minime recusando cupio reddere rationem, quatenus

---

a) *Die Ueberschrift :* Gulielmus Occam de i. et p. p. *v. späterer Hand.
(saec. 17. ca).*

1) c. 41. C. 2. q. 6 dictum Gratiani, § 6.

2) c. 13. X. de sent. et re iud. (II, 27).

3) Joh. 3, 21 und 20.

cuncti fideles agnoscant, an aliquid valeat contra me probari, propter quod inter filios lucis non debeam computari. Verum quia nemo est iudicis exercens officium, qui velit audire, nisi adversarius manifestus et publicus hostis, coram quo non essem de persona securus, et quem nihilominus possum et debeo ex aliquibus causis iustissimis recusare, iccirco extra iudicium meam innocentiam false et nequiter diffamatam, prout licite valeo, defendendo, illa que michi non mendaciter imponuntur ad publicam deducere cupio nocionem, ut an a Deo sint, omnes qui voluerint, considerent orthodoxi. §. Si quis autem inimicus falsus et mendax et a veritate vacuus contra me mendaciis se armaret, et de aliquo gravi, quod non divulgo, quia conscius mihi non sum, maliciose cuperet me notare, illud tanquam sine probabilitate confictum flectipenderem penitus et pro nichilo reputarem, et tamen in hoc gloriosissimis viris et feminis me non omnino dissimilem gloriarer, quamvis sciam me eis nullatenus comparandum. Nam Ioseph, Naphet, Susannam, summum sacerdotem Oniam, Damasum papam, Leonem summum pontificem, Athanasium, Ieronimum, Pelagiam virginem et alias innumeras personas egregias quidam sceleratissimi et sceleratissime aliter quam per falsas criminationes destruere desperantes, de horrendis criminibus infamare conati fuerunt, quia eorum nequiciis minime consenserunt. §. Persecutioni igitur scienter me ingerens et eam fugere non intendens, quamvis forte si esset necesse vel aliquando mihi videretur expediens, ut ipsam levius ferre valerem, uterer licentia Christi dicentis in suis discipulis omnibus persecutionem pacientibus propter iustitiam : *Cum vos persequentur in civitate illa, fugite in aliam* [1]).

Fateor plane, quod mihi veraciter potest imponi, quod ab oboedientia ecclesie Avinionice et a societate multitudinis fratrum minorum me subtraho ex nulla alia causa, nisi quia liquido mihi constat, quod prefata ecclesia Avinionica errores et hereses manifestas tenet, approbat pertinaciter et defendit atque gravissimas et enormes iniurias et iniusticias [a]) iura et libertates fidelium, magnorum et parvorum, laicorum et clericorum in tocius christianitatis periculum non desinit exercere, quibus omnibus multitudo fratrum minorum saltem facto favet et assentit et adheret. Predictorum autem errorum quamplurimi in scripturis redacti ad diversas mundi plagas sub bulla sunt transmissi, ut tanquam credendi firmiter et tenendi omnium christianorum auribus inculcentur, quos ultimo recensebo [b]). §. In primis enim ne verbum Dei in ore meo alligatum existat [2]), quedam necessaria ad convincendas iniurias, quibus ecclesia Avinionica specialiter imperium Romanum et alia regna ac generaliter fideles molitur opprimere universos, breviter pertractare conabor. Unde et sepe una ratione

a) *fehlt etwa :* circa.   b) *ms.* recencebo.
1) Matth. 10, 23.
2) 2. Tim. 2, 9.

vel auctoritate et aliquando forte illud, quod sencio gratia brevitatis
communire studebo, non sic tamen, quin, si in aliquo ex ignorantia tra-
mitem reliquero veritatis, ad ipsum revocari desiderem. Unde rogo et
obsecro, ut quicumque legerit conscribenda, si me in aliquo errare puta·
verit, hoc mihi per rationem vel auctoritatem quam recipere teneor, in
scriptis dignetur ostendere, et ego si non voluero rationabiliter respondere,
me errasse fatebor. A veritate enim, non a multitudine vinci, nullatenus
erubescam, sed mihi utilissimum estimabo. Verumtamen hoc certum
habeant universi, quod in hiis, que fidei sunt et scientie, plus me movebit
una ratio evidens vel una auctoritas scripture sacre sane intellecta, quam
assercio totius universitatis mortalium, propter quos intellectum omnino
debeo in eorum obsequium captivare. Quamobrem allegacionem inimicorum, quod non deberem multitudini contrahire, heresim sapere
reputo manifestam, cum, ut communius, multitudo erret, et in sacris legatur eloquiis, quod nonnumquam unus solus omnes alios fugiebat¹). §. Sane
que in hoc compendio perstringuntur, in aliis operibus, presertim in
quodam dyalogo, quem dudum incepi, qui habuerit, discussa inveniet
exquisite.

Si reges et principes ecclesiarumque prelatos ac christianos ceteros
non lateret, quod christianitas cunctis agitatur angustiis et pressuris ac
incessanter omnibus premitur importabilibus et iniustis propter hoc, quod
nonnulli Romani pontifices vel pro Romanis pontificibus se gerentes,
terminos transgredientes antiquos, ad aliena manus impias extenderunt,
et quod super omnes illos ecclesia Avinionica in christianos nostris periculosis temporibus sevius debachatur, puto, quod plurimi ᵃ) eorum eidem
ecclesie Avinionice non faverent, sed futuris casibus affectarent prudenter occurrere et ne incepta mala prevaleant precavere. §. Proinde qualiter ecclesia Avinionica terminos transgreditur antiquos, in quantum est
mihi possibile, promere cupiens universis, qui sint termini antiqui, quos
posuit Christus, quando constituit beatum Petrum principem apostolorum
et cunctorum fidelium, ante omnia manifestare studebo, hoc enim liquido
declarato, ut autumo, cetera illucescunt. § Tenendum est igitur inprimis,
quod Christus beatum Petrum constituens capud et principem universorum fidelium non dedit ei talem in temporalibus et *(fol. 95 ᵛ)* spiritualibus plenitudinem potestatis, ut omnia de iure posset regulariter, que
neque legi divine neque legi nature repugnant ᵇ). Sed potestati sue
certos fines quos non deberet transgredi assignavit. Quod enim ei in ᶜ)
temporalibus talem non dederit plenitudinem potestatis, auctoritate et
ratione probatur. Dicit enim apostolus 2. ad Thimotheum II.²): *Nemo*
militans Deo implicat se negotiis secularibus, ut ei placeat cui se

a) *ms.* plurimos. b) *So wohl statt* rrnt = regulant. c) *Fehlt ms.*
1) Tob. 1, 5.
2) 2. Timoth. 2, 4.

probavit. Quare cum beatus Petrus inter precipuos milites Dei non
fuerit minimus, summeque Deo placere studuerit, non debuit se negociis
secularibus implicare, quare frustra talem recepisset a Christo in temporalibus plenitudinem potestatis. § Rursum in temporalibus potestatis
plenitudo potestatem et dominationem regum gentium comprehendit. Potestatem igitur et dominacionem regum gentium Christus beato Petro
ceterisque apostolis interdixit, ut patet Luc. 22., Mc. 10 et Mth. 20, ubi
legitur Christum dixisse hec verba[1]): *Scitis quia principes gentium dominantur eorum: et qui maiores sunt, potestatem exercent in eos; non
ita erit inter vos, sed quemcumque volueritis inter vos maior fieri, erit
vester minister.*

Igitur Christus multo magis interdixit apostolis predictam in temporalibus plenitudinem potestatis. §. Amplius verus dominus temporalis
super servum suum, strictissime sumpto vocabulo servi, maiorem optinet
potestatem de iure, quam ut omnia possit ei imponere que nec legi divine nec legi nature repugnant [a]). Quare si Christus talem dedisset beato
Petro in temporalibus plenitudinem potestatis super cunctos fideles, omnes
fecisset servos in omnibus, quod libertati ewangelice legis, sicut inferius
lucide apparebit, obviat manifeste. Sicut autem Christus talem non dedit beato Petro in temporalibus plenitudinem potestatis, ita etiam nec in
spiritualibus concessit sibi huiusmodi plenitudinem potestatis. Nam sicut
patebit inferius evidenter, lex ewangelica est minoris servitutis, quam
fuit lex Mosayca, quod beatus Petrus, ut legitur Actuum XV.[2]), dicit
esse iugum, quod neque ipse neque patres sui potuerunt portare. Si autem beatus Petrus prefatam in spiritualibus habuisset a Christo plenitudinem potestatis, habuisset a Christo potestatem imponendi fidelibus
plurima onera et graviora, quantum ad cultum divinum et quantum ad
vigilias, ieiunia et cetera spiritualia, quam fuerint onera veteris legis;
ergo lex ewangelica maioris esset servitutis quam lex Mosayca. Cum
itaque beatus Petrus talem etiam in spiritualibus non receperit a Christo
plenitudinem potestatis, perspicuum est, quod Christus constituens beatum Petrum super omnes fideles certos fines posuit, quos ei transgredi
non licebat.

Cap. II. Viso quod beatus Petrus nec in temporalibus nec in spiritualibus talem habuit plenitudinem potestatis, quod omnia posset que
nec lege divina nec lege nature existunt prohibita, prout etiam ex dicendis amplius apparebit, videndum est, qui sint fines, quos beato Petro
transgredi non licebat et infra quos potestatem sibi concessam a Christo
licuit exercere. Et quia hoc scire non est aliud, quam scire, ad que prin-

---

a) *ms.* rrnt = regulant.
1) Luc. 22, 25 f. Marc. 10, 42 f. Matth. 20, 25.
2) Act. 15, 10.

cipatus papalis se extendit et ad que se non extendit, ideo hic de principatu papali duxi videnda. § In primis autem puto tenendum, quod principatus institutus a Christo nequaqam regulariter ad temporalia se extendit et secularia negotia, quod non solum per verba apostoli ad Thimotheum 4.[1]) superius allegata, sed etiam per beatum Petrum probatur aperte, qui ut legitur XI. q. I. *Te quidem*ᵃ), loquens beato Clementi pape ait: *Te quidem oportet irreprehensibiliter vivere et summo studio niti, ut omnes vite huius occupationes abicias ne fideiussor existas, ne advocatus litium fias neve in aliqua occupatione prorsus inveniaris mundani negocii occasione perplexus, neque enim iudicem neque cognitorem secularium negotiorum hodie te ordinare vult Christus.* Huic alludit beatus Bernardus, qui Eugenio pape de potestate papali scribens ait³): *In criminibus, non est in possessionibus potestas vestra, propter illa siquidem et non propter has accepistis claves regni celorum, prevaricatores utique exclusuri, non possessores.* § Papa igitur si ex casu necessitatis se de temporalibus intromittat, falcem suam in messem noscitur mittere alienam, nisi super hoc ab imperatore vel alio homine receperit potestatem, et ideo quod in hoc fecerit, viribus non subsistit, quia *ea que fiunt a iudice, si ad eius non spectant officium, viribus non subsistunt,* extra *de reg. iuris, Ea que,* libro VI⁴).

Cap. III. Sicut autem principatus papalis nequaquam ad negotia secularia se extendit, sic etiam ad supererogatoria minime se extendit, quod ex precedentibus probatur. Nam si principatus papalis ad supererogatoria regulariter se extenderet, lex ewangelica esset lex maioris servitutis, quam fuit lex Mosayca, quia posset papa pluribus et gravioribus oneribus, quantum ad ieiunia, vigilias virginitatem et continentiam aliaque supererogatoria premere christianos, quam pressi fuerunt Iudei in veteri lege, quod doctrine apostolice repugnat aperte, cum beatus Iacobus in canonica sua cap. 1.⁵) dicat eam esse legem perfecte libertatis. Ibi alludit apostolus ad Galatos 5. ᵃ) dicens⁶): *Vos in libertatem vocati estis fratres: tantum ne libertatem in occasionem detis carnis,* idest tantum, ne putetis habere libertatem committendi peccata, que sunt opera carnis, sicud illud testatur apostolus. §. Hinc beatus Augustinus ad inquisitiones Ianuarii, et probatur di. XII. *Omnia*⁷), reprehendi, illos, qui contra libertatem evangelice religionis ipsam pluribus oneribust

a) *ms.* 4, *darüber* 5.
1) 2. Timoth, 2, 4.
2) c. 29. C. 11 q. 1.
3) Bernhard, De consid. lib. 1. cap. 6. Migne 182, S. 736 (142).
4) c. 26. de reg. iur. in VIto (5, 12).
5) Jacob. 1, 25.
6) Galat. 5, 13.
7) c. 12. dist. 12.

458 XII. OCCAM

quam fuerunt onera veteris legis, premere moliuntur, dicens: §. *Quamvis ne-que hoc inveniri possit, quomodo contra fidem sint,* scilicet que in quibusdam ecclesiis observantur, *ipsam tamen religionem, quam paucissimis celebra-tionum sacramentis misericordia Dei voluit esse liberam, servilibus one-ribus premunt adeo, ut tolerabilior sit condicio Iudeorum, qui etiam si tempus liberationis non cognoverint, legalibus tamen sacramentis, non humanis presumptionibus subiciuntur.* §. Non igitur papalis principatus ad supererogatoria se extendit, quod ex verbis beati Ambrosii colligitur manifeste, qui ut legitur XXXII[a]). q. 1. *Integritas* [1]), de virginitate dicit, quod *suaderi potest, imperari non potest, nec potest res magis esse voti, quam precepti.* Quare ratio ie consimili alia supererogatoria, licet valeant suaderi, tamen imperari non possunt; quamobrem potestas papalis ad huiusmodi nullatenus se extendit.

C a p. IV. Ex premissis colligitur, quod principatus papalis nequa-quam ad iura et libertates aliorum regulariter se extendit, ut illa tol-lere valeat vel turbare, presertim imperatorum, regum, principum et aliorum laicorum, quia huiusmodi iura et libertates, ut in pluribus, inter secularia computantur, ad que principatus papalis, ut ostensum est prius, nequaquam regulariter se extendit. Hinc dicit beatus Am-brosius super epistolam ad Titum [2]): *Religio christiana neminem privat iure suo.* Quare papa non potest aliquos privare iure suo, presertim quod non habent ab ipso, sed a Deo vel a natura vel alio homine, et eadem ratione non potest aliquos privare libertatibus suis a Deo et a natura eis concessis. §. Amplius Christus, principatus papalis insti-tutor, opus consummans quod dedit sibi pater, ut faceret. neminem pri-vavit iuribus et rebus suis, teste beato Augustino, qui super Iohannem in persona Christi loquens ait [3]): *Audite Iudei et gentes, audi circum-cisio, audi prepucium, audite omnia regna terre, non impedio dominatio-nem vestram in hoc mundo, quia regnum meum non est de hoc mundo, nolite metuere metu vanissimo, quo Herodes ille maior, cum Christus natus nunciaretur, expavit et tot infantes occidit, timens scilicet si Christus natus veniret, ut ipsum regno suo privaret.* §. Cui alludit beatus Leo papa in sermone de epiphania dicens [4]): *Herodes audiens Iudeorum principem natum successorem suspicatus expavit. ne scilicet privaretur regno;* et parum post: *O ceca emulationis impietas, que perturbandum putas divinum cum tuo furore consilium. Dominus mundi, scilicet se-cundum divinitatem, temporale non querit regnum, secundum humanita-*

a) ms. XXII.
1) c. 13. C. 32. q. 1.
2) Ambrosius super Epist. ad Titum, Migne 17, S. 530. Vgl. auch oben S. 393 f.
3) Augustinus, In Iohannis Ev. tract. 115, Migne 35, S. 1939.
4) Leo, Sermo in Epiph. solemnitate I (Sermo 31, al. 30), Migne 54, S. 236 (113).

466

tem videlicet, qui prestat eternum. Et Crisostomus ait: *Prout non privavit mundum a suo providentia et prelatione,* et ecclesia de Christo canit: *Hostis Herodes impie Christum etc.* § Ex quibus aliisque quam plurimis probatur aperte, quod Christus non venit privare mundum rebus et iuribus suis; quare vicarius suus, qui minor est eo et nullatenus in potestate equalis, non habet potestatem privandi alios rebus et iuribus suis, et ita principatus papalis ad res, iura et libertates aliorum nullatenus se extendit.

C a p. V. Per predicta satis clare constat, quod quamvis verba Christi ad beatum Petrum Math. XVI. [1]): *Quodcumque ligaveris super terram etc.* generaliter sint prolata, non tamen generaliter sine omni exceptione, sed cum suis exceptionibus debent intelligi. Nec mirum; nam sepe verbum generale restringitur, ut notat glossa extra *de appellationibus* super capitulo *Sua nobis* [2]), et per exempla philosophica, etiam divine scripture in aliis operibus declaratur. Que autem a potestate pape excipi debeant, patet ex predictis. Quia excipi debent regulariter negotia secularia, inter que iura et libertates aliorum, saltem ut in pluribus, continentur. Supererogatoria etiam excipi debent, que licet papa etiam christianis valet suadere, sine culpa tamen et absque causa rationabili et manifesta, scilicet extra casum necessitatis et utilitatis, que necessitati valeat comparari, nulli christiano, qui ad huiusmodi nullatenus se ipsum obligavit, videtur sub districtione precepti iniungere, et si iniunxerit, alius tunc nequaquam ei astringitur obedire, quia talia iniungere ad eius non pertinet potestatem, et ideo si contra aliquem nolentem in huiusmodi obedire faceret quemcumque processum vel faceret sententiam, huiusmodi processus et sententia, tanquam a non iudice in huiusmodi causa factus et lata, esset ipso iure nullus et nulla esset. §. Preter premissa a potestate principatus papalis frivola, inutilia et indifferentia sunt excepta, quia in talibus nullus ei obedire tenetur, nisi forte propter reverentiam, que exhibenda est ei, in aliquo indifferenti, non oneroso, ei debeat inferior obedire, quemadmodum in multis casibus illi, qui sunt inferioris gradus non debent illis, qui sunt superioris gradus resistere, quamvis etiam eis minime sint subiecti; non enim deceret fratrem minorem resistere episcopo vel ar- chiepiscopo dicenti sibi: Leva hanc paleam, vel: Tene hunc baculum, vel aliquid simile, quod sibi non existeret inhonestum neque grave. §. Adhuc autem a potestate principatus papalis semper excipi debet modus nimis onerosus et gravis in ordinando, corrigendo, statuendo et faciendo illa que ad papalem pertinent potestatem, ne scilicet illa in quibus pape christiani obedire tenentur, que possent et deberent leviter fieri, faciat nimis difficilia vel alias modum excedat. Nam cum dominus temporalis

1) Matth. 16, 19.
2) c. 65. X. de appellat. (II. 28).

eadem fide tenetur subdito, qua subditus tenetur domino suo, XXII. q.
ultima *De forma* [1], et di. LXXXXV. *Esto* [2]), multo magis papa eadem fide
tenetur sibi subiectis, qua ipsi tenentur sibi. Sed inter cetera que tenetur
fidelis domino suo et christianus, est, ne illud bonum, quod dominus vel
papa facere leviter poterat, faciat ei difficile, XXII. q. ultima *De forma* [3]). Ergo similiter papa illud quod a sibi subiecto leviter fieri posset
et deberet, non debet ei facere difficile seu onerosum aut grave, quare
non habet potestatem a Christo excedendi modum in hiis, que ad eius
pertinerent potestatem. §. Quod etiam ex libertate legis ewangelice probatur aperte. Si enim papa virtute potestatis date sibi a Christo posset
in hiis que ad ipsum spectant ea que sunt facilia reddere difficilia sibi
subiectis, posset eos tali modo gravare magis, quam si ad observantiam
legis veteris tenerentur, et ita posset papa christianos maiori premere
servitute, quam fuerit servitus veteris legis, quod hereticum censeo iudicandum.

C a p . VI. Ex hiis concluditur, quod principatus papalis est propter
utilitatem et commodum subditorum institutus et non propter honorem
aut gloriam vel utilitatem seu generale commodum principantis, ita
ut principatus non dominativus, sed ministrativus debeat merito appellari. §. Ille enim principatus qui sollicitam curam debet habere de
sibi subiectis, quos non potest de iure privare rebus, iuribus et libertatibus, licet valeat ab eis necessitates suas exigere, quemadmodum
mercenarius *(fol. 96* v*)* et stipendiarius possunt ab eis, quibus serviunt,
necessitates suas exigere, noscitur institutus propter utilitatem et commodum subiectorum, non propter honorem vel commodum principantis;
et ideo non dominativus, sed ministrativus merito est vocandus. Cum
igitur constet, quod papa, cui dixit Christus in beato Petro : *Pasce oves
meas*, de fidelibus sollicitam curam gerere teneatur et iuxta predicta sine
culpa et absque causa rationali et manifesta iura, libertates et res sibi
subiectorum a), in quantum valeat ab eis suas necessitates exigere, relinquitur, quod principatus papalis institutus est propter utilitatem subiectorum et non propter utilitatem propriam vel honorem, et per consequens
non dominativus, sed ministrativus est digne vocandus. In quo, sicud
post dicetur, maxime assimilatur, plus quam alius principatus secularis
institutus de facto, nobilissimo modo principatus regalis, qui forsitan
numquam nec a Deo nec ab hominibus fuit super homines institutus, et
in quo superat dignitate omnes alios principatus.

C a p . VII. Sane quidem immediate prescripta sequuntur innumera
toti christianitati utilia, propter quorum ignorantiam imperatores, reges,

a) *Es scheint etwas ausgefallen zu sein.*
1) c. 18. C. 22 q. 5.
2) c. 7. dist. 95.
3) c. 18. C. 22 q. 5.

principes, prelati ecclesie et populi christiani papam permiserunt impune sibi quam plurima illicite usurpare in dispendium et preiudicium iurium et libertatum cunctorum mortalium. Propter quod divinus diminuitur cultus per excommunicationes iniquas et illicita interdicta, que ipso iure divino nulle sunt et nulla, quia in casu, in quo papa non est iudex, crebro ponuntur et feruntur; et dampnantur catholici et heretici approbantur; diffamantur insontes et impii honorantur; digni ab honoribus ecclesiasticis, beneficiis et officiis repelluntur, et promoventur indigni inferiores; ecclesie importabilibus affliguntur oneribus, ymmo in servitutem contra libertatem ecclesiasticam eis concessam divinitus et humanitus rediguntur; iuramenta licita relaxantur, subditi principum a fidelitate et debitis obsequiis absolvuntur et societatis ac fidelitatis humane vincula dirumpuntur, et ipsi principes confunduntur et populi destruuntur; seminantur discordie et christianitas bellis prosternitur intestinis; exercentur clades et strages, civitates incenduntur, et ville domus suunt, et habitatores et cultores deserunt regiones; ab infidelibus impugnantur fideles, cottidie minuuntur, et omnes diversis periculis exponuntur; que omnia vel graviora cessarent, si sedem apostolicam occupantes unum principem non impedirent potenter omnibus fidelibus dominari.

Proinde suprascripta aliquantulum prolixius quam alia, quamquam pro exigentia materie breviter auctoritatibus et rationibus fulcire studebo. §. Quod enim principatus papalis sit propter bonum subditorum, non propter proprium honorem vel commodum institutus a Christo et ideo principatus non dominativus seu dispositivus, sed ministrativus debeat appellari, ut quantum est ex ordinatione Christi, tantum ad illa se extendat, que necessaria sunt ad salutem animarum et ad regimen et gubernationem fidelium, salvis iuribus et libertatibus aliorum, ex verbis Christi colligitur evidenter, qui in Petro et ceteris apostolis, ut tactum est supra, dixit successoribus beati Petri, ut legitur Luc. XXII.[1]): *Reges gentium dominantur eorum et qui potestatem habent super eos, benefici vocantur. Vos autem non sic, sed qui maior est in vobis, fiat sicut minor, et qui precessor est, sicud ministrator; nam quis maior est: qui recumbit, an qui ministrat? nonne qui recumbit? Ego autem in medio vestrum sum, sicud qui ministrat;* et eandem sententiam recitat Mattheus XX. cap. et Marcus X. cap.[2]). Quibus verbis Christus non omnem principatum seu prelationem interdixit apostolis, sicud aliqui male intelligentes affirmant, cum quia ipse seipsum ponat in exemplum, quia fuit verus prelatus ipsorum et super ipsos etiam in quantum homo veram habens prelationem, tum quia ipse aperte insinuat, quod aliquis fuit inter eos maior et precessor, et quod aliquis poterat inter eos esse primus licite, sicud ex ver-

1) Luc. 22, 25—27.
2) Matth. 20, 25 ff. Marc. 10, 42.

bis que recitant Mattheus et Marcus datur intelligi. Sed interdixit eis
principatum dominantium, qui vocabulo sumpto ex Greco vocatur des-
poticus a), qui ut in politicis traditur, est respectu servorum, qualem non
dedit Christus apostolis, sed eis b) principatum ministrativum, qui est respectu liberorum et multo nobilior et dignitate maior, quam sit principatus
dominativus, licet non sit tantus extensione potestatis, quia pauciora
potest imperare principans ministrative sibi subiectis, quam principans
dominative servis suis. Sicud principatus respectu hominum est multo
nobilior, quam principatus bestiarum, quia ut dicit Aristoteles in politicis [1])
tanto est nobilior principatus, quanto est respectu nobiliorum subiectorum. et tamen maiorem potestatem habet dominus super bestias suas.
quas etiam licite valeat mactare, quam super servos suos et ancillas.
§. Dixit igitur Christus : *Reges gentium dominantur eorum,* idest reges gentium dominantur eis tanquam servis, non tanquam pure liberis. Verus
enim principatus pure regalis, qui est respectu liberorum, non servorum,
inter gentes extitit institutus, sed mixtus fuit cum dominativo seu dispo-
sitivo principatu, sicud etiam principatus regalis institutus a Deo aliquid
habuit de principatu dominativo. Nam ut patet primo Regum VIII. [2]),
filii Israel in multis facti fuerunt servi regis, quem petebant a Deo, propter hoc, quod mala intentione talem regem petebant, quia Deo non placuit, quod talem principem postularent. §. Talem autem principatum interdixit Christus apostolis dicens : *Vos autem non sic,* idest : vos non
debetis, sicud reges gentium dominari vobis subiectis, tanquam servis,
quia debetis eos tractare, tanquam liberos, non ut servos. idest non debetis eis principari propter utilitatem vestram temporalem vel gloriam,
sed propter utilitatem ipsorum, ut vere a serviendo et ministrando, idest
procurando utilitatem vobis subiectorum, vere servi et ministri dici valeatis eorum, et vester principatus non dominativus, sed ministrativus
debeat nuncupari. §. Hinc beatus Petrus, postquam super fideles plures
instituti fuerunt prelati, cunctos prelatos, etiam successores suos, informans scripsit dicens a) : *Pascite qui est in vobis gregem domini, providentes
non coacte, sed spontanee secundum Deum, neque temporalis lucri gratia,
sed voluntarie, neque ut dominantes in clero,* et si non debent dominari
in clero, multo minus in populo. §. Ad istum intellectum allegat beatus
Bernardus verba premissa Christi et beati Petri informans Eugenium
papam de officio et potestate papali dicens libro II " *De consideratione
ad eundem Eugenium* [4]): *Nec locus est otio, ubi (fol. 97) sedula urget
solicitudo omnium ecclesiarum. Nam quid aliud dimisit tibi sanctus*

a) ms. desposicus. b) So ms., *vielleicht :* dedit.
1) Aristoteles, Polit. III. 18, 1288 a, 32.
2) 1. Reg. 8, 11 ff.
3) 1. Petr. 5, 2, 3.
4) Bernhard, De consid. lib. II. cap. 6 § 10 und 11, Migne 182, p. 748.

apostolus? Quod habeo, hoc tibi do. Quid illud? Unum scio: non est aurum neque argentum, cum ipse dicat: argentum et aurum non est mihi. Si habere contingat, utere non pro libitu, sed pro tempore. Sic eris utens illis, quasi non utens. Ipsa quidem, quantum ad animi bonum spectat, nec bona sunt nec mala, usus tamen horum bonus, abusio mala, sollicitudo peior, questus turpior. Esto ut alia quacumque ratione hoc tibi vendices, sed non apostolico iure. Nec enim ille tibi dare, quod non habuit, potuit, sed quod habuit, hoc dedit, sollicitudinem, ut dixi, super ecclesias. Numquid dominationem? Audias ipsum: Non dominantes, ait, in clero, sed forma facti gregis. Et ne dictum sola humilitate putes, non etiam veritate, vox domini in euuangelio est: Reges gentium dominantur eorum, et qui potestatem habent super eos benefici vocantur et iusti; vos autem non sic. Planum est, apostolis interdicitur dominatus. Igitur tu et tibi usurpare audes aut dominatus apostolatum aut apostolatus dominatum? Plane ab utroque prohibere. Si utrumque simul habere voles, perdes utrumque. Alioquin non te exceptum illorum numero putes, de quibus queritur Deus sic: Ipsi regnaverunt et non ex me, principes extiterunt et ego non cognovi eos. Iam si regnare sine Deo iuvat, habes gloriam, sed non apud Deum. §. At si interdictum habemus, audiamus edictum: Qui maior est vestrum, ait, fiat sicud minor, et qui precessor est, sicud qui ministrat. Forma apostolica hec est: dominatio interdicitur, indicitur ministratio, idest principatus dominativus, qui est respectu servorum, interdicitur, sed principatus ministrativus, qui est respectu liberorum, indicitur. Unde de principatu dominativo ministrativo, quem Bernardus ministrationem appellat, idem Bernardus immediate subiungit: *Que,* scilicet ministratio, *commendatur ipsius exemplo legislatoris, qui securus adiungit: Ego autem in medio vestrum sum, tanquam qui ministrat. §.* Ad hoc quod talis sit principatus apostolicus declarat beatus Bernardus libro tertio De consideratione asserens manifeste, dicens[1]) quod non est dominativus: *Nimis confortatus est principatus eorum, constituti sunt principes super omnem terram; eis tu successisti in hereditatem, ita tu heres et orbis hereditas. At quatenus hec portio te contingat aut contigerit illos, illud sobria consideratione pensandum. Non [per][a]) enim omnem, ut reor modum, sed sane quodamtenus, ut mihi videtur, dispensatio tibi super illum credita est, non data posessio. Et qualiter hoc possit fieri, declarat exemplo* postea dicens[2]): *Numquid non et villa villico et parvulus dominus subiectus est pedagogo. Nec tamen ville ille nec is domini sui dominus est. Ita et tu presis, ut consulas, ut procures, ut servias, ut provideas, presis, ut prosis, presis, ut fidelis servus et prudens quem constituit dominus super*

a) *fehlt* ms.
1) Bernhard l. c. lib. 3, cap. 1, Migne 182, S. 758 (426).
2) ib. S. 759 (426).

familiam suam. Ad quid? *ut des illis escam in tempore, hoc est, ut dispen-*
ses, non imperes, scilicet ut non imperes illa, que non sunt necessaria,
fac hoc, et dominari ne affectes hominibus homo, ut non dominetur tui
omnis iniustitia. §. Ex quibus verbis liquido constat, quod papa propter
utilitatem fidelium principatur eisdem tanquam liberis, ut sic per motio-
nem pape non persone sue provideatur, sed ecclesie. §. Hinc Christus
preficiens ovibus suis beatum Petrum, non dixit ei : *Tonde oves meas et*
fac tibi vestes de lanis earum, nec dixit : *Mulge oves meas et bibe vel*
comede lac earum ; nec dixit : *Macta oves meas et manduca carnes ea-*
rum ; sed dixit : *Pasce oves meas,* idest serva, rege, custodi et servi eis
ad honorem meum et utilitatem ipsarum. §. Papa enim in beato Petro
solomodo accepit potestatem a Christo ad edificationem fidelium et non
ad destructionem ipsorum, teste apostolorum 2 ª ad Corinth. cap. X. et
ultimo [1]), qui non solum pro se, sed etiam pro aliis apostolis dicit sic
potestatem datam a Deo non in destructionem, sed in edificationem. Hinc
dicit beatus Augustinus, ut habentur VIII. q. 1. *Qui episcopatum* [2]) : *Qui*
episcopatum, ait, *desiderat, bonum opus desiderat ; exponere voluit scili-*
cet apostolis, quid sit episcopatus, quia nomen est operis, non honoris.
Grecum est enim, atque inde dictum est vocabulum, quod ille qui prefi-
citur, superintendit, curam eorum scilicet gerens ; scopos quippe intentio
est, ergo episcopos, si velimus, latine possumus superintendentes dicere,
ut intelligatur non esse episcopum, qui preesse dilexerit, non prodesse,
§. Hinc Crisostomus super illud M[th].: *Reges gentium* etc. ait [3]) : *Principes*
mundi ideo sunt, ut dominentur minoribus et eos servituti subiciant, et
usque ad mortem eis utantur ad suam utilitatem et gloriam ; principes
autem ecclesie fiunt, ut serviant minoribus et ministrent eis, quecumque
acceperint a Christo, ut suas utilitates negligant et illorum procurent.
§. Hinc Origenes super eadem verba [4]) ait : *Scitis, quia principes gen-*
tium dominantur eorum, idest non contenti tantum regere suos subditos,
violenter eis dominari nituntur, inter vos autem, qui estis mei, non est
hoc, quoniam sicud omnia temporalia in necessitate sunt posita, spiritualia autem ª) in voluntate, sic et qui principes sunt spirituales prelati, principatus eorum in dilectione debet esse positus, non in timore,
idest prelati niti debent diligi a sibi subiectis, procurando utilitatem
ipsorum, non timeri, tollendo iura libertates et res eorum, nisi in quantum pro suis necessitatibus indigent rebus eorundem, ut sic accipere res
eorum necessitatis sit, sed servire spiritualiter ipsis sit voluntatis-

---

a) *ms. folgt auspunktiert* non sic.
1) 2. Cor. 10, 8 ; 13, 10.
2) c. 11. C. 8. q. 1.
3) Chrysostomus super Matth. Homil. 65 (66), ed. Montfaucon VII 731
4) Origines, Comment. in Matth. t. XII, Migne, P. Gr. 13, S. 1390, vetus
interpretatio.

Hinc Gracianus, ut legitur VIII. q. 1. §. *Hiis omnibus*, ait[1]): *Sacris canonibus institutum est, ne quis sibi sui officii querat successorem.* Sed papali electione queratur, qui illorum utilitati digne deserviat, qui illorum utilitatem, non sua lucra querat, qui Christi semen velit suscitare, non divitias congregare, quod qui fratrem contempserit, iure ab ecclesia repudiatur. §. Hec sententia ex quam plurimis canonibus sanctorum patrum colligitur evidenter, sicud patet s. VIII. q. 1 cap. *Olim* et cap. *In scripturis* et cap. *Clemens* et cap. *Sunt in ecclesia*[2]), et in aliis locis quam pluribus.

C a p. VIII. (*fol. 97* ᵛ). Nunc superest videre, ad quanta se extendat principatus papalis. Circa quod videtur mihi dicendum, quod omnia possibilia principi et rectori mortali, que sunt necessaria ad procurandam animarum salutem eternam et ad regimen et gubernationem fidelium, ad papalem pertinent principatum, ita tamen, quod modus nullatenus excedatur enormiter, salvis rebus, iuribus et libertatibus aliorum, nisi quod potest a sibi subiectis suas necessitates exigere. Nisi enim omnia talia modo predicto pertinent ad apostolicum principatum, non esset per Christum sufficienter ecclesie sue provisum, sed in necessariis sibi deficeret, cum sit necessarium ecclesie, ut omnia sibi prefato modo necessaria per superiores valeant expediri. Aliter enim non esset uni gubernare sufficientem habenti auctoritatem subiecta, sed pro ea posset dici illud salvatoris: *Ubi non est gubernator, populus corruet*[3]), nec modo esset verificatum illud Christi Ioh. X[4]): *Fiet unum ovile et unus pastor.*

C a p. IX. Set quereret aliquis, que sunt iura et libertates aliorum, que a potestate apostolici principatus regulariter eximuntur. §. Hic respondetur, quod ad illa iura et libertates spectant omnia iura et libertates infidelium, quibus ante incarnationem Christi et post licite et iuste gaudebant. Que a fidelibus ipsis invitis tolli non debent, cum fideles non debeant nec debuerint esse deterioris conditionis quam infideles, sive fuerint ante sive post incarnationem Christi propter hoc, quod legi perfecte libertatis, scilicet ewangelice, sunt subiecti. Quod etiam per auctoritates Ambrosii, Augustini, Leonis supra allegatas et alias consimiles aperte probatur. § Ex quo concluditur, quod ad iura et libertates, specialiter laycorum, pertinent omnia illa, que ad dispositionem temporalium et negotiorum secularium requiruntur, quia omnia talia ad dispositionem infidelium pertinebant et adhuc spectant. Quod etiam testatur beatus Petrus, quia ut legitur XI. q. 1 *Sicut enim* ait[5]): *Sicut enim impietatis crimen est tibi, o Clemens, neglectis verbi Dei studiis sollicitudines temporales*

1) c. 7 C. 8. q. 1.
2) c. 8. c. 9. c. 13. c. 19. C. 8. q. 1.
3) Prov. 11, 14.
4) Joh. 10, 16.
5) c. 30. C. 11 q. 1.

suscipere seculares, ita unicuique laycorum peccatum est, nisi invicem sibi etiam in hiis, que ad communis usum vite pertinent, operam fideliter dent; te vero facere securum ex hiis, quibus non debes instare, omnes communiter elaborent. § Hinc idem apostolus, ut in capitulo precedenti legitur hic: *Hec vero opera que scilicet circa negotia secularia fiunt, que tibi minus congruere diximus, exhibeant sibi invicem vacantes layci et te nemo occupet ab hiis studiis per que salus omnibus datur.* Ex quibus verbis colligitur, quod dispositio temporalium ad laycos spectat, quod saltem est verum, quando inveniuntur idonei et fideles. Ut autem generaliter explicetur, que spectant ad iura et libertates aliorum laycorum et clericorum religiosorum et secularium, puto, quod huiusmodi sunt omnia illa, que nec bonis moribus nec hiis que in novo testamento docentur, inveniuntur adversa, ut ab huiusmodi nullus christianus sine culpa et absque causa rationabili et manifesta per papam valeat coherceri, nisi ad abstinendum ab aliquo tali per votum, promissionem vel alium quemvis modum sponte obligaverit semet ipsum vel per alium superiorem suum, cui debeat obedire, astringatur; et hec est libertas evangelice legis que in sacris litteris commendatur.

Cap. X. Set querit adhuc aliquis, que sint in speciali illa. ad que principatus apostolicus se extendit. §. Cui respondeo, quod ad papam, sicud generaliter ad omnes episcopos, prout testantur sanctiones canonice, spectat lectioni, orationi, verbi Dei predicationi et cultui divino ac omnibus illis, que sunt necessaria et propria christianis ad vitam adipiscendum eternam et apud infideles non existunt, intendere; specialiter autem et principaliter papa, quia non potest omnia talia in omnibus partibus terre per seipsum, providere debet utiliter et prudenter, modum nullatenus excedendo, qualiter per inferiores eo salubriter disponantur. Et illa est sollicitudo omnium ecclesiarum, quam papa debet habere, et illa regulariter spectant ad ipsum, que omnia inter spiritualia numerantur. §. In casu autem necessitatis vel utilitatis, que parificari potest necessitati, quando omnes alii, ad quos spectarent, deficerent, posset et deberet temporalibus se immiscere, dampnabilem et periculosam negligentiam aliorum supplendo, et haberetur plenitudo potestatis, qua papa preeminet et prefulget, qua regulariter vel casualiter omnia potest, que necessaria regimini fidelium dinoscuntur. Illa autem, que non sunt necessaria, ne legem evangelicam legem efficiat servitutis, (in illo casu in quo remanent non necessaria) imperare non potest, quamvis spiritualia sint, licet eorum aliqua valeat suadere.

Cap. XI. Ad omnia vero per que nonnulli probare conantur, quod papa habet maiorem potestatem, quam prescriptam, vel quod habet aliam plenitudinem potestatis, ut scilicet tam in temporalibus, quam in spiritualibus omnia posset, in aliis operibus in speciali adducendo singularia a) respon-

a) *ms.* sui gloriam.

detur. Quapropter in hoc compendio sufficiat inferre aliqua notabilia generalia, per que valebit intelligens ad illa omnia respondere, que predictis
adversantur.

Quorum primum est, quod sicud iuxta predicta illa verba Christi
Math. XVI. ad beatum Petrum ¹): *Quodcumque ligaveris* etc. cum suis
exceptionibus debent intendi, ita etiam canones, quibus asseritur, quod
in omnibus obediendum est pape, cum suis exceptionibus debent intendi.
Aliter enim potestas pape esset equalis potestati divine et posset de
iure imperatorem ac omnes reges et principes et universos mortales
privare imperio, regnis, principatibus et generaliter omnibus rebus suis
et sibi accipere seu retinere vel aliis quibuscumque etiam personis vilibus assignare, quod tollit et destruit libertatem perfectam evangelice legis.
§. Secundum est, quod legum, etiam papalium, quedam sunt obligatorie,
quamvis moribus utentium nullatenus approbentur, et quibus absque
certa scientia vel tollerantia pape per quamcumque consuetudinem dero-
gari non potest ; et quedam sunt nullatenus obligatorie, nisi moribus utentium approbentur, di. IIII. § *Leges instituuntur* ²) Et ideo canones et
auctoritates alie, quibus asseritur, *(fol. 98)* quod constitutiones apostolice
omnes astringunt, intelligi debent de hiis constitutionibus apostolicis,
que sunt obligatorie, licet moribus utentium minime approbentur, que
sunt scilicet facte super hiis, que sunt necessaria ad regimen fidelium,
salvis iuribus et libertatibus aliorum, et non de aliis, que non obligant,
nisi fuerint moribus utentium approbate. § Tertium est, quod sicud res ª)
temporales multas, scilicet superhabundantes, non ex necessitate, sed
ex largitate dederunt imperatores et reges ac alii fideles pape, quas non
poterat vendicare iure divino, ita iurisdictionem et potestatem in multis
sibi sponte, non ex necessitate dederunt, que ex iure divino sibi minime
competebant. Et ideo multe auctoritates, loquentes de potestate pape,
de illa quam habet ex iure humano et non ex iure divino debent intelligi, que tanta est, quantam sibi dederunt fideles ; et si aliquando dubitetur, quanta sit, ita, ut interpretatio sit necessaria, huiusmodi interpretatio
non spectat ad papam, sed vel spectat ad illum, qui talem potestatem
dedit pape et ad successorem eius, vel iuxta prudentiam et consilium
sapientis sincerum zelum habentis, sive fuerit subditus, sive prelatus, si
talis viri copia possit haberi, est interpretatio benignior, humanior, rationabilior et verisimilior amplectenda.

C a p. X I I. Quamvis per predicta possit studiosus ad obiectiones
nnumerabiles respondere, tamen ad unam duxi specialiter respondere,
que talis est. Communitas fidelium uni capiti et iudici supremo debet

a) *ms.* reges.
1) Matth. 16, 19.
    Dictum Gratiani zu c. 3. dist. 4.

esse subiecta, quantum ad omnes causas et casus, que possunt accidere,
quia aliter nequaquam esset optime ordinata, eo quod vel haberet plura
capita vel capite omnino careret. quorum utrumque monstruosum est
censendum. Sed nullus preter papam ᵃ) est capud cunctorum fidelium
quantum ad omnia; quia non imperator, cum spiritualia nequaquam
spectent ad ipsum; ergo pape, quantum ad omnia, communitas fidelium
est subiecta. §. Ad quam respondeo, quod sicut archiepiscopus in archiepiscopatu et patriarcha in patriarchatu suo est capud primum et supremus iudex in spiritualibus, licet non posset cognoscere de causis subditorum. nisi per ᵇ) approbationem vel alium modum concessum a iure deferan-
tur ad ipsum, IX. q. III. *Conquestus* ᶜ): et ideo non est regulariter et ordinarie
iudex omnium in patriarchatu suo vel archiepiscopatu degentium quantum ad omnia: sic licet non ᶜ) omnes fideles sint immediate subiecti in
omnibus pape, nec papa in multis casibus fit iudex ipsorum, tamen quia in
omni causa necessario diffinienda per iudicem regulariter vel casualiter
iure divino potest esse iudex, ideo concedendum est, quod papa sub
Christo est caput et iudex summus omnium fidelium. Non sic imperator,
quia imperator, in quantum imperator, cum multi veri imperatores fuerint infideles, non debet se etiam casualiter spiritualibus immiscere, licet
si est fidelis, in quantum fidelis, de multis causis spiritualibus in multis
casibus se intromittere teneatur, et precipue de fidei causa, que ad
omnes omnino pertinet christianos, di. XCVI. *Ubinam* ᵃ) et cap. *Nos ad
fidem* ᵃ).

Cap. XIII. Collige ex predictis, in quibus consistat sublimitas
apostolici principatus, quia consistit in tribus: primo in hoc, quod est
respectu spiritualium, que sunt secularibus digniora, di. XCVI. *Duo* ⁴);
secundo in hoc, quod est respectu liberorum, non respectu servorum, quia
iure divino nullus est servus pape, licet aliqui sint servi pape seu Romane
ecclesie iure humano, sicud ex auctoritate beati Augustini super Iohannem, que ponitur di. VIII. cap. *Quo* ⁵) colligitur. Tertio in hoc, quod
papa iure divino regulariter vel casualiter omnia potest, que sunt necessaria regimini et gubernationi fidelium, quamvis eius potestati ordinarie
et regulariter sint certi termini constituti, quos regulariter transgredi
sibi non licet; et qui sint illi, claret ex predictis, licet non liqueat, qui
sint casus, in quibus licent sibi illa, que nequaquam sibi regulariter sunt
concessa. Et forte de eis non potest dari certa regula generalis, sed in

a) *ms.* papam preter.   b) *Am Rande später nachgetragen von andrer
Hand.*   c) *Uebergeschrieben.*
   1) c. 8. C. 9. q. 3.
   2) c. 4. dist. 96.
   3) c. 2. dist. 96.
   4) c. 10. dist. 96.
   5) c. 1. dist. 8.

eis est cum maturitate maxima procedendum iuxta discretionem et consilium sapientissimorum virorum iustitiam sincerissime, sine omni personarum acceptione zelantium, si possunt haberi, sive pauperes sint sive
divites sive subiecti sive prelati. Si autem talium copia haberi non
possit, supersedendum est, ne papa ex ignorancia, qua de facto sepe
laborat, periculose terminos transgrediatur antiquos et sententias ferat,
que ipso iure divino sunt nulle.

C a p. X I V. Sane quia nonnulli, etiam qui se reputant eruditos,
affirmant, quod sententia pape in nullo casu ipso iure potest esse nulla,
allegantes illa verba Gregorii, que ponuntur XI. q. III. cap. 1 ') : *Sententia
pastoris sive iusta sive iniusta timenda est*, monstrandum est, quod licet
illa verba Gregorii sint regulariter vera, tamen secundum iura in multis
casibus fallunt, etiam loquendo de sententia veri pastoris et non solum
de sententia illius qui putatur esse pastor et non est. Fallunt enim, si
sententia etiam veri pastoris lata est contra leges vel canones, extra *de
sententiis et re iu.* cap. 1. ²). Ex quo conclude, quod sententia etiam veri
vicarii Christi non est timenda, si contra ius divinum vel contra ius
naturale feratur, quia utrumque nobilius est et dignius ac magis indis-
pensabile et minus solvi potest, quam leges et canones, et minus potest
contra ipsa vicarius Christi, quam prelati inferiores contra canones. §
Fallunt etiam, quando sententia continet intollerabilem errorem, extra *de
sentent. exc.* cap. *Per tuas* ³). Adhuc fallunt, quando sententia lata est
in eo casu, in quo subditus est exemptus extra *de excessibus prelatorum, Cum ad quorundam* ⁴). Et ita fallunt, quando fertur sententia
contra quecumque in illa causa et in illo casu, in quo non est subditus ;
potest enim quis in eadem causa primo non esse iudex, et postea
iudex, sicud archiepiscopus in causis subditorum suffraganeorum suorum
ante approbationem non est iudex, et post approbationem est iudex, IX.
q. III. *Conquestus* ⁵). §. Ad hoc fallunt verba predicta Gregorii, quando
sententia lata est contra subditum in causa, quantum ad quam subditus
est maior pastore suo, ferendo sententiam contra ipsum, sicud delegatus
a principe est maior suo episcopo, quantum ad causam sibi delegatam,
extra. *de excessibus prelatorum, Dilectus* ⁶) in glossa et extra *de off.
iud. delegati, Sane* ⁷). §. Fallunt etiam, quando sententia lata est post
appellationem legitime interdictam, extra *de sent. excom. prelat., Per*

1) c. 1. C. 11. q. 3.
2) c. 1. X. de sent. et re iud. (2,27).
3) c. 40. X de sent. excom. (5,39).
4) c. 7. X de excess. prael. (5,31).
5) c. 8. C. 9. q. 3.
6) c. 13. X. de excess. prael. (5,31).
7) c. 11. X. de off. et pot. iud. deleg. (1,29).

tuas '). §. Hiis modis et forte aliquibus aliis fallunt verba predicta Gregorii, quando sententia lata est a vero pastore; de quibus non est dubium,
quin fallant, quando lata est ab illo, qui non est verus pastor, quamvis
putetur esse verus pastor;

(fol. 98 v). C a p. X V. Hiis visis monstrandum est, qualiter ecclesia
Avinionica, universis Christi fidelibus graves iniurias inferens et enormes,
christianis omnibus nititur tyrannice principari, quod ut liberius faciat
et absque omni timore, non absque ᵃ) nota tyrannidis prosequitur eos,
qui de potestate sua, etiam recta intentione, non metuunt disputare, ita
ut in universalibus et aliis studiis nullus doctor vel lector aliquam questionem de potestate pape ad disputandum et determinandum proponere
vel recipere audeat quoquomodo, cum tamen disputare de potestate pape
non intentionem tollendi vel minuendi eam aut revocandi in dubium ea,
que circa ipsam sunt tenenda, sed intentionem confutandi circa ipsam
errantes sive minuendo sive plus quam expedit ampliando eam, et ea,
que de ipsa sunt ignota, ad publicam noticiam deducendi, tam pape quam
subditis omnibus debeat esse gratum et acceptum, eo quod scire, quam
et quantum et quo iure papa habeat potestatem. necessarium ᵇ) est utrisque.
Hoc enim necessarium ᶜ) est subditis, ut tantum et non plus, quam expedit,
sint subditi, ut Gregorius ait, prout legitur II. q. VII. *Admonendi* ²): *Admonendi subditi, ne plus, quam expedit, sint subditi.* Hoc etiam necessarium est pape, ne transgrediatur terminos antiquos, quos posuerunt
patres sui. Quare si papa timorem incusserit disputantibus de potestate
eius, merito ostendit se suspectum, quod non intendit legitimis finibus
proprie potestatis esse contentus, sed sibi subiectis principari tyrannice;
quia sicut apparet subditum, qui iudicium refugit. de iustitia esse diffi-
sum, XI. q. I. *Christianis*, extra *de presumpt. Nullus*, III. q. IX. *Decernimus*, di. LXXXIII. *Honoratus* ³), sic superior qui offenditur aut turbatur, si subditi disputando, allegando, opponendo, respondendo, studendo
et aliis modis scire nituntur, qua super ipsos sit preditus potestate,
merito est suspectus habendus. quod non proponit infra fines potestatis
legitime ambulare. §. Iniuriatur igitur ecclesia Avinionica scolasticis et
aliis incutiendo timorem, ne de potestate pape audant disputare et quod
per scripturas autenticas et rationes de ea invenerint publicare ᵈ). §. Nec
obstat, quod XVII. q. IIII. c. *Nemini* ⁴) et ff. *Comittitur* ⁵), asseritur.

_____

a) n. a. *übergeschr.*   b) *ms.* necessaria.   c) *ms.* necessaria.   d) *ms.*
puplicare.

1) c. 40. X. de sent. excom. (5,39).

2) c. 57. C. 2. q. 7.

3) c. 12. C. 11. q. 1 ; c. 4. X. de presumpt. (2,23) ; c. 10. C. 3. q. 9. ; c.3 .
dist. 74.

4) c. 50. C. 17. q. 4.

5) Dig. 48, 13, l. 11 ? vgl. Gratian zu c. 29. C. 17. q. 4. § 1.

quod non licet disputare de potestate summi pontificis, quia hoc non licet intentione minuendi potestatem summi pontificis vel revocandi in dubium ea que circa ipsam sunt tenenda, sicud tali mala intentione non licet disputare de potestate imperatoris, C. *de crimine sacrilegii*, lege *Disputare* [1]), nec de fide catholica, C. *de summa trinitate et fi. ca.* lege *Nemo* [2]), sed disputare de omnibus illis bona intentione vel cum discretione debita et circumspecta, est inter utilia et necessaria communitati fidelium reputandum. Nec sunt predicto modo in servitutem catholici redigendi contra libertatem evangelici legis.

C a p. X V I. Non solum autem fas est literatis viris, quam papa habeat potestatem discrete et bona intentione inquirere, sed etiam expediens et necessarium est, eis de operibus eius, si bono animo non possunt fieri, iudicare, idest quod mala sunt et reprehensibilia reputare, atque hoc pro loco et tempore asserere et aliis intimare, quia de manifestis licet unicuique iudicare, extra *de regulis iuris, Estote* [3]). Licet igitur pro facto pape sit presumendum, quando bono animo fieri possit, tamen quando est tale, quod bono animo fieri nequit, sicud est fornicatio, bonorum oppressio, rerum alienarum vel iurium invasio vel detentio, veritatis dampnatio, heresum doctrinatio, diffamatio innocentium, pacis turbatio, aggressio hostium, partialitas, indignorum pronunciatio, dignorum obiectio, symonia, superbia, avaritia, seminare discordias, distrahere, mentiri, tyrannis, homicidium et huiusmodi, licet unicuique iudicare, ymo talia opera pape dampnabilia censere tenentur teste Gregorio, qui in moralibus, et legitur di. 46. *Sunt nonnulli* [4]), ait: *Sanctus vir, sicud mala de bonis non existimat, ita iudicare bona de malis recusat.* Cum igitur papa sicud et ceteri, *sit ex suis fructibus cognoscendus*, Matth. VII [5]), si opera sua ex natura sua sint mala, qui ipsum sanctum vel iustum dixerit, eterna dampnatione dignus est, iuxta illud Ysaie V° [6]): *Ve, qui dicitis bonum malum et malum bonum*, et etiam abhominabilis est apud Deum, quia secundum beatum Ieronimum, ut legitur XI. q. III. *Si quis* [7]): *Si quis dixerit iustum iniustum et iniustum iustum, abhominabilis est uterque apud Deum*, sicut qui sanctum dicit non sanctum et rursum non sanctum asserit sanctum, abhominabilis est uterque apud Deum. Sicud igitur abhominabilis est apud Deum, qui papam sanctum dicit non sanctum et papam iustum dicit iniustum, sic ille abhominabilis est apud Deum, qui

1) C. 9,29, l. 2.
2) C. 1, 1, l. 4.
3) c. 2. X. de reg. iur. (5,41).
4) c. 2. dist. 46.
5) Matth. 7, 16.
6) Isai. 5,20.
7) c. 37. C. 11. q. 3.

papam non sanctum, cuius videlicet opera non possunt bono animo fieri,
dicit sanctum et qui talem papam iniustum dicit iustum.

C a p. X V I I m. Videndum est itaque, que sunt opera Avinionice
ecclesie, que bono animo fieri nequaquam possunt, per que aliis iniu-
riari dinoscitur. §. Et quidem primo sciendum est, quod specialiter iniuriatur Romano imperio, vendicando sibi pinguius ius temporale super
ipsum, quam super alia regna; nam tale ius super Romanum imperium
non habet neque a iure divino nec a iure humano. Non a iure divino,
quia de huiusmodi iure super Romanum imperium in scripturis divinis
nihil habetur; nec a iure humano, quia talis iuris humani alius quam
imperator conditor esse non posset. Imperator autem tale ius super
imperium in preiudicium successorum suorum pape dare non posset; licet
enim res aliquas que spectant ad imperium aliis dare possit, imperium
tamen a) non potest homini subiugare, ut minus iuris habeant successores
sui, quam ipse, cum non habeat imperium par in parem, et verus successor eodem iure uti debeat, quo ille, in cuius ius succedit, extra *de regulis iuris, Si quis*, libro 6o ').

C a p. X V I I I. Ex hiis colligitur, quod ecclesia Avinionica enormiter
iniuriatur Romano imperio, subiciendo sibi tyrannice, specialiter in Italia,
civitates, castra et alia bona imperii, quia alibi non potest tyrannidem
suam per temporalem potentiam exercere. §. Nam si papa, sicud ostensum
est prius, non debet se secularibus negotiis implicare, multo magis non
debet res temporales aliorum absque consensu ipsorum sibi usurpare
vel appropriare· Nam sicud aperte innuitur XII. q. II. *Sicud ecclesia*), nulla ecclesia debet res alienas invadere.

C a p. X I X. Adhuc per predicta ostenditur, quod ecclesia Avinionica iniuriatur Romano imperio, asserendo imperium esse a papa, quia
cum, sicud ostensum est, papa non habeat pinguius ius super Romanum
imperium, quam super regnum Francie et alia regna, que non sunt a
papa, ut liquido *(fol. 99)* constat, et papa innuitur specialiter de regno
Francie, extra qui filii sunt legitimi, *Per venerabilem*, concluditur manifeste, quod Romanum imperium non est a papa. §. Amplius Romanum
imperium fuit ante papatum, ergo in sui principio non fuit a papa et per
consequens nec post institutum papatum est a papa ; et ex isto sequitur,
quod si papa in aliquo, nisi forte petendo specialiter necessitates suas
ab imperatore, si est fidelis, pro eo quod est specialiter episcopus urbis
Romane, se in aliquo intromittit de Romano imperio ipsis invitis, ad quos
spectat dispositio eiusdem imperii(aliter quam de aliis regnis vel aliter
quam ab imperatoribus ordinatum extitit) sive vacante imperio sive non

a) *ms. folgt nochmals* imperium.
c. 46. de reg. iur.in VIto. (5,12).
49. C. 12 q. 2.

vacante, eidem iniuriatur imperio, mittendo falcem suam in messem alienam, quia talem potestatem non optinet super Romanum imperium
neque a iure divino neque iure humano. §. Nec videtur etiam vere Romane ecclesie consuetudinem antiquam allegare, nisi sit rationabilis et
prescripta et modis legitimis sit inducta, quod de multis impossibile, de
multis difficile est probare. Et certe multe consuetudines, quas ecclesia
Avinionica pro se allegat contra imperium, duabus viis principalibus,
includentibus quam plurimas, possunt faciliter reprobari et annullari,
ostendendo videlicet, quod vel non sunt rationabiles, vel quod nequaquam
legitime sunt prescripte. §. Potest autem ostendi, quod consuetudo non
est rationabilis, si esset contra ius divinum vel contra bonos mores, si
est periculosa, si est scandalosa, si est preiudicialis bono communi vel
etiam alicui persone, cui non possunt licite tolli iura et libertates sue,
et aliis modis. §. Quod etiam consuetudo nequaquam legitime sit prescripta, potest multis modis ostendi, sicud per iura canonica et civilia
liquet aperte./

C a p. X X. Adhuc ecclesia Avinionica iniuriatur Romano imperio
asserendo, quod ad ipsam spectat admissio seu approbatio electi in regem
seu imperatorem Romanorum, ita ut ante talem admissionem seu approbationem non possit de iure nullum regimen et titulum sibi assumere
nec se administrationi regni seu imperii immiscere. Nam sicud ostensum
est prius, papa non habet pinguius ius super imperium seu super personam imperatoris, quam super alia regna et alios reges. Alia autem
regna et alii reges, saltem plures et plura, nequaquam taliter subiciuntur
pape, ut ante admissionem seu approbationem a papa non possint de iure
nullum regimen et titulum sibi assumere et se administrationi regnorum
suorum immiscere; ergo nec electus in regem seu imperatorem Romanorum taliter pape est subiectus. Talis enim specialis subiectio imperatoris nec est de iure divino, ut liquet omnibus intelligentibus scripturas sacras, nec ex iure gentium, quod precessit imperium, nec ex iure
civili, ut patet. §. Nec est ex iure canonico, quia papa non habet potestatem subiciendi sibi taliter imperatorem, sicut nec habet potestatem
subiciendi sibi taliter alios reges; nec ex consuetudine est talis
subiectio, quia consuetudo non habet vim legis, nisi sit rationabilis ª),
extra *de consuetudine* cap. ultimo [1]), presertim que iuri vel libertati, que
tolli non debet ab invito, preiudicare dinoscitur. Per consequens ᵇ) autem
consuetudo huiusmodi subiectionem imperatoris inducens non esset rationabilis, nec prescribi valeret. Quod non esset rationabilis, patet tum
quia derogaret imperiali dignitati, eo quod huiusmodi electus non esset
verus successor priorum electorum in imperatores, qui taliter summo

a) *folgt Rasur.*   b) *verwischt.*
1) c. 11. X. de consuetud. (1,4).

pontifici subiecti non fuerunt, quia non posset uti omni iure, quo illi usi
fuerunt; tum quia derogaret bono communi. Nam tam ex malicia pape,
qui sepe imperio adversatur, quam ex vacacione apostolice sedis, que 6
annis aliquando duravit et multo pluribus durare valeret, possent inter
subiectos imperio guerre periculose et alia innumera mala oriri, que
absque imperatore sedari non possent et quo administrante cessarent.
Quare expectando admissionem seu approbationem a papa bonum commune
periret. §. Ex istis concluditur, quod talis consuetudo legitime prescribi
non potest, quia nulla consuetudo, que non est rationabilis, potest legitime esse prescripta· Quod etiam probatur per hoc, quod consuetudo
introducta ab aliquo vel aliquibus in preiudicium alterius, presertim, qui
in huiusmodi non est inferior illo vel illis, a quo vel a quibus eadem
consuetudo noscitur introducta, non preiudicat illi, nisi introducta sit
illo sciente et intendente, quod sibi preiudicet. Nam ut dicit glossa di.
VIII. super cap. Frustra¹): Ad hoc quod consuetudo preiudicet iuri et
eadem ratione persone, que non est subiecta in huiusmodi, requiritur,
quod sit antiqua et approbata, ab illo scilicet, cui preiudicare debet:
scilicet quod sepius electi in regem Romanorum non fecissent predicta
ante admissionem et approbationem a papa; sed de facto taliter admissi
et approbati fuissent, tum non potuerunt intendere, quod talis admissio
vel approbatio preiudicaret successoribus suis, cum non habeat imperium
par in parem, extra de elect.²); et si hoc esset, successores eorum non
essent veri successores illorum, a quibus initium sumpsit imperium;
quare nomina Cesaris et Augusti sibi usurpare deberent. §. Amplius
imperator solutus est legibus, quod precipue veritatem habet de
legibus positivis imperialibus; quare consimiliter solutus est consuetudinibus, que vim legis habere non possunt, nisi imperali auctoritate. Sed consuetudo supradicta, si fuisset, non haberet vim
legis, nisi auctoritate imperiali, quia contra scientiam et voluntatem
imperatoris non potuit introduci. Ergo imperatores sequentes ad ipsam
non tenentur, et ita talis consuetudo contra imperialem prescribi non
potest. Rursus sicud usucapio introducta est legibus Romanorum, di. 1. Ius
quiritum³), ita etiam prescriptio est introducta legibus Romanorum. Imperator autem huiusmodi legibus est solutus; ergo talis consuetudo contra imperatorem prescribi non potest. §. Papa consuetudinem tam preiu-
dicialem alteri et presertim tante dignitati, sicud est imperialis sublimitas, non potest facere ius, etiam si esset possibile, quod faceretur, nisi
sit optenta contradictorio iudicio, teste glossa, que extra de verb. signif.
super cap. Abbate⁴), ait: Ad hoc enim ut consuetudo valeat, oportet

1) c. 7. dist 8.
2) c. 34. X. de elect. (1,9).
3) c. 12. dist. 1.
4) c. 25. X. de verb. sig. (5,40).

ut sit optenta contradictorio iudicio, si ex adverso negetur consuetudo,
quod etiam dicit glossa extra *de consuetud.* super cap. ultimo [1]) et di.
VIII. super cap. *Frustra* [2]). Sed talis consuetudo, ut electus in regem
Romanorum seu imperatorem abstineret *(fol. 99ᵛ)* a predictis ante admissionem seu approbationem per papam, numquam fuit optenta contradictorio
iudicio, ergo non preiudicat sic electo. Adhuc electus ad aliquam dignitatem, qui confirmatione non indiget. potest sibi nomen huiusmodi dignitatis assumere et se administrationi eiusdem dignitatis immiscere, licet
non admittatur nec approbetur ab illo, qui non est eo. quantum ad
huiusmodi dignitatem, superior. Propter hoc enim papa, quia nequaquam
ab alio confirmatur, statim administrare potest eo ipso, quod est electus,
licet ab aliquo nullatenus admittatur vel approbetur. Electus autem in
regem Romanorum confirmatione non indiget, nec quantum ad dignitatem
imperialem inferior est papa. Ergo statim eo ipso, quod est electus,
potest nomen regium et titulum sibi assumere et se administrationi imperii immiscere.

Cap. XXI. Liquet per prescripta, quod isti Avinionenses rerum et
iurium imperialium insatiabiles appetitores et rapacissimi invasores res et
iura imperii, que absque imperatorum donatione seu concessione acceperunt, quorum nonnulla hostiliter invaserunt, etiam si essent vera et
Romana ecclesia, iniuriose et tyrannice et iniuste detinere noscuntur. Quia
si Romana ecclesia bona eiusdem ecclesie non armis et potentia seculari,
sed iudicio debeat vendicare, XVI. q. 6. *Consuetudo* [3]), multo magis bona
imperii et quecumque alia non debet armis invadere, ymmo nec fas est ei
huiusmodi bona a rebellibus vel non subiectis imperio gratis oblata recipere, XVII. q. ultima *Quicumque* [4]).

Cap. XXII. Ad hoc isti libidine dominandi prostrati et penitus
excecati tanta aviditatis et rapacitatis rabie sibi Romanum imperium
gestiunt subiugare, quod inter principes et populos imperii discordias,
seditiones et guerras in tocius christianitatis periculum, cum veritas ipsa
dicat [5]): *Omne regnum divisum contra se desolabitur,* confovere non
desinunt et augere ac novas perperam suscitare, ut sic ad desiderium
suum iniquum unam partem deceptorie protrahentes, illa mediante aliam
omnino destruant et prosternant et sic tandem in servitutem redigant
universos. Hoc impiissime hiis diebus tam notorie peregerunt, quod
nulla possunt tergiversatione celari, dum falsis processibus et de iure
nullis contra imperatorem publice divulgatis alium in regem eligi pro-
curarunt.

1) c. 11. X. de consuet. (1,4).
2) c. 7. dist. 8.
3) c. 1. C. 16. q. 6.
4) c. 43. C. 17 q. 4.
5) Matth. 12, 25.

C a p. X X I I I. Nec possunt se aliqualiter excusare dicendo, quod
hoc fecerunt propter fidem et honorem ecclesie conservandum; quia si
rite examinaretur causa, que vertitur inter imperatorem et ipsos, non
ipse in hiis, que sibi imponunt, sed ipsi, sicud et in plurimis aliis, prout
inferius ostendetur, probarentur errare et errores suos pertinaciter defendere. Quod tamen de ipso probari non posset, etiam esto, quod erraret, cum semper fuisset paratus se corrigere, si legitime convinceretur
errare. Et esto, quod in omnibus, que sibi imponunt, esset culpabilis
iudicandus. et ipsi essent veri pastores ecclesie, ad tantam tamen et tam
periculosam stultitiam procedere non debebant propter infinita pericula,
que ex ipsa toti christianitati et ipsismet imminere valerent. Presertim,
cum imperator invitus et coactus guerris et preliis se nullatenus immiscere noscatur, ad que ad ipsorum fortasse ultimam deiectionem eum
compellunt, non attendentes, quod propter scandala, discensiones et pericula
sunt crebro etiam que alias essent iusta et licita dimittenda, teste Augustino, qui ad Bonifacium di. L. Ut *constitueretur* [1]), ait : *Ubi per gra-*
ves dissencionum scissuras non huius aut illius hominis periculum, sed
populorum strages iacent, detrahendum est aliquid severitati. §. Hinc Augustinus, ut legitur XXIII. q. IIII. *Non potest* [2]), de huiusmodi stultis
processibus, sententiis et consiliis dicit : *Consilia separationis,* idest excommunicationis et damnationis, *et inania sunt et perniciosa atque sacri-*
lega, quia impia et superba sunt et plus perturbant infirmos bonos,
quam corrigunt animosos malos. Si hec dicit Augustinus de sententiis
et consiliis separacionis, quando contagio precandi multitudinem invasit,
quid dicetur et fiet de sententiis et consiliis separacionis, quando multitudo
amplectitur a) et sequitur veritatem atque iustitiam ? §. Re vera iuxta desiderium apostoli ad Gal. V [3]) abscindendi sunt, qui multitudinem sic
conturbant, et seculari potentia conterendi ! §. Nec possunt isti excusari,
si asserant se fecisse propter servandas res et libertatem ecclesie, quia,
esto quod imperator invaderet res ecclesie, non tamen deberet tam periculose contra ipsum talia attemptare, sed oporteret eos in tali casu servare doctrinam Christi, Matth. V. [4]): *Ei qui vult tecum in iudicio conten-*
dere et tunicam tuam tollere, dimitte ei et pallium, et Luce III° [5]): *Ab*
eo qui aufert tibi vestimentum et tunicam, noli prohibere, et qui aufert
tibi b) *que tua sunt, ne repetas·* Nec deberent presumere talia propter
libertatem ecclesie, quia libertas ecclesie, sicud et honor temporalis

a) ms. *folgt getilgt:* veritatem.
b) ms. *folgt getilgt:* vestimentum.
1) c. 23. dist. 50.
2) c. 32. C. 23. q. 4.
3) Galat. 5, 12.
4) Matth. 5, 40.
5) Luc. 6, 29.

ipsius inter bona minima computatur; et ideo, sicud in tali casu relin·
quende essent res temporales, ne res temporales quieti et paci fidelium
preferantur, sic in tali casu esset libertas ecclesie deserenda et esset
sequendum consilium et doctrina Augustini in preallegato capitulo *Non
potest*[1]) dicentis: *Non potest esse salubrior a multis correptio, ubi
non ille corripitur, qui non habet sociam multitudinem.* Cum igitur idem
morbus plurimos occupaverit, nihil aliud restat boni scilicet, quam dolor
et gemitus. Cum igitur ecclesia Avinionica iniuste contra imperatorem
innocentem processerit, sequitur, quod inexcusabiles sunt censendi, etiam
si in tali casu contra nocentem procedere tenerentur taliter./

Cap. XXIV. Non solum autem Romano imperio, sed etiam quantum ad res ecclesiasticas ecclesia Avinionica iniuriatur viris christianis,
aliter ordinando de eis et disponendo, quam ordinaverunt illi, qui dederunt. Ad cuius evidentiam sunt duo scienda. Primum est, *(fol. 100)*
quod clericis quedam bona temporalia debentur iure divino, illa scilicet,
que sunt necessaria pro eorum necessitatibus relevandis; quedam autem
non debentur eis iure divino, bona scilicet superhabundantia, que pro
pauperibus sustentandis, ecclesiis fabricandis, hospitalitatem sanciando
et aliis piis causis eis imperatores et reges ac fideles alii non ex necessitate, sed ex sola devotione et pia largitione dederunt. §. Secundum /
est, quod secundum leges consonas rationi quilibet intra dicionem rei
· sue, quam tradere non tenetur, sed ex pura libertate tradit seu donat,
legem, conditionem, modum et pactum, quod vult, potest imponere a),
dummodo a ratione vel lege b) debet huiusmodi lex, conditio, modus vel
pactum a re perservari. §. Ex hiis concluditur, quod ecclesia Avinionica
ordinans et disponens de rebus ecclesiasticis clericorum sive secularium
sive religiosorum aliter, quam ordinaverint illi, qui dederint, scilicet tollendo
ab eis et accipiendo sibi vel aliis tribuendo clericis. iniuriatur c) eisdem ; et ⟩
ideo papa vel gerens se pro papa, si de bonis superhabundantibus clericorum dat decimas vel aliam aliquam certam partem alicui clerico vel
laico, vel etiam accepit pro seipso, ipsis iniuriam irrogat manifestam,
nisi donans res huiusmodi clericis talem papa concesserit potestatem.
Et ideo quia in privilegiis principum, qui dotaverunt ecclesias, non habetur, quod ipsi talem super rebus, quas dederunt ecclesiis, pape concesserunt potestatem, papa de rebus ecclesie taliter se intromittere minime potest; et ideo si imperator, rex vel princeps d) iuvare pro piis causis
de rebus superhabundantibus ecclesie, quas ipse vel predecessores sui
dedit vel dederunt ecclesiis, non debet petere subsidium a papa de
huiusmodi rebus, nisi forte papa ex consuetudine colorata scienter in /·

a) *ms.* impetere.   b) *Es sind offenbar einige Worte ausgefallen;
erg. etwa*: superiori non sit prohibitum (cf. Vat. 4115 f. 148 v.), et   c) *ms.*
iniuriantur.   d) *Es scheinen ein paar Worte zu fehlen.*
1) c. 32. C. 23. q. 4.

aliqua regione talem optinuerit potestatem; sed auctoritate propria in casu necessitatis pro piis causis potest ab ecclesiis subsidium postulare.

Cap. XXV. Adhuc ecclesia Avinionica iniuriatur imperatori et aliis fidelibus quantum ad res datas Romane ecclesie, vetando eis ius exigendi tributum et censum, quod pro eis solvebatur, antequam essent date Romane ecclesie. Nam vera Romana ecclesia non potest privare imperatorem et fideles alios huius iuris rerum earum ª), que sunt date Romane ecclesie; nam res transit cum onere suo, sicut testantur leges canonice et civiles. Si igitur possessores et predia antequam darentur Romane ecclesie, solverant censum et tributum, et nunc solvere debent, nisi possit ostendi, quod dantes tali modo eas dederunt, quod non solverent. §. Amplius si imperator et fideles privati sunt iure exigendi huiusmodi tributum et censum de rebus Romane ecclesie, aut privati sunt a iure aut ab homine; si a iure, aut a iure divino aut a iure humano. Non a iure divino, quia de hoc in scripturis divinis, in quibus ius divinum habemus, di. VIII. Quo iure¹), nihil habetur; nec a iure humano quia ius humanum in legibus imperatorum habemus. Igitur si imperatores talem immunitatem non dederunt rebus Romane ecclesie, ipsam non habent. Nec imperatores nec alii privati sunt huiusmodi iure ab homine, quia nec a papa, cum potestas pape ad temporalia regulariter minime se extendat, nec papa habeat potestatem tollendi iura et libertates aliorum. Sed superius ostensum est, quia hoc est contra libertatem legis evangelice, per quam quilibet gaudere debet iuribus et libertatibus suis, nisi ipse sponte renunciaverit eis vel propter culpam aut ex causa rationali et manifesta sit privandus: nec ab alio homine, quam a papa sunt privati huiusmodi iure, sicud patet.

Cap. XXVI. Causa brevitatis ommitto ad presens probare, presertim quia in aliis operibus exquisite probatum existit, quare ecclesia Avinionica cupiens omnibus, quod essent eius vilissimi servi, cum austeritate et potentia imperare, iniuriatur eisdem, ac fideles multo decipit et totam christianitatem conturbat, videlicet usurpando sibi potestatem, quam non habet ᵇ), in privando fideles clericos et laicos rebus, iuribus et libertatibus suis, in humeros ipsorum onera importabilia imponendo; res tam Romane ecclesie, quam aliarum in abusus multimodos expendendo; inter christianos guerras, seditiones et discordias procreando et suscitatas fovendo; suos partialiter promovendo et nationes alias contempnendo; iuramenta licita relaxando; subiectos principibus et aliis a fidelitate et debito obsequio absolvendo; vota facta Deo remittendo vel ad libitum commutando; ecclesias cathedrales et alias canonica

a) *ms.* eorum.   b) *ms.* habent.
1) c. 1. dist. 8.

electione privando et de rebus earum ut libet disponendo; per iniquas
sententias et processus iniustos laqueum ponendo simplicibus; religiosos
nonnullos ad maiorem artitulinem, quam regula eorum contineat, obli-
gando vel maiorem relaxationem concedendo vel ut ad secu'um redeant
indulgendo et inter eos statuta illicita faciendo; doctrinas catholicas et
que fidei christiane non obviant, condempnando et profectum scientie
multipliciter impediendo et cogendo litteratiores et intelligentiores eis, ut
in eorum obsequium suum intellectum contra rationem et scripturas
sacras captivent; de factis suis et scripturis reddere rationem volendo
alios, quoscumque se in eorum iniquitatibus vel erroribus ausi fuerint
refragari vel ius suum aut iustitiam aut eorum voluntatem prosequi vel
defensare temptaverint aut suam innocentiam declarare, ipsos de falsis
criminibus mendaciter diffamando et de heretica pravitate vocando, et
si eos habuerint, corporaliter occidendo vel perpetuis carceribus manci-
pando.

Innumerabiles alie iniurie et excessus eorum, quibus populum christianum afficiunt, turbant et seducunt et in servitutem contra libertatem evangelice legis conantur redigere, narrari valerent, que et qui in
dyalogo explicantur et disputative discutiuntur. Sed si de predictis fieret
iustitie plenitudo, puto, quod alia possent faciliter emendari. Arbitror
autem, quod predicta minime corrigerentur, (fol. 100 ᵛ) et quod numquam
inter occupantes apostolicam sedem et alios christianos pax vera firma-
bitur, nisi irrefragabiliter, quanta papa ex iure divino impollebat potestate, per clericos et laicos sanciatur. Quia quamdiu hoc ignorat fidelium
multitudo et papa fines suos ex libidine dominandi et temporalia possidendi vel ex ignorantia transgredi molietur, et alii res, iura et libertates
suas vel cum ratione, que etiam aliquando simplicibus in vexatione potestatis se offert, vel sine ratione eis nota tueri nitentur. et illa inter
eos ipsos pugna pertinax non cessabit. §. Estimo autem, sicut dictum et
probatum est prius, quamvis brevissime, quod papa ex iure divino nulla
alia predicta ª) potestate, nisi quod illa potest, que sunt necessaria saluti
ac regimini et gubernationi fidelium, salvis rebus, iuribus et libertatibus
aliorum, a Deo et a natura et ab ordinatione humana rationali eis concessis, hoc salvo, quod ab aliis, quibus semina spiritualia ᵇ) potest necessaria pro suis necessitatibus competenter, moderate tamen, exigere ; et
ita nec videtur ex iure divino supererogatoria imperare nolentibus
nec iura et libertates aliorum turbare. Et ideo ᶜ) apostolicus principatus non est dominativus, sed ministrativus, qui propter suam dignitatem et nobilitatem seculares principatus superat universos. Omnem
aliam potestatem, qua radiat, iure humano recep:t, qua potencia pape,

---

a) *Lies vielleicht :* preditus sit ? b) *Es fehlt das Verbum :* ministrat
oder ähnlich. c) *Folgen einige nuleserliche Korrekturen.*

quamvis forte non sedes, propter ingratitudinem et abusum, in iustis casibus privari iuste deberent. §. Autumo vero, quod nequaquam ferventer desiderans a) ad publicam deduci noticiam, qua et quanta et quo iure papa polleat potestate, zelum christianitatis non habet vel non secundum scientias. Quamobrem omnes literati circa ipsam indigandam hiis periculosis temporibus occupari deberent propter infinita mala, que ab antiquis temporibus inter christianos ex ipsius ignorantia provenerint. Aliter enim alligatum erit verbum Dei in ore ipsorum [1]), et erunt sicud canes, non valentes latrare [2]).

C a p. X X V l l. Sane quia ecclesia Avinionica omnes, qui eis iuste vel iniuste audent resistere, hereticare molitur, ut qui scire voluerint, non ignorent, quod ipsi sunt inter hereticos et inventores ac defensores errorum stultissimorum et inopinabilium vel vix opinabilium et qui magis sunt fantastici, quam sompnia numerandi, quosdam de eorum erroribus duxi presentibus inserendos, quatinus sciatur aperte, an doctrina ipsorum doctrinis istorum, quos dampnare desiderant, valeat comparari. §. Ponam autem predictos errores sub eisdem verbis sub quibus per mundum sub bulla sunt transmissi, tanquam credendi firmiter et tenendi, ne dicant emuli, quod muto verba Avinionice doctrine. §. Est itaque primus error ipsorum hic inserendus, utilitatem et perfectionem ac precellentiam votı paupertatis et ratione consimili omnium aliorum votorum destruens et excludens, qui ponitur in libello bullato *Ad conditorem:* quod, si sollicitudo, scilicet circa temporalia acquirenda, conservanda et dispensanda eadem, post expropriationem huiusmodi, que sit per votum paupertatis, perseveret, ad perfectionem huiusmodi talis expropriatio videtur nil conferre. Ex quibus verbis sequitur manifeste, quod eadem sollicitudine licita et per consequens maiori remanente circa temporalia votum paupertatis ad perfectionem nil confert ; et ita, cum prelati religiosorum mendicancium et aliorum ac etiam alii professi in ordinibus sepe licite et meritorie tantam et nonnumqum maiorem habeant sollicitudinem circa temporalia post professionem, quam in noviciatu . . .

a) *ms.* desiderat.
1) Vgl. 2. Tim. 2, 3.
2) Is. 56. 10.

XIII.
Augustinus Triumphus.
Tractatus contra divinatores et sompniatores.

Aus: Vat. lat. 939, fol. 31 v — 46 v.

(fol. 31 v). Incipit tractatus contra divinatores et sompniatores editus a fratre Augustino de Ancona ordinis fratrum Heremitarum Sancti Augustini.

Quoniam sicut tempore retroacto, ita et nunc nonnulli insurgunt, qui non voluntatem rectam subiciunt, nec doctrine studium impendunt, sed hiis, que sompniaverunt vel inmissis demonum illusionibus divinaverunt, sacre scripture sapientie verba coaptare nituntur, non veri, sed beneplaciti rationi sectantes nec desiderantes doceri veritatem, sed ab ea ad fabulas convertentes auditum, habentes rationem sapientie in superstitione. Et solum in verbis pretenditur pietas, quam utinam non admiserit conscientia; et eorum simulatam pietatem omnium verborum mendacio doloque concepto impiam reddunt, necnon false eorum doctrine documentis sanctorum virorum famam corrumpere molientes, aurum prurigentes, sub novello eorum desideriis dogmate patribus et pastoribus ecclesie ingerunt in tantum, ut vestram paternitatem super talibus auditis quandoque viderim admirari, non voluntate imitationis et observationis, sed magis desiderio veritatis cognitionis.

Quamvis igitur, reverende pater, contra sompniatores, divinatores et omnes alios humana superstitione atque dyabolica illusione deceptos a sacris legibus a) multa conscripta inveniantur, nichilominus tamen non debemus desinere semper medicinas conficere, sicut ipsi non desistunt semper vulnera invenire, ut ibi statim proferantur *(fol. 32)* medicamenta, unde facta sunt vulnera. Bona igitur conveniens consideratio, ne supradicti et eorum satellites virus nequitie in Christi fideles amplius effundere queant: et vestre sollertie super scienda veritate divinationum et sompniorum delectatio, quia dicente spiritu sancto [1]), si vinum et musica letificant cor, super utraque tamen leticia sapientie et cognitio veritatis; necnon mei temporis, quod nunc, Deo volente vel permittente, otio, quam labore magis pertranseo, aliqualis occupatio: nam etsi non die ac nocte, saltem temporum spatiis, quibus possum, ego in lege domini meditor, et ne alique rationes et meditationes mee a mente effugiant, scripto redigo et stilo alligo et pertingo: ista igitur tria, in Christi glutino copulata, meum cogitatum ad hoc perduxerunt, ut opus quoddam per modum tractatus aggrediar, in quo non solum divinationes et sompnia observancium atque interpretancium ponatur reprehensio, verum

a) *ms.* sacrilegibus.
1) Vgl. Eccli. 10, 20.

etiam, qualiter et a quo supradicta efficaciam habere possunt, exprimatur
veritatis indagatio. Ut tamen vestre sanctitati faciliter occurrat, quod
scire desiderat, prelibatum tractatum ultro per capitula distingo.
Ista sunt capitula tractatus contra divinatores
et sompniatores.

Cap. primum, in quo ostenditur, quod maxime sedes apostolica non
debet cuilibet divinatori vel sompniatori sive futurorum et occultorum
pronuntiatori aures apponere, quamcumque vera dicat et mundum et ea
que sunt in mundo spernere videatur, propter multa pericula que inde
evenire possunt.

Cap. II. in quo ostenditur, quod discernere inter divinas revelationes et dyaboli illusiones donum est spiritus sancti. Ideo magne pre-
sumptionis et temeritatis est nocturnas illusiones et sompniorum visiones
dicere esse revelationes divinas, maxime cum nunc tales revelationes
non fiant.

Cap. III. in quo ostenditur, quod per multa signa homo potest
cognoscere que sunt divinitus inspirata et dyabolica fraude instigata, que
ab istis interpretibus sompniorum non tanguntur.

Cap. IV. in quo ostenditur, quod propter malitiam vel bonitatem
hominum cuiuscumque status aliquis cogitet doctrinam fidei non esse
per divinam revelationem, sed per humanam inventionem, non est motivum
divinitus inspiratum. sed magis dyabolica fraude vel intrinseco dolo
excogitatum.

Cap. V. in quo ostenditur, quod tradere vel explicare modum alicui
regi vel principi, secundum quem debeant vivere iuxta regulam evangelii
sine speciali mandato et commissione sedis apostolice, est magne superstitionis nec caret mala suspicatione.

Cap. VI. in quo ostenditur, quod promittens irrefragabili demonstra-
tione probare incarnationem verbi et alios articulos fidei, cum hoc quod
dicit falsum, derogat etiam fidei catholice et fomentum non modicum
prestat hereticis.

Cap. VII. (fol. 32v) in quo ostenditur, doctrinam per istos interpretes sompniorum commendatam esse falsam et erroneam, nec commendatio talis et increpatio exstirpantium predictam doctrinam caret radice
et superstitione mala.

Cap. VIII. in quo ostenditur, quid est divinatio et respectu quorum
divinatio habet fieri, et quot sint modi vel species divinandi.

Cap. IX. in quo ostenditur, quomodo demones et de quibus possunt
divinare, et unde eorum divinatio potest veritatem vel falsitatem habere.

Cap. X. in quo ostenditur, quomodo magica arte demones possunt sic ludificare et fascinare mentes hominum, ut multa faciant que videntur similia a) operibus miraculorum esse.

C a p. X I. in quo ostenditur, quod nullus debet uti divinationibus demonum, quamvis vera pronuntient et fieri bona persuadeant.

C a p. X I I. in quo ostenditur, qualiter et a quo divinationes facte per nigromanticas b) artes efficaciam habere possunt, et quomodo tales divinationes veritatem vel falsitatem continere possunt.

C a p. X I I I. in quo ostenditur, quomodo virtute artis notorie non potest esse vere scientie acquisitio, sed potius dyabolica illusione antiquorum perm:scio et occultorum divinatio.

C a p. X I V. in quo ostenditur, quod divinatio vel ficuratio et verborum conscriptio, que fit ad corporum sanitatem inducendam vel infirmitatem cavendam, est omnino illicita et tanquam dyabolica supersticio vitanda.

C a p. X V. in quo ostenditur, quomodo verba divina figuris et caracteribus transcripta, in colla suspensa vel in alia parte corporis portare propter aliquorum bonorum adeptionem vel periculorum evasionem, omnino est illicitum et humana supersticio atque dyabolica deceptio.

C a p. X V I. in quo ostenditur, quomodo divinatio facta per observationem dierum et temporum uno modo est vera et licita, alia vero modo est mala et supersticiosa et ab ecclesia prohibita.

C a p. X V I I. in quo ostenditur, quomodo divinatio facta per garritum avium vel motum piscium aut aliquorum animalium veritatem habere potest vel qualiter potest esse presagium aliquorum futurorum.

C a p. X V I I I. in quo ostenditur, quomodo divinatio facta per puncta descripta a gromantico in aliquo potest esse vera, quamvis ut in pluribus falsitatem contineat et ideo tanquam humana supersticio est vitanda.

C a p. X I X. in quo ostenditur, quomodo divinatio facta per astrologos, ut in pluribus, vera esse potest, quamvis non necessaria, ut alicui humano actui necessitatem imponat.

C a p. X X. in quo ostenditur, quomodo divinatio facta per sompnia ex multis causis (fol. 33) provenire potest. Et ideo ipsorum interpretatio est humana superstitio et ut in pluribus dyabolica illusio.

C a p. X X I. in quo ostenditur, quot modis divinatio sortium fieri potest, et qualiter divinatio est prohibita.

cap. 1. Incipit: Quamvis omnibus fidelibus dicatur illud verbum . . . (fol. 34v). In cap. 3. über die Unterscheidungsmerkmale der guten und der bösen Geister: Unus est mobilitas ex parte illius qui tales revelationes recipit . . . Si igitur videmus aliquos mobiles et fluctuantes in

a) ms. similibus.   b) ms. nigromantias.

statu eorum, ut nunc sint uxorati, nunc continentes, nunc seculares, nunc
religiosi, nunc ultra mare, nunc citra, nunc mundum spernentes, nunc
apparentes, signum est visiones factas talibus non esse divinas revelationes, sed dyaboli illusiones. Secundus fructus est deformitas ex parte
ritus et ex parte secte, quam sequitur ... Non est aliud superstitio,
quam religio supra modum servata ... Si igitur videamus aliquos novum
ritum tenere et sectam novam fabricare per mundum, ad cuius fabrica-
tionem quasi circuunt mare et aridam *(fol. 35)*, ut faciant eis unum prose-
litam, illud est expresse signum, quod sompniorum visiones eorum sint
dyabolice illusiones et revelationes Tertius fructus est contrarietas sacre
scripture, que exponitur ... Quartus fructus est eorum que revelantur
falsitas ....

(fol. 35) cap. 4. Dicunt aliqui qui interpretes sompniorum et reve-
lationum se faciunt, aliquos magnos viros diu hunc excogitatum habuisse,
doctrinam fidei non esse per divinam revelationem, sed per humanam inventionem propter tria motiva, quorum primum est perversitas clericorum
et prelatorum; secundum est tarditas sedis apostolice in correctione
omnium istorum ...

(fol. 36) cap. 5. Sunt aliqui sic supersticiosi, ut dicant se velie tradere motivum et explicare viam quibusdam regibus et principibus, secundum que vivere debeant iuxta regulam evangelii. Sed quod hoc non
iceat facere alicui singulari persone sine speciali mandato et requisicione
ecclesie racionibus et auctoritatibus comprobatur. *Denn die Kirche hat
allein das Gesetz zu interpretieren, das sie zu geben hat, also auch das
von Christus gegebene Evangelium, das dieser den Aposteln, deren
Kollegium die römische Kirche repräsentiert, zur Interpretation über-
liess usw. Besonderer Beweis aus Act. 10, 30—33. (fol. 36 ᵛ)*. Sine
ergo mandato Petri vel vicem eius gerentis non licet alicui explicare
regi vel principi regulam evangelicam ...

Schluss: Igitur heretici non immerito isti possunt appellari, quia
eorum pestifera dogmata Parisius combusta et per universitatem illam
condemnata adhuc defendere conantur.

cap. 6: Sunt aliqui superbi tantum de eorum intellectu presumentes,
ut totam rerum naturam se reputent eorum intellectu metiri posse, esti-
mantes totum verum et demostrationem esse, quod eis videtur, et falsum
esse, quod eis non videtur. Tales igitur promittunt aliquibus regibus se
irrefragabili demostratione probare Dei filium esse incarnatum et alios
articulos fidei *etc. Ein solcher Beweis ist unmöglich, weil er über das
Vermögen der menschlichen Vernunft geht. Könnten die Glaubensartikel
rational bewiesen werden, ginge das ganze meritum fidei verloren. Der
ganze Anspruch ist eine Verhöhnung* (derogatio et derisio) *des katholischen Glaubens.*

(fol. 37) cap. 7. Secundum beatum Augustinum in libro de vera religione cap. V.[1] *Christiana religio non est querenda in confusione paganorum et purgamentis hereticorum neque in langore scismaticorum neque in cecitate Iudeorum, sed apud eos solum qui christiani catholici vel ortodoxi nominantur.* Ex quo dicto clare apparet peticionem istorum qui interpretes sompniorum et visionum se faciunt, superstitiosam esse et malam. Quia doctrinam cuiusdam fratris minoris Petri Iohannis interim extollunt et commendant, ut preter illam religionem christianam et regulam evangelicam dicant *(fol. 37 v)* non posse haberi vel servari. Et ipsos fratres minores sacre fidei professores eo, quod doctrinam illius fratris tanquam superstitiosam et erroneam extirpaverunt, petunt condampnari et annullari. Cum tamen clare clarius apparet doctrinam illius fratris vel sapere confusionem paganorum vel supersticionem hereticorum vel languorem scismaticorum vel cecitatem Iudeorum, sicut liquide apparet per XII articulos qui in dictis eius reperiuntur [2].

Nam primus articulus ponens divinam essentiam triplicatam esse in tribus personis, est expresse contra auctoritatem Augustini VI. de trin. c. VIII. [3]), ubi ait, quod Deus trinitas non triplex appellatur; et est contra racionem, quia triplex vel triplicitas species est promptioris inequalitatis, quapropter cum significet quandam inequalitatem in Dei viribus [a]), ubi est summa equalitas, ponere non debemus.

Secundus vero articulus ponens divinam essentiam esse producentem et productam vel gignentem et genitam, est expresse contra auctoritatem Damasii III. li. c. XXXV., ubi ait, quod genitum et ingenitum vel producens, et productum non est nature vel essentie, sed ypostaseos, id est subpositorum, et subdit, quod est igitur divina natura et essentia ingenita et increata. Et est hoc contra rationem, quia si divina essentia esset producta, cum divina essentia sit pater, sequeretur, quod pater esset productus et sic esset filius, et si divina essentia esset producens, cum filius sit divina essentia, sequeretur, quod filius esset pater et per consequens esset confusio personarum, quod sapit hereses Sabbelicorum.

Tercius autem articulus ponens animam rationalem non esse formam corporis per se, est contra auctoritatem philosophi II. de anima dicentis [4])

---

a) *ms.* m̄di virus.

1) Augustinus, De vera religióne c. 5, Migne 84, S. 127.

2) Die folgenden 12 Lehrsätze Olivis sind m. W. unbekannt und zur Charakteristik seiner Lehren nicht unwichtig. Vgl. F. Ehrle, Olivis Leben und Schriften, Arch. f. Litt. u. Kirchengesch. III 416 ff. die 1283 censurierten 34 Lehrsätze; und die vota der Pariser Magister bei Denifle, Chart. univ. Paris. II 238 nr. 790 (1318—20).

3) Augustinus, De trinit. VI, c. 8, Migne 42, S. 930.

4) Aristoteles, De anima II, c. 1.

animam esse actum vel formam corporis phisici potencia vitam habentis, et cum illud dicat de omni anima, tam intellectiva hominis, quam sensitiva brutorum, oportet necessario dictum eius esse verum de anima rationali per se, quod sit per se forma corporis, quia si competeret ei esse formam per sensitivam, conveniret ei per accidens, et sic ex anima rationali et corpore fieret unum per accidens, non per se. Sapit etiam hoc errorem gentilium, quorum aliqui posuerunt animam unam corpori ut motorem mobili, sicut plurimo ª) aliqui mediante fantasmate, ut aureos. Nec sequitur, quod extendatur extensione corporis, quia non educitur et de potentia materie, sed ab extrinseco creatur, nec dat esse inmortale corpori, quia non semper materia adequat esse ipsius forme, sed ab illo esse separatur anima, sicut perpetuum a corruptibili, ut etiam philosophus dicit.

Quartus articulus ponens, rei conservationem esse secundam rei factionem vel iteratam creationem ᵇ), est omnino falsum et impossibile, quia rei iam habenti esse nil potest dare esse, nisi res illa prius suum esse perderet. Si ergo Deus conservando res semper daret eis esse, sequeretur, quod res semper essent in continua corruptione et in con· tinua perdictione sui esse. Dicimus ergo, quod rei creatio et conservatio unum et idem est realiter, sed differt penes aliam et aliam habitudinem ad agens, quia creatio idem est, quod dare esse, conservatio vero idem est, quod illud esse datum continuare. Tantum ergo differt creatio et conservatio, quantum esse ab alio et esse ab alio continuatum, quod patet per Augustinum in enchiridio, ubi ait, quod nisi manibus optimis Dei res conservarentur, omnia in nichilum tenderent.

Quintus articulus ponens parvulis in baptismo virtutes non conferri, est expresse contra Augustinum in libro de baptismo parvulorum, ubi ait ¹), quod in baptismo fides datur et nutritur, datur quantum ad parvulos, et nutritur, quantum ad adultos; et planum est, quod fides inter virtutes theologicas est prima. Ratio etiam hec persuadet, quia parvuli statim baptizati, si moriuntur, evolant ad vitam eternam ad quam nullus potest intrare *(fol. 38)* sine veste nuptiali, que est caritas. Sed caritas non datur sine fide et spe, sicut posterius non datur sine priori; dantur ergo habitus virtutum parvulis in baptismo. Sed habitus illi ligati sunt propter indispositionem organorum, ne progrediantur in opera usque perveniant ad debitam etatem et ad usum liberi arbitrii.

Sextus articulus ponens caracterem non plus ponere in anima, nisi quantum ponit dedicatio in ecclesia, est contra Dyonisium et contra

---

a) *So ms.* plo, *mit Haken am l.*   b) *ms.* tiacom.

1) Augustinus, De peccatorum meritis et remissione et de baptismo parvulorum lib. I, c. 39, Migne 44, 150 (?).

magistrum sententiarum [1]) ponentes, quod caracter est quedam spiritualis potestas inpressa anime, per quam ordinatus distinguitur a non ordinato, ita quod sine tali potestate ministri ecclesie nec possent sacramenta conficere nec administrare. Sed dedicatio ecclesie, altaris vel calicis consecratio non est potestas ad sacramentum recipiendum nec ad sacramentum conferendum, quia sine istis possent sacramenta recipi et conferri, quamvis facientes peccarent graviter, si facerent in contemptum, sed dicunt talia quedam reverentie exhibite sacramento eucaristie, propter cuius sanctitatem et dignitatem dignum est, quod omnia et vasa, vestes et loca sint benedicta et sanctificata, unde et communiter sacramentalia quedam vocantur.

Septimus articulus ponens matrimonium non plus habere rationem sacramenti, quam serpens eneus vel candelabrum vel archa Moysi, est expresse contra auctoritatem apostoli ad Eph. V. [2]), ubi loquens de sacramento matrimonii ait, quod *sacramentum hoc magnum est in Christo et in ecclesia*, super quo verbo dicit glossa, quod pro tanto magnum est, quia cum hoc quod ad litteram est sacramentum, est signum alterius rei, quia significat coniunctionem Christi et ecclesie. Est etiam istud dictum contra rationem, quia serpens eneus, candelabrum, archa Moysi et quecunque fuerunt in veteri lege solum figurabant, quia secundum apostolum prima ad Cor. X [3]), *omnia in figura contingebant illis;* sed sacramenta ista nove legis efficiunt interius, quod figurant exterius, unde in sacramento matrimonii confertur interius gratia per quam omnia copulantur Christo, sicut exterius vir copulatur uxori. Et hoc in omnibus sacramentis convenit, quod gratia in eis confertur.

Octavus articulus ponens seppelire mortuos non esse opus pietatis de genere actus, est expresse contra auctoritatem sacre scripture, quia Tobie XII [4]) sepultura mortuorum inter opera pietatis nominatur, quando angelus dixit Thobie: *Quando orabas cum lacrimis et sepeliebas mortuos, ego obtuli orationem tuam domino.* Nec potest dici, quod non sit opus virtutis ex genere actus, quia seppelire mortuos elemosyna est et inter corporales elemosynas computatur. Sed constat, quod elemosynas facere actus virtutis est, cuius ratio est, quia nullus actus remuneratur eternali premio, nisi sit virtuosus. Et tamen actus iste elemosynam facere remuneratur eterno premio iuxta illud Thobie I° [5]): *Elemosyna a morte liberat et ipsa facit invenire vitam eternam.* Patet, quod est actus virtutis.

1) Petrus Lombardus. Sent. lib. IV, dist. 24, c. 10, Migne 192, S. 904.
2) Ephes. 5, 32.
3) 1. Cor. 10, 11.
4) Tob. 12, 12.
5) Tob. 4, 11.

Nonus articulus ponens Christum vivum in cruce fuisse lanceatum, expresse est contra seriem textus evangelii beati Iohannis [1]), quia primo premittitur in evangelio, quod cum Christus accepisset acetum dixit: *Consummatum est;* et statim hoc dicto inclinato capite emisit spiritum. Tunc fuit mortuus, quia non est aliud mors, quam emissio vel separatio spiritus a corpore. Et postmodum quibusdam interpositis sequitur in textu [a]), quod *ad Christum autem cum venissent. ut viderunt eum iam mortuum, non fregerunt eius crura, sed unus militum lancea latus eius apperuit.* Est etiam hoc expresse contra expositionem sancti Augustini, qui IIII. de trinit. clare dicit [3]), miraculum fuisse, quod Christus tam cito moreretur, ut non oporteret crura eius frangi, sed unus militum lancea apperuit latus eius. Non igitur vivus, sed mortuus salvator noster lanceatus est *(fol. 38 v).*

Decimus articulus ponens in evangelica paupertate tantam et supereminentem neccessitatem et indigentiam includi, ut nisi Deo servienti succurratur, stare non possit, expresse est hoc contra regulam aposto-lorum. Nam non intelligimus aliud evangelicam paupertatem, nisi quam apostoli primitus servaverunt, de qua dicitur Actuum IIII [4]), quod *erant illis omnia communia nec aliquis eorum que habebat suum esse dicebat,* sed de illa paupertate ibi subditur [5]), quod *nullus egens erat inter eos,* sed' providebatur unicuique, sicut cuique opus erat. Non igitur est de ratione evangelice paupertatis tantam indigentiam habere, quod nisi succurratur [a]), vivere non valeat, quia hoc esset temptare Deum et con-tra divinum preceptum, quia ex precepto Dei tenemur corpus proprium ex caritate diligere, sed carnem nostram domare ieiuniis, abstinencia esce et potus, quantum valitudo permittit. Hoc includitur in evangelica pau-pertate modo quo dicebat apostolus 1. ad Cor. X [6]): *Castigo corpus meum et in servitudinem redigo.* Sed sic dicentes sunt de numero illo-rum de quibus loquitur apostolus ad Col. 2. c. [7]), ubi ait: *Cavendum est ab illis qui dicunt corpori non esse parcendum ad saturitatem carnis nec in aliquo honore curandum.* Super quo verbo dicit glossa: Quod aliqui dicunt se non parcere corpori, ut alios gulosos appellent, nec in honore curandum, ut alios ambitiosos vocent, ut supradictum est.

Undecimus articulus ponens episcopos et prelatos assumptos de statu paupertatis evangelice teneri ad observantiam paupertatis equaliter

a) *ms.* seccuratur.
1) Ioh. 19, 30.
2) Ioh. 19, 33, 34.
3) Augustini, De trinit. IV. c. 13, §. 16, Migne 42, S. 899.
4) Act. 4, 32.
5) ib. 34.
6) 1. Cor. 9, 27.
7) cf. Col. 2, 23.

et eodem modo, sicut antea tenebantur, et quod in hoc nulla cadit dispensationis ratio, contra summi pontificis auctoritatem est istud, contra caritatem et contra status dignitatem. Nam contra caritatem est, quia equalitas in cibo et potu et vestitu secundum ordinem caritatis est in omnibus equaliter observanda, etiam in illis qui in paupertate vivunt sine mutatione status, sed secundum quod valitudo corporum et condictio personarum requirit. Unde Augustinus in speculo clericorum dicit [1], quod si aliqui moribus delicacioribus veniunt ad monasterium, si aliter tractantur in vita, non deberet aliis forcioribus hoc molestum esse, si isti sumunt, quod non sumunt illi, sed sibi potius gratulentur, quia valent, quod non valent illi. Est contra summi pontificis auctoritatem, quia nullus potest aliquid vovere in preiudicium sui superioris, quin semper teneatur ei parere [a] in omnibus que sua providentia pro utilitate ecclesie duxerit dispensandum. Et ideo summus pontifex in voto paupertatis et castitatis, legittima causa pensata, potest dispensare, non solum ut dispensatio sonat in voti commutationem, sed etiam, ut sonat in votis vel iuris relaxationem. Est etiam hoc contra status dignitatem, quia dignius est esse patrem pauperum, quam statum paupertatis servare; et quia prelati patres pauperum secundum canones vocantur, ideo possunt et debent illis uti et illa habere, per que possint eis et aliis providere, quia secundum apostolum patres debent filiis thesaurizare, non econtra.

Duodecimus articulus ponens quantitatem rei non differre ab ipsa rei essentia vel substantia, et quod situs non differt a puncto ubi, et [b] quod habitus virtutum non sint in puncto qualitatis cum hoc, quod ista dicta sint contra sententiam omnium peripateticorum [c] ponentium 4 puncta esse decem rerum genera distenta. Est tamen illud venenum fidei nostre, quia fides nostra ponit, quod in sacramento altaris quantitas panis virtute divina separatur a sua substantia et a sua essentia, eo quod substantia panis transubstantiatur in corpus Christi, quantitate, qualitate et aliis accidentibus *(fol. 39)* panis sub propria forma remanentibus, quod non posset fieri etiam virtute divina, si quantitas panis realiter non differret a substantia panis, quia que sunt unum et idem realiter, unum ab altero separari non potest sine inplicatione contradictionis, et quia Deus non potest facere, eo quod non sunt factibilia, que contradictionem inplicant. Ideo istud dictum tanquam venenum fidei est respuendum. Latius autem omnia ista essent inprobanda, sed hoc in alio tempore apponatur, properando ad materiam quam principaliter assumpsimus.

Im Folgenden Bekämpfung verschiedener Arten des Aberglaubens nach Augustin in libro de natura demonum (c. 2. C. 26. q. 4). Der Ver-

a) ms. patere.   b) ms. ad.   c) ms. p(er)ipothe.
1) Augustinus ?

fasser zeigt sich selbst ganz erfüllt vom Dämonenglauben. Er spricht
u. a. c. 16 auch über den Einfluss der Gestirne auf das Wetter; c. 17:
Einfluss auf das Benehmen der Tiere, wie: Geschrei der Raben, Er-
scheinen der Delphine über dem Wasser als Vorzeichen des Sturmes...

(fol. 46ᵛ) Schluss. Quamvis igitur superius fecerimus mentionem
de multis modis divinandi, quorum aliquos diximus veritatem posse
habere, nulli tamen christiano licet per divinationem aliquam veritatem exquirere, set solum ab illo est omnis veritatis cognicio postulanda,
qui est via, veritas et vita, quam ipse nobis tribuat, qui cum patre et
spiritu sancto est unus Deus benedictus in secula seculorum. Amen.

Explicit tractatus contra divinatores et sompniatores, editus a
fratre Augustino de Anchona Ordinis fratrum minorum Sancti Augustini.

XIV.

Alvarus Pelagius,

a) Tractatus qui nominatur colliriumAlvari adversus hereses novas.

Aus : Ottobon. lat. 2795, fol. 1—133.

Capitelübersicht fol. 125 - 133.

(fol.125): Presens opus compositus a fratre Alvaro de ordine Minorum, episcopo Silvensi, vocatur collirium, quia sicut collirium est quedam unctio facta ad feces oculorum tergendas et visum illuminandum, sic presens liber utilis et necessarius est ad errores extirpandos et hereses purgandas et ad fidem illuminandam. Et istud collirium *(fol. 125 ᵛ)* dividatur in sex partes principales, quarum prima pars continet LXV hereses sive errores, que noviter pullularunt, quorum primus error est illorum, qui dicunt, quod ecclesia catholica solum dicitur clericorum et non laicorum *(cf. fol. 2—3)*.

II. quod Christus non est sponsus ecclesie catholice *(fol. 3 ᵛ)*.

III. quod Christus non est caput ecclesie *(fol. 3 ᵛ—4)*.

IV. quod ecclesia catholica non sit corpus Christi *(fol. 4—4 ᵛ)*.

V. quod extra unitatem ecclesie possit quilibet in sua secta salvari *(fol. 4 ᵛ—5)*.

VI. quod ecclesia catholica possit errare *(fol. 5—5 ᵛ)*.

VII. quod ecclesia Romana non est mater et magistra omnium ecclesiarum et omnium fidelium *(fol. 5 ᵛ—6)*.

VIII. quod fideles non sunt sub obedientia Romane ecclesie *(fol. 6—6 ᵛ)*.

IX. quod ante fuerunt et imperatores et reges, quam ecclesia *(fol. 6 ᵛ—9)*.

X. quod imperatores et reges sunt ecclesia et non alii homines *(fol. 9—9 ᵛ)*.

XI. quod reges sunt caput et rectores ecclesie *(fol. 9 ᵛ—10)*.

XII. quod reges non sunt filii et membra et defensores ecclesie *(fol. 10)*.

XIII. quod extra ecclesiam potest esse vera iurisdictio *(fol. 10—10 ᵛ)*.

XIV. quod ecclesia recipit suam iurisdictionem ab imperatoribus et regibus. *(fol. 10 ᵛ—11 ᵛ)*.

XV. quod reges sunt iudices clericorum, maxime incorrigibilium *(fol. 11 ᵛ —12)*.

XVI. quod clerici seculares non possunt habere proprium nec possessiones *(fol. 12—12 ᵛ)*.

XVII. quod sunt duo capita et duo vicarii in ecclesia, scilicet spiritualis et temporalis, et quod sunt due ecclesie, una scilicet clericorum et alia laicorum *(fol. 12 ᵛ—13)*.

XVIII. quod pape, successores Petri, non habent tantam iurisdictionem in terra, sicut Petrus *(fol. 13—13 ᵛ)*.

XIX. quod Christus ascendens in celum non reliquit vicarium in terris *(fol. 13 ᵛ—14)*.

XX. quod si papa male vite sit, non est vicarius Christi *(fol. 14—14 ᵛ)*.

XXI. quod papa non habet plenam potestatem in temporalibus in hoc mundo *(fol. 14 ᵛ—15)*.

XXII. quod papa non potest iudicare vel privare vel excommunicare regem *(fol. 15 ᵛ—16)*.

XXIII. quod clerici propter malam vitam perdunt claves et non possunt dare ecclesiastica sacramenta, quod falsum est *(fol. 16—16 ᵛ)*.

XXIV. quod propter peccata clericorum iurisdictio eorum revertitur ad laicos *(fol. 16 ᵛ)*.

XXV. quod iura canonica et alie constitutiones a Romanis pontificibus approbate non habent tantam auctoritatem, sicut scripta veteris et novi testamenti, quod dicere est falsum *(fol. 16 ᵛ—13)*.

XXVI. quod illud quod ecclesia ordinavit, non est pro commodo generali, scilicet corporum et animarum omnium, sed ut terminos suos dilataret *(fol. 18)*.

XXVII. quod papa et clerici propter peccata sua perdunt decimas et oblationes *(fol. 18—18 ᵛ)*.

XXVIII. quod excommunicati ab ecclesia non debent vitari a laicis *(fol. 18 ᵛ—19 ᵛ)*.

XXIX. quod sententia prelatorum iniusta non debet servari ab omnibus *(fol. 19 ᵛ—20)*.

XXX. quod papa perdit iurisdictionem, quando Rome non stat. *(fol. 20)*.

XXXI. quod mundus regitur per fortunam et non per Dei dispositionem *(fol. 20 ᵛ—21)*.

XXXII. quod papa potest iudicari ab inferioribus et maxime in causa heresis *(fol. 21—21 ᵛ)*.

XXXIII. quod bona que dimittunt defuncti contriti, non prosunt eis *(fol. 21 ᵛ—22)*.

XXXIV. quod omnia de necessitate veniunt per constellationes stellarum *(fol. 22—23 ᵛ)*.

XXXV. quod si Deus non vellet, non peccaret homo *(fol. 23 ᵛ—25)*.

XXXVI. quod accipere bona ecclesiarum sine licentia prelati non est peccatum *(fol. 25—25 ᵛ)*.

XXXVII. quod solutus cum soluta sine matrimonio vivere non est peccatum *(fol. 25 ᵛ—26)*.

XXXVIII quod quidam volunt intelligere sacram scripturam aliter, quam ecclesia intelligit *(fol. 26)*.

XXXIX. quod trinitas fuit creata et incarnata in utero virginali *(fol. 26 —26 ᵛ)*.

XL. quod virtus quam habet pater curandi de aliqua infirmitate, potest relinqui ad filium et filius per naturam eam habere *(fol. 26 ᵛ—28)*.

XLI. quod non est peccatum usuram facere *(fol. 28)*.

XLII. quod propter peccatum prelati vel rectoris corrumpitur eius iurisdictio *(fol. 28—29)*.

XLIII. quod laici non sunt obligati ad conservandum iura canonica et alias ordinationes ecclesie *(fol. 29—29 v)*.

XLIV. quod episcopi non tenent locum apostolorum, nec sunt eorum vicarii, nec sacerdotes minores locum LXXII discipulorum *(fol. 29 v—30)*.

XLV. quod iurisdictio ecclesie et sacramenta non sunt duratura *(fol. 30 —30 v)*.

XLVI. quod pena dampnatorum et gloria sanctorum non sit perpetua *(fol. 30—31 v)*.

XLVII. quod pena purgatorii est perpetua *(fol. 31 v)*.

XLVIII. quod quidam dicunt, quod si hic semper viverent non curarent de alia vita in patria *(fol. 31 v—32 v)*.

XLIX. quod quidam mali christiani renegantes blasfemant Deum *(fol. 32 v —33 v)*.

L. quod quidam divinant et consulunt divinos et demones *(fol. 33 v—34)*.

LI. quod quidam observant auguria, sternutia, horas dies etc. *(fol. 34 —36 v)*.

LII. quod quilibet in secta sua, si bene vixerit, potest salvari, sicut Christiani in fide sua sancta *(fol. 36 v—37)*.

LIII. quod quidam post mortem faciunt infideles heredes vel legatarios *(fol. 37—37 v)*.

LIV. quod quidam coeunt cum mulieribus et Iudeis et Sarracenis et eas ducunt in uxores *(fol. 37 v —38 v)*.

LV. quod quidam credentes Machometum verum esse prophetam Dei eius sectam recipiunt et se faciunt circumcidi *(fol. 38 v—39 v)*.

LVI. quod emere vel vendere spiritualia vel permutare spiritualia pro temporalibus non est peccatum *(fol. 39 v—40 v)*.

LVII. quod sacramenta baptismi et ordinis possunt iterari *(fol. 40 v—41)*.

LVIII. quod corpus Christi consecratum in altari per verba sacerdotis non est ibi realiter, sed in signum et figuram *(fol. 41—41 v)*.

LIX. quod Christus dedit potestatem corporis et sanguinis consecrandi apostolis et non eorum successoribus *(fol. 41 v—42)*.

LX. quod ex quo Deus scivit omnia et qui erant salvandi et qui condempnandi, *(fol. 127 v)*, necessario salvabuntur illi et isti dampnabuntur *(fol. 42 v—43)*.

LXI. quod tantum fuit beata Maria plena gratia et spiritu, sicut Christus *(fol. 43—45)*.

LXII. quod Deus sit corporeus et occupat locum *(fol. 45—47 v)*.

LXIII. quod Christus ipse est pater et filius et spiritus sanctus *(fol. 47 v)*.

LXIV. quod creator et creatura sunt una res. *(fol. 48—48 v)*.

LXV. quod post finem mundi coniungent se viri cum mulieribus. *(c. 64 und 65 beziehen sich auf Amalrich von Bene) (fol. 48 v—49).*

Finita prima parte incipit secunda de erroribus, que continentur in decretis et primo de illis, qui ponuntur XXIV. qu. III. *Quidam* ¹); quorum primus talis est:

I. quod creatura non est a Deo, sed a quadam superna virtute creata *(fol. 49 v).*

II. quod mundus non a Deo, sed ab angelis factus est. (Menandrisai) *(fol. 49 v—50).*

III. quod Christus non sit passus pro mundi vita (Basilidiani) *(fol. 50—50v).*

IV. quod homo potest dimittere uxorem et qui voluerit utatur ea (Nicolaite) *(fol. 50 v—51).*

V. quod anima natura sit de natura Dei, quod falsum est (Gnostici) *(fol. 51 - 51 v).*

VI. quod Christus sit tantum homo et non Deus (Carpocratiani) *(fol. 51 v).*

VII. quod circumcisio debet servari cum baptismate (Herniciani) *(fol.52).*

VIII. quod omnia legalia veteris testamenti debent observari (Nazarei) *(fol. 52—52 v).*

IX. quod quidam colunt serpentem facientes contra legem (Ophite) ²) *(fol. 52 v—53).*

X. quod Christus non accepit carnem de virgine Maria (Valentiniani) *(fol. 53).*

XI. quod quidam angelus est creator omnium, et quod Deus est igneus (Appellite) *(fol. 53 v).*

XII. quod Deus omnia que condidit, sunt opera archangelorum (Arconciaci) *(fol. 53 v—54).*

XIII. quod nudi debemus ambulare, ex quo Adam nudus peccavit (Adamiani) *(fol. 54).*

XIV. quod quidam Caym adorant, quod ydolatrie est (Cainiani) *(fol. 54—54 v).*

XV. quod Seth, filius Adam, est Christus (Sethiani) *(fol. 54 v).*

XVI. quod Melchisedek non fuit homo, sed quedam virtus Dei (Melchisedechiani) *(fol. 54 v—55).*

XVII. quod quidam angelos colunt (Angelici) *(fol. 55).*

XVIII. quod sit peccatum vivere cum proprio (Apostolici) *(fol. 55—56).*

XIX. quod sunt duo contraria principia (Cerdoniani und Manichaei) *(fol. 56).*

XX. quod sunt duo domini et duo dii, unus iustus et alius bonus (Marchioniste) *(fol. 56—56v).*

---

1) c. 39. C. 24. q. 3 aus Isidor, Etymolog. lib. VIII. cap. 5. (Migne 82, S. 298 ff. [351 ff]).

2) fol. 52 v: a colubro nominati, coluber enim grece ophus dicitur.

XXI. quod quidam offerunt in sacrificio altaris panem et caseum (Archatente) *(fol. 56 v)*.

XXII. quod in sacramento calicis quidam solam aquam ponunt (Aquarii) *(fol. 56 v—57)*.

XXIII. quod bibere vinum sit peccatum (Severiani) *(fol. 57)*.

XXIV. quod carnes comedere sit peccatum (Taciani) *(fol. 57 v)*.

XXV. quod Deus non est verbum, vel quod verbum non sit Deus (Alogii) *(fol. 58)*.

XXVI. quod adventus spiritus sancti non in apostolis, sed in se traditus est (Cathaphrigi) *(fol. 58—58 v)*.

XXVII. quod debet negari penitentibus venia (Catharoici) *(fol. 58 v—59)*.

XXVIII. quod Christus non fuit semper, sed a Maria sumpsisse exordium (Pauliani, Nestoriani u. a.) *(fol. 59—63 v)*.

XXIX. quod quidam introducunt, materiam non naturam esse et Deo non nato eam comparant (Hermogeniani) *(fol. 63 v—64)*.

XXX. quod due nature et substantie sunt : una bona et alia mala (Manichei) *(fol. 64—64 v)*.

XXXI. quod Deus sit corporeus et habet membra (Anthropomorfite) [1] *(fol. 64 v)*.

XXXII. quod quidam recipiunt monachos et non alios (Hierachite) *(fol. 64 v—65)*.

XXXIII. quod apostate revertentes non debent reconciliari (Novatianij *(fol. 65—65 v)*.

XXXIV. quod peccatores non debent admitti ad penitentiam (Montani) *(fol. 65 v)*.

XXXV. quod Christus non in eodem instanti conceptionis fuit plenus omni dono spiritus sancti, sed in profectu temporis (Ebionite) *(fol. 65 v—66)*.

XXXVI. quod Christus fuit conceptus ex semine Iosephi (Photiniani) *(fol. 66)*.

XXXVII. quod non debet offerri officium pro defunctis (Aeriani) *(fol. 66—66 v)*.

XXXVIII. quod filius non est similis patri nec filio spiritus sanctus (Aeciani und Eunemiani) *(fol. 66 v—67)*.

XXXIX. quod non potest filius patrem videre nec filium spiritus sanctus (Originiani) *(fol. 67—67 v)*.

XL. quod Christus solus ipse sit trinitas (Noeciani) *(fol. 67 v)*.

XLI. quod in trinitate non sint tres persone, sed una tantum (Sabelliani) *(fol. 67 v—68 v)*.

XLII. quod diverse substantie sint in trinitate (Arriani ab Arrio Alexandrino) *(fol. 68 v—70)*.

---

1) A. verweist auf pars. I, cap. LXII.

XLIII. quod spiritus sanctus non est Deus, sicut pater et filius (Macedoniani) *(fol. 70—70 ᵛ).*

XLIV. quod Christus accepit corpus sine anima (Apollinariste) *(fol. 70 ᵛ).*

XLV. quod virgo Maria post partum miscuit se corporaliter Ioseph (Antidicomarite) *(fol. 71—71 ᵛ).*

XLVI. quod filius, in quantum Deus, minor est patre (Leuchagi) *(fol. 71 ᵛ)* [1].

XLVII. quod substantia humane carnis sit a dyabolo condita (Patriciani) *(fol. 72).*

XLVIII. quod Deus non creavit mala vel nociva (Coliciani) *(fol. 72—72 ᵛ).*

XLIX. quod Deus fecit opus, quod non esset bonum (Floriani) *(fol. 72 ᵛ).*

L. quod filius est minor patre et spiritus sanctus minor filio (Donatiste) *(fol. 72·ᵛ).*

LI. quod Christus est filius Dei adoptivus, non proprius (Bonosiani) *(fol. 73—73 ᵛ).*

LII. quod quidam desiderio martirii perimunt se ipsos (Circumcelliones) *(fol. 73 ᵛ—74).*

LIII. quod sunt due nature, una bona et alia mala (Priscillianiste) *(fol. 74)* [2].

LIV. quod non debent recipi ab ecclesia recedentes, si revertantur (Luciferiani) *(fol. 74—74 ᵛ).*

LV. quod nulla est differentia inter nuptas et virgines (Iovinianiste) *(fol. 74 ᵛ—75).*

LVI. quod postquam Maria peperit Christum, peperit alios ex Ioseph (Eluidiani) *(fol. 75).*

LVII. quod inferiores partes corporis sunt a dyabolo facte (Paterniani) *(fol. 75).*

LVIII. quod cum moritur corpus, moritur anima (Arabici) *(fol. 75—75 ᵛ).*

LIX. quod anima est corporea (Tertullianiste) *(fol. 75 ᵛ).*

LX. quod quidam observant pasca cum Iudeis (Tessarescaedecarite) *(fol. 76).*

LXI. quod non est bonum vigilare de nocte (Nyctages) *(fol. 76).*

LXII. quod sine gratia Dei bonum potest fieri per liberum arbitrium (Pelagiani) *(fol. 76—76 ᵛ).*

LXIII. quod virgo Maria tantum sit genetrix hominis et non Dei (Nestoriani) *(fol. 76 ᵛ—77).*

LXIV. quod Christus post carnem assumptam solum habuit divinam naturam et non humanam (Eutichiani) *(fol. 77).*

LXV. quod sicut in Christo est una persona, ita est una natura (Theodosiani et Gaianite) *(fol. 77—78).*

---

1) Der entsprechende § 46. c. 39. C. 24. q. 3. lautet anders. Er handelt von den Metangismonitae; vgl. Isidor l. c. § 47, S. 302 (357).

2) § 53 l. c. abweichend, vgl. Isidor l. c. §. 54, S. 303 (358).

LXVI. quod solum Christus in una existit natura (desgl.) *(fol. 78)* [1].

LXVII. quod filius Dei nescit futura in quantum Deus (Gnoite) a) *(fol. 78—78* v*)*.

LXVIII. quod sicut sunt tres persone in trinitate, ita sunt tres Dii (Tritoite) *(fol. 78* v*)*.

LXIX. quod divinitas Christi fuit passa in cruce (alii) *(fol. 79)* [2].

LXX. quod natura divinitatis Christi habuit initium temporis (Ariani u. a.) *(fol. 79—79* v*)*.

LXXI. quod Christus non descendit ad inferos ad liberandum electos suos *(fol. 79* v*)*.

LXXII. quod anima non sit creata ad ymaginem Dei *(fol. 79* v*)*.

LXXIII. quod anime cum egrediuntur a corpore, convertuntur in demones *(fol. 79* v *—80)*.

LXXIV. quod quidam innumerabiles mundos ponunt *(fol. 80)*.

LXXV. quod aqua est coeterna Deo *(fol. 80—80* v*)*.

LXXVI. quod calciamentum portare in pedibus sit peccatum (qui se apostolos vocant et quos ecclesia vocat begardos) *(fol. 80* v*)*.

LXXVII. quod manducare cum hominibus sit peccatum *(fol. 80* v *—81)*.

Expedita secunda parte incipit tertia de erroribus et heresibus qui alibi in decretis continentur; et continet XVII errores sive hereses quorum primus talis est.

I. quod in Christo tantum fuit una voluntas vel una operatio tantum (Monotelite) *(fol. 81—81* v*)*.

II. quod quidam relinquentes parentes non eos honorant *(fol 81* v*)* [3].

III. quod quedam mulieres comam sibi faciunt *(fol. 81* v*)*.

IV. quod quidam nubere et nuptias celebrare sit peccatum *(fol. 81* v *—82)*.

V. quod quedam mulieres vestibus virilibus utuntur, ut viri appareant *(fol. 82)*.

VI. quod quidam die dominico ieiunant *(fol. 82)*.

VII. quod quidam congregationes et sacrificia que fiunt in ecclesia contempnunt *(fol. 82)*.

VIII. quod quidam ecclesiam faciunt per se sine b) licencia episcopi.

IX. quod quidam condempnant carnem comedentes.

X. quod quidam spernunt proprios filios.

XI. quod quidam spernunt et condempnant viriliter et preciose indutos.

XII. quod quidam condempnant divites bonis operibus insistentes.

XIII. quod quidam nolunt comedere carnes nec brodium carnium.

---

a) So ms. u. auch mss. des Dekrets, statt Agnoitae.   b) ms. sicut.

1) Die c 65 u. 66 entsprechen den § 65 über die Acephali, u. § 66 über Theodosiani und Gaianitae in c. 39. C. 24. q. 3. Isidor 1. c. §§. 66. 67, S. 304 (360).

2) c. 69—77 entsprechen dem § 69 des Dekrets 1. c. Isidor § 69, S. 304 f. (360 f.).

3) Das Folgende nach c. 1 bis 16 dist. 30.

Schola, Texte. 32

XIV. quod quidam condempnant convivia pauperibus facientes [1] *(fol. 82 v)*.

XV. quod quidam faciunt purgationem vulgarem per ferrum candidum *(fol. 82 v—83)* [2]).

XVI. quod bellare, militare, occidere aliquem iusta ex causa sit peccatum *(fol. 83)* [3]).

XVII. quod licet Adam non peccaret, moriretur (Pelagiani) *(fol. 83—83 v)*.

Perfecta tertia parte incipit quarta de erroribus que continentur in decretalibus; et continet XXX. errores, quorum primus talis est.

I. quod quidam non firmiter credunt Romane ecclesie *(fol. 83 v)*.

II. quod Christus non est verus Deus et verus homo.

III. quod cum evangelio debet observari lex vetus.

IV. quod Greci rebaptizant baptizatos a Latinis.

V. quod quidam habent aliquos pro sanctis, antequam canonizentur ab ecclesia *(fol. 84)*.

VI. quod non debent mulieres intrare ecclesiam statim post partum.

VII. quod quidam dubitant in fide.

VIII. quod quidam paganos vel hereticos faciunt heredes suos.

IX. quod quidam presumunt Christum non esse aliquid secundum quod homo.

X. quod quidam defendunt hereticos.

XI. [a]) quod quidam aliter, quam ecclesia Romana tenet, predicant sacramenta.

XII. quod quidam officium predicationis sibi assumunt.

XIII. quod iurare cum expedit, sit peccatum.

XIV. quod quidam nolunt corrigere hereticos, cum possint.

XV. quod quidam conversi post baptismum volunt servare antiquos ritus.

XVI. quod quidam dicunt, quod sortilegia facere non est peccatum.

XVII. quod duella facere super furtis inveniendis non est peccatum.

XVIII. quod quidam contemptu ecclesiastica sacramenta nolunt recipere.

XIX. quod quidam non habent firmam spem in Deo pro bonis que faciunt *(fol. 84 v)*.

XX. quod quidam non habent conscientiam de excommunicatione.

XXI. quod quidam non credunt, quod pro uno peccato mortali pereat homo.

XXII. quod quidam negant spiritum sanctum a filio procedere.

XXIII. quod quidam dicunt, quod anima rationalis non sit forma corporis.

XXIV. quod quidam dicunt, quod vivente Christo fuit lancea perforatus.

XXV. quod ita potest homo esse perfectus, quod non possit crescere in gratia.

a) *ms.* XVI. *u. s. f.*
1) Nach c. 1. dist. 42.
2) Vgl. c. 9. X ne clerici vel monachi (III, 50) u. c. 3. X. de purg. vulg. (V, 35).
3) Vgl. Gratian, C. 23. q. 1.

XXVI. quod homo perfectus non sit obligatus ad precepta ecclesie.

XXVII. quod homo perfectus potest attingere in hac vita finalem beatitudinem *(fol. 85)*.

XXVIII. quod quelibet intellectualis natura in se ipsa est beata.

XXIX. quod se exercere in actibus virtutum est hominis imperfecti.

XXX. quod osculum mulieris semper est peccatum.

Expedita quarta parte de heresibus que in iure canonico extirpantur, incipit quinta et continet in se XXVII. hereses sive errores que ante et nunc noviter pullularunt a), quorum primus est: *(fol. 85 v)*.

I. quod papa potest deponi et iudicari ab imperatore [1]) *(fol. 85—85 v)*.

II. quod quilibet presbiter tantam habet iurisdictionem et potestatem, sicut papa *(fol. 86)*.

III. quod vacante papatu succedit imperator *(fol. 87 v—87)*.

IV. quod matrimonium non sit sacramentum *(fol. 88)*.

V. quod nullus debet excommunicari, licet mereatur *(fol. 88 v)*.

VI. quod non debent occidi animalia non comestibilia vel nociva *(fol. 88 v —89)*.

VII. Incipiunt errores Scoti qui vocatur Thomas Scotus, apostata fratrum Minorum et Predicatorum, qui dixit, quod numerus annorum quo vivebant tempore nature, non est verus *(fol. 89—89 v)*.

VIII. quod prophetia illa: Ecce virgo concipiet, non est dicta de beata Maria *(fol. 89 v—91)*.

X. quod tres fuerunt deceptores mundi, scilicet Moyses, Iesus et Macho·metus *(fol. 91—92)*.

X. quod oportet, quod in quolibet tempore veniat unus, qui mundum deciperet *(fol. 92—92 v)*.

XI. quod illud dictum prophete: Deus fortis pater futuri seculi, non sit dictum de domino nostro Iesu Christo, sed quod est nomen proprium *(fol. 92 v —93)*.

XII. quod anime post mortem in nichilum rediguntur *(fol. 93)*.

XIII. quod Christus non erat Dei filius proprius, sed adoptivus *(fol. 93)*.

XIV. quod virgo Maria non fuit virgo, nisi usque quo peperit *(fol. 93 —93 v)*.

XV. quod fides melius probatur per philosophiam, quam per sacram scripturam *(fol. 93 v—94 v)*.

XVI. quod beatus Augustinus et beatus Bernardus fuerunt traditores *(fol. 94 v—95)*.

XVII. quod mundus melius regeretur per philosophiam quam per iura canonica *(fol. 95)*.

XVIII. quod virtus patris curativa descendit ad filium *(fol. 95—95 v)*.

a) *ms.* polluerunt.

1) I. bis III. als Lehren des Marsilius von Padua.

XIX. quod Christus non dederat potestatem, quam habebat in terra, beato Petro et eius successoribus *(fol. 95 v).*

XX. quod ante Adam fuerunt alii homines *(fol. 95 v—96).*

XXI. quod potestas quam Christus dederat beato Petro, non dederat eam successoribus *(fol. 96).*

XXII. quod mundus non habet finem *(fol. 96—96 v).*

XXIII. quod melior fuerat Aristoteles quam Christus *(fol. 96 v—97).*

XXIV. quod sapientior et subtilior fuerat Aristoteles quam Moyses *(fol. 97).*

XXV. quod nolunt confiteri nec accipere corpus Christi *(fol. 97—97 v).*

XXVI. quod miracula Christi non fuerant facta virtute divina, sed arte magica *(fol. 97 v—98).*

XXVII. quod angeli mali non sunt facti demones *(fol. 98—98 v).*

Finita quinta parte incipit sexta pars de erroribus Grecorum, quorum sunt XLI errores ; quorum primus est :

I. quod spiritus sanctus non procedit a filio sicut a patre *(fol. 98 v — 99).*

II. quod ecclesia Romana non est caput et magistra omnium ecclesiarum *(fol. 99).*

III. quod sunt extra obedienciam Romane ecclesie.

IV. quod non habet plus de potestate papa, quam patriarche Grecorum.

V. quod hostia conservata in ecclesia Romana non sit verum corpus Christi.

VI. quod quicquid factum est per papas a tempore Constantini nullius est valoris.

VII. quod Romana ecclesia errat in forma baptismi.

VIII. quod non sit purgatorium, ubi purgentur anime.

IX. quod anime eciam perfecte exute a corporibus non habebunt gloriam, nisi post diem iudicii.

X. quod simplex fornicatio non est peccatum mortale.

XI. quod nati ex secundis et ultimis nuptiis non sunt legitimi.

XII. quod usura non sit peccatum mortale.

XIII. quod matrimonia eorum non sunt firma.

XIV. quod eorum sacerdotes sunt bigami.

XV. quod condempnant ecclesiam Romanam eo, quod aquam frigidam ponit in sacrificio.

XVI. quod dignitates eorum apud ipsos venduntur.

XVII. quod reliquie panis, de quo suum conficiunt sacrificium dicunt esse corpus beate Marie.

XVIII. quod condempnant ecclesiam Romanam bis vel pluries in XL a celebrantem.

XIX. quod deficiunt in duabus unctionibus precedentibus baptismum.

XX. quod non conficiunt crisma nec oleum sanctum nec cathecuminorum.

XXI. quod eorum episcopi et presbiteri non unguntur, cum ordinantur.

XXII. quod eorum confessores nullam satisfactionem imponunt pro furto.

XXIII. quod semel tantum in anno conficiunt sacramentum corporis Iesu Christi (pro infirmis) [a]).

XXIV. quod non habent nisi tantum quinque ordines et deficiunt eis IV minores.

XXV. quod potestatem clavium per absolutionem sacerdotalem negant.

XXVI. quod excommunicant ecclesiam Romanam ter in anno.

XXVII. quod non permittunt Latinos celebrare in suis altaribus.

XXVIII. quod solutus cum soluta commisceri carnaliter non sit peccatum mortale.

XXVIX. quod eorum sacerdotes iniungunt penitentias, ut interficiant Latinos.

XXX. quod eorum religiosi non sunt obedientes et casti.

XXXI. quod eorum domini temporales promovent eorum episcopos.

XXXII. quod eorum domini temporales corrigunt clericos.

XXXIII. quod nemo potest peccare mortaliter.

XXXIV. quod offendere inimicum non sit peccatum.

XXXV. quod condempnant Latinos comedentes suffocatum et sanguinem.

XXXVI. quod condempnant Latinos comedentes carnes in epdomada ante carnisprivium.

XXXVII quod in die veneris carnes comedunt.

XXXVIII. quod non debent comedi carnes in die mercurii.

XXXIX. quod non debent comedi caseus et ova in die veneris.

XL. quod pape sententias non observant.

XLI. quod militant sub imperatore scismatico.

Explicit Deo gratias.

(fol. 1.) T r a c t a t u s q u i n o m i n a t u r c o l l i r i u m A l v a r i a d v e r s u s h e r e s e s n o v a s.

In nomine domini nostri Iesu in quo vivimus, movemur et sumus et secundum apostolum Paulum, Actuum XVII. [1]) et XXVI. q. VII. *Non observetis* in fine [2]), in cuius Christi nomine omnia sunt agenda, ut idem dicit apostolus: *Omnia in Christi nomine agenda*, prima ad Corinthios XI. in fine [3]) et XXVI. q. V. *Non liceat* [4]) omnibus fidelibus orthodoxis, servis Christi Iesu, filii Dei et virginis gloriose Marie, dicte grece christotecon et theotecon [b]), latine matris Christi [c]) et matris Dei, XVI. distinctione c. *Sexta synodus* [5]) versu: *tercia in Epheso*, frater Alvarus professione minor, Silvensis minister, natione Yspanus, decretorum doctor, in sacra theologia

---

a) *Zusatz im ms.*   b) *letzter Buchst. Rasur.*   c) *folgt*: et matris Christi et

1) Act. 17, 28.

2) c. 16. C. 26. q. 7.

3) 1. Cor. 10, 31, vgl. Col. 3, 17.

4) c. 3. C. 26 q. 5.

5) c. 9. dist. 16.

scolasticus, gracia vobis et pax et misericordia a Deo patre nostro et
domino Iesu Christo, II. ad Cor. 1. c. ¹) et ad Galatas 1 ²). Quoniam *sine
fide impossibile est placere Deo,* ad Ebreos XI. ³) et *omne quod non est
ex fide, peccatum est,* ad Romanos XIIII. ⁴) et XXVIII. q. 1. *Omnes* et §.
Ex hiis ⁵), ubi exponitur, et extra *de prescript. Quoniam* ⁶), et stabiles esse debemus in fide et immobiles, prima ad Cor. XVI. ⁷) in fine, et secundum
apostolum *oportet esse hereses, ut qui probati sunt, manifesti fiant,*
prima ad Cor. XI. ⁸) et XXIIII. q. ultima c. ultimo ⁹) et 1. q. III. *Salvator*
in principio ¹⁰). Ideo ad extirpandam hereticam pravitatem extollentem
se adversus sanctam orthodoxam et catholicam fidem et anathematizatam
a sancta Romana ecclesia orthodoxa, quamvis occultam, extra *de heret.
Excommunicamus I* ¹¹). Et ad fulcimentum et declaracionem et corroboracio-
nem eiusdem fidei sacrosancte opusculum composui *(fol. 1* v) et hoc contra
hereses et errores novos et veteres que in quibusdam partibus Yspanie
et alibi pestifere pullularunt in fidei et fidelium detrimentum, periculum
et iacturam. Et quia ignorancia mater omnium errorum, XXXVIII. di. *Ignorancia* ¹²), et secundum Paulum : *Ignorans ignorabitur,* et loquitur ibi
Paulus de ignorancia fidei, 1. ad Cor. XIIII. ¹³) et XXXVIII. di. *Qui ea* ¹⁴),
quia ignorancia in fide neminem excusat, ut ibi, et XVI. q. 1. *Si cupis* ¹⁵),
et primum capitale mendacium est in doctrina religionis, XXII. q. II. *Primum* in principio ¹⁶), et quia hereticus nesciens hereticus est, VI. q. 1. *Sci-
mus* ¹⁷), XXIIII. q. III. *Heresis* ¹⁸), XXXVIII. di. *Quamvis* ¹⁹). Ne quis ergo in
fide errando vel menciendo, se valeat excusare, cum talis ignorancia
crassa sit, erronea et supina, extra *de clerico excommunicato* IIII. c. *Apostolice* ²⁰), necessario perlegat istud opus, XCVI. di. *Bene quidem* ²¹), versu

1) 2. Cor. 1, 2.
2) Galat. 1, 3.
3) Ebr. 11, 6.
4) Rom. 14, 23.
5) c. 14. C. 28 q. 1. pars 5, Gratian.
6) c. 20. X. de praescript. (2, 26).
7) 1. Cor. 16, 13.
8) ib. 11, 19.
9) c. 40. C. 24. q. 3.
10) c. 8. C. 1. q. 3.
11) c. 13. X. de heret. (5,7).
12) c. 1. dist. 38.
13) 1. Cor. 14, 38.
14) c. 10. dist. 38.
15) c. 5. C. 16. q. 1.
16) c. 8. C. 22. q. 2.
17) c. 9. C. 12. q. 1. ?
18) c. 27. C. 24. q. 3.
19) c. 11. dist. 38.
20) c. 9. X. de clerico excom. (5,27).
21) c. 1. dist. 96.

hec cum a) *legeret,* ibi *perlegatur.* Et licet fides pluribus modis accipiatur, ut notatur extra *de summa trinit.* super rubrica ¹), hic tamen accipitur et in toto isto opere, prout describitur ab apostolo : *Fides est sperandarum substantia rerum, argumentum non aparencium,* ad Ebre. XI. in princ ²). Et sic accipitur in predicta rubrica de summa trinitate et fide catholica, a qua fide fideles vocantur, qui baptizantur in Christo, XXII. qu. 3. *Movet te* ³). Et de tali fide dicitur dubius in fide infidelis, extra *de heret.* c. 1.⁴), *extra quam fidem nullus salvatur,* ut in simbolo Atanasii : *Quicumque vult,* et XXIII. di. *Qui episcopus* ⁵), et XXIIII. di. *Quando* ⁶), et XXIIII. *(fol.* 2) q. 1. *A recta* ⁷), et c. *Hec est fides* ⁸), et extra *de summa trin.* c. 1 ⁹). Et hec fides est specialissimum donum spiritus sancti que eciam non petenti datur, *de conse.* di. IIII. *Gracia* ¹⁰). Que magistraliter et theologice sic discribitur, fides est voluntaria certitudo absencium in scientia et supra opinionem constituta. Scientia enim habet cognicionem, fides non, quia secundum Augustinum fides est credere quod non vides, *de pe.* di. IIII. *In domo* ¹¹), que fides sine operibus mortua est, sicut corpus sine spiritu mortuum est, *de pe. di.* II. c. *Si enim* ¹²) ultima columpna. Est enim vera fides secundum apostolum ad Gal. V : *que per dilectionem operatur* ¹³), *de pe.* di. II. §. hec itaque, c. *quicumque,* c. *firmum,* c. *circumcisio* ¹⁴), Christus fides nostra alpha et O, qui principium istius operis fuit, sic et finis, Apo. primo ¹⁵). Et licet scriptum sit, quod medicus imperitus uno collirio omnium oculos vult curare, XXIX. di. c. ult.¹⁶), ego tamen etsi medicus imperitus astipulante Dei gratia omnium infidelium oculos in hoc opusculo, quod collirium fidei censui appellandum, inungere, quantum in me fuerit, et curare conabor. Collirium enim sonat, quod vicia oculorum tergat, secundum Papiam et Ysidorum ¹⁷); unde Huguccio ¹⁸) dicit, quod collirium

a) *fehlt im ms.*
1) c. 1 X. de summa trinit. (1,1).
2) Ebr. 11, 1.
3) c. 16. C. 22 q. 3.
4) c. 1. X. de heret. (5,7).
5) c. 2. dist. 23.
6) c. 5. dist. 24.
7) c. 9. C. 24 q. 1.
8) c. 14. ib.
9) c. 1, X. de summa trin. (1,1).
10) c. 145. dist. 4 de consecrat.
11) c. 11. dist. 4. de pen.
12) c. 40. dist. 2 de pen.
13) Gal. 5, 6.
14) dist. 2 de pen. c. 40. c. 8. c. 25. c. 28.
15) Apoc. 1, 8.
16) c. 3. dist. 29.
17) Papias, Vocabularium s. v. — Isidorus Hisp., Etymolog. lib. IV. c. 9, §. 10, Migne 82, S. 194 (184).
18) Huguccio, vgl. F. Schulte, Gesch. d. Qu. u. Lit. d. kanon. Rechts 1, S. 156

dicitur unctio facta ad tergendas feces oculorum secundum Apoc., XLIX.
di. c. 1 v. *lippus*[1]) ibi: *collirio*. Deus enim huius seculi id est dyabolus
mentes infidelium obcecavit, II. ad Cor. IIII[2]) et extra *de summa trinit.*
c. II. in fine[3]). Nunc autem ad declarandos et expurgandos errores et
hereses Christo previo accedamus.....

(fol. 6ᵛ) Alia heresis que tenet, quod ante fuerunt imperatores et
et reges, maxime antiqui, quam ecclesia; quod falsum est et erroneum.
Nam antea fuit ecclesia quam regnum vel imperium, quod sic probatur:
ecclesia enim accipitur pro congregatione fidelium . . . que dicitur corpus Christi misticum. . . . Hec inquam sancta mater ecclesia que in
psalmis dicitur ecclesia sanctorum, incepit in primo homine in innocentia
creato *u. s. f.* . . .

(fol. 9) et cum de ista materia et de regnis iustis tractavi copiosius
in opere, quod composuimus et vocatur *Status ecclesie* in prima parte
operis in articulo XXXVI ° et XLI, LXIIII[4]) et in alio, quod composuimus
opere, quod vocatur *Speculum regum*[5]).

Alia heresis est coniuncta cum precedenti que dicit, quod reges et
imperatores sunt ecclesia et aliud non sit ecclesia. Isti tales heretici in
ista et supra posita heresi regibus adulantes contra canonem XXXVIII.
di. *Nulli* ª)[6]) fugiunt se nescire, quid sit ecclesia aut perverse nesciunt et
excusati non sunt..... Et reges sive boni sive mali, quia homines sunt/
non bestie, non sunt ecclesia, quod est totum, sed intra ecclesiam continentur, sicut pars in toto......

(fol. 9ᵛ) Alia heresis est que dicit et tenet, quod reges sunt caput
ecclesie, sed Christus et papa eius vicarius generalis. .... Reges enim
et imperatores non sunt ecclesie capita, sed sua capita habent subicere
ecclesie sacrosancte .... et reges magni debent pontificium obsculari
et colla sua eorum genibus submittere, non econtra — *Unterschied wie
zwischen Gold und Blei, Sonne und Mond, Geist und Fleisch*. Et reges
ab episcopis excommunicari possunt, si contumaces fuerint et rebelles.
.... et reges et principes habent episcopis obedire, non econverso ....
... et imperatores et reges deponi possunt a papa .... et non sunt rectores ecclesie nec iudices ecclesie, nec patres, sed filii et subiecti; ....
nam *(fol. 10)* si rex catholicus est, filius est ecclesie et non presul . . .

Zu I, 13 (fol. 10 ᵛ): (virtus politica) potuit esse apud paganos vel
hereticos, sed non vera virtus perfecta theologica nec iusticia vel quelibet

a) *ms.* nonne.
1) c. 1. § 6. dist. 49.
2) 2. Cor. 4, 4.
3) c. 2. X. de summa trin. (I, 1).
4) Planctus eccl. I, art. 35, 41, 64. Lugduni 1517, fol. 4 v ff. 15 v . 64 v f.
5) Vgl. unten S. 516 f.
6) c. 4. dist. 38.

alia vera virtus. .... Quomodo autem pagani possideant regna et iuris-
dictiones notatur per Innoc. et Host extra *de vo. et vo. re. Quod super hiis* ¹);
unde in cronicis legitur, quod Constantinus monarcha post baptismum
resignavit regalia et gladium in manu Silvestri ; ostendens non legitime
usum fuisse gladii potestate nec legitime se habuisse, cum ab ecclesia
non acceperit. Item notat Lau. di. X. *Quoniam* ²) ex unctione demum sint
reges, que nulla nisi a sacerdote haberi potest exemplo Saul et David,
qui a Samuele uncti sunt ..... Liquet igitur omnem principem regnorum a iudice ecclesie confirmationem et exequucionem habere.... Imperator enim ab ecclesia recipit plenitudinem potestatis ..... et a papa
consequenter imperium, non a populo vel electoribus, ... quia nec dicitur imperator, nisi corona recepta ab ecclesia...

Alia heresis tenet, quod ecclesia recipit suam iurisdictionem ab imperatoribus et regibus, *(fol. 11)* quod falsum est. .... Nam ecclesia immediate iurisdictionem a Deo recepit, non ab homine .... Quod autem
imperatores et reges sic ab ecclesia ª) recipiant iurisdictionem vel
a Deo ea mediante, clare patet, quia .... ipsa habet utrumque gladium
et utramque iurisdictionem spiritualem et temporalem in toto mundo, sicut
habuit Christus, cuius est vicarius generalis in terra, a quo omnis alia
iurisdictio est temporalis, ut clare et prolixe hanc materiam declaravi in
opere nostro, quod vocatur *Status ecclesie* in prima parte in §. tercius
decimus articulus et in articulo XXXVII. et XL. ³) Nam heresis est Mani-
cheorum ponere duo principia, ut in extravaganti Bonifacii que incipit *Unam
sanctam catholicam,* que hanc determinavit questionem. Nam ecclesia
genus est, imperium vel regnum species de genere predicata, ut ecclesia
contineat imperium, sicut genus speciem.

(fol. 11) Alius error est qui tenet, quod reges sunt iudices clericorum,
maxime in maioribus criminibus, presertim, si sint incorrigibiles vel si
prelati eorum non faciunt de eis iusticie complementum ; et quod possunt
eos degradare, relegare et deportare, incarcerare, pignorare, detinere et
flagellare vel artare vel quomodolibet constringere vel punire.

(fol. 12) ... Unde clerici a iurisdictione temporali sunt exempti a Deo
et a papa per suas constitutiones, *nach* Innoc. extra *de maio. et obed. Si
quis venerit* ⁴) *und der* lex Friderici imperatoris in libro feudorum constitutio
Hac editali ⁵). Et quidquid alii notent, teneo cum archidiacono, domino
meo et magistro ⁶), quod eciam in causa reconventionis non est iudex cle-

a) *ms. folgt :* et ab ea ; *vielleicht :* et ab ea immediate.
1) c. 8. X. de voto et voti rem. (3.34).
2) c 8. dist. 19 ; Glossator Laurentius, vgl. F. Schulte l. c. I 190 f.
3) Planctus (ed. 1517) fol. 2-3, 6-11 v, 12-14 v.
4) c. 2. X. de maior. et obed. (I, 33).
5) Lib. Feud. II, 55 ; vgl. Rahewini Gesta Frid. IV c. 10, rec. Hofmeister
p. 241.
6) Guido von Baysio, vgl. Schulte l. c. II 185 ff.

rici secularis iudex : .... unde iudex secularis capiens clericum eciam in malificio comprehensum sine ecclesie auctoritate est excommunicatus. ...

(fol. 13, zu I. 17) über die zwei principia, zwei vicarii : ut ponunt heretici Valdenses a) ista etiam heresis extirpatur per Bonifacium papam in sua extravagante que incipit *Unam sanctam catholicam ecclesiam,* quam expono in nostro opere *De statu ecclesie* in prima parte in articulo LX⁰ ¹) ; de hoc etiam dixi supra in prima heresi.

(fol. 15). .... Et quod papa utrumque habeat gladium et quod contrarium dicere sit hereticum, hodie per ecclesiam declaratur in extrav. Bonifacii que incipit *Unam sanctam catholicam,* quam exposui in opere nostro quod vocatur *Status ecclesie* in prima parte primo articulo LX. ....

(fol. 16 ᵛ) .... Alia novella heresis pullulavit Ulixbone *(fol. 17)* in scolis per quosdam pseudoreligiosos publice defensatos coram me, quod sacri canones et sacra concilia et sacre decretales et alie constitutiones Romanorum pontificum a sancta Romana ecclesia probate non habeant tantam auctoritatem, quantam habent scripture novi et veteris testamenti, quod tantum est dicere, quantum si diceretur, quod ecclesia catholica in suis errat decretis, statutis et legibus, quod est erroneum et hereticum. ...:

(fol. 18 ᵛ) : ... Alius est error qui tenet excommunicatos ab ecclesia et vitatos a clericis propterea non debere vitari a laicis, presertim cum a regali curia littere impetrantur. .... *(fol. 19).* Tales littere que a regibus impetrantur, ne excommunicati a laicis vitarentur, scismatice sunt, quia ecclesiam dividunt .... et tollunt ecclesie potestatem que nil valeret, si coercitionem censure ecclesiastice non haberet. .... Tales etiam heretici dicunt, quod ecclesia non accepit potestatem a Christo excommunicandi et ligandi, sed quod ecclesia hoc sibi adinvenit, ut posset lucrari et facere se timeri in hoc mundo, maxime a laicis. .... *(fol. 19 ᵛ).* Tales eciam heretici dicunt, quod propter excommunicationem aliquis ad infernum non ibit. ...

(fol. 20) ... Alia heresis est que dicit, quod papa suam perdit iurisdictionem, quando Rome non stat. Quod est contra sacram scripturam, quia ubicumque est papa, ibi est ecclesia Romana et sedes apostolica et caput ecclesie, quia Petrus ecclesiam significat, XXIIII. q. 1. *Quodcumque* ²), papa eciam est successor Christi, in extra. li. VI. c. *Pro humani* b) ³). .... Item ecclesia que est corpus Christi misticum ... et que est collectio catholicorum .... non est ambitus murorum ; ibi est, ubi est caput, scilicet papa,.... et papa a Romana civitate vel sede iurisdictionem non recipit, sed a Deo, ... et universalem iurisdictionem habet ordinariam in om-

---

a) *ms.* Vallenses.   b) *ms. :* in ecclesia *a. R. :* de homicidiis.
1) l. c. fol. 52.
2) c. 6. C. 24. q. 1.
3) c. 1. in VI ᵗᵒ. de homicidio (V, 4).

nibus mundi ecclesiis, ... et universalis ecclesie presul est, licet ex humilitate servum se voluerit vocari, ... et locus non sanctificat homines nec Roma papam, sed homo locum et papa urbem ᵃ) Romanam. .... Etenim Christus non dedit iurisdictionem suam et potestatem loco vel Rome que res inanimata est, sed Petro et successoribus eius. .....

(fol. 20 ᵛ) Sunt et alii heretici qui dicunt, quod mundus regitur per fortunam et per fatum et per geneses et per nataliciorum ᵇ) considerationes dierum et non per Dei dispositionem et ordinationem et voluntatem et permissum Dei. .... *(fol. 21)*. .... Cesset ergo error et fantasia quorundam nobilium Yspanorum, qui quando eis nascitur filius vel filia, mensas faciunt preparari, ad quas dicunt fata venire, que de natis eis prospera vel fausta vaticinetur, quod ad artem magicam pertinet reprobatam XXVI. q. II. *Illud* ¹), et q. ult. c. pe. ²) . . . .

(fol. 21). Alius est error qui tenet, quod papa potest ab inferioribus iudicari et condempnari maxime a concilio generali et maxime in casu heresis. .... Si tamen papa est incorrigibilis in casu heresis notorie, vacat papatus et ecclesia providebit sibi de papa. ...

(fol. 21 ᵛ). Alius error et heresis invaluit in aliqua parte Portugallie, cuius erroris discipuli dicunt, quod bona que defuncti dimittunt distribuenda post mortem suam, non prosunt eis. Contra quos dicendum, quod aut tales defuncti decedunt in mortali peccato; et tunc verum est, quia talibus non prosunt .... Aut moritur perfectus in gratia et contritus; et tunc sic prosunt eis bona in purgatorio ... *(fol. 22.)* ... Contra istum errorem eciam est consuetudo in ecclesia generalis, in qua cappellanie dotate a defunctis relinquuntur, in quibus celebratur pro eis que pro eis sunt .... et in qualibet etiam missa in secretis pro defunctis oratur .... et aliqua ecclesia potest constitui, in qua non cantatur, nisi pro mortuis.

Alius est error qui tenet, sicut dicunt mali astrologi et fatidici, ymmo falsidici, quod per constellationes stellarum res de necessitate veniunt et accidunt in hoc mundo, quod est erroneum et proximum heresi. Nam astronomia vel astrologia que est scientia de astris, una de septem liberalibus artibus, non ponit necessitatem vel certitudinem in agendis, sicut falsi astrologi astruunt, sed est opinativa et signativa, non coactiva nec *(fol. 22ᵛ)* necessitativa. ..... Nam quamvis veram stellarum compositionem, cum quisque nascitur, consequantur et aliquando pervestigent, tamen quod inde conantur vel actiones nostras vel actionum eventus perducere vel predicere, nimis errant; .... unde si aliquando que tales astrologi dicunt eveniant, non tamen eis communiter est credendum, quia

ᵃ) *a. R. nachgetr.* ᵇ) *Rasur.*
1) c. 6. C. 26. q. 2.
2) c. 17. C. 26. q. 7.

divina auctoritas testamenti veteris Deuteronomio [1]) talibus ariolis, magis
et sompniatoribus et constellatoribus fidem non adhibet, quamvis aliquociens eveniant que *(fol. 23)* predicunt. .... Propter quod sciant omnes
orthodoxi fideles, quod si volunt vitare heresim et errorem, non servent
dies Egiptiacos, tempora, menses et annos et constellationes, sompnia et
auguria et sortilegia et artem nigromanticam et notoriam et horas Dei
et geneses nataliciorum hominum et responsa demonum, et coniurationes
eorum cum demonibus non faciant, nec dicant, quod res veniant per
necessitatem *(fol. 23 ʳ)*, nec dicant quod per signa futura rerum veraciter
possint sciri et indeclinabiliter.....

(fol. 25). Alius est error quorundam maxime laicorum, qui dicunt,
maxime patroni, quod accipere bona ecclesiarum et heremitoriorum vel
aliorum piorum sine licencia prelatorum non est peccatum. Quibus est
dicendum, quod errant et peccant dicendo talia. Et dicere quod illud,
quod ecclesia dicit esse peccatum mortale, non est peccatum, heresis
est, quia est a fide ecclesie recedere. .... Bona autem predicta ecclesiarum sine auctoritate illorum, quorum interest, invadere, non solum est
peccatum simplex, sed multiplex; et gravissimum et nefandum committitur
crimen furti, fraudis, sacrilegii, rapine, homicidii, prodicionis, crimen
publicum spoliacionis, invasionis, ingratitudinis, matricidii, heresis cum
pena anathematis multiplici, sicut hec omnia leguntur et notantur XII.
q. II. in primis sex capitulis *usw.*".... Et tales usurpatores rerum
ecclesiasticarum inter apostatas ª) et hereticos reputantur, et eterni
ignis incendiis deputantur. ....

(fol. 25ʳ) *über* fornicatio .... sed latius per nos in opere nostro,
quod vocatur *Status*, in parte II. in § qui incipit *Septimus (fol. 26)*, in
articulo LII ᵇ), ubi expono errores Begardorum ; latissime in eodem opere
nostro in IIª. parte in § *Nunc de immundicia*, in articulo LXXIII ²).

(fol. 26). Alii sunt heretici clerici et laici, qui sanctam scripturam
aliter intelligunt quam ecclesia sancta;.... non enim secundum sensum
proprium scriptura intelligenda est, sed secundum quod intelligit ecclesia
et sancti doctores, XXXVII. dist. *Relatum* ²). ..... Omnis autem laicus et simplex clericus temptatus predicare vel sacram scriptarum exponere cupiditate et superbia et inani gloria est temptatus, et ideo in
heresim labitur .... sed in hanc insipientiam cadunt, quicumque ad cogno-
scendam veritatem aliquo impediuntur obscuro, et ideo ad propheticas
voces nec apostolicas litteras nec ad evangelisticas auctoritates, sed ad
semet ipsos recurrunt, inde magistri erroris existunt, quia veritatis discipuli non fuerunt....

a) *ms.* antistitos.   b) *ms.* XVII.
1) Deut. 13, 1—5 ; 18, 10—14.
2) Planctus ecclesie II, art. 52, fol. 175 und art. 73. fol. 240 v—214 v.
3) c. 14. dist. 37.

(fol. 26). Alii sunt heretici qui dicunt, quod trinitas fuit creata et incarnata in utero virginali, sicut dixit in sua cantilena, quam composuit de beata Maria, Alfonsus Giraldi de Monte *(fol. 26 ᵛ)* Maiori, qui dicitur homo virtutis; sed hec est pessima heresis.

(fol. 27) zu nr. XL: quod virtus curativa naturaliter transit ad posteros, sicut tenent Thomas Avrianus et Alfonsus Geraldi de Monte Maiori hereticus, qui manum ad osculum porrigit, ne osculans percussus a cane rabido moriatur.... Item nec sancti semper gratia spiritus sancti curant ª), sed ad tempus datur et ad tempus recedit;... cum ergo sanctus talem gratiam semper curandi non habeat, quomodo potest illud transmittere in alium, quod non habet?... Item aut ista curatio fit per virtutem demonis, ut puta per demonum invocationem, aut per incantationes .... et tunc eam in alium transmittere non potest, quia nemo habet dyabolicam potestatem in alium transmittendi ... *(fol. 27 v)* ... Nec dicat hereticus, quod reges Francie et Anglie gratiam curationis habere consueverant, quia hoc apocrifum enim vel sompnium; vel ostendat a quo vel quomodo eam haberet ... Quis enim insaniens vel hereticus, sicut hic Thomas determinavit in scolis, coram me confessus est in iudicio coram vicariis dicens, quod spiritus sanctus vel eius virtus a natura detur, qui naturam creavit et qui virtutem ei dat, quando vult ... Item constat, quod hec virtus curationis non est virtus corporis, sed anime, ... sicut nec regnum, quod institutum est ad bene regendum, datur sanguini, sed vite ....

(fol. 28 ᵛ) gegen den Wucher: Que autem sit differentia inter mercatores et artifices et usurarios, ponit Chrysostomus (LXXXVIII. dist. *c. Eiciens*) ¹) ... dare etiam ad taulagium in ludo taxillorum, sicut vocant Yspani, species maxime usure est ...

(fol. 34) zu nr. LI. Et hii diversis nominibus nuncupantur. Nam quidam eorum incantatores dicuntur; qui artem demonum verbis peragunt et commentatores se faciunt bestiarum. Sic dicuntur in Yspania, inter quos sunt viri et femine, qui cum quibusdam pactionibus et demonum consultationibus tacitis signum crucis apponunt, et aliqua bona verba divina cum aliis verbis fallacibus vel obscuris vel caracteribus vel signis, cum quibus incantationibus aliquos perimunt, aliquos sanare videntur ... *(fol. 34 ᵛ)* ... Alii dicuntur arioli, quia circa aras ydolorum nepharias preces emittunt et funesta sacrificia offerunt; hiisque celebritatibus demonum accipiunt responsa, ... Balaam propheta ariolus erat. ... Aruspices nuncupantur, quasi horarum inspectores *etc.* ... *Es folgen die* augures, auspices, *(fol. 35), die* astrologi .. qui in astris auguriantur; *die* genetiliaci, *die die Constellationen für die Geburtstage berechnen*

ª) *ms.* curandi.
1) c. 9. dist. 88.

und deuten, hii etiam vulgo dicuntur mathematici, cuius superstitionis genus Latini constellationes vocant ... Horoscopi dicuntur qui horas nativitatis hominum speculentur ...; *ferner die* sortilegi, *die* salitores ...˙ qui dum eis membrorum quecumque partes salierint, aliquid sibi exinde prospere seu triste significare predicunt ... Alii sunt qui sternuta observant: unum sternutum dicentes triste, duo fausta sive prospera ap pellantes; .. *die* geomantici, ydromantici, aeromantici *(die aus der Luft weissagen),* piromantici .. *(fol. 35 ᵛ)*; nigromantici sunt quorum precantationibus videntur resuscitari mortui et ad interrogata respondere.. Et omnes isti sub arte perniciosa sortilega et magica inventa a diabulo ª) continentur .. *(fol. 36)* ... Sunt etiam quidam fatidice, qui inaures portant in auribus muliercule, quasi nature prosint, alii qui portant ansulas vel annullos de ossibus strutionum causa lucri, sicut quidam mercatores et bocarii ... Tenendum est etiam, quod ars notoria est omnino illicita et christiano fugienda. Hec enim ars est, per quam nituntur acquirere scientiam, sed omnino inefficax est et fit cum implicita demonum pactione secundum Thomam de Aquino, et subiacet arti magice invente a diabulo ª) ...

(fol. 38) : ... Alii pseudochristiani in testamentis suis heredes vel legatarios faciunt Iudeos, Sarracenos hereticos, quod species heresis est nisi eis in aliquo debito tenerentur ... *(fol. 37 ᵛ)* et tales post mortem possunt anathematizari ... Orare etiam pro infidelibus mortuis vel facere elemosinam pro eorum animabus species est heresis, quia constat eos extra fidem decessisse, et in peccatis mortalibus finivisse ... Ardeant ergo cum demonibus anime infidelium et paganorum, quia in stagnum ignis missi sunt, quia bestiam adorarunt et pseudoprophetam Mahomet ᵇ), ut dicit Iohannes in Apocal. XIX. c. ¹) ... *(fol. 38) werden die Mischehen zwischen Christen und Jüdinnen oder Sarazeninnen verdammt* ...

(fol. 38 ᵛ). Reperiuntur et alii falsi christiani qui fidem Christi abnegant et sectam recipiunt Machometi et se faciunt circumcidi et credunt, quod Machometus fuit verus propheta et amicus Dei ... Tales etiam pessimi, qui vulgariter anazades et cornioles dicuntur, a Deo maledicti sunt, ... et si per metum conditionalem, illam receperunt sectam, excusati non sunt, ... si autem per creationem absolutam excusatus est, si revertatur ad Christum .... Tales etiam a fide apostate, etsi falsi christiani sint, tamen christiani sunt, quia caracterem baptismi minime perdiderunt .... Tales cum ad ecclesiam *(fol. 39)* redierint, non rebaptizantur, sed per impositionem manus virtute spiritus sancti catholicis copulantur cum professione fidei Iesu Christi in simbolo declarate; sic de facto servavi, cum essem in curia penitentiarius domini pape; et hoc probatur de-

---

a) *ms.* zabulo.   b) *ms.* mafomet.
Apoc. 19, 20,

cretis dist. IV. ... Item tenetur autem, quod Machometus qui fuit apostata a fide christiana ... et qui fuit circumcisus et qui fuit pessimus
magus et deceptor Sarracenorum, etiam in suo alcorano ª) concessit
flagitium contra naturam, et qui in eodem alcorano ª) multas hereses
scripsit et multa figmenta ibi falsa confixit, et legem carnalem Sarracenis dedit; et qui Dei filium denegavit et baptisma prevaricatus est;
qui fidem Christi impugnat per se et suos et cottidie impugnat et persequitur christianos; ... et qui se in Mecha adorari facit, et qui in Apo-
calypsi secundum expositiones sanctorum vocatur pseudopropheta ....;
dicere, inquam, et tenere quod talis hominum pestilentissimus et falsis-
simus ypocrita et fidei apostata, quo non extimo fuit in mundo deterior,
et inimicus Dei et ecclesie, fuerit verus propheta et amicus Dei, hereticum est, erroneum, macomatizare et apostatare a fide cum eo, et est
contra fidem et contra ecclesiam dogmatizare et sectam macometam
approbare ... (fol. 39 ᵛ) ... extra de Iudeis et Sarracenis in Clementinis¹)
V., ubi papa mandat regibus, ne ᵇ) sustineant in regnis suis Machometum
laudari, sicut fit in Yspania per Sarracenorum almadaos, et in specie
Machometi dyabolum adorare ...

(fol. 39 ᵛ.) Alii sunt clerici et laici et religiosi fermentati in fide,
tenentes et operibus approbantes, quod non sit peccatum grande emere
vel vendere, permutare vel transigere vel pacisci vel remittere pro re
aliqua temporali ordines, beneficia, benedictiones nubentium, sepulturas,
oleum sacrum, crisma et alia spiritualia vel spiritualibus annexa vel
ecclesiastica sacramenta. Que assertio est heretica et contra fidem et
contra utriusque paginam testamenti et contra ecclesiasticas sanctiones.
Nam credere et extimare, quod spiritus res est venalis, tales in canone
symoniaci vocantur heretici .... (fol. 40.) Sed ve, ve, quia sancta Dei
ecclesia in membris suis corruptis plena est ista heretica symoniaca
pravitate nec eliguntur in domo domini divites scientia et disciplina, qui
suo officio ecclesiam Dei valeant sustentare, sed eliguntur sacculorum
pecunie collatores, 1. qu. III. multis ex multis, 1. q. fertur symoniaca
heresis²) .... Nec est hodie quasi clericus, qui aliquod officium ecclesie
pro Deo faciat (fol. 40 ᵛ) vel accipiat, ut impleatur; ... et si XL onera
camelorum auri et argenti et ᶜ) omnia bona Damasci ad ecclesiam porta-
rem, aut sine pacto aut cum pacto ab ecclesia et regibus et eorum ac-
cessoribus omnia tollerentur, IV. Reg. V. ª) et 1. qu. 1.⁴) ....

(fol.55) nr. XVIII. über die Armutslehre; das Wort Lc. XIV in fine⁵): Qui

a) ms. alterano.   b) ms. non.   c) ms. in.
1) c. un. de Iud. et Sarac. in Clement. (5,2).
2) c. 1. C. 1 q. 3. Gratian vor q. 3? u. c. 23. C. 1. q. 1.
3) 4. Reg. 5, 1.
4) C. 1 q. 1.
    Luc. 14, 27.

non renunciat omnibus que possidet, non potest meus esse discipulus, quia illud intelligitur quantum ad perfectionem, ut qui perfectus esse concupiscat discipulus Christi, renunciet proprio in speciali et vivat in communitate ecclesie primitive, in qua nullus proprium speciale habere se dicit, sed sunt omnibus omnia communia ; vel quod perfectissimum est et apostolicum, vivat in ordine illo, sicut in ordine Minorum et secundum quod promisit. In quo ordine apostolico et proprie evangelico non potest aliquid tanquam proprium possideri, non solum in speciali, sed nec etiam in communi, ut declarat sancta mater ecclesia, extra. *de verbor. signif. Exiit qui seminat*, Libro VI°, et eodem titulo, et *Exivi de paradiso Cle.* [1]). Si autem neutrum harum perfectionum aliquis assequi desiderat, proprium habere potest, sed cum difficultate salvatur.

..... *(fol. 63) Am Ende einer langen Ausführung über die Ewigkeit Christi (nr. XXVIII) :* Conticescat ergo Geraldus Portugaliensis, qui *(fol. 63ᵛ)* se baccalarium in theologia nominat de Colimbria, qui a) murmuravit pro eo, quod ibi predicaveram Christum ante Mariam fuisse et semper, sicud plenissime superius est probatum, cui et dixi quod asserendo negabat in Paulianorum heresim incidebat, ut hic ista eciam heresis istorum Paulianorum extirpatur in libro sententiarum dist. XXII., 1. c. ²)
.... *(fol. 85)* Expeditis heresibus que in iure canonico extirpantur, ad alias que ante et nunc et postmodum emerserunt eradicandas quantum possumus properemus. Marsilius Paduanus, familiaris Bavare, heresiarca, tempore eo cum suis sequacibus dogmatizavit, quod papa iudicari et deponi potest ab imperatore, et quod frequenter hoc antiquitus factum fuit, et allegat super hoc sua sacrilega argumenta. Sed quod nullus clericus nedum papa potest a laico iudicari, supra in primo istius operis late determinavi et in opere nostro alio, quod vocatur *Status ecclesie* in prima parte in quinto articulo et XVIII articulo, versu : *Sed contra*³). Sed ad maiorem habundanciam, quod papa iudicari vel deponi non potest, *(fol. 85ᵛ)* imperatore quantumvis catholico, sic evidenter demonstratur. Primo quia papa a Deo, non ab homine potestatem et iurisdictionem recipit, et ab eo iudicandus est solummodo, extra *de iudiciis Novit.*⁴) dist. XXII. c. 1 ⁵) IX. q. in §. *Salvo* ⁶) .... Secundo quia imperator inferior est . . . . Tertio quia imperator est vicarius pape in temporalibus . . . . Quarto quia imperator est filius ecclesie et non pater, ... sed filius

a) *ms.* qui de Colimbrie.
1) c. 3. in VIto de verb. signif. (V, 12), und c. 1. in Clem. de verb. signif. (V, 11).
2) Petrus Lombardus, Lib. III. Sentent. dist. 8? Migne 192, S. 775.
3) Planctus ecclesie I. art. 5, fol. 1v und art. 18, fol. 3.
4) c. 13. X. de iud. (2, 1).
5) c. 1 dist. 22.
6) c. 4. C. 9 q. 3.

a) COLLIRIUM 513

patrem non corrigit, sed econtra. Erubescit enim lex filios correptores
parentium, ut in auth. *de nupt.* §. *Si vero* ¹) . . . . Quinto quia imperium
tenet ab ecclesia, sicut vasallus fidelis . . ., sed vasalli respondent sub
iudicio domini. non econtra . . . . Sexto quia imperator est advocatus
ecclesie, non iudex . . . Septimo quia imperator gladium recipit ab ecclesia
et iurisdictionem, ... sed qui gladium recipit ab alio, non habet illum, a
quo recipit cum illo gladio percutere . . . . Octavo quia papa quasi Deus
est in terris, ... sed homo Deum non iudicat, sed econtra . . . . Nono quia
papa non est de foro imperatoris nec *(fol. 86)* ratione papatus, quem
tenet ab imperio, sed a Deo, Io. ult., XXI. dist. *In novo* ²), nec ratione
alicuius rei terrene quam ab imperatore teneat. Nam etsi imperator
donationem fecerit ecclesie de temporalibus, ipsam tamen donationem
liberam ei fecit nec fecit papam feodatarium aut emphitheotam aut vasallum . . . Si ergo papa non est de foro eius nec per eum iudicari potest
. . . Decimo quia hoc quod iuris est de facto et consuetudine, hoc omnes
reges et principes servaverunt . . . Quod autem obicitur a dicto Marsilio
heretico, quod Pilatus iudicavit Christum, sic et papam imperator iudicare potest, respondeo, quod non iudicavit eum, sicut personam publicam
aut dignitate preeminentem, sed tamquam personam privatam, accusatam
sibi a principalibus sinagoge, tamquam malefactorem qui in hoc erat de
foro Cesaris, . . . tunc enim Christus non tenebat personam pape, sed
simplicis hominis coram suo iudice accusati. Unde nec in hoc papa Christo
succedit, non ᵃ) in persona, non in accusatione, ymmo etiam de Christo
dixit Pilatus²): *Accipite eum vos, et secundum legem vestram iudicate eum*
. . . Allegavit ergo Marsilius litteram evangelii, non intellectum . . . Non
procedit ergo exemplum heretici, quia si imperator iudicaret papam, non
iudicaret ut privatum hominem, sed ut papam, et hoc ille impius homo
exemplum allegat. Preterea quomodo non erubescit tale exemplum adicere,
cum et Pilatus fateatur se Christum perperam iudicasse; . . . non ergo
exemplo pernicioso, sicut fecit iste hereticus, sed legibus est iudicandus . . .

(fol. 86ᵛ). Rursus Marsilius hereticus dogmatizavit, quod quilibet
presbiter tantam sicut papa habeat potestatem, quod est heresis, quia
nedum papa, sed quilibet episcopus maior est iurisdictione et persona,
quolibet presbitero, quia ipse est preordinator in cunctis . . . . Item quamquam olim idem diceretur episcopus et presbiter . . . . et Petrus papa vocat
se presbiterum, . . . consuetudine tamen et iure et ordinatione ecclesie decretum est, ut presbiteri subsint episcopis et maiores eis sint episcopi, nedum in ordinatione episcopali et consecratione, . . . sed in administratione
et iurisdictione et quantum ad certa sacramenta ab ᵇ) episcopis appropriata

a) *ms.* em̄.   b) *fehlt ms.*
1) Authent. coll. 4 De nuptiis Tit. 1 Nov. 22, § Et ita.
2) c. 2. dist. 21. Joh. 21, 15 ff.
3) Joh. 18, 31.

Scholz, Texte. 33

521

... Summus autem pontifex nedum maior est quolibet presbitero simplici, quantum ad omnia, excepta traditione sacramentorum necessariorum, sed etiam maior omnibus episcopis, excepta consecratione episcopali. Nam et Petro data est potestas pro se et pre aliis apostolis, quibus succedunt *(fol. 87)* episcopi . . . . Item si tantam haberent potestatem episcopi et presbiteri sicut papa, tot essent Dei vicarii generales in ecclesia, quot presbiteri, sicut papa, quod hereticum est ....et multi essent sponsi ecclesie universalis, quod est falsum . . . . Item presbiteri tenent tipum LXXII discipulorum, ...papa vero Christi; ...sed illi non habuerunt tantam potestatem, ut Petrus, ut probatum est. Item cum omnis iurisdictio a papa sicut a fonte primo descendat, et omnis iurisdictio episcoporum et presbiterorum, ...non potest papa sic ex toto alteri suam iurisdictionem dare, quod tantam habeat, sicut ipse; alias facere posset archipapam vel saltem facere alium papam sibi consortem, quod falsum est .... quia nec alium papam facere potest nec sua se iurisdictione privare, nisi per renuntiationem ...*(fol. 87 v).* Item omnis papa est episcopus consecratus, sed presbiter consecrationem episcopalem non habet, nec ea que spectant ad talem consecrationem ... Iterum Marsilius hereticus dogmatizavit, quod vacante papatu succedit imperator, quod est heresis: papa enim succedit imperio, non econtra.... Ozias, rex Iuda, quia sacerdotii officium usurpavit. lepra percussus est ... Item Baltazar comminavit vasa templi et a Deo percutitur ... Heliodorus missus a rege Antiocho invadit erarium, ubi erant in templo posita, et calcibus equi aperutis percutitur .... Nec imperatori, sed Petro claves ecclesie et apostolatus committuntur .... Item si imperator succederet in papatu, ergo in iure papatus .... Sed hoc est absurdum .... Sunt et alii heretici dampnantes matrimonium, qui vocantur cathari, a catho vel gato, cuius posteriora obsculantur *(fol. 88),* in cuius specie dicunt sibi Luciferum apparere, vel a cathura quod est fluxus ....

b) S p e c u l u m   r e g u m.

Aus : Barb. lat. 1447, *fol. 1—59 v.*

(fol. 1). I n c i p i t   s p e c u l u m   r e g u m   e d i t u m   a   f r a t r e   A l-
v a r o   Y s p a n o   d e   o r d i n e   m i n o r u m   e p i s c o p o   S i l v e n s i   e t
d e c r e t o r u m   e x i m i o   p r o f e s s o r e a).

In nomine Domini nostri Iesu Christi, qui est alpha et o, principium et finis, Apoc. 1. ult. XXI ¹), et-generosisimo et vitoriosisimo domino principi et regi Guisigotorum et terrestri Christi vicario in provincia Betica et circumadiacentibus longe lateque difusis regnis Yspanie, Alfonso, ilustri et inclito fidei ortodoxe, Iesu, filii Dei, atque sancte Marie, dicte theo-

a) *Die eigentümliche Orthographie der Hs., die grundsätzlich keine Doppelkonsonanten kennt, ist beibehalten.*

1) Apoc. 1, 8 und 2, 21.

toco sive christotheco, precipuo et catholico defensori, regnanti in ano
Domini M°CCCXLI et amplius feliciter regnaturo § Frater Alvarus pro-
fesione minorum, Silvensis ecclesie minister et presul, decretorum doctor,
in illo eodemque : *Scriptum in femore suo Rex Regum et Dominus dominantium,* Apo. XIX [1]). Regnum hic inferius in iusticia et pace et in gaudio
spiritus sancti, Ro. XIIII [a]) [2]), et tandem superius in trinitate gloria sempi-
terna. Colirium, cum quo oculos tuos regales interiores ungere valeas,
Apo. III, XLIX d. c. II. v. *colirio,* XXIX [b]) d. [a]) c. fi., et speculum mentis, in quo
te asidue speculeris, in hoc libello pro proencenio tibi transmitto [c]) quo
preciosius et durabilius tibi, meo domino naturali et precordialiter [d])
mihi dilecto, destinare non valeo. D e v i t o r i a r e g i s [e]). Feliciter hiis
diebus contra Ysmaelitas, Mauros et Arabes, filios spurcicios Magumeti
magi et Tamelani pseudoprophete, et naciones barbaras dimicasti, sed in
exercitu tuo Deus dux fuit et sacerdotes eius, qui clangunt tubis *usw.*
Sieg des Kreuzes. Die Sarrazenen, Abkömmlinge der Sklavin Hagar,
Agareni, Sklaven des Fleisches, wollen auch die Christen, die Söhne
der freien Sarah, zu Sklaven machen. Aufforderung an den König, weiter
zu kämpfen, den pactis et condicionibus *der Sarrazenen nicht zu*
trauen.

(*fol. 1* [v]) ... R e c o m e n d a t i o r e g i s C a s t e l e c o n t r a S a r-
r a c e n o s. Tibi de iure debetur Africa, in qua olim nomen Christi sinceri-
sime colebatur, quam hodie incolit Machometus. Gloriosisimi et fidelisimi
fidei Christi reges Gotorum, a quibus descendis, Africam fidei suiugarunt,
.... poside eam, sicut alias teras hespireas, iure hereditario tua est ;
quia tua est, subice eam fidei etc. ..... Nichil est, quod lumine clarior
prefulgeat, quam recta fides in principe. *Ueber die rechte Art, Krieg zu*
führen : keine Eroberungskriege. Rex christianus pugnat, ut gentem per-
fidam auferat a finibus credentium *etc.* .... D e s i g n o c r u c i s , q u o
f i d e l e s p u g n a n t .. *Mit dem Kreuzeszeichen siegte Heraklius, der*
Sohn des Cosroe, zur Zeit des Magumet, und Konstantin über Maxen-
tius. Q u o t s u n t n e c e s s a r i a a d f i d e m s e r v a n d u m. *Dreierlei :*
firmisime credere que de invisibilibus nunciantur, .. reverenter suscipere
que sacramentis visibilibus celebrantur, ac diligenter cavere et vehementer
abhorrere sacrilegia omnia que eidem fidei adversantur. Parum enim
est credere evangeliis, si minorem quam debeas reverenciam exibeas
ecclesiasticis sacramentis ... Sed nec hoc suficit, si sortilegos consulas,
si non crimina exequeris ; abhominaberis ergo et persequeris et non per-

a) *ms.* XIII. b) *ms.* XIX. c) *Der zweite Wortteil ist verloschen.*
d) *Auf Korr. sec. 16.* e) *Diese Worte im ms. rot, wie alle im Folgen-*
den gesperrten Stellen.
1) Apoc. 19, 16.
2) Rom. 14, 17.
3) Apoc. 3, 18 ; c. 1. dist. 49. c. 3. dist. 29.

mittes eos vivere in regnis tuis, maxime in Vandalia et Asturiis, omnes sortilegos maleficos, divinos incantatores, augures qui volatus avium et voces intendunt, auruspices *(fol. 2),* qui horas inspiciunt, gentiliacos, natalium di?rum consideratores, nigromantos, ariolos, phitonicos, mathematicos, magos, sompnia atendentes, oromanticos, geomanticos, ydromanticos[a]), piromanticos, horospicos, inspectores horarum nativitatis hominum, salitones, fatidicos . . astrologos, quia scientia illa prona est idolatrie, . .
. . . . quod astra et planete necessitatem hominibus non inponunt, et et secundum Tholomeum vir sapiens dominabitur astris, et non est illa scientia pietatis, sed curiositatis sciendi futura, quod est proprium Dei solius *etc.* . . N o n s u f f i c i t r e g i b o n u m r e g n u m h a b e r e, n i s i i p s e i n s e b o n u s e x i s t a t . . .

. . . Q u o m o d o r e g n u m C a s t e l e p r e c e l i t a l i a : . . . quia tu, defensor aliorum regnorum catholicorum, creatorem gentium per consequens veraciter confiteris. Quis aliorum regum fidelium pro fide Christi animam suam ponit? Tu, rex fidelisime, maiorem caritatem habes, qui medius fidius animam tuam cum tuo avunculo, rege Portugalie, pro fide catholica posuisti. Alii reges in domibus laqueatis habitant, vacantes deliciis; tu in tentoriis et in castris Christi frugali cibo contentus; ipsi dormiunt et dormitant, tu noctes ducis insompnes, ut mater tua ecclesia augeatur. . . . *usf. Lobrede auf den König als Verteidiger des Glaubens und Christi* vexilifer *etc.* — D e c o n d i c i o n i b u s r e g n i e t e r n i e t p r e m i o r e g u m : *über das irdische und himmlische Reich.* . . . . Ista tria munera reges sancti a quibus discendis, qui fuerunt in Yspania ante te, domine, in vita sua sacratisima domino obtulerunt, sicut princeps Gotorum religiosisimus Sisibutus [1]), de quo XLV. d. *de Iudeis,* Hermigelus [2]), de quo XXIIII. q. l. Cepit, pro fide Christi ab Arriano patre occisus in carcere die pasce, Ricardus, frater eius [3]), de quo in legenda sancti Leandri [4]), qui totam heresin Arianorum ab Hispania extirpavit et cultum fidei augmentavit, et sanctus Fernandus, tuus atavus [5]), qui Yspalim cum aliis terris fidei sancte matris ecclesie aggregavit, que quasi a temporibus sanctorum Leandri et Ysidori [6]), archiflaminum civitatis ilius, a machometicis extiterat ocupata. D e t r i p l i c i g e n e r e r e g u m : *die einen regieren* quoad temporalia, *die andern* quoad spiritualia, *die dritten* semet ipsos. . . D e f i d e r e g u m e t r e v e r e n t i a a d e c c l e s i a m

a) *ms.* yromanticos.
1) Sisebut 612—621. vgl. c. 5. dist. 45.
2) Hermenegild, Sohn des Leovigild, gest. 585. vgl. c. 42. C. 24. q. 1.
3) Reccared I. 586—601.
4) Leander, Erzb. von Sevilla gest. 599. vgl. Gregorius M., Dialog. lib. 3, c. 31, ed. Maur. (1705), II 345 u. Acta SS. Boll. Mart. II, 277.
5) Ferdinand III. d. Heilige, 1216—1252, er eroberte Nov. 1248 Sevilla.
6) Isidor von Sevilla, gest. 636.

... *zählt die 6 jeder* policia *notwendigen Dinge und* officia *auf :* agricole, artifices *und* mercenarii, bellici, habundantia pecuniarum, *(fol. 3)* iudices, sacerdotes ad Dei culturam. Sacerdotium autem est officium necessarium in qualibet policia regni et dignissimum omnium aliorum officiorum regni. Summo autem sacerdoti, idest pape qui est Dei vicarius principalis in tota policia christiana, ... et aliis episcopis quilibet rex catholicus obedire debet, sicut patri spirituali etc. . . Non nego tamen, quia episcopi tenentes regalia suis regibus manus debeant osculari, quia pro temporalibus subsunt eis. *Alle reverentia, die der König den Priestern erweist, wird Christo, nicht einem Menschen, sondern Gott erwiesen. Auch schlechte Priester sind also zu dulden, ihre Sakramente sind giltig, Fehler der Priester soll der König mit seinem Mantel zudecken. Die Könige sind den Priestern untergeordnet ; wie hervorgeht aus dem kirchlichen Absetzungsrechte, aus den Zehnten, aus der Weihe der Könige. . . (fol. 3 ᵛ) Zitat der Stelle aus Thomas, De regim. princip. I. c. 14. über die Priester in Rom und über die sacerdotes gentiles nach Caesar de Bello Gallico ; Beispiele der Ehrfurcht von Königen vor dem Papst : Vision Alexanders d. Gr., Totilas, Constantin, Justinian, Karl d. Gr. Dagegen drei Verfolger der Kirche : Julian Apostata, Otto IV. und Friedrich II. ¹).*

.... Quomodo a principio reges dominia habuerunt. .... Sciendum est, quod ab inicio post peccatum ex quodam faustu superbie dominium per usurpacionem incepit. .... Zeichen : *nur reprobi hatten im Anfang* dominium. *Beispiele aus dem A. T. Trotzdem wurde das* dominium a Deo permissum et provisum. *(fol. 4)* Reges Francie et Anglie habere dicuntur virtutem et reges devoti Yspanie, a quibus descendis, habere dicuntur virtutem super euerguminos et super quibusdam egritudinibus laborantes, sicut vidi, cum essem puer in avo tuo, inclito domino rege Sancio ²), qui me nutriebat, quod a muliere demoniaca ipsum vituperante tenentem pedem super guttur eius et legentem in quodam libelo ab ea demonem expulsit et curatam reliquit. ... *(fol. 4 ᵛ)* De bono principatu Romanorum et tribus eorum virtutibus scilicet amore pro patria, tradicio etc ³). *Das Reich der Römer war von Gott besonders* provisum, *nach Augustin, De civit. Dei III. u. V. Drei Tugenden zeichneten die Römer aus :* sincerus amor patrie, traditio legum sanctissima *und* morum benivolentia. *Dies wird aus Beispielen der römischen und heiligen Geschichte weiter erläutert (fol. 4 ᵛ—6 ᵛ).*

1) Vgl. Determinatio comp. c. 5, ed. Krammer, S. 14 f.
2) König Sancho II. (1284—1295).
3) Vgl. zum Folgenden auch : Alvarus, Planctus I art. 42 u. 57. (ed. Joh. Clein, Lugd. 1517).

(fol. 6 ᶜ): De h i i s q u e p e r t i n e n t ad regiam potestatem.
. . . Principalis autem et precipuus actus ᵃ) regie potestatis est iudicare,
sodann als Folge : leges componere, . . . *weiter* suficientia bonorum . . .
(fol. 7) und deren kluge und gerechte dispensatio . . .; *ferner :* pacis unitatem in subiecta sibi multitudine procurare et favere . . . *gegen innere
und äussere Feinde.* Dazu nötig *Klugheit und daher* studium sapientie ;
er zitiert den Brief des römischen Königs : quod rex iliteratus est quasi
asinus coronatus *(nach dem Policraticus)* ¹) . . . *(fol. 7 ᵛ.)* Gehorsam
der Könige gegen Papst und Bischöfe in allem Geistlichen nötig : Ab-
setzungsrecht des Papstes. . . De h i i s q u e p e r t i n e n t ad pote-
s t a t e m r e g i a m . . Ad ostendendum, quod etiam potestas regum suo
modo est spiritualis et debet esse virtuosa *usw.* . . ., recte agere, *(fol. 8)*
pietas, misericordia, humanitas, . . . prudentia, . . *frei von Eigennutz ;
Sorge für Kirche und Prälaten, für den* divinus cultus; *für Verteidigung
des Glaubens, auch im* iustum bellum ; *die* fidelitas *der Untertanen sich
erhalten ; nicht auf Schmeichler hören ; den Rat der* seniores *annehmen,
aber weder auf junge Leute noch auf* mali senes *hören.* . . *Gott bestimmt
über die* electio regis . . *Auch bei der Wahl des* imperator. . . . Nec requiritur iudicium pape specialiter, sed suficit, quod tacite in eum consenciat,
qui dignus est ad regendum et obediens matri sue ecclesie. . . . *Ungläu-
bige und* blasfemi *dürfen nicht über die Christen herrschen.* . . . . *Luxus
und Reichtümer sind dem Könige gestattet, aber er darf nicht aus Habsucht zum Tyrannen werden (fol. 8 ᵛ)* . . *Den Weg zur Seeligkeit erken-
nen wir aus der Heiligen Schrift ; daher sollen die Könige sie studieren
und sich von den Priestern erläutern lassen.* . . *Ueber die Gerechtigkeit
der Könige gegen ihre Untertanen nach Cyprian u. a.* ²) . . . Contra hec
(fol. 9) reges Yspanie faciunt, proponentes Iudeos super negocia et regni
redditus contra iura LIIII. d. *Nulla* ³), extr. *de Iudeis et Sarracènis, Cum
sit,* et c. Ex speciali ⁴)); senes sapientes et sobrios consiliarios habere, . . .
magiorum et ariolorum, phitonissarum superstitionibus non intendere ; . .
iracundiam suam diferre *usw.* . . . . *(fol. 9 ᵛ).* Item est notandum, quod
rex recepit coronam et gladium ab ecclesia, sicut imperator, ut sit defensor fidei et ecclesie et conservator iurium ecclesie, unde videtur se
habere ad papam, sicut manus ᵇ) ad capud in defendendo et ministrando . . . Unde quilibet rex ab episcopo aliquo regni sui nomine ecclesie dantis recipit gladium intelligendo, quod in gladio recipit curam
et regimen totius regni. . . Hoc oficium te ungendi, coronandi et gradum

---

a) *ms.* auctus.   b) *ms.* magnus, *vgl. Alvarus, Planctus fol. 47.*
1) Joh. Sarisber. Polycraticus IV. c. 6, Migne 199, S. 524. Vgl. Alvarus,
Planctus I art. 53, fol. 36.
2) Vgl. Alvarus, Planctus I art. 57, fol. 46 v f.
3) c. 14. dist. 54.
4) c. 16. u. 18. X. de Iud. (V, 6).

tibi dandi in regno tuo iuste et digne precipue competit archiflamini
Compostelle, vicario almi apostoli Iacobi, regni tui precipuo protectori... ·
(fol. 10). De regno iusto et iniusto. *Unterschied zwischen dem
modus acquirendi und dem usus der Herrschaft.* ...De regum informatione in agendis. *Ueber die verschiedenen Regierungsformen* [1]):
Lob der Monarchie (fol. 10 ᵛ, *11)* inter iniusta igitur regimina intolera-
bilius est democratia idest potestas populi, quando totus populus est
sicut unus tyranus.... *Schutz gegen Tyrannen ist möglich bei der Wahl,*
bei Einrichtung der Regierung, aber si non sit excessus tiranidis, utilius
est remisam tyranidem tolerare ad tempus, quam contra tiranidem
agendo multis inplicare periculis, que sunt graviora ipsa tiranide .}.
(fol. 12) andernfalls ist der superior *des Tyrannen um Hilfe zu bitten*;
gibt es einen solchen nicht, ist die Kirche um Hilfe anzugehen; ...
deficiente omni humano auxilio, recurendum est ad Deum, ut cor hu-
miliet .. *Der Lohn der Fürsten ist Ruhm und Ehre, aber Ruhmsucht*
ist gefähilich; über die Uebel der ambitio *(fol. 13.)* ... De mercede
regum speranda a Christo pro bono regimine *(fol. 14):*
Gerechte Könige werden reich und regieren sicher. Quod vero regum
bonorum dominium omnibus placet. omnes subditos pro satelitibus habent,
sicut apparet in regibus bonis Francie, qui cum paucis equitare consueverunt et bene regere et a subditis diligi...

(fol. 15): De gaudio regum, quod una sit ecclesia ant
Christum et post.

(fol. 15 ᵛ). ... Nec sunt hodie comuniter principes pacis .. sed
guerre, et alios persequentes ... Tales principes sunt exercitus demonum'
cum deberent esse exercitus domini ... Mala consilia tales principes dant'
tota sed spernenda sunt, ... sed ipsi possessionem Christi idest ecclesiam
et fideles delacerant sicut lupi, de quibus Ys. 1.: *Principes tui infideles*
socii furum [2]), scilicet oficialium bona miserorum pauperum rapientium,
principes huius temporis prout comuniter ut leones rugientes idest ferventes et ursi exurientes [3] sunt super populum et clerum. ... Ut autem,
optime et felix rex, inclite Alfonse, scias confiteri peccata tua et alii
reges et te corrigere de hiis, in quibus Deum ofendis, scias, quod in sequentibus articulis multi reges et principes, inter quos absit a [me] [a]
te connumerari, contra Deum et legem et fidem eius pecant, Christum
regem malis suis actibus et moribus denegantes, licet ore confiteantur ...
De malis regibus et principibus et in quibus pecant [4]).

a) *fehlt ms.*
1) ebda. art. 62. fol. 56.
2) Jes. 1, 23.
3) Prov. 28, 15.
4) Zum Folgenden vgl. den z. T. wörtlich übereinstimmenden Passus
bei Alvarus, Planctus ecclesie lib. II. art. 29 bis 32, ed. Jo. Clein, fol. 135 v—
138 v.

Et pecant mali inperatores et reges et principes primo, quia trahunt clericos ad forum suum, unde deponendi essent a propria dignitate . . .
(fol. 16): Secundo quia non faciunt iusticiam, propter quod veniunt tem-
pestates in populum et flagicia. . . . . Tercio quia impugnant ecclesiam
matrem suam. . . . Quarto quia inmiscent se electionibus prelatorum aut
per suos satelites aut per suas literas cominatorias; sed et preces principum quodammodo sunt mine contra iura, . . . nisi hoc faciant de domini
pape privilegio speciali . . . Quinto quia aliquos ex odio exheredant et
deiciunt et quosdam ex levis opinionis aura sublimant. . . Sexto quia sine
causa pedagia concedunt; non autem imperatores vel reges, multo minus
principes inferiores sine. causa legitima concedere pedagia, guidagia vel
salmaria possunt vel theolenaria ipsi recipere vel concedere; causa legitima secundum doctores est defensio vie publice contra predones in terra vel
piratas in mari vel pro defensione fidei vel patrie contra paganos hereticos vel Sarracenos vel alia similia iusta. Qui ergo aliter recipit ea, ad
restitucionem tenetur, quia prohibita sunt, nisi ab imperatore vel rege
vel Lateranensi concilio sint concessa ex causa legitima vel ex longin-
qua consuetudine, cuius non obstat memoria debita. . . . Est autem tho-
loneum, ut dicit Ysidorus [1]), locus in portu maris, ubi merces navium et
nautarum emolumenta redduntur: thollos enim grece, ut dicit Beda, latine
vectigal dicitur. A tholoneo dicuntur tholonarii colligentes tributum navium
pro rege; hii alias dicuntur publicani. . . . Septimo, quia mutant monetam
pro lucro temporali, sine populo approbante in preiudicium eius, unde
coram Deo et iure tenentur ad satisfactionem populo, nisi liberaliter eis
remitat. . . . Octavo quia dimitunt uxores suas. . . Nono quia quidam la-
buntur in heresim. . . Decimo quia non reverentur episcopos, qui sunt
maioris dignitatis, . . . sed ipsos sepe mutilant et ocidunt et capiunt et
banniunt et extra suum regnum eiciunt et alios clericos, propter quod
tales excomunicati sunt et sacrilegi. . . Undecimo quia non defendunt
ecclesiam, ut tenentur, propter quod possunt deponi. . . Duodecimo sepe
deierant iuramento, quod promittunt ecclesie. . . Tertio decimo quia non
curant teram sanctam recuperare et Sarracenos inimicos crucis dominice
impugnare, qui fidem catholicam persequuntur, cum ad hoc sint regna
specialiter instituta. . . Quatuor decimo quia alienant bona regnorum suorum contra iuramentum quod fecerunt in coronatione sua. . . Non enim
reges sunt proprietarii regni sui, sed defensores et administratores et aug-
mentatores . . *zitiert* 23. q. 8. § *Quamvis* [2]) . . *u. a.* Quare teneat immensa
donatio facta per imperatorem ecclesie, . . . et quia cum datur piis locis
optima mensura est rerum donatarum immensitas. . . . Unde et hic scien_
dum est, quod quilibet potest regulariter rem suam relinquere vel donare

---

1) Isidorus, Etymol. lib. 15, cap. 2 § 45, Migne 82, S. 541. vgl. Papias, Vocabularium s. v.

2) c. 22. C. 23. q. 8. dictum Gratiani.

ecclesie, contra quam multi tyranni multas diversas machinationes ingerunt,
contra quos invehitur concilium generale, extra *de reb. eccl. non alien.* ') ...
(fol. 16 ᵛ) ... Quinto decimo ᵗ) quia a clericis et ecclesiis et ecclesiasticis
personis pensiones et procurationes et banna et penas extorquent contra
iura et ecclesiasticam libertatem, et talias et colectas et exauctiones eis
inponunt indicta et super indicta, et ideo tenentur pena X librorum auri
astricti. ... Nam plus iuvat ecclesia regnum orationibus, quam armis miles
vel armiger. ... Decimo sexto quia ducunt secum sacerdotes et clericos
ad belum contra iura..., quod intelligendum est, quando vadunt, ut pugnent
ibi personaliter, ... secus si ad dandum consilium et auxilium et ad oran-
dum vadunt in iusto belo. .. Decimo septimo quia corrumpunt iusticiam
odio, amore, metu vel munere .. vel inpetu vel ignorancia vel iuris ordine
non servato... Decimo octavo quia taliis et exauctionibus populum Dei
affligunt, indebite et corporibus et rebus oprimunt, Deo tenentur de eis
reddere rationem. ... Decimo nono quia ocupant terras alienas et non
sunt contenti propriis terris. ... Vicesimo quia cum unus rex uni mulieri
vix suficiat, volunt tamen plures habere, sicut equus emisarius et mulus
quibus non est intelectus, in anime sue periculum et scandalum populorum, quare et excomunicari et deponi posunt, si incorrigibiles fuerint.
... Vicesimoprimo simul crimen lex magestatis et sacrilegi comittunt
Iudeis super christianos oficia comittentes. .... In hoc precipue
ofendunt reges Yspanie, quorum corporum et rerum Iudei perfidi et fa-
lacisimi sunt dii rapacissimi homines devorantes, quorum perfidia senper
Christum et christianos persequitur, maxime in occulto ... *zitiert* c. *Ex
speciali*ᵗ), ubi innuit, quod hec oficia possunt concedi Iudeo non suspecto,
quia illud de comparativa permisione est inteligendum ... Vicesimo secundo in decimis et primiciis, quas aliqui non solvunt ad quas tamen
solvendas tenentur. ... Et aliqui solvunt, non tamen integre, quia non
solvunt de furnis et molendinis et ortis et piscariis et forestis et saltibus
et venatione et feno, lana et lacte et fecubus peccorum, sicut reges Portugallie contra iura..... et auferunt decimas beluarum vel cete et aliorum piscium ecclesiis ... Vicesimo tertio in auguriis et sortibus et quibusdam aliis superstitionibus in quibus aliqui eorum confidunt et servant,
a vera sic fide deviantes ... Vicesimo quarto quia irosi et furiosi et
crudeles et superbi sunt propter regiam dignitatem, cum deberent esse
ad exemplum Christi regis regum ... mansueti et tratabiles et humiles
et humani, cum sint homines et non dii ... Vicesimo quinto leges iniquas
constituunt ... et frequenter contra ecclesiam et ecclesiasticam libertatem
et leges eius, que eo ipso non valent... Vicesimo sexto quia non faciunt
id, ad quod potestas eorum regia est ordinata, scilicet ut mali a malo

1) Vgl. c. 2. X. de reb. eccl. (3, 13).
2) Von hier an nach Planctus lib. II. art. 30, fol. 137.
3) c. 18. X. de Judàeis (5,6).

coherceantur et boni inter malos quiete vivant. .. Vicesimo septimo inpugnant sepe ecclesiam et clericos. ... Vicesimo octavo *(fol. 17)* non impugnant hereses, magos et ariolos, incantatores et sortilegos et mathematicos, sicut dicunt, et in hoc gravisime ofendunt maxime reges Yspanie. ... Vicesimo nono non puniunt blasfemantes, ut dicunt .. Tricesimo non subiciunt se episcopis et presbiteris, sicut dicunt, et permittunt sibi manus osculari ab eis, cum potius episcoporum manus debeant osculari ... Tricesimo primo quia recipiunt ab electis in episcopos vel archiepiscopos intra regnum suum cautiones et homagium vel fidelitatem, cum nihil temporale teneant ab eis, contra iura. ... Tricesimo secundo quia puniunt hereticos, etiam si persone sint ecclesiastice, argumento ᵃ) iurium, que pro eis videntur facere. .. Sed cum crimen istud ecclesiasticum sit, sicut et multa alia, ... nec reges nec alii iudices temporales de eo se possunt maxime hodie intromittere, alias sunt hodie excomunicati ... Tricesimo tertio quia non recognoscunt de facto imperatorem super eos et eiᶴ subesse et ab eo debere coronari, contra iura. .. Ab ista regula excipiuntur reges Yspanie, qui cum non subessent inperio, regna sua ab hostium faucibus eruerunt. .. Tricesimo quarto regna sua scindunt et dividunt inter filios et consanguineos, sicut fecit Alexander, cum aduc viveret, 1⁰ Mach. I. ¹), quod tamen fieri non debet. .. Tricesimo quinto quia non prestant auxilium et favorem iudicibus ecclesiasticis invocati ab eis, ut tenentur. ... Tricesimo sexto quia non servant iuramentum, quod prestant in sua coronatione de non alienando bona regni et conservando eis honorem et de non mutando monetam legitimam. ... Tricesimo septimo quia maiora negocia regni expediunt sensu proprio vel cum paucis suis asesoribus, cum tamen maiorem partem regni super hoc vocare deberent, idest eorum subditos, quia eorum interest et *quod omnes tangit ab omnibus debet aprobari* ²). ... Tricesimo octavo quia cum indigeant sepe curatoribus et coadiutoribus aut propter eorum nimiam iuventutem aut fatuitatem aut asininam simplicitatem, nolunt eos recipere ab inperatore vel ecclesia, unde et sepe privant iniuste filios et nepotes ex paterna linea descendentes ³). .. Tricesimo nono quia aliqui usurpant oficia sacerdotii, ut turificare et predicare ⁴), unde lepra percutiuntur, ut rex Ozias ⁵); ... possunt tamen simpliciter suum populum exortari ad bonum, non per modum predicationis, quia predicare interdictum est laycis ... etc.; *sie dürfen nur so vorgehen, wie eine* prelata *oder* priorissa, *die ihre Nonnen ermahnen will.*.. Quadragesimo quia auferunt res ecclesie et monasteriorum et religionum et ordinum milicie,

a) *ms.* ar iuriu.
1) 1. Maccab. 1, 7.
2) reg. 29. in VIᵗᵒ de reg. iur. (5, 12).
3) Bezieht sich wohl auf die Thronstreitigkeiten in Kastilien.
4) Vielleicht ist an König Robert d. Weisen von Sizilien zu denken.
5) 2. Paralip. 26, 19.

et retinent sibi mobilia et immobilia et retinent sibi et dant suis reginis et filiis et baronibus suis et familiaribus et consiliariis suis, ita quod magna pars et immobilium ecclesiarum et monasteriorum alienata sunt. Et si alegant, quod prelati ecclesiarum et ordinum dant eis, cum tantum dent, cum dant compulsi timore, qui potest cadere in constantem virum, nec tenet de iure talis donatio et alienatio etc. . . . Quadragesimo primo malos habent consiliarios quorum consilio predicta et multa alia operantur, maxime reges Hyspanie ; . . habent enim consiliarios bilingues et sussurrones, Levi. XIX.[1]): *Verba sussuronis quasi sinplicia et ipsa perveniunt usque ad intima ventris.* . . . . Et quosdam frequenter malos, qui in tempore modico ditati et exaltati de bonis regni et ecclesiarum, regnum consumunt ipsum cum susurriis et adulacionibus . . et detractionibus . . senper ex pessima consuetudine, potius corrutela . . . *Zitat aus* Aristoteles ad Alexandrum in libro magistri Galterii qui dicitur Alexander [a]). . . .

Et frequenter habent consiliarios concubinarios et infames de genere Iudeorum et Sarracenorum et hereticorum, qui prout communiter patrizant et sunt ecclesie inimici, sepisime fraudulenta *(fol. 17 v)* conscientia consulentes [b] . . . Quadragesimo secundo, quia ipsi idem reges, maxime Yspanie, qui deberent esse cultores iusticie . . . et de propriis et Deo iustis reditibus vivere . . . et subditos suos a predonibus et latronibus et invasoribus defensare, subditos suos excoriant necdum per exactiones [c] et colectas gravisimas, sed rapinas, acipientes in castris et vilis et ruribus, et sepe in civitatibus dolia vini, sarcinas grani, greges arietum et boum et alia comestibilia et ligna et paleas et panos a posesoribus et laboratoribus et rusticis et nichil nisi pictaciolas i. cartulas, XXVI. q. VII. *Non observetis* [2]), quas vocant alvara, eis solventes. Et ab eis recedunt omnes lugentes et ululantes et in Galecia „parcados" clamantes et dicentes, contra illud Ps.: *Qui devorant plebem meam, sicut escam panis,* et iterum : *Quia comederunt etc.* [3]). Unde antropophagi idest comestores hominum possunt dici, labores miserabilium laboratorum totius ani con suis canibus et avibus et vilisimis ribaldis multis et meretricibus comunibus et aliis, quas vulgariter vocant soldadeiras i. stipendiarias, quia stipendium habent a rege et ab aliis magistratibus, quos de loco ad locum secuntur et suis ventribus et aliis suis superfluitatibus et carnalitatibus expendentes, contra quos ad literam Eze. XIX [4]): *Factus est leo et didicit predam capere et homines devorare.* Habent isti tales reges leunculos suos, s. ministeriales et baulos

a) *Am Rande von junger Hand:* Gualterus de Castilione ; *d. i. Walter von Chatillon, Alexandreis.* b) *im ms. ist dieser Paragraph unterstrichen.* c) *ms.* exauctiones.
1) Levit. 19, 16, Prov. 18, 8.
2) c. 16, C. 26. q. 7.
3) Ps. 13,4 ; 78,7.
4) Ezech. 19, 6.

suos et factores suos, qui admodum sanguisugue pauperum sanguinem sugunt et in sinu dominorum evomunt .... Quadragesimo tertio vani gloriosi et superbi sunt ex regio fastu nec regem regum dominum, Apoc.1 [1]) timentes, dicentes saltem inter se : Deus sum, contra talis Eze. XXVIII.[2]). ... Quadragesimo quarto in gradibus prohibitis a iure contrahunt cum suis consanguineis et afinibus ante dispensacionem papalem, et primo comitunt incestum, deinde impetrant indulgentiam vel dispensationem, aliquotiens nullam et in incestu manentes [a]);.. unde pecant in spe habendi indulgentiam, quod est pecatum in spiritum sanctum ... Et ex talibus coniunctionibus degeneres reges nascuntur. Et hodie tales reges cum aliis taliter contrahentibus et excomunicati sunt, nisi speciali privilegio sint muniti... Et hic notandum, quod cum scienter sic contrahentes sint excomunicati ipso facto, si super tali matrimonio de facto contracto sedis apostolice dispensacio inpetretur per se vel per procuratorem constitutum ab isto excomunicato, ... non obtempta prius absolutione ab excomunicacione, que potest fieri per episcopum, quia non reservatur pape,.. quod gratia inpetrata sit ipso iure nulla etc.

Quadragesimo quinto, quia ducunt maxime reges Yspanie in domo sua et in comitatu suo multitudinem publicarum meretricum, et quibusdam earum dant stipendia et anonam in aula sua, quas vocant stipendiarias, et duci permittunt et consenciunt alios suos familiares, et sic eorum aula pro parte prostibulum est et lupanar et scortum, sicut aliquando templum Ierusalem. ... Quod principibus christianis in magnam apud christicolas cedit verecundiam et ofensionem criminalem apud Deum et in eius fidei mundisie subversionem, cum contra decalogum et preceptum Christi mundisimum mechiam in domo sua more mafometico nutriuntur detestandam... Et participes sunt libidinis suorum familiarium tacite consentiendo et non prohibendo .. et turpitudinis sunt patroni.... Et crimen lenocinii quasi comittunt questuaria mancipia in domo tenentes, licet ipsi suum questum recipiant maledictum, quia non est hoc minus quam proprio corpore questum facere.... Nec dicant maxime Yspani, qui inter ceteros immundos christianos magis libidini in fornicationibus vacant, quod ideo meretrices ducunt secum, ne peius incurant, s. flagitium sodomiticum, quia unum malum, et maius, aliud etiam minus non excusat, cum utrumque sit mortale et pariter detestandum .... Et licet, postquam quis incidit in quodam quasi perplexum, minus malum sit eligendum, ne maius fiat, nullus tamen in tale perplexum se debet inducere, per quod quis mortale peccatum comitat ... Multi etiam maxime Yspaniorum diabolo fabricante timentes fatue, ne de peccato contra naturam difamentur falso, fornicationes comitunt inexcusabiliter, quia ante dicunt omne malum infamie sustinere que

a) ms. magnentes.
1) Apoc. 1, 5.
2) Ezech. 28,2.

apud Deum non nocet, . . . quam malo peccato consentire . . . Sustineant ergo tales pusilanimes infamiam et iniuriam cum Iesu cui dicitur
Luc. XI. ¹): *In belzebu eicit demonia etc.* . .

(fol. 18). Quadragesimo sexto a meretricibus regni sui mercedem et
precium recipiunt contra illud Deuteron. 23 ²) . . . et ilius imundicie cooperatores sunt cum ilis earum spolia participando. . . . Quadragesimo
septimo recipiunt precium ab aleatoribus ludi taxilorum et aliorum, precipue reges Yspanie, quos vocant taulagrum ³), et assendant quolibet
anno pro certo precio, unde participant precium de ludo per legem prohibito . . . Scripsi autem fere XVI peccata mortalia que in ludo comitun-
tur in libro quem composui *De statu et planctu ecclesie* in IIª parte in
articulo XXIX º, questione *Ultimo generaliter* XVI³) . . . Quadragesimo octavo quia aliqui eorum, maxime reges Yspanie, con suis reginis et filiis
carnes comedunt in quadragesima et aliis ieiuniis ab ecclesia indictis sine
necessitate vel ficta vel consilio suorum medicorum carnalium, non animarum, . . . et adulatorum qui cum eis dispensant de consilio Galeni ᵇ) et
Ypocratis paganorum et diaboli contra iura. . . . Non est verus catholicus
talis rex. Secta Sarracenorum tota caro est, lex Christi spiritualis est; qui
Christi sunt, carnem suam crucifixerunt cum viciis et concupiscentiis. Quadragesimo nono vendunt oficia, iudicaturas, tabelionatus, militias, dignitales
seculares, que omnia libere dicunt dari . . . et sunt ocasio talibus oficialibus
alios in preciis agravandi et concuciendi, suis ordinatis salariis non contenti
contra legem. . . Quinquagesimo pecant in duelis que approbant, contra id
quod legitur *extr. de purga. vulga.*⁴) . . . Hoc etiam prohibet lex Romana c. *de
gladiator. l. unica* l. XIº ⁵). Sed'Hyspani sui homicide et Dei temptatores . . .
nec de legibus nec de canonibus curantes pasim duela oferunt et recipiunt et ex eorum prophanis consuetudinibus que contra Dei et ecclesie
leges non valent. . . Quinquagesimo primo pecunias ecclesie, que extrahunt
de regnis suis per prelatos et ecclesiasticos personas in auro vel argento et
alia moneta suo fisco aplicant, dicentes quod super hoc legem et preceptum
et prohibicionem fecerunt, quod est contra iura civilia et canonica. Talem
enim legem non possunt facere in pecuniam ecclesie; unde lex, cur non
facimus discrimen inter res divinas et humanas, . . . libere enim sunt res
donate ecclesie a lucrativorum inscriptionibus. . . . Et laici nichil posunt
nedum contra ecclesiam, sed nec pro ecclesia sine auctoritate papali de
rebus ecclesie ordinare. . . . Quinquagesimo secundo⁶) quia sicut supra te-

a) *am Rande modern :* tavolagem.   b) *ms.* Galieni.
1) Luc. 11, 15.
2) Deut. 23, 18.
3) De planctu eccl. II. art. 28, ed. Jo. Clein, fol. 133 v.
4) c. 1—3. X. de purgatione vulg. (5, 35).
5) Cod. XI, 44.
6) Von hier ab nach Planctus lib. II. art. 31, fol. 138.

tigi, faciunt constitutiones suas vel potius destitutiones contra ecclesiasticam libertatem, . . . propter quod tam ipsi quam scriptores sunt ipso
iure excomunicati et feudis que tenent ab ecclesia sunt privandi; . . . et
posunt feuda aliis potencioribus concedi, qui ipsa petant et pro ecclesia
recognoscant. . . . Quinquagesimo tertio volunt habere capelas suas et
capelanos sine auctoritate episcoporum, et volunt quod capelani sui
et clerici habeant curam animarum suarum uxorum, filiorum et familie
sue, et quod oblationes eis factas ubicunque et misas audiant, suas
faciant et inbursent, quod iuri comuni non convenit, . . . nisi forsan super
his a sede apostolica speciali privilegio sint muniti . . . . Verumtamen
scias, quod alicui clerico in aliqua dignitate constituto, ne videatur privilegium personale, extra de off. delegat. Quoniam abas[1], talia perpetuo
comitantur. Alias laicus non debet se de talibus intromittere, nec habere potest potestatem comitendi curam anime sue vel uxoris vel familie
cui vult. . . Nec enim licet laicis ecclesias regere nec oblationes recipere,
alias excomunicati sunt. Nec mirum, quia nec etiam sacra vasa vel vestimenta ab insacratis hominibus tangi debent . .

Quinquagesimo quarto, quia liberos homines subiciunt servituti, cum
tamen liber nullus servus debeat fieri, nisi quando se vendit ad precium
participandum . . . Quinquagesimo quinto quia propria auctoritate uxores
a se repellunt et alias admitunt, credentes hoc sibi licere ex quadam
corrupta consuetudine . . . Quinquagesimo sexto quia sepe ex adulterio
nati succedunt in regno sine dispensatione papali vel inperiali, et sic suo
iure privant heredes legitimos qui deberent succedere nec salvari poterunt,
nisi restituant regnum et fructus legitimis heredibus . . . (fol. 18 v) Credo,
quod rex in regno suo posit dispensare cum filiis suis, sicut cum subditis,
quod posint succedere sibi et aliis, sicut potest cum aliis, ut succedant
in legitimis, dispensare, quia posunt reges infamiam tolere et ad famam
restituere et ad natales primos et statum integrum . . . Quinquagesimo
septimo quia non servant iustitiam pauperi non habenti, quod oferat . .
et frequenter ex inpetu furoris vel odii interficiunt suos subditos sine
aliqua iustitia . . . Quinquagesimo octavo quia episcopos et alios clericos
non honorant, sicut debent, . . . sed eis iura subtrahunt et plerumque
subiciunt servituti, de quo tenentur in tremendo iudicio reddere rationem,
quia hoc faciunt contra iura.

Quinquagesimo nono quia pro nichilo faciunt guerras quas etsi
magna causa subesset, auctoritate propria facere non debent . . . Sexagesimo, quia si quis vasalorum suorum vel hominum quandoque ofendit
in aliquo, ipsum de facto nulla lata sententia exheredant iuris ordine non
servato, et dicunt sibi ius in causa propria vel ipsimet ferunt sententiam, sicut placet, et postea execuntur contra iura . . . Sexagesimo primo,

1) c. 14. X. de off. deleg (1, 29).

In iusticia diferenda. Nam etsi quidam de regibus inveniantur, qui nullatenus forsan velent iniustam ferre sententiam vel iniustam facere, tot tamen dies asignant et tot afligunt partes laboribus et expensis, quod ante coguntur iuri suo renunciare vel ipsum vendere vel alias componere super ipso; . . . ideo tenentur ad restitutionem totius interesse ... Sexagesimo secundo[1]) quia non faciunt guerram Sarracenis vel paganis propter Deum et fidem orthodoxam et rem publicam, sed predam et divicias augmentandas, quod est peccatum damnabile. .. . . Sexagesimo tertio, quia non vacant regimini regni, sed comensationibus et ebrietatibus et cubilibus et immundiciis et stuprationibus ᵃ) virginum et ludis et spectaculis et mundo aparere et non Deo . . . Sexagesimo quarto, quia captos in belo sepe interficiunt contra Augustinum dicentem: *Victoris capto misericordia iam debetur*, 23. q. 1. *Noli*[2]). Sexagesimo quinto maximas expensas voluptuosas, delicatas et superfluas faciunt in domibus suis et uxorum suarum et filiorum suorum sive legitimorum sive illegitimorum, quibus statim ut nascuntur propter vanam gloriam mundi dant eis domos et familias speciales et oficiales, quorum expense exauriunt totum regnum et gravant colectis et exactionibus ᵇ) infinitis, propter quod incole pauperes et rustici coguntur exulare et regnum dimittere, et hoc contingit regnum depopulari. Et in hoc ofendunt precipue reges ᶜ) Castele cum infinitis quasi equis et evectionibus et familia inutili discurrentes per regnum cum pedisequis et paranimfis et nobilibus et ignobilibus mulieribus operientes terram sicut locuste. Expense enim necessarie et utiles regibus et aliis conceduntur, numquam voluptuose nec superflue que non sunt sine peccato. ... Sexagesimo sexto nimis se occupant in venationibus et aucupationibus et in pugnis in saltibus cum feris, cum multo damno terrarum et expensis suorum montariorum et laboribus rusticorum et expensis canum, et corpora sua et animas ferarum dentibus exponentes. Et cum expeditioni negociorum regni deberent vacare, vacant pesime et periculose occupacioni ferarum in perniciosum exitum suorum. Salva enim maiestate regali ocupari cum bestiis bestiale est, de quibus potest dici, quod in Ps. dicitur[3]): *Homo cum in honore esset, non intellexit, comparatus est iumentis insipientibus et similis factus est illis*. Et dicit Bernhardus[4]): *Puto, quod si iumenta posent loqui, dicerent: Ecce iste homo factus est sicut unus ex nobis.* Et ait Seneca[5]) : *Peius est hominem vivere bestialiter, quam esse bestiam.* In huiusmodi figuram mutatus est Nabuchodonosor rex in bestie feritatem et sensum. . . . Unde propterea secundum leges pugnantes cum bestiis

---

a) *ms.* sturpationibus. b) *ms.* exauctionibus. c) *ms.* rex.
1) Von hier ab nicht mehr abhängig vom Planctus.
2) c. 3. C. 23 q. 1.
3) Ps. 48, 13. (21).
4) Bernhard von Clairvaux.
5) Seneca ? Vgl- Epist. 60,4.

infames sunt ... et tales venaciones in iure reprobantur, nedum clericis, sed et laycis... Sexagesimo septimo bufonibus, goliardis, mimis, scenicis, ioculatoribus et thimelicis multos panos preciosos et multa alia donant ex abusu regum et pro vana gloria mundi et fovent in eis peccatum suum, quod est vicium immane i. mortale... Legitur in ystoriis[1]), quod Henricus imperator omnes ioculatores de curia sua eiecit et que eis dabantur, pauperibus erogare precepit. Donare autem citharistis et aliis tangentibus instrumenta et ea audire causa recreationis vel spiritualis leticie non est peccatum;... et sanctus David citharista fuit; ... alie predicte persone infames sunt et contra legem Dei vivunt... Sexagesimo octavo omnia accipiunt que acquirunt in belis Sarracenorum vel aliis iustis belis, et hoc contra iura. Nam etsi ea que capiuntur ibi regum sint, ipsi tamen tenentur ea dividere secundum merita capientium, quia que capiuntur in iusto belo capiencium fiunt, et sic iura que videntur contraria ad concordiam reducuntur ... Sexagesimo nono non solvunt decimam de hiis que acquirunt in iustis belis, tum tamen teneantur. ... Et de omnibus iuste acquisitis decime sunt solvende ...

(fol. 19). Septuagesimo raro confitentur predicta peccata et alia, sicut fideles christiani tenentur, saltem quolibet anno confiteri; et si confitentur non declarant peccata sua supradicta et non corrigunt se de eis et confitentur suis confesoribus adulatoribus, qui peccata eorum non exprobrant, sed palpant et liniunt et disimulant partim cecitate, partim ignorantia, partim timore, partim complacentia, ut exaltent eos ad hoc ... Non sic rex Nabuchodonosor qui post peccatum contritus ad Deum conversus est et veniam invenit etc. ... Confitebuntur autem reges confesori, quem elegerint, si de hoc habent privilegium speciale, ... vel ubi delinquerint, ... vel ubi constituunt amplius domicilium vel domicilia, quia plura quis potest habere domicilia, ... ex parte isti sunt proprii sacerdotes. Si non propriis sacerdotibus confiteantur, non valet absolutio. ... Septuagesimo primo murmurant contra Romanam ecclesiam, matrem suam, ... et coniurant et conspirant contra eam et invocati ab ea pro auxilio inpendendo contra ecclesie inimicos non obediunt ei et non adiuvant, propter quod merentur deponi ...

De morte malorum regum. Scias autem, obtime rex et inclite, quod omnes mali reges qui fuerunt a principio mundi comuniter mala morte finierunt, quia ad Deum post peccatum non redierunt ... *Beispiele aus dem A. T.* .. *Im Folgenden moralisierende Ausführungen* de quatuor virtutibus cardinalibus quibus debent reges muniri etc. *(bis fol. 28 ᵛ)*; *dann über die einzelnen Tugenden* prudentia *(bis fol. 29 ᵛ)*; temperantia, continentia, clementia, modestia, *(bis fol. 31ᵛ)*; de sobrietate *(fol. 31ᵛ—34)*;

---

1) Vgl. Herimanni Aug. Chron. 1043, MG. SS. V, S. 124. Jahrb. des deutschen Reichs unter Heinr. III. Bd. 1, S. 193, n. 3.

auch über die Jungfräulichkeit, de quibus debent timeri virgines *(fol. 34—35);* de castitate *(fol. 35—35 ᵛ);* de continentia coniugali, de modo matrimonii contrahendi *(fol. 35—36 ᵛ);* quando et quod opus carnale sit licitum *(fol. 36 ᵛ—37);* de tenperantia secundum visum, auditum et tactum *(fol. 37—37 ᵛ);* de fortitudine *(fol. 37 ᵛ — 38);* de partibus fortitudinis: *(fol. 38 — 39);* de paciencia de divisione paciencie *(39— 41 ᵛ);* de temptacionibus *(fol. 43 ᵛ);* de constantia *(fol. 43 ᵛ — 44);* de perseverantia *(fol. 44);* de magnanimitate *(fol. 44 ᵛ);* de fiducia et magnificencia *(fol. 44 ᵛ);* de iusticia *(fol. 44 ᵛ—45);* de latria (= religio) *(fol. 45 bis fol. 46 ᵛ);* de oratione *(fol. 49 ᵛ);* de laude Dei et gratiarum actione *(fol. 49 ᵛ —50 ᵛ);* de obediencia *(fol. 50 ᵛ— 51);* de disciplina *(fol. 51—52 ᵛ);* de ieiunio *(fol. 52 ᵛ);* de equitate *(fol. 53);* de pietate, de gratia *(fol. 53);* de misericordia *(fol. 57 ᵛ);* de veritate et fidelitate *(fol. 57 - 59 ᵛ). Zuletzt über Vereinigung von Gläubigen und Ungläubigen in einer societas als höchst gefährlich (fol. 39 ᵛ)* . . .

Schluss: Adaperiant oculos suos inperatores, reges et principes precipue et alii fideles ad hoc opus divinitus inspiratum, ungant collirio eius interiores suos contuitus, et sic in presenti in eo se speculentur, quod in illo regno perpetuo maiestatem divinam eternaliter facie ad faciem valeant speculari, cui himnus a) et inperium, latria et gloria sit per infinita seculorum secula. Amen. Finivi hoc opus ego, presul indignus Silvensis, frater Alvarus de ordine minorum in Algarbia, in villa de Tavira anno domini milesimo CCCXLIIII mense Iulii decima die transacta.

a) *ms.* hinus.

XV.

Landulfus de Columna.

De pontificali officio.

Aus: Bibl. Vallicell. Cod. B. 123. fol. 2--100.

(fol. 2). Incipit tractatus brevis de pontificali officio compositus a magistro Landulpho de Columna canonico Carnotensi.

Sanctissimo patri ac domino suo, domino I., Dei gratia sacrosancte Romane ac universalis ecclesie summo pontifici, suus humilis et devotus servus Landulphus de Columna, canonicus Carnotensis, cum omni devocione pedum oscula beatorum, et inter varios mundi eventus illesum conservari sicque implere commisse sibi divinitus summe dispensacionis officium, ut in presenti seculo graciam, in futuro gloriam assequi mereatur. Diu in me *(fol. 2 v)* caritas cum discrecione pugnavit, et proprii defectus agnicio longum commisit prelium cum affectu. Inducebat me caritas ad scribendum aliqua vestre sancte et venerande communicanda prudencie, que utilia videbantur ad regimen officii pastoralis; impugnabat ex adverso discrecio, asserens deesse mihi talentum sciencie et defectum eloquencie *usw.*

. . *(fol. 4).* Longa itaque inter se pugna commissa tandem pia caritas vel Dei fortis athleta, uncta oleo devocionis et fidei, racione previa superavit meque renitentem compulit ad scribendum . . . .

Queso igitur, sanctissime pater, ut siquid in *(fol. 4 v)* hoc tractatu invenerit vestra clemencia familiariter dictum vel forsitan indiscrete prolatum, illud solita et amicabili benignitate suscipite, nec requiratis, sanctissime pater, in presenti tractatu flores Tulli ac dulcedinem Ulpiani. Capto siquidem non lucrum fame, sed anime, sufficitque mihi, si inter mundanarum sollicitudinum strepitum scribentis caritas non laudem, set veniam et vestram graciam mereatur. Benigne itaque suscipite presens mee devocionis opusculum, et si quis in eo invenerit vestra sanctissima paternitas scrupulosum illud queso lima *(fol. 5)* diligenciore complanet.

Quoniam grate suscipit, que traduntur compendio, deliciosa modernitas, et tenacius memorie commendantur, que matura quadam fuerint brevitate digesta, idcirco pauca de multis et brevissima de amplissimis, que de pontificali statu et officio a Graciano sub tredecim capitulis apostolice regule et aliis doctoribus sunt tractata difusius, compendiosiori, quo potero, tractatu perstringam ad quatuor solum capitula restringens perfeccionem regiminis pastoralis.

In quo quidem tractatu parum studium scribentis adiecit *(fol. 5 v),* sed micas, que de mensa doctorum sacre pagine ceciderunt [1]), me fideliliter coadunasse confiteor et spicas collegisse, que in agro Boos in manus

1) Vgl. Matth. 15, 27; Luc. 16, 21.

evaserunt messorum '). Utinam in earum excussione mensura ephim valeat²) inveniri, de qua prelati, qui in hoc valle ploratus³) in officio pontificis altissimo militant, possint divine confortacionis panem conficere, quoad perfeccionem dicti regiminis a domino fervencius animentur. Non est sane scribentis intencio summi pontificis et pastoris formam et regiminis presenti libello describere, qui electus est in plenitudinem potestatis, sed aliorum volo normam depingere, qui in partem sollicitudinis sunt assumpti.

De quatuor *(fol. 6)* que requiruntur principaliter in prelato.

Quatuor sunt, sanctissime pater, que, ut scripturarum probant testimonia, requiruntur principaliter in prelato, videlicet timor Dei ; cultus sui ; disciplina idest debita correccio delinquencium ; amor, dileccio atque proteccio subditorum. Circa que quid ab aliis fideliter didici, vestre sine invidia communico sanctitati.

Cap. 1. Quod prelatus debet Deum timere et diligere toto cordis affectu.

Ueber timor Dei *ganz im erbaulichen Tone* . . . .

(fol. 10 ᵛ): (sed ut cum venia loquar): Infelix ego, quis det capiti meo aquam et oculis meis fontem lacrimarum ?⁴). Prelati moderni plerique, qui beati Iob imitatores esse debuerant et sequaces, eos timent, qui corporibus et rebus temporalibus possunt inferre molestiam. Illum autem se parum timere demonstrant, qui et corpus occidere et animam potest perdere in gehennam⁵). Mentes enim habent arundineas⁶), omni flatui cedunt, omni spiritui credunt, omni circunferuntur vento⁷). In iudiciis favore liquescunt, in consiliis pavore deficiunt ; turbantur ambicione ; inquietantur suspicionibus ; curis estuantur ; tabescunt *(fol. 11)* odio ; mordentur invidia ; honoribus tument ; oculos habent ad munera et retribuciones sequentes; pupillo et vidue non intendunt. Immo quod longe gravius est et sine miserabili gemitu explicare [non] ᵃ) possumus, Christi obprobria, sputa, flagella, clavos, lanceam, crucem, mortem, hec omnia plerique prelati in fornace avaricie conflant, et precium universitatis suis marsupiis includentes patrimonium crucifixi aut nepotibus erogant aut dampnabiliter retinent aut distribuunt consanguineis indiscrete. Nonne considerant infelices, quod morituri sunt? Nonne cogitant, quod requirit do-

a) non *fehlt ms.*
1) Ruth. 2, 7. 15 ff.
2) ib. 2, 17.
3) Vgl. Ps. 83, 7.
4) Jer. 9, 1.
5) Matth. 10, 28 (Luc. 12, 5).
6) Vgl. Apoc. 21, 15.
7) Ephes. 4, 14.

minus ab uno quoque villicacionis proprie *(fol. 11 v)* racionem et honorem
proprii principatus ? *etc.* . . .

Sanctissime pater, prelatos plerosque videmus, qui promotis quibusdam suis nepotibus, pueris et adhuc discentibus alphabetum, statim alios
tradunt *(fol. 12)* litteris imbuendos ; et ultra omnem genealogie gradum
tot sibi nepotes adinveniunt et propinquos, ut in ecclesiis sibi commissis
et iuxta altare domini quasi silvam plantare videantur multitudinem pro-
pinquorum. . . . In quibus infructuose arbores maxime continentur, qui
in ecclesia Dei infructuosos promovent et indignos, et licet de pueris
possit interdum fructus utilitasque sperari, credo tamen, quod pueri raro
sunt in ecclesia promovendi . . . .

(fol. 12 v). Set proh dolor, hodie sic prelatorum mentes carnalitas
excecavit, ut qui in ecclesiis plantare deberent viros, moribus et etate
maturos, sciencie margaritis ornatos, qui opinione bona ecclesiam et totam
provinciam illustrarent, quorum nomen esset unguentum effusum[1]), qui
miserandas ecclesiarum lacrimas debita consolacione siccarent, et illorum,
qui in eis sunt domini, beneplacitum cogitantes, manus dissolutas et genua
debilia *(fol. 13)* roborarent, ne in perniciem ecclesiarum prevaleret inutilis multitudo . . . a) plantant multitudinem puerorum. Unde contingit
communiter, quod si capitulum in aliqua b) ecclesia hodie convocetur, nullus
ibi tractatus erit de moribus reformandis, nullus sermo, per quem ecclesiarum utilitatibus consulatur, sed ecclesiarum communi utilitate post-
posita, solus sermo erit, qualiter augeatur utilitas singulorum. Que omnia
sunt prelatis instituentibus imputanda . . . .

(fol. 13 v). Attendat sane diligenter vestra sancta paternitas et ante
oculos mentis discreta meditacione reducat, quos antecessores prelati
habuerunt et quorum retineant dignitatem . . . .

Cap. 2. *(fol. 14 v)* Q u o d p r e l a t u s d e b e t c o l e r e e t o r -
n a r e s e i p s u m . . . .

*Anfangs lange moralisierende Erörterungen, Mahnungen zur Ab-
wendung von der avaricia und anderen vicia* c), *über gute und schlechte
Ratgeber; über die Schwachheit und Bosheit der Weiber (fol. 19 ff.) :
über* abstinentia *im Essen und Trinken (fol. 22 ff.) ; über das rechte und
das falsche Fasten (fol. 23 v - 24)* . .

(fol. 24 v). Set certe, sanctissime pater, illud silere non possum, quod
mihi non modicam materiam turbacionis importat, videlicet quod plerique
viri religiosi et sancti ordinis professores hodie de ferculorum numerosi-
tate contendunt. Si invenerit religiosus circa se aut pulsum velocem

---

a) *Das Folgende durch Stockflecke z. T. unleserlich;* n̄ eisdem s̄e p. . . .
b) *ms.* alica.   c) *fol. 15 hat hierzu eine Hand saec. 15 die Randnote geschrieben :* contrarium facit episcopus Tricaricensis.
l) Vgl. Eccle. 7, 2.

aut urinam incensam aut hebetem appetitum, consulit medicos, examinat species, electuaria facit, nullis utitur salsamentis, que non sint condita ex gariofilo, ex nuce muscata. O quam tediosum est in homine, qui de gerarchia *(fol. 25)* supercelesti loqui debuerat, de gerapigra aut gera- lodio a) disputare. Dicit siquidem religiosus discipulus non Petri, sed pocius Epicuri: Hoc capiti, hoc stomaco, hoc epati meo nocet; butirum convertibilis est nature; cervisia ventos facit; caules melancolici sunt; porri coleram accendunt; pisani guttam generant; fabe constipant b), lentes exseccant c); caseus universaliter malus; diu ad orationem stare debilitat; ieiunare turbat cerebrum; vigilare desiccat. Numquid istas differencias in evangelio aut prophetis invenerunt? Hoc certe institutio beati Benedicti non habet, sed miserie hoc eis revelat caro et sanguis.

(fol. 26 ᵛ). Deus enim vult sic hominem ieiunare, ut per ieiunium cogatur viciis et voluptatibus mori, non ut cogatur natura dissolvi. Vini siquidem usus precipue in prelato debet esse modestus. Licet enim Plato et Homerus vini usum absolute videantur simpliciter commendare, ex eo quod naturam roborat, ingenium acuit et ad res gerendas animum remissum accendit, mihi tamen nimis arduum, ymmo temerarium esse vi- detur, cum bacho inire certamen.

(fol. 27). Ebrietas enim etsi in ceteris reprehensibilis sit, in prelato est abhominabilis reputanda. Turpissimum enim est apud homines et *(fol. 27 ᵛ)* abhominabile apud Deum, si ille, qui positus est speculator domui Israel, vino estuans, abiecta maturitate pontificis aliquid proferat inhonestum, si vel in aliquo actu vel gestu corporis titubet vel si turpi- ter in verbi prolatione vacillet; ex nimio enim vino titubat pes, lingua ligatur, caligant occuli, mens racione caret. *Zitiert Augustin, Ambrosius etc.* ... *(fol. 28)*. Sunt sane plerique perdicionis filii qui in bibendo decertant, qui plus bibere victoriam *(fol. 28 ᵛ)* arbitrantur, qui tunc se reputant esse felices, cum se aut socios viderint lingua vel pedibus titu- bare, qui tunc amplius bibunt, cum minus siciunt, qui hominem detestan- tur, qui ebrietati non studet, et si ebrii non sunt, dormire non possunt. Codices plerique in calices transferunt, scribere ac legere in bibere conver- tendo, et quod anxie dicendum est, multi in studio erant nominatissimi disputatores, qui hodie sunt in ecclesiis egregii potatores. ...

(fol. 29 ᵛ). *Der Prälat soll auch eminens scientia sein, wie Saul sein Volk um Haupteslänge überragen an Wissen.* ...

(fol. 30 ᵛ) : die doctrina correccionis *und der* sermo predicacionis *sind die beiden Hauptsachen ; folgen moralisierende Ausführungen* . . .

(fol. 31 ᵛ). Sed proh dolor, sunt hodie magni cedri libani, quibus diviciarum copia, deliciarum affluencia fortuneque blandientis illecebra lumen et aspectum subtrahunt veritatis . . .

a) ms. gcragalodino.   b) ms. constipant *bis* caseus *a. Rande.*   c) ms. excecant.

(fol. 32). Habent siquidem singula hominum genera laboris aliquid et aliquit eciam voluptatis, sed advertere licet et mirari non modicum, quod prelati miro inter hoc artificio discernentes, totum quod delectat, amplectuntur et eligunt, et quod molestum fuerit, fugiunt et declinant. Cum militibus nempe superbje fastus, amplam familiam, nobiles apparatus equorum *(fol. 32 ᵛ)*, aucipitres et aleas et similia queque frequentant; at vero lorice pondus, insompnes noctes in castris, incertaque discrimina preliorum caute omnino declinant. Sudant agricole, putant et fodiunt vinitores, et qui torpent ocio accedente fructuum tempore innovare sibi horrea iubent, vivunt tritico et impingati frumenti adipe dilatantur: bibunt uve sanguinem meracissimum et herbarum ac specierum viribus peregrinum mutuant vini ᵃ) saporem. Negociatores circuunt mare et aridam in labore corporis, vite periculo perituras sibi divicias congregant. Hii vero dulces capiunt interea sompnos *(fol. 33).* Absit tamen, quod in stratis suis lacrimant [1]) eciam die festo; erit tamen absque dubio diebus festivis et ad Dei laudem specialiter ordinatis invenire graves vasis aureis et argenteis ministrorum dexteras refertas, variis operibus manticas, perticas pannis ornatas, et in scrineis tam multos loculos, ut si mensam adhibueris, videberis nummularios invenisse. Quid fabros, cementarios, ceterosque huiusmodi operarios opus est enumerare, qui victum sibi multo labore conquirunt. Hii vero madent deliciis, copiis affluunt occiosi. Sed *(fol. 33 ᵛ)* cum resurgere ceperint homines [2]), unusquisque in ordine suo, ubi putatis, sanctissime pater, generacio ista locabitur? Si ad milites forte diverterit, exsuflabunt eos, quia minime secum labores et pericula tollerarunt; sic agricole, sic negociatores et ceteri arcebunt finibus supradictos, utpote quia in labore hominum non fuerunt. Quid ergo restat, nisi ut quos omnis ordo repellit pariter et accusat, eum sorciatur locum, ubi nullus ordo, sed sempiternus horror inhabitat.

(fol. 34 ff.) gegen die religiosi, die sich zu sehr der Contemplation hingeben; (fol. 37 ᵛ f.) Aufforderung zum Bekenntnis der Wahrheit, Predigt und Leben übereinstimmen zu lassen; über die Erfordernisse einer guten Predigt nach Zeit, Ort, Qualität der Hörer und des Textes.

(fol. 40). Non perdat tempus in sciencia legistarum. Dicant queso legiste, quid eis confert ad salutem ille civilis et picturatus loquendi modus, ille babilonius calix, quo inebriantur peccatores terre *(fol. 40 ᵛ),* et

a) *ms.* vina.
1) Vgl. Ps. 6, 7.
2) Vgl. zum Folgenden Bernhard, De consid. l. III, cap. 5, Schluss, Migne 182, S. 772. Cuius ordinis sunt? . . . . unusquisque, inquit (1. Cor. 15, 28), in suo ordine resurget; isti in quo? an qui sine ordine peccaverunt, sine ordine peribunt? aut si summe sapiens Deus veraciter creditur a summo usque deorsum nil inordinatum relinquere; vereor istos non alibi ordinandos, quam ubi nullus ordo, sed sempiternus horror inhabitat.

ille principum leges, quibus ego infelix peccator aliquando militavi. Licet enim earum usus vite hominum utilis sit, ipsarum tamen bonitate sic abutitur humana malicia, ut ad iniquitatem equitas, ad iniusticiam iustitia convertatur. Sanctissime pater, unus est rex et illius unica est lex, lex utique immaculata et convertens animas et sapienciam prestans parvulis etc. etc. (fol. 41). Sapiencia huius mundi stulticia est apud Deum. Quid queso profuit Aristoteli et sequacibus eius mundane philosophie ventosa loquacitas. cum inflati sciencia seculari dominum Sabaoth ignorarent?

Cap. III. (fol. 41 ᵛ). Quod prelatus debet punire ac corrigere subditos delinquentes.

Gegen nachlässige Priester und Bischöfe. . . (fol. 43 ᵛ) : Sed proh dolor sunt hodie quibus commissa est dispensacio verbi Dei, qui silent a bonis, et cum aliquem potentem errare conspiciunt, omnem prorsus speciem correccionis obmittunt . . . Gegensatz : Johannes der Täufer, der einen Herodes anklagt. Als besonders lehrreich führt der Vfr. ein exemplum domesticum an (fol. 44 f.): Bischof Ivo von Chartres, der dem Könige Philipp von Frankreich Widerstand in seinem Eheprozesse leistete; zur genaueren Kenntnis lässt er folgen : exempla quarundam literarum quas predicto regi direxit, quas in archivio Carnotensis ecclesie reperi. Der erste : Sicut serenitati vestre dixi presens (fol. 45—47), Schluss : in omnibus negociis vestris valeatis perficere ; der zweite : (fol. 47—48 ᵛ) Excellencie vestre litteras nuper accepi bis preces fundo ').

(fol. 48 ᵛ) : Set sunt plerique hodie velut canes muti non valentes, immo (fol. 49) verius non volentes latrare ᵃ), ex quorum silencio provenit ovibus eorum cure commissis magna pernicies, dum pastores luporum delectantur laudibus et favore . . gegen die pastores mercennarii . . .

(fol. 52). Sed certe, ut veritas mendacio preferatur, apud prelatos nostros plerosque est hodie (fol. 52 ᵛ) pondus et pondus, mensura et mensura ᵃ), utrumque tamen est abhominabile apud Deum. Set apud homines, qui negociaciones exercent, grandis videtur esse prudencia, si alio pondere vel mensura propria distrahant, alio comparant aliena . . etc.

. . Aliis quidem alligant onera ᵃ) gravia et importabilia, que ipsi digito (fol. 53) suo tangere dedignantur (fol. 53), et sepe quod docent alios, opere despiciunt adimplere etc. und untergraben damit ihre eigene Autorität . . . . (fol. 54 ᵛ) Sanctissime pater, magna diligentia precavendum est unicuique in sublimitate aliqua constituto, ne inferiores corrumpat exemplis et abusione rerum per superbie aut luxurie viam, ad confusio-

a) ms. honera.
1) Vgl. Ivonis Carnot. Epist. 15 und 28. Migne 162, S. 27(8) u. 40 (13f.)
2) Is. 56, 10.
3) Prov. 20, 10. 23.

nis tenebras reducat populum sibi commissum. Frequens enim est, ut subditi superioris vicia imittentur; magistratui enim populus studet esse conformis, et unusquisque libenter appetit facere id in quo alium cernit
illustrem. Celebre est illud versificatoris egregii sensum et verba magni
Theodosii exprimentis: *In commune si quid iubes, censesne tenendum* etc.
bis (fol. 55) : semper cum virgine vulgus [1]. Audacter affirmo, quia testem
habeo in hac causa Gregorium, quod nemo magis in ecclesia nocet, quam
qui perverse agens, nomen vel ordinem sanctitatis habet [2]. Hunc enim
delinquentem nemo redarguere presumit et in exemplum culpa vehementer extenditur. quando, pro reverencia ordinis peccatorum, honoratur.
Set tanti reatus pondera forsitan sacerdotes fugerent, si *(fol. 55 v)*
veritatis sententiam intenta cordis aure pensarent, qui ait *etc.* (Matth. 18:
Qui scandalizaverit etc.) . . . . *(fol. 56).* Porro illud verbum terribile
magni patris Gregorii sedentes in cathedris tanquam tonitrum terrere deberet et eos metu pene retrahere ab omni opere indecenti. Dicit siquidem
pater predictus, quod *prelati tot mortibus digni sunt, quot ad subditos
perdicionis exempla transmittunt* ... Vident quoque sepe plerique *(fol.
56 v)* prelati moderni, quod in sanctuarium Dei laici sacrilegas manus
extendunt, sed ipsi omnino dissimulant, ipsorum miseriam preterea malicia
temporis excusantes. Set si eos zelus domini aut ecclesiarum afflictio
tangeret, se viriliter et animose pro domo domini constituerent defensores
*etc. Nach Beispielen der Heiligen Schrift: Osias ; Iason und Antiochus;
Balthasar nach Daniel (fol. 57)* . . .

(fol. 57 v). Sanctissime pater, unum noverit vestra sanctissima paternitas, quod si non annunciaverit prelatus impio impietatem suam et
ipse in sua impietate moriatur, eius anima de suis manibus requiretur....
Periculosum est, si in tonsoris officium convertatur ministerium pasto-
rale . . .

(fol. 58). Deberent eciam prelati orare devote ac Deum humiliter
instanter et instancius deprecari, ut ab hac impietate principes avertan-
tur . . .

(fol. 58 v). . Set hec omnia plerique prelati nostri temporis communiter vilipendunt et solum magnates et principes venerantur, ceci quidem,
sunt ad grandia, et que sunt vilia perhorrescunt . . .

Set ut cum *(fol. 59)* reverencia verum loquar, prelati moderni communiter non curant, quod a Philisteis archa domini capitur, quod a laycis
ecclesia conculcatur, quod gladium Petri rubigo consumit, quod Christi
sacramenta vilescunt, quod terribile nomen domini in vanum assumitur,
quod sub pretextu a) periurii eciam legitima coniugia dissolvuntur ; non

---

a) *ms.* preteritu.
1) Unbekannt.
2) Gregorii Magni Regula pastoralis I c. 2, Migne 77, S. 16 (4).

curant, quod Malchus in Christum ¹), Fassur in Ieremiam ²), Baltasar ³) in vasa domini sacrilegas manus extendit. Nichil quoque est in prelatis nostri temporis libertatis, ut mundi potestatibus obloquantur, nichil virtutis, ut veritatem in periculo tueantur. In omnibus lucrum, in paucis aut nullis salutem expetunt animarum. Dummodo in suis obtineant, eorum, que Iesu Christi sunt, iactura *(fol. 59ᵛ)* contempnitur; fiat pax in diebus eorum, sint fetose oves, boves crasse, promptuaria plena cibis et vasis onusta ª), mensa in admiracionem intuencium splendeat, varie et preciose suppellectilis operosus cultus habundet, honorentur, colantur a turbis, ditentur, visitentur a subditis in muneribus, sit utique liberum, impune ac sine voto facere, quicquid voluntas dictaverit etc. . . .

(fol. 60). Set proh dolor, hodie quod magnates et potentes edificant, prelati nostri per adulacionem depingunt et reddunt in superficie nitidum ex pictura, nec virtus unccionis nec sacrarum scripturarum *(fol. 60ᵛ)* crebra amonicio nec Dei timor nec ecclesie reverencia nec fame dispendium eorum potest animos ab huiusmodi miseriis revocare. Debent igitur, sanctissime pater, presidentes et prelati delinquentes corrigere quantumcunque potentes, quavis magna prefulgeant dignitate, considerantes, quod apud summum iudicem et pastorem nulla est excepcio personarum, set omnes equaliter iudicat, inter magnum et parvum in aliquo non distinguens.

Der Prälat und Christi vicarius (fol. 61) soll nicht zu streng und nicht zu mild sein, die humanitas wahren und die compassio; verschiedene, strenge und milde Mittel versuchen (fol. 61 ᵛ); lange moralisierende Ausführungen (fol. 62); immer wieder wird die Milde betont: benivolencia, cohortacio, caritas *(nach Gregor d. Gr.) (fol. 63)* . . .

(fol. 63 ᵛ). Sed sunt hodie *(fol. 64),* sanctissime pater, plerique ᵇ) prelacionis officio et dignitate sublimes, qui pro nobilitate generis in abusionem et superbiam elevati, subditos non benigne et cum miseria corrigunt, sed eos superbe suffocant et excoriant arroganter, et si quis contra eos pro iusticia mutire temptaverit, ei exprobracionem vilis generis et titulum rusticitatis opponunt et notam non verentur obicere paupertatis. Sed miseri successores veteris Ade, testa fragilis, lutum solubile, pellis morticina, vas putredinis, fomes tinee, cibus vermium, quid pro nobilitate generis in superbiam elevati aliis titulum rusticitatis obiciunt? *(fol. 64 ᵛ).* Sicut enim iniquitatem patris filius innocens non portabit, sic nec filium reprobum decet de patris actibus gloriari. Sed dicat queso de generis nobilitate superbiens, que in publicum argumenta pretendere poterit, ut eius se filium probet, cuius pomposam memoriam magnificat et extollit? *etc.* . .

a) *ms.* honusta.   b) *ms.* preliq.
1) Joh. 18, 10.
2) Ierem. 20, 2.
3) Dan. 5, 2 ff.

(fol. 65) . . . Vaga preterea et incerta est hominum generacio, et quandoque putatur filius principis, qui filius est vilissimi istrionis. Set quid inter parentelas variando distinguimus? Ab uno siquidem patre descendimus universi. In *(fol. 65 v)* superbia quidem et abusione progenitorum suorum sibi assumit gloriam, qui eorum famam turpi opinione contaminat; et qui a sui generis bonitate degenerat turpi conversacione, et celebrem suorum memoriam dehonestat. . . *(fol. 66)*.

Fortsetzung in erbaulichem Tone (fol. 67. 68): über superbia, biblische Vergleiche, Mahnung zu Demut und Ausübung der geistlichen Amtspflichten.

(fol. 69). Semper autem inter fructus episcopalis officii temporalibus preferat prelatus eterna, et quociens eum circa curam temporalium turbatrix activa solicitat, numquam tamen in eo quies contemplativa degeneret. Faciat alium, qui pro ipso temporalium molem portet; ipse autem saluti animarum sollerter intendat. Vacuum siquidem a secularibus esse oportet animum divine servitutis obsequio mancipatum; magnis additus est, nolit circa minima occupari. Minima quippe sunt et vilia *(fol. 69 v)*, quecunque ad seculi questum et non ad lucra pertineant animarum etc.

. . Faciat iudicium iniuriam pacientibus, procuret humilibus pacem, rebellibus obedienciam, claustris quietem, ordinem monasteriis, clericis disciplinam . . .

Warnung vor ungerechtem Urteil im Gericht, vor ira et cupiditas *(fol. 70)* . . . *(fol. 71 v)* Idealbild eines Geistlichen. *Er soll sein* spiritualium frugum mensura propencior, ut sit devocior in oracione, in leccione studiosior, in castitate caucior, parcior in sobrietate, potencior in duris, in risu rarior, suavior in conversacione, gravior in vultu, gestu et habitu, moderacior in verbis, profusior in lacrimis, in caritate fervencior. Reddere debet consciencie sue de cotidianis suis actibus racionem. etc. *(bis fol. 74.)* . .

Hodie ꜣ), sanctissime pater, in promocione multorum prima questio est, que sit summa reddituum, non que sit conversacio subiectorum. Ad honorem propter onera ᵇ) prelatum vocavit dominus, non ad multiplica-cionem numeri familie aut equorum; non ad dandum parentibus, nisi digni fuerint, dignitates, sed ad dandam scienciam plebi eius. Maius gaudium est Deo et angelis eius, si convertatur peccator a via sua mala prelati officio, quam si per eius industriam pompa episcopalis eminencie in evectationibus [et] ꜥ) familiis augeatur. Non in hoc est gaudium angelorum, in quo est *(fol. 74 v)* pauperum domorum subversio, in quibus prelati

a) *Am Rande*: O quam verum loqueris!   b) *ms* h *vorher radiert*.
c) *fehlt ms*.

procuraciones exigunt importunas; conquiruntur siquidem, sanctissime pater, et dicunt: *Multiplicasti gentem et non magnificasti leticiam*[1]. *(fol. 75)*. *Mahnung die Heilige Schrift zu lesen und eifrig zu studieren . . . (fol. 75 ᵛ): zahlreiche Wiederholungen*: Sanctissime pater, quod alibi dixi, adhuc replico . . *(ebenso fol. 76 ᵛ). . . Abwendung von der Welt. . . .* Nulla est enim consonancia spiritus Dei ad spiritum huius mundi . . *etc.*

(fol. 77): Hodie apud quosdam consistit in hiis dumtaxat episcopalis auctoritas, ut creta vel fimo ager sarcionarius inpinguetur, ut multiplicentur vivaria et clausure ferarum, possessionum termini dilatentur; in edificandis palaciis, molendinis et furnis, in augendis redditibus tota pontificum solicitudo fervescit. Numquid, queso, vox salvatoris ad principem apostolorum presulum est: *Si diligis (fol. 77 ᵛ) me, Petre, excole terras, edifica domus altas?* certe non. Immo dixit: *Si diligis me, Petre, pasce oves meas.* Pascant ergo prelati exemplo conversacionis verbo predicacionis, fructu oracionis, fideliter populum sibi commissum, ut et Deum diligere et Petri legitimos vicarios se ostendant . .

(fol.77ᵛ). Q u o d p r e l a t u s d e b e t s u b d i t o s a m a r e a t q u e p r o t e g e r e e t d e m u l t i p l i c i a m i c i c i a. *Moralisierende Ausführungen über die göttliche Liebe und die menschliche prevaricatio, über die Rettung der Menschen durch Christus; falsche Anwendung des, Wortes* amicitia *(fol. 80)*; *über* memoria, scientia *und* amor *(fol. 81 ᵛ ff)*; *über Mutter- und Elternliebe (fol. 83 ff.)*; *über* amicicia fraudulenta *(fol. 85 ᵛ), die auf Spekulation, Ehrgeiz etc. beruht... (fol. 87 ff.) über* amor ex concupiscencia carnis aut ex superbia vite.. *(fol. 88 ᵛ) Andere Arten von* amor: amor socialis, fraternus, coniugalis.. *(fol. 90 ff.) Feindesliebe, . . Gottesliebe . . ., (fol. 94) über* ingratitudo *gegen Gott und seine Gebote . . (fol. 96 f.), über* caritas . . .

(fol. 98 ᵛ): Hac sancta benevolencie caritate debet Christi vicarius subditos suos sincere diligere eosque affectu paterno protegere *etc. (fol. 99)* Ex eo enim circa pedes, qui inferiora sunt membra, maxime requiritur diligens providencia capitis, quia super terram in obsequio corporis gradiuntur multaque inveniunt offendicula, quibus sepissime pregravantur *etc. (fol. 99 ᵛ).* Circa minores ergo potissime fervor caritatis prelatorum exardeat . . .

1) Is. 9, 3.

Anhang.

1) Aus der Bearbeitung und Fortsetzung der Determinatio compendiosa
in: Vat. lat. 4115, fol. 231—266 v.

(fol. 231) Ueberschrift : Confirma hoc Deus quod operatus es in nobis a).
Incipit novus libellus contra michaelitas hereticos et bausinos b).

Sanctissimo ac beatissimo in Christo patri ac domino, domino Clementi, divina providencia sancte Romane ac universalis ecclesie summo pontifici, mundi monarche divino, omnibusque reverendis in Christo patribus cardinalibus necnon universis ecclesiarum prelatis seu rectoribus ac viris ecclesiasticis per mundi clymata constitutis, gaudium vobis et pax multiplicetur a Christo Iesu domino nostro.

Hunc brevem tractatum de iurisdicione imperii et auctoritate summi pontificis sub correccione eiusdem ab omnibus viris ecclesiasticis pro conservacione ecclesiastice libertatis fideliter amplectende, divinis auctoritatibus ac sanctorum patrum dictis et cronicis c) seu historiis antiquis competenter fulcitum, necnon cum magnis laboribus et vigiliis compilatum, humiliter conscripsi ad laudem et gloriam Iesu Christi, domini nostri, et ecclesie sue sancte, quam crescere de virtute in virtutem ac feliciter triumphare semper opto contra quoscunque tirannos et rebelles.

Supplicans igitur devote presentem libellum ab omnibus fidelibus studiose legi ac eciam copiari eumque per omnes ecclesias transmitti et fideliter publicari, michi autem qui hec scripsi tacito nomine imponat nomen intencionis sinceritas et excuset, qui [se] d) semper peritorum submittit iudicio, ubi vel veritati vel auctoritati dictum obviaret vel hoc introductum esset, fidem solam intendens et eidem fidei colla subiciens, que eterna est et falli vel obunbrari non potest, qui vivit et regnat in secula seculorum. Amen.

Astiterunt reges terre adversus dominum et adversus Christum [1] et ecclesiam eius et maxime heu multi pseudoprophete et falsi doctores, scilicet frater Michael de Cessana ordinis fratrum Minorum et eorum sequaces. Contra sanctam matrem ecclesiam et auctoritatem summi pontificis latrantes novaque *(fol. 231 v)* scripta cudentes seu scriptitantes hiis novissimis diebus callide insurrexerunt, non attendentes verba salvatoris dicentis: *Ego pro te rogavi — fratres tuos* [2]*); cui eciam dictum est*

---

a) *In der Ecke rechts oben :* tractatus contra fratrem mjqaellem (!) de cessina mjnjstrum fratrum mjnorum quj erores aliquos docmaticabat. b) *Kleinere Schrift.*   c) *Späterer Nachtrag von andrer Hand.*   d) *Fehlt ms.*
1) Ps. 2, 2.
2) Luc. 22, 32.

seu eius successori : *Vade, compelle intrare — ovile* [1]). Que quidem verba
non imperatori, sed Christi vicario dicta sunt. Nusquam enim in sacra
scriptura reperitur, quod Christus aliquam auctoritatem commiserit imperatoribus seu regibus, sed soli Petro et eius successori, dicens : *Tu es
Petrus — ecclesiam meam* [2]). *Pasce ergo agnos meos, pasce edos meos* [3]) ;
et subiunxit : *Quodcumque ligaveris — solutum et in celis* [4]). Apostolus
eciam ait : *Vos spiritus — sanguine suo* [5]) ; et iterum super eodem verissima est figura in Genesi, ubi patriarcha Ysac maxime in persona filii
sui Iacob summo pontifici benedicebat dicens : *Det tibi Deus de rore —
repleatur* [6]). Preterea est sciendum, quod sicut non est prudentia nec
consilium contra Deum, ita vana est spes contra ecclesiam Dei proficere
cum qua Christus usque ad consumacionem seculi promisit se mansurum,
nec manus eius abreviata extitit que ab inicio ecclesiam crescere fecit
per humilia, ut forcia confunderet obdurata.

Sic quoque quod humilis celestis domini finaliter regnaret vicarius,
videlicet beati Petri successor, qui licet non equipollet eidem in sanctitate, tamen est idem in auctoritate, propheta attestante qui ait [7]) : *Pro
patribus tuis tibi nati sunt filii - (fol. 232) — terram*, forti tiranno
quolibet subplantato, ut ait sapiens [8]) : *Per me reges et gubernacula pos-
sidebunt*, prophetico oraculo eciam attestante [9]) : *Ecce advenit*, inquit,
*dominator dominus, regni in manu eius potestas et imperium in manu
vicarii eius*, quod revera non vacat misterio.

Omnes enim imperatores et reges quotquot erant in nova et in veteri
lege, omnes fuerunt crudeles persecutores populi Dei et tiranni sevissimi,
exceptis paucissimis de quibus infra dicetur ; quotquot autem pontifices
et sacerdotes aliique ministri sacri altaris in grege ipsis credito sibi et
aliis profecerunt ac eciam in eorum vita et morte miraculis claruerunt,
[ut] a) in cathalogo sanctorum illud plenius enarratur. Qui dum verba
carnificum non timuerunt, morientes pro Christi nomine, ut heredes fierent in domo domini, scilicet non solum in ecclesia triumphante, set
eciam in ista ecclesia militante.

Placet namque divine iusticie, quod in eo in quo quis delinquit, in
eo eciam punietur. Imperatores enim et reges sanctorum sanguinem sine
misericordia efuderunt, et ideo clamant cotidie contra eos et omnes ty-

a) *Fehlt ms.*
1) Luc. 14, 23.
2) Matth. 16, 18.
3) Joh. 21, 15, 17.
4) Matth. 16, 19.
5) Act. 20, 28.
6) Genes. 27, 28.
7) Ps. 44, 17.
8) Prov. 1, 5 u. 8, 15.
9) cf. Jes. 3, 1 (10, 33) etc.

rannos: Vindica, domine Deus noster sanguinem sanctorum tuorum, qui effusus est, hic in presenti seculo et eciam in futuro iudicio. Denique navicula Petri, cui Deus tradidit omnia regna mundi, verissime non per- ibit; habet enim sustentatorem mari eciam et fluctibus precipientem; ideo porte inferi, idest detractores, persecutores et blasphematores ecclesie, non prevalebunt adversus eam, prout infra luce clarius apparebit. Item ut ait apostolus[1]: *Spiritualis homo*, idest papa, *iudicat omnia et ipse a nemine iudicatur*, cui nemo audet dicere, cur ita facis? Ipse namque est qui claudit et nemo apperit, apperit et nemo claudit. Sibi enim reser- vata est omnis potestas in celo et in terra, et extra eius obedienciam vere non est salus, ut ait veritas[2]: *Si vis ingredi vitam, serva mandata mea* et ecclesie. Christi enim accio *(fol. 232 v)* nostra est instruccio[3], qui factus est obediens nobis in exemplum usque ad mortem, mortem autem crucis[4], propter quod subditur[5]: *et exaltavit illum Deus et dedit illi nomen quod est super omne nomen,* qui est benedictus in secula secu- lorum. Amen.

Determinatio compendiosa de iurisdicione imperii, ubi primo intentum premittitur ab auctore libelli et modus agendi.

Es folgt die Kapitelübersicht, vgl. oben Teil 1, Seite 243 ff. u. De- terminatio compendiosa de iurisdictione imperii ed. M. Krammer (Fontes iuris Germ. ant. in usum scholarum ex Mon. Germ. Hist. separatim editi). Hannov. et Lips. 1909, S. 1—3.

Aus den Kapiteln, die den Text der Determinatio compendiosa fort- setzen, werden die folgenden Auszüge genügen.

(fol. 258 v). Ca p. XXXII a). Nunc autem breviter videndum, quare ec- clesia seu sedes apostolica Ludovicum de Bavaria regno et imperio Roma- norum privaverit. Prima enim causa fuit, quia principes Alemannie seu elec- tores corrupti muneribus et pactis illicitis eum in discordia contra Fre- dericum de Austria in regem Romanorum elegerunt. Secunda fuit causa, quia idem Ludovicus ante sui confirmacionem legittimam amministracio- nem regni et imperii, tam in Alemannia, quam in Ytalia, temerarie usur- pavit seque cum scismaticis et inimicis ecclesie confederavit ac provin- cias, terras et civitates ecclesie crudeliter invasit easque ab ecclesia alienare attemptavit. Episcopos quoque et prelatos tam in Alemannia, quam in Ytalia quamplures de facto creavit eosque violenter intrusit et provisos sedis apostolice eiecit inhumaniter et profugavit. Demum quod

a) ms. XXII.
1) 1. Cor. 2, 15.
2) Matth. 19, 17.
3) Vgl. Act. 1, 1; und P. Dubois, De recuperatione terrae sanctae, ed. Ch. V. Langlois, S. 29, 37, 70, 131 etc.
4) Phil. 2, 8.
5) ib. 9.

valde detestabile antipapam ᵃ) Petrum de Corberia in magnum scandalum catholice fidei creavit omnesque apostatas vagos et prophanos ac
profugos per sedem apostolicam contemptos sub sua defensione in contemptum dicte sedis recollegit et defendit; denique quamplures prelatos
religiosos et clericos prophanare in contemptum sedis apostolice coegit,
nolentes vero prophanare iussit captivari et exulari ipsosque eorum be
neficiis mandavit privari; insuper malum *(fol. 259)* malo cumulans, inclitum principem dominum Iohannem, filium regis Bohemie, ducem Carin-
thie, suo dominio et uxore legitima privavit eamque suo primogenito
absque iudicio ecclesie copulavit, committentes simul raptum, adulterium
et incestum in suarum animarum periculum et scandalum plurimorum,
ita quod propter hoc et alia quamplura inconveniencia sancta mater ecclesia eundem Ludovicum excommunicavit, privavit et in heresi publice
condempnavit eius contumacia et rebellione manifesta exigente, omnesque sibi adherentes et faventes cuiuscumque status seu dignitatis existant, eciam si regali seu pontificali prefulgeant dignitate, excommunicavit, privavit et inhabilitavit ad omnem dignitatem ecclesiasticam seu
mundanam in posterum obtinendam. Hiis autem omnibus non obstantibus prefati principes Alemannie electores vicium ingratitudinis incurren·
tes una cum dicto Ludovico dampnato contra matrem suam sanctam
Romanam ecclesiam denuo conspiraverunt ac ligam pariter inierunt, videlicet quod ipsi et eorum posteri in huiusmodi rebellione ac pertinacia
simul stare vellent nec unquam super eo aliquam absolucionem a sede
apostolica petere deberent. Quapropter prius dicti principes electores,
sicut ipsi olim ab ecclesia propter eorum strenuitatem et fidelitatem
dignitatem imperialem optinere meruerunt, ita ipsi eandem dignitatem,
heu, propter eorum ingratitudinem et corruptelam postea miserabiliter
perdiderunt. Ideoque Romanum imperium ex causis premissis iam revo-
lutum est ad summum pontificem pleno iure, et poterit illud dare seu
committere genti facienti iusticiam, sicut fecisse legitur Samuel propheta
in primo Regum dicens¹): *Abscidit a te hodie dominus Deus regnum
Israhel et dabit illud meliori te,* eo quod non obedivisti domino Deo tuo.
Melior enim obediencia quam victimae²); rebellare autem et non ac-
quiescere, ydolatrare est, a quo *(fol. 259 ᵛ)* nos custodiat semper omnipotens pius pater et misericors dominus. Amen.

Quod summo pontifici iura celestis et terreni regni soli a Deo sunt
commissa. C. XXXIII. quod tamen erit ultimum idest XXXVII.

In hoc autem capitulo sequenti solemniter est notandum, quod voce
divina summus pontifex prefertur omnibus christianis. XXI. di. *In novo³).*

a) *ms. korr. aus* antispapa.
1) 1. Reg. 15, 28.
2) ib. 22.
3) c. 2. dist. 21.

Ipse enim est qui habet utrumque gladium spiritualem et temporalem; unde in evangelio[1]): *Ecce duo gladii hic;* et dominus noster cuius vices ipse gerit utroque gladio usus est, LXXXXVI. di. *Cum ad verum*[2]), et Moyses in veteri testamento utrumque gladium habuit, et Christus in novo solum beatum Petrum principem fecit et suum vicarium reliquit, et ipse papa per sacrum collegium cardinalium canonice electus est verus et legitimus successor beati Petri et Iesu Christi unicus vicarius... Preterea ipse est qui confirmat, consecrat et coronat imperatorem et execucionem gladii temporalis sibi committit, de elect. *Venerabilem*[3]), et confirmatum coronatum imperatorem scismaticum et ecclesie rebellem deponit, XV. q. VI. *Alius*[4]), et in constitucione Innocencii IIII., ubi apud Lugdunum Fredericum imperatorem deposuit, de sent. et re iud. *Ad apostolice*[5]). Presertim ipse papa est super omne concilium et omne statutum, de elect. *Significasti*[6]); ipse eciam est qui superiorem non habet in terris, de elect.*Licet*[7]); ipse denique papa super omne ius dispensat... Item ipse est qui habet plenitudinem potestatis in terris et vicem et locum tenet altissimi... Ipse est qui substantiam rei commutat de illegitimo faciendo legitimum ... et de monacho faciendo canonicum regularem, ... ipse est qui absolvendo in terris absolvit in celis, ligando in terris ligat in celis, ... cuius vinculum nemo contempnat, quia non homo, sed Deus *(fol. 260)* ligat, qui dedit homini potestatem ... Ipse est qui ex certa sciencia confirmat et sanat infirmum et supplet demum defectum .. Item qui semper et ubique utitur pallio in signum plene potestatis .. Item est cui nemo habet dicere: Cur ita facis....... Ipse est apud quem est pro racione voluntas, quia ei quod placet, legis vigorem habet; ... ipse solutus est legibus .. usw. Demum papa est ipsum ius et lex viva, cui repugnare non licet, prout superius sufficienter est probatum. Hec est ergo fides catholica et orthodoxa ab antiquis patribus sanctis approbata et canonizata, a qua omnis iusticia, religio, sanctitas et disciplina emanavit, quam nisi quisquam fideliter firmiterque crediderit, salvus esse non poterit, et absque dubio in eternum peribit.

C a p. X X X I I I I [a]). Denique ut ait propheta in psalmo [8]): *Nimis honorati sunt amici tui, Deus, usw.*. ergo maxime ut summus pontifex statum teneat magnificum et gloriosum ob honorem Christi, cuius est summus vicarius ... ac in terrorem hereticorum et infidelium populorum, ut sciant om-

a) *Am Rande die Note:* capitulum adulatorium summe.
1) Luc. 22, 38.
2) c. 6. dist. 96.
3) c. 34. X. de elect. (1, 6).
4) c. 3. C. 15. q. 6.
5) c. 2. de sent. et re iud. in VI to (2, 14).
6) c. 4. X. de elect. (1, 6).
7) c. 6. X. de elect. (1, 6).
8) Ps. 138, 17.

nes gentes ecclesiam Dei esse magnificam et potentem ... *(fol. 260 ᵛ)*. Quod
optime Constantinus imperator edoctus spiritu sancto animadvertens ...
voluit omnino et ordinavit, quod sicut secularis milicia in curia imperatoris preciose ornata extitit decorata, ita eciam ad honorem ecclesie clericalis milicia in curia summi pontificis utique expedit decorari. Unde
bene prophetizatum est de prelatis ecclesie, qui sunt hii, qui ut nubes
volant *usf.*

Quod summus pontifex ceterique episcopi et archiepiscopi necnon
omnium ecclesiarum prelati possunt et debent habere licite et secure
census, terras et provincias, castra, civitates et municiones pro defensione fidei christiane.

C a p. X X X V. Legimus in libris ᵃ) veteris testamenti, cuius mores et
actus sancta mater ecclesia imitatur, quod Deus promisit et tradidit filiis Israhel terras et possessiones inimicorum suorum ac spolia Egipti *usw.* Ecclesia
autem habet aurum reconditum non ut congreget, sed ut dispergat indigentibus et egenis ac eciam fidelibus stipendiariis contra insultus persequencium
ecclesiam Dei, quod cottidie fieri ad oculum videmus. Ut ergo *(fol. 261)*
ecclesia pascat pauperes et defendere possit fideles, congregat ac dispergit cotidie tesaurum. Christus preterea cum discipulis suis habuit proprium licet modicum *usw.* ... Preterea Constantinus imperator et alii reges
et imperatores tot ᵇ) castra et municiones ᶜ) ideo ecclesie sancte contulerunt, ut episcopi et prelati fidem catholicam et fideles ecclesie contra
tyrannos melius possent a periculis perseverare ᵈ). Item patriarche et
prophete in veteri lege cuius typum gerit sancta mater ecclesia habuerunt
oves et boves, terras et possessiones largissimas *usw., cit. Jos. 1, 3. 4. und
Lib. Maccab.* ... Sic quoque oportet omnes fideles prelatos ecclesie cotidie pugnare contra tyrannos et persecutores pro iure et conservacione
ecclesiarum suarum ; bonus enim pastor ponit animam suam pro ovibus
suis, alioquin contingat illis pontificibus Machabeorum et Romanis ᵉ), qui,
dum deposuerunt arma, perdiderunt loca et regna. Ubi namque non est
pugna, ibi nulla victoria ; vita enim hominis *(fol. 261 ᵛ)* christiani nec
aliud est quam milicia super terra. Adaperiat ergo queso dominus cor
vestrum in lege sua et in preceptis suis, et faciat ᶠ) pacem in diebus nostris, concedat vobis salutem et redimat vos a malis. Estote eciam nunc
viri potentes, et pugnemus pro animabus nostris. Iam enim videmus
gentem insurgere contra gentem et regnum adversus regnum, necnon
hereticos et rebelles se erigere magis quam unquam contra sanctam matrem ecclesiam istam militantem, pro qua viriliter et fideliter pugnare
debemus in terris, ut in ecclesia triumphante a Christo mereamur audire :
Venite, benedicti, patris vestri percipite regnum, quod vobis ab origine

---

ᵃ) *ms.* libros. ᵇ) *Korr.* ᶜ) *ms.* moniciones. ᵈ) *ms. darüber v.
andrer Hd.:* evadere. ᵉ) *Wohl :* pontificibus Romanis ut Machabeorum.
f) *ms.* faciet.

mundi paratum est, qui cum Deo patre et spiritu sancto vivit et regnat
Deus per omnia secula seculorum. Amen.

Cap. XXXVI. De falsis prophetis fratribus ᵃ) mychaelitis et eius
sequacibus.

*Attendite a falsis prophetis, qui veniunt ad vos in vestimentis ovium,
intrinsecus enim sunt lupi rapaces* ¹). Quam bene dominus noster Iesus
Christus previdit futura pericula que iam sunt et fiunt in mundo hiis
novissimis diebus. Ammonuit igitur fideles suos, ne contaminarentur ab
eisdem falsis prophetis, videlicet a fratribus Michaelitis et fratre Guil-
lermo Ockam ac eorum sequacibus, qui dum olim essent degentes apud
sedem apostolicam, inhiantes ibidem ferventissime ad ambicionem seculi
pocius quam ad devocionem populi, videntes autem se in eorum concepto
maligno, regule beati Francisci contrario, non posse proficere, proprie
sue salutis immemores tanquam falsi discipuli, de quibus legitur in actibus apostolorum ²), abierunt retrorsum associantes se dampnato Ludovico
de Bavaria et ceteris rebellibus ecclesie, sicut fecerunt viri pestilentes et
iniqui Israhel, de quibus legitur in Machabeis ³), aspirantes ad summum
sacerdocium, et accusabant *(fol. 262)* eorum pontificem apud regem
Egipti; sed rex non attendebat ad ipsos. Quique autem cecitate avaricie et ambicionis seculi seducti predicti pseudoprophete, veluti Iudas
mercator pessimus qui Christum vendidit Iudeis, temptantes similiter vendere et suffocare Christi vicarium ac tradere totam ecclesiam, quantum
in eis fuit, in manus infidelium rebellium ac impiorum, et tanquam pre-
cursores antichristi seducere eorum falsa doctrina et erroribus fideles
simplices et innocentes illaqueare callide cupientes.

Insipientes ergo et maligni oderunt Dei sapienciam et rei facti sunt
in cogitacionibus suis. Matrem enim suam ecclesiam katholicam derelinquerunt et recesserunt a Deo salutari suo, non invenientes vestigia
patris ipsorum sanctissimi, beati Francisci, qui in tantum ecclesiam Christi
dilexit, quod ipse et sui confratres ideo fratres minores appellari ab hominibus voluerunt ᵇ) ac eciam ipsi a summo pontifice ordinem fratrum
minorum sub huiusmodi titulo seu vocabulo confirmari obtinuerunt, ut
pre ceteris filiis ecclesie seu religiosis non solum minores, sed eciam
humiliores ac sancte Romane ecclesie in omnibus iugiter essent devo-
ciores; sicut adhuc tamen Dei gracia in dicto ordine reperiuntur fratres
devoti ac fideles multi et infiniti, qui cotidie predicant et clamant contra
infideles et rebelles sancte matris ecclesie fideliter et constanter, et se
pro domo Israhel idest ecclesia sancta, tanquam columpne firmissime
viriliter se exponunt. De quorum vero numero predicti apostate et pro-

---

ᵃ) *Folgt:* capitulum 33ᵐ.   ᵇ) *Korr. aus* doluerunt.
1) Matth. 7, 15.
2) Joh. 18, 6.
3) 1. Machab. 10, 61.

phani ac blasphemi esse heu non sunt digni propter eoru n graves excessus quos contra sanctam Romanam ecclesiam notorios et manifestos
perpetrarunt. Et ideo peribit procul dubio memoria eorum cum sonitu,
iusto Dei iudicio; dominus autem Christus cum sua ecclesia, ut ipse suis
promisit discipulis, in eternum permanebit, qui est benedictus in secula
seculorum. Amen a).

De regibus fidelibus et infidelibus ecclesie.

[Cap. XXXVII] b) *(fol. 262 v)*. Audivi impium et prophanum Ludovicum de Bavaria exaltatum et elevatum sicut cedrus Libani, et ecce,
transivi et non erat et non est inventus locus eius. Ita enim legimus de
pharaone, qui dum olim afflixit similiter ac persequebatur populum domini et nollet ad correccionem Moysi prophete parcere populo, finaliter
dominus Deus exercituum c) ipsum cum suo toto exercitu dimersit in mari
Rubro. Non solum autem pharaonem, verum eciam omnes alios reges
tyrannos et infideles, olim in veteri lege persequentes populum domini
usque ad terram tandem humiliavit ac eciam prostravit, David autem et
Salomonem cum ceteris regibus et ducibus, zelatores legis ac populi domini, honoravit Deus mirabiliter et exaltavit et dedit illis victoriam contra inimicos eorum; et terras ac possessiones illorum largissimas possederunt; et tradidit illos Deus in captivitatem eorum et spolia eorum
magna et multa diviserunt, prout in historiis seu libris Regum plenius
continetur. In nova eciam lege imperatores et reges tyranni videlicet
Herodes, Nero, Iulianus Apostata, Otto quartus et Fredericus secundus
et ceteri multi tyranni in diversis regnis seu regionibus contra ecclesiam
Dei ferventes d) ab hostibus suis cum eorum posteris prostrati sunt et
deleti, ita quod eorum memoria non est amplius super terram. Fideles
autem imperatores et reges qui honoraverunt et ampliaverunt ecclesiam
Dei, videlicet Constantinus, Eraclius e), Iustinianus, Karolus Magnus et
Henricus secundus et ceteri multi principes fideles ac devoti ecclesie
Dei super omnes alios reges mundi et principes semper victoriosi fuerunt, et omnes barbaras, naciones et gentes sibi et ecclesie subdiderunt,
et fidem catholicam ab ortu solis usque ad occasum fideliter dilataverunt, prout in eorum gestis et cronicis antiquis continetur.

Oremus ergo omnes devotis mentibus ad Deum patrem omnipotentem, ut ipse etiam modernis temporibus nobis tales reges et principes
suscitare dignetur plenos pietate et misericordia, qui in finibus ecclesie
faciant pacem et concordiam, et infideles ad veram et sanctam compel-
lant ac f) trahant *(fol. 263)* obedienciam, et quod in domo Dei seu ecclesia fiat unus pastor et unu n ovile, ita quod pariter uno ore et corde

a) *Im ms. folgt:* c. III.   b) *Fehlt im ms.*   c) *ms.* exercicium.   d) *Oder*
sevientes; *ms.* s,evetes.   e) *ms.* Eraditus.   f) *ms.* atrahant.

laudemus filium eius unigenitum, dominum nostrum Iesum Christum, qui
vivit et regnat per omnia secula seculorum. Amen a).

[Cap. XXXVIII] b). De virtute et potestate ecclesie catholice.
Mulier amicta sole et luna sub pedibus eius [1]). Notandum est hic,
quod per solem intelligitur dominus papa, per lunam vero imperator *usw.*
... *Schutzpflicht des Papstes für alle Bedrängten, Armen etc.*, *als
Haupt der Hierarchie der* ecclesia militans *auf Erden (fol. 263 v); um-
gekehrt Pflicht der Glieder der* ecclesia, *ihr Haupt zu verteidigen* contra
quoscumque tyrannos, hereticos et rebelles *etc.*

[Cap. XXXIX] c). De gloria et magnificencia ecclesie d).

Una est electa mea et immaculata revera sancta Romana ecclesia,
que noscitur esse mater omnium aliarum in mundo ecclesiarum, que extendit palmites suos a mari usque ad mare, quam Christus sanguine suo
sacratissimo dedicavit *usw. (fol. 264)* ... Quid ergo habes, o homo christiane, quod ab ecclesia non accepisti? Omni enim petenti se tribuit, pontifices et sacerdotes consecrat et ordinat, imperatorem et reges auctoritate Dei inungit et coronat, *usf. Fürsorge für Arme, für Werke der
Barmherzigkeit, für Bekehrung der Häretiker und Schismatiker etc.
Früher ehrten und feierten die Kaiser und Könige diese heilige Mutter
Kirche:* sed pro dolor mutatus est hiis novissimis temporibus color iste
optimus. Quamvis enim totus mundus cotidie consolatur ab ecclesia,
tamen totus mundus odit ecclesiam, quod valde est mirabile. Iam eciam
videmus novos tyrannos, videlicet imitatores *(fol. 264 v)* pharaonis et Herodis ac Neronis et pseudoprophetas multos contra sanctam ecclesiam
crudeliter insurgere, qui tamen finaliter nihil poterunt proficere ipso
adiuvante qui ait a): *Ecce vobiscum sum ego omnibus diebus usque ad
consummationem seculi.* Navicula Petri quidem fluctuari potest, sed periclitari non potest; licet ab oriente usque ad occidentem propter persecucionem tyrannorum iam fluctuavit. De quo nemo debet mirari, cum
Christus fugerit Herodem in Egipto, et apostoli propter persecucionem
Iudeorum converterunt se ad gentes, si sancta mater ecclesia fugit, bene
propter regnum Francie, in quo solum viget pax et iusticia, quam actor
pacis per totum mundum, quem ipse suo proprio cruore redemit, nobis
largire dignetur, qui in trinitate perfecta vivit et regnat Deus in futura
secula seculorum. Amen.

[Cap. XL] e). Zelus domus Dei idest ecclesie catholice que utique
regitur per spiritum sanctum, quam qui quantum amat, tantum revera

---

a) *ms. folgt* c. 35m.   b) *Fehlt im ms.*   c) *Fehlt im ms.*   d) *Im ms.*
folgt: capitulum 36m.   e) *Im ms. ohne Bezeichnung, aber Absatz u.*
Lücke für die Initiale.
1) Apoc. 12, 1.
2) Matth. 28, 20.

percipit de donis spiritus sancti, ad omnia nempe in presenti libello con.
scripta teste altissimo movebat me. Audivi enim nuper quosdam falsos
magistros seu doctores, ymmo pocius christiane fidei subversores [vide-.
licet fratrem Guillelmum Occham et fratrem Michaelem de ordine minorum cum suis sequacibus] a), in partibus Bavarie libellum quendam novum 1), falsis opinionibus et erroribus subornatum maliciose composuisse
contra obedienciam sancte Romane ecclesie, dicentes affirmando, quod
rex Romanorum quam cito electus fuerit ab electoribus Alemannie, poterit administrare citra et ultra montes sine confirmacione pape. Item
affirmando dicunt, quod imperium et papatus duo dominia sunt distincta,
et quod dominium pape dependeat ab imperio et non econverso. Item
affirmando dicunt, quod rex Romanorum seu imperator ut supra electus
potest recipere coronam imperialem et administracionem imperii non
solum a domino papa, sed eciam quocumque puro catholico. Item affirmando dicunt, quod regnum Christi non fuerit in hoc mundo, et ergo
non eius vicarii, qui penitus nichil omnino b) habeat disponere nec de
regno (fol. 265) nec de imperio mundano, sed quod imperator sit verus
dominus mundi. Cetera multa nephanda dicunt et scribunt veritati ewangelice vel dictis sanctorum patrum contraria; videlicet quod sine consensu
imperatoris cardinales non possint eligere papam, quem eciam imperator
habeat confirmare vel reprobare, prout sibi videbitur expedire. Item dogmatizando dicunt, quod ad solum spectet imperatorem novum papam et
cardinales creare et ipsos deponere et absolvere, si ei visum fuerit expedire. Item dogmatizando dicunt, quod ad imperatorem tamquam ad
legislatorem spectet omnes c) archiepiscopos et episcopos ac sacerdotes per
totum orbem terrarum nominare, creare et confirmare. Item errando et
heretice dicunt, quod papa Iohannes XXII. in heresi mortuus fuerit, et
ideo omnes sui processus et facta nullius sint roboris aut momenti, et
quod omnes qui eius dictis vel factis assenciunt vel consenserunt, sint
heretici, ut probare se falso offerunt per sua sophistica argumenta angli-
cana, omnino falsa et venenosa d) ... XIII. auctoritatem summi pontificis
ad palliandum et ad colorandum errores Ludovici prefati de Baiuvaria
necnon principum Alemannie, qui proth dolor, quod flens scribo, corrupti
sunt et abhominabiles facti sunt, et non est aliquis inter eos qui faciat
bonum, ymmo non est usque ad unum. Sicut apparuit iam multis annis
in regimine eleccionis Romanorum regis seu imperatoris, in quo publice
consueverunt rendere unus alteri vocem sue eleccionis pro magna pecu-

---

a) videlicet bis sequacibus, Nachtrag am Rande.   b) ms. nichilominus.
c) ms. spectet omnes tamquam ad legislatorem.   d) Lücke im ms.
1) Vgl. die Denkschrift Subscripta videntur, bei J. Ficker, Zur Gesch.
des Kurvereins von Rense, SB. d. Ak. der Wiss. zu Wien, Phil. hist. Kl. XI
(1853), 709 und Occam, Octo quaestiones besonders qu. II. c. 10., qu. IV. c. 1,
c. 6., c. 7, c. 9. qu. VIII. c. 5, Goldast, Monarchia II, 343, 356 f, 364 ff, 368 f, 384 f.

nie quantitate necnon pacta inhonesta, rei publice contraria, more paga-
nissimo assueti sunt subire ᵃ) in abusionem sue gentis et patrie atque
Romani imperii non modicam lesionem. Propter que heu in toto orbe
terrarum fiunt cotidie guerre, lites et sediciones ac discensiones, bella,
homicidia, incendia, dampna et pericula infinita, prout frequenter propter
malum regimen principum illarum parcium hec omnia fieri sunt consueta.
Nec ibidem (fol. 265 ᵛ) eciam viget aliqua iusticia, nec curantur, quod
horrendum est, mandata apostolica ; clerici eciam et religiosi quasi omnes
eis serviunt sub tributo, et, quod impiissimum ᵇ) est, molimina eorum,
que deberent in blasphemos christiani nominis dirigi, in redemptos Christi
sanguine videntur cotidie retorqueri: quomodo ergo possunt facere pacem
in terra aliena, qui fures et latrones fovent et nutriunt in patria propria? ᶜ). Verum ideo de eis, quod dicitur per prophetam de ipsis¹): *Principes eorum facti sunt socii furum et latronum*, quos dominus Deus al-
tissimus et eius in terris summus vicarius, eorum peccatis et demeritis
exigentibus, opto supliciter, non dissimulet ammodo regnare seu eciam
imperare in hoc mundo. Set Christus dominus qui ecclesiam suam proprio
suo cruore acquisivit, dignetur subito ecclesie sue providere de fideli
principe, defensore fidei christiane, qui eius in terris vicarii ᵈ) iugiter et
per omnia obediat imperio, ita quod per ipsius fidelitatem ac strenuitatem omnes gentes et naciones obediant ewangelio, ut in nomine domini
Iesu flectatur omne genu celestium idest christianorum ᵉ), terrestrium idest
Iudeorum, et infernorum idest paganorum, et omnis lingua confiteatur,
quia Christi vicarius est virtute divina solus super omnes reges et principes in terris. Ubi diligenter est notandum, quod omnes hii qui sunt
extra regnum Christi, idest extra obedienciam et ecclesiam istam militantem, peribunt procul dubio cum dampnato Lucifero et angelis eius,
qui se similiter in superbia contra creatorem suum erexerunt, et sicut
primi parentes nostri qui propter eorum inobedienciam extra paradisum
nudi eiecti fuerunt necnon cum filiis hominum qui tempore diluvii propter
eorum peccata enormia miserabiliter perierunt, presertim ut ait salvator :
*Qui non diligit me, dispergit, et qui non est mecum, contra me est*ᵃ)·
Si ergo volumus esse securi, studeamus omnes, ut devoti filii sancte
matris ecclesie, sub obediencia sancte sedis apostolice ita humiliter hic
in terris militare, ut nos una cum pastore nostro papa Clemente cum
Christo mereamur (fol. 266) in celis eternaliter regnare, quod ipse nobis
largire dignetur, qui vivit et regnat per omnia secula seculorum. Amen.
Exortacio bona et utilis ad legentes hunc libellum.

a) *ms.* abire subire.   b) *ms.* imperium.   c) *ms.* patria propria
mit Strich über der Endung.   d) *ms.* vicario.   e) *ms.* idest christianorum celestium.
1) Is. 1, 23.
2) Luc. 11, 23.

Cap. XXXVII a) Israhel. idest ecclesia apostolica, audi precepta domini et ea quasi in libro scribe, et dabo tibi terram fluentem lac et mel, observa igitur et audi vocem meam, et ero inimicus inimicis tuis. Ecce non dormitabit neque dormiet, qui custodit Israhel, idest ecclesiam, que quanto plus ab inicio persequebatur a tyrannis et ab infidelibus, tanto magis crescebat et adhuc cotidie crescit, sive velit sive nolit eciam totus mundus usw... *(fol. 266 v)* Oportet ergo, ut prophete fideles inveniantur, et quod fiat unum ovile in ista ecclesia militante et unus pastor, qui dominabitur a mari usque ad mare et usque ad terminos orbis terrarum, ipso mediante qui cum Deo patre et spiritu sancto vivit et regnat per omnia secula seculorum. Amen.

Explicit brevis libellus de iurisdicione imperii et auctoritate summi pontificis, qui in principio bene placebit legentibus, in medio melius, in fine autem optime, de novo quidem compilatus a quodam sancte Romane ecclesie devoto, sub anno vero domini M°CCC°XLII° in mense Augusti, pontificatus autem sanctissimi in Christo patris ac domini nostri, domini Clementis pape VI[ti] anno primo.

Te prius, o Petre, anxit constancia petre,
Nomine Clementi miserere, iam parcito genti!
Petrus eras, eque sis Clemens nomine reque,
Duriciam iacta, clemenciam nunc age facta b).

Darunter die Notiz des Schreibers der Hs.:
Quidam Compostellanus Alfonsus Petri c) scripsit, pro tempore ecclesie Auriensis porcionarius Barchinonensis anno a nativitate domini millesimo CCCC°XI° pontificatu domini nostri domini B(enedicti) pape anno XVI°, domino suo domino Dominico priori Cesaraugustano.

a) *So ms., statt* XLI. b) *Randnote von anderer Hand:* versus hii ostendunt, qualis fuit huius operis compilator. *Sie rühren wohl nur von einem der ersten Abschreiber her.* c) Petri *eingeschoben.*

2. Anonymer Traktat gegen Benedikt XII.
Aus: Palat. lat. 378, *fol. 265—287*[1]).

Libellus editus ad defensionem fidei catolice et contra hereses que insurrexerunt adversus ipsam fidem.

Noverint universi fideles christiani presentes literas inspecturi, quod sancta Romana ecclesia catolica et apostolica in sacris canonibus firmiter tenet et docet, quod Romanus pontifex subest doctrine catolice et apostolice ac sanctorum patrum eam sequentium, ita quod non potest de ea aliquid immutare nec contra eam seu in eius derogationem aliquid statuere vel facere, sicut probatur expresse XXV. q. 1. c. *Sunt quidam*[2]), ubi diffinitur sic : *Sciendum summopere est − errare convincitur.* Hec ibi. Et in sequenti c. diffinitur sic [3]) : *Contra statuta − sanxerunt reverenciam.* Hec ibi, et in eadem causa q. II. sanctus Gregorius papa diffinit sic dicens [4]) : *Si ea − iuste comprobarer.* Hec ibi. Et XV. dist. c. *Sicut* idem sanctus Gregorius papa diffinit sic dicens [5]) : *Sicut sancti evangelii IIII libros − me fateor,* et infra : *Cunctus vero personas − quos absolvunt.* Hec ibi. Et in eadem dist. c. *Sancta* [6]) generaliter de omnibus conciliis universalibus ecclesie sacrosancte dicitur sic: *Et si qua − decerminus.* Hec ibi. Ex quibus auctoritatibus et aliis pluribus que brevitatis causa dimittuntur, evidenter ostenditur et probatur, quod papa non potest aliquid decernere, statuere, ordinare vel facere contra illa que in sacra scriptura continentur nec contra illa, que sunt per sanctos patres sive sacra concilia vel sacros canones in fide catolica aut pro generali statu ecclesie catolice seu contra hereticos diffinita sive ordinata, et si contra faciat, est censendus hereticus. Unde XXV. q. 1. c. *Que ad perpetuum*[7]), in glossa ordinaria dicitur in hec verba : *Ex hoc patet − heretici essent ;* XV. di. *Sicut (fol. 265ᵛ)* et infra c. *Sunt quidam* et c. sequenti [8]). Hec ibi. Et quod dicitur XIX. di. c. *Si Romanorum* [9]) et in sequentibus capitulis, quod omnes sanctiones apostolice sedis accipiende sunt et custodiri debent ab omnibus, in eadem dist. c. *Hoc autem* [10]) exponitur, qualiter hoc sit intelligendum, cum ibi dicitur in hec verba : *Hoc autem intelligendum est − recedendum.* Et patet aperte in eadem dist. XIX. § *Quia vero* [11]), ubi loquens de Anastasio II. papa Romano dicit sic : *Quia ergo illicite*

1) Auch im ms. Bibl. Angelica fondo ant. nr. 378.
2) c. 6. C. 25. q. 1.
3) c. 7. ib.
4) c. 4. C. 25. q. 2.
5) c. 2. dist. 15.
6) c. 3. dist. 15.
7) c. 3. C. 25. q. 1.
8) c. 2. dist. 15. ; c. 6. und 7. C. 25. q. 1.
9) c. 1. dist. 19.
10) Dictum Gratiani zu c. 7. dist. 19.
11) Dictum Gratiani zu c. 8 u. c. 9. dist. 19.

— *percussus est.* Hec verba dicti canonis, ubi glo. ord. super verba *cum olio* dicit sic: *Videtur ergo, quod papa tenetur requirere concilium — ut XV. di. c. sicut sancti in fi.* Hec glossa. Et quod sinodus sive concilium, ubi de fide agitur, maius sit, quam papa, et quod papa, si a fide deviat, possit iudicari, probatur etiam XL. dist. c. *Si papa* ¹), ubi expresse diffinitur, quod papa a nemine iudicari potest, nisi deviet a fide catolica; unde si papa deviat in fide, habet superiorem in terris, a quo potest iudicari et ad quem potest appellari. Et hoc etiam patet per illud, quod beatus Augustinus in epistola ad Glorium et Eleusium et reliquos donatistas de concilio pape et collegii Romani scribit dicens sic ²): *Quasi non eis — sententie solverentur.* Hec Augustinus. Hoc etiam notat Hostiensis in summa de hereticis. Ex quibus clare patet, quod concilium universale ecclesie in causa fidei est maius et superius auctoritate pape et cardinalium et ipsam solvit et tollit, si ipsi repugnat. Et patet, quod papa etiam cum collegio cardinalium potest errare in fide, et si errat, potest iudicari, quamvis universalis ecclesia non possit errare. Hoc etiam probatur expresse per illud, quod legitur et notatur in preallegato capitulo XV. di. c. *Sicut sancti* ³), in textu et glossa et per illud, quod legitur et notatur XCIII. dist. c. *Legimus* ⁴), et XXIIII q. 1. c. *A recta* ⁵) ibi: *Hec sancta ecclesia a tramite apostolice traditionis numquam errare probatur;* ibi glo. ord. dicit in hec verba: *Quero, de qua ecclesia intelligatur, quod hic dicit — non fraudabitur.* Hec glossa. Et de tali universali ecclesia que errare non potest in fide, *(fol. 266)* dicitur immediate post predicta c. *A recta* in hec verba ⁶): *Fides Romane ecclesie — fovet.* Ubi sanctus Sixtus papa dicit: *Intelligo aliter — infestatur.* . . . Ex quo etiam patet, quod non liceat pape aliquid dicere vel facere, quod sit contra fidem quam tenet universalis ecclesia, sive quod sit in favorem hereticorum ipsi fidei catolice adversantium.

Patet etiam ex supradictis, quod si papa cum collegio cardinalium errat in fide, possunt per generale concilium ecclesie universalis corrigi et iudicari. Cum igitur per generalia concilia universalis ecclesie catolice et maxime per generale concilium positum extra de summa trinitate et fide cat. c. *Firmiter credimus* ⁷) et extra de hereticis c. *Excommunicamus itaque* ⁸), quod capitulum est pars dicti concilii generalis, et per sacros canones, [diffinitur quod] ᵃ) ipso iure et facto sint dampnati et maculo per-

a) *Fehlt ms.*
1) c. 6. dist. 40.
2) Augustinus Ep. 43, ed. Maur. (1836) II 144 (Migne 33, S. 169).
3) c. 2. dist. 15.
4) c. 24. dist. 93.
5) c. 9. C. 24. q. 1.
6) c. 10. ib.
7) c. 1. X de summa trinit. (I, 1).
8) c. 13. X de haeret. (V, 7).

petui anathematis innodati, tamquam heretici omnes illi et singuli, qui se
extollunt adversus fidem catolicam et ortodoxam, seu qui sentiunt aut docent de fide catolica aliter, quam sancta et universalis ecclesia catolica
predicat seu docet et observat, ut patet extra de hereticis c. *Ad abolendam* [1] et in dicto c. *Excommunicamus*, vel patrum fidem in dubium revocant, ut in c. citato de hereticis et in aliis c. superius allegatis, ut certum
sit, quod papa in hiis que ad fidem pertinent, subsit et ligetur per huiusmodi concilia, auctoritates et statuta ecclesie catolice : concluditur manifeste, quod papa sentiens aut docens aliter de fide catolica, quam sancta
ecclesia Romana sentit et docet, sive non credens et tenens firmiter et
observans ipsam fidem, est ipso iure et facto per sententiam sacrorum
canonum tamquam hereticus dampnatus et excommunicatus et omni iurisdictione et potestate papali privatus, prout evidenter probatur XXIIII. q.
1. in princ. et c. 1[2]) et c. *Achatius* II[3]) et c. *Audivimus*[4]) et §. *Sin autem
ex corde suo*[5]) et in c. *super verba in heresim* dicit glossa or. in hec
verba : *Hic est casus — § ultimo*. Hec verba glo. ord. Ex quibus et ex
eo quod legitur in preallegato c. *Anastasius* XIX. di.[6]) patet, quod si
papa aliter sentiat seu dogmatizat de fide, quam docet sancta ecclesia
catolica, aut faveat aut communicet heretico, est ab ipsius obedientia et
communione recedendum, nec expectari debet, quod per concilium con-
dempnetur, cum iam sit ipso iure et facto dampnatus. Unde glo. or.
posita super dicto c. *Anastasius* in verbo *abegerunt* dicit sic: *Sed contra
VIII. q. IIII — iam dampnatum*. Hec glo. or. Hoc etiam probatur expresse
per illud quod legitur XV. q. ult. c. *Sane* [7]) et quod legitur et notatur II.
q. VII. c. *Sacerdotes* a)[8]), ubi glo. ord. dicit sic : *Si prelati sunt heretici vel
excommunicati — c. nonne*. Hec glo. or., et idem dicit glo. or. extra de pre-
scriptionibus c. *Cum non liceat*, in princ[9]). Ex quibus aperte probatur,
quod ab obedientia tam pape, quam cuiuscumque prelati deviantis a fide
catolica quam sancta Romana ecclesia credit et docet, potest et debet
recedi etiam ante tempus cuiuscumque alterius sententie promulgande,
cum iam sit per sententiam sacrorum canonum ipso facto qui a fide
catolica publice deviavit dampnatus et excommunicatus tamquam hereticus. Hoc etiam probatur exemplo *(fol 266 v)* sanctorum (qui) b) ab
obedientia publice deviantes a fide catolica ante tempus alicuius alterius

a) *ms.* seculares.   b) *Im ms. völlig erloschen.*
1) c. 9. X. de haereticis (V, 7).
2) c. 1. C. 24. q. 1.
3) c. 3. ib.
4) c. 4. ib.
5) Gratian zu c. 4. ib.
6) c. 9. dist. 19.
7) c. 15. C. 16. q. 7. ?
8) c. 8 C. 2. q. 7.
9) c. 12. X. de praescript. (II, 26).

sententie recesserunt. Et idem patuit in sancto Hylario [1]), qui ab obedientia et communione Leonis pape deviantis a fide catolica simili modo
recessit, prout in cronicis et sanctorum legendis legitur et habetur. Alioquin si papa publice aliqua statuens vel faciens contra fidem catolicam
non esset evitandus, donec per concilium generale de novo iudicaretur
et eidem foret interim obediendum, tota fides catolica posset periclitari
et subverti, quia tunc nullus suis erroribus resisteret, et eius errorres
approbari viderentur, quia error cui non resistitur approbari videtur,
LXXXIII a) di. c. *Error* [2]). Cum autem a fide catolica devians et hereticus
manifestus sit censendus, probatur expresse extra de verbor. signif. c. *Super
quibusdam* [3]), ubi dicitur in hec verba : *Qui sint dicendi heretici — errorem.*
Hec ibi. Et XXIIII. q. 1. c. *Audivimus* [4]), ubi loquens de archiepiscopo
Ravennate dicit sic : *Sin autem — iam prostratus.* Hec ibi. Et satis
infra post c. *Miramur* [5]) immediate sic dicitur : *Hiis auctoritatibus —
dampnare.* Hec ibi. Ex quibus auctoritatibus clare patet, quod ex quo
papa seu quicumque episcopus vel prelatus ceperit contra fidem catolicam aliquid publice predicare vel docere aut profiteri vel defendere
errorem, extunc est censendus hereticus manifestus et ab eius communione et obedientia recedendum. Et extunc nullam habet potestatem
solvendi vel ligandi sive excommunicandi vel absolvendi aut aliquem
condempnandi b).

Inferius ostenduntur hereses quas dominus Benedictus
adversus fidem catolicam dogmatizavit.

§. Quod dominus Iacobus de Fornerio qui Benedictus papa XII. nuncupatur, fuit et est censendus hereticus manifestus et tamquam hereticus
evitandus, prout evidenter ostenditur et probatur rationibus infrascriptis.

Prima ratio principalis et probatio sic sumitur. Certum est de iure,
quod quicumque de fide catolica et ecclesiasticis sacramentis aliter sentit
et docet, quam sancta Romana ecclesia tenet et docet, hereticus est
censendus et est ipso facto et iure excommunicatus, ut probatur aperte
extra de hereticis c. *Ad abolendam* et c. *Excomunicamus itaque* [6]). Similiter quicumque contra fidem catolicam publice profitetur seu defendit
errorem, censendus est hereticus manifestus, ut expresse diffinitur in
supra allegato cap. extra de verbor. signif. c. *Super quibusdam* [7]). Sed predictus dominus Benedictus aliter sentit et docet de fide catolica et ecclesiasticis sacramentis, quam sancta Romana ecclesia tenet et docet, et

a) *ms.* LXXXVII.   b) *a. R.:* Hucusque dixit verum.
1) Vgl. zum Folgenden oben S. 350.
2) c. 3. dist. 83.
3) c. 26. X. de verbor. signif. (V, 40).
4) c. 4. C. 24. q. 1. Dictum Gratiani.
5) c. 37. C. 24. q. 1. Dictum Gratiani.
6) c. 9. u. 13. X. de haeret. (V, 7).
7) c. 26. X. de verbor. signif. (V, 40).

publice deffendit errores fidei catolice adversantes, ut probabitur, propterea dominus Benedictus est censendus hereticus manifestus. Minor
propositi sic probatur. Manifestum est, quod sancta Romana ecclesia
catolica et apostolica hactenus ab antiquo et antequam ipse dominus
Benedictus foret creatus, firmiter absque aliqua dubitatione credidit,
tenuit et predicavit, quod anime sanctorum apostolorum, martirum, con-
fessorum et virginum ac aliorum iustorum fidelium defunctorum, in quibus nichil fuit purgabile, quando decesserunt, post ascensionem domini
nostri Iesu Christi in celum fuerunt, sunt et erunt in celo et paradiso
celesti cum Christo, sanctorum angelorum consortio et gaudio aggregate
et viderunt, vident et videbunt divinam essentiam clare et aperte; et
quod anime eorum ex tali visione fuerunt et sunt vere beate et habent
vitam eternam et ante resumptionem suorum corporum et iudicium generale futurum; et quod anime reproborum, qui decesserunt aut dece-
dent in mortali peccato, mox post mortem suam descenderunt et descendent ad inferna, ubi *(fol. 267)* penis infernalibus cruciantur et crucia-
buntur: et quod nichilominus in die futuri iudicii generalis omnes homines cum suis corporibus resurgent et ante tribunal Christi compare-
bunt reddituri de factis propriis rationem; et qui bene egerunt, ibunt in
vitam eternam, qui vero male, in ignem eternam. Et quod ipsa sancta
Romana ecclesia catolica ab antiquo semper tenuit et docuit hereticum
fore censendum contrarium pertinaciter asserere vel docere, et illos re-
putavit hereticos et scismaticos et tamquam hereticos et scismaticos
evitavit et docuit evitandos qui contrarium docuerunt et tenuerunt, ut
evidenter inferius ostendetur. Et quod dictus dominus Benedictus in
dictis et scriptis suis per mundum publice divulgatis et publicatis et
maxime in quodam suo rescripto sive statuto per mundum publice divul-
gato, quod incipit: *Benedictus Deus in donis suis* ¹) pertinaciter docuit
et docet ac insinuat omnibus et profitetur, quod ante dictum suum rescriptum sive statutum catolice, licite et impune poterat dici et affirmari
contrarium eius [quod] ᵃ) in sepedictis duobus articulis, quos, ut dictum
est, sancta Romana ecclesia catolica hactenus ab antiquo semper firmiter
credidit, tenuit et docuit, continetur; et quod contrarium asserere ante
dictum suum rescriptum sive statutum non erat hereticum, sed licitum,
catolicum et fidele; et [quod] ᵃ) dominum Iohannem predecessorem suum
et plures sequaces suos et alios qui contrarium publice predicaverunt,
tenuerunt et docuerunt et ipsorum errores defendere et excusare cona-
tus est et pro viribus defendit et excusat, et contradicentes in hoc ipsi
domino Iohanni et sequacibus ac tenentes asserentes et docentes de predictis articulis, secundum quod Romana ecclesia, ut dictum est, hactenus
tenuit et docuit, ipse dominus Benedictus persecutus est et persequitur,

a) Fehlt ms.
1) 1336, Jan. 29, Magnum Bullarium Rom. (ed. Taurin. 1859) IV 345 f.

et mendaciter ipsos in suis scriptis appellat hereticos et scismaticos, ut inferius ostenditur; ergo ipse dominus Benedictus est censendus hereticus manifestus et tamquam hereticus ab omnibus vere catolicis evitandus.

Quod autem sancta Romana ecclesia catolica et apostolica ab antiquo, etiam antequam dictus dominus Benedictus foret creatus, semper firmiter absque aliqua dubitatione credidit, tenuit et docuit articulos supradictos evidenter probatur. *Folgen Excerpte aus Augustin, Ambrosius, Gregorius und Hieronymus (— fol. 270 v), der Heiligen Schrift (fol. 270 v—271 v)*, orationes *und* collecte *der Kirche, hier (fol. 272) auch* frater Thomas de Aquino *zitiert:* in summa contra gentiles libro IIII [1]) *(bis fol. 272 v), über den Zustand der Seelen der Heiligen und Gerechten; dann (fol. 272—273) über die Verdammung der* reprobi; *(fol. 273 v dieselbe Stelle des Thomas von Aquino; fol. 274 wird desselben* tractatus de articulis fidei *zitiert) .. (fol. 274):* Predicta etiam probantur plenissime in allegationibus prelatorum et magistrorum sollempnium in sacra pagina, tam secularium, quam religiosorum et maxime ordinum predicatorum et minorum, factis ad defensionem veritatis dictorum articulorum et per universum divulgatis, et etiam in quadam appellatione prolixa pro parte ordinis fratrum minorum nominatim et specialiter interiecta contra dictam heresim et eius sectatores et defensores [2]). *Im Folgenden wird das* rescriptum Benedikts „Benedictus Deus in donis suis" *selbst zitiert:* Sane dudum tempore *bis* nulli ergo hominum *etc. (fol. 274—274 v), zum Beweise, dass vor diesem Edikt die gegenteilige Ansicht nicht als Häresie galt (fol. 274 v)*, quia secundum eum non erat super hiis per ecclesiam catolicam facta determinatio. Unde sibi usurpat, quod ipse est ille qui hoc, quod prius secundum eum erat dubium, determinat et dissolvit. *Das wird aus den Worten des Statuts nachgewiesen (fol. 274—275); (fol. 274 v)* cum ergo certum sit de iure et secundum doctrinam ecclesie, quod quando questio pertinens ad fidem dubia est et de tali questione diverse sunt opiniones inter catolicos tractatores, tunc talis questionis cognitio et determinatio solummodo ad papam catolicum pertinet sive ad sedem apostolicam aut ad concilium generale, sicut aperte et manifeste probatur per illud *(fol. 275)* quod legitur et notatur XXIIII. q. c. *Quotiens* [3]), ubi glossa ord. super verbum *ad Petrum* dicit sic *u. s. f. (fol. 276).* Ex quibus aperte patet, quod illa que sunt firmiter credenda et simpliciter confitenda, nullo modo sunt in disputa-

---

1) Thomas Aquinas, De veritate fidei contra gentiles (Summa philosophica) IV. c. 91. 92., ed. Parmae (1855) V 380 ff.

2) Vgl. im Allgem. Denifle, Chart. univ. Paris. II 414. f.; Nikolaus Minorita bei K. Müller, Z. f. Kirchengesch. VI. S. 74 nr. 28 (1332), vgl. S. 87 ff; S. 76 nr. 37 (1335), vgl. S. 98 ff; nr. 39, S. 76 f., vgl. S. 100 ff. (1338, Aug. 23).

3) c. 12. C. 24. q. 1.

tionem sive disceptationem deducenda nec ad coniecturas opinionum revocanda... Ex quibus apertissime patet, quod illa que sunt pro fide tenenda papa nec alius prelatus vel princeps non debet pati, quod in dubium reducantur, nec debet permitti sinodum sive concilium congregari ad habendum diligentiorem tractatum de hiis que ecclesia catolica firmiter credit et tenet etc.... *(fol. 276 v).* Ex quibus et aliis pluribus auctoritatibus que brevitatis causa dimittuntur, ostenditur evidenter, quod sancta mater catolica et apostolica ecclesia docet per sacros canones et sanctorum doctorum ecclesie auctoritates et sententias, quod illa que sunt in sacra scriptura vel per sacros canones determinata aut que universalis ecclesia firmiter credidit et tenuit ab antiquo vel que sunt ab antiquo tanquam heretica ab ecclesia reputata, non debent de novo quasi dubia et incerta ad examen et determinationem pape sive sedis apostolice deduci, alias in determinationibus et simbolis et conciliis ecclesie ac in fide quam firmiter credit, tenet et docet ecclesia, nichil stabilitatis et firmitatis ac auctoritatis penitus remaneret, sed tota fides catolica vacillaret et instabilis foret et infirma. Tunc enim solum debet questio fidei deduci ad examen pape sive sedis apostolice, cum dubia est ita, quod super ea non est aliquid aperte per sacram scripturam vel per ecclesiam declaratum, stabilitum sive firmatum.

... *Dass Johann XXII. und Benedikt XII. früher die gegenteilige Lehre über die* visio beatifica *nicht für Ketzerei hielten,* patet aperte ex operibus, factis et gestis eorum adeo notoriis et manifestis, quod nulla possunt tergiversatione negari. Et primo ex eo, quod dictus dominus Iohannes fecit capi et detineri fratrem Thomam de Anglia, ordinis fratrum predicatorum, magistrum in sacra theologia [1]) ex eo, quod ipse frater Thomas in sermone *(fol. 277 v)* quem publice fecit in Avinione anno Domini MCCCXXXIII dixit et asserit, quod anime sanctorum qui in celo sunt, ex nunc clare et aperte vident faciem Dei *u. s. f.* Et ipsum magistrum Thomam ob hoc per longum tempus detinuit sive detinere fecit aliquando in carcere inquisitorum aliquando in suo et aliquando in arresto simplici, ut non posset extra curiam Avinionensem libere peragrare; quam detentionem dictus dominus Benedictus postmodum ratum habuit et approbavit et ipsum fratrem Thomam in detentione sive arresto predicto retinuit. Et econtrario illos qui ante dictam determinationem negativum asseruerant, scilicet quod anime sanctorum qui in celo sunt, non vident nec videbunt divinam essentiam ante futurum iudicium generale, predicti domini Iohannes et Benedictus approbaverunt, foverunt et multipliciter deffenderunt. Exemplum de fratre Geraldo Odonis [2])

---

1) Thomas de Brauncestonia oder de Walleis, vgl. Nik. Minorita bei K. Müller, Zeitschr. f. Kircheng. VI, 98, zu nr. 37. Denifle, Chart. univ. Paris II. 415, 416—418, 421, 427, 428, 437. 440.

2) Vgl. oben S. 397. L. Wadding, Ann. Min. VII 40, 415.

qui se dicit generalem ministrum ordinis minorum, qui publice et manifeste in curia Avinionensi dixit et etiam Parisius et in diversis partibus publice asseruit, predicavit et dogmatizavit, quod anime sanctorum *etc.* Et propter hoc ipse Geraldus per totum regnum Francie et per alios episcopos et prelatos et magistros in sacra pagina de assertione et predicatione heresis fuit publice notatus et redargutus. Item ipse Geraldus in curia Avinionensi coram dicto domino Iohanne XXII. in consistorio publico publice asseruit, quod nullo modo esset ausus dicere, quod anime sanctorum qui in celo sunt viderent facialiter Deum, quia, ut dicebat, per hoc timebat impingere in articulum fidei. Et de predicto errore et pluribus aliis erroribus et heresibus manifestis, quos et quas ipse frater G. pluries asseruit et dogmatizavit tam verbo, quam in scriptis suis, fuit ipse per serenissimam dominam Sanciam, reginam Ierusalem et Sicilie, et quamplures alios prelatos dicti regni sive ipsorum litteras et nuncios prefato domino B. delatus et ipsi errores fuerunt per ipsorum nuntios et litteras ad ipsius domini B. notitiam specialiter et nominatim deducti [1]). Et tamen predicti domini Iohannes et B. dictum G. hereticum de facto et in preiudicium fidei catolice approbaverunt et eidem prebuerunt multipliciter auxilium, consilium et favorem contra iura et catolicas sanctiones. Et prefatus dominus Benedictus specialiter fecit ipsum G. hereticum suum commissarium ad persequendum et puniendum fratres illos, qui fidem catolicam et apostolicam et supradictos articulos verbo et in scriptis asserebant et defendebant, sicut de ipsa commissione constat per publica documenta. Et eciam dictus dominus Iohannes ante mortem suam laudavit, approbavit ac promovit scienter plures fratres, qui publice et manifeste predicaverunt in Avinione dictam heresim *u. s. w.*, quam promotionem sepedictus dominus B. postmodum ratam habuit. Exemplum etiam de fratre N. de Caritate, ribaldo manifesto et pessimo [2]), qui in loco fratrum minorum de Avinione ex commissione sibi facta de voluntate dicti domini Iohannis publice predicavit, quod quicumque de cetero tenerent firmiter, quod anime sanctorum viderent facialiter Deum, erant heretici iudicandi. Et exemplum de fratre Egislo de Dacia qui se dicebat episcopum Arosiensem [3]), et de quodam alio fratre de Acerris, qui publice predicaverunt dictum errorem, quorum unus post predicationem

1) Vgl. Wadding l. c. VII 84, 86, 117; auch M. van Heukelum, Spiritualistische Strömungen an den Höfen von Aragon u. Anjou (Abh. z. mittl. u. neueren Gesch. H. 38) Berl. Leipz. 1912, bes. S. 77 ff.

2) Denifle, Chart. Univ. Paris. II 668, 1 genannt neben seinem Bruder Petrus. Vgl. S. Riezler, Vatik. Akten nr. 1653: Brief an Adam de Caritate. Eubel, Hist. Jahrb. 18, 378.

3) Vgl. Eubel, Hierarchia cath. I 109: Egislus O. Pr. 1329 Mai 15. bis 1353 Juni 7, aber schon 1327 28. Dez. Egislus Birgheri O. Pr. von Johann XXII. zum Coadjutor des Bischofs Israel, O. Pr. (1309—1329) ernannt. Bistum Westeraes (Schweden).

dicti erroris fuit de facto promotus et ordinatus in cappellanum domini pape, qui etiam post cappellaniam sibi collatam *(fol. 278)* publice predicavit et asseruit dictum errorem et in sermone quem fecit inter cetera dicit sic: Tres sunt fides, una clara in hac vita, alia clarior in purgatorio, tertia clarissima, quam habent anime sanctorum in celo; et ista fides durabit usque ad diem iudicii.....

Aus alledem ergibt sich, dass die beiden Päpste Ketzerei begünstigen... et quia hereticos manifestos et ipsorum hereses defenderunt et veros catolicos impugnaverunt et persecuti sunt, et adhuc ipse dominus Benedictus continue persequitur et impugnat, non solum heretici, sed etiam heresiarche censendi sunt.

Secunda ratio: *die* sermones Iohannis pape per eum facti Avinione et redacti in scriptis ac per mundum publicati: *Mementote, Gaudete in domino, Surge, tolle puerum, Statim veniet ad templum, über die Seeligkeit* .... *(fol. 278)*[1]. Item notorium et manifestum fuit et est maxime in civitate Avinionensi, quod ipse dominus Iohannes ... illos qui nolebant ipsis consentire a predicationibus et sermonibus faciendis repelli faciebat, et quod ipse ad terrorem et exemplum aliorum, ne aliquis auderet dictis suis opinionibus contradicere capi fecit et detineri supradictum fratrem Thomam de Anglia, ordinis predicatorum, ... et quod ipse tam magistros in sacra pagina, quam ceteros alios quoscumque amicos suos persuadentes sibi, quod ipse dictas suas opiniones dimitteret, ... exaudire noluit, sed eos redarguit et repulit. Item manifestum et notorium fuit et est, quod multi prelati et fere omnes doctores et magistri in sacra pagina Parisius existentes concorditer per suas litteras scripserunt dicto domino Iohanni rogando et supplicando[2]), quod ipse teneret et approbaret contrarium eius, quod in dictis suis sermonibus asserebat, ... et quod ipse dominus Iohannes dictos prelatos et eorum litteras exaudire contempsit et in sua opinione, imo verius heresi manifesta, elegit pertinaciter permanere ac permansit.... *(fol. 279) Die Behauptung Benedikts XII., dass vor Johanns Sermonen Streit über die beata visio gewesen sei, ist also falsch u. s. w.* ... *(fol. 279 v)* 3ª ratio: *Andre Irrlehren Johannes XXII.,* quod diabolus et demones non fuerunt nec sunt nec erunt in inferno *etc. und* quod Christus post diem iudicii generalis, cum tradiderit secundum apostolum regnum Deo patri, amplius non regnabit *etc. (Widerlegung bis fol. 280 v)* ... 4ª ratio: *Dass Johann bis zum Tode an seinen Irrlehren festhielt. Die* protestatio, confessio *oder* declaratio *Johanns auf dem Totenbette: Ne super hiis*[3]), *wird inseriert, und fol.*

---

1) Vgl. Denifle l. c. S. 414. Nik. Minorita bei K. Müller, Zeitschr. f. Kircheng. VI 98 zu nr. 37. u. nr. 28; auch oben S. 396 f. und die Schrift bei Baluze-Mansi, Miscell. III 349 ff.

2) Vgl. Denifle, Chartul. univ. Paris. II 429—433.

3) Raynald, Ann. 1334, 37.; Denifle l. c. II 440 f.

*281 ᵛ — 282 ᵛ die Interpretation durch Benedikt XII. bekämpft. (fol.
282 ᵛ)* Prima ratio est, quia licet, ubi questio aliqua est in fide dubia,
submittens se correctioni et determinationi ecclesie excusetur ab heresi,
tamen ubi aliqua sunt aperte et explicite per sacram scripturam vel per
sanctam ecclesiam catolicam determinata, aut aliqua sunt que ex consuetudine et observantia universalis ecclesie catolice sunt firmiter pro
fide tenenda et observanda, aut ubi aliqua sunt tamquam heretica et
fidei catolice obviantia et per sacram ecclesiam dampnata et reprobata:
in hiis casibus talis vel similis protestatio et submissio ab heresi protestantem non potest aliquatenus excusare, immo potius accusare ?.. *(fol.
283)* ... Secunda ratio sic sumitur. Manifestum est, quod per sacros
canones forma certa est data illis qui in heresim incidunt, sive qui publice heresim tenuerunt, predicaverunt seu docuerunt aut heresim aut
hereticos defenderunt, quam formam servare debent, si volunt ostendere
se correctos *u. s. w.* ... *(fol. 283 ᵛ—284)* : ... Ex quibus auctoritatibus
et aliis pluribus ... patet, quod ille qui docuit, predicavit vel scripsit
aut fecit aliqua contra fidem catolicam, non potest ab heresi excusari
ex eo, quod protestatus sit vel protestatur, quod non est nec fuit sue
intentionis aliquid dixisse vel fecisse contra fidem catolicam nec contra
sacram scripturam aut bonos mores *etc.* ... Alias si tales protestationes
excusarent ab heresi, sequeretur, quod quilibet posset impune et libere
predicare et dogmatizare contra quemlibet articulum fidei catolice sub
tali protestatione : Ea que dixi credo consona fidei, et in quantum sunt
consona, approbo; in quantum non sunt consona, ea ex nunc revoco et
volo, quod habeantur pro non dictis. Et sic sub pallio talis protestationis et revocationis foret aperta via omnibus hereticis predicandi *(fol.
284 ᵛ)* et dogmatizandi quascumque hereses pro libito voluntatis, et per
consequens tota fides catolica vacillaret et esset instabilis et infirma
... *(fol. 285). Die protestatio entschuldigt weder Johann noch Benedikt ... (fol. 286) : Aufzählung der 4 errores : 1. der sermo vom Jahre
1329 : Gaudete in domino, 2. v. J. 1330 in sermone : Psallite domino,
...(fol 286 ᵛ), 3. 1330, in sermone : Tulerunt iusti ... über diesen* error,
der auch in Quia vir reprobus ausgesprochen worden sei ; et hoc est
eius principale fundamentum, quod Deus non potest aliud facere, quam
facit, quia sic fuit ab eterno ordinatum *etc. In Quia vir reprobus seien*
XII hereses per quas, quod est fidei, quod religionis, quod vite, quod
morum, quod discipline destruit et confundit, sicut in sepedictis appellationibus et allegationibus ostenditur manifeste [1]), quem libellum dictus
dominus Benedictus, cum esset in minori officio composuit et in erroribus in ipso libello dogmatizatis consensit *etc.* ... Quamobrem ambo
sunt tamquam manifesti heretici iudicandi et ab omnibus christianis et
fidelibus evitandi; et fideles debent ex adverso consurgere, adimplentes

1) Vgl. Nik. Minorita bei K. Müller, Zeitschr. f. Kircheng. VI, 86 f.

illud. quod legitur 1. q. III. *Salvator*[1]) *etc.* ... *(fol. 287)* ...: Hec sunt verba sancti Urbani pape ex ewangelio et sacra scriptura assumpta, que adimplentur in predictis Iohanne et Benedicto, qui sunt pseudo-christi et multos seducunt et a veritate fidei catolice avertunt et ad suos errores sectandos tractaverunt et veros catolicos ac fidem catolicam firmiter confitentes acerrime persequuntur. Et ideo debent fideles contra eos et eorum errores insurgere et firmiter et indubitanter credere et sperare, quod dicte hereses non prevalebunt, sed veritas fidei indubitan-ter prevalebit, pro qua rogavit Christus, ut non defficiat, Lc. XXII[2]) et extra de baptismo et eius effectu c. *Maiores*[3]) in princ. in textu et glo.; et Christi orationem constat exauditam esse, qui cum patre et spiritu vivit et regnat in secula seculorum. Amen [a].

a) *Nachschrift des Schreibers:* Omnes hunc precedentem librum in-specturi sciant me Conradum etc. non credere in eo contenta esse vera, sed pocius multa falsa et hereticalia; sed quia multa sunt in eo originalia sanctorum bona, et quia scire malum non est malum etc., colligantur ex eo grana et palee reiciantur.

　　1) c. 8. C. 1. q. 3.
　　2) Luc. 22, 32.
　　3) c. 3. X. de baptismo (III, 42).

Beilagen

1. Verzeichnis der benutzten Handschriften [1]).

A. Vatikanische Bibliothek.

1) Vat. lat. 5709. membr. 8°, saec. 14., 119 Blätter, nicht foliiert; erstes und letztes Blatt ein theologisches Fragment von Hand saec. 15. geschrieben. — fol. 1 von moderner Hand : *Rubrica iuris canonici cum indice locupletissimo magistri Nicolai de Annessiaco ordinis praedicatorum. Litera Domini Ludovici imperatoris pro deffensione sue electionis.* — fol. 2 –106. col. 1 : Das alphabetische Compendium des Nic. de Annesiaco zum ius canonicum. Inc.: *Sicut spiritualia et temporalia diferuntur, extra de renunciatione : inter corporatia, sic ius canonicum et civile, quia canonicum ad regimen spiritualium, civile ad regimen temporalium ordinatur* . . . Schlußbuchstabe *y : Ystrionibus non est dandum, quia ducunt comuniter turpem vitam²). LXXXVI. di. c. donare.* — fol. 106, col. 2 –109: Gesetz Ludwigs des Bayern *Fidem catholicam, 1338, Frankfurt, die VIII. mensis augusti* (so!). — fol. 109 ᵛ – 118, col. 1 : der Traktat Syberts von Beek; fol. 109 ᵛ am obern Blattrand : *Errores quos asserunt quidam magistri sunt isti.* — Auffallend kleine Schrift mit vielen starken Abkürzungen.

2) Vat. lat. 7316, fol. chart., saec. 15, 304 Bll. Doppelte Foliierung. Schrift von verschiedenen Händen. Ehemals dem Kardinal R. de Capranica gehörig, sein Wappen fol. 1; vgl. Ehrle, Arch. für Litt. u. KG. IV 149. Bl. 1–3 ᵛ Inhaltsangabe des Traktates des Johannes Leo Rom. (fol. 1–59 d. alten Zählung). — Bl. 3 ᵛ—4 : *Sequuntur acta et gesta concilii Ferrariensis sub sanctissimo domino Eugenio papa IIII. celebrati* (fol. 61—119). — Bl. 4 ᵛ : *Quidam tractatus contra Michaelem de Cesena ministrum ord. minor. et socios eius* (fol. 131 —137). — *Sequuntur cronice et gesta per d. Io. papam XXII ᵐ contra prefatum Michaelem de Cesena. Et errores quos ipse M. tenuit et defendit super paupertate d. n. Ihesu Christi et aliis multis* (Inhaltsangabe der Chronik bis fol. 299).

Auf fol. 1 der neuen Zählung (= fol. 54): *Ad sanctissimum atque. beatissimum patrem dominum Eugenium papam quartum, fratris Iohannis Leonis Romani ordinis praedicatorum de sinodis et ecclesiastica potestate. Incipit liber primus. Rerum divinarum omnes admodum tractatores* . . . Schl. fol. 60 (jetzt 7) : *siquis iudicata recteque disposita semel revolvere et disputare intendit. Explicit.* —

fol. 8 (= 61): *In nomine sancte et indiv. trinit. patris et filii et spiritus sancti. Noverint universi, et singuli acta et actitata infrascripta* (Akten des Konzils von Ferrara 1438) — fol. 83—124 ᵛ von andrer, späterer Hand (s. 15. oder 16).

1) Die Stücke , deren Titel im Hss.-Verzeichnis gesperrt kursiv gedruckt sind, sind im vorliegenden Bande veröffentlicht.
2) Vgl. Bd. 1, S. 7. n. 1.

fol. 15 (= 131). *Incipit tractatus contra prefatum Michaelem de Cesena et socios eius.* — *S a p i e n t e s   c o n s i l i a r i i   p h a r a o n i s   d e d e r u n t   c o n s i l i u m.* — bis fol. 135 ᵛ, der Text bricht mitten auf der Zeile ab.

fol. 137: *Incipiunt cronice gestorum* usw. die Chronik des sog. Nicolaus Minorita. — Schl. fol. 304: Brief Cesenas *anno domini MCCCXXXI.* vgl. E u b e l, Hist. Jahrb. Bd. 18 (1897), S. 375 ff.

3) V a t. 1 a t. 4128, groß folio, 209 beschriebene Bll., 2 Columnen, mehrere Hände saec. 15., ist eine genaue Abschrift des vorigen (Vat. 7316). mit allen Lücken desselben und zwar vor Ergänzung der Lücke fol. 83— 124 ᵛ durch eine spätere Hand; denn in Vat. 4128 steht fol. 58 ᵛ am Rande z. d. W.: *ipsis Grecis finaliter,* die Note: *Hic deficit,* d. h. offenbar die Vorlage Vat. 7316, an der entsprechenden Stelle fol. 82 ᵛ. — Der Traktat C o n t r a   p r e f a t u m   M i c h a e l e m   d e   C e s e n a   e t   s o c i o s   e i u s : fol. 87—90, bricht mit denselben Worten ab, wie in Vat. 7316.

4) O t t o b o n. 1 a t. 2795, klein folio, membr. saec. 15., 204 Bll., Schrift in 1 Col. *Ex libris Phil. de Stosch. L. B.* fol. 1 unten: *Alexander Pauli filius Petavius senator Parisiensis anno 1647.* — fol. 1—133: *Tractatus qui nominatur collirium A l v a r i adversus hereses novas.* — fol. 134—159 ᵛ: *Tractatus fratris A n d r e e d e P e r u s i o, ordinis fratrum minorum contra edictum Bavari.* — fol. 160—186: *Tractatus magistri F r a n c i s c i T o t i d e P e r u s i o ordinis minorum contra Bavarum etc.* Expl.: *Explicit secundus tractatus. Deo gratias.* — fol. 186 ᵛ— 203 ᵛ unter der Ueberschrift: *Tractatus magistri F r a n c i s c i T o t i d e P e r u s i o ordinis fratrum minorum contra Bavarum. Incipit tractatus tercius de cessione papali et sedium fundacione seu mutacione* usw. der Traktat des Alexander de S. Elpidio, De eccles. pot. lib. III, ed. Roccaberti, Bibl. Max. Pontif. II (1698), S. 30—40.

5) V a t. 1 a t. 4115, Folio, chart. saec. 15. 306 Bll. Schrift im 1 Col. außer fol. 1—26. Viele Randnoten und Glossen. — fol. 1—25 ᵛ: *Sequitur repeticio sive tractatus O p p i c i i d e C a n i s t r i s . de preheminencia spiritualis imperii.* Expl. fol. 22; dann folgt: *Que superius scripta sunt verba fuerunt O p i c i n i i d e C a n i s t r i s in tractatu quem fecit de preheminencia imperii spiritualis, et licet ea non dubitem veritati catholice fore subnixa, tamen ut sacre scripture testimonio et auctoritatibus firmentur, sacrorum canonum et doctorum iuris canonici testimonia adducamus* usw. — fol. 26 leer. — fol. 27—133: Bruchstück v o n O c c a m s Dialogus; fol. 27 oben: *liber primus secundi tractatus partis tertiae.* Ueberschrift: *In nomine domini incipit prologus idest secundus tractatus tertiae partis dialogi, intitulatus de gestis circa fidem altercantium orthodoxam . . .* — fol. 134 leer. — fol. 135—156 ᵛ: O c c a m s Traktat für den König von England, fol. 135: *Incipit prologus in sequen-*

tem tractatum. Am Rande rechts oben: *An princeps pro suo succursu scilicet guerre possit recuperare bona ecclesiarum eciam invitto papa.* — fol. 157—158 leer. — fol. 159—227: *Sermones pro defunctis, in quadragesima: Factum est, ut moreretur mendicus.* — fol. 228—230 leer. — fol. 231—266 ᵛ: F o r t s e t z u n g d e r D e t e r m i n a t i o c o m p e n - d i o s a. Dazu viele kritische Randnoten, z. B. fol. 232: *plurima verba, si probarent;* fol. 234: *male fundatus videtur;* fol. 235 ᵛ: *responsum est in dyalogo* (dazu von anderer Hand: *et tamen videndum an bene*); fol. 236: *inunctio non est confirmatio* usw. — fol. 267 — fol. 300 ᵛ: Bulle *Quia vir reprobus,* Ueberschrift: *Responsiones ad obiecta ad probacionem in contrarium super proprio, communi vel spirituali in facto minorum.* fol. 300 ᵛ: *Istam lecturam scripsit quidam Alfonsus Petri presbyter Compostell. pro tempore Aurien. ecclesie portionarius* etc. — fol. 301- 301 ᵛ: Bulle *Unam Sanctam.* — fol. 302 leer. — fol. 303—305 ᵛ Bulle *Quorundam exigit.* — fol. 306: Bulle *Cum inter nonnullos.*

6) O t t o b o n. 1 a t. 3064. Klein folio, misc. membr. und chart., 248 Bll. Vorblatt: *Ex libris Phil. de Stosch;* darunter zwei aufgeklebte Pergamentstücke: a) *Ott. Optimus de Cavisiis Papiensis de praeeminentia spiritualis imperii* b) *Sequuntur fragmenta varia manuscriptorum codicum graece, latine et gallice varii argumenti.* Schrift saec. 17; es folgt ein Blatt mit überklebter Schrift saec. 17. — fol. 1—15 von 2 Händen saec. 15 (fol. 1—9 u. 9—15) der Traktat des O p i c i n u s d e C a n i s t r i s mit der Widmung an Joh. Cabsole, und dem Datum: *Actum et scriptum Avinione die VIII. kl. novembr. anno domini millesimo CC(!)XXIX, pontificatus autem sanctissimi patris et domini domini Iohannis vicesimi secundi divina providentia pape anno quarto decimo.* Der Text ist gegenüber Vat. 4115 erweitert.

Die Hs. enthält fol. 19 ff. (andres Papier und andere Hand) Stücke aus der Zeit des großen Schismas, z. T. französisch; (fol. 19—27: die Subtraktionserklärung K. Karls VI, 1398, Juli 27, fol. 28 ff: Briefe v. J. 1395 über Schisma und englisch-franzӧs. Krieg, fol. 47 ff: Copien französischer Königsurkunden saec. 15. etc.; fol. 59—60: Verkündigung des Jubeljahrs durch Clemens VI., fol. 65—66: Schreiben K. Eduards v. England an Clemens VI., 1344; fol. 66—69: *Statutum per regem Riccardum Anglie dominum de Bordeaux factum et super statuto prescripto fundatum* über die anglikanischen Kirchenfreiheiten; weiter allerhand Abschriften und Notizen ohne Ordnung; fol. 128 -131: der s. g. *Raptus Amadei Hispani (O. M.,* gest. 1482 in Mailand), *Ait angelus Gabriel;* — fol. 132—154ᵛ Griechisches, dsgl. fol. 224—226ᵛ; — fol. 157—158ᵛ; zwei Bll. membr. saec. 13. (?), enthaltend eine Prophetie auf die Endzeit, inc.: *enim propterea misit Deus.* — fol. 159—164ᵛ ein Fragment saec. 9. oder 10. von *Hieronymus, Dialogus ad Luciferianos.* — fol. 165—178 eine Abhandlung saec. 16. *De clandestinis matrimoniis* (fol. 179—181 nochmals) - fol. 182 ff. auf das Konzil von Trient etc. bezügliches; — fol. 227—230 die *Conquestio domini Chludovici imperatoris* (MG. SS. 15, 388) und die *Visio quam vidit Karolus de suo nomine tertius* (fol. 228—230 v), (SS. 10, 458), Schrift saec· 11. — fol. 235—242ᵛ ein Aesop, saec. 15, fol. 243—248 Gedichte auf einen verstorbenen Cardinal, u. *Danielis Augentii carmen ad card. Castilionem*, saec. 16. 17. —

7) V a t. f o n d o B o r g h e s e 86, (vgl. über diese Borghese-Hss. E h r l e , Arch. f. Litt. KG. I 19 f. III 464, 471 f), membr. gr. 8 ᵒ, 180 Bll., kleine Schrift saec. 14 in 1 u. 2 Col., misc., mehrere Teile. Nach einer Anzahl medizinischer u. theologischer Traktate fol. 165—171ᵛ : *C o m p e n - d i u m m a i u s o c t o p r o c e s s u u m* usw. Die beiden Bestandteile des Compendium, das maius u. das minus, sind durch größere und kleinere Minuskel und das Wort addi-(vor)-cio (nach dem Passus) in kleinerer Schrift scharf unterschieden.

8) P a l a t. l a t. 679, P a r s 1; 8 ᵒ, chart. saec. 15. 162 Bll. — fol. 1—38 : *De primitiva ecclesia*, d. i. der Traktat *de iurisdictione ecclesiastice potestatis sive de potestate pape compilatus a magistro Herveo ord. fratr. predicat.* — fol. 39—53ᵛ : *Tractatus domini fratris Guidonis ord. Carm. episc. Elnect. contra errores Grecorum.* — fol. 54 —91 : *Opus vocatum thesaurus veritatis fidei compilatum per fratrem Bonacursium ord. fratr. predicat.* — fol. 92—108 *Incipit tractatus* [*S. Thome de Aquino*, eingeschoben] *ad Urbanum papam. Libelum ab excellencia vestra mihi exibitum* usw. — fol. 108 ᵛ—114. *Professio fidei catholice facta per imperatorem Grecorum et rogamina super ritu eorum CCCXLVII* (vgl. über diese Stücke : Reusch, Abh. der Bayr. Ak. Hist. Kl. 18). — fol. 114ᵛ leer. fol. 115—117ᵛ : *Collacio facta coram papa pro confirmatione regis electi* (1401, Dt. RTA. 4, 19, nr. 3). — fol. 117 ᵛ—156 : *A l l e g a c i o n e s d e p o t e s t a t e i m p e r i a l i* von O c c a m (fol. 117ᵛ oben am Blattrande : *Tractatus oqua de potestate imperiali*). — fol. 156 ᵛ—162: *Sermo in ascensione domini : Iste formosus in stola sua gradiens.*

9) P a l a t. l a t 378, chart. saec. 15 (vgl. Codices Palat. lat. Bibl.Vat. rec. H. S t e v e n s o n iun. recogn. De R o s s i, tomus 1, Romae 1886) Schriften des *archiepiscopus Richardus Armachanus*. — fol. 206—264ᵛ : O c c a m, *Tractatus VIII quaestionum.* — fol. 265—287: Anon. *L i b e l - l u s a d d e f e n s i o n e m f i d e i : Noverint universi.* — fol. 287ᵛ : Bulle *Unam Sanctam.*

10) V a t. l a t 939, folio, chart. saec. 15, 292 Bll. — fol. 1—31ᵛ : *Augustinus de Anchona super Magnificat ; inc.: Super illo verbo psalmi.* — fol. 31 ᵛ—46: *Idem A u g u s t i n u s d e A n c h o n a , T r a c t a t u s c o n t r a d i v i n a t o r e s e t s o m p n i a t o r e s; —*fol. 47—49: *Tractatus brevis fratris Augustini super facto Templariorum : an liceat regibus et principibus sine mandato ecclesie de terminis heresis vel ydolatrie se intromittere. Inc.: Dixisti domine Iesu Christe —* fol. 49—53 : *Tractatus*

brevis magistri Augustini de potestate prelatorum : an omnis potestas sit dirivate a Christo in omnes apostolos mediante Petro et omnes prelatos mediante papa. Inc. *Quoniam Ysaya propheta.* — fol. 53 ᵛ—56: *Questio ultima quolibet magistri Augustini disputatum Parisius de potestate collegii mortuo papa.* Inc. *Tercia questio erat, utrum collegium cardinalium possit facere quidquid potest papa.* Schluss : *non est in papa alicuius potestatis, sed proprietatis, in collegio tamen potestatis est. Explicit questio ultima magistri Augustini de Ancona disputata Parisius de potestate collegii mortuo papa.* (Vgl. meine Publizistik zur Zeit Philipps des Schönen (Stuttg. 1903) S. 486—516.) — fol. 57—84: *Liber Hieronymi de viris illustribus* — fol. 84—100: *Liber Gennaaii de illustribus viris et famosis scriptoribus.* — fol. 100—120: *Liber Rabani de numerorum commendacione* etc. — fol. 120—124: *Libèr Bonaventure de sapientia sanctorum.* — fol. 124—135: *Tractatus Francisci Petrarche de Hercole et quot fuerunt hercoles et de filiis eorum et eorum gestis.* — fol. 135—142: *Sermo beati Bernardi devotus in die veneris sancti.* — fol. 142—146: *Quedam dicta Ysidori contra Iudeos et de passione Christi.* — fol. 146—147: *Libellus b. Bernardi de contemptu mundi.* — fol. 147—154: *Libellus b. Hieronymi dictus speculum virginitatis.* — fol. 154—162: *Libellus b. Bernardi de nova militia.* — fol. 162—168: *Libellus Rufini de vita b. Silvestri.* — fol. 168—182: *Epistola b. Bernardi de perfectione vitae.* — fol. 182—186: *Manuale b. Augustini.* — fol. 186—191: *Quedam epistola b. Catherine de Senis devote.* — fol. 191—195: *Dialogus super excellencia et dignitate curie Romane* (gedr. in Qu. u. Forsch. a. ital. Arch. u. Bibl. 1913). — fol. 195—216: *Liber panegyricus de laudibus Theodosii.* — fol. 216—229: *Liber diversarum facetiarum.* — fol. 229—269: *Epistola Roderici episc. Ovetensis castellani S. Angeli* (vgl. Pastor, G. der Päpste II 413 n.) — fol. 269—273: *Rufus Sextus in gestis populi Romani Valentiniano Augusto.* — fol. 273—277: *Bernardus de regimine sanitatis.* — fol. 277—280: *Oratio rev. patris Alfonsi episc. Burgensis in concilio Basiliensi.*

11) B a r b e r. l a t. 1447 (XXV, 27) gr. folio, chart. saec. 14., 2 Col. fol. 1—59: **S p e c u l u m r e g u m e d i t u m a f r a t r e A l v a r o I s p a n o d e o r d i n e m i n o r u m, e p i s c o p o S i l v e n s i e t d ec r e t o r u m e x i m i o p r o f e s s o r e.** — Auf dem Vorblatte von Hand ca. saec. 16: *Speculum regum* (usw. wie oben) *inceptum a. 1341 et absolutum a. 1344. Hic idem Alvarus fatitur composuisse librum de statu et planctu ecclesie qui est impressus.* — fol. 2 oben die alte Signatur 2299, — dieselbe Hand (saec. 16) korrigierte den Text und machte Randnoten. Ausserdem Randverweise in kleinster Minuskel saec. 14. — fol. 61—95 ᵛ die *Concordantia Bibliae* des *Joh. Calderini*, mit großen Stammbäumen.

570   1. VERZEICHNIS DER BENUTZTEN HANDSCHRIFTEN

B. Bibliotheca Angelica in Rom.

12) ms. fondo ant. 1028, membr. 4 °. saec. 14. Zwei nur äußerlich zusammengebundene Hss. a) fol. 1–48: *Ysiaori sententiarum libri.* b) fol. 1–29: *Reprobacio errorum sequentium ex precepto domini pape facta per fratrem Guillelmum de Cremona, sacre pagine professorem, fratrem heremitarum ordinis sancti Augustini.* – Schrift in 2 Col. vgl. E. Narducci, Catalog. mss. tom. 1.

C. Bibliotheca Vallicelliana in Rom.

13) Cod. B. 123, klein 8 °. membr. 100 Bll. und ein leeres; Schrift saec. 14, enthält: *Landulphus, De pontificali officio, cum quo vide Bernardum ad Eugenium papam. Hic de 1. timore Dei. 2. cultu sui. 3. corruptione* (verwischt) *ecclesie delinquentium. 4. protectione sub-ditorum.* – fol. 2: *Incipit tractatus brevis de pontificali officio compo-situs a magistro Landulpho de Columna canonico Carnotensi.*

D. Bibliothèque Nationale in Paris.

14) lat. 4046. (Colb. 506, Regius 3890, II) klein folio, saec. 14; 236 Bll., eine schon oft benutzte Sammlung von Traktaten etc. aus der Zeit Bonifaz' VIII. und zur Geschichte des Armutsstreits des 14. Jh. Inhalt: fol. 1–15ᵛ die Dekretalen: *Exiit qui seminat, Exivi de paradiso, Quorun-dam exigit, Gloriosam ecclesiam non habentem, Quia nonnumquam, Ad conditorem canonum, Cum inter nonnullos, Quia quorundam mentes* (Fragm.) *Unam Sanctam;* fol. 15 ᵛ–19: Commentar zu *Unam Sanctam* (vgl. H. Finke, Aus den Tagen Bonifaz' VIII., S. C–CXVI); dann 3 kleine Traktate des Augustinus Triumphus, fol. 19–28ᵛ : *Tractatus contra arti-culos inventos ad diffamandum sanctiss. patrem dominum Bonifacium papam sancte memorie* (vgl. meine Publizistik z. Z. Phil. d. Sch. S. 175 ff., gedr. bei Finke l. c. S. LXIX–XCIX); fol. 28 ᵛ–30: *Brevis tractatus super facto Templariorum* (gedr. in meiner Publiz. S. 508–516); fol. 30–32ᵛ : *Quoniam Ysaia propheta attestante* (gedr. ib. S. 486– 501); fol. 32 ᵛ–34 : *brevis tractatus de potestate collegii mortuo papa* (gedr. ib. S. 501–508); fol. 34–36ᵛ : Anon. *Quoniam ex ignorantia antiquorum gestorum* (ed. Krammer in: Determinatio compendiosa S. 66–75); fol. 36 ᵛ- 66: *Trac-tatus fratris Petri de Palude de paupertate Christi et apostolorum contra Michaelis de Cesena constitutionem contra „Conditorem canonum".* – fol. 66–72ᵛ : *Bonagratia. Libellus de paupertate Christi: „In questione qua queritur".* – fol. 72 ᵛ–82: *Tractatus editus a rege Roberto Ierusalem-et Sicilie .. „Cum nobis ad curiam venientibus";* – fol. 82–87: *Rationes fratris Francisci de paupertate Christi „Primo arguit".* – fol. 87–92ᵛ : *Epistola domini Iohannis pape XXII „Quia vir reprobus",* der Schluß fehlt. – fol. 92 ᵛ–103: dieselbe Dekretale vollständig – fol. 103–107 ᵛ :

Dialog über die *paupertas Christi.* „*Perquisita sapientia".* — fol. 107 ᵛ—
108: *Originalia pro questione, quod Christus nihil habuit in proprio vel*
in communi. „*Act. 3º argentum et aurum".* — fol. 108: *Littera fratris*
Michaelis etc. „*Universis Christi fidelibus" (1322 ind. V. prid. nonas*
Iunii); fol. 108—108ᵛ : *Litera fratris Michaelis missa pape „Sanctissimo*
in Christo patri ac domino". Datum Perusio .. — fol. 108ᵛ : *Decretalis*
de confirmatione tertie regule b. Francisci. „*Iohannes etc. Apostolice*
sedis auctoritas". — fol. 108 ᵛ—110 ᵛ : *Litera directa tote ecclesie cath.*
per generalem capitulum fratrum (Perugia 1322). — fol. 110 ᵛ—118ᵛ : *D e*
p o t e s t a t e   e c c l e s i e   p e r   f r a t r e m   F r a n c i s c u m   d e   P e -
r u s i o   o r d. f r a t r. m i n. „*Q u i s   e s t   i s t e".* — fol. 118 ᵛ—121 :
C i r c a   e c c l e s i a s t i c a m   p o t e s t a t e m   e t   s e c u l a r e m. (vgl.
oben Teil 1, S. 250 ff). — fol. 121—122: *Determinatio fratris Roberti*
Bonon. de ord. Predic. „*Utrum Christus dederit nobis exemplum".* — fol.
122—154ᵛ : *tractatus de perfectione vitae editus a domino fr. Guidone*
dei gr. episc. Maioren. „*Sanctissimo ac beatiss. .. domino Ioh. div. pro-*
vid. pape XXII.... Unigenitus Dei filius — Schlußnotiz: *factus fuit et*
completus iste tractatus die mercurii post exaltationem s. crucis a. d.
MCCCXXX. — fol. 155—158: Anon. *Si qua dubitatio ascendit cor ali-*
cuius de origine ecclesiastico et potestate et ortu regnorum. — fol. 158—
167ᵛ : *De potestate ecclesie. Determinatio compendiosa* etc. (ed. M. Krammer) — fol. 167 ᵛ—170: Dekretale Ioh. XXII. *Sicut de hiis (De conver-*
sione fratris de Corbario). — Schlußverse: *et Mille ter C que ter X*
venit ille qui fuit antipapa, corda collo, sine capa, iunctis Septembris
octonis inde kalendis ad sanctam sedem, tunc papa pepercit eidem. —
fol. 170—182ᵛ : Tr. des Johann von Paris, *Contingit, quod vitare volens.*
— fol. 183—208ᵛ : Iacobus de Viterbo, *De regimine christiano.* — fol.
208 ᵛ—218ᵛ: *Nobili et magnifico viro domino Iohanni Cabsole ... p r e s -*
b i t e r   O p i c i n u s   d e   C a n i s t r i s   P a p i e n s i s. — fol. 218 ᵛ—
219ᵛ: *Ulterius circa hec proceditur, ut inconvenientia et incongruitas*
dure sententie latius patefiat etc. — fol. 219 ᵛ—221ᵛ : *Tenor capitulorum*
(vgl. K. Müller, Ludw. d. B. Kampf m. d. Kurie 1, S. 393 ff.) — fol. 221 ᵛ—
224ᵛ: *Tractatus de iurisdictione ecclesie super regnum Apulie et Sicilie.*
„*Questio movetur"* (gedr. u. a. Baluze-Mansi, Miscell. 1 468 ff.) — fol.
224 ᵛ—236ᵛ: Traktat des Alexander de S. Elpidio (ed. Roccaberti, Bibl.
pontif. max. II). „*Hoc est nomen".* —

15) 1 a t. 4229. (Colb. 2402, Regius 4260, 3) groß 4 º, membr. saec. 14,
125 Bll. Schrift in 2 Col. ausser fol. 114—125. — fol. 1—57 : Aegidius de
Roma, *De potestate ecclesiae* — fol. 57 ᵛ—58 leer. — fol. 59—106 : Iacobus
de Viterbo, *De regimine christiano.* — fol. 112—113 leer. — fol. 114—122 :
T r a c t a t   d e s   E g i d i u s   S p i r i t a l i s. — fol. 122—125 Traktat des
Henricus Cremonensis (ed. in m. Publizistik S. 458—471).

16) 1 a t. 4232, (Colb. 2190, Regius 3913, 6) Folio, membr. saec. 15.,

Schrift in 2 Col. — fol. 1—104 ᵛ: Tr. des *Petrus de Palude, de causa immediata ecclesiasticae potestatis; Circa potestatem a Christo* (gedr. Paris 1506 mit dem folgenden) — fol. 105 leer. — fol. 106—149: *Hervaeus Natalis O. P. De ecclesiast. potestate*: *Apostolus Rom. X. loquens.....* *(H e r m a n n v. S c h i l d i t z) I n c i p i t t r a c t a t u s c o n t r a h e r e- t i c o s n e g a n t e s e m u n i t a t e m e t i u r i s d i c t i o n e m s a n c t e e c c l e s i e.*

[17] 1 a t. 17500 chart. saec. 15. klein folio, 93 Bll. *„varia theologica'*, (früher Nouv. acqu. lat. 1071). — fol. 2—5ᵛ *H e r m a n n v. S c h i l d i t z, Speculum sacerdotum.* — fol. 6—10 ᵛ: *Gerson, De decem preceptis decalogi;* fol. 11—14ᵛ *Stella clericorum.* fol. 14ᵛ ff. theologische Arbeiten über Bibeltexte (saec. 15).

18) 1 a t. 10731 chart. saec. 15. 8º *ex libris seminarii Carnutensis,* 156 Bll., ausser Schriften *Bernhards v. Clairvaux, Gilo, (Albertanus) liber dicendi et tacendi* u. a. m.: fol. 118—129: *H e r m a n n v. S c h i l d i t z, Speculum sacerdotum* (ohne Vorrede).

19) N o u v. a c q u. 1 a t. 1733 (aus dem Hospital v. Dijon), Fol. chart. et membr., saec. 15, 333 Bll. — Inhalt ausser *tr. de missa peccatis von Bernhardus de Parentinis* und Traktaten über die Sünde (z. t. in latein. Versen): fol. 314—333ᵛ : *H e r m a n n v. S c h i l d i t z, Speculum manuale sacerdotum,* mit Vorrede, aber ohne Schluß, bis z. d. W.: *boni compressio est alterius bonum tacere* (im Abschnitt *de superbia).*]

20) 1 a t. 4370, (Colb. 4463, Regius 4526, 55) chart. saec. 14 et 15, klein 4 º, 61 Bll. — fol. 1—22: *Tractatus pro Iohanne XXII. summo pontifice in sequaces Ludovici Bavari auctore L a m b e r t o G u e r r i c i d e H o y o, c l e r i ç o L e o d i e n s i s d i o c e s i s a n n o 1328;* die Ueberschrift fol. 2: *Liber de commendatione* etc. ist von jüngerer Hand. fol. 23 aufgeklebt ein kleiner Pergamentstreifen (Schrift saec. 14): *Supplicat s. v. Lambertus* usw. — fol. 24. 25. leer. — fol. 26—45ᵛ: *Tractatus de Christo et apostolorum paupertate. (ca. annum 1335,* v. jüngerer Hand) Inc. *Utrum asserere Christum et apostolos.* 3 Hände, lückenhaft. fol. 45 ᵛ—52 leer. — fol. 53—57ᵛ : *Indulgentiae locorum terre sancte.*

21) 1 a t. 3197 A. (olim Mazarin), alte nr. (oben rechts) 9921 A. fol. chart. saec. 14., 26 Bll., und ein Vorblatt mit dem Titel saec. 17/18): *P l a n c t u s e c c l e s i a e i n G e r m a n i a a u c t o r e C o n r a d o d e M o n t e p u e l l a r u m anno domini MCCCXXXVII nativitat. suae XXVIII.;* geschrieben von einer Hand, auch wohl die Glosse, rote Initialen und Rubriken, Orthographie ungleichmässig, Schriftcharakter 1.Hälfte des 14.Jhs. fol. 25ᵛ nach dem Explicit die Verse: *Qui superaltatus* usw. von anderer, aber gleichzeitiger Hand. — lat. 3198 enthält eine moderne Copie des ms. 3197 A. (saec. 17), ohne selbständigen Wert.

22) 1 a t. 3387 (Colb. 731, Regius 4273) saec. 15 in., klein folio, membr., 265 Bll. Schrift in 2 Col. — fol. 1—163ᵛ *(Occam) Opus nonaginta dierum;*

— fol. 164—175: eine Tafel, Kapitelübersicht u alphabetisches Register, hier über die Entstehung des Werkes: *Ad evidenciam clariorem tam istius tabule quam operis precedentis*, gegen die 3 Konstitutionen Joh. XXII. habe Michael von Cesena appelliert in zwei Appellationen, einer *magnam et completam et aliam parvam et abreviatam et de maiori extractam;* gegen diese kürzere habe Joh. XXII. geantwortet in *Quia vir reprobus.* Hierauf hätten Michael und seine Anhänger erwidert in mehreren Werken, *sua opera ubilibet publicantes;* eines davon sei das vorliegende. — fol. 175—214: *(O c c a m) N o n i n v e n i t l o c u m p e n i- t e n c i e Ioh. XXII.* — fol. 214 ᵛ—262: *(O c c a m) In nomine domini incipit prologus in sequentem tractatum: A m b u l a v i t e t a m b u l a t i n s e n s a n t e r* — fol. 262 ᵛ—265: *(Occam) Religiosis viris fratribus minoribus* (gedr. v. K. Müller, Zs. f. K. Gesch. VI 108—112).

E. B r i t. M u s e u m i n L o n d o n.

23) M s. R o y a l 10 A. X V., saec. 15. in., früher im Besitze des Kanzlers der Oxforder Universität Thomas Gascoigne (gest. 1458), von ihm geschenkt an Lincoln College, Oxford (fol. 26), nach 1438; fol. 2 ein Bücherkatalog des Augustinerklosters in Oxford v. J. 1430. — fol. 3: *Incipit doctor Okkam fratris minoris in suo defensorio* (später korr. in: *Defensor Pacis):* Inc. *Omni quippe regno,* also Marsilius v. Padua, Defensor Pacis. — fol. 94: *Contra Michaelem de Cesena:* Inc. *Dominus Ioh. XXII.* Expl.: *Corpus scriptoris salvet Deus omnibus horis;* ein kurzer Auszug aus der Bulle *Quia vir reprobus.* — fol. 95: *H o c k a m in defensorio.* „*Universis Christi fidelibus"...* Quoniam ut Christi veridica testantur eloquia. (Nach der Beschreibung Dr. Warners vom Brit. Mus. und Photographie). Hs. mit starken oft unklaren Abkürzungen; der Schluß fehlt.

F. T r i e r, S t a d t b i b l i o t h e k.

24) Cod. nr. 689 (Num. Loc. 251): 280 Bll., chart. 4⁰. 1 Vorblatt membr. u. 3 Vorblätter chart. ohne Nummerierung. Miscell. saec. 14 u. 15. Auf dem ersten Papierblatt: *Codex monasterii Sci. Mathie apostoli sanctique Eucharii primi Treberorum archiepiscopi. Quam siquis abstulerit anathema sit.* Ebenso fol. 1 unten. — Inhaltsverzeichnis von Hd. saec. 15. — fol. 1—18: *Meditationes beati Bernhardi,* inc. *Multi multa sciunt, sed semetipsos nesciunt.* Expl. *Expliciunt meditationes beati Bernardi scripte per manum Goeswini Wederinge. Anno domini MCCCCXVI⁰ ipsa die brictii (?) pontificis. Amen.* Hd. saec. 15. — fol. 9 ᵃ u. 9 ᵃ ᵛ: ein eingehefteter Zettel enthaltend 37 Verse über mönchische und ritterliche Tugend, Ueberschriften: *Monachus* und *Gloriatio monachi,* inc. *Miles strenuus in omni temptacione.* — fol. 18 ᵛ—20 ᵛ: *Bernardus ex persona*

Helye. fol. 21—35 ᵛ: *Bernardus de precepto et dispensatione* (andere
Hd. saec. 15). — fol. 36—38 ᵛ leer. — fol. 39—47 ᵛ: *Letania domini Alberti
magni de tempore: Cum appropinquasset Iesus.* Expl. *Prima pars
letanie* usf. *Sequitur in sequenti de sanctis. Simile est regnum celorum*
usw. *in horreum celestium mansionum. Amen.* — fol. 48 leer. — fol. 49—
61: Traktat *Liga fratrum des Petrus de Lutra.* fol. 49—52 ᵛ
u. 57—61 ᵛ geschrieben von Hand saec. 14; fol. 53—56 von anderer Hand
saec. 14. ex. oder 15. Die erste Hand zeigt Aehnlichkeit mit dem Duktus
der Kanzleischriften; die andere Hand gewöhnliche Buchschrift.

G. Eichstädt, Kgl. Bibliothek.

25) **Cod. bibl. reg. Eystadii no.** 698 (olim 269), chart. saec.
15. in., 675 Seiten (337 Bll.). Schrift in 2 Col. — Enthält: p. 3 den
liber de doctrina philosophorum; p. 91—97: *liber de mania;* p. 97—102
ᵗrecte 112) leer; p. 103—201: *Gesta Romanorum;* p. 203—245: *Tractatus
electionis Urbani pape sexti* usw *„Quia queque distincta"* (von Jacobus
de Ceva, gedr. Bulaeus, Hist. univ. Paris. IV, 485—514, vgl. aus unsrer
Hs. das Stück bei Pastor, Gesch. d. Päpste I, 638 nr. 13.), dazwischen
p. 203: Metra v. J. 1415 auf das Konzil v. Konstanz; — p. 246—260:
*Secuntur ordinaciones sive regule per sanctissimum in Chr. patrem et
dominum Martinum div. prov. papam quintum a. d. MCCCCXVII mense
Nov. facte et edite in concilio Constanciensi. „Ad illius scilicet cuius
sunt perfecta opera".* — p. 261—267: Bullen gegen die Hussiten; p. 268—
272 leer. p. 273ff.: Tr. des *Petrus de Ankarano,* v. J. 1409. *Coram hac
sancta ac universali synodo* und anderes mehr aus dem Anfang des
15. Jh. — Die *Schriften Megenbergs* füllen 1) p. 406—460: der
Traktat de translatione Romani imperii, ohne Ueber-
schrift an das Vorausgehende *(Expliciunt acta et actitata ac disposiciones
et ordinaciones facte inter apostolicos, videlicet Urbanum VI. et antipapam Clementem, Bonifacium IX., Innocentium VII., Gregorium XII.,
Alexandrum V. et Benedictum XIII. antipapam usque ad Iohannem
XXIII. cum inclusione concilii generalis facti tempore Alexandri et constitutionibus eiusdem)* von derselben Hand saec. 15. angeschlossen:
*Incipit modo tractatus magistri Conradi de montepuellarum de transla-
tione Romani imperii.* Der Brief an Karl IV. ist nachgestellt p. 459 —
460, unter der Ueberschrift: *Incipit tractatus de translacione imperii Conradi de monte puellarum, canonici ecclesie Ratisponensis, cui primo
premittitur prefacio ad dominum Karolum serenissimum Romanorum
augustum* — bis p. 460: *Explicit tractatus de translacione imperii.*
2) p. 461—483: der *Traktat gegen Okkam* über die Unterwerfungsformel Clemens' VI. Die Hs. ist von einer andern, gleichzeitigen
Hand saec. 15) durchkorrigiert, zeigt vielfache Nachträge und Rasuren.

H. B r ü n n , M ä h r i s c h e s L a n d e s a r c h i v.

26) m s. n r. 150 (vgl. den Hss.-Katalog), früher im Franzens-Museum zu Brünn nr. 51, stammt aus der adeligen Sammlung ‚Taroucca‘ (auf dem Umschlag alte nr. 348, darunter 149) chart. 16 Bll., folio. Aufschrift (modern): *E p i s t o l a C o n r a d i d e m o n t e p u e l l a r u m canonici ecclesie Ratisbonensis contra Wylhelmum hereticum 1354.* — Schrift in 1 Col. saec. 14. ex. oder 15. in.

2. Tabelle der Streitschriftenliteratur der Zeit Ludwigs des Bayern.

Entstehungszeit	Verfasser	Titel	Drucke und Hss.
1324 - 28	Augustinus Triumphus	Summa de potestate ecclesiast.: „Sanctissimo ac rev. in Chr. patri . . . . Quamvis Dei filius humani generis naturam assumens"	ed. 1473, u. ö. — NB. Hs. Angelica 826, saec. 15, datiert: edita a. 1320.
1323—24	Alexander a S. Elpidio	De potestate ecclesiae: „Hoc est nomen"	ed. Roccaberti, Bibl. Pontific. II.
? c. 1319—24	Landulfus de Columna	De statu et mutatione Romani imperii: „Multae venerationis et sapientiae"	ed. Basil. 1563, Goldast, Monarchia II 88—95.
1324	Marsilius von Padua (u. Joh. v. Jandun)	Defensor Pacis: „Omni quippe regno"	ed. princ. 1522 (Basel), Goldast, Monarchia II 154—312.
1325 26 ?	" "	De translatione imperii: Primum capitulum est"	Goldast I, t. II, 147—158.
1327	Sybert von Beek	Reprobatio sex errorum, gegen die Lehren des Defensor Pacis, zur Erläuterung der Bulle: Licet iuxta	
1327	Guilelmus de Amidanis Cremonensis	doctrinam	vgl. oben I, S. 3 ff., II, S. 3—28.

Entstehungszeit	Verfasser	Titel	Drucke und Hss.
c. 1328	Peter von Kaiserslautern	Tractat gegen Marsilius und Michael von Caesena : „Sapientes consiliarii pharaonis"	oben I, 22—27 und 229—232 II, S. 29—42.
1328 (1342?)	Marsilius von Padua	Defensor minor: „Quoniam autem in prioribus recitavimus"	vgl. N. Valois, Hist. litt. de la France 33, p. 606ff. Ungedruckt: ms. Bodl. can. misc. 188.
1328	Andreas de Perusio	(Tractatus contra edictum Bavari	oben I S. 29—37, II, S. 61—88. Ottobon. lat. 2795. Paris 17522.
1328	Franciscus Toti de Perusio		
1328	Opicinus de Canistris Papiensis	De preeminencia spiritualis imperii : „Nobili ac magnifico viro... Cum in antiquis"	oben I, S. 37 ff. II, S. 89—104. Vat. lat. 4115. Ottobon. 3061. Paris 4046.
1328	Egidius Spiritalis de Perusio	Libellus contra infideles et inobedientes et rebelles S. R. ecclesiae: „Error cui non resistitur"	oben I, S. 42—49. II, S. 105—129. Paris 4229.
1328	Hermann von Schildesche	Contra hereticos negantes immunitatem et iurisdictionem sancte ecclesiae: „Sanctissimo in Chr. patri — In ditione tua"	oben I, S. 50—60, II, S. 130—153. Paris 4232.

Entstehungszeit	Verfasser	Titel	Drucke und Hss.
1328	Lambertus Guerrici von Hoya	Liber de commendatione Iohannis XXII.: „Significat sanctitati vestre"	oben f. S. 60—70, I. S. 151—165. Paris 4670.
1328	Anonymi clerici papalis	Compendium octo processuum papalium: „Scribit propheta misericordiam"	oben I. S. 70—78, II. S. 169—187. — Burgh. 86.
1328	Anonymi clerici Normanni	De Bavari apostasia (Draco Nortmannorum)	ms. Paris B. N. lat. 5606. Vatic. Ottob. lat. 3081; ed. O. Cartellieri. N. Arch. 25, 710—716.
1329—30	Petrus de Palude	De potestate ecclesiastica: „Circa potestatem a Chr. collatam"	ed. Paris 1506. Nach Quétif-Echard. SS. ord. Pred. 1, 601; Vir. P. de Godino.
1329—30	Durandus de S. Porciano	De legibus: „Tractaturi aliqua universalia"	Paris 1506.
1329—30	„	De iurisdictione ecclesiast.: „Circa originem potestatum"	
1329—30	Hervaeus Natalis (Brito)	De potestate papae: „Apostolus Rom. X° loquens"	

Entstehungszeit	Verfasser	Titel	Drucke und Hss.
1329—30	Petrus Bertrandus	De iurisdictione ecclesiastica et saecutari, u. d. T.: Actio Petri de Cugneriis: „Libellus iste conflatus est"	Goldast II 1361—1381
1331 Apr. 25	Michael von Caesena	Tractatus contra errores Iohannis papae: „Universis fratribus"	Goldast II 1236—40.
1331 Juni-Okt.	Occam	Gutachten über Verhandlungen zwischen Johann XXII. u. Ludwig d. B.: „Quoniam scriptura testante divina"	ed. Preger in Abh. der K. Bayr. Akad. Hist. Kl. XV, 2, S. 75 ff. H. Knotte, Untersuchgn. zur Chronologie etc. S. 1—17.
1332, Dez. (begonnen 1330)	Alvarus Pelagius	De planctu (de statu) ecclesiae: „Optimis moribus et virtutibus"	ed. princ. 1474, ed. Lugd. 1517. Von A. neu bearbeitet 1385 u. 1340.
c. 1316—34	Landulfus de Columna	De pontificali officio: „Sanctissimo patri ac domino ... Diu in me caritas"	oben I, S. 207—210, II, S. 530—589 (Vallicell. B. 126)
c. 1324—32	Anonymus	De potestate ecclesiae: „Circa ecclesiasticam potestatem"	oben I, S. 250—256.

Entstehungszeit	Verfasser	Titel	Drucke und Hss.
1333 Jan. 24	Michael von Caesena	Literae ad omnes fratres: „Universis et singulis"	Goldast, Mon. II 1238—1246.
c. 1333	„ „	Literae deprecatoriae: „Serenissimo et christianissimo principi".	Goldast II 1344—1361.
1333—34	Occam	Opus nonaginta dierum: „Doctoris gentium"	Goldast II 993—1236, ed. princ. Lugd. 1495, 1496, vgl. Knotte S. 36 ff.
1334 vor Mai 15	„	Schreiben an das Generalkapitel der Minoriten in Assisi: „Religiosis viris fratribus minoribus ... De omnibus racionem"	ed. K. Müller, Zs. f. Kirchengesch. VI, 108—112 (aus Nik. Min. Chron).
1334	„	De credentibus fautoribus et receptatoribus haereticorum (= Dialogus Pars 1) „In omnibus curiosus existis"	Goldast II 398—739.
1334, Sommer	„	De dogmatibus Iohannis XXII. papae (= Dialogus P. 2): „Verba oris eius"	Goldast II 740—770.
1335 Anfang	„	Tractat gegen Johann XXII.: „Non invenit locum penitenciae".	oben I, S. 149—152; II, S. 390—403. (Paris lat. 3387).

Entstehungszeit	Verfasser	Titel	Drucke und Hss.
c. 1336/39	(Bonagratia?)	Libellus ad defensionem fidei catholicae: „Noverint universi fideles christiani"	oben I, S. 248 f; II, S. 502—562. (Palat. lat. 378, Angelica 378).
1337	Occam	Tractat gegen Benedikt XII.: „Ambulavit et ambulat"	oben I, S. 152—161; II, S. 403—417 (Paris 3887).
1338	„	De gestis circa fidem altercantium (= Dialogus P. 3) „Discipulus Salomonis"	Goldast II 771–957.
1338	Konrad von Megenberg	Planctus ecclesiae in Germaniam. „Gloriosissimo vicechristi .. Flos et apex mundi"	oben I, S. 79–94, II, S. 188—248 (Paris 3197 A).
1338	Occam	Compendium errorum papae Iohannis XXII. „Secundum Bohic super sacram scripturam"	Goldast II 957–976.
1338—40	„	Tractatus pro rege Angliae: „Quamvis abbreviata de questionibus"	oben I. S. 167—176, II, S. 442—453. Vat. 4116.

Entstehungszeit	Verfasser	Titel	Drucke und Hss.
1338—42	Anonym (Aus dem Kreise der Münchener Minoriten)	Informatio de nullitate processuum Iohannis XXII.: „In nomine domini. Amen. Pro informatione simplicium"	(Goldast I 18.—21.)
1338—42	„(Bonagratia?)	Ueber die Verbindlichkeit der Eide: „Ad predictam quaestionem"	Böhmer, Fontes IV 605—608. (aus Nik. Min. Chron.).
1338—42	„	Denkschrift: „Subsequenter ponuntur"	Böhmer l. c. 502—597 (aus Nik. Min.).
1338—42	„	Denkschrift: „Subscripta videntur"	Ficker, Zur Gesch. des Kurvereins z. Rense (Sb. d. Wiener Ak. Phil.hist. Kl. XI.) Beil. VI, S. 709.
c. 1338	Anon. (Occam ?)	De potestatis plenitudine papae: „Quoniam a nonnullis viris nobilibus et aliis"	ungedruckt: Nik. Min. Chron. in Vat. lat. 4008 fol. 200 v II. vgl. K. Müller, Zs. f. Kircheng. VI.
1338	Anonym (Minoriten)	Tractat gegen Johann XXII. u. Benedikt XII.:„Contra vero predicta iura"	Boehmer l. c. S. 698—605 (aus Nik. Min.).

Entstehungszeit	Verfasser	Titel	Drucke und Hss.
1338—42	Occam	Allegationes de potestat imperialie: „Inferius describuntur allegaciones"	oben I, S.161—167; II, S. 417—431.(Palat. lat. 679, P. l.); vgl. Boehmer-Ficker, Acta imperii selecta nr. 784, S. 584 f.
1340	Lupold von Bebenburg	De iure regni et imperii: „Cum inter omnes principes"	ed. Argent. 1508. Schard, De iurisdict. imp. 828 ff.
1340	„	Libellus de zelo catholicae fidei veterum principum Germanorum: „Illustri et magnifico principi … Suggerit mihi"	ed. Basil. 1497. Schard l. c.
1340	„	Ritmaticum querulosum et lamentosum dictamen etc.: „Romanorum Cesarum"	ed. Böhmer, Fontes I. 474, eine deutsche Uebersetzung v. 1841 b. Peter, Progr. d. Gymn. zu Münnerstedt 1841/42.
1342	Occam	Octo quaestiones: „Sanctum canibus"	ed. princ. 1486. Goldast II, 313—391.
1342	Anonym	Novus libellus contra Michaelitas, Fortsetzung der Determinatio compendiosa: „Nunc autem breviter"	oben I, S. 243—248; II S. 540—551 Vat. lat. 1115).

Entstehungszeit	Verfasser	Titel	Drucke und Hss.
1342	Occam	De iurisdictione imperatoris in causa matrimoniali: „Divina providentia disponente".	ed. Freher (Imp. Lud. IV. . . . sententia separationis) 1898; ed. Goldast I 21–24.
c. 1342	„	Fortsetzung des Dialogus: „Discip.: „Quomodo probatur, quod alii".	oben I, S. 141–149; II, S. 392–957 (Vat. lat. 4115).
c. 1342	Marsilius v. Padua	De iurisdictione imperatoris in causa matrimoniali: „Ad ampliorem evidentiam".	ed. Freher l. c. Goldast II 1388.
1344	Alvarus Pelagius	Collirium adversus hereses novas: „In nomine domini nostri Jesu, in quo vivimus".	oben I, S. 197–202; II, S. 491–514.
1344 Juli 13 (begonnen 1341)	„ „	Speculum regum: „In nomine domini nostri Iesu Christi, qui est a et o."	oben I, S. 202–207; II, S. 514–629. (Ottobon. 2795).
1316	Peter von Kaiserslautern	Liga fratrum: „Superni altitudo consilii".	oben I, S. 289–293; II, S. 42–61.

Entstehungszeit	Verfasser	Titel	Drucke und Hss.
c. 1347	Occam	De imperatorum et pontificum potestate: „Universis Christi fidelibus presentem tractatulum"	oben I, S. 176—188, II, S. 458—480 (Brit. Mus. Royal 10 A XV).
1348	„	De coronatione Caroli IV. (Gegen den Unterwerfungseid): „Quia saepe iuris ignari"	nur in der Gegenschrift Konrads v. Megenberg, s. u.
1354, April	Konrad von Megenberg	De translatione Romani imperii: „Serenissimo Romanorum Augusto ..... Duo quippe sunt"	oben I, S. 95—127; II, S. 249—345.
1354, Sept. 28	„	Tractatus contra Willielmum Occam: „Reverendo in Chr. patri .... Romanorum Augusto gloriosissimo..."	oben I, S. 127—146; II, S. 346—391. vgl. K. Müller, Progr. d. Univ. Giessen 1888.

I. Namenregister
zu Teil I.

II. Namen- und Sachregister
zu Teil II.

a) N a m e n r e g i s t e r.

Abra: 232. 233. 234. 235. 236. 237.
238. 239. 240. 241. 242. 243. 244.
245. 246. 247.
Acerrae : 559
Achatius papa : 554.
Adrianus I. papa : 251. 253. 258 259.
269. 276. — II. papa : 257. 374. —
III. papa : 11. 109. 121.
Aegidius Romanus : 18. 107.
Africa : 313. 515.
Agareni : 515.
Alani : 266. 268. 311. 340.
Albanensis cardinalis episc.: 373.
Albertus, rex Romanorum : 285. 286.
287.
Albertus, dux Austriae : 391.
Alemannia, ecclesia *(Allegorie)* :
192 ff. — regnum : 4. 24. 112. 171.
204. 205. 214. 215. 216. 217. 224.
225. 226. 227. 228. 230. 251. 262.
270. 272. 273. 348. 351. 359. 360.
407. 428. 542. 543. — rex A.: 272.
— inferior provincia fratrum de
Carmelo : 4.
Alexander Magnus : 29. 517. 522.
523.
Alexander III. papa : 71. 77. 324.
424. — A. IV. papa : 402.
Alfonsus XI., rex Hispaniae : 514. 519.
Alfonsus Giraldi de Monte : 509.
Algarbia : 529.
Alvarus Pelagius, episc. Silvensis :
491. 501. 514. 515. 517. 518.
Amalricus de Bene : 494.

Ambrosius : 5. 11. 28. 30. 31. 36. 37.
38. 62. 69. 139. 331. 332. 393. 410
423. 426. 436. 458. 465. 533. 557.
Anastasius II. papa : 134. 145. 350.
552. 554.
Anglia regnum : 109. 158. 159. 166.
352. 359. 365. 381. 386. 416. 432.
440 f. 445 f. 450 f. — reges Anglie :
109. 509. 517. — ecclesia Angli-
cana : 445. 446. 447. 449. 451.
Anselmus, beatus : 422.
Antiochena ecclesia : 97.
Antiochus rex : 544.
Antisiodorensis pagus : 270.
Apulia : 357.
Aquilegiensis marchia : 273.
Aquisgranum : 269. 270. 273. 302.
308. 309.
Aquitania 264. 267. 269. 271.
Arabes : 515.
Arablayo. cardinalis : 154.
Aragonia : 159. 166.
Arelatense regnum : 303.
Aristoteles (philosophus) : 24. 34.
41. 43. 47. 53. 54. 55. 59. 60. 121.
146. 169. 209. 234. 235. 252. 253.
282. 312. 316. 334. 342. 365. 367.
444 n. 462. 485 n. 500. 523.
Arnaldus de Virdello : 188.
Arnulfus rex : 272.
Arosiensis episcopus : 559.
Artaxerxes : 10.
Asia : 266.
Assasini : 352. 381.

b) Sach- und Wortregister.

Berichtigungen und Nachträge.

1. Berichtigungen.

a) zu Teil I.

S. XI, Z. 22 v. u.: Streitschriften, statt Streitschrift. — S. 14, Z. 5 v. u.: evangelia, statt evangelios. — S. 23, Z. 17 v. o.: auf, statt au. — S. 92, n. 1 lies: Oldradus de Ponte Laudensis. — S. 113, Z. 17 v. o.: schien, statt scheint. — S. 142, Z. 12 v. o.: des Dialogus, statt dem D. — S. 144, Z. 3 v. u. lies g), statt f). — S. 147. Z. 5 v. u.; de Canistris statt des C. — S. 159, Z. 10 v. o.: Aachen, statt Köln. — S. 203, Z. 4 v. o.: Tavira statt Cavita. — S. 207, Z. 13 v. u.: pontificali, statt pontificati. — S. 220 sind die Nummern der Anmerkungen 2 bis 6 zu korrigieren, statt 7 bis 9 und 1. 2. — S. 225 lies 1329, statt 1328.

b) zu Teil II.

S. 8, Z. 6 v. o.: cui ius (?), statt cuius. — S. 21, Z. 2 v. o.: rationabile, statt rationabilet. — S. 36, Z. 10 v. u.: inferi, statt inferni. — S. 38, Z. 6 v. u.: liberalitate, statt libertate. — S. 51, Z. 5 v. o.: induco, statt inauco. — S. 54, Z. 15 v. u.: con(stitutionum) Cle(mentinarum). — S. 60 im Columnentitel: De Lutra, statt E Dlutra. — S. 61, Z. 18 v. u.: excommunicationis, statt ex communicationis. — S. 62 Z. 14 v. o.: communiter, statt: commmuniter. — S. 62, Z. 2 v. u.: designata, statt desingnata. — S. 68, n. 2, gehört zu S. 69, Z. 11. — S. 74, Z. 18 v. u.: pronunciacionem, statt prounnciacionem. — S. 83 Z. 4 v. o.: transtulit, statt tnanstulit. — S. 85, Z. 11 v. u.: immolari, statt immolati. — S. 85, Z. 7. v. u. tilge den Punkt am Ende. — ib.: ipsius statt ipsus. — S. 102, Z. 9 v. o.: fol., statt fog. — S. 102, Z. 12 v. o.: humilitate, statt humlitate. — S. 102, Z. 14 v. o.: ut diabolico, statt utdiabolico. — S. 110 Z. 10 v. u.: plenitudinem, statt plenitudine. — S. 111, Z. 10 v. o.: intromittere, statt interomittere. — S. 118, Z. 14 v. u.: sufficiunt, statt suffifiunt. — S. 118 Z. 4 v. u.: predecessore, statt predecessores. — S. 121, Z. 14 v. u. utilitate, statt utilitatem. — S. 126, Z. 2 v. u.: respiciunt, statt rescipiunt. — S. 143, Z. 12 v. o.: commune, statt communem. — S. 161, Z. 16 v. u.: ministerii, statt wie ms. misterii. — S. 162, Z. 18. v. o.: dedita, statt de dita. — S. 169, Z. 4 v. u.: auctoritate, statt auctoritat. — S. 176, Z. 11 v. u.: copia secunda, statt copiasecunda. — S. 185, Z. 9 v. o.: rebellem, statt rebellum. — S. 187, Z. 3 v. o.: in celestibus, statt inc elestibus. — S. 190, Z. 2 v. u.: Anm. 3) statt 2). — S. 191 Glosse i): audiendum, statt audidendum. — S. 199, Anm. 2: Main- oder Rheingegend, statt Main oder Rheingegend. — S. 208, Z. 7 v. u. lies: dat, statt ms. dans. — S. 209, Z. 7 v. o.: streiche das Komma vor sponse. — S. 212, Z. 12 v. u.: oneratur, statt ms. honoratur. — S. 213, Z. 14. v. o.: dignas esse, statt dignasesse. — S. 248, Z. 14 v. u.: et, statt e. — S. 255, Z. 6, 7 v. u.: vertausche die Ziffern der Anm. 3) und 4). — S. 267, Z. 7 v. u.: streiche den Bindestrich am Ende der Zeile. — S. 272 letzte Zeile fehlt der Bindestrich am Ende. — S. 284, Z. 11 v. u.: iure, statt in re. — S. 299, Z. 4 v. o.: ipsa regnare, statt ipsare gnare. — S. 301, Z. 17 v. u.: illud, statt Ilud. — S. 306, Z. 12 v. o.: streiche das Komma. — S. 308, Z. 17 fehlt Punkt nach or. — S. 316, Z. 17 v. o.: habent, statt habet. — S. 318, Z. 1 v. u.: per, statt pe. — S. 325, Z. 4 v. u.: streiche das zweite Deum. — S. 337,

Z. 5 v. u.: ministro, statt ministerio. — S. 348, Z. 19 v. o.: ecclesia, statt ecclesie. — S. 348: zu Anm. h) ergänze : E. — S. 350, Z. 2 v. u.: longiora, statt
ongiora. — S. 360, Z. 9 v. o.: streiche den Bindestrich. — S. 364, Z. 3 v. u.:
omnium, statt mnium. — S. 366, Z. 13 v. o. streiche den Punkt am Ende der
Zeile. — S. 371, Z. 5 v. o.: perseveraret, statt ms. perseveret. — S. 375 Anm.
1): c. 1., statt c. d. — S. 384, Z. 15 v. o.: maliciam statt miliciam. — S. 393
Columnentitel : Dialogus, statt : Tractatus. — S. 394, Z. 1. 2. v. u.: sub iecti,
statt subecti. — S. 397, Z. 1 v. o.: puerum, statt pureum. — S. 410, Z. 14 v. u.:
die sich, statt dies ich. — S. 424, Z. 10 v. o.: streiche das Komma nach ecclesiastica. — S. 428, Z. 23 v. o.: streiche das Komma am Ende der Zeile. —
S. 429, Z. 17 v. u.: est verus, statt et verus. — S. 430, Z. 17 v. o.: durch Papst
Zacharias. — S. 454, Z. 7 v. o.: wohl: nunc mendaciter, statt wie im ms. non
(no). — S. 456, Z. 13 v. o.: nullus, statt verus. — S. 457 Z. 1 v. u.: oneribus,
statt oneribust. — S. 458, Z. 4 v. u.: nach expavit Komma, statt Punkt. —
S. 461, Z. 15 v. o.: ruunt, statt suunt. — S. 463, Z. 7 v. u.: sobria, statt sobrila.
— S. 468, Z. 3 v. u.: qui, statt qu. — S. 472: fehlen die Nummern der Anm.
unter dem Strich 1) und 2) c. — S. 480, Z. 5 v. o.: indagandam, statt indigandam. — S. 481, Z. 22 v. u.: desiderii, statt ms. desideriis. — S. 484, Z. 22 v. o.:
liceat, statt : iceat. — S. 501, Z. 11 v. o.: XXIX, statt XXVIX. — S. 510, Z. 12
v. o.: fatidici, statt fatidice. — S. 510, Z. 13 v. o. ergänze : ut, vor muliercule.
— S. 513, Z. 10 ergänze : non, vor tenet. — S. 516, Z. 9 v. o.: streiche et, vor
secundum. — S. 519, Z 22 v. o.: ante, statt ant. — S. 525, Z. 8 v. o.: taulagium,
statt taulagrum. — S. 530, Z. 12 v. u.: si quid, statt si quis. — S. 537, Z. 8 v. o.:
onusta statt honusta. — S. 542, Z. 3 u. 4 v. o.: peribit, statt perribit. — S. 550,
Z. 9 v. o.: molimina, statt modimina.

2. Nachträge.

a) zu Teil I.

S. 73 n. 3. Zu dem Prozess gegen die Visconti ist jetzt auch zu vgl.
H. Otto in Quellen u. Forsch. aus ital. Arch. u. Bibl. Bd. 14, S. 165 ff.

S. 82 und Anm. 1.: Ueber Johannes Piscis vgl. jetzt J. M. Vidal,
Benoit XII, Lettres Comm. analys. tome III, Paris 1911, Index nominum,
personarum et locorum, p. 134 : Iohannes Piscis (Peysho), lic. in leg. can.
Mirapiscen., postea Biterren., s. Aphrodisii Biterren., rector eccl. de Esculenchis, Narbonen. dioc. P. P. cap. et subdiac. — Er ist wohl zu unterscheiden von dem ebd. erwähnten Joh. Piscis, can. Narbon. rector eccl. de
Perinhano et de Esculenchis, nuntius P. P. ad Urbem destinatus.

S. 84. Ueber Megenbergs gelehrte Uebersetzungstechnik etc. vgl. jetzt
O. Matthaei, Konrads von Megenberg Deutsche Sphaera und die Ueber-
setzungstechnik seiner beiden deutschen Prosawerke. Berliner Diss. Gross-
Lichterfelde 1912. — Ders. K. v. M. Deutsche Sphaera nach der Münchener
Hs. hrsg. (Dt. Texte des MA. hrsg. v. d. K. Preuss. Ak. d. Wiss. Bd. 23) Berl.
1912. — Ueber M.'s Leben und Schriften auch mein Artikel in Hauck-Herzogs
Realenzyklopaedie, Ergänzungsband, S. 798—802.

S. 125 n. 2. Die Autorschaft Tolomeos von Lucca an der Determinatio
compendiosa ist jetzt durch Tolomeos Selbstzeugnis völlig erwiesen; vgl.
den Hinweis von M. Grabmann in N. Arch. Bd. 37 (1912), S. 818 f.

S. 126 : Es ist mir fraglich geworden, ob man die Schlussverse dem Autor
zuschreiben darf, oder nicht vielmehr einem Schreiber.

S. 158. Zur Geschichte des Approbationsrechts ist jetzt zu vgl. H. Bloch,
Die staufischen Kaiserwahlen. Leipz.-Berlin 1911 und M. Krammer,

Das Kurfürstenkolleg (in Zeumers Quellen u. Studien zur dt. Verf. Gesch. Bd. 5) Weimar 1913.

S. 159. Zu der Lehre von der Bedeutung der Krönung a. a. O. ist zu bemerken, dass Occam doch auch hier die Uebernahme der Regierung und des Königstitels bereits vor der Krönung anerkennt, wenn auch nur der päpstliche, nicht der Kölner Anspruch abgewiesen wird. Die königliche Krönung wird aber völlig in Parallele gesetzt zur kaiserlichen. Es besteht also kein Widerspruch zwischen Occam a.a.O. und seiner Lehre in denVIII. Quaestiones und den Beschlüssen von Rense.

S. 164. Die Anerkennung der plenitudo potestatis in spiritualibus entspricht allerdings nicht Occams Standpunkt oben S. 157 und sonst: doch vgl. z. B. S. 222 n. die von ihm mit unterzeichnete Schrift.

S. 169. Zu den Verhandlungen Eduards III. mit dem Parlamente über die Subsidien vgl. auch Hansen in Hansische Gesch. Bll. Bd. 16 (1910), S. 323 ff bes. 355 ff.

S. 194. Ueber Arnalds Rahonament jetzt ausführlich: A. Diepgen, Arnald v. V. als Politiker u. Laientheologe (Freiburger Abh. z. mittl. u. neueren Gesch. H. 9) Berl. Lpzg. 1909, S. 57 ff; über seinen Aufenthalt in Avignon: S. 70 ff.

S. 200: Die Stelle über Thomas Scotus findet sich auch bei J. Döllinger, Beiträge z. Sektengesch. d. MA. II (Münch. 1890), S. 615—617.

S. 213. Wenn ich Marsilius von Padua als Laien und Laientheologen bezeichne, so tue ich das mit vollem Bewusstsein davon, dass er juristisch zum Stande der clerici gehörte: aber wer möchte ihn einen „Kleriker" nennen?

b) zu Teil II.

S. 245 f ist darauf hinzuweisen, dass Megenberg bei seiner ironischen Schilderung der Pfründenbewerbung und der Prüfung der Bewerber an der Kurie die technischen Ausdrücke verwendet; vgl. die *forma pauperis*, das *rescribere*, die *tituli* der Examinanden etc. Zum Ganzen jetzt die parallele Darstellung aus dem 13. Jh. im Kuriengedicht Heinrichs des Poeten, hsg. mit Erläuterungen von H. Grauert, in Abh. der Kgl. Bayr. Ak. d. Wiss. Phil. u. hist. Kl. 27. Bd. Münch. 1912.

Druck:
Customized Business Services GmbH
im Auftrag der KNV-Gruppe
Ferdinand-Jühlke-Str. 7
99095 Erfurt